Guide de Charme

LANDGASTHÄUSER MIT CHARME IN FRANKREICH

Bed and Breakfast auf französische Art

ISBN : 2-7436-1050-6
© Éditions Payot & Rivages, 2003
106, boulevard Saint-Germain - 75006 Paris

Guide de Charme

LANDGASTHÄUSER MIT CHARME IN FRANKREICH

Bed and Breakfast auf französische Art

Projektleitung
Véronique De Andreis

Redaktion

Jean de Beaumont, Tatiana de Beaumont,
Anne-Sophie Brard, Véronique De Andreis,
Anne Deren und Jean-Emmanuel Richomme

Aus dem Französischen von Inge Hanneforth

Rivages

Fotonachweis

Nr. 45 © Photo Barbotin - Nr. 80 © Christian Chantal - Nr. 83 © Antoine ROZES - Nr. 93 © Pierre Soissons - Nr. 95 © Keith Heatherley, London - Nr. 101 © B. Jaubert - Nr. 121 © Studio Éric Vailly - Nr. 125 © De Visu - Nr. 133 © Photo belle Nevers - Nr. 162 © Jean-Charles Briens - Nr. 184 © D.R. - Nr. 187 © Nelly Hinault - Nr. 243 © C. Valentin Touraine (37) - Nr. 245 © Denise et Daniel Meilhac - Nr. 282 © C. Valentin - Nr. 297 © Jean-Philippe Caulliez - Nr. 302 © Kim Cuc (S. Lesot) - Nr. 304 © Dominique Bernard - Nr. 315 © Georges Fessy - Nr. 320 © Pascal Hinous - Nr. 324 © Denis la Touche 97 - Nr. 392 © Patrice Thomas - Nr. 440 © François Gager - Nr. 465 © J. P. Klein - Nr. 470 © Hardouin - Nr. 489 © Édition du Vieux Chouan (Fromentine) - Nr. 536 © Jean-Pierre Rivaux (86) Savigny-L'Evescault - Nr. 576 © Laurenzo Salemi - Nr. 578 © Gilles Lansard - Nr. 581 © Pascal Lebrun - Nr. 585 © Ducaroy fotografi'z - Nr. 591 © Pierre Ricou, Mane (04) - Nr. 592 © Philippe Giraud - Nr. 604 © C. Brisbois - Nr. 636 © QUATTRO Editions - Nr. 655 © Eric Saillet - Lyon - Nr. 658 © Laurent Gallet - Nr. 685 © P. Stantina - 2002.

E I N F Ü H R U N G

Die zehnte, vollkommen überarbeitete Ausgabe 2003 umfasst insgesamt 695 Landgasthäuser *(maisons d'hôtes)*; 65 Adressen sind neu. Wie jedes Jahr haben wir ganz Frankreich bereist, um Häuser ausfindig zu machen und zu testen und Ihnen dann unsere Auswahl anzubieten.

Entdecken Sie für einen Abend, ein Wochenende oder einen längeren Aufenthalt die von uns empfohlenen Häuser und genießen Sie deren Charme, Unverfälschtheit, Atmosphäre, Lage und Umgebung. Jedes Haus hat seinen Charakter und seinen besonderen Stil: vom authentischen Landhaus bis zum Herrenhaus, über Schlösser, Bürgerhäuser, Bauernhäuser und Mühlen bis hin zu Chalets in den Bergen. Ganz gleich, ob Sie vollkommen unabhängig sein oder mit anderen Gästen Kontakt aufnehmen möchten, ob Sie vor allem Authentizität oder eine gewisse Eleganz, viel Komfort oder eher Schlichtes lieben und was immer Sie dafür ausgeben möchten – wir sind sicher, dass Sie genau das Haus finden, von dem Sie „träumen".

Die um Ihr Wohlbefinden bemühten Gastgeber werden alles tun, damit Ihr Aufenthalt so angenehm wie nur möglich verläuft. Außerdem werden Sie Ihnen Tipps zum Entdecken ihrer Region und interessante Adressen geben.

Bei den ausgewählten Häusern handelt es sich um Privathäuser; den Service eines Hotels bieten sie somit nicht. Deshalb ist es wichtig, die in unserem Führer erteilten Ratschläge zu beachten.

Wie man eine Adresse auswählt:

Für jedes Haus gibt es einen Text, praktische Informationen und ein Foto.

Die Häuser sind nach Regionen aufgeteilt, und innerhalb einer Region sind die Departements, die Orte und die Namen der Häuser alphabetisch geordnet.

Das regionale Inhaltsverzeichnis

Aux Tournillayres Nr. 596

steht am Anfang, das alphabetische Verzeichnis am Ende des Führers.

Die Straßenkarten am Anfang unseres Führers dienen zum Lokalisieren des Hauses.

Die eingerahmten Nummern auf den Karten beziehen sich auf die Nummern der im Text- und Fototeil präsentierten Häuser. Die detaillierten Karten bieten eine Übersicht über die Region Ihrer Wahl. Diese Karten entsprechen jeweils einem Teil der ersten Gesamt-Frankreichkarte.

Wie man reservieren und stornieren sollte:

Aufgrund der begrenzten Anzahl der Gästezimmer ist es ratsam, im voraus zu reservieren.

Wenn Sie am gemeinsamen Essen *(table d'hôtes)* interessiert sind, sollten Sie dies den Gastgebern gleich bei der Ankunft sagen.

Die Art der Reservierung variiert von einem Haus zum anderen. Sollten Sie es wünschen, werden die Hausbesitzer Ihnen ihre Konditionen zukommen lassen.

In den meisten Fällen sind Sie gebeten, Ihre Reservierung schriftlich zu bestätigen oder eine Anzahlung zu leisten. Telefonisch sollte man sich dann vergewissern, ob die Reservierung auch eingegangen ist.

Informieren Sie die Hausbesitzer über die Zeit Ihrer Ankunft, damit Sie nicht vor verschlossener Tür stehen. Das ist umso wichtiger, als Häuser auf dem Land oft von Hunden bewacht werden ...

Sollten Sie sich bei der Anreise erheblich verspäten, wäre es angebracht, dies telefonisch kurz mitzuteilen.

Informieren Sie sich auch über die Stornierungs-Bedingungen.

Les Pouyades Nr. 17

Die Hausbesitzer sind dazu berechtigt, eine Anzahlung nicht zurückzuerstatten. Die Stornierungsfristen wie auch die Höhe der Anzahlung (die im Fall einer Stornierung oft nicht zurückerstattet wird) werden von den Hausbesitzern festgesetzt und sind ebenfalls von Haus zu Haus unterschiedlich.

Preise:
Die angegebenen Preise gelten für 2003. Dennoch ist es am besten, sie sich bei der Reservierung bestätigen zu lassen, denn sie können im Laufe des Jahres von den Hausbesitzern revidiert werden.

Zimmer:
Stil und Ausstattung der einfachen oder luxuriösen Gästezimmer sind ebenso unterschiedlich wie die von uns ausgewählten

Sous les Canniers Nr. 638

Häuser selbst.
Die meisten Zimmer haben eigene Bäder und Toiletten. Ist dies nicht der Fall, wird es extra erwähnt. Solche Ausnahmen betreffen meist Zimmer in Nebengebäuden, die besonders praktisch sind, wenn man mit Kindern oder unter mehreren Freunden unterwegs ist.
Die Zimmerreinigung findet meist täglich statt. Bei einigen wenigen Ausnahmen wird sie entweder nur auf Wunsch oder von den Gästen übernommen. Wie zu Hause werden Sie manchmal das Bett selber machen müssen.

Table d'hôtes - der Gästetisch:
Der Tisch fürs gemeinsame Essen sollte möglichst früh reserviert werden. Die zu festen Zei-

Les Tilleuls Nr. 633

ten servierten Mahlzeiten sind, vor allem, wenn sie mit den Hausbesitzern am großen Tisch eingenommen werden, eine gute Gelegenheit, die Gastgeber und auch die anderen Gäste des Hauses näher kennen zu lernen und touristische Informationen auszutauschen.

Meist sind die *tables d'hôtes* recht ungezwungen, hin und wieder aber regelrechte „Inszenierungen". Dass auch die Preise von Haus zu Haus sehr unterschiedlich sind, versteht sich von selbst. Einige Häuser servieren an individuellen Tischen.

Für den Fall, dass das Angebot kein gemeinsames Essen umfasst, werden die Gästehausbesitzer Ihnen Restaurants in nächster Umgebung empfehlen.

Telefonieren:
Es ist nicht immer leicht, in einem Landgasthaus zu telefonieren, denn die Telefone haben selten einen Zähler.

Teilen Sie uns Ihre Anregungen und Erfahrungen mit. Sollten Sie es wünschen, dass ein von Ihnen besonders geschätztes Haus in unserem Führer aufgenommen wird, möchten wir Sie bitten, uns die genaue Adresse mitzuteilen. Wir nehmen dann mit den Hausbesitzern Kontakt auf.

Zuschriften erbeten an:

Editions Payot & Rivages
Véronique De Andreis
Guide de Charme des Maisons d'Hôtes de charme en France
106, boulevard Saint-Germain
75006 Paris
France

E-Mail: v.deandreis@free.fr

Hinweis:

Wir möchten darauf hinweisen, daß der Verlag bei eventuellen Streitfällen zwischen Gästen und Besitzern von Landgasthäusern keinerlei Verantwortung übernimmt.

Häuser, die im Laufe des Jahres den Besitzer wechseln, werden im Jahr darauf in unserem Führer gestrichen und erst nach einem erneuten Besuch eventuell wieder aufgenommen.

Wichtiger Hinweis

Gemäß einer Rechtsprechung (Toulouse, 14.01.1887) kann der Verleger für eventuelle Fehler, die sich trotz sorgfältiger Arbeit des Redaktionsteams eingeschlichen haben, nicht haftbar gemacht werden.

INHALTSVERZEICHNIS

ELSASS-LOTHRINGEN

BAS-RHIN (67)
Barr - Karte 12
– Chez M. et Mme d'Andlau 1
Betschdorf - Karte 13
– Chez M. et Mme Krumeich 2
Dieffenbach-au-Val - Karte 12
– Chez Colette 3
– La Maison Fleurie de Doris Engel-Geiger..4
– La Romance 5
Hoerdt - Karte 13
– Le Landhome 6
Oberhaslach - Karte 12
– Neufeldhof 7

HAUT-RHIN (68)
Saint-Hippolyte - Karte 12
– Chez M. François Bléger 8

VOSGES (88)
Bruyères - Karte 12
– Auberge de la Cholotte 9
Bulgnéville - Karte 11
– Chez M. Benoît Breton..10
Gérardmer - Karte 12
– Chalet Le Darou 11

AQUITANIEN

DORDOGNE (24)
Bayac - Karte 23
– Le Relais de Lavergne..12

Beaumont - Karte 23
- Château de Regagnac 13
- La Lande 14

(La) Boissière-d'Ans - Karte 23
- Barsac 15

Bourdeilles - Karte 23
- Les Métairies Hautes 16

Cherval - Karte 23
- Les Pouyades 17

(Le) Coux-et-Bigaroque - Karte 23
- Le Manoir de La Brunie 18

Hautefort - Karte 23
- Rouach-Hautefort 19

Issac - Karte 23
- Moulin de Leymonie-du-Maupas 20

Lanquais - Karte 23
- Château de Lanquais 21

Liorac-sur-Louyre - Karte 23
- Saint-Hubert 22

Monbazillac - Karte 23
- Le Domaine de la Rouquette 23

Montcaret - Karte 22
- Fonroque 24

Queyssac - Karte 23
- Le Cèdre de Floyrac 25

Saint-Crépin-Carlucet - Karte 23
- Les Granges Hautes 26

Saint-Pierre-de-Côle - Karte 23
- Doumarias 27

Sainte-Alvère - Karte 23
- Le Moulin Neuf 28

Sarlat-la-Canéda - Karte 23
- Château de Puymartin 29

GIRONDE (33)

Bazas - Karte 29
- Château d'Arbieu 30

Bourg-en-Gironde - Karte 22
- Château de la Grave 31

Castelnau-de-Médoc - Karte 22
- Domaine de Carrat 32

Castillon-la-Bataille - Karte 22
- Domaine de Barrouil 33

Gajac-de-Bazas - Karte 29
- Cabirol 34

Génissac - Karte 22
- Domaine de Guillaumat 35

Lavagnac-Sainte-Terre - Karte 22
- Le Refuge du peintre 36

Rimons - Karte 22
- Le Grand Boucaud 37

Saint-Christoly-de-Blaye - Karte 22
　– La Bergerie 38
Saint-Émilion - Karte 22
　– Château Monlot Capet..39
Saint-Ferme - Karte 22
　– Manoir de James 40
Saint-Germain-de-la-Rivière - Karte 22
　– Château de l'Escarderie..41
Saint-Martin-de-Laye - Karte 22
　– Gaudart 42
Saint-Quentin-de-Baron - Karte 22
　– La Forge 43
　– Le Prieuré 44
Saint-Sève - Karte 22
　– Domaine de la Charmaie 45
Saint-Sulpice-et-Cameyrac - Karte 22
　– Château Lamothe 46

LANDES (40)
Aire-sur-l'Adour - Karte 29
　– Château de Bachen..47
Campet-Lamolère - Karte 29
　– Lamolère 48
Dax - Karte 29
　– Château de Bezincam...49
Grenade-sur-l'Adour - Karte 29
　– Myredé 50
Mimbaste - Karte 29
　– Capcazal de Pachiou 51
Mimizan - Karte 29
　– Simjan 52
Soustons - Karte 28
　– Le Cassouat 53

LOT-ET-GARONNE (47)
Agnac - Karte 23
　– Château de Péchalbet 54
Cancon - Karten 23 und 30
　– Chanteclair 55
　– Manoir de Roquegautier..56
Clairac - Karte 30
　– La Biscornude 57
Ferrensac - Karte 23
　– Château de Lamothe 58
Houeillès - Karten 29 und 30
　– Cantelause 59
Lévignac-de-Guyenne - Karte 23
　– La Maison de la Halle 60
Paulhiac - Karte 23
　– L'Ormeraie 61

Penne-d'Agenais - Karte 30
   – L'Air du Temps 62
Samazan - Karten 29 und 30
   – Château de Cantet 63
Villeneuve-sur-Lot - Karte 30
   – Les Huguets..64
Villeréal - Karte 23
   – Moulin de Labique 65

Pyrénées-Atlantiques (64)
Arcangues - Karte 28
   – Zubiarte 66
Arroses - Karte 29
   – Sauveméa 67
(La) Bastide-Clairence - Karte 28
   – Lacroisade 68
   – Maison Marchand...69
   – Maison Sainbois 70
Bidart - Karte 28
   – Irigoian 71
Espelette - Karte 28
   – Irazabala..72
Isturitz - Karte 29
   – Maison Urruti Zaharria 73
Lasseube - Karte 29
   – Maison Rancèsamy 74
Lay-Lamidou - Karte 29
   – L'Aubèle...75
Saint-Étienne-de-Baïgorry - Karte 28
   – Château d'Etchauz 76
Saint-Gladie - Karte 29
   – Lou Guit 77
Sames - Karte 29
   – Le Lanot 78
Sare - Karte 28
   – Aretxola...79
   – Larochoincoborda 80
   – Maison Dominxenea 81
   – Olhabidea 82
Urcuit - Karte 28
   – Relais Linague...83
Urrugne - Karte 28
   – Eskoriatza. 84

AUVERGNE-LIMOUSIN

Allier (03)
Chamblet - Karte 17
   – Château du Plaix 85

Coulandon - Karte 18
– La Grande Poterie 86
Target - Karten 18 und 25
– Château de Boussac..87
Verneix - Karte 17
– Château de Fragne 88
Villeneuve-sur-Allier - Karte 18
– Château du Riau 89

CANTAL (15)
Ally - Karte 24
– Château de la Vigne 90
Bassignac - Karte 24
– Château de Bassignac..91
Giou-de-Mamou - Karte 24
– Barathe 92
Glénat - Karte 24
– Château de La Grillère 93
Marmanhac - Karte 24
– Château de Sedaiges..94
Thiézac - Karte 24
– La Bastide Haute 95

CORRÈZE (19)
Beaulieu-sur-Dordogne - Karte 24
– La Maison...96
Collonges-la-Rouge - Karte 24
– La Raze...97

CREUSE (23)
(La) Chapelle-Saint-Martial - Karte 24
– La Chapelle Saint-Martial 98

HAUTE-LOIRE (43)
Lavaudieu - Karte 25
– La Maison d'à côté 99

PUY-DE-DÔME (63)
Aubusson-d'Auvergne - Karte 25
– Le Moulin des Vernières 100
Chadeleuf - Karte 25
– La Vigie..101
Chaptes par Beauregard-Vendon - Karte 25
– Chaptes 102
Collanges - Karte 25
– Château de Collanges 103
Cunlhat - Karte 25
– Brigitte Laroye 104
Joze - Karte 25
– Loursse 105

Montaigut-le-Blanc - Karte 25
   – Le Chastel Montaigu 106
Olliergues - Karte 25
   – Château de Chantelauze 107
Perrier - Karte 25
   – Chez M. Gebrillat..108
Rochefort-Montagne - Karte 24
   – Château de Voissieux 109
Savennes - Karte 24
   – Le Château de Savennes..110
Varennes-sur-Usson - Karte 25
   – Les Baudarts 111

Haute-Vienne (87)
Boisseuil - Karte 23
   – Domaine de Moulinard..112
Champagnac-la-Rivière - Karte 23
   – Château de Brie 113
Cieux - Karte 23
   – Les Hauts de Boscartus 114
Coussac-Bonneval - Karte 23
   – Moulin de Marsaguet 115
Eymoutiers - Karte 24
   – Fougeolles 116
Limoges - Karte 23
   – Château de la Chabroulie 117
Marval Saint-Mathieu - Karte 23
   – Le Val du Goth 118
Saint-Léonard-de-Noblat - Karte 23
   – Le Masbareau 119
Saint-Sylvestre - Karte 23
   – Les Chênes 120

BURGUND

Côte-d'Or (21)
Beaune - Karte 19
   – Les Planchottes..121
Courban - Karte 19
   – Le Château 122
Flagey-Échezeaux - Karte 19
   – Petit Paris 123
Longecourt-en-Plaine - Karte 19
   – Château de Longecourt 124
Nan-sous-Thil - Karte 18
   – Château de Beauregard 125
Nuits-Saint-Georges - Karte 19
   – Domaine de Loisy 126
Saint-Maurice-sur-Vingeanne - Karte 19
   – Commanderie de la Romagne 127

Saulieu - Karte 18
  – Le Presbytère..128
Vandenesse-en-Auxois - Karte 19
  – Péniche Lady A 129

NIÈVRE (58)
Alluy - Karte 18
  – Bouteuille 130
Guérigny - Karte 18
  – Château de Villemenant 131
Ourouër - Karte 18
  – Château de Nyon 132
Raveau - Karte 18
  – Le Bois Dieu 133

SAÔNE-ET-LOIRE (71)
Baudrières - Karte 19
  – La Chaumière 134
Bourgvilain - Karte 19
  – Le Moulin des Arbillons 135
Bresse-sur-Grosne - Karte 19
  – La Griolette 136
(La) Chapelle-sous-Brancion - Karte 19
  – Château de Nobles...137
(La) Clayette - Karte 18
  – Ferme-Auberge de Lavaux..138
Cluny - Karte 19
  – La Courtine..139
Marcigny - Karten 18 und 25
  – Chez M. et Mme Lamy 140
Moroges - Karte 19
  – L'Orangerie 141
Ozenay - Karte 19
  – Maisons Vigneronnes 142
Poisson - Karte 18
  – Château de Martigny 143
(Le) Rousset - Karte 19
  – La Fontaine du Grand Fussy 144
Saint-Aubin-sur-Loire - Karte 18
  – Les Lambeys 145
Saint-Gervais-en-Vallière - Karte 19
  – Chez M. et Mme Lyssy 146
Salornay-sur-Guye - Karte 19
  – La Salamandre...147
Sennecey-le-Grand - Karte 19
  – Maison Niepce 148
Tournus - Karte 19
  – Château de Beaufer 149

Yonne (89)

Chevannes - Karte 18
– Château de Ribourdin 150
Mont-Saint-Sulpice - Karte 18
– Les Morillons 151
Noyers-sur-Serein - Karte 18
– Le Château d'Archambault 152
Perreux - Karte 18
– La Coudre 153
Saint-Fargeau - Karten 17 und 18
– Domaine des Beaurois 154
Senan - Karte 18
– Chez Mme Defrance 155
Venoy - Karte 18
– Domaine de Montpierreux 156
– Domaine de Sainte-Anne 157

BRETAGNE

Côtes-d'Armor (22)

Calorguen - Karte 6
– La Tarais 158
Chatelaudren - Karten 5 und 6
– Le Char à Bancs 159
Créhen - Karte 6
– La Belle Noë 160
Dinan - Karte 6
– Le Logis du Jerzual 161
Hillion - Karte 6
– Château de Bonabry 162
Kerbors - Karte 5
– Manoir de Troezel Vras 163
Lannion - Karte 5
– Manoir de Kerguéréon 164
Perros-Guirec - Karte 5
– Le Colombier 165
– Demeure de Rosmapamon 166
Plélan-le-Petit - Karte 6
– Malik 167
Plougrescant - Karte 5
– Manoir de Kergrec'h 168
Pommerit-Jaudy - Karte 5
– Château de Kermezen 169
Pontrieux - Karte 5
– Belle Fontaine 170
Quintin - Karte 6
– Le Clos du Prince. 171
Saint-André-des-Eaux - Karte 6
– Le Presbytère 172

Saint-Cast - Karte 6
 – Château du Val d'Arguenon. 173

FINISTÈRE (29)
Arzano-Quimperlé - Karte 5
 – Le Château de Kerlarec 174
Commana - Karte 5
 – Kerfornedic 175
 – Kerveroux..176
Douarnenez - Karte 5
 – Manoir de Kervent 177
Île-de-Batz - Karte 5
 – Ty Va Zadou 178
Landudec - Karte 5
 – Château du Guilguiffin 179
Plougonven - Karte 5
 – La Grange de Coatélan 180
 – Manoir de Mezedern 181
Plouigneau - Karte 5
 – Le Manoir de Lanleya. 182
Ploujean / Morlaix - Karte 5
 – Roch Ar Brini..183
Port de Kerdruc-en-Névez - Karte 5
 – Pen Ker Dagorn...184
Querrien - Karte 5
 – Les Hortensias...185
Quimperlé - Karte 5
 – La Maison d'Hippolyte 186

ILLE-ET-VILAINE (35)
Bécherel - Karte 6
 – Le Logis de la Filanderie...187
Cancale - Karte 6
 – Les Maisons de Bricourt - Les Rimains..188
(La) Couyère - Karte 15
 – La Tremblais 189
Dinard - Karte 6
 – Manoir de la Duchée 190
Dingé - Karte 6
 – Chez M. Cointre 191
Montauban-de-Bretagne - Karte 6
 – La Ville Autin..192
Paimpont - Karte 6
 – La Corne de Cerf 193
Poligné - Karte 14
 – Château du Bois Glaume...194
Saint-Malo - Karte 6
 – La Petite Ville Mallet 195

Saint-Suliac - Karte 6
   – Les Mouettes 196
Vignoc - Karte 6
   – Château de la Villouyère 197

MORBIHAN (56)
Colpo - Karten 5 und 14
   – Moulin de Trebimoël 198
Guégon - Karte 14
   – Le Val aux Houx 199
Guidel - Karte 5
   – Ty Horses 200
Île-de-Groix - Karte 5
   – Les Cormorans 201
   – La Criste Marine 202
Inzinzac-Lochrist - Karte 5
   – Ty Mat 203
Larmor-Baden - Karten 5 und 14
   – Kerdelan 204
Pluvigner - Karte 5
   – Le Cosquer-Trélécan 205
Riantec - Karte 5
   – Ty Maya 206
Rochefort-en-Terre - Karte 14
   – Château de Talhouët. 207
Saint-Martin-sur-Oust - Karte 14
   – Château de Castellan 208

CENTRE

CHER (18)
Ardenais - Karte 17
   – Le Domaine de Vilotte 209
   – La Folie 210
(Le) Châtelet-en-Berry - Karte 17
   – Manoir d'Estiveaux 211
Ivoy-le-Pré - Karte 17
   – Château d'Ivoy 212
   – La Verrerie d'Ivoy 213

EURE-ET-LOIR (28)
Bailleau-l'Évêque - Karte 8
   – Ferme du Château 214
Ecrosnes - Karte 9
   – Le Château de Jonvilliers 215
(La) Ferté-Vidame - Karte 8
   – Manoir de la Motte 216

INDRE (36)

Ardentes - Karte 17
- Château de la Villette 217

Buzançais - Karte 16
- Château de Boisrenault 218

Méobecq - Karte 16
- La Maison des Moines. 219

Saint-Gaultier - Karte 16
- Le Manoir des Remparts 220

Velles - Karte 17
- Manoir de Villedoin 221

INDRE-ET-LOIRE (37)

Ballan-Miré - Karte 16
- Château du Vau 222

(La) Celle-Guénand - Karte 16
- La Garenne. 223

Chançay - Karte 16
- Ferme de Launay 224

Chaveignes - Karte 16
- La Varenne 225

Chinon - Karte 16
- Domaine de Pallus 226

Continvoir - Karte 16
- La Butte de l'Épine 227

Épeigné-sur-Dême - Karte 16
- Château de Girardet 228

Genillé - Karte 16
- Le Moulin de la Roche 229

Huismes - Karte 16
- La Chancellerie 230

Ligré - Karte 16
- Le Clos de Ligré 231

Lussault-sur-Loire - Karte 16
- Château de Pintray 232

Mosnes - Karte 16
- Les Hauts Noyers 233

Nazelles - Karte 16
- Château des Ormeaux 234

Panzoult - Karte 16
- Domaine de Beauséjour 235

Pussigny - Karte 16
- Le Clos Saint-Clair 236

Razines - Karte 16
- Château de Chargé 237

Richelieu - Karte 16
- Les Religieuses 238

Savonnières - Karte 16
- Le Prieuré des Granges 239
- Le Prieuré Sainte-Anne 240

Sepmes - Karte 16
- La Ferme des Berthiers 241
Villandry - Karte 16
- Manoir de Foncher 242
Vouvray - Karte 16
- Domaine des Bidaudières...243

Loir-et-Cher (41)
Chaumont-sur-Tharonne - Karte 17
- La Farge 244
Cheverny - Karte 16
- Ferme des Saules..245
Chitenay - Karte 16
- Le Clos Bigot 246
Contres - Karte 16
- La Rabouillère...247
Cour-Cheverny - Karte 16
- Le Béguinage 248
Danzé - Karte 16
- La Borde..249
Mer - Karte 16
- Le Clos 250
Muides-sur-Loire - Karte 16
- Château de Colliers 251
Saint-Georges-sur-Cher - Karte 16
- Prieuré de la Chaise..252
Suèvres - Karte 16
- Le Moulin de Choiseaux 253
Troo - Karte 16
- Château de La Voûte 254
Villeny - Karte 17
- Château de la Giraudière..255

Loiret (45)
Gien - Karte 17
- Sainte-Barbe..256
Lorcy - Karte 9
- La Petite Cour 257
Ménestreau-en-Villette - Karte 17
- Ferme des Foucault 258
Meung-sur-Loire - Karte 17
- La Mouche 259
Montliard - Karte 9
- Château de Montliard..260
Vitry-aux-Loges - Karte 17
- Château du Plessis..261

CHAMPAGNE-ARDENNE

AUBE (10)
Bucey-en-Othe - Karte 10
– Rue du Moulin..262
HAUTE-MARNE (52)
Droyes - Karte 11
– La Maison de Marie 263
Montier-en-Der - Karte 11
– Domaine de Boulancourt..264

KORSIKA

Porto-Vecchio - Karte 36
– Pattu Di Lena...265
– U Levante 266
San-Martino-di-Lota - Karte 36
– Château Cagninacci..267

FRANCHE-COMTÉ

DOUBS (25)
Montbenoît - Karte 20
– Chez les Colin 268

JURA (39)
Baume-les-Messieurs - Karte 19
– Abbaye de Baume-les-Messieurs...269
Rotalier - Karte 19
– Château Gréa...270
Salans - Karte 19
– Château de Salans 271

HAUTE-SAÔNE (70)
Cult - Karte 19
– Les Égrignes..272
Pesmes - Karte 19
– La Maison Royale 273

ÎLE-DE-FRANCE

SEINE-ET-MARNE (77)
(Les) Chapelles-Bourbon - Karte 9
– Le Manoir de Beaumarchais 274
Dammarie-les-Lys - Karte 9
– La Ferme de Vosves 275

Neufmoutiers-en-Brie - Karte 9
– Bellevue..276

YVELINES (78)
Maule - Karte 9
– Mont au Vent...277
Neauphle-le-Château - Karte 9
– Le Clos Saint-Nicolas 278
Poigny-la-Forêt - Karte 9
– Le Château 279

LANGUEDOC-ROUSSILLON

AUDE (11)
Bizanet - Karte 31
– Domaine de Saint-Jean..280
Carcassonne- Karte 31
– La Maison sur la Colline 281
Cascastel - Karte 31
– Domaine Grand Guilhem 282
Cuxac-Cabardès - Karte 31
– Domaine de la Bonde 283
Fabrezan - Karte 31
– Lou Castelet 284
Leucate Village - Karten 31 und 32
– La Galerie..285
Palaja - Karte 31
– La Ferme de la Sauzette 286
Portel-des-Corbières - Karte 31
– Domaine de la Pierre Chaude..287
Villardonnel - Karte 31
– L'Abbaye de Capservy 288
Villemoustaussou - Karte 31
– Domaine Saint-Pierre-de-Trapel 289

GARD (30)
Aigues-Vives - Karte 32
– Le Cèdre 290
Aramon - Karte 33
– Château de la Vernède 291
– Le Rocher Pointu...292
Arpaillargues - Karte 32
– Indéo...293
Barjac - Karte 32
– Domaine de la Sérénité 294
Beaucaire - Karte 33
– Domaine des Clos 295
Calvisson - Karte 32
– Chez Mme Burckel de Tell 296

Cardet - Karte 32
 – Le Village 297
Chamborigaud - Karte 32
 – Le Mas du Seigneur 298
Courbessac - Nîmes - Karte 32
 – Mas d'Escattes 299
Euzet - Karte 32
 – Château d'Euzet 300
Garrigues - Karte 32
 – Le Mas Parasol 301
Lussan - Karte 32
 – Les Buis de Lussan 302
Ribaute-les-Tavernes - Karte 32
 – Château de Ribaute 303
 – Mas de l'Amandier 304
(La) Roque-sur-Cèze - Karte 33
 – Le Moulin de Cors 305
Saint-Laurent-d'Aigouze - Karte 32
 – Mas de Barbut 306
Saint-Laurent-la-Vernède - Karte 33
 – Le Clos de la Fontaine 307
Saint-Mamert-du-Gard - Karte 32
 – La Mazade 308
Saint-Quentin-la-Poterie - Karte 33
 – Mas du Caroubier 309
Sommières - Karte 32
 – Hôtel de l'Orange 310
Thoiras - Karte 32
 – Le Mas de Prades 311
Uzès - Karte 33
 – Demeure Monte-Arena 312
 – Le Mas d'Oléandre 313
Vers-Pont-du-Gard - Karte 33
 – Le Grand Logis 314
Vic-le-Fesq - Karte 32
 – Le Clos de Vic 315
(Le) Vigan - Karte 32
 – Château Massal 316

HÉRAULT (34)
Brignac - Karte 32
 – La Missare 317
Capestang - Karten 31 und 32
 – Domaine de la Redonde 318
Laurens - Karten 31 und 32
 – Château de Grézan 319
Minerve - Karte 31
 – La Bastide Les Aliberts 320
Montels - Karten 31 und 32
 – La Bergerie de l'Étang 321

Notre-Dame-de-Londres - Karte 32
  – Domaine du Pous 322
Riols - Karte 31
  – La Cerisaie 323
Roquebrun - Karten 31 und 32
  – Les Mimosas 324
Saint-André-de-Buèges - Karte 32
  – Le Mas de Bombequiols...325
Saint-Clément-de-Rivière - Karte 32
  – Domaine de Saint-Clément 326

Lozère (48)
Saint-Frézal-de-Ventalon - Karte 32
  – Leyris...327

Pyrénées-Orientales (66)
Argelès-sur-Mer - Karte 31
  – Mas Senyarich..328
Caixas - Karte 31
  – Mas Saint-Jacques 329
Camelas - Karte 31
  – Le Mas Félix 330
Castelnou - Karte 31
  – Domaine de Quérubi 331
Corneilla-del-Vercol - Karte 31
  – Chez Laurence Jonquères d'Oriola 332
Mont-Louis - Karte 31
  – La Volute 333
Thuir - Karte 31
  – La Casa del Arte 334
Torreilles - Karte 31
  – La Vieille Demeure 335

MIDI-PYRÉNÉES

Ariège (09)
Mazères - Karte 31
  – La Maison Martimor 336
Serres-sur-Arget - Karte 30
  – Le Poulsieu..337

Aveyron (12)
Aguessac - Karten 31 und 32
  – Ferme-Auberge de Quiers 338
Ambeyrac - Karte 31
  – Château de Camboulan 339
Crespin - Karte 31
  – Le Bouyssou..340
Lacroix-Barrez - Karte 24
  – Vilherols 341

Haute-Garonne (31)

Auterive - Karte 30
– La Manufacture 342

Mauvaisin - Karte 30
– Le Château 343

Montpitol - Karte 31
– Stoupignan...344

Palminy - Karte 30
– Les Pesques 345

Saint-Martory - Karte 30
– Domaine de Ménaut 346

Saint-Paul-d'Oueil - Karte 30
– Maison Jeanne 347

Saint-Pierre-de-Lages - Karte 31
– Château du Bousquet...348

Gers (32)

Castera-Lectourois - Karte 30
– La Grange Gasconne 349

Fourcès - Karte 30
– Domaine du Garros 350

Gimont - Karte 30
– Au Soulan de Laurange 351

Juillac - Karten 29 und 30
– Au Château...352

Lartigue - Karte 30
– Le Moulin de Mazères 353

Miélan - Karte 30
– La Tannerie..354

Saint-Clar - Karte 30
– La Garlande 355

Saint-Puy - Karte 30
– La Lumiane 356

Tournecoupe - Karte 30
– En Bigorre 357

Lot (46)

Belaye - Karte 30
– Château de Cousserans...358

Espère - Karten 23 und 30
– Domaine de Labarthe 359

Gramat - Karte 24
– Moulin de Fresquet 360

Lalbenque - Karte 30
– L'Ermitage..361

Mercuès - Karte 30
– Le Mas Azemar 362

Saint-Chamarand - Karte 23
– Le Cayrou 363

Uzech-les-Oules - Karte 23
 – Château d'Uzech 364
(Le) Vigan - Karte 23
 – Manoir de la Barrière 365

HAUTES-PYRÉNÉES (65)
Beaucens - Karte 29
 – Eth Béryè Petit 366
Omex / Lourdes - Karte 29
 – Les Rocailles 367
Pinas - Karte 30
 – Domaine de Jean-Pierre 368
Sombrun - Karten 29 und 30
 – Château de Sombrun 369

TARN (81)
Bernac - Karte 31
 – La Monestarié 370
Cambounet-sur-le-Sor - Karte 31
 – Château de la Serre 371
Cordes-sur-Ciel - Karte 31
 – Aurifat 372
 – Les Vents Bleus 373
Coufouleux - Karte 31
 – Manoir La Maysou 374
Gaillac - Karte 31
 – Lucile Pinon 375
Garrevaques - Karte 31
 – Château de Garrevaques 376
Lautrec - Karte 31
 – Château de Montcuquet 377
Lempaut - Karte 31
 – La Bousquétarié 378
 – Montpeyroux 379
 – Villa Les Pins 380
Mazamet - Karte 31
 – Les Pierres Bleues 381
Puylaurens - Karte 31
 – Château d'En Pinel 382
Rabastens - Karte 31
 – La Bonde 383

TARN-ET-GARONNE (82)
Escatalens - Karte 30
 – Maison des Chevaliers 384
Montpezat-de-Quercy - Karte 30
 – Le Barry 385

NORD - PAS-DE-CALAIS

Nord (59)
Jenlain - Karte 3
– Château d'En Haut. 386
Lannoy - Karte 2
– Château de Courcelette 387
Saint-Pierre-Brouck - Karte 2
– Le Château 388

Pas-de-Calais (62)
Duisans - Karte 2
– Le Clos Grincourt..389
Escalles - Karte 1
– La Grand'Maison 390
Marck - Karten 1 und 2
– Le Manoir du Meldick 391
Marles-sur-Canche - Karte 1
– Manoir Francis 392
Tigny-Noyelle - Karte 1
– Le Prieuré 393
Verton - Karte 1
– La Chaumière 394

NORMANDIE

Calvados (14)
Asnières-en-Bessin - Karte 7
– Château d'Asnières-en-Bessin 395
Barbery - Karte 7
– Les Fontaines 396
Bayeux - Karte 7
– Château de Vaulaville..397
Beuvron-en-Auge - Karte 7
– Chez Mme Hamelin 398
Bures-sur-Dives - Karte 7
– Manoir des Tourpes..399
(La) Cambe - Karte 7
– Domaine de la Picquoterie 400
Cambremer - Karte 8
– Manoir de Cantepie 401
– Les Marronniers 402
Clinchamps-sur-Orne - Karte 7
– Le Courtillage...403
Crépon - Karte 7
– Le Haras de Crépon 404
– Manoir de Crépon 405
Géfosse-Fontenay - Karte 7
– Manoir de L'Hermerel..406

Houlgate - Karte 7
  – Château de Dramard...407
Isigny-sur-Mer - Karte 7
  – Château de Vouilly..408
Longueville - Karte 7
  – Le Roulage..409
Maisons par Bayeux - Karte 7
  – Manoir du Carel..410
(Le) Mesnil-Simon - Karte 8
  – Le Cotil..411
Saint-Aubin-Lebizay - Karten 7 und 8
  – Cour l'Épée...412
Saint-Philibert-des-Champs - Karte 8
  – La Ferme des Poiriers Roses..413
Saint-Vigor-le-Grand - Karte 7
  – Manoir du Petit Magny..414
Surville - Karte 8
  – Le Prieuré Boutefol..415
Vieux-Pont-en-Auge - Karten 7 und 8
  – Le Manoir du Lieu Rocher...416
Villers-sur-Mer - Karten 7 und 8
  – Pomme Reinette...417

EURE (27)
Appeville-Annebault - Karten 1 und 8
  – Les Aubépines..418
Bourgtheroulde - Karte 8
  – Château de Boscherville..419
Conteville - Karte 8
  – Le Vieux Pressoir..420
Giverny - Karte 8
  – La Réserve...421
Saint-Clair-d'Arcey - Karte 8
  – Domaine du Plessis...422
Saint-Denis-Le-Ferment - Karten 1 und 9
  – Le Four à Pain...423
Saint-Maclou - Karte 8
  – Le Pressoir du Mont..424

MANCHE (50)
Barfleur - Karte 7
  – La Fèvrerie..425
Barneville-Carteret - Karte 6
  – Manoir de Caillemont...426
Chapelle-en-Juger (La) - Karte 7
  – La Miettrie..427
Coigny - Karte 7
  – Château de Coigny..428
Dragey-l'Église - Karte 6
  – Belleville...429

Ducey - Karte 7
– Le Homme..430
Fresville - Karte 7
– Grainville..431
Montfarville - Karte 7
– Le Manoir...432
(Le) Rozel - Karte 6
– Le Château...433
Saint-Pience - Karte 7
– Le Manoir de la Porte...434
Vergoncey - Karte 7
– Château de Boucéel..435

Orne (61)
Maison-Maugis - Karte 8
– Domaine de l'Emière 436
Moulicent - Karte 8
– La Grande Noë...437
Saint-Bômer-les-Forges - Karte 7
– Château de la Maigraire 438
Sainte-Gauburge-Sainte-Colombe - Karte 8
– La Bussière..439
Survie - Karte 8
– Les Gains...440
– Manoir de Sainte-Croix...441

Seine-Maritime (76)
Dieppe-Pourville - Karte 1
– La Villa Florida 442
Ermenouville - Karten 1 und 8
– Château du Mesnil Geoffroy 443
Étretat - Karte 8
– Villa Les Charmettes..444
Eu - Karte 1
– Manoir de Beaumont..445
Mont-Saint-Aignan - Karten 1 und 8
– Chambres avec vue 446
Saint-Martin-de-Boscherville - Karten 1 und 8
– Le Brécy...447
Villers-Ecalles - Karten 1 und 8
– Les Florimanes 448

PAYS DE LA LOIRE

Loire-Atlantique (44)
(La) Chapelle-sur-Erdre - Karte 14
– La Gandonnière..449
Guérande - Karte 14
– La Guérandière...450
– Le Tricot..451

Legé - Karte 14
- La Mozardière 452

Monnières - Karte 15
- Château Plessis-Brézot 453

(Le) Pallet - Karte 15
- Château de la Sébinière 454

Pornic - Karte 14
- Le Jardin de Retz 455

Sainte-Pazanne - Karte 14
- La Plauderie 456

Varades - Karte 15
- Palais Briau 457

MAINE-ET-LOIRE (49)

Brion - Karte 15
- La Chouannière 458

Chênehutte-les-Tuffeaux - Karte 15
- Beauregard 459

Denezé-sous-Doué - Karte 15
- Le Logis de Rousse 460

Ecuillé - Karte 15
- Malvoisine 461

Feneu - Karte 15
- Le Clos du Rocher 462

Fontevraud-l'Abbaye - Karte 15
- Le Domaine de Mestré 463

Grez-Neuville - Karte 15
- La Croix d'Étain 464

Jaille-Yvon (La) - Karte 15
- Château du Plessis 465

Longué-Jumelles - Karte 15
- Manoir Saint-Gilles 466

Montreuil-sur-Loir - Karte 15
- Château du Montreuil 467

Murs-Érigné - Karte 15
- Le Jau 468

Neuillé - Karte 15
- Château du Goupillon 469

Saint-Mathurin-sur-Loire - Karte 15
- La Bouquetterie 470

Saumur - Karte 15
- Château de Beaulieu 471
- La Cour Pavée 472
- La Croix de la Voulte 473
- Domaine du Marconnay 474

MAYENNE (53)

Château-Gontier - Karte 15
- Château de Mirvault 475

Laval - Karte 7
- Château du Bas du Gast 476

Saint-Denis-d'Anjou - Karte 15
- Le Logis et les Attelages du Ray...477
- La Maison du Roi René...478

SARTHE (72)
Alençon - Saint-Paterne - Karte 8
- Château de Saint-Paterne 479

Asnières-sur-Vègre - Karte 15
- Manoir des Claies..480

Champfleur - Karte 8
- Garencière 481

Dissay-sous-Courcillon - Karte 16
- Le Prieuré 482

Mansigné - Karte 16
- La Maridaumière 483

Monfort-Le-Gesnois - Karten 8 und 16
- Madame Paris..484

Monhoudou - Karte 8
- Château de Monhoudou 485

Neuvy-en-Champagne - Karte 7
- Château de la Renaudière..486

Volnay - Karte 16
- Le Domaine du Grand Gruet 487

VENDÉE (85)
Brétignolles-sur-Mer - Karte 14
- Le Logis de Beaumarchais 488

Chantonnay - Karte 15
- Manoir de Ponsay..489

Doix - Karte 15
- Logis de Chalusseau..490

(La) Flocellière - Karte 15
- Château de la Flocellière 491

(Le) Gué-de-Velluire - Karte 15
- Le Logis d'Elpénor 492

Île d'Yeu - Karte 14
- Le Cabanon des Pêcheurs..493
- Le Petit Marais des Broches..494

Maillezais - Karte 15
- Chez Mme Bonnet...495

Mervent - Karte 15
- Le Logis de la Cornelière...496

Moreilles - Karte 15
- Le Château 497

Nieul-sur-l'Autize - Karte 15
- Le Rosier sauvage 498

(L') Orbrie - Karte 15
- Logis du Ranquinet 499

Saint-Denis-la-Chevasse - Karte 15
- Château du Breuil..500

Saint-Mathurin - Karte 14
  – Château de la Millière 501
Saint-Maurice-des-Noués - Karte 15
  – Le Fief Mignoux 502
Thouarsais-Bouildroux - Karte 15
  – Château de la Cacaudière 503

PICARDIE

AISNE (02)
Chérêt - Karten 3 und 10
  – Le Clos 504
(La) Haute-Épine - Karte 10
  – Domaine des Patrus 505
Ressons-le-Long - Karten 2 und 10
  – La Ferme sur la Montagne 506
Villers-Agron - Karte 10
  – Ferme du Château 507

OISE (60)
Berneuil-sur-Aisne - Karten 2 und 9
  – Chambres d'hôtes de Rochefort 508
Fontaine-Chaalis - Karte 9
  – La Bultée 509
Fosseuse - Karte 9
  – Château de Fosseuse 510
Rousseloy - Karten 2 und 9
  – L'Atelier du sculpteur Hugard 511
Vauciennes - Karte 10
  – Manoir du Plessis au Bois 512

SOMME (80)
Behen - Karte 1
  – Château des Alleux 513
Citernes - Karte 1
  – Château de Yonville 514
Creuse - Karten 2 und 9
  – La Chaumière 515
Fresnes-Mazancourt - Karte 2
  – Chez Martine Warlop 516
Omiécourt - Karten 2 und 9
  – Château d'Omiécourt 517

POITOU-CHARENTES

CHARENTE (16)
Bioussac-Ruffec - Karte 23
  – La Grande Métairie 518

Cherves-Richemont - Karte 22
  – Logis de Boussac..519
Rouillac - Karte 22
  – La Ronde..520
Roullet-Saint-Estèphe - Karte 22
  – Logis de Romainville...521
Vars - Karte 23
  – Logis du Portal..522

Charente-Maritime (17)
(Le) Bois-Plage-en-Ré - Île de Ré - Karten 14 und 22
  – La Maison de Caroline..523
Brives-sur-Charente - Karte 22
  – Logis de Louzignac..524
Crazannes - Karte 22
  – Château de Crazannes...525
Mirambeau - Karte 22
  – Le Parc Casamène..526
Montendre - Karte 22
  – Beaudricourt..527
Saint-Fort-sur-Gironde - Karte 22
  – Château des Salles..528
Saint-Jean-d'Angély - Karte 22
  – Rennebourg..529
Saint-Pierre-d'Oléron - Karte 22
  – Le Clos..530
Saint-Simon-de-Pellouaille - Karte 22
  – Château de la Tillade..531

Deux-Sèvres (79)
Cherveux - Karte 15
  – Château de Cherveux..532
Cirières - Karte 15
  – Château de Cirières...533

Vienne (86)
Antran - Karte 16
  – La Gatinalière..534
Archigny - Karte 16
  – La Talbardière...535
Chauvigny - Karte 16
  – La Rivière aux Chirets...536
  – La Veaudepierre...537
Lavoux - Karte 16
  – Logis du Château du Bois Doucet...538
Pouant - Karte 16
  – Le Bois Goulu..539
Surin - Karte 23
  – Château de Cibioux...540
(La) Trimouille - Karte 16
  – Château de Régnier...541

(Les) Trois-Moutiers - Karte 15
- Château de Ternay..542
Vouneuil-sur-Vienne - Karte 16
- Les Hauts de Chabonne..543

PROVENCE-CÔTE D'AZUR

ALPES-DE-HAUTE-PROVENCE (04)
Cruis - Karte 34
- Foulara...544
Esparron-de-Verdon - Karte 34
- Château d'Esparron...545
Méolans-Revel - Karte 34
- Maison d'hôtes des Méans 546
Noyers-sur-Jabron - Karte 34
- L'Escapade 547
- Le Jas de la Caroline 548
(Les) Omergues - Karte 33
- Le Moulin de la Viorne 549
Simiane-la-Rotonde - Karte 33
- Les Granges de Saint-Pierre..550
Villeneuve - Karte 34
- La Maurissime...551

HAUTES-ALPES (05)
Arvieux-en-Queyras - Karte 27
- La Girandole...552
Gap - Karten 27 und 34
- Le Parlement 553
Serres - Karte 33
- Le Mas Rome..554

ALPES-MARITIMES (06)
Antibes-Juan-les-Pins - Karte 35
- La Bastide du Bosquet 555
(La) Colle-sur-Loup - Karte 35
- L'Ange Bleu 556
(La) Gaude - Karte 35
- La Bastide de la Citadelle 557
Grasse - Karte 34
- Le Coteau de Malbosc..558
Vence - Karte 35
- La Villa Renée..559

BOUCHES-DU-RHÔNE (13)
Aubagne - Karte 33
- Les Quatre-Vents..560
Aureille - Karte 33
- Le Balcon des Alpilles 561

Barbentane - Karte 33
– Mas de Bassette..562
Fontvieille - Karte 33
– Le Mas de la Tour 563
Gémenos - Karte 33
– Mas de Coupier 564
Grans - Karte 33
– La Magnanerie 565
Orgon - Karte 33
– Domaine de Saint-Véran 566
Peynier - Karte 33
– Mas Sainte-Anne 567
Saint-Étienne-du-Grès - Karte 33
– Mas Predon..568
Tarascon - Karte 33
– Rue du Château 569
Verquières - Karte 33
– Mas de Castellan 570

Var (83)

(Le) Beausset - Karte 34
– Les Cancades...571
Bormes-les-Mimosas - Karte 34
– La Grande Maison..572
Brignoles - Karte 34
– La Cordeline...573
Brue-Auriac - Karte 34
– La Bastide Collombe 574
Carqueiranne - Karte 34
– L'Aumônerie 575
Cotignac - Karte 34
– Maison Gonzagues 576
– La Radassière 577
Ginasservis - Karte 34
– La Garonne...578
Grimaud - Karte 34
– Cap Martin 579
– Leï Méssugues...580
Lorgues-en-Provence - Karte 34
– La Bastide du Pin 581
Plan-de-la-Tour - Karte 34
– Le Mas du Rouge 582
Pontevès - Karte 34
– Saint-Ferréol..583
Pourrières - Karte 33
– Mas des Graviers 584
Roquebrune-sur-Argens - Karte 34
– Vasken 585
(La) Roquebrussanne - Karte 34
– Mas de Fontbelle 586

Sainte-Maxime - Karte 34
 – Le Bastidon Saint-Michel 587
Signes - Karte 34
 – La Vieille Bastide 588
(Le) Thoronet - Karte 34
 – Bastide des Hautes Moures 589

VAUCLUSE (84)
Althen-les-Paluds - Karte 33
 – La Prévôté 590
Aurel - Karte 33
 – Richarnau 591
Avignon - Karte 33
 – L'Anastasy 592
 – La Banasterie 593
(Le) Barroux - Karte 33
 – Mas de la Lause 594
Beaumes-de-Venise - Karte 33
 – La Grange aux chats 595
Bédoin - Karte 33
 – Aux Tournillayres 596
Bonnieux - Karte 33
 – Bonne Terre 597
 – La Bouquière 598
 – Les Trois Sources 599
Châteauneuf-de-Gadagne - Karte 33
 – Le Clos des Saumanes 600
Crestet - Karte 33
 – La Respelido 601
 – La Ribaude 602
Faucon - Karte 33
 – Les Airs du Temps 603
Gordes - Karte 33
 – La Badelle 604
 – La Borie 605
 – Au Ralenti du Lierre 606
Grambois - Karte 33
 – Le Jas de Monsieur 607
(L') Isle-sur-la-Sorgue - Karte 33
 – Mas Saint-Damien 608
Jonquières - Karte 33
 – Mas du Clos de l'Escarrat 609
Lagnes - Karte 33
 – La Ferme des 3 Figuiers 610
 – La Pastorale 611
Lauris - Karte 33
 – La Bastide de Piecaud 612
 – La Carraire 613
 – La Maison des Sources 614
Loriol-du-Comtat - Karte 33
 – Château Talaud 615

***Lourmarin** - Karte 33*
- Villa Saint-Louis 616

***Malaucène** - Karte 33*
- Le Château Crèmessières 617

***Mazan** - Karte 33*
- L'Agapée 618
- La Grange de Jusalem 619

***Ménerbes** - Karte 33*
- La Magnanerie 620

***Monteux** - Karte 33*
- La Badiane 621
- Le Mas des Songes 622

***Mormoiron** - Karte 33*
- La Cigale 623

***Murs** - Karte 33*
- Les Hauts de Véroncle 624

***Oppède** - Karte 33*
- Bastide Le Mourre 625
- Le Domaine du Petit Crui 626
- Le Silence des Anges 627

***Orange** - Karte 33*
- Domaine du Vieux Bouigard 628

***Pernes-les-Fontaines** - Karte 33*
- Saint-Barthélémy 629

***Puyvert** - Karte 33*
- La Cipionne 630

***Robion** - Karte 33*
- Domaine de Canfier 631

***Roussillon** - Karte 33*
- Mamaison 632
- Les Tilleuls 633

***Rustrel** - Karte 33*
- La Forge 634

***Saignon-en-Luberon** - Karte 33*
- Chambre de séjour avec vue… 635

***Saint-Pierre-de-Vassols** - Karte 33*
- La Barjaquière 636

***Saint-Saturnin-lès-Apt** - Karte 33*
- Mas de Lumière 637

***Saumane-de-Vaucluse** - Karte 33*
- Sous les Canniers 638

***Séguret** - Karte 33*
- Saint-Jean. 639

***Suzette** - Karte 33*
- La Treille 640

***(Le) Thor** - Karte 33*
- Le Mas de Miejour 641
- Le Mas des Prés 642

***Vaison-la-Romaine** - Karte 33*
- Bastide La Combe 643

- La Calade 644
- L'Évêché..................645

Valréas - *Karte 33*
- Mastignac..................646

Velleron - *Karte 33*
- Villa Velleron..................647

Venasque - *Karte 33*
- La Maison aux Volets Bleus..................648

RHÔNE-ALPES

Ain (01)
Saint-André-sur-Vieux-Jonc - Karte 26
- Manoir de Marmont..................649

Ardèche (07)
Lamastre - Karte 26
- Mounens..................650

Pourchères - Karte 26
- Chez Marcelle et Jean-Nicolas Goetz..................651

Saint-Désirat - Karte 26
- La Désirade..................652

Saint-Lager-Bressac - Karte 26
- Château de Fontblachère..................653

Saint-Pierreville - Karte 26
- Le Moulinage Chabriol..................654

Uzer - Karte 32
- Château d'Uzer..................655

Vagnas - Karte 32
- Mas d'Alzon..................656

Drôme (26)
Alixan - Karte 26
- L'Eygalière..................657

Buis-les-Baronnies - Karte 33
- L'Ancienne Cure..................658

Châteaudouble - Karte 26
- Domaine du Grand Lierne..................659

Châtillon-Saint-Jean - Karte 26
- Maison forte de Clérivaux..................660

Colonzelle - Karte 33
- La Maison de Soize..................661

Dieulefit - Karte 33
- Domaine de la Fayence..................662
- Villa Mary..................663

Mérindol-les-Oliviers - Karte 33
- Le Balcon de Rosine..................664
- Les Grand'Vignes..................665

– La Lumière 666
Montségur-sur-Lauzon - Karte 33
– Le Moulin de Montségur.....................................667
Pont-de-Barret - Karten 26 und 33
– Les Tuillières...668
(La) Rochette-du-Buis - Karte 33
– La Honas 669
Roussas - Karte 33
– Le Buisson...670
Suze-la-Rousse - Karte 33
– Mas de Champelon..671
Truinas - Karten 26 und 33
– La Souche..672
– Les Volets Bleus..673

ISÈRE (38)
Saint-Martin-de-la-Cluze - Karte 26
– Château de Pâquier..674

LOIRE (42)
Commelle-Vernay - Karte 25
– Château de Bachelard...675
Lentigny - Karte 25
– Domaine de Champfleury 676
Renaison - Karte 25
– Platelin...677
Saint-Galmier - Karte 25
– Le Plat 678
Saint-Jean-Saint-Maurice - Karte 25
– L'Échauguette..679
Saint-Pierre-la-Noaille - Karte 25
– Domaine du Château de Marchangy 680

RHÔNE (69)
Chénas - Karte 26
– Château Lambert 681
Lamure / Azergues - Karte 26
– Château de Pramenoux 682
Lancié / Belleville - Karte 26
– Les Pasquiers...683
Morancé - Karte 26
– Château du Pin 684
Theizé - Karte 26
– La Ferme du Saint 685
Villié-Morgon - Karte 26
– Le Clachet 686
– La Javernière 687

Savoie (73)
Aime - Karte 27
– Chalet Le Paradou 688
Crest-Voland - Karte 27
– Le Selué 689
Sainte-Foy-Tarentaise - Karte 27
– Yellow Stone Chalet 690
Haute-Savoie (74)
Chamonix-Mont-Blanc - Karte 27
– La Girandole 691
Menthon-Saint-Bernard - Karte 27
– La Vallombreuse 692
Saint-Félix - Karte 27
– Les Bruyères 693
Thônes - Karte 27
– Chalet Les Lupins 694
Vaulx - Karte 27
– La Ferme sur les Bois 695

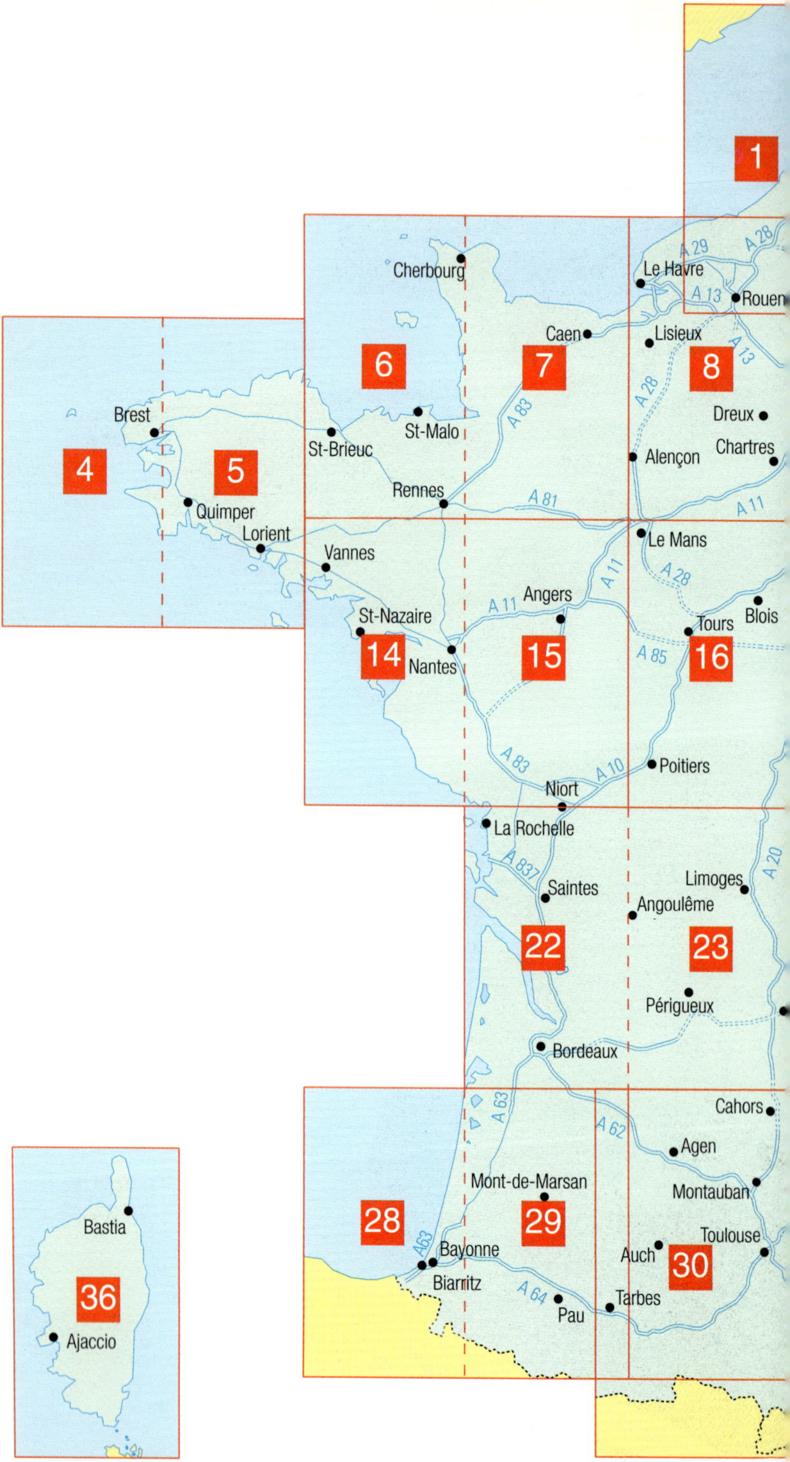

1
4
5
6
7
8
14
15
16
22
23
28
29
30
36
Cherbourg
Le Havre
Rouen
Caen
Lisieux
Brest
St-Malo
St-Brieuc
Dreux
Chartres
Alençon
Quimper
Rennes
Lorient
Le Mans
Vannes
Angers
Blois
St-Nazaire
Tours
Nantes
Poitiers
Niort
La Rochelle
Saintes
Limoges
Angoulême
Périgueux
Bordeaux
Cahors
Agen
Mont-de-Marsan
Montauban
Toulouse
Bayonne
Auch
Biarritz
Tarbes
Pau
Bastia
Ajaccio
A 29
A 28
A 13
A 83
A 81
A 11
A 85
A 10
A 837
A 20
A 63
A 62
A 64

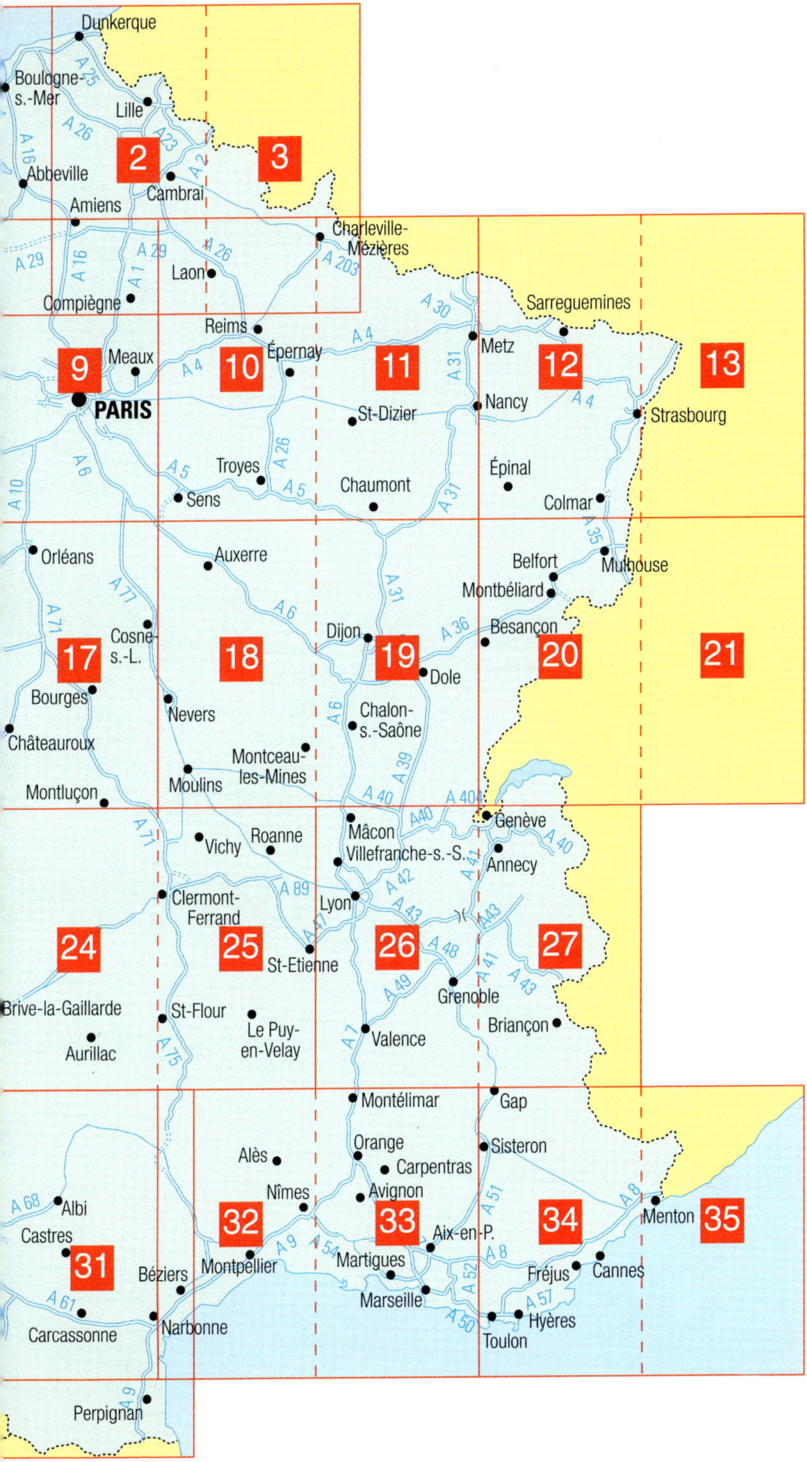

Dunkerque
Boulogne-s.-Mer
Lille
Abbeville
Cambrai
Amiens
Charleville-Mézières
Laon
Compiègne
Sarreguemines
Reims
Meaux
Épernay
Metz
PARIS
St-Dizier
Nancy
Strasbourg
Troyes
Épinal
Sens
Chaumont
Colmar
Orléans
Auxerre
Belfort
Mulhouse
Montbéliard
Besançon
Dijon
Cosne-s.-L.
Dole
Bourges
Nevers
Chalon-s.-Saône
Châteauroux
Montceau-les-Mines
Moulins
Montluçon
Genève
Mâcon
Vichy
Roanne
Villefranche-s.-S.
Annecy
Clermont-Ferrand
Lyon
St-Etienne
Grenoble
Brive-la-Gaillarde
St-Flour
Le Puy-en-Velay
Briançon
Aurillac
Valence
Montélimar
Gap
Sisteron
Orange
Alès
Carpentras
Avignon
Nîmes
Albi
Menton
Castres
Aix-en-P.
Montpellier
Béziers
Martigues
Fréjus
Cannes
Marseille
Carcassonne
Narbonne
Hyères
Toulon
Perpignan
A 25
A 26
A 16
A 23
A 2
A 29
A 1
A 203
A 30
A 4
A 31
A 6
A 5
A 10
A 35
A 77
A 71
A 36
A 39
A 40
A 404
A 89
A 42
A 41
A 43
A 47
A 48
A 49
A 75
A 7
A 51
A 8
A 68
A 9
A 54
A 52
A 57
A 61
A 50
2
3
9
10
11
12
13
17
18
19
20
21
24
25
26
27
31
32
33
34
35

KARTENERKLÄRUNG

Maßstab : 1/1 000 000
Karten 30 und 31 : Maßstab 1/1 200 000

AUTOBAHN
In Betrieb — A9 – L'Océane
Im Bau oder in Planung

STRASSE
Schnellstraße
Fernverkehrsstraße
Vierspurige Straße
Gut ausgebaute Straße
Nebenstraße

VERKEHR
National
Régional
Lokal

KREUZ
Komplett
Partiell

ENTFERNUNGSANGABEN
Autobahn — 10
Straße — 10

GRENZE
eines Staates
einer Region
eines Departements

ORTSKLASSIFIKATION
Bebaute Fläche
Hauptstadt
Großstadt
Bedeutende Stadt
Mittelstadt
Kleinstadt

FLUGPLATZ

WALD

PARK
Grenze
Zentrales Gebiet eines Nationalparks
Zentrales Gebiet eines Nationalparks und Regionalpark

Kartographie
Sélection *du Reader's Digest*

Ausführung
éditerra
90, rue Nationale
75013 Paris
Tél : +33 (0)1 45 84 30 84

1
Biddenden
Tenterden
Dover
Hawkhurst
Folkestone
Hythe
New Romney
Lydd
Rye
Hastings
Dungeness
PAS DE CALAIS
Calais
Marck
Sangatte
Escalles
Wissant
Ardres
Guînes
Audinghen
Ambleteuse
Marquise
Wimereux
Licques
Nabringhen
Boulogne-s.-Mer
Le Portel
Liane
Desvres
Nielles
Hesdin-l'Abbé
Samer
Sénlecques
Hardelot-plage
Neufchâtel-Hardelot
Dannes
Camiers
Frencq
Hucqueliers
Maninghem
Étaples
Le Touquet-Paris-Plage
Cucq
Merlimont
Montreuil
Marles-s.-Canche
Beaurainville
Berck
Verton
Canche
Campagne-lès-H.
Fort-Mahon-Plage
Authie
Argoules
Quend
Douriez
Labroye
Crécy-en-P.
Rue
Le Crotoy
St-Valéry
Nouvion
Canchy
Cayeux-s.-Mer
Port-le-Grand
Lanchères
Abbeville
St-Riquier
Ault
Friville
Moyenneville
Ailly
Mers-les-Bains
Le Tréport
Eu
Somme
Flixecourt
Criel-s.-Mer
Hallencourt
St-Maxent
Gamaches
Sept-Meules
Citerne
Oisemont
Airaines
Varengeville-s.-Mer
Dieppe
Blangy-s.-Br.
Sénarpont
Molliens-Dreuil
St-Nicolas
Envermeu
Grandcourt
St-Valery-en-Caux
Veules
Bourg-Dun
Offranville
Liomer
Hornoy
Veulettes-s.-Mer
Ste-Colombe
Fontaine-le-D.
Londinières
Foucarmont
Quevauvillers
Ermenouville
Longueville
Torcy-le-Pt
Clais
Cany-Barville
Bacqueville-en-C.
Osmoy
Aumale
Poix
Mortemer
Thieulloy
Ourville
Doudeville
St-Laurent-en-C.
Ardouval
Neufchâtel-en-B.
Héricourt
Seine-Maritime
76
Auffay
St-Saëns
St-Saire
Abancourt
Sarcus
Fauville
Yerville
Tôtes
Grandvilliers
Bermonville
Feuquières
Limésy
Formerie
Crèvecoeur-le-Gd
Yvetot
Pavilly
Clères
Cailly
Buchy
Forges-les-Eaux
Trouville
Caudebec-en-Caux
Montville
Marseille-en-B.
Songeons
Lillebonne
Barentin
Quincampoix
Argueil
Seine
Duclair
Gournay-en-Bray
Troissereux
Quillebeuf
Le Trait
Mt-St-Aignan
Croisy
La Feuillie
St-Martin-de-Boscherville
Darnétal
Beauvais
Jumièges
Rouen
Sotteville-lès-Rouen
Bourneville
Boos
Lyons-la-Forêt
Neuf-Marché
Grand-Couronne
Fleury-s.-And.
Morgny
Sérifontaine
La Bouille
Charleval
Campigny
Bourg-Achard
Oissel
St-Denis-le-Ferment
Pont-de-l'Arche
Écouis
Montfort-s.-Risle
Elbeuf
Étrépagny
Gisors
Léry
390
391
392
393
394
445
513
514
442
443
446
448
447
418
423
2
8
9

2
De Panne
Nieuwpoort
Ichtegem
Aalter
Bray-Dunes
Veurne
Torhout
Wingene
Ruiselede
Dunkerque
St-Pol
Diksmuide
Kortemark
Ardooie
Gravelines
Zarren
Hooglede
Tielt
Houthulst
Loon
Bergues
Merkem
Staden
Marck
Bourbourg
Beveren
Langemark
Roeselare
Meulebeke
St-Pierre-Brouck
Rexpöede
Waregem
391
Audruicq
Ardres
388
Wormhout
Poperinge
Kortrijk
Arnèke
Leper
Watten
Licques
Cassel
Steenvoorde
Wijtschate
Menen
Halluin
Mouscron
St-Omer
Arques
Bailleul
Tourcoing
387
Dottignies
Esquerdes
Hazebrouck
Roubaix
Wattrelos
Lumbres
Nielles
Armentières
Marcq-en-B.
Leers
Hem
Aire
Merville
Lomme
Lille
Senlecques
Thérouanne
Isbergues
Estaires
Hauboudin
V.-d'Ascq
Tournai
Hucqueliers
Lillers
Wavrin
Bouvines
Péronnes
Maninghem
Pas-de-Calais 62
Béthune
Seclin
Nord 59
Fruges
La Bassée
Pont-à-M.
Ruisseauville
Bruay-la-B.
Gosnay
Wingles
Carvin
Rumegies
Heuchin
Nœux-les-Mines
Orchies
St-Amand-les-E.
Azincourt
Oignies
Beaurainville
Anvin
Houdain
Liévin
Lens
Hénin-B.
Blangy
Humières
Campagne-lès-H.
St-Pol-s.-Ternoise
389
Vimy
Marchiennes
Waziers
Hesdin
Walters
Aubigny
Douai
Denain
Fillièvres
Maizières
Duisans
Aniche
Douchy-les-M.
Labroye
Frévent
Avesnes
Arras
Bouchain
Auxi-le-Ch.
Beaumetz-lès-L.
Achicourt
Haspres
Avesnes-lès-A.
Maizicourt
Lucheux
Marquion
Iwuy
Carnières
Doullens
Cambrai
St-Riquier
Bernaville
Vaulx-Vraucourt
Marcoing
Bucquoy
Caudry
Domart
Ailly
Bapaume
Esnes
Canaples
Clary
Berteaucourt
Hédauville
Flixecourt
Gouzeaucourt
Hallencourt
Flesselles
Contay
Albert
Le Catelet
Villers-Bocage
Franvillers
Airaines
Morlancourt
Bray-s.-S.
Roisel
Fresnoy-le-Grd
Riqueval
Picquigny
Péronne
Amiens
Molliens-Dreuil
Corbie
Estrées-Mons
Vermand
St-Quentin
Salouël
Villers-B.
Villers-C.
Fresnes-Mazancourt
Neuville-St-Amand
Quevauvillers
Boves
Omiécourt
Creuse
Démuin
Chaulnes
Gauchy
516
517
Poix
Ailly
Moreuil
Thieulloy
515
Conty
Bouchoir
Nesle
Ham
Vendeuil
Flers
Somme 80
Flavy-le-M.
Croissy
Roye
Grandvilliers
Tergnier
La Fère
Montdidier
Guiscard
Breteuil
Crèvecoeur-le-Grd
Chauny
St-Gobain
Ansauvillers
Lassigny
Marseille-en-B.
Luchy
Maignelay-Montigny
Cuvilly
Noyon
Froissy
Ressons
Coucy-le-Ch.
Juvignies
Thieux
Cuts
Troissereux
Ribécourt-Dreslincourt
St-Just-en-Chaussée
Blérancourt
Montreuil
Longueil-Annel
Bulles
508
506
Argenlieu
Estrées-St-Denis
Berneuil-s.-Aisne
Terny-Sorny
Beauvais
Cressonsacq
Compiègne
Vézaponin
Oise 60
Clermont
Vic-s.-A.
Pommiers
Soissons
Arsy
Trosly-B.
Ressons-le-Long
Liancourt
9
10
Noailles
Mouy
511
Pierrefonds
Berzy-le-Sec
Morienval
Pont-Ste-
Verberie
1
Somme
Oise
Aisne
Scarpe
Escaut
Canal du Nord
Lys
Yzer
A16
A25
A26-E15
A1
A1-E17
A2-E19
A29
A23
A21
N1
N17
N25
N29
N31
N32
N41
N42
N43
N45
N50

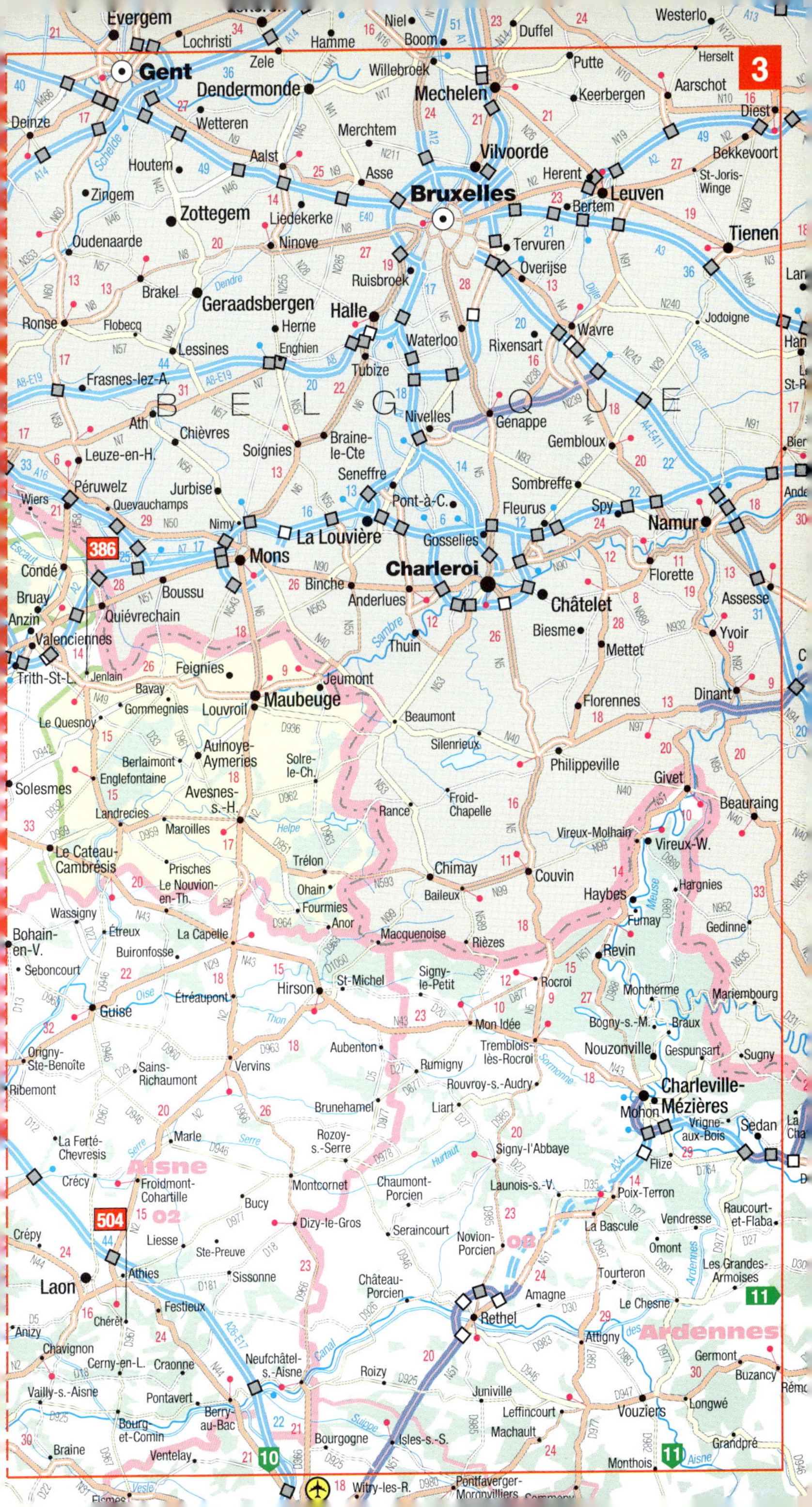
3
Evergem
Lochristi
Gent
Zele
Hamme
Niel
Boom
Duffel
Westerlo
Herselt
Deinze
Dendermonde
Willebroek
Mechelen
Putte
Keerbergen
Aarschot
Diest
Wetteren
Merchtem
Vilvoorde
Bekkevoort
Houtem
Aalst
Asse
Herent
Leuven
St-Joris-Winge
Zingem
Zottegem
Liedekerke
Bruxelles
Bertem
Tienen
Oudenaarde
Ninove
Tervuren
Overijse
Brakel
Geraardsbergen
Ruisbroek
Halle
Wavre
Jodoigne
Ronse
Flobecq
Herne
Waterloo
Rixensart
Lessines
Enghien
Tubize
Frasnes-lez-A.
Ath
Chièvres
BELGIQUE
Nivelles
Genappe
Leuze-en-H.
Soignies
Braine-le-Cte
Gembloux
Péruwelz
Jurbise
Seneffre
Sombreffe
Wiers
Quevauchamps
Pont-à-C.
Fleurus
Spy
Namur
Nimy
La Louvière
Gosselies
Mons
Charleroi
Floreffe
Condé
Boussu
Binche
Anderlues
Châtelet
Assesse
Bruay
Anzin
Quiévrechain
Valenciennes
Thuin
Biesme
Mettet
Yvoir
Trith-St-L.
Jenlain
Feignies
Jeumont
Dinant
Bavay
Maubeuge
Florennes
Le Quesnoy
Gommegnies
Louvroil
Beaumont
Silenrieux
Berlaimont
Aulnoye-Aymeries
Solre-le-Ch.
Philippeville
Givet
Englefontaine
Solesmes
Avesnes-s.-H.
Rance
Froid-Chapelle
Beauraing
Landrecies
Maroilles
Vireux-Molhain
Vireux-W.
Le Cateau-Cambrésis
Prisches
Trélon
Chimay
Couvin
Le Nouvion-en-Th.
Ohain
Baileux
Haybes
Hargnies
Wassigny
Fourmies
Fumay
Gedinne
Bohain-en-V.
Étreux
La Capelle
Anor
Macquenoise
Rièzes
Revin
Buironfosse
Seboncourt
Hirson
St-Michel
Signy-le-Petit
Rocroi
Montherme
Mariembourg
Guise
Étréaupont
Mon Idée
Bogny-s.-M.
Braux
Origny-Ste-Benoîte
Aubenton
Tremblois-lès-Rocroi
Nouzonville
Gespunsart
Sugny
Sains-Richaumont
Vervins
Rumigny
Rouvroy-s.-Audry
Ribemont
Charleville-Mézières
Mohon
Brunehamel
Liart
Vrigne-aux-Bois
Sedan
Marle
Rozoy-s.-Serre
La Ferté-Chevresis
Signy-l'Abbaye
Flize
Aisne
Crécy
Froidmont-Cohartille
Montcornet
Chaumont-Porcien
Launois-s.-V.
Poix-Terron
Bucy
Raucourt-et-Flaba
Crépy
Dizy-le-Gros
La Bascule
Vendresse
Liesse
Ste-Preuve
Seraincourt
Novion-Porcien
Omont
Laon
Athies
Sissonne
Château-Porcien
Tourteron
Les Grandes-Armoises
Festieux
Amagne
Le Chesne
Chérêt
Rethel
Attigny
Ardennes
Anizy
Chavignon
Cerny-en-L.
Craonne
Neufchâtel-s.-Aisne
Roizy
Germont
Buzancy
Vailly-s.-Aisne
Pontavert
Juniville
Vouziers
Longwé
Bourg-et-Comin
Berry-au-Bac
Leffincourt
Machault
Braine
Ventelay
Bourgogne
Isles-s.-S.
Grandpré
Monthois
Witry-lès-R.
Pontfaverger-Moronvilliers
386
504
10
11
Escaut
Dendre
Dyle
Sambre
Meuse
Helpe
Oise
Thon
Serre
Sormonne
Hurtaut
Vesle
Suippe
Canal

4

Plouguerneau
Portsall · Landéda · Lannilis
Ploudalmézeau · Plouguin · Bourg-B.
Porspoder · Plourin · Plabennec
Brélès · Gouesnou
Ouessant · St-Renan · **Brest**
Lampaul
Le Conquet

Ile Molène

MER

Camaret-s.-Mer · Lanvéoc · Tal-ar-Groas
Crozon
Morgat

Baie de Douarnenez

D'IROISE

Pont-Croix
Ile de Sein · Plogoff · Audierne
Plouhinec
Plozevet

Pouldreuzic

Penmarc'h

5
MANCHE
Ile de Batz
178
165 166
168
164
169
163
183
182
Roscoff
St-Pol-de-Léon
Brignogan-Plage
Plouescat
Cléder
Guissény
Carantec
Taulé
Plougasnou
Locquirec
Lanmeur
Plestin-les-G.
Trémel
Trégastel-Pl.
Trégastel
Perros-Guirec
Pleumeur-Bodou
Trébeurden
Beg-Leguer
Lannion
Ploumilliau
Plougrescant
Tréguier
Pleubian
Kerbors
Ploubazlanec
Paimpol
La Roche-Derrien
Pommerit-Jaudy
Pontrieux
Plouézec
Lanloup
Brélidy
Bégard
Trégrom
Plouaret
Pédernec
Guingamp
170
159
Lanvollon
Goudelin
Plélo
Châtelaudren
Lesneven
Le Folgoët
Le Drennec
Lanhouarneau
Croix-Neuve
Ploudaniel
Landivisiau
Morlaix
Plouigneau
Belle-Isle-en-Terre
Landerneau
Guipavas
Queff
Le Tréhou
Plougastel-Daoulas
Daoulas
Logonna-Daoulas
Landévennec
St-Sauveur
Commana
Sizun
Roudouhir
Plougonven
Lannéanou
180
181
Coat-ar-Herno
Scrignac
Berrien
Huelgoat
Plougonver
Calanhel
Bourbriac
St-Péver
Côtes-d'Armor
22
Callac
Kérien
Quintin
Poullaouen
Locarn
Maël-Carhaix
Lanrivain
Corlay
St-Nicolas-du-Pélem
175
176
Loqueffret
Quimerch
Brasparts
Pont-de-Buis
Finistère
29
Carhaix-Plouguer
Port-Carhaix
Canal de Nantes à Brest
Rostrenen
Pleyben
Plonévez-du-F.
Châteaulin
177
Ste-Anne-la-Palud
Plomodiern
Cast
Aulne
Châteauneuf-du-F.
Gouarec
St-Mayeux
Mûr-de-B.
Plonévez-Porzay
Douarnenez
Locronan
Plogonnec
Briec
Trégourez
Gourin
Plouray
Roudouallec
Silfiac
Cléguérec
Neulliac
Pouldergat
Landudec
Croix-Menez-Bris
Coray
Morbihan
56
Ploërdut
Guémené-s.-S.
Pontivy
Quimper
Tourch
Scaër
Craojou
Le Faouët
Kernascléden
Guern
179
St-Adrien
185
Meslan
Melrand
Plonéour-Lanvern
Rosporden
Querrien
Fouesnant
Bannalec
174
Locunel
Bubry
Pluméliau
Pont-l'Abbé
Concarneau
186
Arzano
Plouay
Bénodet
Beg-Meil
Trégunc
Quimperlé
203
Inzinzac-Lochrist
Baud
Loctudy
Plobannalec
Pont-Aven
Pont-Scorff
Guilvinec
Névez
Riec-s.-B.
200
Languidic
205
Moëlan-s.-Mer
Guidel
Queven
Hennebont
184
Clohars-Carnoët
Lorient
Lanester
Landévant
Pluvigner
Grand-Champ
198
Iles de Glénan
Ploemeur
Larmor-Plage
Riantec
Merlevenez
Brech
Port-Louis
Plouhinec
Auray
Ste-Anne-d'Auray
Belz
206
Étel
Ploemel
204
Ile de Groix
201
202
Plouharnel
La Trinité-s.-Mer
Carnac
St-Philibert
Locmariaquer
St-Pierre-Quiberon
Port-Navalo
Quiberon
St-Gildas-de-Rhuys
Ile de Houat
Sauzon
Le Palais
Belle-Ile
Locmaria
Ile de Hoëdic
6
14

6

Cap de la Hague

Alderney (Aurigny)

Auderville, Jobourg, Urville-Nacqueville, Beaumont, **Cherbourg**, Équeurdreville-H., Octeville, Tourlaville, Vasteville, Diélette, St-Martin-le-Gréard, Les Pieux, Le Rozel, Grosville, Quettetot, Bricquebec, Négreville

Guernsey (Guernesey) — St-Sampson, St-Peter-Port

Sark

433

Carteret, Barneville, St-Sauveur-le-V., Portbail

426

La Haye-du-Puits, St-Germain-s.-Ay, Lessay

St-Hélier — **Jersey**

Montsurvent, Agon-Coutainville, Montmartin-s.-Mer, Lingreville, Bréha, Bréville-s.-Mer

Iles Chausey (Grande Ile)

Donville-les-Bains, Granville, St-Pair-s.-Mer, Jullouville, Carolles, Dragey-Ronthon, Genêts

159 Plouha, St-Quay-Portrieux, Trémeloir, Plérin, **St-Brieuc**, Ploufragan, Langueux

162 Les Sables-d'Or, Erquy, Pléneuf-Val-André, Matignon, Hénanbihen, Planguenoual

173 Fréhel, Ploubalay, Trégon, Créhen, Bourseul, Plancoët

160 190 195 188 Pointe du Grouin — **Baie du Mont St-Michel** — **Mont St-Michel** — **429**

Paramé, **St-Malo**, Dinard, St-Coulomb, Cancale, La Gouesnière, Le Vivier-s.-Mer, St-Broladre

161 Pleslin-Trigavou, Pleurtuit, St-Suliac, Miniac-Morvan, Dol-de-B., La Boussac, Pontorson, Cuguen, Antrain

171 Lamballe, Quessoy, Pléven, St-Michel-de-Plélan, Corseul, **Dinan**, Lanvallay, Calorguen, St-Pierre-de-Plesguen, Lanhélin, Combourg, Bazouges-la-Pérouse

167 158 172 187 191 197 Plélan-le-Petit, Jugon-les-Lacs, Yvignac, Broons, Éréac, St-André-des-Eaux, Evran, Pleugueneuc, Tinténiac, Dingé, Bécherel, Médréac, Caulnes, Hédé, Sens-de-B., St-Aubin-d'Aubigné, Liffré

Ploeuc-s.-Lié, L'Hermitage-Lorge, Uzel, La Malhoure, Moncontour, Langouèdre, Collinée, Merdrignac, Plémet, Loudéac, Plouguenast, Irodouer, Montreuil, Gévezé, Melesse

Côtes-d'Armor 22 — **Ille-et-Vilaine 35**

La Chèze, La Trinité-Porhoët, Trémorel, Illifaut, St-Méen-le-G., Montauban-de-Bretagne, Bédée, St-Gilles, **Rennes**, Noyal-V.

193 192 14 Ménéac, Mohon, Guilliers, Mauron, Gaël, Muel, Iffendic, Montfort, St-Jacques-de-la-L., Bruz, Vern-Châteaugiron-s.-S.

St-Samson-Rohan, Crédin, Les Forges, Néant-s.-Y, Paimpont, St-Péran, Mordelles

Naizin, Réguiny, St-Allouestre, Josselin, Guégon, Ploërmel, Augan, Plélan-le-G., Campénéac, La Chapelle-Bouëxic, Guichen, Janzé

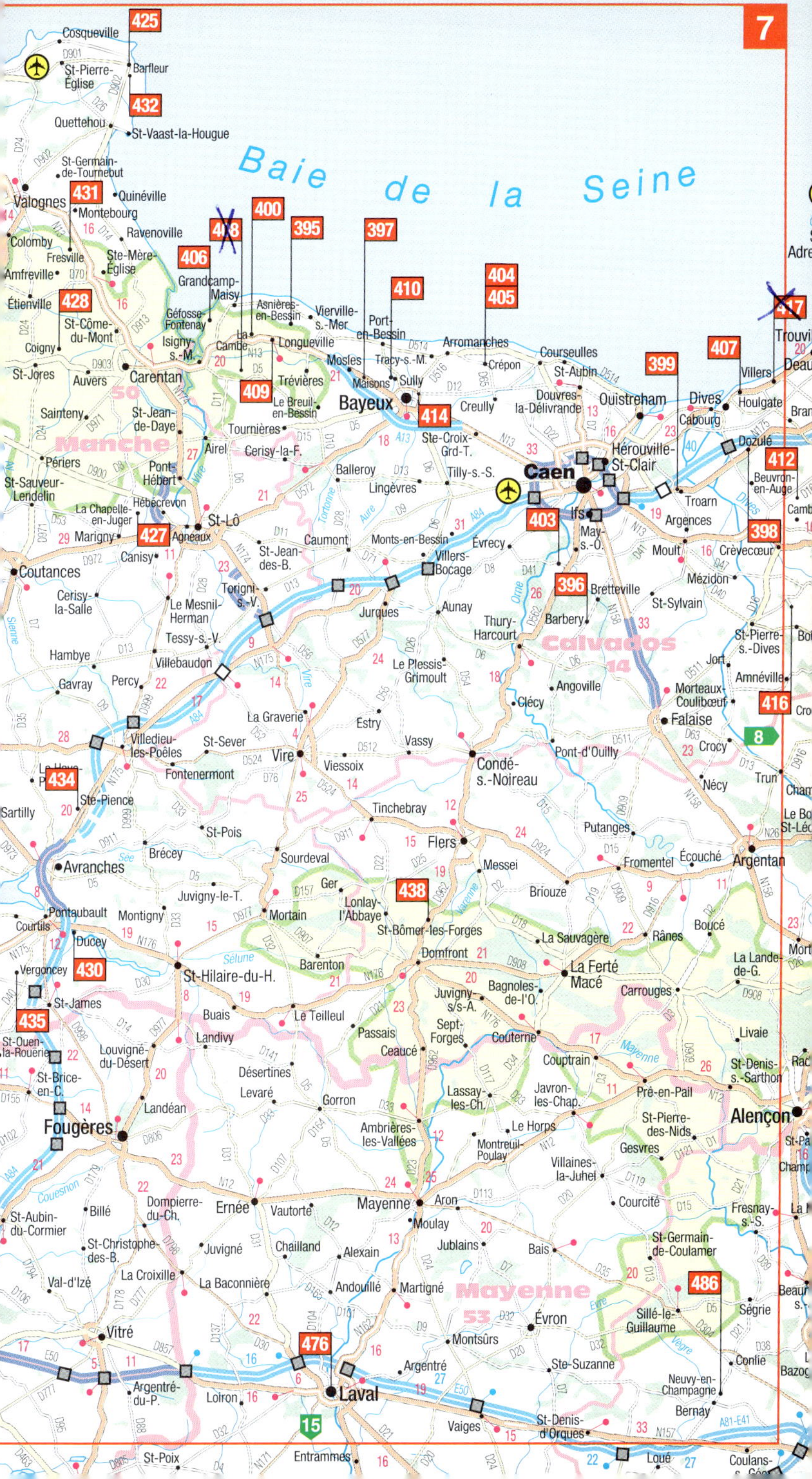

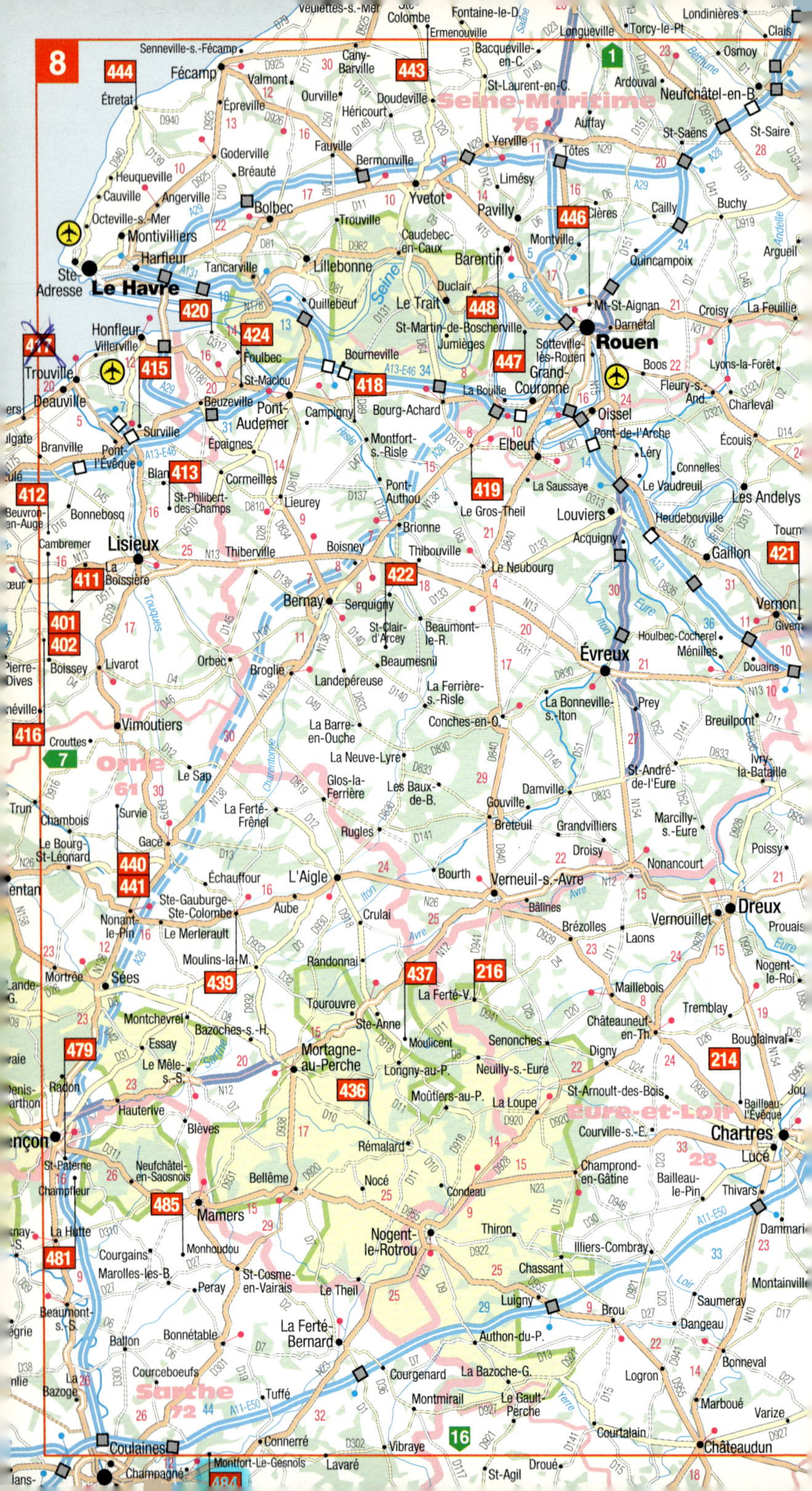
8
444
443
446
448
447
420
424
415
418
419
413
412
411
401
402
416
422
421
440
441
439
437
216
214
436
479
485
481
484
Seine-Maritime
76
Orne
61
Eure-et-Loir
28
Sarthe
72
Fécamp
Étretat
Senneville-s.-Fécamp
Valmont
Cany-Barville
Ourville
Doudeville
Héricourt
Fauville
Bermonville
Yvetot
Yerville
Tôtes
Auffay
Longueville
Torcy-le-Pt
Londinières
Osmoy
Clais
Ardouval
Neufchâtel-en-B.
St-Saëns
St-Saire
Bacqueville-en-C.
St-Laurent-en-C.
Fontaine-le-D.
Ermenouville
Ste-Colombe
Veulettes-s.-Mer
Épreville
Goderville
Bréauté
Heuqueville
Cauville
Angerville
Bolbec
Octeville-s.-Mer
Montivilliers
Harfleur
Ste-Adresse
Le Havre
Tancarville
Lillebonne
Trouville
Caudebec-en-Caux
Barentin
Pavilly
Limésy
Montville
Clères
Cailly
Buchy
Quincampoix
Arguel
Duclair
Le Trait
Quillebeuf
Seine
St-Martin-de-Boscherville
Jumièges
Mt-St-Aignan
Darnétal
Rouen
Croisy
La Feuillie
Sotteville-lès-Rouen
Grand-Couronne
Boos
Lyons-la-Forêt
Fleury-s.-And.
Charleval
Oissel
Écouis
Honfleur
Villerville
Trouville
Deauville
Foulbec
St-Maclou
Bourneville
Beuzeville
Pont-Audemer
Campigny
Bourg-Achard
La Bouille
Elbeuf
Pont-de-l'Arche
Léry
Connelles
Le Vaudreuil
Les Andelys
Surville
Branville
Pont-l'Évêque
Épaignes
Montfort-s.-Risle
Risle
Blangy
St-Philibert-des-Champs
Cormeilles
Lieurey
Pont-Authou
La Saussaye
Louviers
Heudebouville
Beuvron-en-Auge
Bonnebosq
Cambremer
Lisieux
La Boissière
Thiberville
Boisney
Brionne
Le Gros-Theil
Thibouville
Le Neubourg
Acquigny
Gaillon
Tourny
Vernon
Givern
Bernay
Serquigny
St-Clair-d'Arcey
Beaumont-le-R.
Houlbec-Cocherel
Ménilles
Douains
Évreux
Eure
Iton
Touques
Livarot
Orbec
Broglie
Beaumesnil
Landepéreuse
Boissey
Pierre-Dives
Vimoutiers
Croutes
La Barre-en-Ouche
La Ferrière-s.-Risle
Conches-en-O.
La Bonneville-s.-Iton
Prey
Breuilpont
Ivry-la-Bataille
La Neuve-Lyre
Glos-la-Ferrière
Les Baux-de-B.
Damville
St-André-de-l'Eure
Le Sap
La Ferté-Frênel
Gouville
Breteuil
Grandvilliers
Marcilly-s.-Eure
Trun
Chambois
Survie
Gacé
Rugles
Droisy
Poissy
Le Bourg-St-Léonard
Échauffour
L'Aigle
Bourth
Verneuil-s.-Avre
Nonancourt
Ste-Gauburge-Ste-Colombe
Aube
Crulai
Bâlines
Brézolles
Vernouillet
Dreux
Prouais
Nonant-le-Pin
Le Merlerault
Avre
Laons
Moulins-la-M.
Randonnai
Maillebois
Nogent-le-Roi
Mortrée
Sées
Tourouvre
La Ferté-V.
Tremblay
Montchevrel
Bazoches-s.-H.
Ste-Anne
Moulicent
Senonches
Châteauneuf-en-Th.
Bouglainval
Essay
Le Mêle-s.-S.
Mortagne-au-Perche
Longny-au-P.
Neuilly-s.-Eure
Digny
Radon
St-Arnoult-des-Bois
Bailleau-l'Évêque
Hauterive
Moûtiers-au-P.
La Loupe
Blèves
Courville-s.-E.
Chartres
Alençon
Rémalard
Lucé
St-Paterne
Neufchâtel-en-Saosnois
Champfleur
Bellême
Noce
Condeau
Champrond-en-Gâtine
Bailleau-le-Pin
Thivars
Mamers
Nogent-le-Rotrou
Thiron
Dammarie
La Hutte
Courgains
Monhoudou
Marolles-les-B.
St-Cosme-en-Vairais
Peray
Chassant
Illiers-Combray
Le Theil
Luigny
Brou
Montainville
Saumeray
Dangeau
Beaumont-s.-S.
Bonnétable
Ballon
La Ferté-Bernard
Authon-du-P.
Bonneval
Courceboeufs
Courgenard
La Bazoche-G.
Logron
Marboué
Tuffé
Montmirail
Le Gault-Perche
Varize
Yerre
Loir
La Bazoge
Coulaines
Connerré
Vibraye
Courtalain
Châteaudun
Champagné
Montfort-Le-Gesnois
Lavaré
St-Agil
Droué
A13-E46
A29
A28
A131
A150
A154
A11-E50
N13
N12
N138
N154
N26
N23
N15
N31
N27

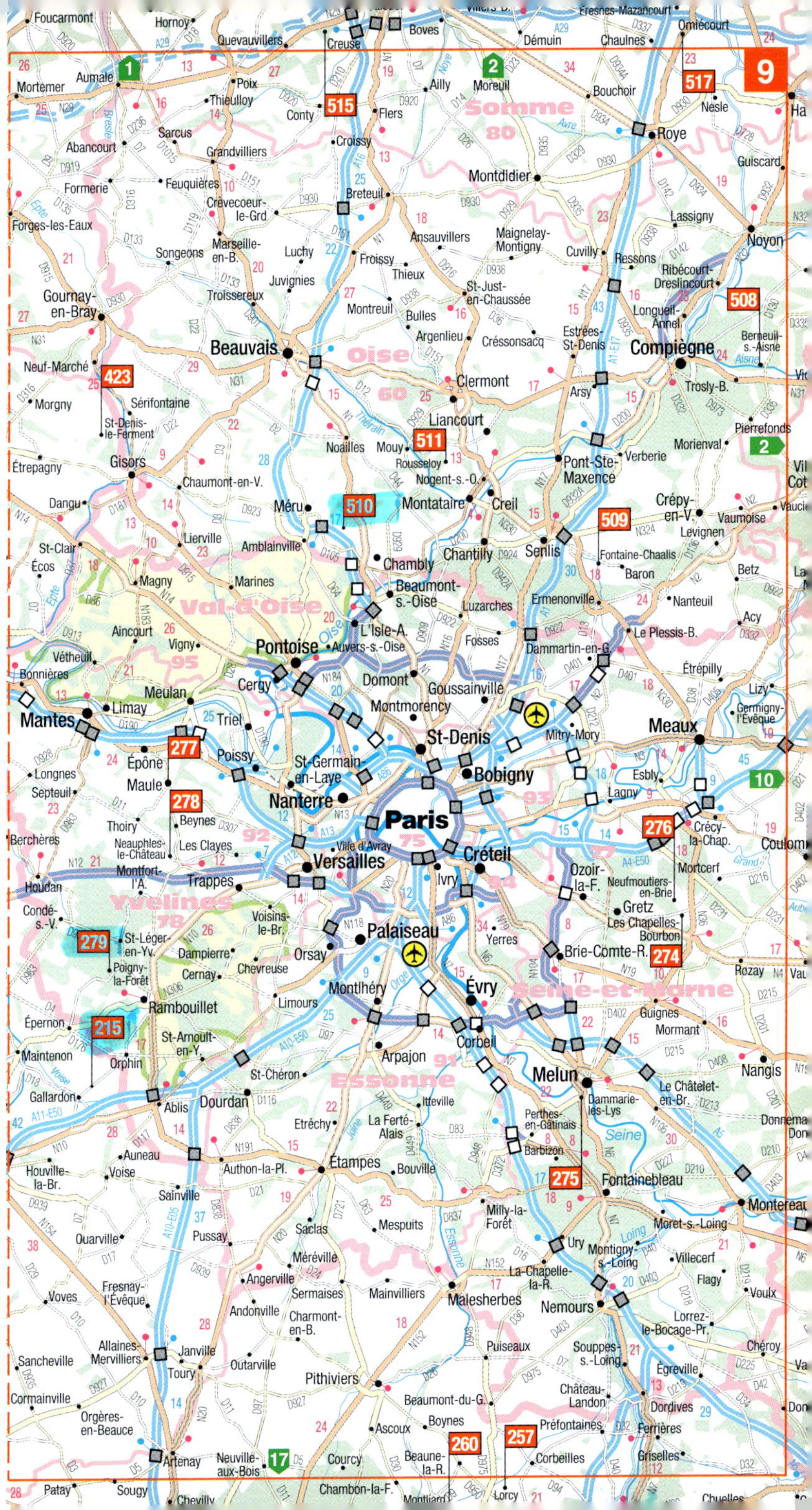

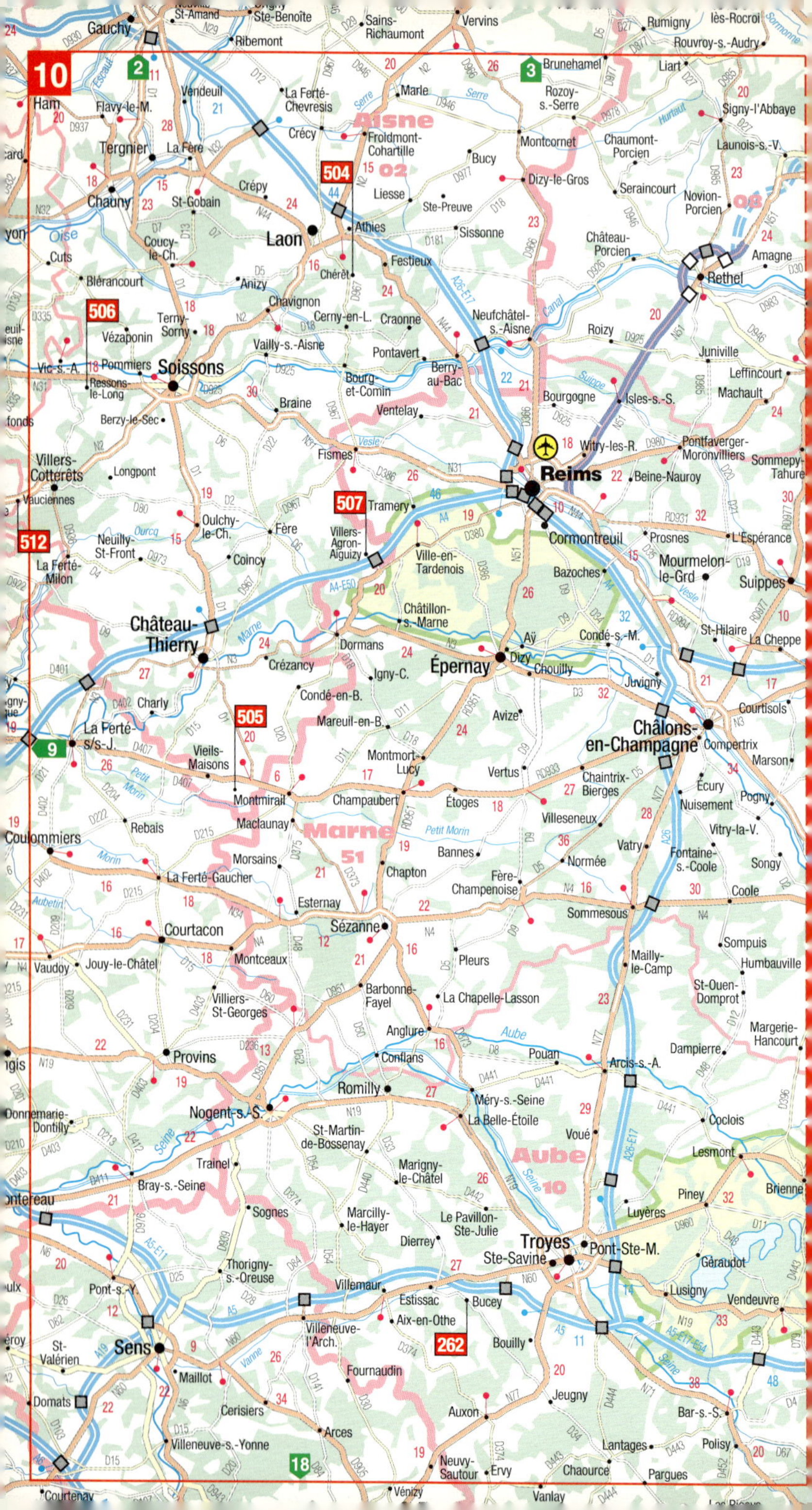
10
St-Amand
Ste-Benoîte
Sains-Richaumont
Vervins
Rumigny
Iès-Rocroi
Rouvroy-s.-Audry
Gauchy
Ribemont
Brunehamel
Liart
Ham
Flavy-le-M.
Vendeuil
La Ferté-Chevresis
Marle
Rozoy-s.-Serre
Signy-l'Abbaye
Tergnier
La Fère
Crécy
Aisne
Froidmont-Cohartille
Montcornet
Chaumont-Porcien
Launois-s.-V.
02
Bucy
Dizy-le-Gros
Serraincourt
Novion-Porcien
08
Chauny
Crépy
St-Gobain
Liesse
Ste-Preuve
Oise
Laon
Athies
Sissonne
Château-Porcien
Amagne
Coucy-le-Ch.
Cuts
Festieux
Rethel
Blérancourt
Anizy
Chérêt
Chavignon
Terny-Sorny
Cerny-en-L.
Craonne
Neufchâtel-s.-Aisne
Roizy
Juniville
Vézaponin
Vailly-s.-Aisne
Pontavert
Berry-au-Bac
Vic-s.-A.
Pommiers
Soissons
Ressons-le-Long
Bourg-et-Comin
Leffincourt
Machault
Braine
Ventelay
Bourgogne
Isles-s.-S.
Berzy-le-Sec
Fismes
Witry-les-R.
Pontfaverger-Moronvilliers
Villers-Cotterêts
Longpont
Reims
Beine-Nauroy
Sommepy-Tahure
Vauciennes
Tramery
Oulchy-le-Ch.
Fère
Villers-Agron-Aiguizy
Ville-en-Tardenois
Cormontreuil
Prosnes
L'Espérance
Neuilly-St-Front
Coincy
Mourmelon-le-Grd
Suippes
La Ferté-Milon
Bazoches
Châtillon-s.-Marne
Château-Thierry
Dormans
Aÿ
Condé-s.-M.
St-Hilaire
La Cheppe
Épernay
Dizy
Chouilly
Crézancy
Igny-C.
Juvigny
Charly
Condé-en-B.
Avize
Courtisols
La Ferté-s/s-J.
Mareuil-en-B.
Châlons-en-Champagne
Compertrix
Vieils-Maisons
Montmort-Lucy
Vertus
Marson
Chaintrix-Bierges
Écury
Montmirail
Champaubert
Étoges
Nuisement
Pogny
Villeseneux
Rebais
Maclaunay
Marne
51
Petit Morin
Vitry-la-V.
Coulommiers
Bannes
Vatry
Fontaine-s.-Coole
Songy
Morsains
Chapton
Normée
La Ferté-Gaucher
Fère-Champenoise
Coole
Esternay
Sommesous
Courtacon
Sézanne
Sompuis
Pleurs
Mailly-le-Camp
Humbauville
Vaudoy
Jouy-le-Châtel
Montceaux
St-Ouen-Domprot
Villiers-St-Georges
Barbonne-Fayel
La Chapelle-Lasson
Margerie-Hancourt
Anglure
Aube
Dampierre
Provins
Conflans
Pouan
Arcis-s.-A.
Romilly
Méry-s.-Seine
Coclois
Donnemarie-Dontilly
Nogent-s.-S.
La Belle-Étoile
St-Martin-de-Bossenay
Voué
Seine
Lesmont
Trainel
Marigny-le-Châtel
Aube
10
Bray-s.-Seine
Brienne
Piney
Montereau
Sognes
Marcilly-le-Hayer
Le Pavillon-Ste-Julie
Luyères
Dierrey
Troyes
Pont-Ste-M.
Ste-Savine
Géraudot
Thorigny-s.-Oreuse
Pont-s.-Y.
Villemaur
Estissac
Bucey
Lusigny
Vendeuvre
Aix-en-Othe
St-Valérien
Sens
Villeneuve-l'Arch.
Bouilly
Maillot
Fournaudin
Domats
Cerisiers
Jeugny
Bar-s.-S.
Auxon
Villeneuve-s.-Yonne
Arces
Lantages
Polisy
Neuvy-Sautour
Ervy
Chaource
Pargues
Courtenay
Vénizy
Vanlay

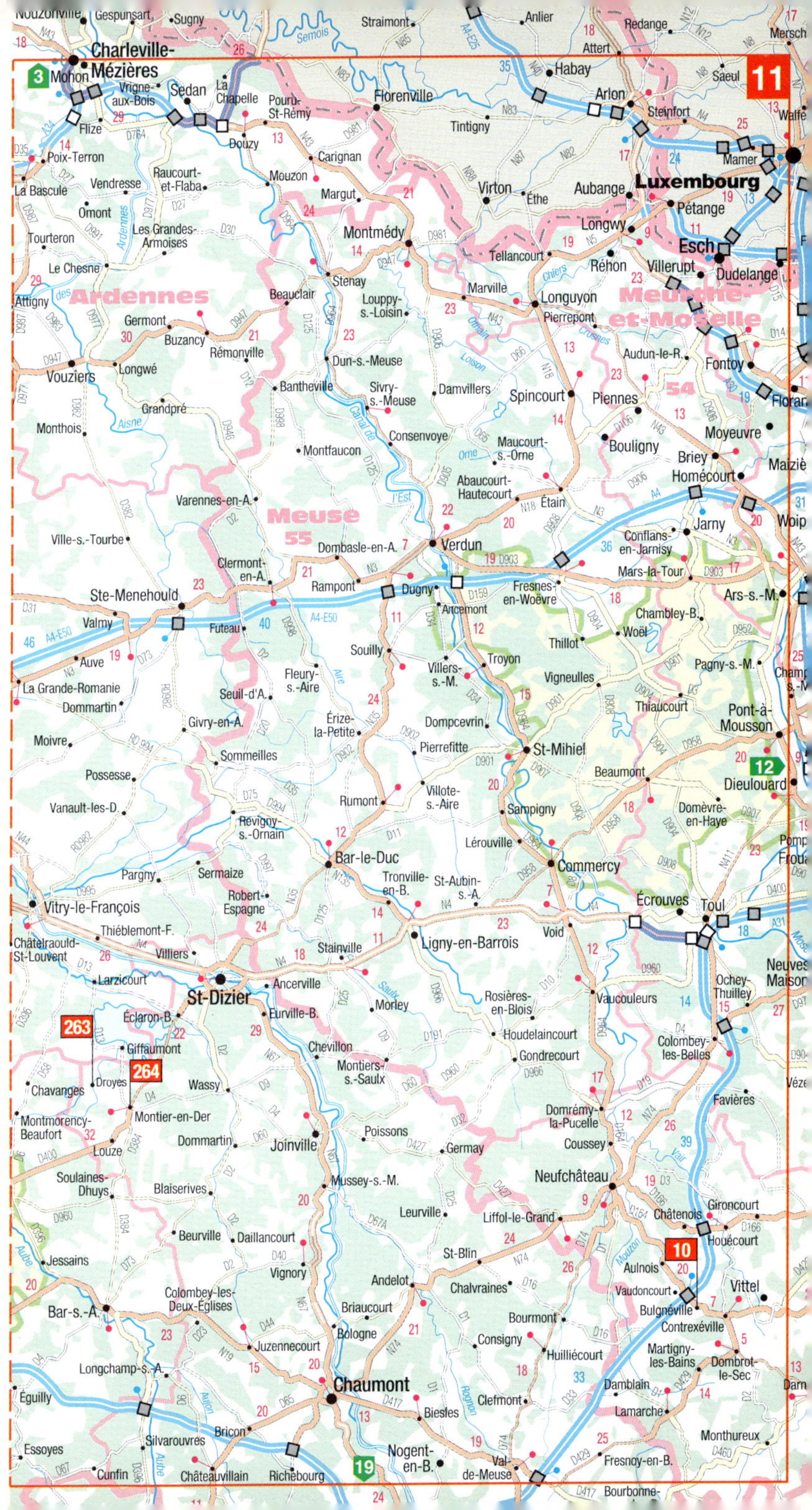
11
3
12
19
10
263
264
Charleville-Mézières
Mohon
Vrigne-aux-Bois
Sedan
La Chapelle
Pouru-St-Rémy
Flize
Douzy
Poix-Terron
La Bascule
Vendresse
Raucourt-et-Flaba
Omont
Tourteron
Les Grandes-Armoises
Le Chesne
Attigny
Ardennes
Germont
Buzancy
Rémonville
Vouziers
Longwé
Grandpré
Monthois
Aisne
Mouzon
Carignan
Margut
Florenville
Tintigny
Straimont
Semois
Gespunsart
Sugny
Montmédy
Stenay
Beauclair
Louppy-s.-Loisin
Marville
Dun-s.-Meuse
Bantheville
Sivry-s.-Meuse
Damvillers
Consenvoye
Montfaucon
Varennes-en-A.
Meuse
55
Ville-s.-Tourbe
Dombasle-en-A.
Verdun
Clermont-en-A.
Rampont
Dugny
Ste-Menehould
Valmy
Futeau
Auve
La Grande-Romanie
Dommartin
Fleury-s.-Aire
Seuil-d'A.
Givry-en-A.
Érize-la-Petite
Moivre
Sommeilles
Possesse
Vanault-les-D.
Revigny-s.-Ornain
Pargny
Sermaize
Robert-Espagne
Vitry-le-François
Thiéblemont-F.
Châtelraould-St-Louvent
Villiers
Larzicourt
St-Dizier
Éclaron-B.
Giffaumont
Droyes
Chavanges
Montmorency-Beaufort
Montier-en-Der
Wassy
Louze
Soulaines-Dhuys
Blaiserives
Dommartin
Joinville
Beurville
Daillancourt
Jessains
Aube
Bar-s.-A.
Colombey-les-Deux-Églises
Vignory
Juzennecourt
Longchamp-s.-A.
Éguilly
Essoyes
Cunfin
Silvarouvres
Bricon
Châteauvillain
Richebourg
Chaumont
Bologne
Briaucourt
Andelot
Nogent-en-B.
Biesles
Val-de-Meuse
Anlier
Habay
Attert
Redange
Saeul
Mersch
Arlon
Steinfort
Mamer
Luxembourg
Pétange
Aubange
Virton
Éthe
Longwy
Esch
Dudelange
Réhon
Villerupt
Tellancourt
Longuyon
Pierrepont
Meurthe-et-Moselle
54
Audun-le-R.
Fontoy
Piennes
Spincourt
Bouligny
Maucourt-s.-Orne
Briey
Homécourt
Moyeuvre
Abaucourt-Hautecourt
Étain
Jarny
Conflans-en-Jarnisy
Mars-la-Tour
Ars-s.-M.
Fresnes-en-Woëvre
Ancemont
Chambley-B.
Woël
Thillot
Souilly
Villers-s.-M.
Troyon
Vigneulles
Pagny-s.-M.
Thiaucourt
Pont-à-Mousson
Dompcevrin
Pierrefitte
St-Mihiel
Beaumont
Dieulouard
Domèvre-en-Haye
Villote-s.-Aire
Rumont
Sampigny
Lérouville
Bar-le-Duc
Commercy
Tronville-en-B.
St-Aubin-s.-A.
Écrouves
Toul
Stainville
Ligny-en-Barrois
Void
Anceville
Eurville-B.
Morley
Rosières-en-Blois
Vaucouleurs
Ochey-Thuilley
Chevillon
Houdelaincourt
Gondrecourt
Colombey-les-Belles
Montiers-s.-Saulx
Poissons
Germay
Domrémy-la-Pucelle
Coussey
Favières
Mussey-s.-M.
Neufchâteau
Leurville
Liffol-le-Grand
Châtenois
Gironcourt
Houécourt
St-Blin
Chalvraines
Aulnois
Vaudoncourt
Bulgnéville
Vittel
Contrexéville
Bourmont
Consigny
Huilliécourt
Martigny-les-Bains
Dombrot-le-Sec
Damblain
Lamarche
Clefmont
Monthureux
Fresnoy-en-B.
Bourbonne-
Semois
Ornain
Chiers
Othain
Loison
Orne
Canal de l'Est
Saulx
Aire
Marne
Rognon
Mouzon
Vair
Aujon

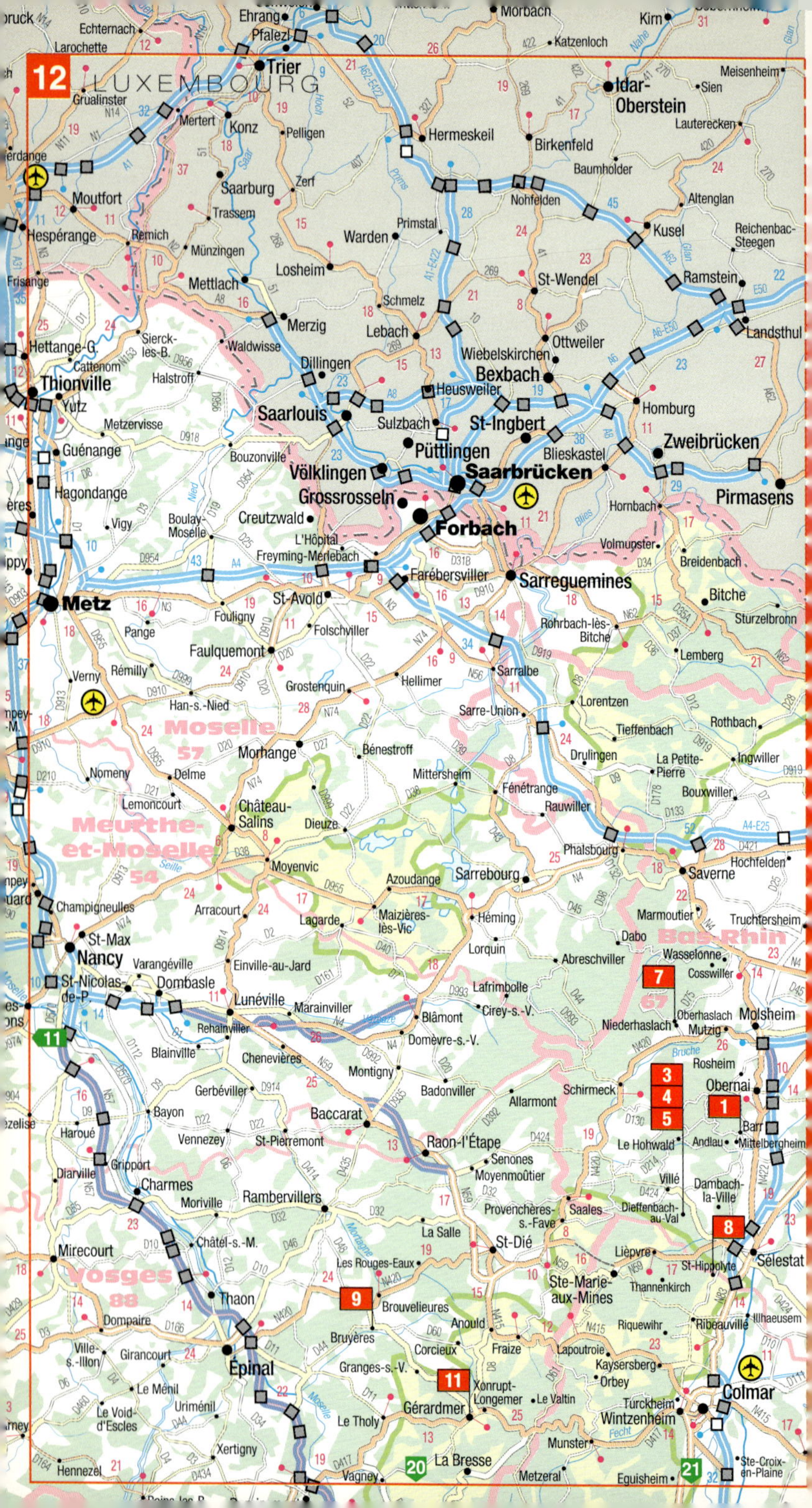

12
LUXEMBOURG
Echternach
Larochette
Ehrang
Pfalzel
Trier
Morbach
Katzenloch
Kirn
Idar-Oberstein
Meisenheim
Sien
Grualinster
Mertert
Konz
Pelligen
Hermeskeil
Birkenfeld
Lauterecken
Baumholder
Moutfort
Saarburg
Zerf
Trassem
Nohfelden
Altenglan
Hespérange
Remich
Münzingen
Primstal
Warden
Kusel
Reichenbach-Steegen
Frisange
Losheim
Mettlach
St-Wendel
Ramstein
Schmelz
Merzig
Lebach
Ottweiler
Landsthul
Hettange-G.
Sierck-les-B.
Waldwisse
Cattenom
Dillingen
Wiebelskirchen
Bexbach
Thionville
Yutz
Halstroff
Heusweiler
Homburg
Metzervisse
Saarlouis
Sulzbach
St-Ingbert
Guénange
Bouzonville
Püttlingen
Zweibrücken
Hagondange
Völklingen
Saarbrücken
Blieskastel
Pirmasens
Grossrosseln
Hornbach
Vigy
Boulay-Moselle
Creutzwald
Forbach
L'Hôpital
Freyming-Merlebach
Volmunster
Breidenbach
Farébersviller
Sarreguemines
Metz
St-Avold
Bitche
Fouligny
Pange
Folschviller
Rohrbach-lès-Bitche
Sturzelbronn
Faulquemont
Lemberg
Verny
Rémilly
Grostenquin
Hellimer
Sarralbe
Han-s.-Nied
Lorentzen
Sarre-Union
Rothbach
Tieffenbach
Moselle
57
Morhange
Bénestroff
Drulingen
Ingwiller
Nomeny
Delme
La Petite-Pierre
Mittersheim
Fénétrange
Lemoncourt
Bouxwiller
Château-Salins
Dieuze
Rauwiller
Meurthe-et-Moselle
54
Moyenvic
Phalsbourg
Saverne
Hochfelden
Azoudange
Sarrebourg
Champigneulles
Arracourt
Marmoutier
Truchtersheim
Lagarde
Maizières-lès-Vic
Héming
St-Max
Nancy
Dabo
Bas-Rhin
Lorquin
Wasselonne
Varangéville
Einville-au-Jard
Abreschviller
Cosswiller
St-Nicolas-de-P.
Dombasle
Lunéville
Lafrimbolle
7
67
Marainviller
Blâmont
Cirey-s.-V.
Oberhaslach
Molsheim
Rehainviller
Niederhaslach
Mutzig
11
Blainville
Domèvre-s.-V.
Rosheim
Chenevières
Montigny
Schirmeck
3
4
5
1
Obernai
Gerbéviller
Badonviller
Allarmont
Barr
Bayon
Baccarat
Le Hohwald
Andlau
Mittelbergheim
Haroué
Vennezey
St-Pierremont
Raon-l'Étape
Senones
Moyenmoûtier
Villé
Dambach-la-Ville
Diarville
Gripport
Charmes
Moriville
Rambervillers
Provenchères-s.-Fave
Saales
Dieffenbach-au-Val
8
La Salle
Mirecourt
Châtel-s.-M.
St-Dié
Liepvre
St-Hippolyte
Sélestat
Les Rouges-Eaux
Vosges
88
Thannenkirch
Ste-Marie-aux-Mines
Thaon
9
Brouvelieures
Dompaire
Anould
Riquewihr
Ribeauvillé
Illhaeusem
Bruyères
Corcieux
Fraize
Lapoutroie
Ville-s.-Illon
Giracourt
Épinal
Granges-s.-V.
Kaysersberg
Orbey
11
Colmar
Le Ménil
Xonrupt-Longemer
Le Valtin
Türckheim
Uriménil
Le Void-d'Escles
Le Tholy
Gérardmer
Wintzenheim
Xertigny
Munster
Hennezel
20
La Bresse
Vagney
Metzeral
Eguisheim
21
Ste-Croix-en-Plaine
A4-E25
A6-E50
A1-E422
E50

13
ALLEMAGNE
Alzey
Osthofen
Biblis
Gadernheim
Miltenberg
Alsenz
Westhofen
Bensheim
Michelstadt
Erbach
Kircheimbolanden
Lorsh
Heppenheim
Monsheim
Bürstadt
Marnheim
Worms
Rockenhausen
Lampertheim
Wald-Michelbach
Beerfelden
Mudau
Kailbach
Weinheim
Grünstadt
Viernheim
Winnweiler
Frankenthal
Mannheim
Ludwigshafen-a.-R.
Schriesheim
Eberbach
Enkenbach-Alsenborn
Ziegelhs
Neckarsteinach
Bad-Dürkheim
Muttersdadt
Heidelberg
Frankenstein
Schwetzingen
Leimen
Mosbach
Kaiserslautern
Lambrecht
Hassloch
Neckarelz
Speyer
Hockenheim
Gundel.
Elmstein
Neustadt
Wiesloch
Walldorf
Edenkoben
Lachen-Speyedorf
Oberhaussen
Bad Rappenau
Sinsheim
Bad Wimpfen
Waldfischbach-Burgalben
Neckarsuln
Graben-Neudorf
Landau
Bad-Mingolsheim
Heilbronn
Belheim
Annweiler-am-Trifels
Herxheim-bei-L.
Menzingan
Schwaigern
Eppingen
Lauffen
Dahn
Klingenmünster
Bruchsal
Brackenheim
Rheinzabern
Güglingen
Kirchheim
Bad-Bergzabern
Weingarten
Kandel
Neureut
Bretten
Wörth-am-R.
Wissembourg
Karlsruhe
Grotzingen
Bietigheim-Bissingen
Obersteinbach
Illingen
Lembach
Lauterbourg
Mühlacker
Vaihingen
Asperg
Niederbronn-les-B.
Ettlingen
Markgröningen
Ludwigsbu
Burmersheim
Woerth
Soultz-s/s-F.
Pforzheim
Reichshoffen
Betschdorf
Seltz
Birkenfeld
Ditzingen
Malsh
Neuenbürg
Rastatt
Stuttgart
Tiefenbronn
Soufflenheim
Bad-Herrenalb
Leonberg
Haguenau
Bad-Liebenzell
Wildbad
Bischwiller
Calw
Drusenheim
Baden-Baden
Gernsbach
Brumath
Böblingen
Hœrdt
Bühl
Waldenbuch
Enzklösterle
Rheinau
Ottersweier
La Wantzenau
Herrenberg
Achern
Schiltigheim
Besenfeld
Altensteig
Strasbourg
Tübingen
Nagold
Kehl
Oberkirch
Baiesrbronn
Rottenburg
Dornstetten
Offenburg
Hörb
Freudenstadt
Bad-Peterstal-Griesbach
Gengenbach
Mössi
Sulz
Haigerloch
Erstein
Hechingen
Osthouse
Benfeld
Frieseheim
Biberach
Alpirsbach
Tailfingen
Albstadt
Boofzheim
Lahr
Oberndorf
Wolfach
Schiltach
Balingen
Ebingen
Ettenheim
Haslach-im-Kinzigtal
Schramberg
Meßstetten
Herbolzheim
Hornberg
Rottweil
Elzach
Kenzingen
Marckolsheim
Emmendingen
Triberg
St-Georgen
Endigen
Trossingen
Spaichingen
Waldkirch
Villingen
Schwenningen
Beuron
Fridingen
Ihringen
Freiburg-im-Breisgau
Furtwangen
Bad Dürrheim
Tuttlingen
Breisach-am-Rhein
Neuf-Brisach
Kirchzarten
Neustadt-Schwarzwald
Hüfingen
Geisingen
Rhein
Neckar
Donau
Lauter
Sauer
Moder
Murg
Enz
Kraich
Canal

14
Plumelau
St-Allouestre
Josselin
Guégon
Ploërmel
Campénéac
Augan
6
La Chapelle-Bouëxic
Guichen
194
Locminé
Guéhenno
199
Lizio
Guer
Maure-de-Bretagne
Guignen
Poligné
St-Jean-Brév.
Colpo
Plumelec
La Chapelle-Caro
Sérent
Ruffiac
Lohéac
Le Sel-de-B.
Morbihan
56
198
Grand-Champ
Trédion
Malestroit
208
Carentoir
Pipriac
Guipry
Messac
Bain-de-Bretagne
Teillay
Ste-Anne-d'Auray
Elven
207
St-Martin
La Gacilly
Auray
St-Avé
Questembert
St-Grave
Grand-Fougeray
204
Vannes
Arradon
Rochefort-en-Terre
Malansac
Redon
St-Nicolas-de-Redon
Beslé
Pierric
Derval
Theix
Berric
Allaire
Guémené-Penfao
St-Philbert
Locmariaquer
Surzur
Port-Navalo
Sarzeau
Muzillac
Péaule
Vilaine
Tournebride
Nozay
Billiers
Sévérac
Trélan
St-Gildas-de-Rhuys
Pénestin
La Roche-Bernard
St-Gildas-des-Bois
Plessé
Missillac
Blain
Saffré
Ile de Houat
Herbignac
Pontchâteau
Campbon
Nort-s.-E.
450
451
La Chapelle-des-Marais
5
Piriac-s.-Mer
St-Lyphard
Bouvron
Héric
449
Ile de Hoëdic
La Turballe
St-Joachim
44
Loire-Atlantique
Montoir-de-B.
Savenay
Guérande
St-André-des-Eaux
Le Pâquelais
La Chapelle-s.-Erdre
Le Croisic
La Baule
Trignac
Donges
Loire
Carquefou
Le Pouliguen
Pornichet
St-Nazaire
Paimbœuf
St-Brévin-les-Pins
St-Etienne-de-M.
Orvault
St-Herblain
455
St-Père-en-Retz
Couëron
Nantes
St-Michel-Chef-Chef
Chauvé
456
Rezé
Vertou
Préfailles
Arthon-en-Retz
Le Pont-B.
Bouaye
Pornic
Pont-St-Martin
Ste-Pazanne
Les Moûtiers-en-Retz
Ile de Noirmoutier
Bourgneuf-en-Retz
Geneston
St-Philbert-de-G.-L.
Noirmoutier-en-l'Ile
Baie de Bourgneuf
Machecoul
La Guérinière
Bouin
Barbâtre
Vieillevigne
Beauvoir-s.-Mer
La Garnache
Rocheservière
Touvois
La Barre-de-M.
St-Urbain
Falleron
Legé
Challans
493
494
452
Les Lucs
St-Jean-de-Monts
Soullans
Palluau
Ile d'Yeu
Belleville-s.-V.
Commequiers
Le Poiré
St-Hilaire-de-Riez
Aizenay
Coëx
Mouilleron-le-Captif
St-Gilles-Croix-de-Vie
L'Aiguillon-la-Chaize
Beaulieu
La Roche-s.-Yon
Brétignolles-s.-Mer
501
La Mothe-Achard
Vairé
488
St-Mathurin
Nieul-le-Dolent
Aubigny
Olonne-s.-Mer
Grosbreuil
Pointe de l'Aiguille
Château-d'Olonne
Les Sables-d'Olonne
Moûtiers-les-M.
Talmont-St-Hilaire
Avrillé
Jard-s.-Mer
Longeville-s.-Mer
La Tranche-s.-Mer
Pertuis
Ile de Ré
St-Clément-des-Baleines
523
La Couarde-sur-Mer

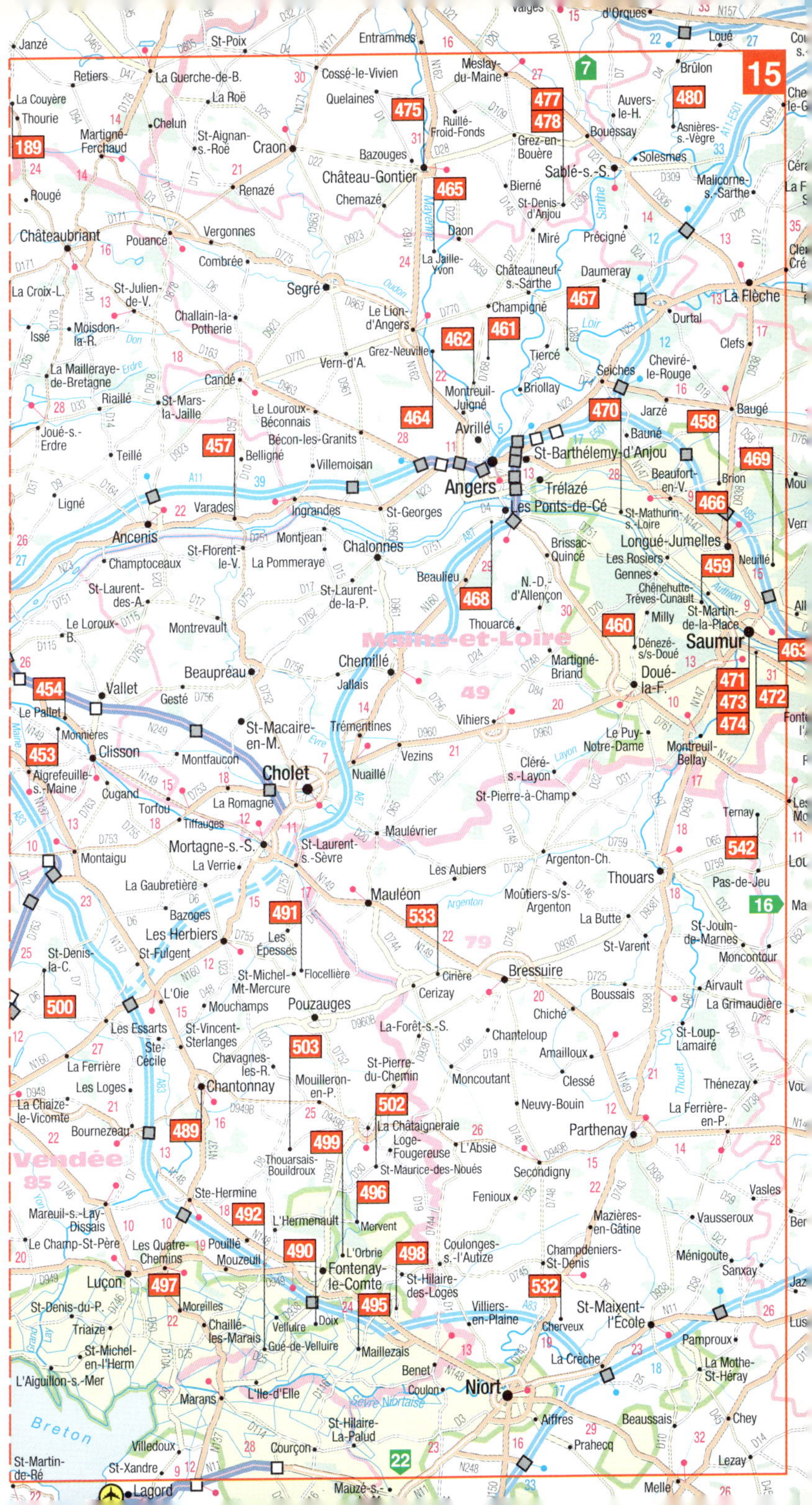
15
Janzé
St-Poix
Entrammes
Loué
Brûlon
Retiers
La Guerche-de-B.
Cossé-le-Vivien
Meslay-du-Maine
Auvers-le-H.
Asnières-s.-Vègre
La Couyère
Thourie
La Roë
Quelaines
Ruillé-Froid-Fonds
Grez-en-Bouère
Bouessay
Martigné-Ferchaud
Chelun
St-Aignan-s.-Roë
Craon
Bazouges
Château-Gontier
Sablé-s.-S.
Solesmes
Malicorne-s.-Sarthe
Rougé
Renazé
Chemazé
Bierné
St-Denis-d'Anjou
Châteaubriant
Pouancé
Vergonnes
Daon
Miré
Précigné
Combrée
La Jaille-Yvon
La Croix-L.
St-Julien-de-V.
Segré
Châteauneuf-s.-Sarthe
Daumeray
La Flèche
Issé
Moisdon-la-R.
Challain-la-Potherie
Le Lion-d'Angers
Champigné
Durtal
Clefs
Grez-Neuville
Tiercé
Cheviré-le-Rouge
La Meilleraye-de-Bretagne
Candé
Vern-d'A.
Seiches
Riaillé
St-Mars-la-Jaille
Montreuil-Juigné
Briollay
Jarzé
Baugé
Joué-s.-Erdre
Le Louroux-Béconnais
Avrillé
Bauné
Teillé
Bécon-les-Granits
St-Barthélemy-d'Anjou
Belligné
Villemoisan
Beaufort-en-V.
Brion
Ligné
Angers
Trélazé
Varades
Ingrandes
St-Georges
Les Ponts-de-Cé
St-Mathurin-s.-Loire
Ancenis
Montjean
Chalonnes
Brissac-Quincé
Longué-Jumelles
Champtoceaux
St-Florent-le-V.
La Pommeraye
Les Rosiers
Gennes
Neuillé
St-Laurent-des-A.
Beaulieu
St-Laurent-de-la-P.
N.-D.-d'Allençon
Chênehutte-Trèves-Cunault
St-Martin-de-la-Place
Milly
Le Loroux-B.
Montrevault
Thouarcé
Saumur
Dénezé-s/s-Doué
Maine-et-Loire
Chemillé
Martigné-Briand
Beaupréau
Jallais
Doué-la-F.
Vallet
Gesté
49
Le Pallet
Vihiers
Monnières
St-Macaire-en-M.
Trémentines
Le Puy-Notre-Dame
Clisson
Montfaucon
Vezins
Montreuil-Bellay
Aigrefeuille-s.-Maine
Cholet
Nuaillé
Cléré-s.-Layon
Cugand
Torfou
La Romagne
St-Pierre-à-Champ
Tiffauges
Ternay
Maulévrier
Montaigu
Mortagne-s.-S.
St-Laurent-s.-Sèvre
La Verrie
Les Aubiers
Argenton-Ch.
Thouars
Pas-de-Jeu
La Gaubretière
Mauléon
Moûtiers-s/s-Argenton
Bazoges
La Butte
St-Jouin-de-Marnes
Les Herbiers
Les Épesses
79
St-Varent
Moncontour
St-Denis-la-C.
St-Fulgent
Flocellière
Cirière
Bressuire
St-Michel-Mt-Mercure
Cerizay
Boussais
Airvault
L'Oie
Mouchamps
Pouzauges
Chiché
La Grimaudière
Les Essarts
St-Vincent-Sterlanges
La-Forêt-s.-S.
Chanteloup
St-Loup-Lamairé
Ste-Cécile
Chavagnes-les-R.
St-Pierre-du-Chemin
Amailloux
La Ferrière
Mouilleron-en-P.
Moncoutant
Clessé
Thénezay
Les Loges
Chantonnay
La Chaize-le-Vicomte
Neuvy-Bouin
La Ferrière-en-P.
La Châtaigneraie
Bournezeau
Loge-Fougereuse
L'Absie
Parthenay
Vendée
Thouarsais-Bouildroux
St-Maurice-des-Noués
Secondigny
85
Ste-Hermine
Vasles
Fenioux
Mareuil-s.-Lay-Dissais
Mazières-en-Gâtine
Vausseroux
L'Hermenault
Mervent
Le Champ-St-Père
Les Quatre-Chemins
Pouillé
Coulonges-s.-l'Autize
Champdeniers-St-Denis
Ménigoute
Mouzeuil
L'Orbrie
Sanxay
Luçon
Fontenay-le-Comte
St-Hilaire-des-Loges
St-Denis-du-P.
Moreilles
Villiers-en-Plaine
St-Maixent-l'École
Triaize
Chaillé-les-Marais
Velluire
Doix
Cherveux
Pamproux
St-Michel-en-l'Herm
Gué-de-Velluire
Maillezais
La Crèche
La Mothe-St-Héray
L'Aiguillon-s.-Mer
Benet
Niort
Marans
L'Ile-d'Elle
Coulon
Sèvre Niortaise
Breton
Aiffres
Beaussais
Chey
St-Hilaire-La-Palud
Villedoux
Courçon
Prahecq
Lezay
St-Martin-de-Ré
St-Xandre
Lagord
Mauzé-s.-
Melle
7
16
22
189
475
477
478
480
465
467
462
461
464
470
458
469
457
466
459
468
460
463
471
473
474
472
454
453
542
491
533
500
503
502
489
499
496
492
490
498
497
495
532

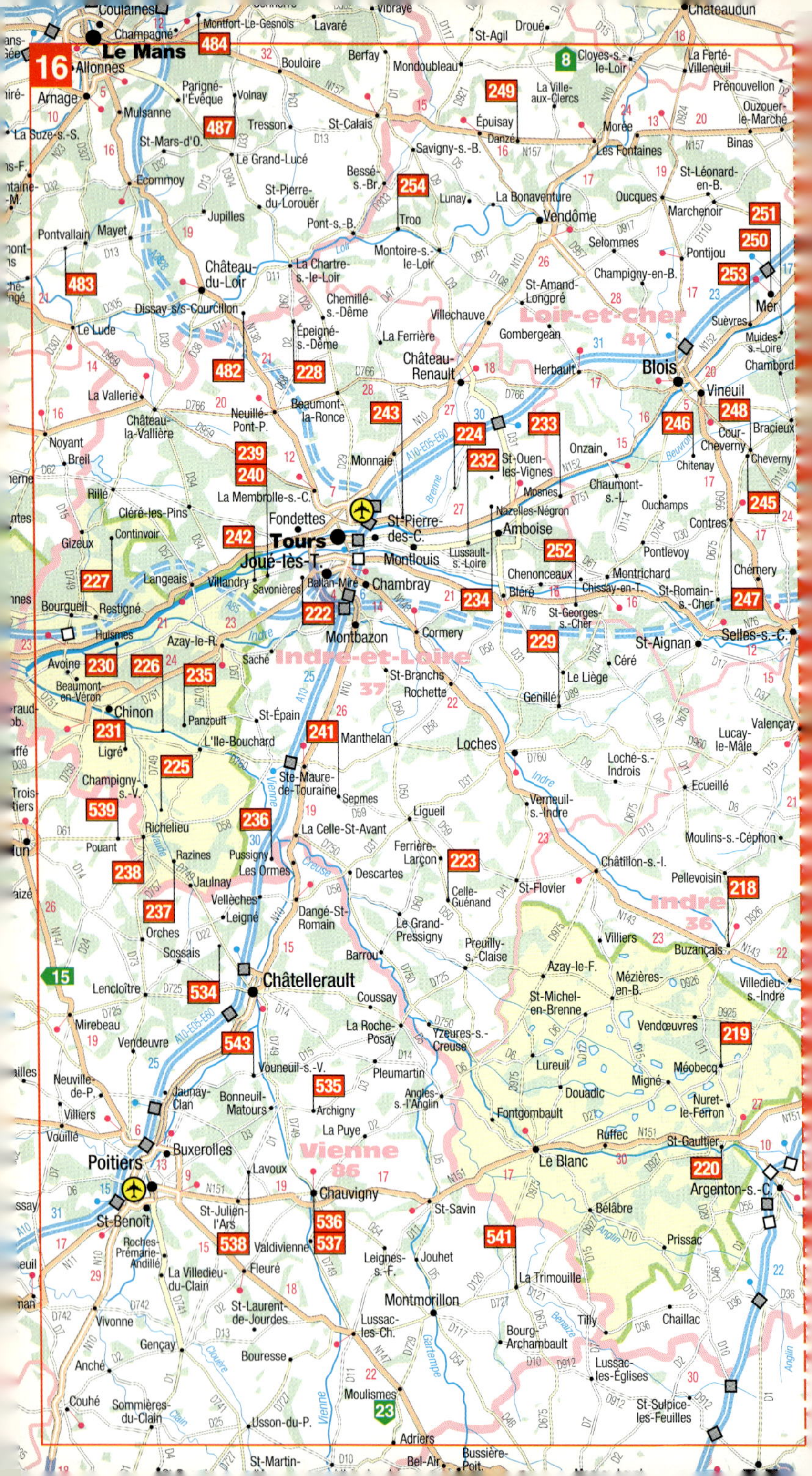

16
Coulaines
Le Mans
Champagné
Allonnes
Montfort-Le-Gesnois
484
Lavaré
Vibraye
St-Agil
Droué
Châteaudun
Bouloire
Berfay
Mondoubleau
Cloyes-s.-le-Loir
8
La Ferté-Villeneuil
Arnage
Parigné-l'Évêque
Volnay
249
La Ville-aux-Clercs
Prénouvellon
Ouzouer-le-Marché
Mulsanne
487
Tresson
St-Calais
Épuisay
Danzé
Morée
La Suze-s.-S.
St-Mars-d'O.
Savigny-s.-B.
Les Fontaines
Binas
Le Grand-Lucé
Bessé-s.-Br.
254
Lunay
La Bonaventure
Oucques
St-Léonard-en-B.
Ecommoy
St-Pierre-du-Lorouër
Troo
Vendôme
Marchenoir
251
Jupilles
Pont-s.-B.
Montoire-s.-le-Loir
Selommes
250
Pontvallain
Mayet
Pontijou
Château-du-Loir
La Chartre-s.-le-Loir
St-Amand-Longpré
Champigny-en-B.
253
483
Chemillé-s.-Dême
Villechauve
Mer
Dissay s/s-Courcillon
Loir-et-Cher 41
Suèvres
Le Lude
Épeigné-s.-Dême
La Ferrière
Gombergean
Muides-s.-Loire
Château-Renault
Herbault
Blois
Chambord
482
228
La Vallerie
Vineuil
248
Beaumont-la-Ronce
243
Château-la-Vallière
Neuillé-Pont-P.
224
233
246
Cour-Cheverny
Bracieux
Noyant
Monnaie
Onzain
Breil
239
240
232
St-Ouen-les-Vignes
Chitenay
Cheverny
Mosnes
Chaumont-s.-L.
Rillé
La Membrolle-s.-C.
245
Cléré-les-Pins
Fondettes
St-Pierre-des-C.
Nazelles-Négron
Ouchamps
Continvoir
242
Tours
Amboise
Contres
Gizeux
Joué-lès-T.
Montlouis
Lussault-s.-Loire
252
Pontlevoy
Langeais
Villandry
Chenonceaux
Montrichard
Chémery
227
Savonières
Ballan-Miré
Chambray
Bléré
Chissay-en-T.
St-Romain-s.-Cher
Bourgueil
Restigné
222
234
247
St-Georges-s.-Cher
Huismes
Cormery
Selles-s.-C.
Azay-le-R.
Montbazon
229
St-Aignan
Avoine
230
226
235
Saché
Indre-et-Loire 37
St-Branchs
Céré
Beaumont-en-Véron
Le Liège
Chinon
Rochette
Genillé
231
St-Épain
Panzoult
Valençay
Ligré
L'Ile-Bouchard
241
Manthelan
Loches
Lucay-le-Mâle
225
Ste-Maure-de-Touraine
Loché-s.-Indrois
Champigny-s.-V.
Sepmes
Ecueillé
539
Verneuil-s.-Indre
Richelieu
236
Ligueil
La Celle-St-Avant
Moulins-s.-Céphon
Pouant
Ferrière-Larçon
223
Razines
Pussigny
Châtillon-s.-I.
238
Les Ormes
Descartes
Pellevoisin
Jaulnay
Celle-Guénand
St-Flovier
218
Vellèches
Indre 36
237
Leigné
Dangé-St-Romain
Le Grand-Pressigny
Orches
Villiers
Preuilly-s.-Claise
Buzançais
Sossais
Barrou
15
Azay-le-F.
Lencloître
534
Châtellerault
Mézières-en-B.
Villedieu-s.-Indre
St-Michel-en-Brenne
Coussay
Mirebeau
La Roche-Posay
Vendœuvres
Yzeures-s.-Creuse
219
Vendeuvre
543
Vouneuil-s.-V.
Lureuil
Pleumartin
Méobecq
Migné
Neuville-de-P.
535
Douadic
Jaunay-Clan
Angles-s.-l'Anglin
Nuret-le-Ferron
Bonneuil-Matours
Archigny
Villiers
Fontgombault
La Puye
Ruffec
St-Gaultier
Vouillé
Buxerolles
Vienne 86
Le Blanc
Poitiers
Lavoux
220
Argenton-s.-C.
Chauvigny
St-Julien-l'Ars
St-Savin
536
St-Benoît
Bélâbre
541
Roches-Prémarie-Andillé
538
Valdivienne
537
Prissac
Leignes-s.-F.
Jouhet
La Villedieu-du-Clain
Fleuré
La Trimouille
Vivonne
St-Laurent-de-Jourdes
Montmorillon
Tilly
Chaillac
Lussac-les-Ch.
Gençay
Bourg-Archambault
Anché
Bouresse
Lussac-les-Églises
Couhé
Sommières-du-Clain
Moulismes
23
St-Sulpice-les-Feuilles
Usson-du-P.
Adriers
St-Martin-
Bel-Air
Bussière-Poit.

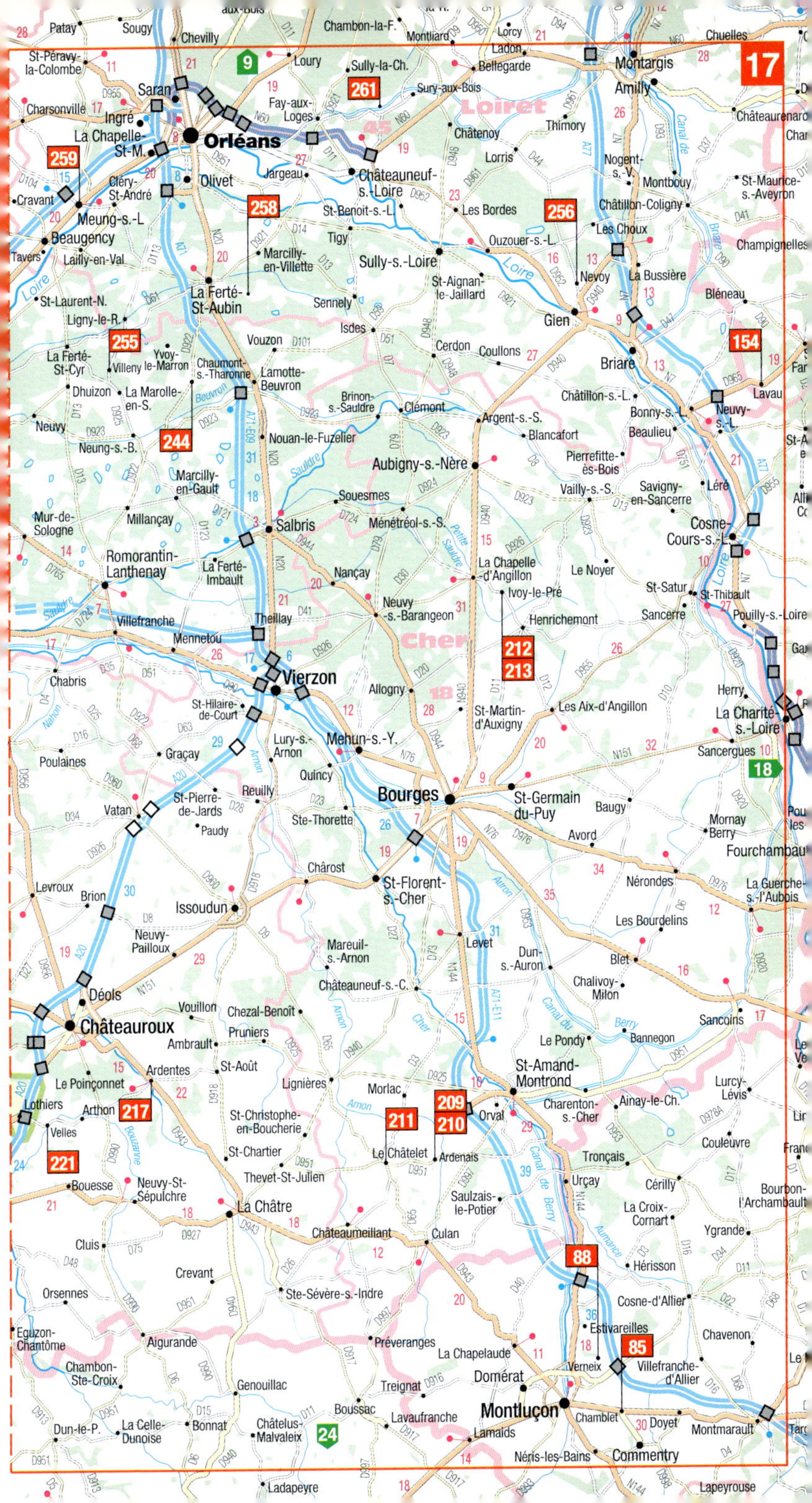
17
Loiret
Cher
Orléans
Saran
Ingré
La Chapelle-St-M.
Olivet
Cléry-St-André
Meung-s.-L
Beaugency
Tavers
Lailly-en-Val
Cravant
Charsonville
St-Péravy-la-Colombe
Patay
Sougy
Chevilly
Loury
Sully-la-Ch.
Chambon-la-F.
Montliard
Lorcy
Ladon
Bellegarde
Sury-aux-Bois
Fay-aux-Loges
Jargeau
Châteauneuf-s.-Loire
Châtenoy
Lorris
Thimory
Montargis
Amilly
Chuelles
Châteaurenard
Nogent-s.-V.
Montbouy
Châtillon-Coligny
St-Maurice-s.-Aveyron
Champignelles
Les Choux
La Bussière
Bléneau
St-Benoit-s.-L.
Les Bordes
Ouzouer-s.-L.
Nevoy
Tigy
Marcilly-en-Villette
Sully-s.-Loire
St-Aignan-le-Jaillard
Sennely
Isdes
Cerdon
Coullons
Gien
Briare
Lavau
La Ferté-St-Aubin
St-Laurent-N.
Ligny-le-R.
La Ferté-St-Cyr
Yvoy-le-Marron
Villeny
Vouzon
Chaumont-s.-Tharonne
Lamotte-Beuvron
Brinon-s.-Sauldre
Clémont
Argent-s.-S.
Blancafort
Châtillon-s.-L.
Bonny-s.-L.
Neuvy-s.-L.
Beaulieu
Dhuizon
La Marolle-en-S.
Neuvy
Neung-s.-B.
Nouan-le-Fuzelier
Aubigny-s.-Nère
Pierrefitte-ès-Bois
Vailly-s.-S.
Savigny-en-Sancerre
Léré
Marcilly-en-Gault
Souesmes
Mur-de-Sologne
Millançay
Salbris
Ménétréol-s.-S.
La Chapelle-d'Angillon
Le Noyer
Cosne-Cours-s.-L.
Romorantin-Lanthenay
La Ferté-Imbault
Nançay
Neuvy-s.-Barangeon
Ivoy-le-Pré
Henrichemont
St-Satur
St-Thibault
Sancerre
Pouilly-s.-Loire
Villefranche
Mennetou
Theillay
Vierzon
Allogny
St-Martin-d'Auxigny
Les Aix-d'Angillon
Herry
La Charité-s.-Loire
Chabris
St-Hilaire-de-Court
Lury-s.-Arnon
Mehun-s.-Y.
Sancergues
Poulaines
Graçay
Quincy
Reuilly
Bourges
St-Germain-du-Puy
Baugy
Vatan
St-Pierre-de-Jards
Paudy
Ste-Thorette
Avord
Mornay-Berry
Fourchambault
Levroux
Brion
Issoudun
Chârost
St-Florent-s.-Cher
Nérondes
La Guerche-s.-l'Aubois
Les Bourdelins
Neuvy-Pailloux
Mareuil-s.-Arnon
Levet
Dun-s.-Auron
Blet
Déols
Châteauneuf-s.-C.
Chalivoy-Milon
Châteauroux
Vouillon
Chezal-Benoit
Pruniers
Ambrault
Le Pondy
Bannegon
Sancoins
St-Août
Ardentes
Le Poinçonnet
Lignières
Morlac
St-Amand-Montrond
Charenton-s.-Cher
Ainay-le-Ch.
Lurcy-Lévis
Lothiers
Arthon
Velles
St-Christophe-en-Boucherie
Orval
Le Châtelet
Ardenais
Couleuvre
St-Chartier
Thevet-St-Julien
Tronçais
Urçay
Cérilly
Bouesse
Neuvy-St-Sépulchre
La Châtre
Saulzais-le-Potier
La Croix-Cornart
Bourbon-l'Archambault
Cluis
Châteaumeillant
Culan
Ygrande
Hérisson
Crevant
Orsennes
Ste-Sévère-s.-Indre
Cosne-d'Allier
Estivareilles
Chavenon
Eguzon-Chantôme
Aigurande
Préveranges
La Chapelaude
Verneix
Villefranche-d'Allier
Chambon-Ste-Croix
Genouillac
Treignat
Domérat
Montluçon
Chamblet
Doyet
Montmarault
Boussac
Lavaufranche
Lamaids
Dun-le-P.
La Celle-Dunoise
Bonnat
Châtelus-Malvaleix
Néris-les-Bains
Commentry
Ladapeyre
Lapeyrouse
Loire
Sauldre
Beuvron
Canal de Berry
Arnon
Aumance

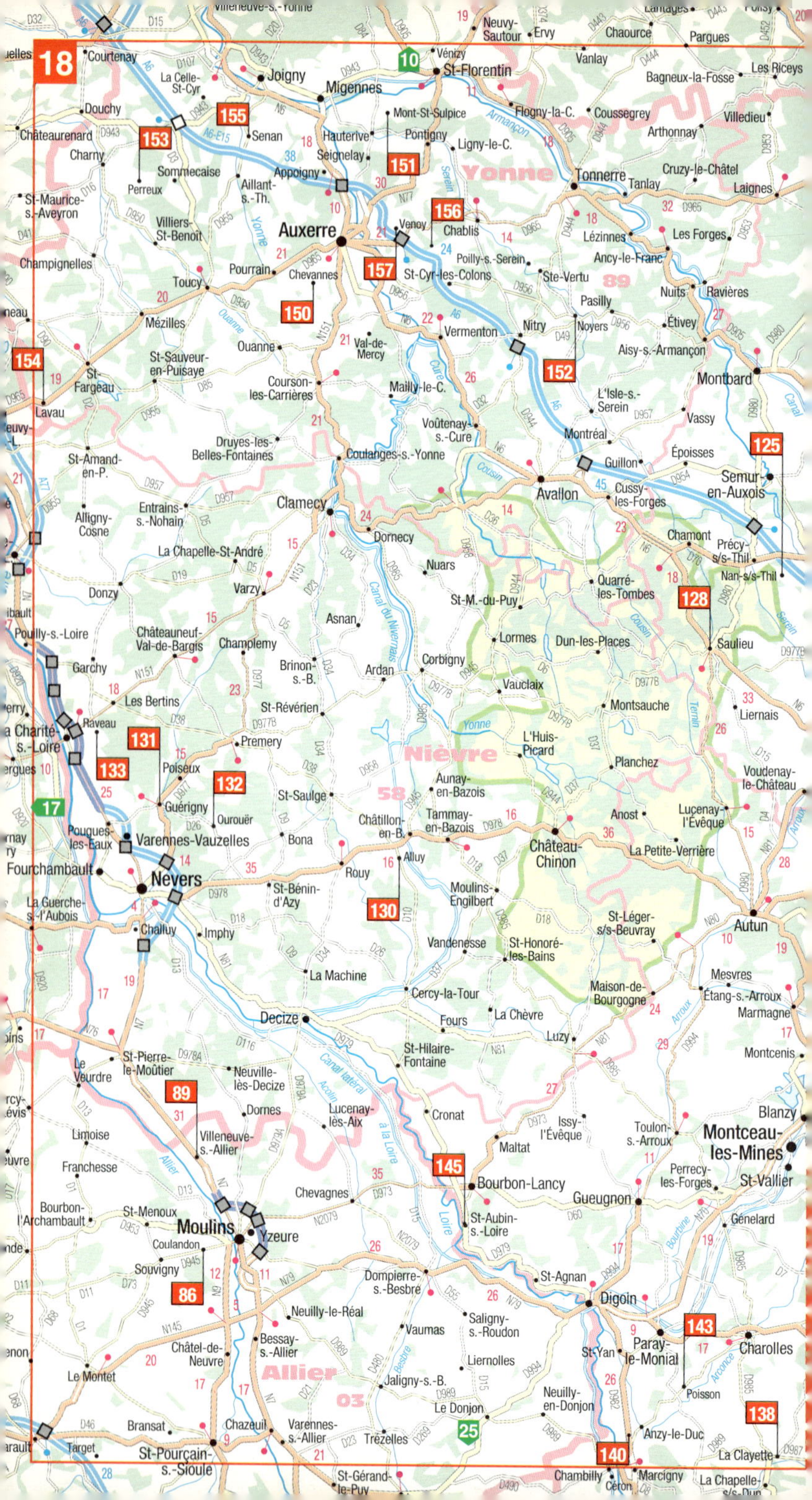

18
Courtenay
Joigny
Migennes
St-Florentin
Neuvy-Sautour
Ervy
Chaource
Pargues
Vanlay
Bagneux-la-Fosse
Les Riceys
La Celle-St-Cyr
Douchy
Châteaurenard
Charny
Senan
Hauterive
Seignelay
Appoigny
Mont-St-Sulpice
Pontigny
Ligny-le-C.
Flogny-la-C.
Coussegrey
Arthonnay
Villedieu
Perreux
Sommecaise
Aillant-s.-Th.
Tonnerre
Tanlay
Cruzy-le-Châtel
Laignes
St-Maurice-s.-Aveyron
Villiers-St-Benoît
Auxerre
Venoy
Chablis
Poilly-s.-Serein
Lézinnes
Ancy-le-Franc
Les Forges
Champignelles
Toucy
Pourrain
Chevannes
St-Cyr-les-Colons
Ste-Vertu
Pasilly
Nuits
Ravières
Mézilles
Ouanne
Vermenton
Nitry
Noyers
Étivey
Aisy-s.-Armançon
Montbard
St-Sauveur-en-Puisaye
St-Fargeau
Lavau
Val-de-Mercy
Courson-les-Carrières
Mailly-le-C.
L'Isle-s.-Serein
Vassy
Voûtenay-s.-Cure
Montréal
Guillon
Époisses
Semur-en-Auxois
Druyes-les-Belles-Fontaines
St-Amand-en-P.
Coulanges-s.-Yonne
Avallon
Cussy-les-Forges
Allігny-Cosne
Entrains-s.-Nohain
Clamecy
Dornecy
Chamont
Précy-s/s-Thil
Nan-s/s-Thil
La Chapelle-St-André
Nuars
Quarré-les-Tombes
Donzy
Varzy
St-M.-du-Puy
Saulieu
Pouilly-s.-Loire
Châteauneuf-Val-de-Bargis
Champlemy
Asnan
Lormes
Dun-les-Places
Garchy
Brinon-s.-B.
Ardan
Corbigny
Vauclaix
Les Bertins
St-Révérien
Montsauche
Liernais
La Charité-s.-Loire
Raveau
Premery
L'Huis-Picard
Planchez
Voudenay-le-Château
Poiseux
Guérigny
Ourouër
St-Saulge
Aunay-en-Bazois
Châtillon-en-B.
Tammay-en-Bazois
Anost
Lucenay-l'Évêque
Pougues-les-Eaux
Varennes-Vauzelles
Bona
Fourchambault
Nevers
Alluy
Rouy
Château-Chinon
La Petite-Verrière
St-Bénin-d'Azy
Moulins-Engilbert
La Guerche-s.-l'Aubois
St-Léger-s/s-Beuvray
Autun
Challuy
Imphy
Vandenesse
St-Honoré-les-Bains
La Machine
Mesvres
Cercy-la-Tour
Maison-de-Bourgogne
Étang-s.-Arroux
Marmagne
Decize
Fours
La Chèvre
Luzy
St-Hilaire-Fontaine
Montcenis
St-Pierre-le-Moûtier
Le Veurdre
Neuville-lès-Decize
Blanzy
Dornes
Lucenay-lès-Aix
Cronat
Limoise
Villeneuve-s.-Allier
Issy-l'Évêque
Maltat
Toulon-s.-Arroux
Montceau-les-Mines
Franchesse
Perrecy-les-Forges
St-Vallier
Bourbon-Lancy
Chevagnes
Gueugnon
Bourbon-l'Archambault
St-Menoux
Moulins
Yzeure
St-Aubin-s.-Loire
Génelard
Coulandon
Souvigny
Dompierre-s.-Besbre
St-Agnan
Digoin
Neuilly-le-Réal
Saligny-s.-Roudon
Vaumas
Bessay-s.-Allier
Châtel-de-Neuvre
Paray-le-Monial
Charolles
St-Yan
Le Montet
Liernolles
Jaligny-s.-B.
Poisson
Neuilly-en-Donjon
Le Donjon
Bransat
Chazeuil
Varennes-s.-Allier
Trézelles
Anzy-le-Duc
Target
St-Pourçain-s.-Sioule
La Clayette
St-Gérand-le-Puy
Chambilly
Céron
Marcigny
La Chapelle-s/s-Dun
Yonne
89
Nièvre
58
Allier
03
Armançon
Serein
Cure
Cousin
Canal du Nivernais
Canal latéral à la Loire
Loire
Allier
Arroux
Bourbince
Arconce
Besbre
Ouanne
Acolin
Terni
A6
A77
N7
N6
N151
N79
N81
N80
10
17
25
155
153
151
156
157
150
152
154
125
128
131
133
132
130
89
145
86
143
138
140

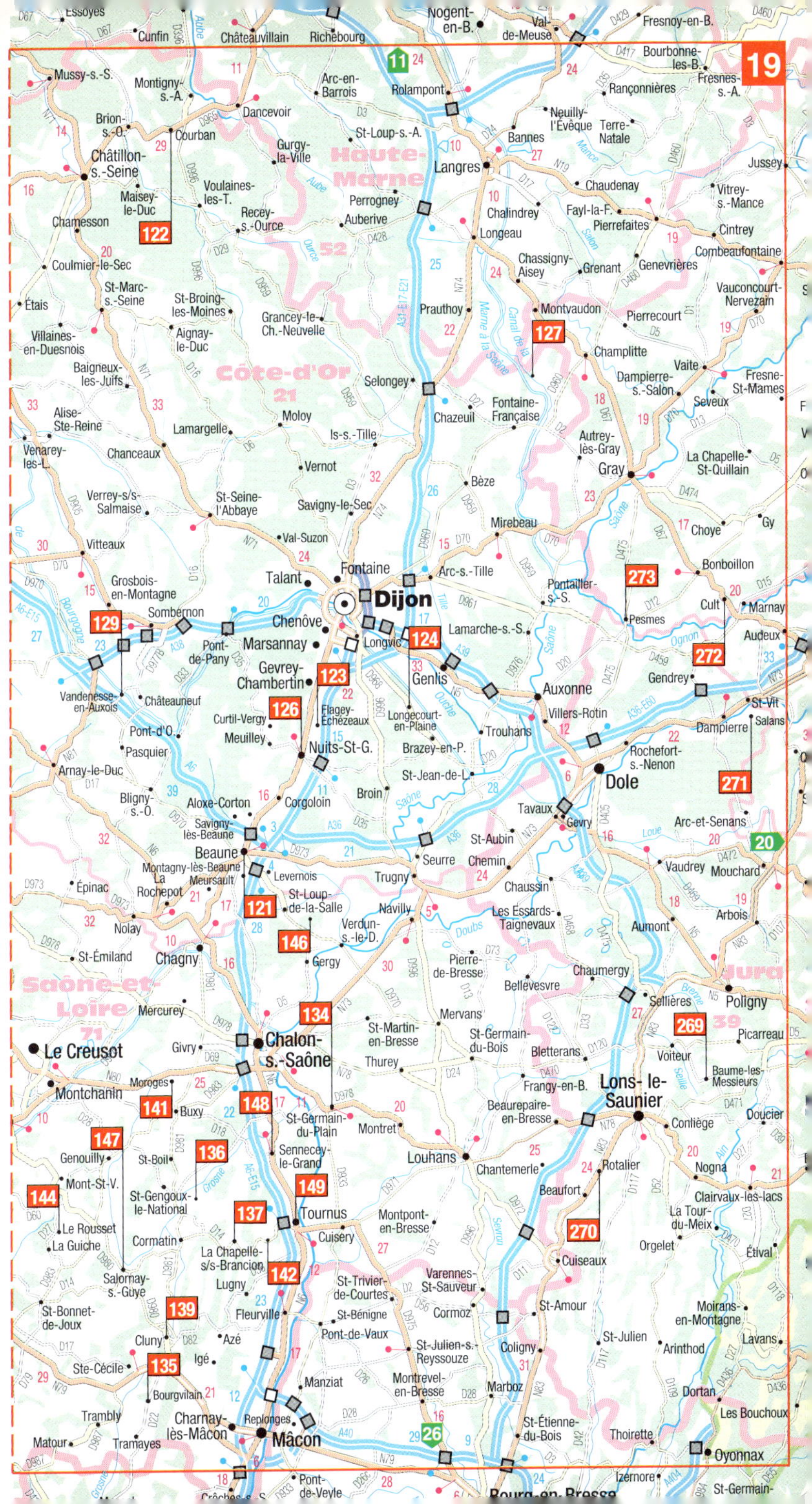
Haute-Marne
52
Côte-d'Or
21
Saône-et-Loire
71
Jura
39
Châtillon-s.-Seine
Langres
Dijon
Fontaine
Talant
Chenôve
Marsannay
Gevrey-Chambertin
Nuits-St-G.
Beaune
Chagny
Chalon-s.-Saône
Le Creusot
Montchanin
Tournus
Mâcon
Louhans
Lons-le-Saunier
Dole
Gray
Auxonne
Genlis
Poligny
Oyonnax
Bourg-en-Bresse
Nogent-en-B.
Châteauvillain
Richebourg
Cunfin
Essoyes
Val-de-Meuse
Fresnoy-en-B.
Bourbonne-les-B.
Fresnes-s.-A.
Mussy-s.-S.
Montigny-s.-A.
Arc-en-Barrois
Rolampont
Neuilly-l'Évêque
Rançonnières
Terre-Natale
Brion-s.-O.
Dancevoir
Courban
St-Loup-s.-A.
Bannes
Jussey
Gurgy-la-Ville
Voulaines-les-T.
Maisey-le-Duc
Recey-s.-Ource
Perrogney
Auberive
Chaudenay
Vitrey-s.-Mance
Chamesson
Chalindrey
Fayl-la-F.
Pierrefaites
Cintrey
Longeau
Combeaufontaine
Coulmier-le-Sec
Chassigny-Aisey
Grenant
Genevrières
St-Marc-s.-Seine
Vauconcourt-Nervezain
Étais
St-Broing-les-Moines
Grancey-le-Ch.-Neuvelle
Prauthoy
Montvaudon
Pierrecourt
Aignay-le-Duc
Villaines-en-Duesnois
Champlitte
Baigneux-les-Juifs
Selongey
Vaite
Dampierre-s.-Salon
Fresne-St-Mamès
Seveux
Alise-Ste-Reine
Moloy
Chazeuil
Fontaine-Française
Venarey-les-L.
Lamargelle
Is-s.-Tille
Autrey-lès-Gray
La Chapelle-St-Quillain
Chanceaux
Vernot
Bèze
Verrey-s/s-Salmaise
St-Seine-l'Abbaye
Savigny-le-Sec
Mirebeau
Choye
Gy
Vitteaux
Val-Suzon
Arc-s.-Tille
Bonboillon
Grosbois-en-Montagne
Pontailler-s.-S.
Pesmes
Cult
Marnay
Sombernon
Lamarche-s.-S.
Audeux
Pont-de-Pany
Longvic
Gendrey
Vandenesse-en-Auxois
Châteauneuf
Flagey-Échézeaux
Longecourt-en-Plaine
Villers-Rotin
St-Vit
Salans
Curtil-Vergy
Meuilley
Dampierre
Pont-d'O.
Trouhans
Rochefort-s.-Nenon
Pasquier
Brazey-en-P.
Arnay-le-Duc
St-Jean-de-L.
Bligny-s.-O.
Aloxe-Corton
Corgoloin
Broin
Tavaux
Gevry
Arc-et-Senans
Savigny-lès-Beaune
St-Aubin
Seurre
Chemin
Vaudrey
Mouchard
Montagny-lès-Beaune
Levernois
Trugny
Chaussin
Épinac
La Rochepot
Meursault
St-Loup-de-la-Salle
Navilly
Les Essards-Taignevaux
Arbois
Nolay
Verdun-s.-le-D.
Aumont
St-Émiland
Gergy
Pierre-de-Bresse
Bellevesvre
Chaumergy
Mercurey
Mervans
Sellières
St-Martin-en-Bresse
St-Germain-du-Bois
Picarreau
Givry
Thurey
Bletterans
Voiteur
Baume-les-Messieurs
Moroges
Frangy-en-B.
Buxy
St-Germain-du-Plain
Beaurepaire-en-Bresse
Doucier
Montret
Conliège
Genouilly
St-Boil
Sennecey-le-Grand
Chantemerle
Nogna
Rotalier
Mont-St-V.
St-Gengoux-le-National
Beaufort
Clairvaux-les-lacs
Le Rousset
La Guiche
Cormatin
Montpont-en-Bresse
La Tour-du-Meix
Cuisery
La Chapelle-s/s-Brancion
Orgelet
Étival
Cuiseaux
Salornay-s.-Guye
Lugny
St-Trivier-de-Courtes
Varennes-St-Sauveur
St-Bonnet-de-Joux
Fleurville
St-Bénigne
Cormoz
St-Amour
Moirans-en-Montagne
Pont-de-Vaux
St-Julien
Lavans
Cluny
Azé
St-Julien-s.-Reyssouze
Coligny
Arinthod
Ste-Cécile
Igé
Manziat
Montrevel-en-Bresse
Marboz
Dortan
Bourgvilain
Trambly
Charnay-lès-Mâcon
Replonges
St-Étienne-du-Bois
Thoirette
Les Bouchoux
Matour
Tramayes
Pont-de-Veyle
Izernore
St-Germain-
122
127
129
123
124
126
121
146
134
141
148
147
136
149
144
137
142
139
135
270
269
271
272
273
11
20
26
Aube
Ource
Saône
Doubs
Ouche
Tille
Ognon
Loue
Seille
Seran
Grosne
Bourgogne
Canal de la Marne à la Saône

20
Bains-les-B.
Remiremont
Fontenoy-le-Ch.
Plombières-les-B.
Lepange
Girmont-Val-d'Ajol
Rupt-s.-M.
Saulxures-s.-M.
Cornimont
Kruth
Lautenbach
Rouffach
Buhl
Guebwiller
Hirtzfelden
Reguisheim
Vauvillers
Aillevillers-et-Lyaumont
Le Val-d'Ajol
Le Thillot
Bussang
St-Amarin
Soultz-Haut-Rhin
Ensisheim
St-Loup-s.-S.
Cernay
Faucogney-et-la-Mer
Sewen
Thann
Illzach
Senoncourt
Amance
Conflans-s.-L.
Luxeuil-les-B.
Servance
Masevaux
Rougemont-le-Ch.
Mulhouse
Haut-Rhin
68
Faverney
Mélisey
Ronchamp
Balschwiller
Sierentz
Flagy
Port-s.-S.
Chamoille
Saulx
Lure
Valdoie
Altkirch
Mollans
Belfort
Dannemarie
Vesoul
Quincey
Couthenans
90
Hirsingue
Waldighofen
Saulnot
Héricourt
Grandvillars
Seppois
Haute-Saône
Sochaux
Werentzhouse
Vellefaux
Villersexel
Montbéliard
Delle
Ferrette
70
Audincourt
Lutter
Rougemont
Montbozon
Colombier-Fontaine
Hérimoncourt
Porrentruy
Lucelle
Mésandans
Rioz
Pont-de-Roide
Delémont
Rigney
Clerval
Noirefontaine
Bassecourt
Baume-les-Dames
St-Hippolyte
Moûtier
Roulans
Sancey-le-Grd
Maîche
Goumois
Saignelégier
Aïssey
Tavannes
Grenchen
Besançon
Charquemont
Tramelan
Vercel-Villedieu-le-Camp
Pierrefontaine-les-Varans
Courtelary
St-Imier
Biel
Tarcenay
Étalans
Valdahon
Le Russey
Épeugney
Orchamps-Vennes
La Chaux-de-Fonds
Nidau
Lyss
Ornans
Villers
Nods
La Neuveville
Aarberg
Morteau
Villers-le-Lac
Le Locle
Amancey
St-Gorgon-Main
Ins
Doubs
25
Peseux
Kerzers
Montbenoît
Neuchâtel
La Vrine
268
Murten
Neuenegg
Levier
Boudry
Köniz
19
Couvet
Chaffois
Pontarlier
St-Aubin-Sauges
Boujailles
Fleurier
Estavayer-le-Lac
Avenches
La Cluse-Mijoux
Frasne
Onnens
Schwarzenburg
Payerne
St-Point-Lac
Ste-Croix
Fribourg
Censeau
Malbuisson
Mathod
Yverdon
Yvonand
Plaffeien
Nozeroy
Orbe
Champagnole
Romont
Mouthe
Vallorbe
Moudon
Schwarzsee
La Sarraz
Corbières
Échallens
Reidenbach
L'Abbaye
Bulle
Foncine-le-Bas
Cossonay
Oron-la-Ville
Gruyères
Zweisimmen
Le Chenit
St-Laurent-en-Grandvaux
Apples
Crissier
Châtel-St-Denis
Saanen
Morbier
Bois-d'Amont
Bière
Lausanne
Montbovon
Gstaad
Morez
Morges
Vevey
Château-d'Oex
Les Rousses
St-Cergue
Rolle
Montreux
Dully
Meillerie
Villeneuve
Évian-les-B.
Le Sépey
St-Gingolph
Nyon
Les Diablerets
Mijoux
Divonne
Thonon-les-Bains
Chevenoz
Vouvry
Aigle
Gex
Sciez
Échenevex
Douvaine
Ferney-Voltaire
Versoix
Abondance
Châtel
Bex
Sion
27
Monthey
St-Maurice
St-Cergues
Bellevaux
Genève
Boëge
Morzine
Avoriaz

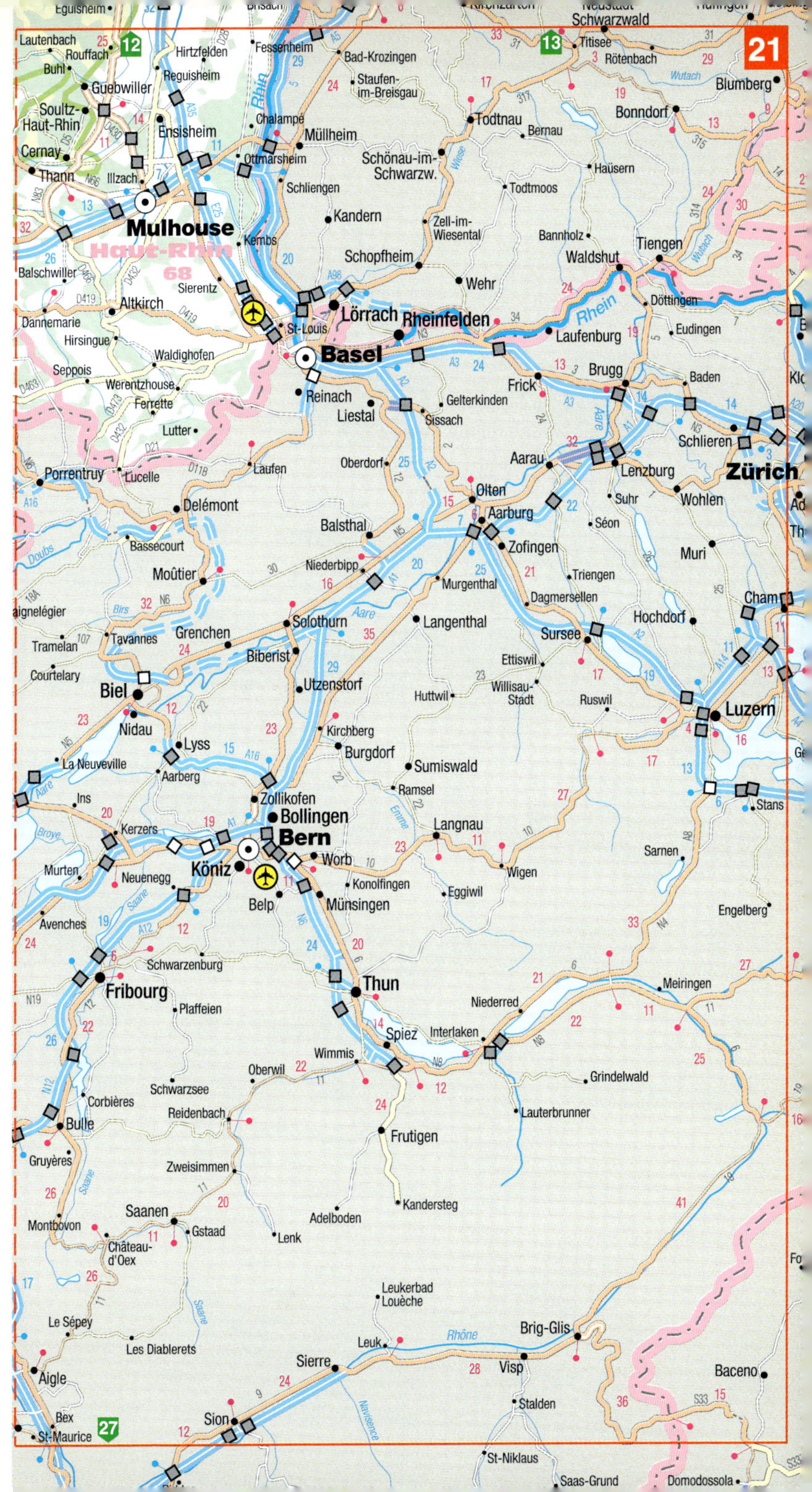
21
12
13
27
Lautenbach
Rouffach
Buhl
Guebwiller
Soultz-Haut-Rhin
Cernay
Thann
Illzach
Ensisheim
Hirtzfelden
Reguisheim
Fessenheim
Chalampé
Ottmarsheim
Mulhouse
Haut-Rhin
68
Kembs
Sierentz
Balschwiller
Altkirch
Dannemarie
Hirsingue
Waldighofen
Seppois
Werentzhouse
Ferrette
Lutter
Porrentruy
Lucelle
Laufen
Delémont
Bassecourt
Moûtier
Saignelégier
Tramelan
Tavannes
Courtelary
Grenchen
Biel
Nidau
Lyss
La Neuveville
Aarberg
Ins
Kerzers
Murten
Neuenegg
Avenches
Fribourg
Schwarzenburg
Plaffeien
Schwarzsee
Corbières
Bulle
Gruyères
Oberwil
Reidenbach
Zweisimmen
Saanen
Gstaad
Montbovon
Château-d'Oex
Lenk
Adelboden
Le Sépey
Les Diablerets
Aigle
Bex
St-Maurice
Sion
Sierre
Leuk
Leukerbad
Louèche
Visp
Brig-Glis
Stalden
St-Niklaus
Saas-Grund
Domodossola
Baceno
Kandersteg
Frutigen
Wimmis
Spiez
Interlaken
Niederried
Grindelwald
Lauterbrunnen
Meiringen
Engelberg
Sarnen
Stans
Luzern
Thun
Münsingen
Belp
Köniz
Bern
Bollingen
Zollikofen
Worb
Konolfingen
Eggiwil
Wigen
Langnau
Ramsel
Sumiswald
Burgdorf
Kirchberg
Utzenstorf
Biberist
Solothurn
Niederbipp
Balsthal
Langenthal
Murgenthal
Huttwil
Willisau-Stadt
Ettiswil
Ruswil
Sursee
Dagmersellen
Triengen
Zofingen
Aarburg
Olten
Oberdorf
Liestal
Reinach
Sissach
Gelterkinden
Basel
St-Louis
Lörrach
Rheinfelden
Laufenburg
Frick
Aarau
Brugg
Baden
Schlieren
Zürich
Lenzburg
Wohlen
Suhr
Séon
Muri
Hochdorf
Cham
Döttingen
Eudingen
Waldshut
Tiengen
Bannholz
Wehr
Schopfheim
Zell-im-Wiesental
Kandern
Schliengen
Müllheim
Schönau-im-Schwarzw.
Todtmoos
Todtnau
Bernau
Häusern
Bad-Krozingen
Staufen-im-Breisgau
Titisee
Rötenbach
Bonndorf
Blumberg
Rhin
Rhein
Aare
Doubs
Birs
Emme
Saane
Sarine
Broye
Rhône
Wiese
Wutach
Navisence

22
Villedoux
Courçon
La Rochelle
Lagord
St-Xandre
Ste-Marie-de-Ré
523
Aytré
Aigrefeuille-d'Aunis
Mauzé-s.-le-M.
Usseau
Prahecq
Beauvoir-s.-Niort
Melle
Lezay
Vouhé
Surgères
Brioux-s.-Boutonne
Chef-Boutonne
79
Deux-Sèvres
Chizé
Ile d'Oléron
Pertuis d'Antioche
Châtelaillon-Plage
St-Félix
Ile d'Aix
530
Saujon
Saúzelle
St-Pierre-d'Oléron
Fouras
Muron
525
Tonnay-Boutonne
Loulay
529
St-Denis-du-Pin
Aubigné
Loubillé
Aulnay
Villefagnan
Longré
Antezant-la-Chapelle
Néré
Rochefort
Tonnay-Ch.
La Vergne
St-Jean-d'Angély
St-Fraigné
Lupsault
Le Château-d'Oléron
Brouage
St-Agnant
Bords
Charente-Maritime
17
Verdille
Dolus-d'Oléron
St-Savinien
Taillebourg
St-Hilaire-de-V.
Matha
Aigre
St-Trojan-les-Bains
Marennes
St-Porchaire
St-Just-Luzac
Brizambourg
520
Siecq
Pont-l'Abbé-d'A.
Plassay
Ronce-les-Bains
La Tremblade
Étaules
Cadeuil
St-Bris-des-B.
Burie
519
Ste-Sévère
Rouillac
St-Genis-d'Hiersac
Les Mathes
Saintes
Cherves-R.
Sigogne
La Palmyre
Pisany
Chérac
Cognac
Échallat
La Grande-Côte
Vaux-s.-M.
Rétais
Brives-s.-Charente
Châteaubernard
Jarnac
Hiersac
Royan
531
Tesson
St-Georges-de-Didonne
Cozes
St-Simon-de-Pellouaille
Pérignac
Segonzac
La Couronne
524
Pons
Châteauneuf-s.-Charente
Roullet-St-Estèphe
Le Verdon-s.-Mer
Meschers-s.-Gironde
Gémozac
St-Fort-s.-le-Né
Soulac-s.-Mer
528
Mosnac
Archiac
521
Mortagne-s.-Gironde
Bois
St-Vivien-de-Médoc
St-Genis-de-S.
Réaux
Barbezieux-St-Hilaire
St-Fort-s.-Gironde
Jonzac
Blanzac-Porcheresse
Vensac
Montalivet-les-Bains
Valeyrac
Condéon
Mirambeau
Vendays-Montalivet
St-Bonnet-s.-Gironde
Baignes-Ste-Radegonde
St-Yzans-de-Médoc
527
Lesparre-Médoc
GIRONDE
526
Brossac
St-Ciers-s.-Gironde
Vertheuil
Montendre
Chevanceaux
Chalais
Hourtin-Plage
Reignac
Montlieu-la-Garde
Martron
Pauillac
Bussac-Forêt
Étauliers
Hourtin
Montguyon
38
Saugon
St-Laurent-Médoc
Bédenac
Blaye
La Roche-Chalais
Carcans-Plage
St-Aigulin
St-Savin
St-Christoly-de-Blaye
Carcans
Lamarque
Cercoux
Listrac-Médoc
Cavignac
42
Le Gautreau
Maubuisson
St-Ciers-de-Canesse
Pugnac
Les Églisottes-et-Chalaures
Brach
Bourg
Guîtres
Castelnau-de-Médoc
46
St-Martin-de-Laye
Coutras
St-Seurin-s.-l'Isle
Lacanau-Océan
Ambès
St-André-de-C.
Macau
31
Lacanau
Ste-Hélène
Ambarès-et-Lagrave
St-Germain-de-la-Rivière
32
Villefranche-de-Lonchat
Salaunes
Bassens
Fronsac
39
Lussac
Saumos
Blanquefort
Carbon-Blanc
41
Libourne
33
Le Porge
St-Médard-en-J.
St-Sulpice-et-Cameyrac
St-Émilion
24
Gironde
33
Martignas-s.-Jalle
Mérignac
Cenon
Génissac
36
Montcaret
Lège-Cap-Ferret
Bouliac
Branne
Castillon-la-Bataille
Blagon
Bordeaux
35
St-Quentin-de-Baron
Flaujagues
Arès
Pujols
Dordogne
Claouey
Andernos-les-Bains
Quinsac
Créon
43
Ste-Radegonde
40
44
Rauzan
Pellegrue
Blasimon
Léognan
Audenge
Marcheprime
Targon
Soussac
Pyla-s.-Mer
Arcachon
La Teste
Le Tourne
Portets
St-Brice
37
Labrède
Arbis
Biganos
Sauveterre-de-G.
St-Ferme
Saucats
Rimons
Gujan-Mestras
Pilat-Plage
Le Barp
Mios
Podensac
Cadillac
Cabanac-et-Villagrains
Mesterrieux
45
Camiran
Lévignac-de-Guyenne
Salles
Villagrains
Landiras
St-Macaire
Caudrot
La Réole
Cazaux
Leyre
Langon
Fontet
Sanguinet
Belin-Béliet
Hostens
29
Sauternes
Ste-Bazeille
Marmande
Biscarrosse-Plage
Balizac
Auros
Villandraut
15

23
du-Clain
Usson-du-P.
Adriers
16
les-Feuilles
St-Romain
St-Martin-d'Ars
L'Isle-Jourdain
Bel-Air
Bussière-Poit.
Le Dorat
Magnac-Laval
La Croisière
La Souterraine
Chaunay
Civray
Charroux
Availles-Limouzine
Oradour-Fanais
Bellac
Châteauponsac
Sauzé-Vaussais
Pressac
Mézières-s.-Issoire
Haute-Vienne
St-Étienne-de-Fursac
Surin
Bersac-s.-Rivalier
Laurière
518
540
Ruffec
Bioussac-Ruffec
Alloue
St-Germain-de-C.
114
87
St-Pardoux
Razès
120
La Jonchère-St-Maurice
Nanteuil-en-Vallée
Champagne-Mouton
Confolens
St-Christophe
Cieux
Nantiat
St-Maurice-des-Lions
Compreignac
Ambazac
Charmé
Charente
Brigueuil
Oradour-s.-Glane
Nieul
Étagnac
119
Luxé
Valence
St-Claud
Les Quatre-Vents
St-Junien
Couzeix
112
Mansle
St-Angeau
Nieuil
Chabanais
Cognac-la-F.
St-Amant-de-Boixe
16
Chasseneuil-s.-Bonnieure
Rochechouart
Limoges
Isle
St-Léon.-de-Noblat
Le Pont-d'Agris
Massignac
113
St-Laurent-s.-Gorre
Aixe-s.-Vienne
Vars
Montemboeuf
Vayres
Boisseuil
522
La Rochefoucauld
Oradour-s.-V.
Gorre
Séreilhac
117
St-Hilaire-Bonneval
Le Vigen
St-Yrieix-s.-C.
Ruelle-s.-T.
St-Mathieu
Cussac
Champagnac-la-Rivière
Angoulême
Pierre-Buffière
Nexon
Montbron
Bussière-Badil
118
Châlus
Soyaux
Marval-St-Mathieu
Bussière-G.
Piégut-Pluviers
Marthon
La Roche-l'Abeille
Ladignac-le-Long
115
Dignac
Mialet
Meuzac
Rougnac
Nontron
St-Saud-Lacoussière
La Coquille
St-Yrieix-la-Perche
St-Pardoux-la-Riv.
Villebois-Lavalette
Coussac-Bonneval
27
Jumilhac-le-Grd
Mareuil
Lubersac
St-Pancrace
Gout-Rossignol
Arnac-Pompadour
Montmoreau-St-Cybard
Thiviers
Payzac
24
La Tour-Blanche
Brantôme
Champagnac-de-Belair
St-Pierre-de-Côle
Lanouaille
Cherval
Verteillac
17
16
Vigeois
Exideuil
Juillac
Bourdeilles
Negrondes
Coulaures
19
St-Séverin
Pragelier
Lisle
Savignac-les-Égl.
Objat
Ribérac
Château-l'Évêque
Allassac
Hautefort
Ayen
Sarliac-s.-l'Isle
La Boissière-d'Ans
St-Aulaye
Chancelade
Badefols-d'Ans
Brive-la-G.
15
Périgueux
Dordogne
St-Vincent-de-Connezac
Coulounieix-Ch.
St-Laurent-s.-Manoire
Échourgnac
Terrasson-la-V.
St-Astier
Thenon
Le Lardin-St-L.
Larche
Noailles
St-Pierre-de-Chignac
Vézère
Condat-s.-Vézère
St-Michel-de-Double
20
Montignac
Coly
Sourzac
Rouffignac-St-Cernin-de-Reilhac
Montpon-Ménestérol
Mussidan
Villamblard
Vergt
Lacropte
Thonac
Issac
Mauzens-et-Miremont
Cressensac
Montagnac-la-Crempse
28
26
29
St-Rémy
25
22
Ste-Alvère
Salignac-Eyvignes
Ste-Foy-de-L.
Queyssac
Le Bugue
St-Crépin-et-Carlucet
St-Méard-de-Gurçon
Liorac-s.-Louyre
Les Eyzies
Meyrals
Sarlat-la-Canéda
Souillac
Trémolat
La Force
Bergerac
21
Mauzac-et-Gd-Castang
18
Carlux
St-Cyprien
Ste-Foy-la-Gde
Le Buisson
Carsac-Aillac
Meyronne
Gardonne
Lanquais
Lalinde
Cadouin
Coux-et-Bigaroque
La Roque-Gageac
Calès
Monbazillac
Bayac
365
Rouffignac-de-S.
St-Avit-Sénieur
Cénac-et-St-Julien
Payrac
Margueron
Sigoulès
Bouniagues
12
Beaumont
Daglan
Gourdon
Le Vigan
54
Issigeac
13
14
St-Pompont
364
363
Duras
23
Agnac
Eymet
58
Salviac
St-Chamarand
Mazeyrolles
60
Castillonnès
Ferrensac
Villefranche-du-Périgord
St-Germain-du-Bel-Air
Lamothe-Cassel
Moustier
Lauzun
Villeréal
Cazals
Miramont-de-Guyenne
55
56
Sauveterre-la-L.
Seyches
Laussou
61
Frayssinet-le-Gélat
Uzech
Monbahus
Cancon
65
Paulhiac
Catus
359
Monflanquin
30
Tombeboeuf
Lacaussade
Fumel
Touzac
Puy-l'Évêque
Praissac
Espère
Luzech
Pradines

24
Dun-le-P.
Dunoise
Bonnat
Châtelus-Malvaleix
Lamaids
Chambiet
Doyet
Montmarault
Néris-les-Bains
Commentry
Lapeyrouse
St-Vaury
Ladapeyre
La Souterraine
Guéret
Ste-Feyre
Jarnages
Gouzon
Chambon-s.-Voueize
Évaux-les-Bains
Marcillat-en-Comb.
Montaigut
St-Eloy-les-M.
St-Étienne-de-Fursac
Le Grd-Bourg
Bénévent-l'Abbaye
Aulon
Ahun
Chénérailles
Pionsat
Menat
Lavaveix-les-Mines
Mainsat
Tardes
Cher
La Jonchère-St-Maurice
Creuse
23
La Chapelle-St-Martial
Montel-la-Donne
Auzances
St-Gervais-d'Auvergne
Pontarion
Châtelus-le-M.
St-Georges-la-Pouge
St-Sulpice-les-Champs
Le Compas
St-Priest-des-Champs
Bourganeuf
Aubusson
Puy-de-Dôme
Vallières
St-Bard
Montel-de-Gelat
Sauviat-s.-Vige
Chatain
Felletin
Grégottier
St-Junien-la-Bregère
Royère-de-Vassivière
Pontcharraud
Crocq
Pontaumur
Sioule
Pontgibaud
Eybouleuf
Peyrat-le-Ch.
Bujaleuf
Gentioux-Pigerolles
Flayat
Giat
Sauvagnat
63
Eymoutiers
Herment
Massagettes
Les Quatre-Routes
Châteauneuf-la-Forêt
Nedde
Linards
La Courtine
Lastic
Rochefort-Montagne
Orcival
La Croisille-s.-Briance
Millevaches
Sornac
Eygurande
Bourg-Lastic
Laqueuille
Chalons-d'Aix
St-Sauves-d'Auvergne
St-Germain-les-Belles
Chamberet
Bugeat
Savennes
La Bourboule
Tauves
Mont-Dore
Murol
Besse-et-St-Anastaise
Masseret
Peyrissac
Meymac
Ussel
La Serre
Larodde
La Tour-d'Auvergne
Super-Besse
Corrèze
19
Maussac
St-Angel
Uzerche
Chamboulive
St-Augustin
Egletons
Triouzoune
Bort-les-Orgues
Champs-s.-Tarentaine-Marchal
Égliseneuve-d'Entraigues
Seilhac
Corrèze
Neuvic
Lamazière-Basse
Rhue
Condat
St-Pardoux-L'Ortigier
Tulle
Antignac
St-Bonnet-de-Condat
Lapleau
Bassignac
Riom-ès-Montagnes
Donzenac
Clergoux
Marcillac-la-Croisille
Trizac
Allanche
Laguenne
La Roche-Canillac
Dordogne
Mauriac
Cheylade
Malemort-s.-C.
Ste-Fortunade
Ally
Dienne
Beynat
St-Chamant
St-Privat
Pleaux
St-Martin-Valmeroux
Murat
Collonges-la-Rouge
Argentat
Bertrande
Ussel
Meyssac
Maronne
St-Cernin
St-Cirgues-de-Jordanne
Marcillac-la-Croze
Beaulieu-s.-Dordogne
Mercoeur
Montvert
Marmanhac
Thiézac
Cantal
15
Vayrac
Jussac
Vic-s.-Cère
Martel
Laroquebrou
Polminhac
Giou-de-Mamou
Lacapelle-Viescamp
Aurillac
Cère
Puybrun
Bretenoux
Ytrac
Arpajon-s.-Cère
Pierrefort
Frayssinhes
Glénat
Raulhac
Sousceyrac
Le Rouget
Sansac-de-M.
St-Céré
St-Mamet-la-Salvetat
Cayrols
Mur-de-Barrez
Alvignac
Vitrac
Ste-Geneviève-s.-Argence
Rocamadour
Aynac
Latronquière
Lafeuillade-en-Vézie
Lacroix-Barrez
Truyère
Gramat
Boisset
Alpuech
Thémines
Le Bastit
Maurs
Calvinet
Montsalvy
Huparlac
Assier
Cardaillac
St-Constant
Laguiole
Labastide-Murat
St-Amans-des-Cots
Fontanes-du-Causse
Livernon
Bagnac-s.-Célé
Grand-Vabre
Lot
Entraygues-s.-Truyère
Figeac
Lauzès
Marcilhac-s.-Célé
Capdenac-Gare
Decazeville
St-Chély-d'Aubrac
Viviez
Firmi
Villecomtal
Cabrerets
Célé
Montbrun
Cajarc
Ambeyrac
Aubin
Nauviale
Espalion
St-Géry
98
116
110
109
91
90
94
95
92
93
97
96
341
360
17
23
31

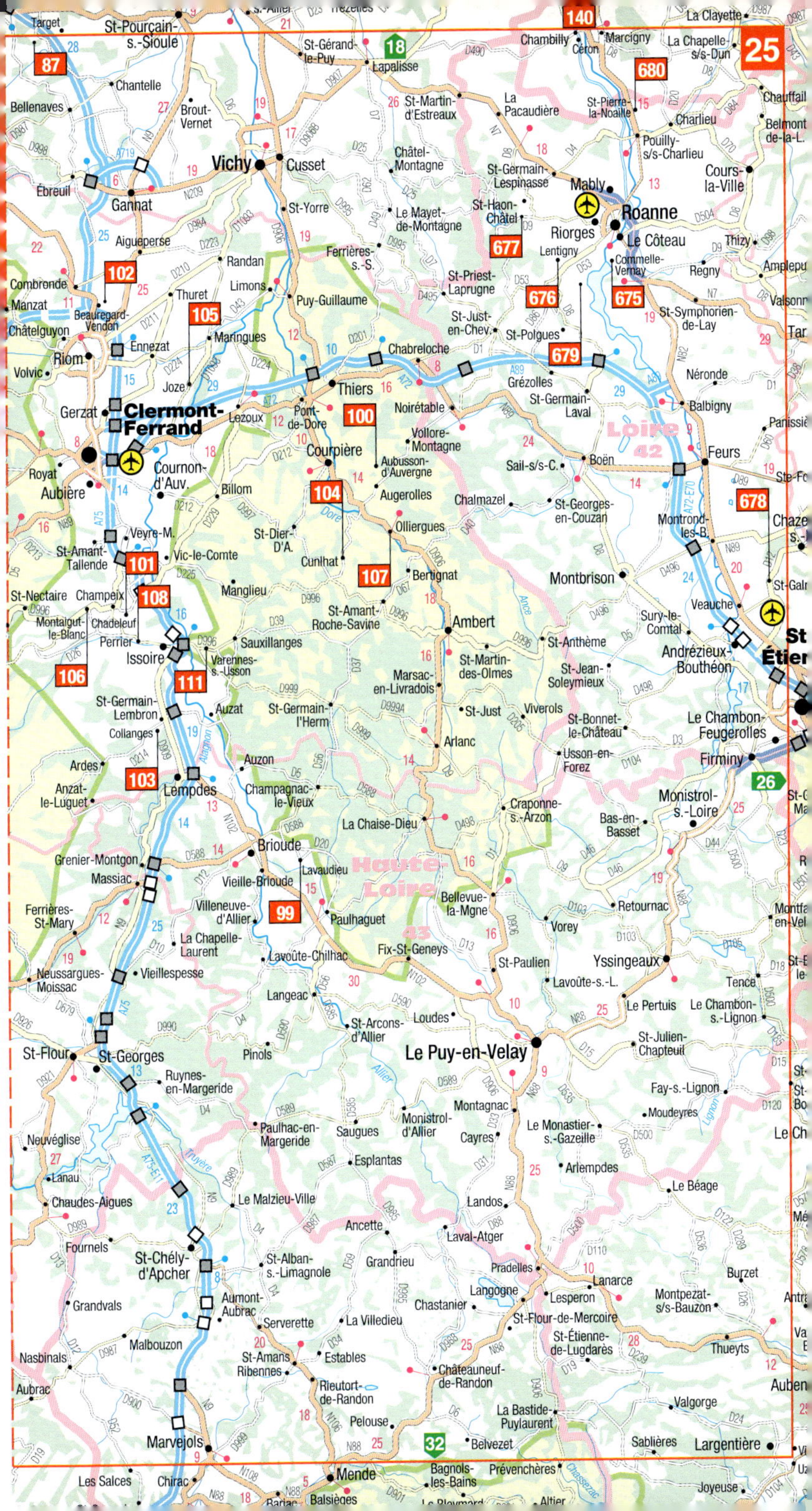

Mâcon
Matour
Tramayes
Monsols
Chénas
Crêches-s.-S.
Pont-de-Veyle
Vonnas
Bourg-en-Bresse
Thoirette
Oyonnax
Izernore
St-Germain-de-Joux
Nantua
Bellegarde
Ain 01
Villié-Morgon
Beaujeu
Thoissey
Châtillon-s.-Chalaronne
Neuville-les-Dames
Péronnas
Ceyzériat
St-André-s.-Vieux-Jonc
Lent
St-Paul-de-Varax
Belleville
Lamure-s.-Azergues
St-Georges-de-Reneins
St-Trivier-s.-Moignans
Pont-d'Ain
Brénod
Génissiat
St-Jean-le-Vieux
Rivolet
Villefranche-s.-Saône
Ambérieux-en-Dombes
Villars-les-Dombes
Chalamont
Ambérieu-en-Bugey
Hauteville-Lompnes
Trévoux
Theizé
Anse
St-André-de-Corcy
Pérouges
Meximieux
Lagnieu
Tenay
Anglefort
Tarare
Neuville-s.-S.
Sault-Brenaz
Virieu-le-Grand
Artemare
Culoz
L'Arbresle
Miribel
Montluel
Montalieu-Vercieu
Rhône
Villeurbanne
Vaulx-en-Velin
Écully
Loyettes
Pont-de-Chéruy
Crémieu
Lancin
Belley
Lucey
Craponne
Vaugneray
Lyon
Meyzieu
St-Priest
Feyzin
Trept
Morestel
Yenne
St-Genis-L.
La Verpillière
Mornant
Heyrieux
St-Symphorien-s.-Coise
Givors
Bourgoin-Jallieu
La Tour-du-Pin
Les Abrets
Le Pont-de-B.
St-Jean-de-Bournay
La Grand-Croix
Rive-de-Gier
Vienne
St-Chamond
Condrieu
La Rosière
Chonas-l'Amballan
La Détourbe
Virieu
Champier
Burcin
Les Échelles
St-Laurent-du-Pont
Cour-et-Buis
Pélussin
Le Péage-de-Roussillon
La Côte-St-André
Gillonnay
La Frette
Rives
Voiron
St-Étienne-de-St-Geoirs
Moirans
Voreppe
Beaurepaire
Marcilloles
Tullins
Isère 38
St-Genest-Malifaux
Serrières
St-Rambert-d'A.
Le Sappey-en-Ch.
St-Égrève
Bourg-Argental
St-Désirat
Hauterives
Roybon
Riotord
Annonay
Andance
Albon
Vinay
Sassenage
Autrans
St-Vallier
St-Marcellin
Satillieu
Lalouvesc
St-Romans
Lans-en-Vercors
La Balme
Échirolles
Le Pont-de-Claix
Vizille
St-Félicien
Tain-l'Hermitage
Châtillon-St-Jean
Villard-de-Lans
Vif
Laffrey
Romans-s.-Isère
Bourg-de-Péage
Pont-en-Royans
Tournon
Nozières
Pont-de-l'Isère
St-Jean-en-Royans
Corrençon-en-Vercors
St-Agrève
St-Julien-Boutières
Lamastre
St-Andéol
Pierre-Châtel
La Chapelle-en-Vercors
Cheylard
St-Péray
Guilherand
Valence
Léoncel
Monestier-de-Clermont
Ardèche 07
Soyons
Chabeuil
Châteaudouble
Vassieux-en-Vercors
Gresse-en-V.
Vernoux-en-Vivarais
Portes-lès-V.
Rousset
Charmes-s.-Rhône
Beaumont-lès-Valence
St-Pierreville
Montéléger
Clelles
Mézilhac
La Voulte-s.-Rhône
Drôme 26
Chichilianne
Mens
Les Ollières-s.-Eyrieux
Livron
Allex
Beaufort-s.-Gervanne
Die
Lalley
Le Pouzin
Pourchères
Privas
Vaunaveys-la-Rochette
Pontaix
Les Nonières
Cliousclat
Crest
Saillans
Pont-de-Quart
La Croix-Haute
Chomérac
St-Lager-Bressac
Mirmande
Grane
Châtillon-en-Diois
Vals-les-Bains
Marsanne
Saou
Luc-en-Diois
St-Julien-en-Beauchêne
Meysse
Pont-de-Barret
Rochemaure
Sauzet
Cléon-d'Andran
Bourdeaux
Beaurières
St-Jean-le-Centenier
Truinas
Le Teil
Montélimar
La Bégude-de-Mazenc
Alba-la-Romaine
Malataverne
Le Poët-Laval
Dieulefit
Bouvières
Establet
Aspremont
Aspres
La Motte-
La Charce

27
Genève
Annemasse
Chézery-Forens
Collonges
St-Julien-en-G.
Reignier
Bonne
Boëge
St-Cergues
Bellevaux
St-Jeoire
Morzine
Avoriaz
Les Gets
Champéry
Taninges
Samoëns
Cluses
Bonneville
La Roche-s.-Foron
Scionzier
Les Carroz
Flaine
Martigny
Saxon
Verbier
Bagnes
Trient
Orsières
Vallorcine
Argentière
Liddes
Frangy
Cruseilles
Haute-Savoie
74
Oëx
Sallanches
Passy
Le Grd-Bornand
St-Jean-de-Sixt
La Clusaz
Combloux
St-Gervais-les-B.
Les Houches
Chamonix
Les Praz
Annecy
Vallières
Seynod
Rumilly
Sevrier
Menthon-St-Bernard
Thônes
Manigod
Talloires
Megève
Le Bettex
Praz-s.-Arly
Flumet
Les Contamines-Montjoie
Crest-Volant
Les Saisies
St-Félix
Albens
Duingt
Doussard
Serraval
Faverges
Ugine
Beaufort
Courmayeur
Morgex
La Thuile
Introd
Lescheraines
Le Châtelard
Aix-les-B.
Le Noyer
Albertville
Frontenex
Bonneval
Bourg-St-Maurice
Rhêmes-St-Georges
Le Bourget-du-Lac
La Motte-Servolex
Grésy-s.-Isère
Ste-Foy-Tarentaise
Les Arcs
Rhêmes-Notre-Dame
Aime
Chambéry
St-Pierre-d'Albigny
Aiguebelle
Montsapey
Aigueblanche
Moutiers
La Plagne
Tignes
Chiapali
Challes-les-Eaux
Coise-St-Jean
Montmélian
Rotherens
Celliers
Val-d'Isère
Valmorel
Bozel
Chapareillan
La Rochette
Épierre
Courchevel
Savoie
73
Pontcharra
St-Pierre-d'Entremont
Allevard
St-Martin-de-Belleville
Méribel-les-Allues
Pralognan-la-Vanoise
St-Étienne-de-Cuines
St-Pierre-de-Ch.
Le Touvet
Goncelin
St-Colomban-des-Villards
Les Ménuires
Val-Thorens
Lanslebourg-Mt-Cenis
Bessans
Termignon
Le Curtillard
St-Jean-de-Maurienne
St-Julien-Mt-Denis
Crolles
Margone
Noiray
St-Michel-de-M.
Modane
Villard-Bonnot
St-Sorlin-d'Arves
Domène
Le Rivier-d'Allemond
Tunnel du Fréjus
Molaretto-Cerisio
Bussoleno
Grenoble
Valloire
Susa
Uriage-les-Bains
Chamrousse
Bardonecchia
Salbertrand
Fenestrelle
L'Alpe-d'Huez
Oulx
ITALIE
Séchilienne
Le Bourg-d'Oisans
Pont-de-l'Alp
Névache
Les Deux-Alpes
Cesana-Torinese
Perosa-Argentina
Le Monêtier-les-Bains
La Salle
St-Chaffrey
Sestrière
Chantelouve
Serre-Chevalier
Montgenèvre
St-Christophe-en-Oisans
La Bérarde
Briançon
Ghigo
La Mure
Entraigues
L'Ailefroide
Cervières
Valjouffrey
Prelles
Cognet
Valbonnais
Vallouise
Corps
La Chapelle-en-Valgaudémar
L'Argentière-la-Bessée
Brunissard
Aiguilles
Abriès
Bobbio-Pellice
Arvieux
Château-Queyras
St-Firmin
La Roche-de-Rame
Molines-en-Queyras
Crissolo
Hautes-Alpes
05
St-Véran
St-Disdier
St-Étienne-en-Dévoluy
St-Jean-St-Nicolas
Les Garnauds
Orcières
Eygliers
Guillestre
Pontechianale
Super-Dévoluy
St-Bonnet
Laye
Châteauroux
Risoul
Vars
Casteldelfino
Maljasset
La Bâtie-Neuve
Les Rousses
Montmaur
Embrun
Gap
La Roche-des-Arnauds
Chorges
Les Orres
Macra
Veynes
Savines-le-Lac
St-Paul
Acceglio
Valserres
Larche
Tallard
Remollon
Le Lauzet-Ubaye
Méolans-
Jausiers
695
692
694
691
693
689
690
688
552
553
20
34

28

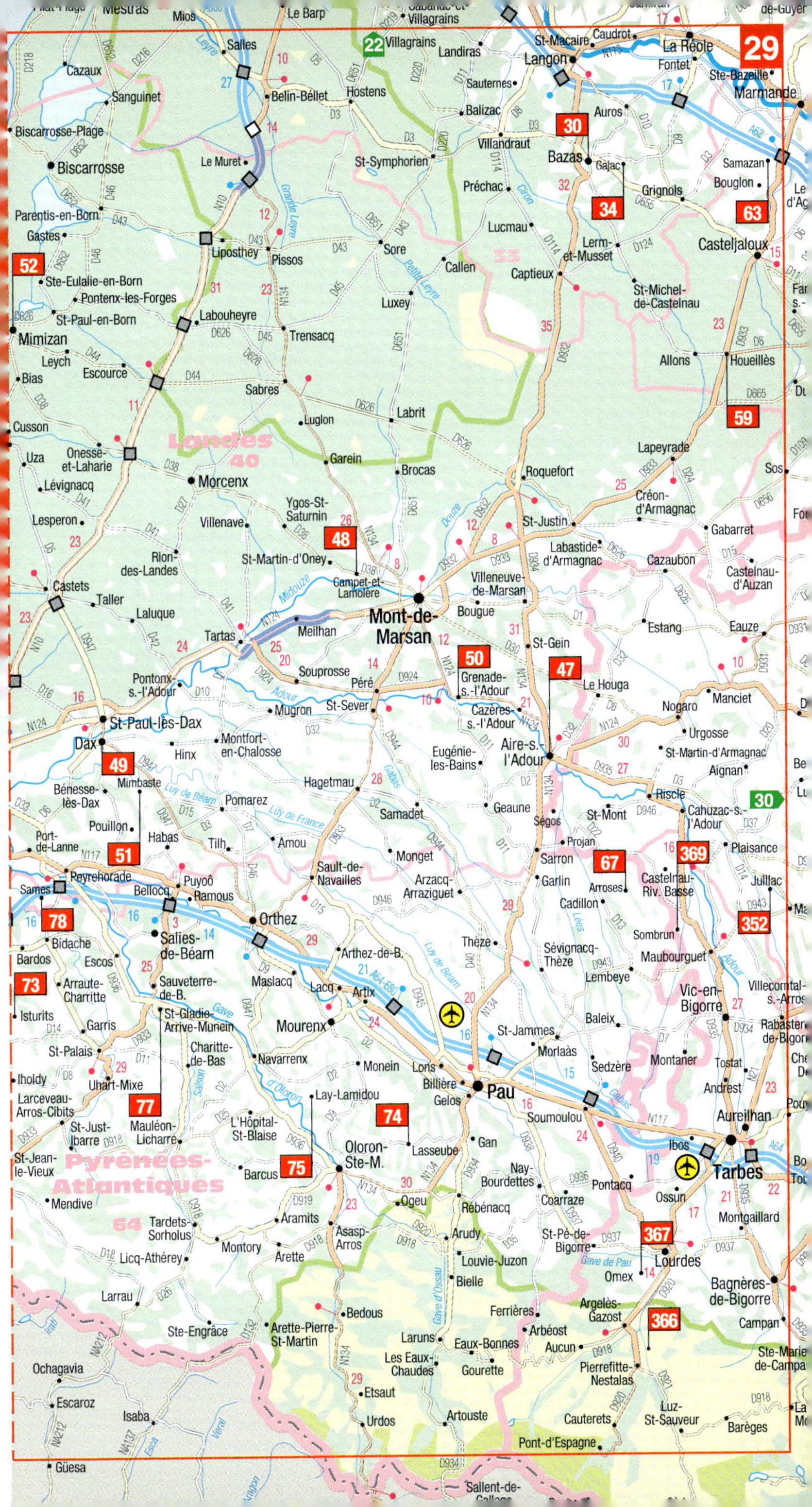
29
Mios
Le Barp
Villagrains
Salles
Cazaux
Sanguinet
Belin-Béliet
Hostens
Landiras
St-Macaire
Caudrot
La Réole
Langon
Fontet
Ste-Bazeille
Marmande
Sauternes
Balizac
Biscarrosse-Plage
Villandraut
Auros
30
Bazas
Gajac
Biscarrosse
Le Muret
St-Symphorien
Préchac
Samazan
Bouglon
Grignols
34
63
Parentis-en-Born
Gastes
Lucmau
Liposthey
Pissos
Sore
Lerm-et-Musset
Casteljaloux
52
Callen
Captieux
Ste-Eulalie-en-Born
Pontenx-les-Forges
St-Michel-de-Castelnau
St-Paul-en-Born
Luxey
Labouheyre
Mimizan
Trensacq
Leych
Escource
Allons
Houeillès
Bias
Sabres
Labrit
Luglon
Cusson
59
Landes 40
Uza
Onesse-et-Laharie
Garein
Brocas
Lévignacq
Morcenx
Roquefort
Lapeyrade
Sos
Ygos-St-Saturnin
Créon-d'Armagnac
Lesperon
Villenave
48
St-Justin
Gabarret
Rion-des-Landes
St-Martin-d'Oney
Labastide-d'Armagnac
Cazaubon
Castelnau-d'Auzan
Campet-et-Lamolère
Villeneuve-de-Marsan
Castets
Taller
Mont-de-Marsan
Bougue
Laluque
Meilhan
Tartas
Estang
Eauze
St-Gein
50
47
Souprosse
Péré
Grenade-s.-l'Adour
Le Houga
Pontonx-s.-l'Adour
Manciet
Mugron
St-Sever
Cazères-s.-l'Adour
Nogaro
St-Paul-lès-Dax
Urgosse
Dax
Montfort-en-Chalosse
Hinx
Eugénie-les-Bains
Aire-s.-l'Adour
St-Martin-d'Armagnac
49
Aignan
Mimbaste
Hagetmau
Bénesse-lès-Dax
Pomarez
Riscle
30
Samadet
Geaune
Cahuzac-s.-l'Adour
Pouillon
St-Mont
Ségos
Habas
Amou
Tilh
Projan
Port-de-Lanne
Plaisance
51
Monget
Sarron
67
369
Peyrehorade
Sault-de-Navailles
Arzacq-Arraziguet
Garlin
Arrosès
Castelnau-Riv.-Basse
Juillac
Sames
Bellocq
Puyoô
Ramous
Cadillon
352
78
Orthez
Salies-de-Béarn
Sombrun
Bidache
Thèze
Maubourguet
Bardos
Escos
Arthez-de-B.
Sévignacq-Thèze
73
Arraute-Charritte
Sauveterre-de-B.
Maslacq
Lembeye
Vic-en-Bigorre
Villecomtal-s.-Arros
Lacq
Artix
Isturits
Garris
St-Gladie-Arrive-Munein
Mourenx
Baleix
Rabastens-de-Bigorre
St-Jammes
St-Palais
Charritte-de-Bas
Morlaàs
Navarrenx
Montaner
Tostat
Iholdy
Uhart-Mixe
Monein
Lons
Sedzère
Billère
Pau
Andrest
Larceveau-Arros-Cibits
77
Lay-Lamidou
Gelos
Aureilhan
Soumoulou
St-Just-Ibarre
Mauléon-Licharre
L'Hôpital-St-Blaise
74
Gan
Ibos
St-Jean-le-Vieux
Pyrénées-Atlantiques 64
Barcus
75
Oloron-Ste-M.
Lasseube
Nay-Bourdettes
Pontacq
Tarbes
Ossun
Mendive
Ogeu
Coarraze
Tardets-Sorholus
Aramits
Rébénacq
Montgaillard
Arudy
St-Pé-de-Bigorre
367
Montory
Asasp-Arros
Licq-Athérey
Arette
Louvie-Juzon
Lourdes
Omex
Bagnères-de-Bigorre
Bielle
Larrau
Bedous
Ferrières
Argelès-Gazost
366
Ste-Engrâce
Arette-Pierre-St-Martin
Arbéost
Campan
Aucun
Laruns
Eaux-Bonnes
Ste-Marie-de-Campan
Ochagavia
Les Eaux-Chaudes
Gourette
Pierrefitte-Nestalas
Etsaut
Escaroz
Isaba
Artouste
Luz-St-Sauveur
Urdos
Cauterets
Barèges
Pont-d'Espagne
Güesa
Sallent-de-Gallego

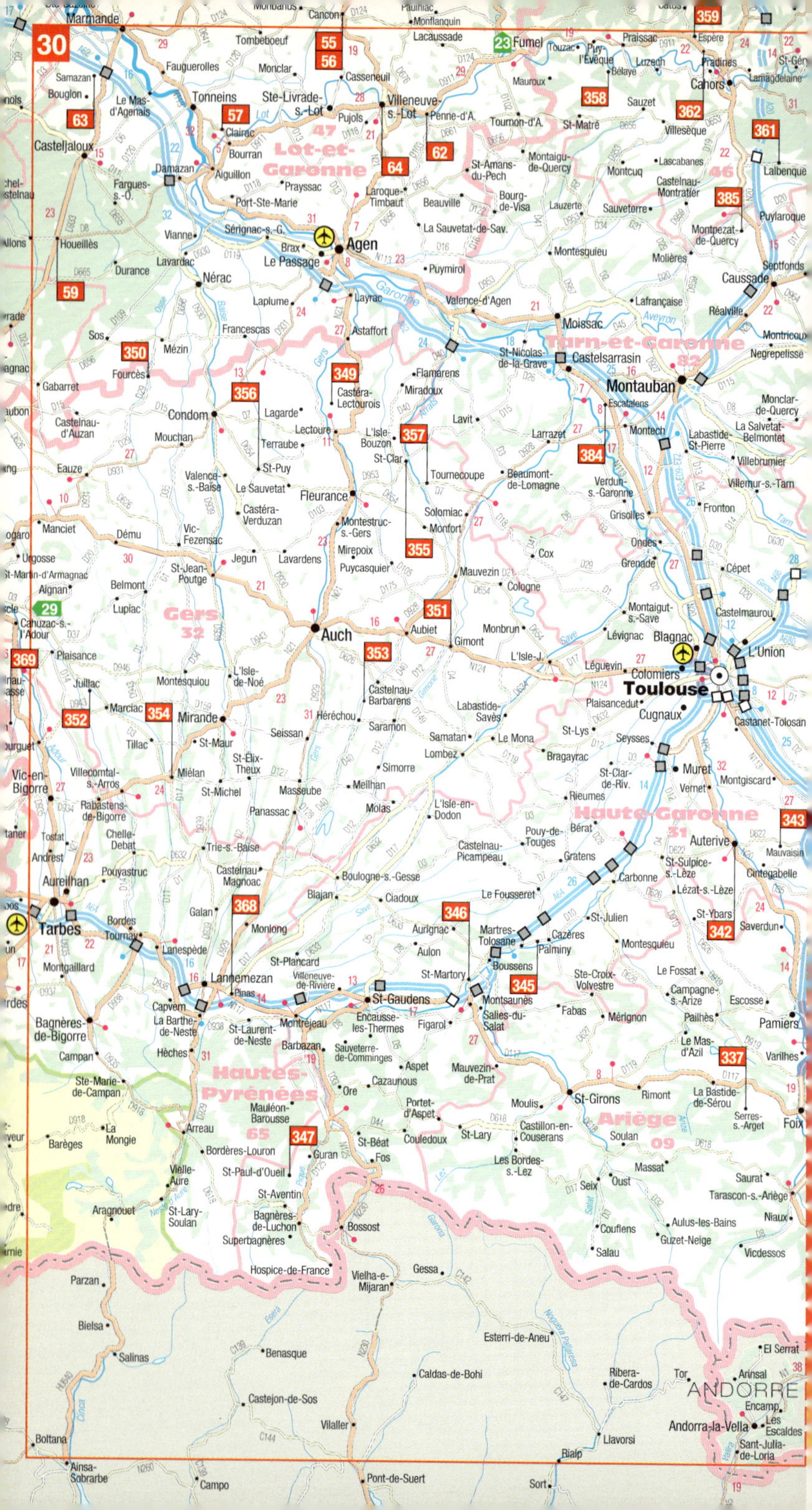

30
Marmande
Tombeboeuf
Monclar
Cancon
Monflanquin
Lacaussade
Fumel
Touzac
Puy-l'Évêque
Praissac
Luzech
Espère
Pradines
Cahors
Lamagdelaine
Samazan
Bouglon
Fauguerolles
Le Mas-d'Agenais
Tonneins
Ste-Livrade-s.-Lot
Casseneuil
Villeneuve-s.-Lot
Penne-d'A.
Mauroux
Bélaye
Sauzet
Casteljaloux
Clairac
Bourran
Pujols
Lot-et-Garonne
47
Tournon-d'A.
St-Matré
Villesèque
Damazan
Aiguillon
Prayssac
Laroque-Timbaut
St-Amans-du-Pech
Montaigu-de-Quercy
Montcuq
Lascabanes
Lalbenque
Farques-s.-O.
Port-Ste-Marie
Beauville
Bourg-de-Visa
Lauzerte
Castelnau-Montratier
Sauveterre
46
Puylaroque
Houeillès
Vianne
Sérignac-s.-G.
Brax
Agen
Le Passage
La Sauvetat-de-Sav.
Montesquieu
Montpezat-de-Quercy
Molières
Septfonds
Lavardac
Nérac
Durance
Puymirol
Caussade
Laplume
Layrac
Valence-d'Agen
Lafrançaise
Réalville
Moissac
Montricoux
Negrepelisse
Sos
Mézin
Francescas
Astaffort
Tarn-et-Garonne
82
St-Nicolas-de-la-Grave
Castelsarrasin
Montauban
Gabarret
Fources
Flamarens
Miradoux
Castéra-Lectourois
Condom
Lagarde
Lectoure
L'Isle-Bouzon
Lavit
Larrazet
Escatalens
Montech
Labastide-St-Pierre
Monclar-de-Quercy
La Salvetat-Belmontet
Villebrumier
Castelnau-d'Auzan
Mouchan
Terraube
St-Clar
Tournecoupe
Beaumont-de-Lomagne
Verdun-s.-Garonne
Villemur-s.-Tarn
Eauze
St-Puy
Valence-s.-Baïse
Le Sauvetat
Fleurance
Castéra-Verduzan
Solomiac
Monfort
Grisolles
Fronton
Manciet
Dému
Vic-Fezensac
Montestruc-s.-Gers
Mirepoix
Cox
Ondes
Grenade
Urgosse
Jegun
Lavardens
Puycasquier
Mauvezin
Cépet
St-Martin-d'Armagnac
St-Jean-Poutge
Cologne
Aignan
Belmont
Castelmaurou
Lupiac
Gers
32
Auch
Aubiet
Gimont
Monbrun
Montaigut-s.-Save
Lévignac
Blagnac
L'Union
Cahuzac-s.-l'Adour
Plaisance
L'Isle-J.
Léguevin
Colomiers
Toulouse
Juillac
Montesquiou
L'Isle-de-Noé
Castelnau-Barbarens
Labastide-Savès
Plaisancedut
Cugnaux
Castanet-Tolosan
Marciac
Mirande
Héréchou
Saramon
Samatan
Le Mona
St-Lys
Seysses
Tillac
St-Maur
Seissan
Lombez
Bragayrac
Muret
Montgiscard
St-Elix-Theux
Simorre
St-Clar-de-Riv.
Vernet
Vic-en-Bigorre
Villecomtal-s.-Arros
Miélan
St-Michel
Masseube
Meilhan
L'Isle-en-Dodon
Rieumes
Rabastens-de-Bigorre
Panassac
Molas
Haute-Garonne
31
Bérat
Auterive
Mauvaisin
Tostat
Chelle-Debat
Trie-s.-Baïse
Castelnau-Picampeau
Pouy-de-Touges
Gratens
St-Sulpice-s.-Lèze
Cintegabelle
Andrest
Pouyastruc
Castelnau-Magnoac
Boulogne-s.-Gesse
Carbonne
Lézat-s.-Lèze
Aureilhan
Blajan
Ciadoux
Le Fousseret
St-Ybars
Saverdun
Tarbes
Bordes
Tournay
Galan
Monlong
Aurignac
Martres-Tolosane
Cazères
St-Julien
Palminy
Montesquieu
Lanespède
Aulon
Boussens
Montgaillard
St-Plancard
St-Martory
Le Fossat
Villeneuve-de-Rivière
Lannemezan
Ste-Croix-Volvestre
Campagne-s.-Arize
Escosse
Pinas
St-Gaudens
Montsaunès
Salies-du-Salat
Capvern
La Barthe-de-Neste
Montréjeau
Encausse-les-Thermes
Figarol
Fabas
Mérignon
Pailhès
Pamiers
Bagnères-de-Bigorre
St-Laurent-de-Neste
Barbazan
Sauveterre-de-Comminges
Le Mas-d'Azil
Varilhes
Campan
Hèches
Aspet
Mauvezin-de-Prat
Hautes-Pyrénées
Ste-Marie-de-Campan
Cazaunous
Ore
St-Girons
Rimont
La Bastide-de-Sérou
Mauléon-Barousse
Portet-d'Aspet
Moulis
Serres-s.-Arget
Foix
La Mongie
Arreau
Ariège
09
Barèges
65
St-Béat
Couledoux
St-Lary
Castillon-en-Couserans
Soulan
Bordères-Louron
Guran
Fos
St-Paul-d'Oueil
Les Bordes-s.-Lez
Massat
Vielle-Aure
St-Aventin
Seix
Oust
Saurat
Tarascon-s.-Ariège
Aragnouet
St-Lary-Soulan
Bagnères-de-Luchon
Bossost
Niaux
Superbagnères
Couflens
Aulus-les-Bains
Guzet-Neige
Salau
Vicdessos
Hospice-de-France
Gessa
Vielha-e-Mijaran
Parzan
Bielsa
Esterri-de-Aneu
Salinas
Benasque
El Serrat
Caldas-de-Bohi
Ribera-de-Cardos
Tor
Arinsal
ANDORRE
Encamp
Castejon-de-Sos
Vilaller
Andorra-la-Vella
Les Escaldes
Llavorsi
Sant-Julia-de-Loria
Boltaña
Bialp
Aínsa-Sobrarbe
Campo
Pont-de-Suert
Sort
Garonne
Aveyron
Tarn
Gers
Save
Baïse

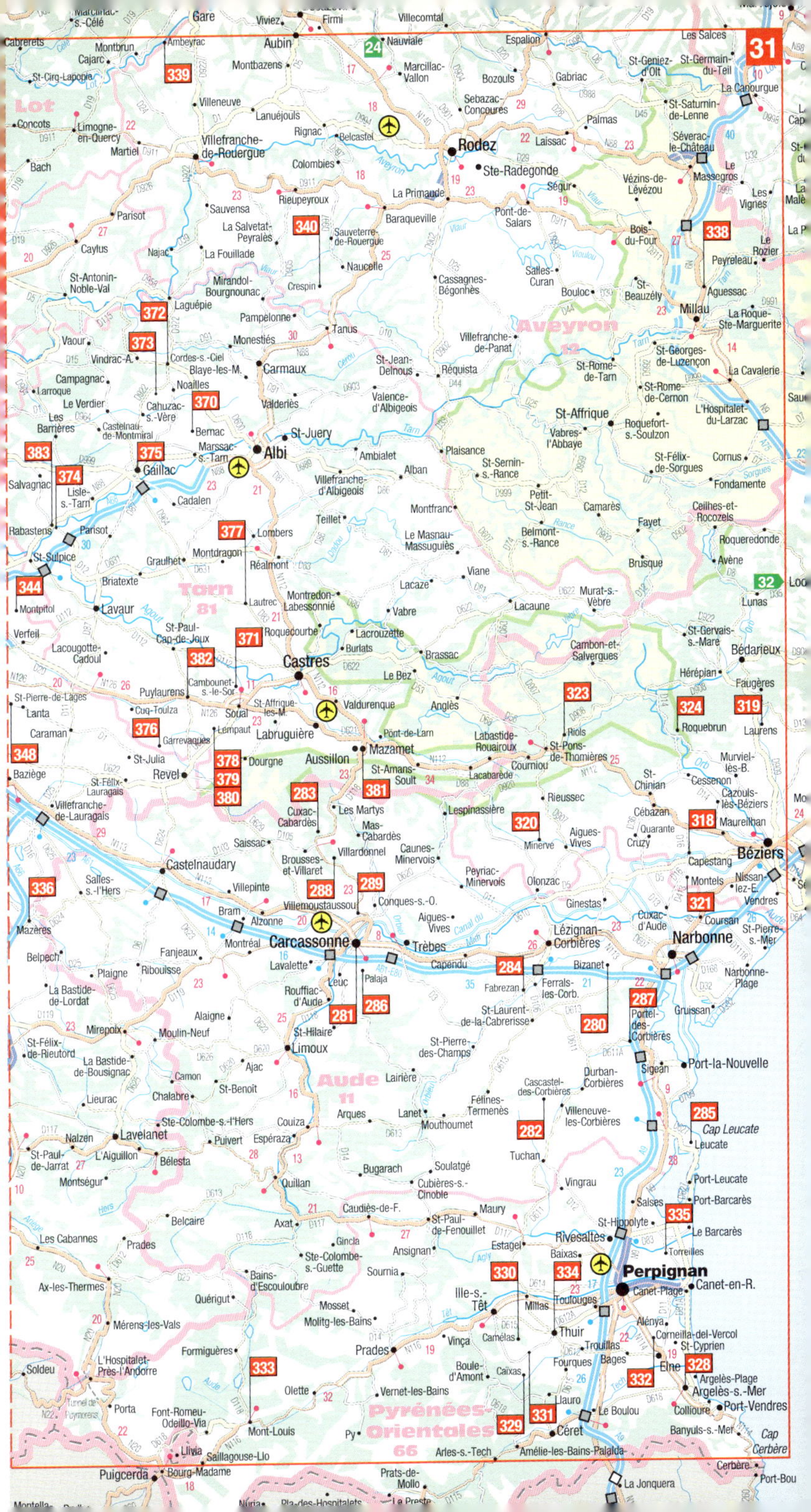
31
Marcillac-s.-Célé
Gare
Viviez
Firmi
Villecomtal
Cabrerets
Montbrun
Ambeyrac
Aubin
Nauviale
Espalion
Les Salces
Cajarc
339
Montbazens
Marcillac-Vallon
Bozouls
Gabriac
St-Geniez-d'Olt
St-Germain-du-Teil
St-Cirq-Lapopie
Lot
Villeneuve
Lanuéjouls
Sebazac-Concoures
La Canourgue
Concots
Limogne-en-Quercy
Rignac
Belcastel
Rodez
Palmas
St-Saturnin-de-Lenne
Martiel
Villefranche-de-Rouergue
Laissac
Séverac-le-Château
Bach
Colombies
Ste-Radegonde
Vézins-de-Lévézou
Le Massegros
La Primaude
Ségur
Les Vignes
Rieupeyroux
Baraqueville
Parisot
Sauvensa
340
Sauveterre-de-Rouergue
Pont-de-Salars
Bois-du-Four
338
Le Rozier
Caylus
La Salvetat-Peyralès
Najac
La Fouillade
Naucelle
Peyreleau
Salles-Curan
St-Antonin-Noble-Val
Mirandol-Bourgnounac
Crespin
Cassagnes-Bégonhès
Bouloc
St-Beauzély
Aguessac
372
Laguépie
Pampelonne
Millau
La Roque-Ste-Marguerite
Aveyron
12
Vaour
373
Monestiés
Tanus
Villefranche-de-Panat
St-Georges-de-Luzençon
Vindrac-A.
Cordes-s.-Ciel
Blaye-les-M.
Carmaux
St-Jean-Delnous
Réquista
St-Rome-de-Tarn
La Cavalerie
Campagnac
Larroque
Noailles
Valderiès
Valence-d'Albigeois
St-Rome-de-Cernon
Le Verdier
Cahuzac-s.-Vère
370
L'Hospitalet-du-Larzac
Les Barrières
Castelnau-de-Montmiral
Bernac
St-Affrique
Roquefort-s.-Soulzon
Vabres-l'Abbaye
383
375
Marssac-s.-Tarn
Albi
St-Juéry
Plaisance
Gaillac
Ambialet
St-Sernin-s.-Rance
St-Félix-de-Sorgues
Cornus
374
Salvagnac
Lisle-s.-Tarn
Villefranche-d'Albigeois
Alban
Fondamente
Cadalen
Petit-St-Jean
Camarès
Ceilhes-et-Rocozels
Teillet
Montfranc
Rabastens
Parisot
377
Lombers
Le Masnau-Massuguiès
Belmont-s.-Rance
Fayet
Roqueredonde
St-Sulpice
Graulhet
Montdragon
Réalmont
Brusque
Avène
Briatexte
Viane
Tarn
81
344
Lacaze
Murat-s.-Vèbre
32
Montpitol
Lavaur
Montredon-Labessonnié
Lautrec
Vabre
Lacaune
Lunas
Verfeil
St-Paul-Cap-de-Joux
371
Roquecourbe
Lacrouzette
St-Gervais-s.-Mare
Lacougotte-Cadoul
382
Burlats
Brassac
Cambon-et-Salvergues
Bédarieux
Castres
Le Bez
Hérépian
Cambounet-s.-le-Sor
323
324
319
Faugères
Puylaurens
Valdurenque
St-Pierre-de-Lages
Cuq-Toulza
Soual
St-Affrique-les-M.
Anglès
Riols
Roquebrun
Laurens
Lanta
Caraman
376
Lempaut
Labruguière
Pont-de-Larn
Labastide-Rouairoux
St-Pons-de-Thomières
Garrevaques
348
St-Julia
378
Dourgne
Aussillon
Mazamet
Courniou
St-Chinian
Murviel-lès-B.
Baziège
Revel
379
St-Amans-Soult
Lacabarède
Cessenon
St-Félix-Lauragais
380
283
381
Rieussec
Cazouls-lès-Béziers
Villefranche-de-Lauragais
Cuxac-Cabardès
Les Martys
Lespinassière
320
Cébazan
318
Maureilhan
Mas-Cabardès
Quarante
Saissac
Aigues-Vives
Cruzy
Béziers
Caunes-Minervois
Minerve
Capestang
Brousses-et-Villaret
Villardonnel
Castelnaudary
Peyriac-Minervois
Montels
Nissan-lez-E.
336
Salles-s.-l'Hers
Villepinte
289
Olonzac
321
Vendres
288
Villemoustaussou
Conques-s.-O.
Ginestas
Coursan
Bram
Alzonne
Aigues-Vives
Lézignan-Corbières
Cuxac-d'Aude
St-Pierre-s.-Mer
Mazères
Montréal
Carcassonne
Trèbes
Narbonne
Belpech
Fanjeaux
Lavalette
Capendu
284
Bizanet
Narbonne-Plage
Plaigne
Ribouisse
Leuc
Palaja
Fabrezan
Ferrals-les-Corb.
287
La Bastide-de-Lordat
Rouffiac-d'Aude
286
St-Laurent-de-la-Cabrerisse
Gruissan
Alaigne
281
280
Portel-des-Corbières
Mirepoix
Moulin-Neuf
St-Hilaire
St-Félix-de-Rieutord
Limoux
St-Pierre-des-Champs
Sigean
Port-la-Nouvelle
La Bastide-de-Bousignac
Ajac
Aude
11
Lairière
Durban-Corbières
Camon
Cascastel-des-Corbières
St-Benoît
Lieurac
Chalabre
Félines-Termenès
285
Villeneuve-les-Corbières
Ste-Colombe-s.-l'Hers
Couiza
Arques
Lanet
Cap Leucate
Nalzen
Lavelanet
Mouthoumet
282
Leucate
Puivert
Espéraza
St-Paul-de-Jarrat
L'Aiguillon
Bélesta
Tuchan
Montségur
Bugarach
Soulatgé
Quillan
Cubières-s.-Cinoble
Vingrau
Port-Leucate
Port-Barcarès
Caudiès-de-F.
Maury
Salses
Belcaire
Axat
St-Paul-de-Fenouillet
St-Hippolyte
335
Les Cabannes
Prades
Gincla
Estagel
Rivesaltes
Le Barcarès
Ansignan
Torreilles
Ste-Colombe-s.-Guette
Baixas
Ax-les-Thermes
Bains-d'Escouloubre
Sournia
330
334
Perpignan
Canet-en-R.
Quérigut
Ille-s.-Têt
Millas
Toulouges
Canet-Plage
Mosset
Mérens-les-Vals
Molitg-les-Bains
Thuir
Alénya
Corneilla-del-Vercol
Camélas
Vinça
St-Cyprien
Formiguères
Prades
Trouillas
L'Hospitalet-Près-l'Andorre
333
Boule-d'Amont
Bages
Soldeu
Fourques
Elne
328
Caixas
332
Argelès-Plage
Argelès-s.-Mer
Tunnel de Puymorens
Olette
Vernet-les-Bains
Llauro
Porta
Le Boulou
Collioure
Port-Vendres
Font-Romeu-Odeillo-Via
Pyrénées-Orientales
66
329
331
Céret
Banyuls-s.-Mer
Cap Cerbère
Mont-Louis
Py
Llivia
Saillagouse-Llo
Arles-s.-Tech
Amélie-les-Bains-Palalda
Puigcerda
Bourg-Madame
Prats-de-Mollo
Cerbère
La Jonquera
Port-Bou
Montella
Núria
Pla-des-Hospitalets
La Preste

32
Marvejols
Rieutort-de-Randon
Châteauneuf-de-Randon
Aubenas
La Bastide-Puylaurent
Valgorge
Pelouse
Belvezet
Sablières
Largentière
Vinezac
Uzer
Les Salces
Chirac
Mende
Bagnols-les-Bains
Prévenchères
St-Germain-du-Teil
Chanac
Barjac
Balsièges
Le Bleymard
Altier
La Garde-Guérin
Joyeuse
Lablachère
Ruoms
655
La Canourgue
Lozère
48
Villefort
Les Vans
Vallon-Pont-d'Arc
St-Saturnin-de-Lenne
La Capelle
Ispagnac
Le Pont-de-Montvert
298
La Maison-Neuve
656
Beaulieu
Vagnas
Séverac-le-Château
Ste-Énimie
St-Maurice-de-Ventalon
Génolhac
St-Paul-le-Jeune
Le Massegros
St-Chély-du-Tarn
Florac
St-Julien-d'Arpaon
St-Frézal-de-Ventalon
Sauvas
Barjac
Les Vignes
La Malène
Le Mazel
Barre-des-Cévennes
327
Ste-Cécile-d'Andorge
Bessèges
St-Ambroix
294
338
La Parade
St-Germain-de-Calberte
La Grd-Combe
302
Le Rozier
Peyreleau
Meyrueis
St-Étienne-Vallée-Fr.
St-Martin-de-Val.
Navacelles
Aguessac
St-André-de-Valborgne
Salindres
Lussan
Millau
La Roque-Ste-Marguerite
St-Jean-du-Gard
Alès
St-Just-et-Vacquières
Seynes
Trèves
L'Espérou
L'Estréchure
297
Euzet
St-Georges-de-Luzençon
Valleraugue
Gard
30
Véézobres
Aigaliers
Foissac
316
Lasalle
Anduze
300
301
La Cavalerie
Nant
St-Jean-du-Bruel
Tornac
Cardet
Arpaillargues
St-Rome-de-Cernon
311
Lédignan
Sauclières
Le Vigan
St-Hippolyte-du-Fort
St-Nazaire-des-Gardies
303
St-Chaptes
L'Hospitalet-du-Larzac
Alzon
Montdardier
Sauve
304
La Calmette
293
Ganges
Cazilhac
Pompignan
Quissac
308
St-Félix-de-Sorgues
Cornus
St-Bauzille-de-Putois
Montmirat
299
Le Caylar
St-Mamert-du-Gard
Fondamente
St-Maurice-Navacelles
Madières
St-André-de-Buèges
322
315
Nîmes
296
Ceilhes-et-Rocozels
Causse-de-la-Selle
Calvisson
325
St-Martin-de-Londres
Tréviers
Sommières
Roqueredonde
St-Pierre-de-la-Fage
290
Galargues
Vergèze
Avène
Boisseron
Aigues-Vives
Les Matelles
326
Viols-le-Fort
Lodève
31
Lunas
317
Aniane
Montarnaud
St-Clément
Castries
310
Vauvert
St-André-de-S.
Aimargues
St-Gervais-s.-Mare
Clermont-l'Hérault
Gignac
Vendargues
Lunel
Marsillargues
Bédarieux
Montpellier
Mauguio
St-Laurent-d'Aigouze
Brignac
Juvignac
Hérépian
Hérault
34
St-Jean-de-Védas
306
Faugères
Fabrègues
La Grande-Motte
Paulhan
Pérols
Aigues-Mortes
Sylvéréal
324
319
Le Grau-du-Roi
Roquebrun
Laurens
Palavas-les-Flots
Roujan
Villeveyrac
Gigean
Montagnac
Pointe de l'Espiguette
Murviel-lès-B.
Pézenas
Frontignan
Golfe d'Aigues-Mortes
Cessenon
Mèze
Cazouls-lès-Béziers
Montblanc
St-Thibéry
Sète
318
Maureilhan
Florensac
Marseillan
Bessan
Capestang
Béziers
Agde
Montels
Nissan-lez-E.
Sérignan
Vias
321
Vendres
Le Cap-d'Agde
Cap d'Agde
Coursan
St-Pierre-s.-Mer
Valras-Plage
Narbonne
Narbonne-Plage
Gruissan
Port-la-Nouvelle
285
Cap Leucate
Leucate
Port-Leucate

Montélimar
St-Jean-le-Centenier
Meysse
Rochemaure
Le Teil
Alba-la-Romaine
Malataverne
Viviers
Donzère
Sauzet
Cléon-d'Andran
Pont-de-Barret
La Bégude-de-Mazenc
Le Poët-Laval
Truinas
Bourdeaux
26
Dieulefit
Bouvières
Establet
La Motte-Chalançon
La Charce
Beaurières
Aspres
Aspremont
Serres
Taulignan
Roussas
Réauville
Grignan
Colonzelle
Valréas
Nyons
Les Pilles
Rémuzat
Rosans
Verclause
Montjay
Eyguians
Laragne-Montéglin
St-Remèze
Bourg-St-Andéol
Pierrelatte
St-Paul-Trois-Ch.
Solérieux
St-Martin-d'A.
Laval-St-R.
St-Restitut
Suze-la-Rousse
Tulette
Villedieu
Vaison-la-Romaine
Faucon
Mérindol-les-Oliviers
Buis-les-Baronnies
La Rochette-du-Buis
Montauban-s.-l'O.
Châteauneuf-de-Chabre
Bollène
Pont-St-Esprit
Mondragon
St-Léger-du-Ventoux
Séderon
Curel
Cornillon
St-Laurent-de-Carnols
La Roque-s.-Cèze
Sérignan
Piolenc
Séguret
Suzette
Malaucène
Le Barroux
Aurel
Les Omergues
Bagnols-s.-Cèze
Orange
Jonquières
Crillon-le-B.
Vaucluse 84
Sault
Revest-du-Bion
St-Étienne-les-Orgues
Cavillargues
St-Laurent-la-Vernède
Connaux
Pouzilhac
Châteauneuf-du-P.
Roquemaure
Sorgues
Monteux
St-Pierre-de-Vassols
Mazan
Carpentras
Mormoiron
Monieux
St-Christol
La Bastide
Simiane-la-Rotonde
Uzès
Tavel
Villeneuve-lès-A.
Entraigues
Pernes-les-Font.
St-Saturnin-lès-Apt
Rustrel
St-Michel-l'Ob.
Vers-Pont-du-Gard
Collias
Remoulins
Avignon
Le Pontet
Le Thor
L'Isle-s.-la-Sorgue
Lagnes
Gordes
Roussillon
Apt
La Bégude
Reillanne
Céreste
Saignon
Barbentane
Aramon
Châteaurenard
St-Andiol
Cavaillon
Robion
Coulon
Ménerbes
Oppède
Bonnieux
Marguerittes
Jonquières
Graveson
Maillane
St-Rémy-de-Prov.
Beaucaire
Tarascon
St-Étienne-du-Grès
Les Baux-de-Provence
Orgon
Eygalières
Mallemort
Lauris
Puyvert
Lourmarin
Cadenet
Grambois
La Bastide-des-Jourdans
Pertuis
Mirabeau
Bellegarde
Fontvieille
Paradou
Maussane-les-A.
Aureille
Eyguières
Fourques
Arles
St-Martin-de-Crau
Salon-de-P.
Le Merle
Pélissanne
Lambesc
Rognes
St-Cannat
Peyrolles-en-P.
Jouques
34
St-Gilles
Albaron
Miramas
La Fare-les-Oliviers
Éguilles
Vauvenargues
Aix-en-Provence
Ventabren
Velaux
Pourrières
Mas-Thibert
Le Sambuc
Cap. d'Arles à Port-de-Bouc
St-Chamas
Istres
Rognac
Berre
Vitrolles
Gardanne
Trets
St-Zacharie
Stes-Maries-de-la-Mer
Fos
Port-de-Bouc
Martigues
Marignane
Septèmes-les-Vallons
Roquevaire
Auriol
Salin-de-Giraud
Port-St-Louis-du-Rhône
Lavéra
Carry-le-Rouet
Carro
Golfe de Fos
Cap Couronne
Pointe de Beauduc ou du Sablon
Marseille
Allauch
Aubagne
Gémenos
La Penne-s.-H.
Cassis
Ceyreste
Ile Pomègues
Cap Croisette
Cap Canaille
Ile de Riou
La Ciotat
St-Cyr-s.-M.
Durance
Gard
Ardèche
Aigues
668 672 673 662 663 643 603 646 644 645 670 667 661 554 664 665 666 658 669 601 602 671 639 305 549 594 591 628 617 640 596 312 313 595 615 636 307 609 590 623 618 619 604 605 606 632 633 637 634 550 309 314 621 622 629 592 291 292 638 597 598 599 635 593 641 642 648 624 608 295 569 562 631 620 630 616 607 568 647 566 570 600 610 611 625 626 627 612 613 614 563 584 561 565 567 560 564

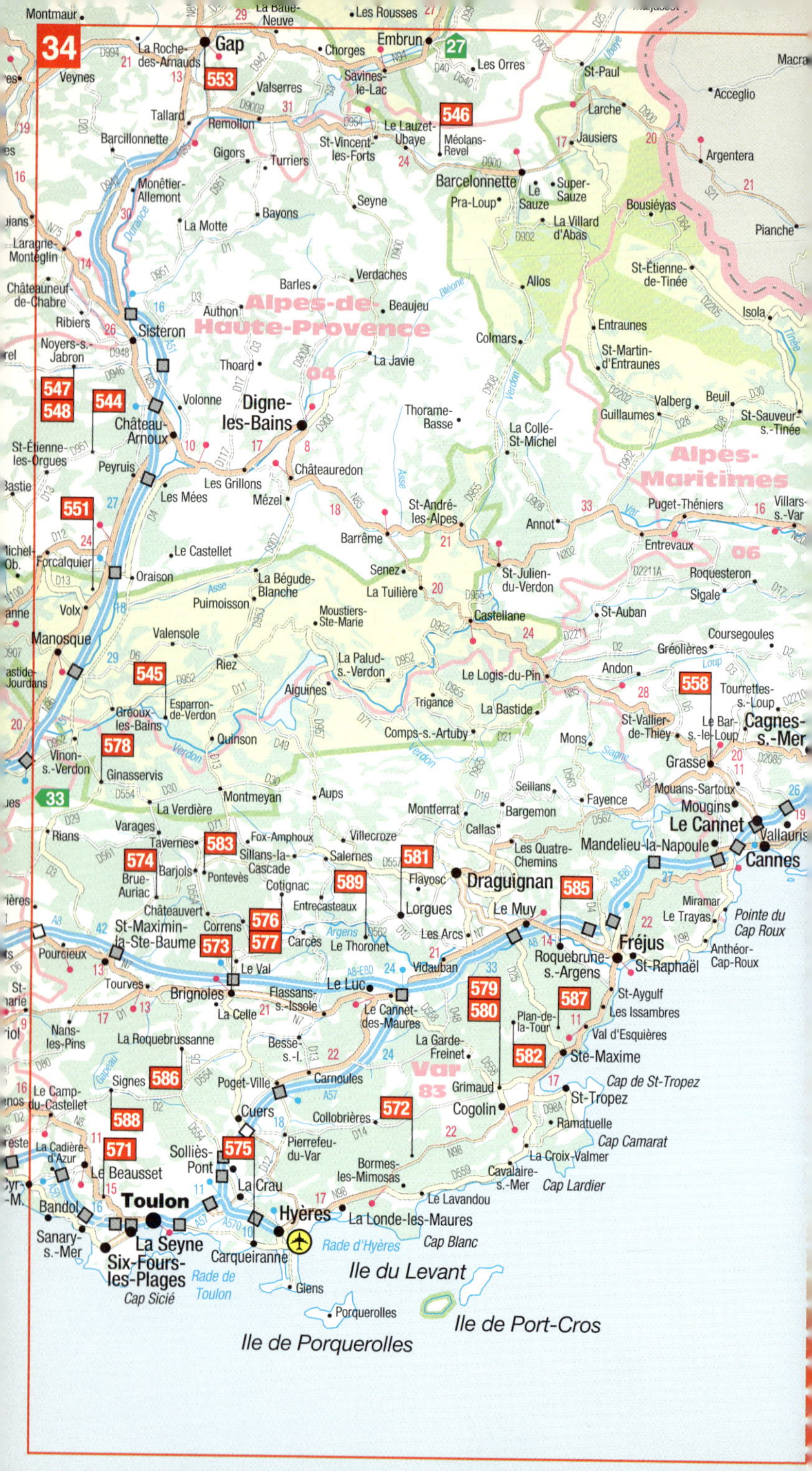

Ile de Ste-Marguerite

MÉDITERRANÉE
MER
Mer Tyrrhénienne
Golfe de St-Florent
Golfe de Calvi
Golfe de Sagone
Golfe d'Ajaccio
Golfe de Valinco
Golfe de Porto-Vecchio
Bouches de Bonifacio
Iles Sanguinaires
Capu Rossu
Capo di Feno
Capu di Muru
Capu di Senetosa
Capo Pertusato
Punta di u Capicciolu
I. Maddalena
I. Caprera
Haute-Corse 2B
Corse du Sud 2A
Centuri
Rogliano
Morsiglia
Pino
Luri
Marine-de-Porticciolo
Marine-de-Sisco
267
Nonza
Erbalunga
San-Martino-di-Lota
Miomo
Bastia
St-Florent
Casta
Monetta
Oletta
Biguglia
L'Ile-Rousse
Santo-Pietro-di-Tenda
Belgodère
Sorio
Murato
Pigna
Lumio
Calvi
Muro
Feliceto
Zilia
Pietralba
Casamozza
Barchetta
Vescovato
Calenzana
Suave
Castifao
Ponte-Leccia
Campile
Folelli
Argentella
Asco
Morosaglia
Haut-Asco
Talasani
Francardo
San-Lorenzo
Piedicroce
Galéria
Manso
Felce
Cervione
Prunete
Albertacce
Calacuccia
Sermano
Girolata
Osani
Corte
Chiatra
Moïta
Partinello
Serriera
Altiani
Piedicorte-di-Gaggio
Porto
Évisa
Cristinacce
Piana
Venaco
Marignana
Vezzani
Soccia
Vivario
Vico
Guagno-les-Bains
Cateraggio
Aléria
Cargèse
Vizzavona
Maison Pieraggi
Salice
Rezza
Ghisoni
Sagone
Bocognano
Poggio-di-Nazza
Vero
Tiuccia
Sari-d'Orcino
Ghisonaccia
Prunelli-di-Fiumorbo
Bastelica
Val-d'Ese
Mignataga
Tolla
Ocana
Cozzano
Mezzavia
Chisa
Travo
Ajaccio
Pisciatella
Cauro
Frasseto
Zicavo
Solenzara
Sta-Maria-Siché
Sari-Solenzara
Porticcio
Grosseto-Prugna
Verghia
Pila-Canale
Petreto-Bicchisano
Quenza
Favone
Aullène
Coti-Chiavari
Zonza
Serra-di-Ferro
Sollacaro
Ste-Lucie
Olmeto
Levie
Lecci
Porto-Pollo
Ste-Lucie-de-Tallano
Carbini
265
266
Propriano
L'Ospedale
Ste-Trinité
Sartène
Porto-Vecchio
Giuncheto
Sotta
Roccapina
Figari
Bonifacio
Santa Teresa Gallura
La Maddalena

ELSASS-LOTHRINGEN

1 - Chez Mme et M. d'Andlau

15, rue du Haut-Village
Stotzheim
67140 Barr
(Bas-Rhin)
Tel. (0)3 88 08 90 45
Fax (0)3 88 08 48 06
Mme und M. Raymond d'Andlau

♦ Vom 15. Okt. bis 15. April geschl. ♦ Mind. 2 Üb. ♦ 2 Zi. mit Dusche und Waschbecken (gemeins. WC): 48 € (2 Pers.) ♦ Frühst. inkl. ♦ Kein Gästetisch - Restaurants ab 1 km ♦ Salon ♦ Hunde nicht erlaubt ♦ **Anreise** (Karte Nr. 12): 9 km südl. von Obernai. A 35, Ausfahrt Nr. 13 Rtg. Stotzheim. Vor der Brücke im Dorf rechts, dann links; hinter der kleinen Brücke wieder links.

An der elsässischen Weinstraße wurde dieses Gut aus dem 18. Jahrhundert errichtet: es liegt sehr ruhig, ist von wildem Wein überwuchert und bietet 2 mit antikem Mobiliar eingerichtete Gästezimmer an, die aufs Grüne hinausgehen und an deren Wände alte Radierungen hängen. Das eine hat 1 Doppelbett, das andere 2 Einzelbetten. Waschbecken und Dusche beider Zimmer sind von einem Blümchenvorhang abgetrennt. Der gelbe Salon mit seinem Kachelofen und seinen alten Familienfotos bietet die typische Ruhe eines Landhauses.

2 - Chez Mme et M. Krumeich

23, rue des Potiers
67660 Betschdorf
(Bas-Rhin)
Tel. (0)3 88 54 40 56
Fax (0)3 88 54 47 67
Mme und M. Christian Krumeich

♦ Ganzj. geöffn. ♦ 3 Zi. mit Bad oder Dusche, WC, Fön, TV: 48-53 € (2 Pers.) + 13 € (zusätzl. Pers.) ♦ Frühst. inkl. ♦ Kein Gästetisch - Restaurants in Betschdorf ♦ Abstellpl. für Autos ♦ Gartensalon ♦ Visa ♦ Hunde nicht erlaubt ♦ Töpferkurs (mit Zuschlag) im Haus ♦ Sprachen: Deutsch, Englisch ♦ **Anreise** (Karte Nr. 13): 15 km nördl. von Haguenau über die D 263 Rtg. Wissembourg, dann die D 243.

In Betschdorf, einem berühmten Töpferdorf, haben wir dieses unter anderen Häusern ausgewählt: hier wohnt man bei einem Töpfer, der auch Kurse erteilt. Die ruhigen, komfortablen Zimmer mit verschiedenartiger Einrichtung sind auch unterschiedlich groß. Wir empfehlen vor allem die mit Bad im Erdgeschoss. Das gute Frühstück wird in einem etwas farblosen, immerhin mit einigen Steinguttöpfen verschönten Raum serviert. Besonders angenehmer Empfang.

ELSASS-LOTHRINGEN

3 - Chez Colette

19, route de Neuve-Église
67220 Dieffenbach-au-Val
(Bas-Rhin)
Tel. (0)3 88 57 60 91
Fax (0)3 88 85 60 48
Mme Colette Geiger

♦ Ganzj. geöffn. ♦ 1 Studio-Zi. (3 Pers.) mit Dusche, WC (im Flur eingerichtete Kitchenette): 50 € (2 Pers.) + 18 € (Extrabett) ♦ Frühst. inkl. ♦ Kein Gästetisch - Restaurants in unm. Nähe ♦ Hunde nicht erlaubt ♦ Sprachen: Deutsch ♦ **Anreise** (Karte Nr. 12): 13 km nordwestl. von Sélestat. Autobahnausf. Nr. 17 bei Sélestat, Rtg. Villé über die D 424 bis Saint-Maurice, dann D 697: Dieffenbach-au-Val links ausgeschildert. Privatweg.

Das kleine, in einem Dörfchen auf dem Land gelegene Fachwerkhaus mit grünen Außenwänden, von Monsieur Geiger im regionalen Stil erbaut, hat eine grüne Fassade und einen nach hinten herausgehenden blühenden Garten, der von einer abschüssigen Wiese verlängert wird. Madame Geigers Dialekt und Liebenswürdigkeit sind repräsentativ für dieses freundliche Haus mit leicht kitschiger, ganz und gar elsässischer Gestaltung, in dem die Begegnung mit den Gastgebern eine wahre Freude ist. Das eher große, leicht abgeschrägte Zimmer ist schlicht eingerichtet, sehr gepflegt und verfügt über einen Balkon mit Aussicht auf die hübsche Umgebung. Im Vorraum steht eine kleine Kochnische zur Verfügung. Das ausgesprochen gute Frühstück (mit Konfitüren und selbstgebackenem Kuchen) wird im kleinen Speiseraum serviert.

4 - La Maison Fleurie de Doris Engel-Geiger

19, route de Neuve-église
67220 Dieffenbach-au-Val
(Bas-Rhin)
Tel. oder Fax (0)3 88 85 60 48
Mme Doris Engel-Geiger
E-Mail: infos@lamaisonfleurie.com
Web: lamaisonfleurie.com

♦ Ganzj. geöffn. ♦ Nichtraucher-Haus ♦ 3 Zi. mit Dusche, WC: 40 € (1 Pers.), 48 € (2 Pers.) und 1 Kinderzi. (2 Betten): Preis je nach Alter ♦ Frühst. inkl. ♦ Kein Gästetisch - Kühlschrankbenutzung - Restaurants in unm. Nähe ♦ Salon, Gartensalon ♦ Hunde nicht erlaubt ♦ Sprachen: Deutsch und ein wenig Englisch ♦ **Anreise** (Karte Nr. 12): 13 km nordwestl. von Sélestat. Autobahnausf. Nr. 17 in der Höhe von Sélestat, Rtg. Villé die D 424 bis Saint-Maurice, dann D 697.

In einem kleinen Dorf mit weit auseinanderliegenden Häusern werden Sie von Doris Engel-Geiger in dem von ihrem Vater gebauten Haus ihrer Kindheit begrüßt. Im Garten voller Blumen gibt es eine Quelle. Das gepflegte Innere ist hell und eingerichtet mit modernem, rustikalem Mobiliar. Die lichten Zimmer sind komfortabel und sehr gepflegt (vom „Jaune" ist der Ausblick hübsch, die Familiensuite umfasst 2 Räume). Das gute Frühstück (mit hausgemachten Konfitüren und Kuchen) wird entweder am großen Tisch im Speiseraum oder auf der Terrasse serviert. Liebenswürdiger, wirklich charmanter Empfang.

ELSASS - LOTHRINGEN

5 - La Romance

17, route de Neuve-Église
Dieffenbach-au-Val
(Bas-Rhin)
Tel. (0)3 88 85 67 09
Fax (0)3 88 57 61 58
Mme und M. Serge Geiger
Web: la-romance.net

♦ Ganzj. geöffn. ♦ Nichtraucher-Haus ♦ Mind. 2 Üb. in der Hochsaison ♦ 4 Zi. (darunter 1 Himmelbett und 2 Suiten mit kleinem Privatsalon) mit Bad oder Dusche, WC, Tel.: 70-65 € (2 Pers.), zusätzl. Pers. 20 € ♦ Frühst. (Buffet) inkl. ♦ Kein Gästetisch - Restaurants in unm. Nähe ♦ Salon (TV) ♦ Kühlschrank, Mikrowellenherd ♦ Auf Wunsch: Sauna, Whirlpool, Massagedusche, Wellness-Raum ♦ Kl. Hunde nur auf Anfrage erlaubt ♦ Sprachen: Deutsch und ein wenig Englisch ♦ **Anreise** (Karte Nr. 12): 13 km nordwestl. von Sélestat. Autobahnausf. Nr. 17, Colmar, dann Rtg. Villé D 424 bis Saint-Maurice, nicht ins Dorf hineinfahren, D 424, dann D 697. Dieffenbach-au-Val links ausgeschildert.

Von diesem großen, in einem kleinen Dorf auf einer Anhöhe gelegenen Haus hat man einen weiten Blick auf die Umgebung. Der separate Eingang führt zu den anheimelnden Zimmern und den für Familien idealen Suiten (im Obergeschoss). Im „Rose" wird eine im Turm eingerichtete Salonecke angeboten. Die Gestaltung ist gepflegt, die Bäder sind tadellos. Das gute Frühstücksbuffet (mit hausgemachten Konfitüren und Gebäck) und der besonders liebenswürdige Empfang sind weitere Vorteile dieses äußerst gepflegten, komfortablen Hauses.

6 - Le Landhome

23, route de la Wantzenau
67720 Hoerdt (Bas-Rhin)
Tel. (0)3 88 51 72 29
Handy (0)6 08 25 01 51
Fax (0)3 90 29 00 79
Mme und M. René Stoll

♦ Ganzj. geöffn. ♦ Nichtraucher-Haus ♦ 6 Zi. (1 Zi. mit Kochnische), Dusche, WC, Tel.: 40 € (1 Pers.), 48 € (2 Pers.), 58 € (3 Pers.) ♦ Frühst. inkl. ♦ Kein Gästetisch - Restaurants in unm. Nähe ♦ Kreditkarten außer Amex akzeptiert ♦ Salon ♦ Hunde nicht erlaubt ♦ **Anreise** (Karte Nr. 13): 15 km nordöstl. von Straßburg. In Strasbourg auf die A 4 Rtg. Paris, dann Ausfahrt Hoerdt und kurz auf die A 35, danach Ausfahrt Hoerdt. Das Dorf bis zur Ampel durchqueren, dann rechts. Das Haus liegt dem Platz gegenüber.

Dieses blassgrüne Haus, dem Geranien ein frisches Aussehen verleihen, liegt neben der Kirche des pastellfarbenen Dorfes in der Nähe von Straßburg und bietet 6 reizende Zimmer, die schlicht, angenehm, hell und sehr gepflegt sind (das weiß gekachelte moderne Studio in einem Nebengebäude hat weniger Charme). Nachts ist es hier zwar sehr ruhig, der Straßenverkehr abends und am frühen Morgen kann jedoch schon mal stören. Das gute Frühstück (Schinken, Konfitüren usw.) wird im Salon eingenommen. Und sonntags genießt man, zusammen mit den Stolls, den traditionellen *Kugelkopf*.

ELSASS-LOTHRINGEN

7 - Neufeldhof

67280 Oberhaslach
(Bas-Rhin)
Tel. (0)3 88 50 91 48
Familie André und Biehler

♦ Ganzj. geöffn. ♦ 2 Zi. mit Waschb. (1 Dusche, 1 gemeins. WC): 23 € (1 Pers.), 43 € (2 Pers.) + 16 € (Extrabett); 1 Suite (4 Pers.) mit 2 Zi., Dusche, WC: 89 € (4 Pers.); 1 Suite (5-6 Pers.) mit 2 Bädern: ab 120 € ♦ Frühst. inkl. ♦ Gästetisch mittags und abends (So, Sa und Feiertage), gemeinsam: 14 € (ohne Wein) ♦ Salon ♦ Hunde nicht erlaubt ♦ Beheizt. Schwimmbad, Reitcenter ♦ Sprachen: Deutsch, Englisch ♦ **Anreise** (Karte Nr. 12): 36 km westl. von Straßburg über die A 352. In Molsheim die N 420 bis Urmatt, dann die D 218; im Ort die D 75 Rtg. Wasselonne; nach 2 km 1. Feldweg rechts.

30 Pferde bevölkern die Ausläufe dieses großen, sehr alten Bauernhofs, der zu einem Reitcenter umgebaut wurde. Die unmittelbare Umgebung ist zwar ein wenig „bohème", aber die angenehm rustikalen Räume lassen dies rasch vergessen. In den mit antiken Möbeln eingerichteten Zimmern stehen alte Kachelöfen. Außerdem gibt es eine große Veranda und seit kurzem eine sehr geräumige Suite mit Bad, was dieses Haus mit wunderschöner Aussicht noch reizvoller macht.

8 - Chez M. François Bléger

63, route du Vin
68590 Saint-Hippolyte
(Haut-Rhin)
Tel. und Fax (0)3 89 73 06 07
M. François Bléger

2003

♦ Ganzj. geöffn. ♦ Nichtraucher-Haus ♦ 5 Zi. mit Bad oder Dusche, WC, TV: 50 € (2 Pers.) + 10 € (zusätzl. Pers.) ♦ Frühst. inkl. ♦ Kein Gästetisch - Restaurants im Dorf ♦ Weinverkostung auf Wunsch ♦ Sprachen: Deutsch, Englisch ♦ **Anreise** (Karte Nr. 12): 7 km südl. von Sélestat. A 35, Ausfahrt Saint-Hippolyte.

Dieses in einem typischen Dorf der elsässischen Weinstraße im 17. Jahrhundert erbaute Haus aus rosa Sandstein ist der Ort, an dem François Bléger seine Produktion abfüllt, die man in seinem Keller selbstverständlich auch verkosten kann. Und seine Mutter kümmert sich um die 5 Gästezimmer. 3 wurden willkommen renoviert (weiße Wände, ansprechende Stoffe, Bettköpfe aus Holz, reduzierte Ausschmückung) und gehen zur Straße (mit morgendlichem und abendlichem Verkehr) hinaus. Die anderen Schlafräume, darunter 1 Suite, liegen nach hinten und bieten Blick über die Dächer. Alle besitzen praktische, moderne Badezimmer. Im Erdgeschosse stehen den Gästen 2 rustikal möblierte Räume für reichhaltige Frühstücke zur Verfügung.

ELSASS - LOTHRINGEN

9 - Auberge de la Cholotte

Les Rouges-Eaux
88600 Bruyères
(Vosges)
Tel. (0)3 29 50 56 93
Fax (0)3 29 50 24 12
Mme Cholé

♦ Vom 15. Nov. bis 31. Jan., So abends und Mo außerhalb der Saison geschl. ♦ 5 Zi. mit Bad oder Dusche, WC: 70 € (2 Pers.) ♦ Frühst. inkl. ♦ Restaurants vor Ort, reservieren, Einzelmenü (von 12-14 Uhr und von 19-21 Uhr): 22,87 € ♦ Halbpension: 65 € (pro Pers., mind. 3 Üb.; Sonderpreise für Kinder) ♦ Kreditkarten ♦ **Anreise** (Karte Nr. 12): 15 km westl. von Saint-Dié über die D 420 Rtg. Bruyères.

Dieses kleine Bauernhaus aus dem 18. Jahrhundert schmiegt sich in ein von Tannen umgebenes Tal. Sobald man die Auberge über den Salon betritt, besticht die Atmosphäre dieses freundlichen, mit antiken und regionalen Möbeln, Gemälden und ausgewählten Accessoires gestalteten Hauses. Das intime Restaurant mit kleinen, hübsch gedeckten Tischen ist Mittelpunkt des Hauses und Verlängerung des Salons. Die Küche ist gut (nur 1 Menü, Spezialitäten des Hauses: gekochter Schinken nach regionalem Rezept, Kartoffelpuffer, Holzfeuer-Omelettes usw.). In einem weiteren Gastraum mit Holztäfelungen werden auch Ausstellungen organisiert. Die Zimmer haben den Charme schlichter Zimmer in Häusern auf dem Land. Aufmerksamer, angenehmer Empfang, die Preise sind unserer Meinung nach für die Region etwas überhöht.

10 - Chez M. Benoît Breton

74, rue des Récollets
88140 Bulgneville
(Vosges)
Tel. und Fax (0)3 29 09 21 72
M. Benoît Breton
E-Mail: Benoit.Breton@wanadoo.fr

♦ Ganzj. geöffn. ♦ Im Winter reservieren ♦ 4 Zi. mit Bad (Badewanne und Dusche) und WC: 65 € (2 Pers.) + 15 € (Extrabett) ♦ Frühst. inkl. ♦ Kein Gästetisch - Restaurants im Dorf ♦ Antiquitäten ♦ Sprachen: Englisch ♦ **Anreise** (Karte Nr. 11): 10 km südöstl. von Vittel. Autobahn A 31, Ausfahrt 9 Rtg. Bulgnéville. Hinter dem Platz 2. Straße links.

Das Haus aus dem Jahr 1720 liegt unweit von Vittel und Contrex an einer Autobahnausfahrt, gehörte höchstwahrscheinlich zuvor Schmiedemeistern und ist heute im Besitz eines Antiquitätenhändlerpaares, das hier geschmackvolle Zimmer in subtilen Farben schuf - zum Glück ohne Anhäufung von Trödel. Das Bad des Zimmers „Verte" mit 2 Fenstern ist marmorn, für das des Zimmers „Beige" wurde warmes Teak bevorzugt. Das „Bleue", in dem ein Kind auf dem Sofa schlafen kann, hat sowohl eine Dusche als auch eine Badewanne. Das „Rouge et Jaune" ist in meridionalen Farben gestaltet. Der Frühstücksraum im Erdgeschoss bietet mit seiner zartgrünen Holzverkleidung und den Bildern alter Meister viel Entspannung, und der Blick von hier auf den Garten ist ebenfalls sehr beruhigend.

ELSASS-LOTHRINGEN

11 - Chalet Le Darou

128, ch. de la Pépinière
88400 Gérardmer
(Vosges)
Tel. und Fax (0)3 29 60 00 89
Handy (0)6 08 77 17 19
Mme Michelle Piller

2003

♦ Ganzj. geöffn. ♦ Reserv. notwendig ♦ Mind. 2 Üb. ♦ Nichtraucher-Zi. ♦ 2 Zi. mit Bad oder dusche, WC: 69-72 € (2 pers.) + 23 € (zusätzl. Pers.) ♦ Frühst. inkl. ♦ Kein Gästetisch - Restaurants ab 500 m ♦ Salon ♦ Haustiere nur auf Anfrage erlaubt ♦ Sprachen: Deutsch, Englisch ♦ **Anreise** (Karte Nr. 12): ab Gérardmer erst den Schildern „Coteau des Xettes" folgen, dann „Parcours de santé". Ab der Telefonzelle 200 m lang rechts, bei Nr. 128 dann auf den kleinen Weg.

Von dem auf den Anhöhen von Gérardmer und an den Xettes-Weinbergen gelegenen, mit schwarzem Holz verkleideten Chalet hat man eine eindrucksvolle Aussicht auf die Seen und Berge der Vogesen. Die beiden Zimmer liegen separat. Das im Obergeschoss, ganz in Weiß und Beige, hat 2 Betten, freundliche Stoffe in Gelb und Blau und ein Duschbad. Das Erdgeschoss-Zimmer besitzt ein Doppelbett, „vibriert" zwischen Friesen und japanischen Tapeten und hat in seinem Bad eine große Dusche. Das Frühstück wird entweder in einer Ecke des antik möblierten Speiseraumes serviert oder, bei schönem Wetter, auf der großen Terrasse gleich daneben. Im angrenzenden Salon, in dem ein paar moderne Bilder hängen, entspannt man sich wunderbar - mit oder ohne Lektüre – am Kamin.

AQUITANIEN

12 - Le Relais de Lavergne

La Vergne
24150 Bayac
(Dordogne)
Tel. und Fax (0)5 53 57 83 16
Mme Pillebout und Mme Calmettes

♦ Ganzj. geöffn. ♦ Reserv. notwendig ♦ 5 Zi. (darunter 1 Suite mit 2 Zimmern nebeneinander, zugänglich für Behinderte) mit Bad oder Dusche, WC: 55 € (2 Pers.), 80 € (Suite) ♦ Frühst. inkl. ♦ Gemeins. Essen auf Best.: 20 € (Wein inkl.) ♦ Salon (Kamin, TV) ♦ Hunde nur auf Anfrage erlaubt ♦ Schwimmbad, Pferdeboxen ♦ Sprachen: Englisch ♦ **Anreise** (Karte Nr. 23): 25 km östl. von Bergerac über die D 660 bis Bayac über Port de Couze. In Bayac rechts D 27 Rtg. Issigeac, dann links Relais de Lavergne ausgeschildert.

Dieses schöne Gebäudeensemble aus dem 17. Jahrhundert, das einst ein Bauernhaus war, liegt in einem winzigen Dörfchen, von wo aus der Blick einzigartig ist. Das erst vor kurzem umgestaltete Haus mit heute hohem Komfort bietet Zimmer an, die entweder mit Stilmöbeln oder Möbeln aus dem Familienbesitz eingerichtet sind, und die alle über neue, reizende Bäder verfügen. Im Erdgeschoss steht den Gästen ein großer, gemütlicher Salon mit Kamin zur Verfügung. Sie werden das Schwimmbad ausgiebig nutzen, bevor Sie dann gemeinsam im sympathischen kleinen Speiseraum zu Abend essen.

13 - Château de Regagnac

Montferrand-du-Périgord
24440 Beaumont
(Dordogne)
Tel. (0)5 53 63 27 02
Fax (0)5 53 73 39 08
Mme und M. Pardoux

♦ Ganzj. geöffn. ♦ Reserv. notwendig ♦ 5 Zi. mit Bad oder Dusche, WC: 100 € (2 Pers.) ♦ Frühst. inkl. ♦ Champagner-Abendessen bei Kerzenlicht auf Best.: 70 € (alles inkl.) ♦ Tel. ♦ Tennis, Jagd, Wanderwege ♦ Sprachen: Englisch, Spanisch ♦ **Anreise** (Karte Nr. 23): 39 km östl. von Bergerac über die D 660 bis Beaumont, dann Rtg. Cadouin-Regagnac über die D 2.

Mit seinen hohen Dächern, seinem eckigen Hof und seiner Terrasse mit Ausblick auf die Landschaft illustriert *Regagnac* auf wunderbare Art den Charme und die Eleganz der Häuser des Périgord. Die Inneneinrichtung, mit antikem Mobiliar und ausgesuchten Sammelstücken, die ihm etwas Museales verleihen, ist sehr freundlich. Die Gästezimmer sind angenehm, die Bettwäsche ist bestickt, und in jedem Bad findet man ein komplettes Necessaire vor. Das Cordon bleu ist bemerkenswert, und überhaupt verwöhnt Madame Pardoux ihre Gäste an einem stets festlich gedeckten Tisch. Ein sehr schönes, gastfreundliches Haus.

AQUITANIEN

14 - La Lande

24440 Beaumont
(Dordogne)
Tel. und Fax (0)5 53 23 48 49
Mme und M. Zangerl

♦ Ganzj. geöffn. ♦ 1 Zi. mit Bad, WC und 1 Zi. mit kl. Salon (TV), Bad und WC (1 eigenes, aber außerh. des Zi.): 49 € (2 Pers., 1. Üb.), 42 € (2 Pers., ab 2. Üb.) + 12 € (Extrabett) ♦ Frühst. inkl. ♦ Gemeins. Abendessen an bestimmten Tagen auf Best.: 24,50 € (alles inkl.) ♦ 1 ganzes Haus (4-5 Pers.) ♦ Zimmerreinigung auf Wunsch ♦ Haustiere nicht erlaubt ♦ Kinderspiele, Boule ♦ Sprachen: Deutsch, Englisch ♦ **Anreise** (Karte Nr. 23): 27 km östl. von Bergerac Rtg. Lalinde. In Port-de-Couze rechts Rtg. Cahors, Beaumont. Am Ortseingang von Beaumont Rtg. Naussannes, Issigeac (1,9 km), dann links Rtg. Carrière (1,6 km).

La Lande ist ein kleiner, inmitten der Natur gelegener und liebevoll restaurierter Bauernhof. Die Zimmer sind einfach, komfortabel, auf eine nette Art ländlich und höchst gepflegt. Eines liegt in einem kleinen, separaten Haus. Der große Wohnraum verfügt über eine Salonecke mit Kamin, einen großen Tisch und eine amerikanische Küche. Hier lernen sich die Gäste näher kennen und genießen Madame Zangerls exzellente Gerichte. Ein angenehmes, empfehlenswertes Haus für den Urlaub mit der ganzen Familie.

15 - Barsac

2003

24640 La Boissière-d'Ans
(Dordogne)
Tel. und Fax 05 53 05 38 59
Mme Vidal
E-Mail: barsac@wanadoo.fr
Web: site.voila.fr/barsac

♦ Ganzj. geöffn. ♦ Im Winter reservieren ♦ 1 Zi. mit Bad und WC: 84 € (2 Pers.); es besteht die Möglichkeit, dem Zi. ein weiteres ohne sanitäre Einrichtungen hinzuzufügen: 62 € (2 Pers.) ♦ Frühst. inkl. ♦ Kein Gästetisch - Restaurants ab 2 km ♦ Salon ♦ Haustiere nicht erlaubt ♦ Sprachen: ein wenig Englisch ♦ **Anreise** (Karte Nr. 23): 22 km östl. von Périgueux Rtg. Hautefort. 3 km hinter Cubjac. Ab dem Ortseingang ausgeschildert.

Unser traditionelles Landgut des „Périgord blanc", mit dessen Bau 1680 begonnen wurde, hat es verstanden, seine Authentizität über die Jahrhunderte zu erhalten. Die private Salon-Loggia, auf die das raffiniert gestaltete Zimmer hinausgeht und weiter Blick auf den von einer kleinen Mauer umgebenen Bauerngarten voller Blumen hat, sind die größten Vorzüge dieser Adresse. Das in einem Turm eingerichtete Bad ist äußerst gelungen. Aufgrund des 2. benachbarten Zimmers ist dieses Haus ideal für Familien oder mehrere Freunde. Aufmerksamer Empfang.

A Q U I T A N I E N

16 - Les Métairies Hautes

La Rigeardie
24310 Bourdeilles
(Dordogne)
Tel. (0)5 53 03 78 90
Fax (0)5 53 04 56 95
Mme und M. Trickett
E-Mail: langues.vives@wanadoo.fr
Web: languesvives.com

♦ Ganzj. geöffn. ♦ 6 Zi. (Betten 140, 90/120 cm breit) mit eig. Dusche (2 gemeins. WC): 32-36 € (1 Pers.), 40-46 € (2 Pers.); 1 Familienzi. (2-3 Pers.): 46-60 € ♦ Frühst. inkl. ♦ Kein Gästetisch - Restaurants ab 4 km ♦ Zimmerreinigung auf Wunsch ♦ Hunde nur auf Anfrage erlaubt ♦ Sprachkurse (mit VP) ♦ Sprachen: Deutsch, Englisch, Italienisch, Spanisch ♦ **Anreise** (Karte Nr. 23): 27 km nördl. von Périgueux über die D 939 Rtg. Angoulême; in Brantôme die D 78 bis Bourdeilles, dann 4 km in Rtg. Ribérac.

In diesem an einer kaum befahrenen Straße gelegenen Weiler, dessen Hauptaktivität die Unterrichtung von Fremdsprachen ist, werden auch Gäste auf der Durchreise aufgenommen. Empfangen wird man hier diskret und freundlich. Die Zimmer sind einfach gestaltet, in jedem steht ein amüsantes Schreibpult, die Betten sind komfortabel, und der Blick geht aufs Grüne. Das Frühstück (mit guten Konfitüren) wird an einem langen Tisch aus hellem Holz und Naturstein serviert.

17 - Les Pouyades

24320 Cherval
(Dordogne)
Tel. und Fax (0)5 53 91 02 96
Mme und M. Truffaux

♦ Ganzj. geöffn. (von Nov. bis März auf Anfrage) ♦ 3 Zi. mit Bad oder Dusche, WC: 58-72 € (2 Pers.) + 16 € (Extrabett) ♦ Preisnachl. bei läng. Aufenth. ♦ Frühst. inkl. ♦ Kein Gästetisch - Imbiss (abends) - Restaurants in Umgebung ♦ Hunde nicht erlaubt ♦ **Anreise** (Karte Nr. 23): 40 km von Angoulême über die D 939 Rtg. Périgueux. In La Rochebeaucourt die D 12, dann D 708 Rtg. Verteillac. 5 km vor Verteillac ausgeschildert.

Inmitten eines riesigen Parks liegt dieses unverfälschte Privathaus. Hier gibt es zwar nichts Spektakuläres, aber die besonders geschmackvoll hergerichteten Gästezimmer sind sehr angenehm. Das alte Mobiliar ist im Stil und aus dem Holz der Region (hier wird vorwiegend Nussbaum verwendet), und die Bäder sind tadellos. Das gepflegte Frühstück mit u.a. hausgemachten *brioches* wird im hübschen Speiseraum serviert. Und betreut wird man hier wie von einer liebevollen Tante oder Großmutter. Außerdem kann man in der Region auf Entdeckungsreise gehen und Brantôme, Bourdeilles, Saint-Jean-de-Côle sowie die romanischen Kirchen der Umgebung aufsuchen.

A Q U I T A N I E N

18 - Le Manoir de La Brunie

Lieu-dit La Brunie
24220 Le Coux-et-Bigaroque
(Dordogne)
Tel. (0)5 53 29 61 42
Fax (0)5 53 28 62 35
Ghislaine und Marc Oréfice
E-Mail: marc.orefice@wanadoo.fr

♦ Ganzj. geöffn. ♦ 4 Zi. mit Bad oder Dusche, WC: 70-100 € (2 Pers.) und 1 Familiensuite mit Bad, WC: 90 € (2 Pers.) + 17 € (zusätzl. Pers.) ♦ Frühst. inkl. ♦ Abendessen außerh. der Saison nur auf Best.: 18,50 € - Restaurants im Dorf und ab 6 km ♦ Salon, Bücher, Gesellschaftsspiele, Klavier, Tischtennis ♦ Haustiere nicht erlaubt ♦ Sprachen: Deutsch, Englisch ♦ **Anreise** (Karte Nr. 23): 25 km westl. von Sarlat, Rtg. Bergerac bis zum Kreisverkehr am Ortseingang von Siorac. In Le Coux-et-Bigaroque an der Mairie vorbeifahren (200 m), links einbiegen, dann ausgeschildert.

Bevor es zu spät war, wurde dieser Meierhof aus dem 18. Jahrhundert renoviert und zu einem Haus für Gäste umgestaltet. Und weil denen das gesamte Gebäude zur Verfügung steht, ist das Zusammenleben hier besonders gesellig. Die Zimmer sind geräumig und farbenfroh und haben schöne Bäder. Vom Garten aus hat man einen wunderbaren Ausblick auf das grüne Dordogne-Tal. Natürlich-freundlicher Empfang. Les Eyzies und das Périgord Noir sollten unbedingt besucht und somit entdeckt werden.

19 - Rouach-Hautefort

Rue Bertrand-de-Borne
24390 Hautefort
(Dordogne)
Tel. (0)5 53 50 41 59
(ab 19.30 Uhr)
Mme Rouach

♦ Vom 15. Okt. bis 1. Mai geschl. ♦ 2 Zi. mit eig. Bad, gem. WC: 55 € (2 Pers.); 1 Suite (4 Pers.) mit Bad, WC, Küche: 78 € ♦ Frühst.: 5 € ♦ Kein Gästetisch - Restaurants in Umgebung ♦ Salon ♦ Hunde nicht erlaubt ♦ **Anreise** (Karte Nr. 23): 50 km nordöstl. von Périgueux über die N 89 Rtg. Brive, dann links hinter Thenon D 704. Das Haus liegt im Dorf.

Dieses in dem wunderschönen Dorf Hautefort gelegene Haus bietet einen ganz besonderen Panoramablick. Der Garten mit einer Flut außergewöhnlicher Blumen liegt am Hang. Die Innenräume mit Möbeln aus früheren Zeiten verfügen über anheimelnden Charme. Hübsche, komfortable Zimmer mit tadellosen Bädern. Das Frühstück wird auf der Terrasse serviert – der Empfang ist von gewisser Eleganz und sehr freundlich. Eine ideale Adresse zum Entdecken der Dordogne.

AQUITANIEN

20 - Moulin de Leymonie-du-Maupas

D 39 E
24400 Issac
(Dordogne)
Tel. 05 53 81 24 02
Mme und M. Kieffer

♦ Vom 30. Okt. bis 1. März geschl. ♦ Nichtraucher-Haus ♦ 2 Zi. mit Bad oder Dusche, WC: 50 € (2 Pers.) ♦ Frühst. inkl. ♦ Gästetisch abends: 16 € (ohne Wein) ♦ Salon ♦ Hunde nicht erlaubt ♦ Rundwanderwege ab der Mühle ♦ Sprachen: Deutsch, Englisch ♦ **Anreise** (Karte Nr. 23): 6 km nördl. von Mussidan. Ab Mussidan 4 km Rtg. Villamblard, dann links „Vallée de Saint-Séverin", danach ausgeschildert.

An einem Abhang eines wunderschönen kleinen Tales in der südlichen Dordogne liegt diese winzige Mühle, um die herum ein Bach fließt, die ganz von Rosensträuchern und Klematis bewachsen und eine wahre Entdeckung ist. Eine recht steile Treppe führt zu den Zimmern: klein, aber unwiderstehlich mit ihrer nach Harz duftenden Holzvertäfelung und den provenzalisch gemusterten Baumwollstoffen (die sanitären Einrichtungen sind allerdings verhältnismäßig schlicht); und das am Kamin oder im Hofgarten servierte Frühstück ist exzellent. All das genießt man umso mehr, als die Preise fast geschenkt sind und Madame Kieffers Empfang allen anderen Vorzügen des Hauses regelrecht Konkurrenz macht …

21 - Château de Lanquais

24150 Lanquais
(Dordogne)
Tel. (0)5 53 61 24 24
Fax (0)5 53 73 20 72
Mme Magnan und M. Vivier

♦ Vom 15. Nov. bis 1. März geschl. ♦ 2 Zi. mit Bad oder Dusche, WC: 90-110 € (1-2 Pers.) ♦ Frühst.: 7 € ♦ Kein Gästetisch - Gasthof 800 m von Lanquais ♦ Salon ♦ Hunde nur auf Anfrage erlaubt ♦ Tel. ♦ Sprachen: Englisch ♦ **Anreise** (Karte Nr. 23): 15 km östl. von Bergerac und 50 km westl. von Sarlat, 500 m vom Dorf Lanquais.

Lanquais haben wir aus dem Grund ausgewählt, weil es zu den schönsten Schlössern des Périgord zählt. Seine eindrucksvollen Renaissance-Kamine, sein antikes Mobiliar, seine großen Räume und die hochinteressanten Erläuterungen von Gilles Vivier werden Geschichtsinteressierte besonders begeistern. Die beiden Zimmer liegen in einem Teil des Schlosses; das eine verfügt über ein zusätzliches kleines Zimmer. Die Bäder sind aus dem Grunde sehr schlicht, weil die Eigentümer angehalten sind, die Authentizität des Schlosses zu wahren. Das Frühstück wird eingenommen in den kleinen oder großen Salons, die ab 10.30 Uhr besichtigt werden können. Ein außergewöhnlicher, vor allem im Sommer empfehlenswerter Ort in einer Gegend voller interessanter Sehenswürdigkeiten.

AQUITANIEN

22 - Saint-Hubert

24520 Liorac-sur-Louyre
(Dordogne)
Tel. und Fax (0)5 53 63 07 92
Muriel Hennion
Web: bergerac-tourisme.com/hebergement

♦ Ganzj. geöffn. ♦ 4 Zi. mit Bad oder Dusche, WC: 46-58 € (2 Pers.) ♦ Frühst. inkl. ♦ Gästetisch abends, gemeinsam: 17 € (Getränke inkl.) ♦ Salon ♦ Haustiere nicht erlaubt ♦ Schwimmbad und Waldwege ♦ Sprachen: Englisch ♦ **Anreise** (Karte Nr. 23): 14 km nordöstl. von Bergerac. Ab Bergerac Rtg. Sainte-Alvère, Route du Centre hospitalier, D 32; nach 14 km rechts abbiegen, 800 m vor Liorac.

In diesem hübschen, am Rand des Waldes (in dem man schöne Spaziergänge unternehmen kann) gelegene Haus fühlt man sich vor allem im Sommer sehr wohl, denn es hat zudem einen gepflegten Park mit Schwimmbad. Das besonders liebevoll gestaltete Interieur hat viel ländlichen Charme. Das schönste Zimmer ganz in Grüntönen liegt im Erdgeschoss und führt direkt zum reizenden Gästesalon. Das Zimmer in Blauweiß im Obergeschoss ist trotz Dachschrägen ebenfalls sehr angenehm. Die beiden anderen sind kleiner, aber sehr gepflegt. Guter Gästetisch (*table d'hôtes*). Da das Haus von Hunden bewacht wird, sollten Sie sich telefonisch anmelden.

23 - Le Domaine de la Rouquette

24240 Monbazillac
(Dordogne)
Tel. (0)5 53 58 30 60
Fax (0)5 53 73 20 36
Mme und M. Gaubusseau

♦ Ganzj. geöffn. - Reservieren ♦ 4 Zi. und 1 Suite mit Bad oder Dusche, WC: Zi. 60-90 € (2 Pers.) + 20 € (zusätzl. Pers.); Suite 120 € (2 Pers.) ♦ Frühst. inkl. ♦ Kreditkarten ♦ Kein Gästetisch - Restaurants ab 2 km ♦ Salon ♦ Münztel. ♦ Hunde nur auf Anfrage erlaubt ♦ Sprachen: Deutsch, Englisch, Italienisch, Spanisch ♦ **Anreise** (Karte Nr. 23): 6 km von Bergerac über die D 13 Rtg. Monbazillac. Am Schloss vorbeifahren und gegenüber der Kirche auf die D 14E (Pomport-Sigoules). 100 m weiter rechts.

Von diesem inmitten der Weinberge von Monbazillac gelegenen Haus aus dem 18. Jahrhundert, das im 19. Jahrhundert umgebaut wurde, schaut man auf das Renaissance-Schloss, das Dordogne-Tal und auf Bergerac. Die ruhigen Zimmer sind unterschiedlich gestaltet. „Roxane", im 1. Stock, ist riesig, im Louisquinze-Stil eingerichtet und bietet vom kleinen Balkon aus eine schöne Aussicht. „Muscadelle" geht nach hinten hinaus, hat aber 2 Fenster. Im 2. Obergeschoss gibt es „Belvédère" unter dem Dach ganz in Gelb mit Korbmöbeln; „Treille" ist kleiner. Nur „Baldaquin" (für 4 Personen) im ländlichen Stil und rotweiß kariert liegt Parterre am Garten. Das Frühstück können Sie entweder im französischen Garten mit beschnittenem Buchsbaum oder im großen Speiseraum mit wunderschönem Pisé-Fußboden einnehmen. Freundlicher Empfang.

A Q U I T A N I E N

24 - Fonroque

24230 Montcaret
(Dordogne)
Tel. (0)5 53 58 65 83
Fax (0)5 53 58 60 04
Brigitte Fried
E-Mail: brigittefried@wanadoo.fr

♦ Vom 1. Dez. bis 15. Febr. geschl. ♦ 5 Zi. mit Bad oder Dusche, WC: 54 € (1 Pers.), 63 € (2 Pers.), 83 € (3 Pers.); Kinder unter 2 J. kostenl., unter 12 J. im Elternzi.: halber Preis ♦ Frühst. inkl. ♦ HP: 73 € (1 Pers.), 100 € (2 Pers.), 138 € (3 Pers.) ♦ Ab 2. Üb. -5 % im Juli-Aug., -10 % im Mai, Juni und Sept., -15 % von Okt.-April. ♦ Zimmerreinigung 3 mal wöchentl. (außer So) ♦ Salon ♦ Hunde nur auf Anfrage erlaubt ♦ Kreditkarten ♦ Sprachen: Englisch ♦ **Anreise** (Karte Nr. 22): 8 km östl. von Castillon-la-Bataille. D 936 zwischen Bergerac und Libourne, in Montcaret bis zu den galloromanischen Ruinen, dann *Fonroque* ausgeschildert.

Auf diesem kleinen Weingut, in dessen Nachbarschaft Montaigne seine Essais schrieb, sind die Gästezimmer angenehm: mit dem Schwamm aufgetragene Farben an den Wänden, Vorhänge in hellen, zarten Tönen, einige antike Möbelstücke ... Jedes Zimmer verfügt über ein schönes Bad. Zum gemeinsamen Abendessen (*table d'hôtes*) werden in einem freundlichen Raum Speisen aufgetischt, die auf Familienrezepten basieren. Der Park, in dem Sie ein reizendes, im einstigen Gewächshaus installiertes Schwimmbassin entdecken werden, verliert sich in der Natur. Ein recht unkonventionelles Haus, das im Sommer vorwiegend von Familien aufgesucht wird.

25 - Le Cèdre de Floyrac

Floyrac
24140 Queyssac
(Dordogne)
Tel. (0)5 53 61 78 17
Fax (0)5 53 74 51 31
Mme und M. Christian Bleu

♦ Ganzj. geöffn. ♦ 2 Suiten und 3 Appart. (Küchenbenutzung mögl.) mit Bad, WC, TV, eig. Terrasse zu ebener Erde mit Blick auf den Park: 100 € (2 Pers.) + 16 € (zusätzl. Pers.) ♦ Frühst. (Brunch): 9,50 € ♦ Gemeins. Essen auf Best.: 30 € (alles inkl.) - Restaurants (3 km) ♦ Salon, Billardraum ♦ Haustiere nicht erlaubt ♦ Schwimmbad, Tennis, Angeln am Teich (Kinder), Billard, Mountainbikes ♦ Sprachen: Englisch ♦ **Anreise** (Karte Nr. 23): 8 km nördl. von Bergerac über die N 21 Rtg. Périgueux. An der 1. Kreuzung hinter Lembras („Poterie périgourdine") links Rtg. Queyssac, am Rathaus *(mairie)* vorbeifahren, an der 1. Kreuzung Rtg. Villamblard. 30 m weiter rechts.

Dieser in unmittelbarer Nähe von Bergerac gelegene und mit einem superben bewaldeten Park umgebene Gutshof aus dem 18. Jahrhundert bietet komfortable Gästezimmer, Suiten und Appartements voller Farbenpracht und provenzalischer Stoffe. Das den Gästen vorbehaltene Schwimmbad, der Tennisplatz und die Mountainbikes, aber auch der Billardraum werden dazu beitragen, dass Sie sich hier bestimmt nicht langweilen. Das köstliche Frühstück wird unter den Bäumen serviert. Aufmerksame und liebenswürdige Betreuung, ruhige und heitere Atmosphäre.

AQUITANIEN

26 - Les Granges Hautes

24590 Saint-Crépin-Carlucet
(Dordogne)
Tel. (0)5 53 29 35 60
Fax (0)5 53 28 81 17
Nicole und Jean Querre
E-Mail: jquerre@les-granges-hautes.fr
Web: les-granges-hautes.fr

♦ Von Ostern bis Okt. geöffn. ♦ 3 Zi. mit Dusche, WC und 2 Zi. mit Bad, WC: 69-79 € (2 Pers.) + 23 € (zusätzl. Pers.) ♦ Frühst. inkl. ♦ Kein Gästetisch - Restaurants ab 5 km ♦ Kreditkarten ♦ Salon ♦ Kartentel. ♦ Meerwasserschwimmbad, Park ♦ Wanderwege ab dem Anwesen ♦ Sprachen: Englisch ♦ **Anreise** (Karte Nr. 23): 9 km von Sarlat, Straße nach Brive. Achse Paris-Toulouse, N 20, Ausfahrt Brive Rtg. Périgueux, dann Sarlat.

Dieses alte, authentische und schöne Haus des Périgord liegt 9 Kilometer von Sarlat und den Gärten von Eyrignac entfernt und ist von einem schönen Park mit perfekt gepflegtem Rasen umgeben. Die Innenausstattung ist einfallsreich und raffiniert. Alle Zimmer sind individuell und persönlich eingerichtet: von „Toscane" blickt man auf einen kleinen italienischen Garten! Die Bäder, zum Teil mit Dusche, sind sehr ansprechend. Das köstliche Frühstück (mit hausgemachten Konfitüren und anderen Spezialitäten) wird entweder in einem eleganten Raum am alten Kamin oder im Garten serviert. Der Empfang ist warmherzig, die Ruhe perfekt und die Lage besonders günstig zum Aufsuchen der Sehenswürdigkeiten des Périgord Noir.

27 - Doumarias

24800 Saint-Pierre-de-Côle
(Dordogne)
Tel. und Fax (0)5 53 62 34 37
Anita und François Fargeot

♦ Vom 1. April bis 30. Sept. geöffn. ♦ Reserv. notwendig ♦ 6 Zi. mit Bad oder Dusche, WC: 44 € (2 Pers.) + 8 € (Extrabett) ♦ Frühst.: 4 € ♦ HP: 75 € für 2 Pers. im DZ (mind. 4 Üb.) ♦ Gästetisch abends (außer Fr) gemeinsam: 14 € (Wein inkl.) ♦ Zimmerreinigung auf Wunsch ♦ Tel. ♦ Hunde nicht erlaubt ♦ Schwimmbad, Angeln am Fluss ♦ **Anreise** (Karte Nr. 23): 14 km südöstl. von Brantôme über die D 78 Rtg. Thiviers; 1,5 km hinter Saint-Pierre-de-Côle.

Doumarias liegt am Fuß einer alten Schlossruine, unweit des wunderbaren Dorfes Saint-Jean-de-Côle. Jedes Zimmer besitzt einige schöne antike Möbel. Sie sind komfortabel, ruhig und ausgestattet mit kleinen, aber gut konzipiertren Bädern. In einem ansprechenden Speiseraum mit Blick auf den Garten oder im Sommer unter der riesigen Linde werden Frühstück und Abendessen serviert (gute, bodenständige, dem Niveau des Hauses entsprechende Küche). Der Empfang ist unkompliziert.

AQUITANIEN

28 - Le Moulin Neuf

Paunat
24510 Sainte-Alère (Dordogne)
Tel. (0)5 53 63 30 18
Fax (0)5 53 63 30 55
Robert Chappell und
Stuart Shippey
E-Mail: moulin-neuf@usa.net
Web: francedirect.net/moulin.htm

♦ Ganzj. geöffn. ♦ Im Winter Reserv. notwendig, mind. 3 Üb. ♦ Nichtraucher-Haus ♦ 6 Zi. mit Bad oder Dusche, WC: 65,69-69,69 € (1 Pers.), 75-79 € (2 Pers.), 103,56 € (3 Pers.) ♦ Frühst. inkl. ♦ Kein Gästetisch - Restaurants ab 3 km ♦ Salon ♦ Kl. Hunde nur auf Anfrage erlaubt ♦ Baden im Teich ♦ Sprachen: Deutsch, Englisch ♦ **Anreise** (Karte Nr. 23): 8 km südwestl. von Bugue über D 703 Rtg. Sainte-Alvère, dann D 31 Rtg. Limeuil. Hinter Limeuil (D 31) die Anhöhe herunter, dann D 2 Rtg. Sainte-Alvère; nach 2 km an der kleinen Kreuzung links.

Dieses reizende Anwesen besteht aus 2 Häusern; das eine dient ausschließlich als Gästehaus. Der Blumengarten, von einem hübschen Bach und einem Teich umgeben, hat viel Charme. Das Gästehaus besitzt einen sehr ansprechenden Salon mit einigen antiken englischen Möbeln, flaschengrünen Sofas mit gelben Kissen und Tischen mit tief herabfallenden Decken. Hier wird mit besonders großer Liebenswürdigkeit ein hervorragendes Frühstück serviert. Die kleinen Zimmer wie auch die Bäder sind schlicht, komfortabel, sehr gepflegt.

29 - Château de Puymartin

24200 Sarlat-la-Canéda (Dordogne)
Tel. (0)5 53 59 29 97
Fax (0)5 53 29 87 52
Comte und Comtesse
Henri de Montbron
E-Mail: ch.puymartin@lemel.fr
Web: best-of-dordogne.tm.fr

♦ Von April bis Allerheiligen geöffn. ♦ Am Wochenende außerh. dieser Zeit Reserv. notwendig ♦ 2 Zi. mit Bad, WC: 115 € (2 Pers.) + 23 € (pro Kind) ♦ Frühst. inkl. ♦ Kein Gästetisch - Restaurants ab 4 km ♦ Salon ♦ Hunde nur auf Anfrage erlaubt ♦ Schlossbesichtigung ♦ **Anreise** (Karte Nr. 23): ca. 60 km südwestl. von Périgueux Rtg. Sarlat, dann D 47 Rtg. Les Eyzies, 11 km hinter Les Eyzies links, dann ausgeschildert. Flugplatz Périgueux (60 km) und Bordeaux (180 km).

Die noble Silhouette des *Château de Puymartin* ragt aus der Wald- und Hügellandschaft hervor. Empfangen wird man hier sehr freundlich, aber ohne großen Pomp. Die Zimmer, ob im Stil Haute-Epoque oder Louis-seize, sind superbe, komfortabel und gestaltet mit reizenden Accessoires. Den Gästen stehen 2 mit Zinnen versehene Terrassen zur Verfügung: die eine fürs Frühstück (später aufstehende Gäste werden schon mal Besuchergruppen antreffen), die andere zum Sonnenbaden in aller Ruhe. Ein außergewöhnliches, authentisches Haus ohne jegliche Zurschaustellung.

AQUITANIEN

30 - Château d'Arbieu

33430 Bazas
(Gironde)
Tel. (0)5 56 25 11 18
Fax (0)5 56 25 90 52
Comte und Comtesse
Philippe de Chénerilles
E-Mail: arbieu@wanadoo.fr

♦ Während der Ferien im Febr. und Allerheiligen geschl. ♦ Reserv. notwendig ♦ 4 Zi. und 1 Suite (4 Pers., vom 15. Sept. bis 1. Juni. geschl.) mit Bad oder Dusche, WC, Tel.: 70-100 € (2 Pers., je nach Saison); Suite: 130 € (2 Pers.), 160 € (4 Pers.) ♦ Frühst.: 10 € ♦ Preisnachl. bei läng. Aufenth.; Stopp f. 1 „Festabend" auf Reserv. ♦ Gästetisch abends, gemeinsam (mit den Gastgebern), reservieren, außer Sa abends in der Hochsaison: 30 € (alles inkl.), Sonderpreise für Kinder ♦ Salon ♦ Visa, Amex, Diners ♦ Schwimmbad ♦ Sprachen: Englisch ♦ **Anreise** (Karte Nr. 29): 60 km südöstl. von Bordeaux über die A 62, Ausfahrt Langon, D 932 Rtg. Bazas, dann rechts (Abfahrt Bazas) die D 655 Rtg. Casteljaloux.

Im Schloss *Arbieu*, das in einem Park mit Ausblick auf die Umgebung liegt, werden Sie von einer besonders gastfreundlichen Familie empfangen. Die großen, hellen Gästezimmer sind mit ihrem Nostalgie-Mobiliar meist bester Qualität (so die „Suite Empire") und mit einigen alten Sammelstücken, Bildern, Radierungen und dergleichen besonders unverfälscht. Mit Ausnahme von Nr. 5, ein wenig traurig, sind die Zimmer wie auch die kürzlich renovierten Bäder angenehm. Edel eingerichtete Salons und angenehmer Speiseraum, in dem das gute und freundlich servierte Abendessen eingenommen wird.

31 - Château de la Grave

33710 Bourg-en-Gironde
(Gironde)
Tel. (0)5 57 68 41 49
Fax (0)5 57 68 49 26
Mme und M. Bassereau
E-Mail: chateau.de.la.grave@wanadoo.fr
Web: chateaudelagrave.com

♦ Vom 15. Aug. bis 1. Sept. geschl. ♦ Reserv. notwendig ♦ 2 Zi. mit Dusche und WC: 47,26 € (1 Pers.), 53,36 € (2 Pers.) + 15,24 € (Extrabett) und 1 Zi. (4 Pers.) mit Bad, Dusche und WC: 91,47 € ♦ Frühst. inkl. ♦ Kein Gästetisch ♦ Salon ♦ Hunde nur auf Anfrage erlaubt ♦ Weinlager und -verkostung vor Ort ♦ Sprachen: Englisch, Spanisch ♦ **Anreise** (Karte Nr. 22): 35 km nordwestl. von Bordeaux. Autobahn A 10, Ausfahrt Saint-André-de-Cudzac Rtg. Bourg. Am Ortsausgang rechts Rtg. Berson, 2. Straße rechts, dann ausgeschildert.

Dieses hoch gelegene Wein-Château bietet 2 schöne Zimmer mit dem Charme von einst und kleinen Duschräumen voller Raffinement inklusive Toilette an, ferner 1 Zimmer mit geräumigem Bad. Von diesem großen Familienbesitz aus hat man einen schönen Ausblick auf die sanft geschwungenen Weinberge, die im Besitz des Schlosses sind. Das Frühstück wird entweder in einem großen, alten Raum eingenommen oder, im Sommer, unter einem Schutzdach im Stil alter Markthallen. Dynamisch-natürlicher Empfang. Von hier aus werden Sie die „Route Verte" oder den „Circuit des Vins" kennen lernen.

AQUITANIEN

32 - Domaine de Carrat

Route de Sainte-Hélène
33480 Castelnau-de-Médoc
(Gironde)
Tel. und Fax (0)5 56 58 24 80
Mme und M. Péry

♦ Weihnachten geschl. ♦ 3 Zi. mit Bad, WC: 43 € (1 Pers.), 48-55 € (2 Pers.); Suite: 82 € (4 Pers.) ♦ Frühst. inkl. ♦ Kein Gästetisch - Küche steht z. Verf. - Restaurants in Umgebung ♦ Salon ♦ Hunde nur auf Anfrage erlaubt (2,28 € pro Tag) ♦ Gefahrloses Baden (Kinder) im kleinen Fluss vor Ort ♦ Sprachen: Deutsch, Englisch ♦ **Anreise** (Karte Nr. 22): 28 km nordwestl. von Bordeaux über die D 1; an der 2. Ampel in Castelnau Rtg. Sainte-Hélène über die N 215; 200 m rechts hinter der Abfahrt Castelnau.

Dieses schöne Haus mit Park liegt inmitten eines Waldes am Ende einer gepflegten Baumallee. Madame und Monsieur Péry haben mit viel Geschick und Geschmack die ehemaligen Pferdeställe umgebaut. Die Gästezimmer lassen sich miteinander verbinden, sind komfortabel und mit Möbeln aus dem Familienbesitz ausgestattet. Alle sind sehr ruhig und haben Blick aufs Grüne (im Sommer ist das zu ebener Erde gelegene Zimmer am angenehmsten). Gutes Frühstück in einem gemütlichen Wohn- und Esszimmer. Sehr nette Betreuung.

33 - Domaine de Barrouil

Bossugan-Ruch
33350 Castillon-la-Bataille
(Gironde)
Tel. und Fax (0)5 57 40 59 12
Mme und M. Ehrsam
E-Mail: m.ehrsam@sudouest.com

♦ Ganzj. geöffn. ♦ Nichtraucher-Haus ♦ 4 Zi. mit Bad oder Dusche, WC: 45-65 € (2 Pers.) + 18 € (zusätzl. Pers.) ♦ Frühst. inkl. ♦ Gästetisch abends (an gewissen Tagen), reservieren: 19 € (Wein inkl.) ♦ Haustiere nicht erlaubt ♦ Salon, Bibliothek ♦ Garage ♦ Sprachen: Deutsch, Englisch ♦ **Anreise** (Karte Nr. 22): 9 km südl. von Castillon-la-Bataille über die D 17 Rtg. Sauveterre-de-Guyenne. An der Kreuzung mit der D 126 Rtg. Pellegrue. Das Haus liegt 100 m weiter links.

Dieses Herrenhaus, inmitten eines Weinbergs gelegen und umgeben von einem reizenden Garten, erwachte zur Freude der hier einkehrenden Gäste aus einem langen Schlaf zu neuem Leben. Im Innern ist alles hell, freundlich und zurückhaltend-geschmackvoll gestaltet. Die großen viereckigen Terrakottaplatten erhielten über die Jahre viel Glanz, hier und da stehen Möbel aus dem Familienbesitz, in den mit reizenden geblümten Stoffen verschönten Zimmern gibt es Parkettböden und in den Bädern hübsche Fayencen. Alles sehr gelungen. Gutes Abendessen entweder am Kamin oder auf der Terrasse mit schönem Blick auf Castillon-la-Bataille in der Ferne. Natürlich-angenehmer Empfang. Recht kleine Preise.

AQUITANIEN

34 - Cabirol

33430 Gajac-de-Bazas
(Gironde)
Tel. und Fax (0)5 56 25 15 29
Mme und M. Xavier Dionis
du Séjour

♦ Ganzj. geöffn. ♦ Vom 15. Nov. bis 15. Febr. Reserv. notwendig ♦ 1 Suite (4 Pers.) und 1 Zi. mit Bad (Badewanne und Dusche), WC und 1 Zi. mit Dusche, WC: 44,50-49 € (2 Pers.); Suite: 73,50-79,50 € (4 Pers.) ♦ Frühst. inkl. ♦ 10 % Preisnachlass ab der 4. Üb. ♦ Kein Gästetisch - Restaurants am Seeufer (500 m) und in Bazas (4 km) ♦ Salon, Tischtennis ♦ Hunde nicht erlaubt ♦ Großes Schwimmbad ♦ Besichtigung des Betriebs (Gänse, Enten, Rinder usw.) ♦ Angeln und Observatorium für Vögel (500 m) ♦ Sprachen: Englisch ♦ **Anreise** (Karte Nr. 29): 4 km nordöstl. von Bazas. In Bazas Rtg. La Réole. Das Haus liegt 4 km weiter an der D 9, ausgeschildert.

In diesem schönen Haus wird man Sie besonders liebenswürdig empfangen. Ein Teil der Besitzung „gehört" den Gästen; hier finden Sie angenehme Zimmer vor, die mit hübschen Dekostoffen belebt sind und über beispielhafte Badezimmer verfügen. Das gute Frühstück wird am großen Tisch in der Salon-Bibliothek (die den Gästen zur Verfügung steht) serviert oder, im Sommer, draußen mit Blick auf eine friedliche Landschaft. Sympathisch.

35 - Domaine de Guillaumat

33420 Génissac
(Gironde)
Tel. (0)5 57 24 49 14
Handy (0)6 22 47 53 85
Fax (0)5 57 24 49 16
Mme und M. Fulchi
E-Mail: guillaumat.fulchi@wanadoo.fr

♦ Ganzj. geöffn. ♦ 4 Zi. mit Bad oder Dusche, WC: 46 und 54 € (1-2 Pers.) ♦ Frühst. inkl. ♦ Kein Gästetisch - Restaurants ab 6 km ♦ Salon ♦ Nur kl. Hunde erlaubt ♦ Schwimmbad, Reiten ♦ Sprachen: Englisch, Spanisch ♦ **Anreise** (Karte Nr. 22): 28 km südöstl. von Bordeaux. RN 89 (4-spurige Straße Bordeaux-Libourne). Nach ca. 28 km Ausfahrt Génissac. In Génissac ab dem Kreisverkehr Rtg. Arveyres. Nach ca. 1 km 2. Straße links, dann ausgeschildert.

Dieses am Rand eines Plateaus oberhalb der Weinberge des Entre-Deux-Mers gelegene Gut besitzt eine Dependance, in der sich die Gästezimmer befinden. Die ebenerdigen, komfortablen Zimmer sind so, wie man sie für Freunde in einem Haus auf dem Land einrichtet und kennt: weiße Wände, Terrakottaböden, einige alte Möbelstücke. Die Schlafräume gehen nach Osten und haben somit Morgensonne. Das ganz neune Zimmer, „Les Tilleuls", etwas kleiner als die anderen, aber preiswerter, haben wir nicht in Augenschein nehmen können. Das exzellente Frühstück wird je nach Wunsch in der Küche oder am Schwimmbad serviert. Eine hervorragende Adresse für die warme Jahreszeit und für alle, die viel Wert auf Ruhe und Unabhängigkeit legen.

AQUITANIEN

36 - Le Refuge du peintre

3, Chemin du Courbestey
33350 Lavagnac-Sainte-Terre
(Gironde)
Tel. (0)5 57 47 13 74
Fax (0)5 57 47 12 24
Mme France Prat
E-Mail: france.prat@wanadoo.fr
Web: perso.wanadoo.fr/france.prat

♦ Ganzj. geöffn. ♦ Nichtraucher-Zi. ♦ 4 Zi. mit Bad oder Dusche, WC: 45 € (1 Pers.), 52 € (2 Pers.), Suite 83-89 € (2-4 Pers.) + 17 € (Extrabett) ♦ Frühst. inkl. ♦ Kein Gästetisch - Restaurants ab 300 m ♦ Salon ♦ Haustiere nicht erlaubt ♦ **Anreise** (Karte Nr. 22): 7 km südl. von Saint-Émilion. In Saint-Émilion auf die D 670 Rtg. Bayonne (die 670 E nach Bergerac vermeiden). In Lavagnac die Einbahnstraße hinter der Metzgerei links. Haus Nr. 3 links.

Dieses angenehme Haus, das am Rand des Dorfes nur 50 Meter von der Dordogne entfernt liegt, spiegelt die ganze Bordelaiser *Douceur de vivre* wider. Ein großer Garten voller Blumen, eine Sonnenterrasse, einige Hühner für die frischen Frühstückseier (Gourmand-Brunch). Auch im Innern ist das Ambiente heiter: Mobiliar aus dem 19. Jahrhundert, weiße Stoffe, Farbtupfer, Reisesouvenirs aus dem Ausland, aber nichts wirkt überladen. Die nach Inselgruppen benannten Zimmer sind im gleichen Stil gehalten und können leicht zu Familiensuiten umfunktioniert werden. Ein liebenswertes Haus; für Aufenthalte sehr geeignet.

37 - Le Grand Boucaud

33580 Rimons
(Gironde)
Tel. (0)5 56 71 88 57
Fax (0)5 56 61 43 77
Mme und M. Lévy

♦ Vom 15. Okt. bis Dez. geschl. ♦ 3 Zi. mit Bad, WC: 58 € (2 Pers.), 70 € (3 Pers.) ♦ Frühst. inkl. ♦ Individ. Abendessen: 20-32 € (ohne Wein); Vegetarische Küche auf Best. ♦ Schwimmbad, Kochkurse (bodenst. Küche) ♦ Haustiere nicht erlaubt ♦ Sprachen: Deutsch, Englisch ♦ **Anreise** (Karte Nr. 22): 28 km nordöstl. von Langon. Autobahn A 62, Ausfahrt Langon, N 133 Rtg. Agen, Ausfahrt Saint-Macaire, dann D 672 bis Sauveterre-de-Guyenne; D 670 Rtg. La Réole (2 km), links die D 230, hinter Rimons 1. Straße links, in der Kurve hinter dem Dorf.

Es ist insbesondere die bodenständige Küche aus Bordeaux oder dem Elsass, die die Gäste dieses großen Hauses aus dem späten 18. Jahrhundert anzieht, denn Madame Lévy ist vor allem Köchin, und ihre Weine sind ausgesucht. Es gibt 3 Gästezimmer unter dem Dach, die über jeglichen modernen Komfort verfügen. Das zuletzt eingerichtete, das „Jaune", hat schönes Gebälk und ein Mezzanin. Der kleine schattige Garten, das Schwimmbad mit Pergola und der Weinanbau in der Umgebung sind ein zusätzlicher Grund, hier Halt zu machen. Sehr freundlicher, ungezwungener Empfang.

AQUITANIEN

38 - La Bergerie

Les Trias
33920 Saint-Cristoly-de-Blaye
(Gironde)
Tel. (0)5 57 42 50 80
Mme und M. de Poncheville

♦ Ganzj. geöffn. ♦ 2 Häuser (3-6 Pers.) mit Salon, Küche, Bad, WC: 61 € (2 Pers.) + 23 € (zusätzl. Pers.), Preisnachlass außerh. der Saison ♦ Frühst.: 5 € ♦ Kein Gästetisch - Restaurants in der Umgebung. ♦ Hunde nur auf Anfrage erlaubt ♦ Schwimmbad, Kahn, Kahnfahrten auf dem Teich, Dauergewächsgarten ♦ **Anreise** (Karte Nr. 22): 35 km nordöstl. von Bordeaux über die A 10, Ausfahrt Nr. 40 B, Rtg. Blaye über die N 137. In Pugnac Rtg. Centre-Ville. In Saint-Urbain links nach Saint-Christoly-de-Blaye. Etwa 2,5 km weiter Les Trias ausgeschildert. Von Paris kommend: Autobahn A 10, Ausfahrt Nr. 38 Rtg. Reignac, Saint-Savin, Pugnac.

Die auf dem Land gelegene *Bergerie* besitzt einen wunderschönen Park mit einem kleinen See und besteht aus zwei alten Häusern, die sehr gut renoviert wurden. Jedes verfügt über einen Salon mit Kamin, eine Küche und ein oder drei Zimmer. Der Boden ist aus Terrakotta, und die Einrichtung umfasst antike Möbel und elegante Stoffe. Alles sehr gelungen. Für das Frühstück können Sie unter verschiedenen Angeboten wählen. Ganz besonders freundliche Atmosphäre.

39 - Château Monlot Capet

Le Conte
Saint-Hippolyte
33330 Saint-Emilion
(Gironde)
Tel. (0)5 57 74 49 47
Fax (0)5 57 24 62 33
Mme und M. Rivals

♦ Vom 1. Dez. bis 28. Febr. geschl. ♦ 5 Zi. mit Bad oder Dusche, WC: 62-85 € (2 Pers.) + 16 € (Extrabett) ♦ Frühst. inkl. ♦ Kein Gästetisch - Restaurants ab 3 km ♦ Salon ♦ Park ♦ Wein-Verkostungen und Einführung in die Önologie, Entdecken eines Saint-Emilion-Weinberges ♦ Sprachen: Deutsch, Englisch ♦ **Anreise** (Karte Nr. 22): 4 km südöstl. von Saint-Emilion. Auf der D 670 zwischen Libourne und Castillon gleich hinter Saint-Emilion links auf die D 130 E nach Saint-Laurent-des-Combres, 1. Straße rechts, danach ausgeschildert.

Diese Adresse haben wir in erster Linie für Weinliebhaber ausgewählt, ist *Monlot Capet* doch ein exzellentes Weingut des Saint-Emilionnais. Weinberge und -keller sowie Verkostungskeller, hier fehlt es an nichts, auch nicht an Erläuterungen des Hausherrn, sofern ihm seine Aktivitäten Zeit dazu lassen. Im *Château Monlot Capet*, wo ja ein Gewerbe ausgeübt wird, haben die Zimmer noch familiären Charakter: große alte Kleiderschränke, Stilmöbel (einige Bäder mit marmoriertem Linoleum-Bodenbelag haben uns nicht gerade begeistert). Gutes Frühstück, serviert in einem schönen Raum aus dem Stein von Saint-Emilion und dekoriert mit eindrucksvollen Weinkistendeckeln.

A Q U I T A N I E N

40 - Manoir de James

33580 Saint-Ferme
(Gironde)
Tel. (0)5 56 61 69 75
Fax (0)5 56 61 89 78
Mme und M. Dubois
E-Mail: midubois2@wanadoo.fr

♦ Vom 15. Dez. bis 15. Jan. geschl. ♦ 3 Zi. mit Bad, WC: 46 € (1 Pers.), 55 € (2 Pers.), zusätzl. Pers.: 8 € (Kind), 13 € (Erwachs.) ♦ Frühst. inkl. ♦ Kein Gästetisch - Restaurants ab 4-5 km ♦ Salon ♦ Hunde nur auf Anfrage erlaubt ♦ Schwimmbad, Tischtennis ♦ Sprachen: Deutsch, Englisch, Spanisch ♦ **Anreise** (Karte Nr. 22): ab Libourne Rtg. Langon La Réole über D 670; ab Sauveterre 2 km Rtg. La Réole, dann Saint-Ferme; dort Rtg. Sainte-Colombe. „Manoir de James" 2 km weiter links.

In diesem kleinen, auf den Anhöhen des Entre-deux-Mers gelegenen Herrenhaus werden Sie ausgesprochen höflich empfangen. Die großen, im Stil früherer Zeiten möblierten Zimmer bieten absolute Ruhe. Im Sommer wird das (angelsächsische) Frühstück ab Sonnenaufgang am Schwimmbad serviert. Wenn Sie es wünschen, wird Madame Dubois Sie gern über Wissenswertes dieser Gegend informieren.

41 - Château de l'Escarderie

33240 Saint-Germain-de-la-Rivière
(Gironde)
Tel. und Fax (0)5 57 84 46 28
Mme Claverie
E-Mail: lescarderie@free.fr
Web: lescarderie.free.fr

♦ Ganzj. geöffn. ♦ Reserv. notwendig ♦ 4 Zi. mit Bad oder Dusche, WC: 50 € (1 Pers.), 55-60 € (2 Pers.) + 20 € (Extrabett) ♦ Frühst. inkl. ♦ Kein Gästetisch - Restaurants 500 m weiter ♦ Salon, Speiseraum ♦ Hunde nicht erlaubt ♦ Weinkeller-Besichtigung (ein paar Meter weiter) ♦ Sprachen: Englisch ♦ **Anreise** (Karte Nr. 22): 35 km nördl. von Bordeaux. Autobahn A 10, Ausfahrt Saint-André-de-Cubzac Rtg. Libourne über die D 670. Hinter der Ausfahrt Saint-Germain 1. Straße links hinter dem Stoppschild, dann ausgeschildert.

L'Escarderie an der Weinstraße von Bordeaux ist eine gute Stoppadresse und eher eine große Villa als ein Schloss. Hoch und abseits der Straße gelegen, bietet es 4 renovierte Zimmer von beachtlicher Größe an. Die Tapeten sind farbig, die Bäder gepflegt. Die Stilmöbel wurden von Monsieur Claverie, er ist Tischler, selbst hergestellt. Ein angenehmes Haus zu akzeptablen Preisen.

AQUITANIEN

42 - Gaudart

Gaudart
33910 Saint-Martin-de-Laye
(Gironde)
Tel. (0)5 57 49 41 37
Mme und M. Garret

♦ Von Mitte April bis 10. Okt. geöffn. ♦ 2 Zi. (mit separatem Eingang) mit Bad, WC: 46-52 € (2 Pers.) + 14 € (zusätzl. Pers.) - 2. Üb. 6 % Preisnachl. und ab der 3. Üb. 10 % Preisnachl. (außer Juli und Aug.) ♦ Frühst. inkl. ♦ Kein Gästetisch - Restaurants ab 5 km ♦ Salon, Terrasse ♦ Hunde nicht erlaubt ♦ **Anreise** (Karte Nr. 22): 9 km nordöstl. von Libourne über die D 910 Rtg. Guîtres. In Saint-Denis-de-Pile links die D 22 (5 km), dann rechts ausgeschildert.

Dieses typische Gironde-Haus liegt inmitten sanfter Wiesen nur wenige Minuten von den berühmten Saint-Émilion-Weinbergen entfernt. Im großen Aufenthaltsraum, in dem auch das Frühstück eingenommen wird, kann man alte regionale Möbel bewundern. Die Zimmer sind recht groß und haben schöne Bäder. Unser Lieblingszimmer ist das mit der Wickelkommode, denn es ist besonders hübsch möbliert. Bei schönem Wetter wird das Frühstück auch auf der Terrasse serviert. Ausgesprochen freundliche Atmosphäre.

43 - La Forge

33750 Saint-Quentin-de-Baron
(Gironde)
Tel. (0)5 57 24 18 54
Fax (0)5 57 24 20 63
Mme de Montrichard
E-Mail: laforgedm@aol.com
Web: pageperso.aol.fr/laforgedm

♦ Ganzj. geöffn. ♦ Nichtraucher-Haus ♦ 1 Zi. mit Bad und WC: 80-95 € (2 Pers.), auch: Babybett ♦ 1 Studio (2-3 Pers.) mit Dusche, WC, Küche - mind. 4 Üb.: 95-110 €/Üb. ♦ Frühst. inkl. ♦ Gelegentl. Gästetisch: 20 € (Wein inkl.) - Restaurants ab 5 km ♦ Wochenangebot „Kochen und Rad fahren": regionale Küche ♦ Salon ♦ Haustiere nicht erlaubt ♦ Fahrradverleih ♦ Sprachen: Deutsch, Englisch ♦ **Anreise** (Karte Nr. 22): 30 km östl. von Bordeaux über die D 936 Rtg. Saint-Quentin-de-Baron; hinter der Tankstelle 1. Straße rechts. Das Haus liegt in der 5. Kurve dieser kleinen Straße.

Das Leben dieses Ruhe ausstrahlenden, ländlichen Hauses findet am kleinen Blumengarten des Innenhofes statt. Die Gästezimmer und das Studio haben Blick auf Wiesen und Weinberge und verfügen über separate Eingänge. Auch können Sie den zwanglos-freundlich eingerichteten Salon und den großen Garten dieser ehemaligen, nach und nach umgebauten Schmiede mitbenutzen. Madame de Montrichard wird Sie bestimmt über ihre künstlerischen Aktivitäten informieren und Ihnen für Ausflüge und Besichtigungen gute Tipps geben.

AQUITANIEN

44 - Le Prieuré

33750 Saint-Quentin-de-Baron
(Gironde)
Tel. (0)5 57 24 16 75
Handy (0)6 14 48 11 14
Mme de Castilho
E-Mail: stay@stayfrance.net
Web: stayfrance.net

♦ Ganzj. geöffn. ♦ Nichtraucher-Haus ♦ 2 Zi. (mit separatem Eingang) mit Bad und Dusche, WC: 91,50 € (2 Pers.) + 22,87 € (Extrabett); 1 Appartement mit 2 Zi., Wohnraum, Kitchenette, Dusche, WC (für mind. 2 Üb. im Juli/Aug): 129,60 € ♦ Frühst. inkl. ♦ Gemeins. Essen gelegentlich: 27,44 € (Wein inkl.) - Restaurants in der Umgebung ♦ Haustiere nicht erlaubt ♦ Schwimmbad, Tischtennis, Fahrräder, Barbecue ♦ Sprachen: Englisch, Portugiesisch, Spanisch ♦ **Anreise** (Karte Nr. 22): 25 km östl. von Bordeaux über die D 936 Rtg. Bergerac. Hinter Saint-Quentin-de-Baron 1 km Rtg. Branne. Gegenüber dem Kilometerstein K 25 erst den Weg rechts, dann links.

Dieses schöne, am Hügel gelegene, sehr gepflegte Haus ist umgeben von Gärten und einer Blumenterrasse. Die beiden Erdgeschoss-Zimmer sind elegant, freundlich, von gediegenem Komfort und haben luxuriöse Bäder. Die Appartement-Suite im Obergeschoss ist schlichter, aber perfekt für eine Familie. Das Frühstück wird meistens draußen (schöner Ausblick) serviert; nur: etwas Verkehr auf der unterhalb vorbeiführenden Straße. Sehr angenehmer Empfang. Ein sympathisches Haus mit einem gewissen angelsächsischen Ambiente.

45 - Domaine de la Charmaie

33190 Saint-Sève
(Gironde)
Tel. und Fax (0)5 56 61 10 72
Mme und M. Chaverou

♦ Ganzj. geöffn. ♦ 3 Zi. mit Bad oder Dusche, WC: 55-69 € (2 Pers.) + 15,24 € (Extrabett) ♦ Frühst. inkl. ♦ Gästetisch abends: 21 € (Wein inkl.) ♦ Salon, Billard ♦ Haustiere nicht erlaubt ♦ Schwimmbad ♦ Sprachen: Englisch, Spanisch ♦ **Anreise** (Karte Nr. 22): 70 km südöstl. von Bordeaux. Autobahn A 6 bis Langon, N 113 Rtg. Agen bis La Réole, dann die D 668 bis Monségur. Ab Kreisverkehr die D 21 Rtg. Saint-Sève, danach „La Charmaie" ausgeschildert.

Eine schöne, von Kletterrosen überwucherte Fassade aus dem 18. Jahrhundert, ein blühender, sehr gepflegter Park, der sich mit der ganz ursprünglich wirkenden Hügellandschaft vermischt - und im Innern kann man weiter träumen. Sorgfältig getünchte Wände, alte bemalte, polierte oder „roh" belassene Holzmöbel und wunderbare Stoffe zum Beleben dieses pastellfarbenen „Universums". Die Zimmer sind komfortabel und freundlich. Das köstliche Frühstück wird am großen Tisch der wunderschönen Bauernküche oder auf der Sonnenterrasse serviert. Die Chaverous teilen gern ihr Haus mit Gästen und kochen auch gern für sie.

AQUITANIEN

46 - Château Lamothe

33450 Saint-Sulpice-et-Cameyrac
(Gironde)
Tel. (0)5 56 30 82 16
Fax (0)5 56 30 88 33
Luce und Jacques Bastide
E-Mail: chat.lamothe@wanadoo.fr

♦ Von Ostern bis Allerheiligen geöffn. ♦ Im Winter Reserv. notwendig ♦ Nichtraucher-Zi. ♦ 4 Suiten mit Bad, WC: 185-200 € (2 Pers.); zusätzl.: 2 angrenzende Zi.: 50-65 € (1 Pers.) und 1 Suite (3-5 Pers.) mit 2 Duschen, 2 WC: 245-290 € ♦ Frühst. inkl. ♦ Kein Gästetisch - Restaurants ab 2 km ♦ Salon ♦ Schwimmbad, Angeln, Boot ♦ Golfpl. (2 km); Weinberg ♦ Haustiere nicht erlaubt ♦ Sprachen: Englisch, Spanisch ♦ **Anreise** (Karte Nr. 22): 18 km östl. von Bordeaux. Zwischen Bordeaux und Libourne über N 89, Abf. 5 (Beychac, Cameyrac, Saint-Sulpice), dann D 13 bis Saint-Sulpice. Am Ortseingang rechts Route du Stade, dann ausgeschildert.

Dieses sehr alte, vollkommen von Wasser umgebene Schloss wurde im 19. Jahrhundert renoviert und besitzt prächtige, komfortable Schlafräume mit phantastischen Bädern, die fast so groß wie die Zimmer sind. Alle Räume sind groß, hell und mit viel Sorgfalt ausgestattet: einige alte Möbel in hellen Farben, weiße Vorhänge, Gemälde grüner Landschaften, Fayencen und allerlei Gegenstände aus dem Familienbesitz. Das in einem ansprechenden Speisesaal servierte Frühstück ist beachtlich, und der Empfang aufmerksam und liebenswürdig.

47 - Château de Bachen

Duhort-Bachen
40800 Aire-sur-l'Adour
(Landes)
Tel. (0)5 58 71 76 76
Fax (0)5 58 71 77 77
Mme und M. Guérard

♦ Vom 1. Mai bis Allerheiligen geöffn. ♦ Reserv. notwendig ♦ Mind. 3 Üb. und mind. 1 Woche im Juli/Aug. ♦ Nichtraucher-Haus ♦ 2 Zi. und 2 Appart. mit Bad, WC: 145 € (2 Pers.); Appart.: 200 € (2 Pers.) ♦ Frühst.: 20 € ♦ Kein Gästetisch - 2 *Guérard*-Restaurants in Eugénie-les-Bains ♦ Salon ♦ Hunde nicht erlaubt ♦ Schwimmbad ♦ Sprachen: Englisch, Spanisch ♦ **Anreise** (Karte Nr. 29): 4 km westl. von Aire-sur-l'Adour, Rtg. Eugénie-les-Bains (2,5 km), einen kleinen Wald durchfahren. Ca. 300 m weiter rechts (zwischen 2 Zypressen), dann ausgeschildert.

Dieses unverfälschte, vom Weinberg Turson umgebene Bauwerk aus dem 18. Jahrhundert überragt die Ebene und bietet eine schöne Aussicht auf die ersten Talmulden des Gers. Die Ausstattung ist besonders ausgesucht: hochwertiges, antikes Mobiliar, edle Gegenstände, bewundernswerte Gemälde, schöne Farbabstimmung. All das werden Sie besonders beim Frühstück genießen, das in der ehemaligen Küche oder im Salon serviert wird. Unwiderstehliche Zimmer (in den Dependancen), die über ebenso viel Sorgfalt, Ästhetik und Komfort wie der Rest verfügen. Angenehmer, professioneller Empfang.

AQUITANIEN

48 - Lamolère

40090 Campet-Lamolère
(Landes)
Tel. (0)5 58 06 04 98
Béatrice und Philippe de Monredon

♦ Ganzj. geöffn. ♦ 2 Zi. mit Bad oder Dusche, WC: 41 und 46 € (2-3 Pers.) und 1 Familien-Suite mit 2 Zi. mit 2 eig. Duschen, gemeins. WC: 36-40 € (2 Pers.) ♦ Frühst. inkl. ♦ Gästetisch abends, gemeinsam: 18 € (Wein und Kaffee inkl.) ♦ Zimmerreinigung alle 3 Tage oder auf Wunsch ♦ 2 Salons (Klavier, Bibliothek, TV) ♦ Hunde nur auf Anfrage im Zwinger erlaubt ♦ Kapelle (12. Jh.), Pferdeboxen, Angeln und Fahrräder ♦ Sprachen: Englisch, Spanisch ♦ **Anreise** (Karte Nr. 29): 5 km nordwestl. von Mont-de-Marsan über die D 38; Route de Morcenx.

In diesem Familienanwesen, das seine ganze Authentizität und sein hübsches antikes Mobiliar zu erhalten verstand, wird man voller Dynamik empfangen. Die freundlich-hellen Empfangsräume führen zu einer Terrasse, auf der man im Sommer (sehr gut) zu Abend isst. Die meisten Zimmer sind sehr geräumig, komfortabel und ausgesprochen gut möbliert; leider sind die Bäder klein und (außer einem) enttäuschend. Zum Glück gleichen die kleine Preise diesen Nachteil aus.

49 - Château de Bezincam

Chemin de l'Adour
Saubusse-les-Bains
40180 Dax
(Landes)
Tel. und Fax (0)5 58 57 70 27
Guy und Claude Dourlet

♦ Ganzj. geöffn. ♦ 3 Zi. und 1 Suite (3-4 Pers.) mit Bad oder Dusche, WC: 60 € (2 Pers.); Suite: 60 € (2 Pers.), 75 € (3 Pers.) + 15 € (Extrabett) ♦ Frühst. inkl. ♦ Kein Gästetisch - Restaurants ab 2 km ♦ Salon ♦ Flussangeln ♦ Sprachen: Englisch, Spanisch ♦ **Anreise** (Karte 29): 15 km südwestl. von Dax über die N 10 oder N 124. In Saint-Geours-de-Maremne D 17 Rtg. Saubusse. In Saubusse, rechts von der Brücke, die kleine Straße am Adour (800 m), letztes Haus.

Von der kleinen Straße, die neben dem Adour verläuft, erblickt man einige, dem Fluss gegenüberliegende prachtvolle Häuser. Das *Bezincam* gehört auch dazu. Sobald man das Haus betritt, hat man den Eindruck, sich in einem Ferienhaus vergangener Zeiten zu befinden. Und die Möbel, die Kunstgegenstände, die Radierungen und sogar der Wintergartensalon scheinen hier ihren festen Platz schon seit Langem zu haben. Die hübsch renovierten Zimmer sind hell und von angenehmer Größe, die Bäder charmant und teilweise auch sehr groß. Köstliches Frühstück. Besonders angenehme Betreuung. Ein Ort, den es zu entdecken lohnt.

AQUITANIEN

50 - Myredé

40270 Grenade-sur-l'Adour
(Landes)
Tel. und Fax (0)5 58 44 01 62
Mme und M. de la Forge
E-Mail: mariemdlf@hotmail.com

♦ Von Allerheiligen bis Ostern geschl. ♦ Mind. 2 Üb. ♦ Nichtraucher-Haus ♦ 2 Zi. mit Bad oder Dusche, WC: 50-57 € (2 Pers.) + 15 € (Extrabett) ♦ Frühst. inkl. ♦ Kein Gästetisch - Restaurants ab 1 km ♦ Zimmerreinigung 3 mal wöchentl. ♦ Appart. (2 Pers.): 425 € / Woche ♦ Bibliothek, Salon (Klavier, TV) ♦ Hunde nur auf Anfrage erlaubt ♦ Park (12 ha), künstl. See, Tischtennis, Fahrräder, Barbecue und Gartensalon ♦ **Anreise** (Karte Nr. 29): 10 km südl. von Mont-de-Marsan über die RN 124 Rtg. Aire-sur-Adour, dann Grenade. Links (weißes Gitter), am Ende des Weges (400 m).

Myredé ist ein großes, altes Haus mit eindeutigem Charme und liegt ganz im Grünen. Riesige Bäume, darunter eine Eiche, die mehrere hundert Jahre alt ist, spenden wohltuenden Schatten. Angeboten werden hier 2 sehr ansehnliche Gästezimmer mit Blick auf den Garten. Das eine verfügt sogar über ein kleines Büro. Die Zimmer sind komfortabel und haben die Atmosphäre eines Ferienhauses. Ferner steht ein kleines, wirklich angenehmes und gut ausgestattetes Appartement zur Verfügung. Für einen ruhigen, erholsamen Aufenthalt inmitten der Heide der Gascogne.

51 - Capcazal de Pachiou

40350 Mimbaste
(Landes)
Tel. und Fax (0)5 58 55 30 54
Mme Dufourcet

♦ Ganzj. geöffn. ♦ 4 Zi. mit Bad oder Dusche: 43-57 € (2 Pers.) ♦ Frühst. inkl. ♦ Gästetisch abends, gemeinsam: 17 € (Wein inkl.) ♦ Salon, Billard, Klavier ♦ Bassin vor Ort, Privatsee (1 km) ♦ Sprachen: Englisch, Spanisch ♦ **Anreise** (Karte Nr. 29): 12 km östl. von Dax. D 947 Rtg. Pau, hinter der Kreuzung von Mimbaste (C 15) auf die C 16, nach 1 km rechts, dann ausgeschildert (1 km).

Dieses edle Haus, das seit seinem Bestehen, d.h. seit 4 Jahrhunderten im Familienbesitz ist, bietet den Vorteil einer unzerstörten Umgebung mitten auf dem Land. Im Innern zeugen noch viele Dinge von der Vergangenheit (Holztäfelungen, Kamine, Fußböden ...), außerdem gibt es alte Möbel und allerlei charmante Sammelobjekte. Die komfortablen Zimmer, in denen man auf bestickten Bettlaken schläft und ein Feuer anzünden kann, sind ebenso authentisch. Die kürzlich eingerichteten Bäder sind sehr angenehm. Der Empfang der Madame Dufourcet ist ganz besonders liebenswürdig. Ein wunderbares Haus zu günstigen Preisen.

A Q U I T A N I E N

52 - Simjan

6, rue Robichon
40200 Mimizan
(Landes)
Handy (0)6 81 60 46 76
Fax (0)5 58 09 01 47
Mme Marie Plantier
E-Mail: simjan@club-internet.fr

♦ Vom 1. Mai bis Ende Sept. geöffn. - Reservieren ♦ Mind. 2 Üb. ♦ 1 Zi. und 2 Suiten (2-4 Pers.) mit Bad oder Dusche, WC: Zi. 70 € (2 Pers.), Suite 100 € (2 Pers.); 1 Nebenzi.: 50 € (2 Pers.) ♦ Frühst. inkl. ♦ Kein Gästetisch - Restaurants ab 500 m bzw. 4 km ♦ Salon ♦ Hunde nicht erlaubt ♦ Sprachen: Englisch, Spanisch ♦ **Anreise** (Karte Nr. 28): in Mimizan, an der Kirche, auf die Avenue de la Gare, dann 3. Straße links (Rtg. Piscine).

Dieses vollkommen ruhig in einem 2 Hektar großen Park zwischen Kiefern und Hortensien gelegene Haus aus dem Jahr 1935 im reinsten Artdéco-Stil wurde von der Mutter des Inhabers mit Möbeln des 18. und 19. Jahrhunderts aus der großen Bourgeoisie eingerichtet. Das kleinste Zimmer mit eigener Terrasse besitzt ein Bad, in dem Artdéco mit Modernem vermischt wurde, und die aus 2 Räumen bestehende Suite ist vom Ambiente Louis-seize geprägt. Die Suite „Empire", ebenerdig am Garten gelegen, umfasst einen Salon und einen Alkoven mit einem Klappbett, das auch als Sofa dienen kann. Der große Salon und der kleine Rauchsalon stehen den Gästen zur Verfügung. Das Frühstück wird im großen Speiseraum oder auf der Terrasse serviert. Der Empfang ist freundlich und reserviert zugleich.

53 - Le Cassouat

Magescq
40140 Soustons
(Landes)
Tel. (0)5 58 47 71 55
Mme und M. Gilbert Desbieys

♦ Ganzj. geöffn. ♦ Mind. 3 Üb. im Juli und Aug. ♦ 2 Zi. mit Dusche, WC: 46 € (2 Pers., 1 Üb.), 42 € (2 Pers., ab 2 Üb.) + 14 € (Extrabett) ♦ Frühst. inkl. ♦ Kl. Studio: 382 € pro Woche; außerdem 1 wöchentl. zu mietendes Haus ♦ Kein Gästetisch ♦ Salon ♦ Tel. ♦ See (Tretboot), Fahrräder ♦ Sprachen: ein wenig Englisch, Spanisch ♦ **Anreise** (Karte Nr. 28): 16 km nordwestl. von Dax. N 10 (Paris-Bayonne), Abf. Magescq, dann Route d'Herm (D 150).

Dieses sehr moderne, dreieckig gebaute Haus mit langgezogenen Dachflächen liegt in einem Eichenwald nahe des Regionalparks „Les Landes" und 18 Kilometer vom Meer entfernt. Hier findet man ein angenehmes Ambiente vor, 2 schöne, komfortable und modern eingerichtete Zimmer sowie 3 kleine, aktuell gestaltete Studios mit Kitchenette und Bett im Zwischengeschoss. Dank der geschützten Terrasse kann man beim Frühstück das Panorama genießen und mit etwas Glück auch Rehe und Hirsche beobachten.

AQUITANIEN

54 - Château de Péchalbet

47800 Aganc
(Lot-et-Garonne)
Tel. und Fax (0)5 53 83 04 70
Françoise und Henri Peyre
E-Mail: pechalbet@caramail.com
Web: pechalbet.free.fr

♦ Von Allerheiligen bis Ostern geschl. ♦ 5 Zi. mit Bad oder Dusche, WC: 65-84 € (2 Pers.) + 15 € (zusätzl. Pers.) ♦ Frühst. inkl. ♦ Gästetisch abends, gemeinsam, reservieren: 19 € (Wein inkl.) - Restaurants ab 3 km ♦ Salon ♦ Schwimmbad ♦ Sprachen: Deutsch, Englisch, Italienisch ♦ **Anreise** (Karte Nr. 23): 22 km südl. von Bergerac. Ab Bergerac auf die D 933 Rtg. Marmande. Abfahrt Eymet, danach 1. Straße links nach Agnac-Mairie.

Dieser Ritterhof des Périgord, der im 17. Jahrhundert errichtet wurde, rote Fensterläden hat und einst von den Grafen von Ségur bewohnt wurde, liegt vollkommen im Grünen und ist von großer Ruhe geprägt. Von den in einem kleinen Nebengebäude eingerichteten Zimmern blickt man auf ein kleines Tal, einen Froschteich und auf die Schafe. Auf der Terrasse macht man es sich beim Sonnenuntergang bequem und betrachtet später die Sterne. Die Gestaltung der Zimmer umfasst antikes Mobiliar, schlichte Tapeten und Kaschmirstoffe, nur die Bäder sind ausgesprochen kitschig. Im Turm gibt es ein kleines Zimmer mit Etagenbetten für Kinder, und das Zimmer neben dem schönen Salon ist sehr groß. Die Hausmannskost wird entweder im großen oder im kleinen Speiseraum aufgetragen. Ihr Auto können Sie in einer „richtigen" Garage abstellen.

55 - Chanteclair

47290 Cancon
(Lot-et-Garonne)
Tel. (0)5 53 01 63 34
Fax (0)5 53 41 13 44
Mme Larribeau

♦ Ganzj. geöffn. ♦ 3 Zi. und 1 Suite (2-4 Pers., best. aus 2 Zi.) mit Bad oder Dusche, WC: 50 € (2 Pers., im Juli/Aug.), 40 € (die restl. Jahreszeit); Suite (2-5 Pers.): 50-77 € (2-5 Pers.) + 10 € (Extrabett) ♦ Frühst.: 5 € ♦ Kein Gästetisch - Picknicks im Park und auf der Veranda - Barbecue und Kitchenette stehen zur Verfügung ♦ Salon, Billard, Klavier ♦ Schwimmbad, Fahrräder, Boule ♦ Sprachen: Englisch, Spanisch ♦ **Anreise** (Karten Nr. 23 und 30): 500 m westl. von Cancon, D 124 Rtg. Marmande.

Dieses schöne, zwischen dem Gers und dem Périgord gelegene Herrenhaus hat noch immer sein Familienambiente. Die Zimmer werden Sie bestimmt an Ihre Kindheit, Ihre Großmutter oder an Ferien auf dem Land erinnern. Sie verfügen über Komfort und sind mit antikem Mobiliar eingerichtet und sehr ansprechend (außer der Suite, die wir ausschließlich Familien empfehlen). Man kann im angenehmen Park (mit Schwimmbad) flanieren oder im kühlen Haus eine Partie Billard spielen. Dank der Kitchenette und dem Grill profitiert man besonders von Haus und Umgebung. Äußerst sympathischer Empfang.

AQUITANIEN

56 - Manoir de Roquegautier

Beaugas
47290 Cancon
(Lot-et-Garonne)
Tel. (0)5 53 01 60 75
Fax (0)5 53 40 27 75
Brigitte und Christian Vrech
E-Mail: roquegautier@free.fr
Web: roquegautier.free.fr

♦ Von April bis Okt. geöffn. ♦ 2 Zi. und 2 Suiten (3-4 Pers.) mit Bad oder Dusche, WC: 51-57 € (2 Pers.); Suiten: 81 € (3 Pers.), 83 € (4 Pers.) ♦ Frühst.: 5 € ♦ Gästetisch abends, gemeinsam: 21 € (Wein inkl.), Kinder: 12 €, Kinder unter 3 J.: 6 € - mittags (individ. Tische): Karte ♦ Zimmerreinigung auf Wunsch ♦ Salon, Klavier, Spielraum, Waschmaschine ♦ Haustiere nicht erlaubt ♦ Schwimmbad - Kinderhort ♦ **Anreise** (Karten Nr. 23 und 30): 17 km nördl. von Villeneuve-sur-Lot über die N 21 Rtg. Cancon und auf der N 21 bleiben.

Der Erfolg von *Roquegautier* ist zu einem großen Teil auf die Liebenswürdigkeit von Brigitte und Christian Vrech und auf das Ambiente zurückzuführen, das sie zu schaffen wussten. Die Gästezimmer sind hell, gepflegt und sehr komfortabel mit ihren dicken Bettdecken und den pastellfarbenen Vorhängen. Das große Zimmer unter dem Dach mit seinem schönen Gebälk und seiner Erweiterung in einem Rundturm wird Ihnen besonders gefallen. Ausgezeichnetes Abendessen und einnehmender Blick auf Felder und Gebüsch.

57 - La Biscornude

Fernand
47320 Clairac
(Lot-et-Garonne)
Tel. (0)5 53 84 01 39
Fax (0)5 53 79 19 72
Jérôme Quitan

♦ Ganzj. geöffn. ♦ 1 Zi. mit Dusche, WC: 45 € (2 Pers.) ♦ Frühst. inkl. ♦ Kein Gästetisch - Restaurants ab 3 km ♦ Salon ♦ Hunde nur auf Anfrage erlaubt ♦ **Anreise** (Karte Nr. 30): 4 km östl. von Aiguillon. Autobahnausf. Entre-Deux-Mers in Aiguillon, dann N 113 Rtg. Bordeaux. Gleich hinter der Lot-Brücke rechts Rtg. Clairac. Nach 4 km das Haus rechts.

In unmittelbarer Nähe des mittelalterlichen Dorfes Clairac werden Sie zuerst einen wunderbaren Garten voller Blumen in einem durchaus organisierten Durcheinander antreffen (Ansammlung von Tontöpfen, kleinen Skulpturen, tibetanischen, in den Bäumen bei leichter Brise klingelnden Glöckchen usw.). In diesem poetischen Haus voller Bücher und Düfte mit entschiedenem Boheme-Charakter ist oft auch sanfte Musik zu hören, die eine eindrucksvolle Stereoanlage hervorbringt. Im einzigen, an der Galerie gelegenen ganz schlichten Zimmer „findet man Frieden". Die Gastgeber, durch und durch Künstler, sind sehr gastfreundlich und locker.

A Q U I T A N I E N

58 - Château de Lamothe

47330 Ferrensac
(Lot-et-Garonne)
Tel. und Fax (0)5 53 36 98 02
Vicomte und
Vicomtesse Marc Dauger
E-Mail: lamothe1@wanadoo.fr
Web: geocities.com/chateaudelamothe

♦ Von Dez. bis Ende März geschl. ♦ Im Winter reservieren ♦ 4 Zi. und 1 Suite (1 Zi. für 2 Erwachsene und 1 Zi. für 2 Kinder) mit Bad oder Dusche, WC und 1 Kinderzi. ohne sanit. Einrichtg.: 68,60-91,47 € (2 Pers.); Suite: 99 € (2 Erwachsene, 2 Kinder) ♦ Frühst. inkl. ♦ Gästetisch abends, gemeinsam, 2 mal wöchentl.: 30,49 € ♦ Salon ♦ Kl. Hunde nur auf Anfrage erlaubt ♦ Tennis, Billard ♦ **Anreise** (Karte Nr. 23): 4 km südöstl. von Castillonnes. D 2 Rtg. Villeréal. Nach 3,5 km rechts Rtg. Ferrensac, an der Kirche vorbeifahren, geradeaus bis zum Kreuzweg, dann rechts Rtg. Pompiac (V 1): nach 800 m ausgeschildert.

Das Schloss, das im 11. und 17. Jahrhundert entstand, liegt im Herzen der Gegend der *bastides*, der befestigten Häuser, und ist umgeben von großen Ländereien in einer Hügellandschaft. Die Renovierung des Schlosses kann als sehr gelungen bezeichnet werden. Alles Ursprüngliche blieb erhalten, hinzugefügt wurde auf einfühlsame Art bester moderner Komfort. Die Accessoires, Bücher und Souvenirs der Familie gestalten jeden Raum sehr persönlich. Die Zimmer, ob groß oder klein, haben antikes Mobiliar, exzellente Betten und prachtvolle Bäder. Ein hervorragendes Haus, in dem Sie besonders höflich und aufmerksam empfangen werden.

59 - Cantelause

47120 Houeillès
(Lot-et-Garonne)
Tel. und Fax (0)5 53 65 92 71
Nicole und François
Thollon Pommerol

♦ Vom 1. Juni bis 30 Sept. geöffn. ♦ 2 Zi. mit Bad, WC im kl. Haus: 37 € (2 Pers.), auf Wunsch Extrabett 8 € ♦ Frühst.: 5 € ♦ Kein Gästetisch ♦ Salon ♦ Golf in der Nähe ♦ Sprachen: Englisch, Spanisch ♦ **Anreise** (Karten Nr. 29 und 30): 20 km südl. von Casteljaloux Rtg. Houeillès über D 933, dann links D 156 und D 154 Rtg. Durance, Houeillès 8 km entfernt.

Am Rande des *Landes*-Waldes und zwischen Kiefern liegt ein hübsches Haus mit einem rustikalen, aber ausgefallenen Nebengebäude. 2 kleine, nett ausgestattete Zimmer mit sehr komfortablen Bädern stehen den Gästen zur Verfügung. Frühstück und Abendessen werden entweder im Haus der Gastgeber oder im Sommer draußen serviert. Brot und *brioche* sind hausgemacht. Diese besonders von Golfern (Pauschalpreise) geschätzte Adresse gefällt aber auch jenen, die große Ruhe lieben. Golfer haben hier die Wahl zwischen Casteljaloux (Wochenendpauschalen) und Albret.

AQUITANIEN

60 - La Maison de la Halle

47120 Lévignac-de-Guyenne
(Lot-et-Garonne)
Tel. (0)5 53 94 37 61
Fax (0)5 53 94 37 66
Fiona und Leif Pedersen
E-Mail: maison.de.la.halle@wanadoo.fr
Web: lamaisondelahalle.com

♦ Ganzj. geöffn. - Reservieren ♦ Nichtraucher-Zi. ♦ 4 Zi. mit Bad oder Dusche, WC: 53-58 € (2 Pers.) ♦ Frühst. inkl. ♦ Gästetisch abends, gemeinsam oder individuell, reservieren: 30 € (Wein inkl.) - Restaurants ab 6 km ♦ Salon ♦ Schwimmbad ♦ Hunde nicht erlaubt ♦ Sprachen: Englisch, Dänisch ♦ **Anreise** (Karte Nr. 23): 17 km nördl. von Marmande. Ab Marmande Rtg. Sainte-Foy-la-Grande über die D 708. Im Zentrum von Lévignac, gegenüber dem Markt.

Dieses in einem kleinen, befestigten Dorf gelegene Haus geht zum Marktplatz hinaus und wurde unlängst von einem interessanten Paar restauriert. Lef ist Däne und Filmausstatter, Fiona ist Schottin und Dekorateurin und beide zusammen haben hier alles auf den Kopf gestellt. Die Zimmer mit Kamin, Tagesdecken und Vorhängen aus Leinen, Stoffen mit Panthermuster und weiß gestrichenem Parkett sind vollkommen ruhig („Susane's Room" hat ein schönes eigenes Bad auf der anderen Seite des Eingangs). Und bevor man sich ins Schwimmbad begibt: Frühstück im Garten. In der Küche, bestückt mit Bordeaux-Weinkisten, bekommen die Gäste - Vegetarier selbstverständlich ausgenommen – Entengerichte vorgesetzt. Der Empfang? Very sympathetic.

61 - L'Ormeraie

47150 Paulhiac
(Lot-et-Garonne)
Tel. und Fax (0)5 53 36 45 96
M. de L'Ormeraie

♦ Ganzj. geöffn. ♦ Reserv. notwendig ♦ Mind. 3 Üb. ♦ -15 % ab 3 Üb. ♦ 5 Zi. und 1 Suite mit Bad oder Dusche, WC: 60,98-110,53 € (2 Pers.); Suite 110,53 € (2 Pers.) + 24,40 € (Extrabett) ♦ Frühst. inkl. ♦ Preis für 1 Pers. erfragen ♦ Kreditkarten ♦ Kein Gästetisch - Restaurants ab 9 km ♦ Salon ♦ Tel. ♦ Kl. Hunde nur auf Anfrage erlaubt + 3,05 € ♦ Beheizt. Schwimmbad ♦ **Anreise** (Karte Nr. 23): 27 km nordwestl. von Villeneuve-sur-Lot Rtg. Monflanquin (17 km), dann Rtg. Monpazier (8 km). In Le Laussou vor der Kirche rechts; 1,5 km weiter.

Dieses bemerkenswerte, von seinen Dependancen verlängerte Haus liegt oberhalb eines schönen, hügeligen Parks mit Schwimmbad. Die Zimmer, es gibt große und auch etwas kleinere, liegen zuweilen zu ebener Erde am Garten und sind mit antikem Mobiliar unterschiedlicher Stile eingerichtet. Sie haben guten Komfort und sind sorgfältig gestaltet (ein kleiner Vorbehalt bei der ausgesprochen kleinen Dusche des Dachzimmers). Die Suite nimmt den gesamten Raum eines großen Ateliers ein. Frühstück und Abendessen werden bei schönem Wetter draußen serviert. Angenehmer Empfang.

A Q U I T A N I E N

62 - L'Air du Temps

Mounet
47140 Penne-d'Agenais
(Lot-et-Garonne)
Tel. (0)5 53 41 41 34
Fax (0)5 53 40 89 58
Mme Harasymczuk

♦ 2 Wochen im Jan. und 2 Wochen im Okt. geschl. ♦ 5 Zi. mit Bad oder Dusche, WC: 42,69-48,78 € (2 Pers.) ♦ Frühst. inkl. ♦ Kein Gästetisch - Restaurant vor Ort ♦ Kreditkarten ♦ Tel. ♦ See und Tennis (500 m) ♦ Sprachen: Englisch ♦ **Anreise** (Karte Nr. 30): In Agen Rtg. Cahors über die D 656, nach 15 km links Rtg. Laroque-Timbaut, dann Hautefage und Penne. 200 m hinter dem See, am Kreuz.

Das Haus, von dessen Interieur man angetan ist, sobald man die Tür öffnet, liegt auf halbem Weg zwischen Port-de-Penne und dem charmanten mittelalterlichen Dorf. Im Erdgeschoss des einen Gebäudes liegen 2 Zimmer, die sich zum schattigen Garten hin öffnen (weiße Wände, freundliche Dekostoffe, allerlei Gegenstände und schöner Parkettboden aus hellem Holz); im anderen Haus dann 3 weitere Zimmer an einer Terrasse in einem „exotischen Déco-Stil" mit Möbeln vom Trödler und Moskitonetz. Das Frühstück wird in einem Raum des Restaurants oder auf der Terrasse mit weißem Stoffdach serviert. Das Haus bietet mittags und abends Menüs an, die aktualisierte bodenständige und klassische Gerichte umfassen.

63 - Château de Cantet

Cantet
47250 Samazan
(Lot-et-Garonne)
Tel. (0)5 53 20 60 60
Fax (0)5 53 89 63 53
Mme und M. J.-B. de la Raitrie

♦ Vom 15. Dez. bis 12. Jan. geschl. ♦ Reserv. notwendig ♦ 2 Zi. (1 mit Ankleideraum) mit Bad oder Dusche, WC: 49-55 € (1 Pers.), 55-68 € (2 Pers.); 1 Suite (4-5 Pers.) mit Dusche, WC: 98 € (4 Pers.) ♦ Frühst. inkl. ♦ Gästetisch abends, gemeinsam: 22 € (Wein inkl.), 10 € (Kinder unter 12 J.) ♦ Zimmerreinigung auf Wunsch 2 mal wöchentl. ♦ Salon ♦ Hunde nicht erlaubt ♦ Schwimmbad, 3 Pferdeboxen, Fahrräder ♦ Sprachen: Englisch ♦ **Anreise** (Karten Nr. 29 und 30): 10 km südwestl. von Marmande D 933 Rtg. Castejaloux, Mont-de-Marsan. Autobahnbrücke, am Kreisverkehr 1. Straße rechts, Cocumont-Samazan, dann 1. Straße links hinter den Gleisen, danach ausgeschildert.

In diesem soliden Haus traditionellen Baustils, umgeben von Blumen und hohen Bäumen, ist der Empfang dynamisch und ungezwungen. Die im alten Stil möblierten Zimmer bieten einen Blick auf die Landschaft. Sie sind hell und sorgfältig ausgestattet. Ein Gästezimmer liegt im Erdgeschoss. Die Mahlzeiten werden am großen Tisch oder im Sommer draußen eingenommen. Ideal für Familien.

A Q U I T A N I E N

64 - Les Huguets

47300 Villeneuve-sur-Lot
(Lot-et-Garonne)
Tel. und Fax (0)5 53 70 49 34
Ward und Gerda Poppe-Notteboom
E-Mail: ward.poppe@wanadoo.fr
Web: leshuguets.com

♦ Ganzj. geöffn. ♦ 5 Zi. mit Bad, WC: 55 und 65 € (2 Pers.) + 15 € (zusätzl. Pers.) ♦ Frühst.: 5,34 € ♦ Gästetisch abends, gemeinsam: 23 € (Aperitif und Wein inkl.) ♦ Salon ♦ Tel. ♦ Schwimmbad, Tennis, Reiten, Sauna (Balneotherapie); Musikabende am Lagerfeuer vor Ort und von Herrn Poppe-Notteboom organisierte Besichtig. der Region ♦ Sprachen: Deutsch, Englisch, Flämisch, Spanisch ♦ **Anreise** (Karte Nr. 30): 4 km südl. von Villeneuve-sur-Lot. N 21 Rtg. Agen, dann 1. Straße links.

Dieses große, rustikale, inmitten der Natur gelegene Haus wurde von einem jungen Paar aus dem flämischen Teil Belgiens ausgestattet, das sich mit seinen Kindern hier niedergelassen hat. Die Zimmer mit weitem Blick aufs Tal oder auf das alte Dorf Penne d'Agenais sind schlicht und hell, und die Bäder wurden eins nach dem anderen renoviert. Herr Poppe-Notteboom, sehr dynamisch, organisiert hin und wieder Musikabende. Sie werden hier zudem das Schwimmbad und den Garten genießen. Am Gästetisch gibt es traditionelle Gerichte. Nette, zwanglose Atmosphäre.

65 - Moulin de Labique

Saint-Eutrope-de-Born
47210 Villeréal
(Lot-et-Garonne)
Tel. (0)5 53 01 63 90
Fax (0)5 53 01 73 17
Mme und M. Boulet-Passebon
E-Mail: moulin-de-labique@wanadoo.fr
Web: moulin-de-labique.fr

♦ Ganzj. geöffn. ♦ Reserv. notwendig ♦ 2 Suiten (4 Pers.), 1 Suite mit Salon und Terrasse; 3 Zi. mit Bad und/oder Dusche, WC: 84 € (2 Pers.); Suite: 130 € ♦ Frühst. inkl. ♦ Gästetisch abends, gemeinsam oder individuell: 25 € (ohne Wein) ♦ Kreditkarten außer Amex ♦ Salon ♦ Tel. ♦ Hunde nur auf Anfrage erlaubt ♦ Schwimmbad, Bassin, Tennis, Ponyzucht, Blumengarten, 25 ha großer Park, Angeln (Teich und Fluss) ♦ Sprachen: Englisch ♦ **Anreise** (Karte Nr. 23): 45 km südöstl. von Bergerac über N 21 Rtg. Villeneuve-sur-Lot, dann in Cancon D 124 links Rtg. Monflanquin. In Beauregard links Rtg. Saint-Vivien, 2. Straße rechts, dann ausgeschildert. 1 km hinter Saint Vivien.

In diesem besonders schönen, rustikalen Haus aus dem 17. Jahrhundert, das mit viel Gespür und Raffinement eingerichtet wurde, teilen sich 1 Suite und 2 Gästezimmer im Obergeschoss eine große Loggia in dem mit Rattanmöbeln eingerichteten Salon. Die anderen Zimmer (darunter eines mit eigener Dachterrasse), die komfortabel, freundlich und angenehm nostalgisch sind, befinden sich im ersten Stock einer Dependance oberhalb der Mühle. 2 weitere Zimmer liegen am Hof (das eine auch hier mit eigener Terrasse), und in einem anderen Gebäude dann das Appartement mit schönem Gebälk und kleiner Küche. Die Terrasse des Hauses ist im Sommer besonders angenehm.

AQUITANIEN

66 - Zubiarte

Chemin du Bosquet
64200 Arcangues
(Pyrénées-Atlantiques)
Tel. und Fax (0)5 59 43 08 41
Mme und M. Picot

♦ Ganzj. geöffn. ♦ 1 Zi. (DZ) mit Bad, WC, TV und Kühlschrank: 80 € (2 Pers.) ♦ Frühst. inkl. ♦ Kein Gästetisch - Restaurants ab 600 m ♦ Salon ♦ Für Aufenthalte wird Wäsche zur Verf. gestellt ♦ Hunde nicht erlaubt ♦ Sprachen: Englisch, Spanisch ♦ **Anreise** (Karte Nr. 28): 3 km südl. von Biarritz. Autobahn A 63, Ausfahrt Nr. 4, Biarritz-Centre und Arcangues. Hinter der Autobahnbrücke 1. Straße rechts, Chemin du Bosquet. Nach 1,3 km hinter der weißen Brücke links; das Haus liegt auf der linken Seite.

Dieses Haus mit elegant-raffinierter Ausstattung liegt von viel Grün und großen Bäumen sehr geschützt und verfügt über ein einziges, aber besonders nettes Gästezimmer mit gepflegtem Bad. Zum Entspannen steht ein kleiner Salon zur Verfügung, außerdem ein großer Garten mit sonnigen und schattigen Ecken. Das Frühstück wird von Madame Picot besonders sorgfältig zubereitet. Eine interessante Adresse für Golfer und Ruhebedürftige in der Nähe der baskischen Küste und Spaniens. Freundlicher, diskreter Empfang.

67 - Sauveméa

64350 Arroses
(Pyrénées-Atlantiques)
Tel. (0)5 59 68 16 01
sowie (0)5 59 68 16 08
Fax (0)5 59 68 16 01
José Labat

♦ Vom 1. März bis 15. Nov. geöffn. ♦ 4 Zi. und 1 Suite (4 Pers.) mit Bad, WC: 37 € (1 Pers.), 45 € (2 Pers.); Suite: 74 € (4 Pers.) ♦ Frühst. inkl. ♦ Speiseangebot im Landgasthof vor Ort: 12,20 € (Wein inkl.) ♦ Salon ♦ Hunde im Zi. erlaubt ♦ Schwimmbad, Angeln, Pferdeboxen und Reiten (Ausritte in Begleitung) ♦ Sprachen: Englisch ♦ **Anreise** (Karte Nr. 29): 44 km nördl. von Tarbes über die D 935 Rtg. Aire-sur-l'Adour, D 248 und D 48 bis Madiran, dann Rtg. Arroses.

Ein ausgesprochen schönes Herrenhaus und ein großzügig angelegtes Bauernhaus für Gäste. Der Innenausbau ist bemerkenswert, für die Einrichtung wurde helles Holz gewählt. Die Zimmer und Bäder sind ruhig, komfortabel und geräumig. Das Frühstück wird in einem großen Salon gereicht. Die abends angebotenen Menüs sind exzellent. Vom Schwimmbad aus hat man einen schönen Blick auf die Landschaft und den unterhalb gelegenen See.

A Q U I T A N I E N

68 - Lacroisade

64240 La Bastide-Clairence
(Pyrénées-Atlantiques)
Tel. (0)5 59 29 68 22
Fax (0)5 59 29 62 99
Sylviane Darritchon

♦ Ganzj. geöffn. ♦ 4 Zi. mit Bad oder Dusche, WC: 53,36-56,41 € (2 Pers.) + 14 € (Extrabett) ♦ Frühst. inkl. ♦ Gästetisch abends, gemeinsam: 20 € (Wein inkl.) ♦ Salon ♦ Sprachen: Englisch, Spanisch ♦ **Anreise** (Karte Nr. 28): 30 km östl. von Bayonne. Autobahn A 64, Ausfahrt 4 (Urt), dann Rtg. Saint-Palais und Bidache über die D 10. In La Bastide-Clairence rechts Route d'Orregue; das Haus liegt 4 km weiter links.

Lacroisade, eine alte Station auf dem hügeligen Weg nach Santiago de Compostela, ist ein baskisches Bauernhaus, das von seiner liebenswürdigen Hausbesitzerin den heutigen Ansprüchen angepasst wurde. Die mit antiken Möbeln sehr ansprechend gestalteten Zimmer belegen zudem das Talent der Gestalterin, deren Mut zu Farben groß ist: uns gefiel das alles sehr. Die ausgezeichneten Diners werden im Sommer unter dem Vordach serviert - mit Blick auf die Blumenpracht des Gartens. Die Umgebung ist einzigartig, und zum Meer sind es nur 28 Kilometer.

69 - Maison Marchand

Rue Notre-Dame
64240 La Bastide-Clairence
(Pyrénées-Atlantiques)
Tel. (0)5 59 29 18 27
Fax (0)5 59 29 14 97
Valérie und Gilbert Foix
E-Mail: valerie.et.gilbert.foix@wanadoo.fr
Web: perso.wanadoo.fr/maison.marchand

♦ 3 Wochen im Jan., 2 Wochen im Mai und 3 Wochen im Nov. geschl. ♦ 3 Zi. mit Bad oder Dusche, WC: 55-62 € (2 Pers.) + 15 € (zusätzl. Pers.) ♦ Frühst. inkl. ♦ Gemeins. Essen Mo und Do im Juli und Aug. (in der restlichen Jahreszeit je nach Verfügbarkeit der Gastgeber): 16 € (ohne Getränke), 22 € (Aperitif, Wein und Kaffee inkl.), Kindermenü: 9 € ♦ Kl. Hunde nur auf Anfrage erlaubt ♦ Sprachen: Englisch ♦ **Anreise** (Karte Nr. 28): 20 km östl. von Bayonne. Autobahn A 64 (Bayonne/Pau), Ausfahrt 4 Rtg. Saint-Palais, Urt und Bidache über die D 10. Im Dorf La Bastide-Clairence.

Im Herzen eines wunderschönen befestigten Dorfes liegt dieses renovierte Bauernhaus, das sein schönes Gebälk und seinen rustikalen Charakter erhalten hat. Die einfache, freundliche Ausstattung entspricht ganz der fidelen Seite des Hauses. Im großen Aufenthaltsraum steht der Gästetisch, der für die unvergesslichen Diners festlich gedeckt wird. Angenehme Zimmer und gepflegtes Frühstück. Ein Haus, in dem man seinen Aufenthalt dank Valéries und Gilberts Gastfreundschaft gern verlängert.

AQUITANIEN

70 - Maison Sainbois

Rue Notre-Dame
64240 La Bastide-Clairence
(Pyrénées-Atlantiques)
Tel. (0)5 59 29 54 20
Colette Harambourne
E-Mail: sainbois@aol.com
Web: sainbois.fr

♦ Ganzj. geöffn. ♦ 4 Zi. und 1 Suite (4 Pers.) mit Bad oder Dusche, WC: 56-73 € (2 Pers., je nach Zi. und Saison); Suite: 86-98 € (4 Pers., je nach Saison) ♦ Frühst.: 5,50-9,50 €, von 8.30 bis 11.00 Uhr ♦ Visa vom 1. Juni bis 30. Sept. akz. ♦ Gästetisch abends, gemeinsam, reservieren: 24 € (Wein inkl.) ♦ Salon (TV) ♦ Haustiere nicht erlaubt ♦ Schwimmbad (geschl. von 12.30 bis 16.00 Uhr) ♦ Sprachen: Deutsch, Englisch ♦ **Anreise** (Karte Nr. 28): 20 km von Bayonne. Autobahn Bayonne/Pau, Ausfahrt 4 Rtg. Urt-Bidache. Im Dorf.

Das an der Hauptstraße dieses ausgesprochen hübschen Dorfes gelegene Haus wurde auf eindrucksvolle Art renoviert. Die Patina im Innern ist zwar verschwunden, aber man fühlt sich hier sehr wohl. Die schlicht-elegante Gestaltung in Grau und Weiß wird von Stoffen in kräftigen Farben oder einem Gemälde aufgelockert. Tadellose Gästezimmer mit perfektem Komfort („Souleitine" ist nicht besonders groß). Köstliches Frühstück und Abendessen für Gourmands, oft auf der Terrasse am Schwimmbad serviert. Ein besonders gut geführtes Haus, in dem man von Colette Harambourne sehr freundlich aufgenommen wird.

71 - Irigoian

Avenue de Biarritz
64210 Bidart
(Pyrénées-Atlantiques)
Tel. (0)5 59 43 83 00
Philippe Etcheverry
E-Mail: irigoian@wanadoo.fr
Web: irigoian.com

♦ Ganzj. geöffn. ♦ Mind. 2 Üb. ♦ 5 Zi. mit Bad, WC, TV, Tel., Minibar: ab 76 € (2 Pers. außerh. der Saison) und 91 € (2 Pers. in der Saison) ♦ Frühst.: 7,60 € ♦ Kein Gästetisch - 4 Restaurants 700 m weiter am Strand ♦ Salon-Bibliothek ♦ Haustiere nicht erlaubt ♦ Pauschale für Golfkurse und Thalassotherapie, Surfkurse im Sommer ♦ Golfpl. von Ilbarritz und Golfpractice unm. hinter dem Garten, Thalassotherapie, Meerthermen von Biarritz (800 m), Reitcenter (900 m) ♦ Sprachen: Baskisch, Englisch, Spanisch ♦ **Anreise** (Karte Nr. 28): Autobahn A 63, Ausfahrt Biarritz, dann RN 10 Rtg. Bidart. Am Kreisverkehr 2 km weiter rechts Rtg. Biarritz. Nach 600 m links.

Dieses Haus, nur 300 Meter vom Meer und den Stränden entfernt, stammt aus dem 17. Jahrhundert und zählt zu den ältesten Bauernhäusern der baskischen Küste. In der ehemals landwirtschaftlichen Gegend fand zwar eine Verstädterung statt, aber hier befindet man sich am Ausgangspunkt des Golfplatzes. Im Innern des Hauses wurde eine komplette Restaurierung vorgenommen, und die Gestaltung kann als sehr gelungen bezeichnet werden: edle Werkstoffe, farbiger Anstrich, alte Parkettböden. Große Zimmer mit zurückhaltender Eleganz und superben Bädern, und dank der Doppelglasfenster geschützt vor Straßenlärm. Frühstück für verwöhnte Gaumen. Ein freundliches Haus.

AQUITANIEN

72 - Irazabala

Mendiko bidea 155
64250 Espelette
(Pyrénées-Atlantiques)
Tel. und Fax (0)5 59 93 93 02
Mme Toffolo

♦ Ganzj. geöffn. außer Weihnachten ♦ Reserv. notwendig ♦ 2 Zi. mit Dusche, WC: 50 € (1 Pers.), 55 € (2 Pers.), 77 € (3 Pers.) ♦ Frühst. inkl. ♦ Kein Gästetisch - Restaurants ab 2 km ♦ Salon ♦ Sprachen: Deutsch, Englisch, Italienisch, Spanisch ♦ **Anreise** (Karte Nr. 28): 2,5 km nordwestl. von Espelette. Ab dem Restaurant „Pottoka" 2,5 km über den Weg „Irazabaleko Bidea", 3 Brücken überqueren, dann oben auf dem Hügel links „Mendiko bidea". Das Haus liegt am Ende des Weges.

Dieses imposante baskische Bauernhaus, das eine unendlich weite Landschaft überragt, wurde vor etwa 15 Jahren mit alten Materialien unter Berücksichtigung der hiesigen Architektur erbaut. Die Zimmer sind geräumig, in rustikalem Ambiente angenehm nüchtern gestaltet und sehr gepflegt. Fürs Frühstück und Abendessen, im „Loriot" mit Panoramablick serviert, werden vornehmlich die guten regionalen Produkte verwandt. Der Empfang ist familiär und diskret.

73 - Maison Urruti Zaharria

Route D 251
64240 Isturitz
(Pyrénées-Atlantiques)
Tel. (0)5 59 29 45 98
Fax (0)5 59 29 14 53
Mme Airoldi
E-Mail: urruti.zaharria@wanadoo.fr
Web: urruti-zaharria.fr

♦ Jan. und Febr. geschl. ♦ Reservieren ♦ Nichtraucher-Zi. ♦ 4 Zi. und 1 Suite mit Bad, Dusche, WC: 48-53 € (2 Pers.); Suite 63 € (2 Pers.) + 14 € (zusätzl. Pers.) ♦ Frühst. inkl. ♦ Gästetisch abends, reservieren: 20 € (Wein inkl.), 15 € (Kind) ♦ Salons ♦ Hunde nur auf Anfrage erlaubt ♦ Sprachen: Deutsch, Englisch ♦ **Anreise** (Karte Nr. 29): 9 km östl. von Hasparren. 4 km in Rtg. La Bastide-Clairence, dann rechts auf die D 251 Rtg. Ayherre. Am Ortseingang von Isturitz links.

Das typisch mittelalterliche Bauernhaus, einsam in der baskischen Hügellandschaft gelegen, ist dank Isabelle und ihrer Tochter Charlotte zu einem neuen Leben erwacht. Der benachbarte Bauernhof ist mit seinen Kühen und Schweinen noch immer aktiv. Die Zimmer im Obergeschoss von *Urruti Zaharria* sind zurückhaltend mit antikem Mobiliar eingerichtet, das eine oder andere hat ein farbiges Himmelbett und ein Sofa. Von einigen Zimmern hat man Ausblick auf die Umgebung. Die Bäder sind tadellos. Mehrere Salons erwarten die Gäste. Das Frühstück wird entweder im Garten eingenommen oder am großen Holztisch, auf dem Isabelle abends baskische Jahreszeitengerichte serviert. Warmherziger, ganz und gar liebenswürdiger Empfang.

A Q U I T A N I E N

74 - Maison Rancèsamy

Quartier Rey
64290 Lasseube
(Pyrénées-Atlantiques)
Tel. und Fax (0)5 59 04 26 37
Mme und M. Browne
E-Mail: missbrowne@wanadoo.fr
Web: missbrowne.com

♦ Ganzj. geöffn. - Reservieren ♦ Mind. 2 Üb. im Juli und Aug. ♦ Nichtraucher-Zi. ♦ 5 Zi. mit Bad oder Dusche, WC: 38 € (1 Pers.), 48-60 € (2 Pers.) + 12 € (zusätzl. Pers.) ♦ Frühst. inkl. ♦ Gästetisch abends, gemeinsam, reservieren: 25 € (Wein inkl.) ♦ Salon ♦ Hunde nicht erlaubt ♦ Schwimmbad ♦ Sprachen: Englisch, Polnisch ♦ **Anreise** (Karte Nr. 29): 20 km westl. von Pau. N 134 Rtg. Saragosse. In Gan rechts auf die D 24. Nach 9,5 km links auf die D 324, dann ausgeschildert.

Ein Paar, das in Südafrika gelebt hat, sanierte dieses alte Haus, das am Ende eines Weges mitten auf dem Land liegt und Ausblick auf den Weinberg des Jurançon und die Pyrenäen bietet. Die Zimmer mit Naturnamen liegen in einer ehemaligen Dependance und bieten Ausblick auf die Umgebung. Die Schlafräume (mit mehreren Betten) sind praktisch für Familien und funktionell mit entweder einem kleinen englischen oder exotischen Touch. Die Bäder sind komfortabel. Im Speiseraum, in dem das Frühstück serviert wird, besticht der Parkettboden. Und der Garten ist mit seinen Rosen und Solanumen ein reiner Genuss, eine kleine Kräuterecke gibt es aber auch. Gastfreundlicher Empfang.

75 - L'Aubèle

4 rue Hauti
64190 Lay-Lamidou
(Pyrénées-Atlantiques)
Tel. 05 59 66 00 44
Mme und M. Desbonnet
E-Mail: desbonnet.bmf@infonie.fr
Web: ifrance.com/chambrehote

♦ Ganzj. geöffn. - Reservieren ♦ Nichtraucher-Zi. ♦ 2 Zi. mit Bad oder Dusche, WC: 50 € (2 Pers.) + 16 € (Extrabett) ♦ Frühst. inkl. ♦ Gästetisch gemeinsam, reservieren: 20 € (alles inkl.) ♦ Salon, außerdem steht ein Kühlschrank zur Verfügung ♦ Tischtennis ♦ Parkplatz ♦ Sprachen: Englisch, Spanisch ♦ **Anreise** (Karte Nr. 29): 4 km östl. von Navarrenx. In Navarrenx auf die D 2 Rtg. Monein. Ab Jasses Rtg. Oloron Sainte-Marie über die D 27. In Lay-Lamidou links, dann rechts, 2. Haus auf der rechten Seite.

Im Herzen des Béarn, in einem kleinen Dorf, in dem die einzigen Geräusche von den benachbarten Bauernhöfen stammen, haben Marie-France, die sich für Buchbinderei begeistert, und Bernard, in die Geschichte vernarrt, dieses alte Bauernhaus aus dem 17. und 19. Jahrhundert umgestaltet. Im Garten mit Blick auf die Pyrenäen gedeihen Palmen, Linden, Eukalyptusbäume und Magnolien. Die Zimmer wurden im Obergeschoss eingerichtet. Das „Rose" mit Stilmöbeln hat ein Duschbad, im Zimmer „Verte", mit großem Bad, gibt es ein Bett im Stil Charles-dix und einen typischen Schrank. Die Hausherrin ist mit zahllosen Aufmerksamkeiten stets um ihre Gäste bemüht. Sie ist es auch, die kocht - die Familienküche ist regional, aber sehr fein. Besonders guter Empfang.

AQUITANIEN

76 - Château d'Etchauz

64430 Saint-Étienne-de-Baïgorry
(Pyrénées-Atlantiques)
Tel. und Fax (0)5 59 37 48 58
Mme und M. Pierné d'Etchauz

♦ Ganzj. geöffn. ♦ 6 Zi. und 1 Suite mit Bad, WC: 76,23, 83,85 und 91,47 € (2 Pers.); Suite 121,96 € (2 Pers.) + 15,25 € (Extrabett) ♦ Frühst. inkl. ♦ Kein Gästetisch - Restaurants ab 1 km ♦ Salon ♦ Sprachen: Englisch, Spanisch ♦ **Anreise** (Karte Nr. 28): In Saint-Étienne-de-Baïgorry hinter der Pelota-Wand links auf die kleine Straße (ca. 500 m); die Allee (für Reiter) führt zum Schlosshof.

Seit Jahrhunderten überragt *Etchauz* Saint-Étienne-de-Baïgorry und blickt auf eine einzigartige Gebirgslandschaft. Dieses von Grund auf renovierte Schloss bietet riesige Zimmer an, die voller Komfort und antik möbliert sind, und zwar entsprechend Themen, die mit diesem Ort in direktem Zusammenhang stehen („Vicomte", „Maréchal", „Chaplin" usw.). Die in die Geschichte vernarrten Gastgeber, die Waffen aus dem Mittelalter sammeln, werden Sie während Ihres Aufenthalts an ihrer Passion teilhaben lassen. Gepflegtes Frühstück und sehr gutes Preis-Leistungsverhältnis.

77 - Lou Guit

Quartier Arrive
64390 Saint-Gladie
(Pyrénées-Atlantiques)
Tel. und Fax (0)5 59 38 97 38
Mme und M. Romefort
E-Mail: jj.romefort@wanadoo.fr
Web: perso.wanadoo.fr/chambresdhotes-lou.guit

♦ Ganzj. geöffn. ♦ Im Winter reservieren ♦ 2 Zi. und 1 Suite mit Bad oder Dusche, WC: 54 € (1 Pers.), 61 € (2 Pers.); Suite 75 € (2 Pers.), 85 € (2 Pers. + 1 Kind), 95 € (2 Pers. + 2 Kinder) ♦ Frühst. inkl. ♦ Gästetisch abends, gemeinsam, reservieren: 25 € (Wein inkl.) ♦ Salon ♦ Hunde nicht erlaubt ♦ Sprachen: Englisch ♦ **Anreise** (Karte Nr. 29): 6 km südl. von Sauveterre-de-Béarn über die D 936, Rtg. Oloron. Nach 1 km rechts auf die D 23 Rtg. Mauléon, Saint-Gladie durchqueren und weiter geradeaus; in Saint-Gladie-Arrive, letztes Haus rechts.

Inmitten des „Pays Charnégou", sowohl von baskischer Kultur als auch der des Béarn geprägt, liegt dieses Bauernhaus aus dem 16. Jahrhundert, das Janine und Jacques renoviert und *Lou Guit* getauft haben, *Die Ente* im Dialekt des Béarn. Im erst vor kurzem entstandenen Flügel befindet sich eine große Suite mit bequemen Fauteuils und Sofas, einer Bibliothek und verschiedenen Gemälden. In den anderen Zimmern, in Blau und Gelb oder Grün und Orange, wurden Stilmöbel mit Nippsachen und modernen Stoffen vermischt. Angenehme Bäder. Das Frühstück gibt's unter dem Schutzdach vor dem Schwimmbad oder im Speiseraum. Janine, eine begnadete Köchin, die ihr Haus tadellos pflegt und viel Humor besitzt, bereitet das köstliche Abendessen zu.

A Q U I T A N I E N

78 - Le Lanot

64520 Sames
(Pyrénées-Atlantiques)
Tel. (0)5 59 56 01 84
Mme Liliane Mickelson

♦ Ganzj. geöffn. ♦ Reserv. notwendig ♦ Mind. 2 Üb. ♦ 2 Zi. mit Dusche, WC (im 1. Stock ist ein 3. Zi. verfügbar): 47 € (1 Pers.), 58 € (2 Pers.) + 13 und 23 € (zusätzl. Pers.) ♦ Frühst. inkl. ♦ Gemeins. Abendessen gelegentlich auf Best.: 23 € ♦ Wintergarten ♦ Hunde nur auf Anfrage erlaubt ♦ Sprachen: Englisch, ein wenig Spanisch ♦ **Anreise** (Karte Nr. 29): 6 km südwestl. von Peyrehorade (Autobahnausf.), der Ausschilderung „Le Lanot" folgen (über Hastingues, Sames-Borug und Route de Bidache).

Dieses besonders hübsch gestaltete baskische Haus aus dem 18. Jahrhundert liegt unweit vom Adour und besitzt 2 komfortable, ebenerdig am Blumengarten gelegene Gästezimmer, in denen die Stile und Farben zwar gemischt, aber gut aufeinander abgestimmt und somit gelungen sind. Auch in den hübschen Bädern kommt die Sorgfalt zum Ausdruck, mit der man sich im *Lanot* um die Gäste kümmert. Die charmante Gastgeberin, Liliane Mickelson, weiß viel Interessantes über ihre Gegend zu berichten. Wenn Sie es wünschen, werden Sie beim reichhaltigen und exzellenten Frühstück, das im Wintergarten serviert wird, viel über diese Region erfahren!

79 - Aretxola

Route des Grottes
64310 Sare
(Pyrénées-Atlantiques)
Tel. und Fax (0)5 59 54 28 33
Handy (0)6 12 48 82 93
Mme und M. Devoucoux Trini
E-Mail: aretxola@wanadoo.fr
Web: aretxola.com

♦ Ganzj. geöffn. - Reservieren ♦ 3 Zi. mit Bad oder Dusche, WC: 46 € (1 Pers.), 50-55 € (2 Pers.), 75 € (3 Pers.) ♦ Frühst. inkl. ♦ Kein Gästetisch - Restaurants ab 5 km ♦ Salon ♦ Hunde nicht erlaubt ♦ Sprachen: Englisch, Spanisch ♦ **Anreise** (Karte Nr. 28): 5 km von Sare über die Straße der prähistorischen Grotten. 100 m hinter der rechtwinkligen Kurve rechts.

Dieses Bauernhaus aus dem späten 19. Jahrhundert mit grünen Fensterläden liegt an der Straße der Grotten von Sare mitten im Baskenland und ist umgeben von 3 Hektar Park und Wiesen. Restauriert wurde es von einem jungen Paar – beide sind echte Pferdenarren. Im Zimmer „Roseraie" mit kleiner Natursteinterrasse fallen bedruckte Stoffe in Rosa und Patina in Wassergrün, Vanille und Rot ins Auge. Im größeren „Glycines" mit Wänden in Blau und Vanille wurde altes weißes Leinen bevorzugt; außerdem besitzt es 2 Balkone: der eine liegt gen Süden, der andere nach Westen. Die Bäder mit spanischen Azulejos sind komfortabel. Ein 3. Zimmer (das wir uns demnächst ansehen werden) soll mit integriertem Bad eher groß sein. Der große Raum im Erdgeschoss hat sowohl ländliches als auch von Raffinement geprägtes Ambiente. Diskreter, sehr liebenswürdiger Empfang.

A Q U I T A N I E N

80 - Larochoincoborda

64310 Sare
(Pyrénées-Atlantiques)
Tel. (0)5 59 54 22 32
Mme Berthon

♦ Ganzj. geöffn. ♦ Reserv. notwendig ♦ Mind. 2 Üb. ♦ Nichtraucher-Zi. ♦ 3 Zi. mit Bad, WC: 55 € (2 Pers.), 80 € (3 Pers.) ♦ Frühst. inkl. ♦ Essen auf Best.: 20 € (außerhalb der Saison) - Restaurants im Dorf sowie *ventas* in Spanien ♦ Hunde nicht erlaubt ♦ Salon ♦ Sprachen: Englisch ♦ **Anreise** (Karte Nr. 28): 15 km südöstl. von Saint-Jean-de-Luz Rtg. Ascain und Sare. Dort Route de Vera (ausgeschildert); das Haus liegt 2,5 km vom Dorf entfernt.

Der lange, die Rhune hochkletternde Weg führt zu diesem schönen Haus, das in einem Naturschutzgebiet erbaut wurde. Angeboten werden hier kleine, angenehme, sehr gepflegte Zimmer. Das Frühstück wird in einem freundlichen Raum raffiniert-rustikalen Stils oder auf der Terrasse serviert, von wo der Blick auf Hügel, Weiden, Mäuerchen, eine schöne Vegetation und hier und da baskische Häuser wunderbar ist. Nach dem Besuch von Sare mit seinen prähistorischen Grotten und der baskischen Dörfer der Umgebung können Sie den kleinen Rhune-Zug nehmen, um ins 3 Kilometer entfernte Spanien zu fahren. Liebenswürdiger Empfang.

81 - Maison Dominxenea

Quartier Ihalar
64310 Sare
(Pyrénées-Atlantiques)
Tel. (0)5 59 54 20 46 (Hotel Arraya)
Fax (0)5 59 54 27 04 (Hotel Arraya)
Jean-Baptiste
und Laurence Fagoaga

♦ Vom 15. Nov. bis 1. April geschl. ♦ 3 Zi. mit Bad oder Dusche, WC: 46-55 € (2 Pers.), 70 € (3 Pers.) ♦ Frühst. inkl. ♦ Kein Gästetisch - Restaurants im Hotel Arraya, Barachartea sowie *ventas* in Umgebung ♦ Salon (TV) ♦ Hunde nicht erlaubt ♦ Sprachen: Deutsch, Englisch, Spanisch ♦ **Anreise** (Karte Nr. 28): 1 km nördl. von Sare. Wenn Sie sich zum „Hotel Arraya" (am Dorfplatz von Sare) begeben, wird man Sie zur „Maison Dominxenea" begleiten.

In diesem Weiler des Baskenlandes gibt es nicht ein Haus, das nach dem 17. Jahrhundert erbaut wurde. In diesem sind die Zimmer angenehm, hübsch tapeziert, komfortabel und mit großen Bädern ausgestattet. Beim Erwachen erwartet Sie auf einem Tablett ein exzellentes Frühstück, das Sie einnehmen können, wo immer Sie möchten: im Speiseraum oder auf der Terrasse am Garten. Wer großen Wert darauf legt, ganz unabhängig zu sein, wird sich hier besonders wohl fühlen; weniger aber wohl jene, die mehr Kontakt wünschen. Ein gut gelegenes Haus zum Kennenlernen dieser phantastischen Region am Atlantik unweit von Spanien.

A Q U I T A N I E N

82 - Olhabidea

64310 Sare
(Pyrénées-Atlantiques)
Tel. (0)5 59 54 21 85
Fax (0)5 59 47 50 41
Mme Jean Fagoaga
Web: basquexplorer.com

♦ Von März bis Nov. geöffn. ♦ Im Winter Reserv. notwendig ♦ 4 Zi. mit Bad, WC: 53,50 € (1 Pers.), 58-68 € (2 Pers.) ♦ Frühst. inkl. ♦ Kein Gästetisch - zahlr. Restaurants in der Umgebung ♦ Salon ♦ Hunde nicht erlaubt ♦ Reiten (Wochenend-Pauschale) ♦ Man versteht Englisch ♦ **Anreise** (Karte Nr. 28): 14 km südöstl. von Saint-Jean-de-Luz; A 63, Ausfahrt Saint-Jean-de-Luz Nord, dann die D 918 Rtg. Ascain und Sare (D 4), Ausfahrt Sare Rtg. Saint-Pée-sur-Nivelle (2 km). Rechts, gegenüber der alten Kapelle, ausgeschildert.

Ein hervorragender, nur 3 Kilometer von Spanien entfernter Ort, um das Baskenland mit seinen reizenden Dörfern näher kennen zu lernen. Der Komfort und die Inneneinrichtung dieses Hauses konkurrieren mit der phantastischen Landschaft. Handgestickte Bettwäsche, alte Radierungen, breite Balken, Balustraden, glänzender Terrakottafußboden in der wundervollen Eingangshalle. Die reizende überdachte Frühstücksterrasse, die großzügigen Rosensträuße und die Liebenswürdigkeit der Hausherrin und ihres Mannes, beide Persönlichkeiten der Region, sind das Tüpfelchen auf dem „i" dieses Hauses. Eine außergewöhnliche Adresse.

83 - Relais Linague

64990 Urcuit
(Pyrénées-Atlantiques)
Tel. (0)5 59 42 97 97
Marie Bléau

♦ Ganzj. geöffn. - Reservieren ♦ Nichtraucher-Zi. ♦ 4 Zi. mit Bad oder Dusche, WC: 50-56 € (2 Pers.) ♦ Frühst. inkl. ♦ Gästetisch gemeinsam, zweimal pro Woche, reservieren (außer Juli und Aug.): 16 € (alles inkl.) ♦ Salon ♦ Hunde nicht erlaubt ♦ **Anreise** (Karte Nr. 28): 10 km östl. von Bayonne. Autobahn A 63, Ausfahrt Bayonne-Sud, D 261, Uferstraße des Adour Rtg. Urt über Lahonce, dann rechts Urcuit.

Dieses im 17. Jahrhundert errichtete Bauernhaus befindet sich im kleinen Dorf Urcuit-sous-l'Adour und wurde von einem Paar restauriert, dessen Passion Pferde sind. 2 Zimmer befinden sich im Erdgeschoss, „l'Espelette" und „Saint-Jean-de-Luz", in dem die Toile de Jouy mit Karos in Rot und Blau „spielt". Das Zimmer „Bidache" im Obergeschoss ist in Blautönen gehalten und hat eine Treppe, um das hohe Fenster öffnen und schließen zu können. „Biarritz", das eleganteste mit großem, abgeschliffenem Eichenschrank und einer Eckbadewanne, ist etwas ganz Besonderes. Das Frühstück wird entweder auf der Terrasse oder im Speiseraum mit antikem Mobiliar eingenommen, in dem auch die (außer im Sommer) zweimal wöchentlich angebotenen Abendessen serviert werden. Besonders liebenswürdiger Empfang.

AQUITANIEN

84 - Eskoriatza

Chemin Villa Rosa
64122 Urrugne
(Pyrénées-Atlantiques)
Tel. (0)5 59 47 48 37
Mme Badiola

♦ Vom 1. Okt. bis 1. März. geschl. - in der restlichen Jahreszeit reservieren ♦ Mind. 2 Üb. im Sommer ♦ 2 Zi. mit Bad oder Dusche, WC und 1 zusätzl. Zi., dann als Suite: Zi.: 55 € (2 Pers.); Suite: 95 € ♦ Frühst. inkl. ♦ Kein Gästetisch - Restaurants ab 2 km ♦ Salon ♦ Hunde nicht erlaubt ♦ **Anreise** (Karte Nr. 28): 3 km südl. von Saint-Jean-de-Luz. Autobahn A 64, Ausfahrt Saint-Jean-de-Luz Sud, Rtg. Saint-Jean-de-Luz (200 m), dann 1. Straße rechts (am Centre Leclerc). Autobahnbrücke, 1. Straße rechts, dann 1. Straße links; das Haus liegt 1,4 km weiter.

Eskoriatza ist ein modernes Haus. Erbaut wurde es im reinsten baskischen Stil, und die Einrichtung ist gepflegt. Einige alte Möbelstücke und bunte Stoffe verleihen den Zimmern etwas besonders Gemütliches. Der freundliche Salon, der Garten voller Sonne, die Ruhe und der Blick auf die Berge sind weitere Vorzüge dieses Hauses, in dem der Gast auf eine unkomplizierte, aber liebenswürdige Art empfangen wird.

AUVERGNE-LIMOUSIN

85 - Château du Plaix

03170 Chamblet
(Allier)
Tel. (0)4 70 07 80 56
Mme und M. Yves de Montaignac
de Chauvance

♦ Ganzj. geöffn. ♦ Reserv. notwendig ♦ Ankunft nach 16.30 Uhr ♦ Nichtraucher-Haus ♦ 1 Zi. und 1 Suite (bis 4 Pers.) mit Bad oder Dusche, WC: 84 € (1 Pers.), 93 € (2 Pers.), 145 € (3 Pers.), 162 € (4 Pers.) + 25 € (Extrabett) ♦ Frühst. inkl. ♦ Kein Gästetisch - Restaurants ab 6 km ♦ Salon ♦ Tel. ♦ Hunde nicht erlaubt ♦ Sprachen: ein wenig Englisch ♦ **Anreise** (Karte Nr. 17): 9 km östl. von Montluçon. Autobahn A 71, Ausfahrt 10 Montluçon, Rtg. Commentry, Chamblet. Dann 1 km Rtg. Montluçon über die RN 371, ab dem Hügel links ausgeschildert.

Dieses kleine Schloss, im 18. Jahrhundert von einem Vorfahren der Familie errichtet, wurde unlängst mit viel Gespür und Geschmack vollkommen aufgefrischt. Hier sind selbstverständlich alle Möbel alt und echt. Die sehr komfortablen Zimmer gehen auf den großen bewaldeten Park hinaus, sind sorgfältig ausgestattet und verfügen über neue Bäder. Das Frühstück (hausgemachte Kuchen und Konfitüren) wird in einem angenehmen Speisesaal mit Louis-quinze-Täfelung gereicht. Die Betreuung ist von liebenswürdiger Eleganz.

86 - La Grande Poterie

03000 Coulandon
(Allier)
Tel. und Fax (0)4 70 44 30 39
Handy (0)6 68 22 20 73
M. Jean-Claude Pompon
E-Mail: jepompon@lagrandepoterie.com
Web: lagrandepoterie.com

2003

♦ Ganzj. geöffn. ♦ 3 Zi. mit Dusche, WC: 36 € (1 Pers.), 49-54 € (2 Pers.), 58 € (3 Pers.) + 13 € (Extrabett) ♦ Frühst. inkl. ♦ Gästetisch abends, gemeinsam, reservieren: 19 € (Wein inkl.) ♦ Salon ♦ Schwimmbad, Fahrräder, Wanderwege ab dem Haus ♦ Haustiere nur auf Anfrage erlaubt ♦ Sprachen: Englisch ♦ **Anreise** (Karte Nr. 18): westl. von Moulins, Rtg. Montlucon über die D 145. Ab Coulandon ausgeschildert.

La Grande Poterie, ein hübsches, kleines, für die Gegend typisches Haus inmitten eines von Blumen und Pflanzen überbordenden Gartens, bietet 3 komfortable Gästezimmer an, die mit hübschen Duschbädern in ausgesuchten Farben ausgestattet wurden. Frühstück und Abendessen gibt es auf der Terrasse. Für erholsame Aufenthalte in einer wunderbar grünen, sehr ruhigen Gegend. Der Empfang ist aufmerksam.

AUVERGNE - LIMOUSIN

87 - Château de Boussac

03140 Target
(Allier)
Tel. (0)4 70 40 63 20
Fax (0)4 70 40 60 03
Marquis und Marquise de Longueil
E-Mail: longueil@club-internet.fr
Web: chateau-de-boussac.com

♦ Vom 1. April bis 30. Nov. geöffn. ♦ 4 Zi. und 2 Suiten mit Bad, WC: 106 € (1-2 Pers.); Suiten: 129-175 € (1-4 Pers.) ♦ Frühst.: 8,80 € ♦ HP (mind. 5 Üb.): 170 € (1 Pers.), 230 € (2 Pers. im DZ) ♦ Gästetisch abends, gemeinsam, rerservieren: 41-49 € (alles inkl.) ♦ Salon ♦ Visa ♦ Hunde nur auf Anfrage erlaubt (+ 7,62 € pro Tag) ♦ Sprachen: Englisch ♦ **Anreise** (Karte Nr. 25): 44 km östl. von Montluçon über die A 71, Ausfahrt Nr. 11 Montmarault, dann D 46 und D 42 Rtg. Chantelle.

Dieses herrliche Gebäude umfasst verschiedene Baustile, die von der Strenge des Mittelalters bis zur Anmut des 18. Jahrhunderts reichen. Die Räume sind ganz und gar traditionell eingerichtet; jedes Zimmer ist komfortabel und enthält Persönliches der Familie. Auch die Dachzimmer sind sehr charmant, zumal der dorthin führende Flur kürzlich im Stil des Schlosses, d.h. des 18. Jahrhunderts, renoviert wurde. Sympathische Mahlzeiten, die Liebhaber von Wildgerichten zur Jagdzeit besonders schätzen werden. Ein edles, mitten in der Natur gelegenes Haus.

88 - Château de Fragne

03190 Verneix
(Allier)
Tel. (0)4 70 07 88 10
Fax (0)4 70 07 83 73
Martine de Montaignac
E-Mail: fragne@minitel.net

♦ Vom 1. Mai bis 15. Okt. geöffn. (ansonsten auf Anfrage) ♦ 3 Zi. mit Bad, WC: 95 € (1-2 Pers.); 2 Suiten (Zi. mit Verbindungstür) mit Bad, WC: 145 € (3-4 Pers.) ♦ Frühst.: 9 € ♦ Gästetisch abends, gemeinsam, reservieren (ab 1. Juni): 50 € (Wein inkl.) ♦ Salon ♦ Hunde nur auf Anfrage erlaubt ♦ Angeln (Teich) ♦ Sprachen: Englisch ♦ **Anreise** (Karte Nr. 17): 10 km nordöstl. von Montluçon. A 71, Ausfahrt Montluçon; D 94 Rtg. Montluçon (2 km), dann rechts D 39 Rtg. Verneix, am Stoppschild rechts; ausgeschildert.

Eine eindrucksvolle Allee endet an diesem Schloss, das in einem schönen Park liegt. Die Zimmer in zarten Farben und eingerichtet mit antiken Möbeln wurden renoviert. Die Bäder bieten ebenfalls Komfort. Vom Salon und Speisesaal aus blickt man auf die Terrasse, auf der das Frühstück eingenommen werden kann. Ein sehr gelungenes Ambiente, in dem das Schlossleben früherer Zeiten auf eine elegante, aber schlichte Art fortgeführt wird. Gute Hausmannskost, ausgesprochen entspannte Atmosphäre und besonders liebenswürdige Betreuung.

AUVERGNE - LIMOUSIN

89 - Château du Riau

03460 Villeneuve-sur-Allier
(Allier)
Tel. (0)4 70 43 34 47
Fax (0)4 70 43 30 74
Baron und Baronne Durye
E-Mail: chateau-du-riau@wanadoo.fr

♦ Vom 1. März bis 30. Nov. geöffn. ♦ 4 Zi. mit Bad oder Dusche, WC und 2 zusätzl. Zi. (auch Suite für 3-6 Pers.): 100-115 € (2 Pers.); Suite: 161 € (3-4 Pers.), 222 € (5-6 Pers.) ♦ Frühst. inkl. ♦ Gästetisch abends, gemeinsam, reservieren: 38 € (alles inkl.) ♦ Salon ♦ Hunde nicht erlaubt ♦ Sprachen: Englisch ♦ **Anreise** (Karte Nr. 18): 15 km nördl. von Moulins über die N 7 bis Villeneuve-sur-Allier, dann die D 133.

Eine außergewöhnliche Zusammenstellung von Gebäuden bourbonischer Baukunst, die von Wassergräben umgeben sind. Die Zimmer sind noch ganz so, wie sie Gäste in früheren Jahrhunderten vorgefunden haben mögen. Jedes hat nicht immer sein herrliches Mobiliar aus dem 18. Jahrhundert oder der Empire-Zeit. Das Frühstück wird an einem großen Tisch im Speisesaal serviert, und gleich nebenan befindet sich der Salon, der ebenfalls sehr schön möbliert ist. Familiäre Atmosphäre, gehobener Stil.

90 - Château de la Vigne

15700 Ally
(Cantal)
Tel. und Fax (0)4 71 69 00 20
Mme und M. du Fayet de la Tour
E-Mail: la.vigne@wanadoo.fr
Web: perso.wanadoo.fr/chateau.de.la.vigne

♦ Von Ostern bis Allerheiligen geöffn. - Reservieren ♦ 3 Zi. und 1 große Suite (3-4 Pers.) mit Bad oder Dusche, WC: 100-110 €; Suite 160 € (4 Pers.) ♦ Frühst.: 6 € ♦ Gästetisch abends (im Mai, Juni, Juli und Sept.) auf Wunsch individuell: 25 € (ohne Wein) ♦ Salon ♦ Hunde erlaubt (+ 15 €) ♦ Sprachen: Englisch ♦ **Anreise** (Karte Nr. 24): 10 km südl. von Mauriac über die D 922, Rtg. Aurillac, dann D 38 nach Ally; ausgeschildert.

Dieses hoch gelegene mittelalterliche Schloss des 15. Jahrhunderts mit außergewöhnlich weiter Aussicht wurde im Laufe der Jahrhunderte harmonisch umgestaltet und ist von jeher im Besitz der Familie. Die Architektur ist bemerkenswert, und die Vergangenheit zeigt sich auf eine außergewöhnliche Art (Täfelungen, Wandmalereien aus dem 15. und 16. Jahrhundert, überwölbte Räume usw.). Nachmittags für Besichtigungen geöffnet, bietet es 3 Gästezimmer an: „Chambre Rose", „Louis xv", „Directoire" und die (denkmalgeschützte) Suite „Troubadour", die für 1 Nacht ab 19 Uhr gemietet werden. Die kleinen Bäder wurden renoviert. Abends, nach dem oft mit den Gastgebern eingenommenen Aperitif, erwartet Sie eine gute großbürgerliche Küche. Serviert wird an Einzeltischen im Speiseraum des 18. Jahrhunderts.

AUVERGNE-LIMOUSIN

91 - Château de Bassignac

15240 Bassignac
(Cantal)
Tel. und Fax (0)4 71 40 82 82
Mme und M. Besson

♦ Von Ostern bis Allerheiligen geöffn. (im Winter auf Anfrage) ♦ 5 Zi. mit Bad, WC: 55-110 € (2 Pers.) und 1 Suite (3-4 Pers.) mit 2 Zi., Bad, WC: 135 € (4 Pers.) ♦ Frühst. inkl. ♦ Begrüßungsessen auf Wunsch - Gästetisch abends, gemeinsam, reservieren (regionale Küche): 45 € (Getränke inkl.) ♦ Für Gruppen: Preise erfragen ♦ Salon ♦ Hunde nur auf Anfrage erlaubt ♦ Angeln; Maleratelier und Ausstellungsraum (Kurse, Inf. vor Ort) ♦ Sprachen: Englisch ♦ **Anreise** (Karte Nr. 24): 67 km nördl. von Aurillac über die D 922, 12 km von Bort-les-Orgues entf., dann die D 312 Rtg. Bassignac-Eglise.

Dieses Schloss „mit Charakter" liegt inmitten einer hügeligen, bewaldeten Landschaft. Die in warmen Tönen gehaltenen Räume des Erdgeschosses geben unmittelbar den Ton an. Die Zimmer haben bürgerlichen Charme, sind mit Möbeln aus dem Familienbesitz eingerichtet und mit hübschen Stoffen und Nippsachen angenehm gestaltet. Ob klassisch oder in ungewöhnlichem Stil, klein oder groß, alle sind komfortabel und angenehm. Ein Kaminfeuer schafft an kühlen Tagen eine anheimelnde Atmosphäre. Im Sommer wird das Frühstück in einer Laube serviert. Die Kinder der Hausbesitzer führen in der Hochsaison einen Bauerngasthof am Eingang des Parks.

92 - Barathe

15130 Giou-de-Mamou
(Cantal)
Tel. (0)4 71 64 61 72
Isabelle, Pierre und Julien Breton
E-Mail: barathe2@wanadoo.fr
Web: monsite.wanadoo.fr/barathe

♦ Ganzj. geöffn. ♦ Mit HP ♦ 5 Zi. mit Dusche, WC ♦ Gästetisch abends, gemeinsam ♦ HP: 33 € pro Tag und Pers. im DZ (Wein inkl.); Sonderpreise für Kinder ♦ Hunde nicht erlaubt ♦ **Anreise** (Karte Nr. 24): 8 km östl. von Aurillac über N 122 Rtg. Clermont-Ferrand, 7 km weiter links Rtg. Giou-de-Mamou, ausgeschildert.

Dieser sehr alte, in einer wunderbaren Landschaft gelegene Landsitz, auf dem man die Glocken der Kühe von Salers vernimmt, hat die Atmosphäre früherer Zeiten bewahrt. Der große Speiseraum mit seinen alten Möbeln und seiner prächtigen *souillarde* (ehem. Geschirrspülraum) ist absolut authentisch. Die Zimmer sind zwar klein, aber komfortabel und für Kinder geeignet. Heiteres gemeinsames Essen (oft im Goldenen Buch erwähnt), häufig mit Produkten des Bauernhofs zubereitet. Ganz besonders netter Empfang. Ein rustikales Haus, ideal für Familien.

AUVERGNE-LIMOUSIN

93 - Château de La Grillère

Le Bourg
15150 Glénat
(Cantal)
Tel. (0)4 71 62 28 14
Fax (0)4 71 62 28 70
Mme Bergon

♦ Vom 8. Mai bis 30. Sept. geöffn. ♦ 5 Zi. mit Bad oder Dusche, WC: 90-120 € + 20 € (Extrabett) ♦ Frühst.: 8 € ♦ Kreditkarten ♦ Gästetisch abends, individuell, reservieren: 26 € (ohne Wein) ♦ Hunde nicht erlaubt ♦ Schwimmbad ♦ Sprachen: Englisch, Spanisch ♦ **Anreise** (Karte Nr. 24): 30 km südwestl. von Aurillac Rtg. Tulle, dann Laroquebrou. Hinter der Brücke links nach Glénat, ab Glénat ausgeschildert.

Dieses Schloss aus dem 13. Jahrhundert, das im 17. und 18. Jahrhundert umgebaut wurde und heute unter Denkmalschutz steht, war einst im Besitz einer großen protestantischen Familie. Der Gästesalon ist vollkommen vertäfelt, und der Speisesaal im Haute-Epoque-Stil bildet den Rahmen für Abendessen, bei denen Foie gras und Magret de canard einen besonderen Platz einnehmen. Eine prachtvolle Holztreppe führt zu den (außer einem) großen, antik möblierten Zimmern. „Temple" hat seine bemalte Decke aus dem 16. Jahrhundert erhalten, und „Machicoulis" liegt unter dem Dach. Die Bäder haben große Wannen oder Duschen. Draußen ruht man im Schatten einer Laube an einem Schwimmbad aus grünem Mosaik.

94 - Château de Sedaiges

15250 Marmanhac
(Cantal)
Tel. (0)4 71 47 30 01
Handy (0)6 88 98 18 20
Mme und M. de Varax

♦ Vom 17. Mai bis 30. Sept. geöffn. ♦ 1 Suite mit Dusche, WC; 1 Suite und 1 Zi. mit Bad oder Dusche (die sich 1 WC im Obergeschoss teilen): 99-137 € (2-4 Pers.) ♦ Frühst. inkl. ♦ Kein Gästetisch - Restaurants ab 3 km ♦ Salon ♦ Schwimmbad ♦ Sprachen: Englisch, Spanisch ♦ **Anreise** (Karte Nr. 24): 15 km nordöstl. von Aurillac über die D 922 Rtg. Mauriac, dann die D 59 rechts nach Marmanhac.

Dieses Schloss kann nachmittags im Sommer besichtigt werden; es stammt aus dem 15. Jahrhundert, wurde im Laufe der Zeit bis ins 19. Jahrhundert umgestaltet und wird Geschichtsinteressierte nicht enttäuschen: eine imposante Architektur, eine außergewöhnliche Ausstattung und eine erstaunliche Tapisseriesammlung, die die verschiedenen Generationen der Familie Varax zu erhalten vermochten. Das echte Dekor eines jeden Raumes wird Sie in vergangene Zeiten zurückversetzen. Augenschmaus auch in den Gäste-Suiten, deren Bäder zwar einfach, aber gepflegt sind. Die eine Suite hat eine eigene Toilette; die andere teilt sie sich mit dem Zimmer. Eine Küche „à l'ancienne" lädt zu ungezwungenen Frühstücken ein. Der Park mit Schwimmbad bietet Entspannung. Madame de Varax empfängt sehr sympathisch.

AUVERGNE - LIMOUSIN

95 - La Bastide Haute

15800 Thiézac
(Cantal)
Tel. 04 71 47 02 71
Myriam de Mahé

♦ Ganzj. geöffn. ♦ Nichtraucher-Haus ♦ Juli/August HP obligat.♦ 4 Zi. und 1 Suite mit Bad oder Dusche, WC: 36-64 € (2 Pers.); Suite 96 € (2 Pers.) ♦ Frühst. inkl. ♦ HP (ohne Getränke): Zi. 37,50-49 € pro Tag und 1 Pers.; Suite 122 € pro Tag und 2 Pers. ♦ Gästetisch gemeinsam: 13 € (bodenständig), 34,50 € (gastronomisch); ohne Wein ♦ Sprachen: Englisch ♦ **Anreise** (Karte Nr. 24): etwa 30 km nordöstl. von Aurillac über die N 122, hinter Vic-sur-Cère Abfahrt Raulhac, D 59, ausgeschildert. Taxiservice ab Bahnhof (Zuschlag) sowie Geländewagen im Winter ab dem Dorf.

Die kleine, steile Straße steigt serpentinenartig bis zur einsam gelegenen *Bastide* an, von wo der Blick aufs Tal schön ist. Das komfortable, antik möblierte Haus mit zahlreichen Souvenirs der Familie betritt man über einen freundlichen Raum mit beeindruckendem Kamin (der hier *cantou* heißt) und langem Tisch (Bio-Küche), an dem Sie gemeinsam mit Denis und Myriam de Mahé, die ein Schwein und Kaninchen halten und einen eigenen Gemüsegarten haben, zu Abend essen werden. Die Suite und die Zimmer sind reizend, romantisch und sehr gepflegt (2 mit stark abgeschrägten Wänden sind zwar einfacher, aber schön hell). Die Bäder wurden entweder integriert oder liegen gleich nebenan. Eine angenehme Adresse für besonders entspannende Aufenthalte.

96 - La Maison

11, rue de la Gendarmerie
19120 Beaulieu-sur-Dordogne
(Corrèze)
Tel. (0)5 55 91 24 97
Fax (0)5 55 91 51 27
Christine und Jean-Claude Henriet

♦ Von Okt. bis 1. April geschl. ♦ 5 Zi. und 1 Suite (2-4 Pers.) mit Bad oder Dusche, WC: 38-44 € (1 Pers.), 46-56 € (2 Pers.) + 12,20 € (Extrabett); Suite: 84 € (4 Pers.) ♦ Frühst. inkl. ♦ Kein Gästetisch ♦ Salon-Bar ♦ Hunde nicht erlaubt ♦ Schwimmbad ♦ Sprachen: etwas Englisch ♦ **Anreise** (Karte Nr. 24): 40 km südl. von Brive. Autobahn A 20, Ausfahrt Noailles, erst Rtg. Collonges-la-Rouge, dann Beaulieu.

Mehr als von Beaulieu, einem unwiderstehlich schönen, mittelalterlichen Dorf, ließ man sich für dieses erstaunliche Haus aus dem 19. Jahrhundert von mexikanischer Architektur inspirieren. Hier rahmen backsteinfarbene, zu den Zimmern führende Gänge den Patio ein. Die Gästezimmer „La Provencale", „Les Caricatures" und „Les Indiens" zeugen nicht nur von der überbordenden Phantasie, sondern auch vom sicheren Geschmack der Henriets. Das hervorragende Frühstück wird in einem sehr ansprechenden Raum serviert. Ein ganz ungewöhnliches, höchst gastfreundliches Haus. Seien Sie neugierig.

AUVERGNE - LIMOUSIN

97 - La Raze

19500 Collonges-la-Rouge
(Corrèze)
Tel. (0)5 55 25 48 16
Mme und M. Tatien

♦ Ganzj. geöffn. ♦ 5 Zi. mit Dusche, WC: 42 € (2 Pers.) ♦ Frühst. inkl. ♦ Kein Gästetisch - Restaurants in Collonges-la-Rouge ♦ Zimmerreinigung auf Wunsch ♦ Hunde nur auf Anfrage erlaubt ♦ Schwimmbad, Bassin, großer „Jardin de peintre" ♦ **Anreise** (Karte Nr. 24): 1 km südl. von Collonges-la-Rouge. Ab dem Dorf ausgeschildert.

Das Herrenhaus *La Raze* ist umgeben von einem außergewöhnlichen „Malergarten" mit blühenden, duftenden Bäumen und eingegrenzt von einer Balustrade aus Stein. Und unterhalb ragen die Türme und Dächer von Collonges-la-Rouge aus Feldern und Baumgruppen hervor. Die angenehmen Zimmer, mit Vorhängen und Tagesdecken in kräftigen Farben freundlich gestaltet, befinden sich in der ehemaligen Meierei (*métairie*); die Zimmer im *gîte* möglichst nicht nehmen. Das Frühstück werden Sie einnehmen im Speiseraum mit seiner Keramiksammlung, seinen Zimmerpflanzen und ... etwas Staub in den Ecken. Ein richtiges Boheme-Ambiente eben! Angenehm-natürlicher Empfang.

98 - La Chapelle Saint-Martial

23250 La Chapelle-Saint-Martial
(Creuse)
Tel. und Fax (0)5 55 64 54 12
Alain Couturier

♦ Ganzj. geöffn. ♦ 3 Zi. mit Bad oder Dusche, WC, TV: 34-53 € (1 Pers.), 40-58 € (2 Pers.) + 10 € (zusätzl. Pers.) ♦ Frühst. inkl. ♦ Kein Gästetisch - Restaurants (gastronom.) 4 km und 5 km entf. ♦ Salon ♦ Hunde nur auf Anfrage erlaubt ♦ Schwimmbad ♦ Sprachen: Englisch ♦ **Anreise** (Karte Nr. 24): 22 km südöstl. von Guéret über die D 940 Rtg. Limoges. Kurz vor Pontarion die D 13 Rtg. Ahun. Im Dorf La Chapelle-Saint-Martial.

In einer Landschaft aus Wäldern, hügeligen Weiden und einem Natursee wird die Straße von einigen Häusern gesäumt, zu denen auch das von Monsieur Couturier zählt. Es besitzt einen reizenden kleinen, von einer Mauer umgebenen Garten mit Schwimmbad. Im Innern nichts als Komfort und „Augenschmaus". Die Gästezimmer, vorwiegend in Beige und Braun gestaltet, sind sehr geschmackvoll: altes, schön poliertes Mobiliar, elegante Stoffe, weiche, beigefarbene Teppichböden (außer im kleinen Zimmer am Garten), ausgewählte Bilder ... Hier ist einfach alles perfekt. Eine exzellente Adresse zu äußerst günstigen Preisen.

AUVERGNE-LIMOUSIN

99 - La Maison d'à côté

43100 Lavaudieu
(Haute-Loire)
Tel. (0)4 71 76 45 04
Fax (0)4 71 50 24 85
Marie Robert

♦ Vom 15. Okt. bis Ostern geschl. ♦ Ankunft wochentags ab 18 Uhr erwünscht ♦ 4 Zi. mit Dusche, WC: 42 € (1 Pers.), 46 € (2 Pers.) ♦ Frühst. inkl. ♦ Kein Gästetisch - Restaurants ab 50 m ♦ Salon ♦ Hunde nicht erlaubt ♦ Fluss (Angeln, Baden) unmittelbar hinter der Besitzung ♦ Sprachen: etwas Englisch ♦ **Anreise** (Karte Nr. 25): 9 km östl. von Brioude, Rtg. La Chaise-Dieu. Hinter der Allier-Brücke 1. Straße rechts nach Fontannes-Lavaudieu. Gegenüber der Brücke.

Lavaudieu ist ein kleines mittelalterliches Dorf, das um seine Abtei (11. Jh.) herum entstand und das sich in den klaren Gewässern der Senouire spiegelt. Ein Umweg lohnt sich, denn es hat viel Charme. *La Maison d'à côté* liegt der alten Brücke gegenüber und neben dem von Madame Robert, die dieses schlanke Haus vollkommen renovierte. Sie stellte bald fest, dass es ihr Freude macht, Gäste zu bewirten, für die sie kleine, aber komfortable Zimmer einrichtete: reizend und sehr gepflegt, erreichbar über eine Wendeltreppe. Im schlicht gestalteten Aufenthaltsraum des Erdgeschosses wird das gute Frühstück oft ausgedehnt. Eine sympathische Stopp-Adresse.

100 - Le Moulin des Vernières

63120 Aubusson-d'Auvergne
(Puy-de-Dôme)
Tel. und Fax (0)4 73 53 53 01
Suzette Hansen

♦ Vom 1. Nov. bis 1. März geschl. ♦ Nichtraucher-Haus ♦ 3 Zi. und 1 Suite (4 Pers.) mit Bad oder Dusche, WC: 36,80 € (1 Pers.), 55 € (2 Pers.) + 20 € (Extrabett) ♦ Frühst. inkl. ♦ Gästetisch abends, gemeinsam (außer Mi): 17 € (Wein inkl.) ♦ Salon, franz. Billard ♦ Haustiere nicht erlaubt ♦ Schwimmbad, Angeln ♦ **Anreise** (Karte Nr. 25): 21 km südl. von Thiers über N 89 und D 906 bis Courpière, dann links Rtg. Aubusson-d'Auvergne, Lac d'Aubusson D 311. Das Dorf durchqueren.

Der kleine herabstürzende Fluss versorgte einst die Mühle mit Wasser, und der Müller wohnte ein wenig höher in einem angenehmen Haus. Erst nach der Übernahme des Hauses durch Suzette Hansen waren die Terrassen dann wieder blumengeschmückt und präsentierte sich das Innere derart, dass nun jeder begeistert ist. Schmucke Zimmer (pastellfarbene Tapeten mit blumengemustertem Fries, charmantes, großmütterliches Mobiliar, angenehme Bäder), Abendessen und Frühstück für Genießer, Empfang von absoluter Freundlichkeit. In der Mühle direkt am Wildbach wurde ein neues, holzgetäfeltes Zimmer – für Verliebte – eingerichtet.

AUVERGNE - LIMOUSIN

101 - La Vigie

Rue de la Muscadière
63320 Chadeleuf
(Puy-de-Dôme)
Tel. (0)4 73 96 90 87
Fax (0)4 73 96 92 76
Véronique und Denis Pineau

♦ Während der Weihnachtsferien geschl. ♦ Nichtraucher-Zi. ♦ 2 Zi. mit Dusche, WC: 49-61 € (2 Pers.) + 18 € (Extrabett) ♦ Frühst. inkl. ♦ Gästetisch abends, gemeinsam oder individuell: 18 € (Wein inkl.) ♦ Salon ♦ Schwimmbad, Mountainbikes, Tischtennis ♦ Sprachen: Deutsch, Englisch, Italienisch ♦ **Anreise** (Karte Nr. 25): 10 km nordwestl. von Issoire. Autobahn A 75, Ausfahrt Nr. 9 „Sauvagnat-Saint-Yvoire", Sauvagnat durchqueren, D 712 bis Chadeleuf, an der 3. Kreuzung rechts, dann ausgeschildert, 1. Straße rechts hinter Mairie/École.

Dieses schöne Herrenhaus aus dem 19. Jahrhundert, das am Rand des Dorfes liegt, überragt die Landschaft. Mit bemerkenswertem Geschmack und Sinn für Behaglichkeit eingerichtet, verfügt es über unwiderstehliche Gästezimmer, die in den Tönen Blau oder Hellbeige gehalten und mit regionalen Möbeln, alten Korbmöbeln sowie allerlei amüsanten Gegenständen eingerichtet sind. Abends wird der Aperitif mit Blick auf den Sonnenuntergang im Garten voller Blumen eingenommen, und danach genießt man in ungezwungen-freundschaftlicher Atmosphäre die Freuden des Tisches. Bemerkenswertes Frühstück.

102 - Chaptes

8, route de la Limagne
63460 Chaptes
Über Beauregard-Vendon
(Puy-de-Dôme)
Tel. (0)4 73 63 35 62
Mme Elisabeth Beaujeard

♦ Ganzj. geöffn. ♦ Vom 1. Nov. bis 31. März Reserv. notwendig ♦ 3 Zi. mit Bad oder Dusche, WC: 52, 56 und 58 € (2 Pers.) + 18 € (zusätzl. Pers.) ♦ Frühst. inkl. ♦ Kein Gästetisch - Restaurants in Riom (9 km) und in Chatelguyon (6 km) ♦ Salon ♦ Hunde nicht erlaubt ♦ Sprachen: Englisch ♦ **Anreise** (Karte Nr. 25): 9 km von Riom über die N 144. 2,5 km hinter Davayat rechts die D 122, dann ausgeschildert.

Dieses Herrenhaus aus Volvic-Stein stammt aus dem 18. Jahrhundert und liegt in einem Weiler. Innen fallen Möbel aus dem Familienbesitz ins Auge, und die Gemälde, Nippsachen und schönen Tapeten schaffen ein elegantes Ambiente. Die Gästezimmer sind hübsch hergerichtet und sehr angenehm; die beiden großen gehen zum Garten, das dritte zur kleinen Straße und aufs freie Land. An einer Seite des Hauses stehen unter einem riesigen Scheunendach ein paar Stühle zum Einnehmen des Aperitifs und Bewundern der Blumen im Garten. Besonders liebenswürdige Betreuung.

AUVERGNE - LIMOUSIN

103 - Château de Collanges

63340 Collanges
(Puy-de-Dôme)
Tel. 04 73 96 47 30
Fax 04 73 96 58 72
Pascale, Denis et Loïc Félus
E-Mail: chateau.de.collanges@wanadoo.fr
Web: chateau.de.collanges.free.fr

2003

♦ Ganzj. geöffn. ♦ 5 Zi. und 1 Suite mit Bad oder Dusche, WC: 79-119 € (2 Pers.); Suite 179 € (2 Pers.) + 23 € (Extrabett) ♦ Frühst. inkl. ♦ Gästetisch abends, gemeinsam, reservieren: 38 € (Wein inkl.) ♦ Kreditkarten ♦ Salon ♦ Billard, Kinderspiele ♦ Haustiere nur auf Anfrage erlaubt (+ 8 €) ♦ Sprachen: Englisch, Spanisch ♦ **Anreise** (Karte Nr. 25): 15 km südl. von Issoire. Autobahn A 75. Ausfahrt Nr. 17 Rtg. Saint-Germain-Lembron, Ardes, dann ausgeschildert.

Das im 15. Jahrhundert entstandene und im 18. Jahrhundert umgebaute *Château de Collanges* liegt im Herzen der Auvergne und überrascht aufgrund seiner meridionalen Architektur. Umgeben von einem Park mit großen Bäumen, verfügt es über 5 großräumige Gästezimmer und 1 Suite, die antik möbliert sind und moderne Bäder besitzen. Das Abendessen wird u.a. zubereitet mit Produkten aus dem eigenen Gemüsegarten, den Madame Félus liebevoll pflegt: sowohl ein Augen- als auch Gaumenschmaus! Die ganze Familie bemüht sich, ihre Gäste aufs Angenehmste zu empfangen.

104 - Brigitte Laroye

7, rue du 8 Mai
63590 Cunlhat
(Puy-de-Dôme)
Tel. (0)4 73 72 20 87
Mme Brigitte Laroye

♦ Ganzj. geöffn. ♦ 4 Zi. und 1 Familienzi. (4 Pers.) mit Bad oder Dusche, WC: 43-50 € (1 Pers.), 49-57 € (2 Pers.) + 16 € (Extrabett), Familienzi.: 104 € ♦ Frühst. inkl. ♦ Gästetisch abends, gemeinsam, reservieren: 20 € (Wein inkl.) ♦ Salon ♦ Öko-Museum vor Ort ♦ Sprachen: Englisch ♦ **Anreise** (Karte Nr. 25): 51 km südöstl. von Clermont-Ferrand. D 212 bis Billom, dann D 997 Rtg. Ambert. 10 km hinter Saint-Dier-d'Auvergne links D 225 Rtg. Cunlhat.

Dieses Haus liegt an einer Straße am Ortsausgang und verfügt über einige sehr ansprechende Gästezimmer. Jedes ist mit antiken Möbeln eingerichtet und jedes hat viel Charme; in einem der Zimmer kann man sogar den Kamin benutzen. Brigitte Laroye, deren Liebenswürdigkeit so weit geht, dass sie bei kühlem Wetter ihren Gästen Wärmflaschen ins Bett legt, bietet zum Frühstück mindestens 15 verschiedene Teesorten an. Ihre Gastgeberin wird Sie außerdem über das Livradois aufklären und Ihnen das interessante kleine Bauernmuseum zeigen, das sie kürzlich in der Scheune eingerichtet hat.

AUVERGNE - LIMOUSIN

105 - Loursse

63350 Joze
(Puy-de-Dôme)
Tel. (0)4 73 70 20 63
Fax (0)4 73 70 25 05
Mme und M. Jehan Masson

♦ Ganzj. geöffn. ♦ 1 Suite mit 1 großen Zi. und 1 kl. Zi. mit Bad, gemeins. WC: großes Zi. 48 € (2 Pers.), kl. Zi. 28 € (1-2 Pers.) ♦ Frühst. inkl. ♦ Kein Gästetisch - Restaurants ab 1 km ♦ Sitzecke ♦ Hunde nur im Zwinger erlaubt ♦ Tennis, Flussangeln ♦ **Anreise** (Karte Nr. 25): 25 km nordöstl. von Clermont-Ferrand. Autobahn A 71, Ausfahrt Riom, Rtg. Ernezat Marinquès. 5 km von Marinqués Rtg. Joze links: weiße Pfosten. Ab Lyon Ausfahrt Lezoux, dann Rtg. Maringues.

Dieses solide Familienhaus mit bemerkenswerten Dependancen öffnet sich zunächst auf einen großen Blumengarten, und dann auf die unendlich weite Landschaft. Angeboten wird hier ein großes, sehr freundliches Gästezimmer mit altem Mobiliar und äußerst großem Bad. Der kleine angrenzende Raum vermag das Zimmer sogar in eine Familiensuite umzustellen. Ein großer Speiseraum mit kleiner Salonecke und der Garten machen diese Adresse zu einem gemütlichen Ort voller Ruhe. Ideal für einen Zwischenstopp.

106 - Le Chastel Montaigu

63320 Montaigut-le-Blanc
(Puy-de-Dôme)
Tel. (0)4 73 96 28 49
Handy (0)6 81 61 52 26
Fax (0)4 73 96 21 60
Mme Anita Sauvadet
Web: le-chastel-montaigu.com

♦ Jan. und Febr. geschl. ♦ Von Allerheiligen bis Ostern Reserv. notwendig ♦ Mind. 2 Üb. im Juli und Aug. ♦ Nichtraucher-Haus ♦ 4 Zi. mit Bad oder Dusche, WC: 80-115 € (1 Pers.), 87-122 € (2 Pers.) + 23 € (Extrabett) ♦ Frühst. inkl. ♦ Kein Gästetisch - Restaurants ab 1 km ♦ Salon ♦ Hunde nicht erlaubt ♦ **Anreise** (Karte Nr. 24): südwestl. von Clermont-Ferrand. Autobahnausf. Nr. 6 (Besse/Saint-Nectaire), Plauzat durchqueren, Champeix, Montaigut-le-Blanc; rechts der Ausschilderung „Village ancien" und „Chambres d'hôtes au château" folgen.

Das emporragende, eindrucksvolle, teilweise rekonstruierte Schloss ist längst nicht so karg, wie es auf den ersten Blick anmutet. Der auch als Salon dienende Speiseraum, ganz mittelalterlich, hat einen langen Tisch, Louis-treize-Mobiliar und einen Kamin. Die bemalten Friese der Zimmer nehmen Bezug auf die Geschichte. Mit Ausnahme weniger Einzelteile und der Himmelbetten wirken sie recht „jugendlich" (helle Farben, Parkett mit Blumen- und Rankenornamenten). Prachtvolle Bäder. Sehr natürlicher, angenehmer Empfang. Terrassenartig um den Wachtturm angelegter Garten und eindrucksvolle Aussicht auf Monts du Forez und die Gebirgskette Monts Dore.

AUVERGNE - LIMOUSIN

107 - Château de Chantelauze

38, route du Brugeron
63880 Olliergues
(Puy-de-Dôme)
Handy (0)6 61 56 18 09
Fax (0)4 73 95 55 41
Mme Molina-Georges
Web: chanteloiseau.net

♦ Ganzj. geöffn. ♦ 3 Zi. und 2 Suiten (4 Pers.) mit Bad, WC, TV: 74,70-82,50 € (2 Pers.); Suite 123,50-143,30 € (2 Pers.) ♦ Frühst. inkl. ♦ Kein Gästetisch - Restaurants ab 500 m ♦ Salon, Sauna, Fitnessraum, Tennis, Club-House, franz. und amerik. Billards ♦ Ausstellung chinesischer Archäologie, Sammlung zum Thema des Affen ♦ Hunde nur auf Anfrage erlaubt ♦ Sprachen: Englisch, Italienisch, Spanisch ♦ **Anreise** (Karte Nr. 25): 27 km südl. von Thiers. Autobahn A 72, Ausfahrt Thiers-Ouest, dann D 906 Rtg. Le Puy. Am Ortseingang von Olliergues Rtg. Le Brugeron, 900 m weiter.

Diese alte Komturei, die das hübsche Dorf Olliergues überragt, wurde im 17. Jahrhundert umgestaltet und besitzt einen riesigen Park mit einer von Sully gepflanzten Linde. Die Wände der Zimmer sind mit klassischem Stoff bespannt und die Zimmer (auch mit Himmelbett) antik möbliert. Sie sind groß und komfortabel und gehen aufs Tal hinaus. Der Empfang ist sehr freundlich; die Liebenswürdigkeit der Hausherrin, die aus Südamerika stammt, werden Sie bei Ihrem Aufenthalt besonders schätzen. Und wenn Sie ihre Spezialitäten der Auvergne abends bei Kerzenschein im ganz vertäfelten Speiseraum serviert bekommen, dann ist das ein wahrer Augenblick der Entspannung.

108 - Chez M. Gebrillat

Chemin de Siorac
63500 Perrier
(Puy-de-Dôme)
Tel. (0)4 73 89 15 02
Fax (0)4 73 55 08 85
Mireille de Saint Aubain
und Paul Gébrillat
E-Mail: quota@club-internet.fr

♦ Ganzj. geöffn. ♦ 2 Zi. (1 Zi. mit Eingang für Behinderte) mit Bad oder Dusche, WC: 40-45 € (1 Pers.), 45-52 € (2 Pers.) + 16 € (zusätzl. Pers.) und 1 Suite mit Bad, WC: 89 € (4 Pers.) ♦ Frühst. inkl. ♦ Kein Gästetisch - Eine Küche steht z. Verfüg. - Restaurants (3 km) ♦ Überd. Parkplatz ♦ Sprachen: Englisch ♦ **Anreise** (Karte Nr. 25): 3 km westl. von Issoire Rtg. Champeix-Saint-Nectaire (D 996); im Dorf.

Dieses alte Haus, das seit 10 Generationen in Familienbesitz und von einem Park umgeben ist, liegt in einem Dorf am Fuß der Vulkanberge und verfügt über 2 hübsche Gästezimmer und 1 Suite, die einfach, aber geschmackvoll eingerichtet sind. Bei schönem Wetter wird das Frühstück draußen unter dem Vordach serviert: eine behagliche Ecke am grünen Garten. Paul Gebrillat kennt seine Region in- und auswendig und wird Ihnen so manchen Tipp geben, der in keinem Führer zu finden ist.

AUVERGNE - LIMOUSIN

109 - Château de Voissieux

Saint-Bonnet nach Orcival
63210 Rochefort-Montagne
(Puy-de-Dôme)
Tel. (0)4 73 65 81 02
Fax (0)4 73 65 81 27
Danielle und John Phillips

♦ Vom 15. Nov. bis 15. Febr. (außer Reserv.) geschl. ♦ Mind. 2 Üb. im Juli und Aug. ♦ 3 Zi. mit Bad, WC: 56 € (2 Pers.) ♦ Frühst. inkl. ♦ Kein Gästetisch - Restaurants ab 5 km ♦ Zimmerreinigung wöchentl. ♦ Salon ♦ Hunde nur auf Anfrage erlaubt ♦ Flussangeln ♦ Sprachen: Englisch ♦ **Anreise** (Karte Nr. 24): 22 km südwestl. von Clermont-Ferrand. Rtg. Bordeaux bis „Les quatre routes de Nébouzat", dann Rtg. Orcival bis Saint-Bonnet, schließlich Rtg. Voissieux. Ab der Kirche ausgeschildert.

Dieses kleine Schloss aus Vulkanstein wurde vor kurzem erst restauriert und von den neuen Besitzern sorgfältig ausgestattet. Zur Verfügung stehen hier 3 helle, freundliche Gästezimmer, denen alte Möbel und Sammelobjekte einen besonderen Charakter verleihen, ein kleiner Salon, in dem komfortable Sessel stehen, und eine Terrasse voller Sonne, auf der Ihnen das Frühstück serviert wird. Die grüne Umgebung mit Wäldern und Bächen ist ideal für Touren und Wanderungen. Sympathischer, gutgelaunter Empfang. Ein Haus für Ruhebedürftige und Naturliebhaber.

110 - Le Château de Savennes

63750 Savennes
(Puy-de-Dôme)
Tel. (0)4 73 21 40 36
Mme und M. Martin

♦ Von Mai bis Sept. geöffn. ♦ 1 Suite mit Bad, WC, Salon-Büro: 61 € (2 Pers.); 1 Zi. mit Bad, WC: 55 € (2 Pers.); 1 Nebenzi.: 28 € (2 Pers.) ♦ Frühst. inkl. ♦ Kein Gästetisch - Restaurants in Saint-Sauves und Bourg-Lastic (10 Min.) ♦ Salon ♦ Hunde nicht erlaubt ♦ Künstl. See (im Ort) ♦ Sprachen: Deutsch, Englisch, Italienisch ♦ **Anreise** (Karte Nr. 24): 20 km nördl. von Ussel. Ab Clermont und Ussel über die N 89. In Bourg-Lastic die D 987 Rtg. Messeix, dann Savennes über D 31. Das Haus liegt am Ortsausgang.

An der Grenze der Auvergne und des Limousin liegt dieses große, von 2 sehr alten Wachttürmen eingerahmte Herrenhaus, dessen Fassade mit zahlreichen Fenstern von der Lebenskunst des ausgehenden 19. Jahrhunderts zeugt. Das Mobiliar des 19. Jahrhunderts, Sammelobjekte und Gemälde unterschiedlichen Stils sind auf eine geschmackvolle und originelle Art miteinander vermischt. Die Suite hat guten Komfort und ist nett gestaltet. Das Zimmer besitzt viel Charme. Frühstück draußen oder in einem großen Salon/Speiseraum mit Blick auf den Garten. Natürlicher, ungezwungener Empfang.

AUVERGNE-LIMOUSIN

111 - Les Baudarts

63500 Varennes-sur-Usson
(Puy-de-Dôme)
Tel. und Fax (0)4 73 89 05 51
Mme Hélène Verdier

♦ Vom 1. Mai bis 30. Sept. geöffn. (außerhalb dieser Zeit für Aufenthalte auf Anfrage) ♦ 2 Zi. und 1 Suite (4 Pers.) mit Bad oder Dusche, WC (TV in 1 Zi.): 58-69 € (2 Pers.); Suite: 48 € (1 Pers.), 58 € (2 Pers.) + 19 € (Extrabett) ♦ Frühst. inkl. ♦ Kein Gästetisch - Restaurants ab 2 km ♦ Salon ♦ Nur kl. Hunde erlaubt ♦ Schwimmbad ♦ Sprachen: Englisch ♦ **Anreise** (Karte Nr. 25): in Issoire Ausfahrt Nr. 13, Rtg. Parentignat. Dort links Rtg. Varennes-sur-Usson. An der Ausfahrt rechts Rtg. Saint-Rémy-de-Chargnat, 1. Allee rechts, ganz am Ende weißes Portal.

Hinter einer schmucken rosa Fassade verbergen sich 3 alte Häuser, die vollkommen instandgesetzt wurden und in deren Mitte sich heute ein beheiztes Schwimmbad befindet. Den Gästen steht ein großer Salon mit schönen alten bzw. exotischen Möbeln, einem Kamin und einer Bibliothek zur Verfügung; an den Wänden hängen moderne Bilder und Zeichnungen. Cremefarbene Gästezimmer voller Komfort und eingerichtet mit dem gleichen Raffinement wie der Salon. Tadellose Bäder. Der große Rasen mit kürzlich angepflanzten Bäumen lädt zum Nichtstun ein. Besonders liebenswürdiger Empfang. Ein sehr angenehmes Haus.

112 - Domaine de Moulinard

87220 Boisseul
(Haute-Vienne)
Tel. (0)5 55 06 91 22
Fax (0)5 55 06 98 28
Mme und M. Ziegler
E-Mail: philippe.ziegler@wanadoo.fr

♦ Von April bis Okt. geöffn. ♦ 5 Zi. mit Dusche, WC: 31 € (1 Pers), 40 € (2 Pers.) ♦ Frühst. inkl. ♦ Kein Gästetisch - Mehrere Restaurants im Umkreis von 5 km ♦ Salon ♦ Hunde nur auf Anfrage erlaubt ♦ Sprachen: Englisch ♦ **Anreise** (Karte Nr. 23): 12 km südl. von Limoges. Ausfahrt Limoges, Rtg. Toulouse, A 20, Ausfahrt Boisseul (37). Ab N 20 oder Autobahn A 20 ausgeschildert.

Das weiße, dem Bauernhof gegenüberliegende Haus mit schattigem Garten wird ausschließlich von den Gästen der *Domaine de Moulinard* bewohnt. Denen steht auch ein sehr schlicht gestalteter Aufenthaltsraum im Erdgeschoss zur Verfügung. Die 5 Zimmer im 1. Stock ganz in Weiß haben mit ihrem hellen Parkettboden und den authentischen Möbeln einen ganz und gar nostalgischen Charakter. Sie verfügen über moderne Duschbäder. Hier, mitten im Limousin, kann man viel Natur und viel Ruhe genießen. Höflicher Empfang.

AUVERGNE - LIMOUSIN

113 - Château de Brie

87150 Champagnac-la-Rivière
(Haute-Vienne)
Tel. (0)5 55 78 17 52
Fax (0)5 55 78 14 02
Comte und Comtesse
du Manoir de Juaye
E-Mail: chateaudebrie@wanadoo.fr
Web: chateaux-france.com

♦ Vom 1. April bis 1. Nov. geöffn. (ansonsten auf Anfrage) ♦ 4 Zi. mit Bad, WC: 95 € (2 Pers.) ♦ Frühst. inkl. ♦ Gemeins. Essen auf Best. - Restaurants im Park des Schlosses ♦ Salon ♦ Hunde nur auf Anfrage erlaubt ♦ Teich, Schwimmbad, Tennis ♦ Sprachen: Englisch ♦ **Anreise** (Karte Nr. 23): 45 km südwestl. von Limoges über die N 21 bis Châlus, dann die D 42; zwischen Châlus und Cussac.

Das Schloss wurde im 15. Jahrhundert auf einem mittelalterlichen Unterbau errichtet und bietet einen herrlichen Ausblick auf die Landschaft. Jedes der großräumigen Zimmer hat seinen eigenen Stil; die Einrichtung mit alten Möbeln reicht vom 16. Jahrhundert bis zum Empire. Aber seien Sie versichert: in den Bädern herrscht absolute Modernität. Zum Frühstück trifft man sich in der Bibliothek. Sehr freundliche Atmosphäre und natürlicher Umgang an einem vollkommen authentischen Ort.

114 - Les Hauts de Boscartus

87520 Cieux
(Haute-Vienne)
Tel. (0)5 55 03 30 63
Paulette und Paul Hennebel

♦ Ganzj. geöffn. ♦ Nichtraucher bevorzugt ♦ 2 Zi. mit eig. Dusche, gemeins. WC: 32 € (1 Pers.), 48 € (2 Pers.), 63 € (3 Pers.), 79 € (4 Pers.) ♦ Kostenlos f. Kinder unter 3 J. ♦ Frühst. inkl. ♦ Kein Gästetisch - Restaurants und Gasthöfe in unm. Nähe ♦ Salon ♦ Zimmerreinigung, kein Bettenmachen ♦ Tel. ♦ Hunde nicht erlaubt ♦ **Anreise** (Karte Nr. 23): 30 km nordwestl. von Limoges. Von Bellac D 3 bis Blond, dann Rochers de Puychaud, Villerajouze Boscartus.

Dieses Haus liegt an einem Hügel und ist ganz umgeben von einem lichten Wald. Ein sehr angenehmer Aufenthaltsraum mit 2 gemütlichen Sitzecken: auf der einen Seite der Kamin, und auf der anderen die große Glasfassade mit Blick auf die Umgebung und den fernen Teich. Alle Zimmer sind freundlich, ausgesprochen ruhig und bieten eine hübsche Aussicht. Zum Frühstück gibt es Frischkäse und exzellente hausgemachte Produkte wie Honig, Lebkuchen und Konfitüren. Sollten Sie Interesse haben, wird Madame Hennebel Ihnen die von ihr mit großem Geschick hergestellten Patchwork-Arbeiten zeigen. Beste Betreuung.

AUVERGNE - LIMOUSIN

115 - Moulin de Marsaguet

87500 Coussac-Bonneval
(Haute-Vienne)
Tel. (0)5 55 75 28 29
Valérie und Renaud Gizardin

♦ Vom 1. Okt. bis 15. April geschl. - So geschl. ♦ 3 Zi. mit Bad oder Dusche, WC (1 außerh. d. Zi.): 39 € (2 Pers.) ♦ Frühst. inkl. ♦ Gästetisch abends, gemeinsam (Di, Do, Sa): 17 € (Wein inkl.) ♦ Salon ♦ Tel. ♦ Hunde nur auf Anfrage erlaubt ♦ Teich (13 ha), Sportangeln, Bootsfahrten ♦ Sprachen: Englisch ♦ **Anreise** (Karte Nr. 23): 40 km südl. von Limoges über A 20, Ausfahrt Pierre-Buffière, Rtg. Saint-Yrieix, D 19 bis Kreuzung Croix d'Hervy, dann 5 km D 57 Rtg. Coussac. Am Teich entlang, dann links.

Die jungen Landwirtwirte „back to the roots" Valérie und Renaud Gizardin züchten Enten und kochen mit eigenen Produkten. Im Winter wird im großen Raum mit Kamin zu Abend gegessen, im Sommer unter der Linde. Die Zimmer sind schlicht und hell. Wer mag, kann am riesigen fischreichen und von Bäumen umgebenen Teich unmittelbar neben dem Haus angeln. Diese Adresse werden insbesondere Echtheitsfanatiker zu schätzen wissen! Familiär-liebenswürdige Betreuung.

116 - Fougeolles

87120 Eymoutiers
(Haute-Vienne)
Tel. (0)5 55 69 11 44
sowie (0)5 55 69 18 50
Mme du Montant

♦ Ganzj. geöffn. ♦ 4 Zi. mit Bad, WC (1 weiteres Zi. steht z. Verf.): 46, 55 und 69 € (2 Pers.) + 8 € (Extrabett) ♦ Frühst. inkl. ♦ Gemeins. Essen ausschl. auf Best.: 15 € (Wein inkl.) ♦ Hunde nicht erlaubt ♦ Angeln, Spielzeugeisenbahn- und Tretautomuseum ♦ Sprachen: Englisch ♦ **Anreise** (Karte Nr. 24): 45 km südöstl. von Limoges über die D 979 Rtg. Eymoutiers; 500 m vor dem Ortseingang links ausgeschildert.

Dieses unweit vom Ortsausgang von Eymoutiers inmitten großer Ländereien gelegene Haus aus dem 17. Jahrhundert verfügt über hübsche, komfortable Zimmer, die alle mit antiken Möbeln ausgestattet und mit geschmackvollen Stoffen aufgefrischt sind. Die im Stammhaus eingerichteten Gästezimmer sind groß und gut renoviert, die kleinen im alten Gebäude sind sehr freundlich, schön altmodisch und werden all denen gefallen, die auf der Suche nach Authentischem sind. Salon und Speiseraum sind (wahrscheinlich seit langem) unverändert, vielleicht ein wenig streng, aber man kann in diesen Räumen zahlreiche ungewöhnliche Gegenstände bewundern. Ein ausgesprochen eigenwilliges Haus.

AUVERGNE - LIMOUSIN

117 - Château de la Chabroulie
Isle
87170 Limoges
(Haute-Vienne)
Tel. (0)5 55 36 13 15
Handy (0)6 77 04 87 09
Mme und M. de la Selle
E-Mail: dls@chateau-chabroulie.com
Web: chateau-chabroulie.com

♦ Ganzj. geöffn. ♦ 4 Zi. mit Bad oder Dusche, WC: 58-61 € (2 Pers.) + 16 € (Extrabett) ♦ Frühst. inkl. ♦ Kein Gästetisch - Restaurants ab 1,5 km ♦ Salon ♦ Für eig. Pferde ist ein Stall vorhanden, Kanu (für Fahrten auf der Vienne), Besichtigung einer Porzellanfabrik ♦ Schwimmbad ♦ Sprachen: Englisch ♦ **Anreise** (Karte Nr. 23): 4 km südl. von Limoges. Am Ortsausgang von Limoges auf die N 21 Rtg. Périgueux, nach 6 km rechts auf die D 74, dann links (1 km).

5 Minuten von der Innenstad Limoges in unmittelbarer Nähe der Uferstraßen der Vienne befindet man sich mitten auf dem Land, und nichts trübt die wunderschöne Hügellandschaft, die dieses kleine Schloss aus dem 19. Jahrhundert umgibt. 4 schöne, antik möblierte Zimmer wurden hier sorgfältig renoviert. Eines ist ein echtes kleines Museum; gewidmet wurde es einem der Großväter: dem Kavallerieoffizier. Die anderen Zimmer sind von elegantem Klassizismus und entsprechen ganz dem Ursprung dieses hierauf stolzen Hauses. In den reizvollen Salons finden ab und zu Empfänge statt. Wenn des Wetter es nicht gestattet, das Frühstück auf der Terrasse einzunehmen, wird es im Speiseraum serviert.

118 - Le Val du Goth

Le Vansanaud
87440 Marval Saint-Mathieu
(Haute-Vienne)
Tel. (0)5 55 78 76 65
Fax (0)5 55 78 23 79
Mme und M. Francis Pez

♦ Ganzj. geöffn. ♦ 2 Zi. mit Bad oder Dusche, WC, TV mit Videorecorder: 39 € (1 Pers.), 54 € (2 Pers.) ♦ Frühst. inkl. ♦ 1 Haus nebenan mit Küche, Bad oder Dusche, 2 WC: 229 € 1 Wochenende, 460-991 € pro Woche (6 Pers.) ♦ Frühst.: 5 € ♦ Kein Gästetisch - Küche und Barbecue stehen zur Verfüg. - Restaurants ab 3 km ♦ Salon ♦ Tel. ♦ Hunde nicht erlaubt ♦ Schwimmbad, Angeln (Teiche), Kahn, Mountainbikes, Tischtennis ♦ Sprachen: Englisch ♦ **Anreise** (Karte Nr. 23): 9 km südöstl. von Saint-Mathieu, Rtg. Marval. 1,5 km hinter Milhaguet, hinter Cussac links (1 km), dann rechts Route du Vansanaud.

Dieser mitten im Grünen zwischen dem Périgord und dem Limousin einsam gelegene Bauernhof wurde schön renoviert. Unterhalb des Gartens liegt das Schwimmbad, und einige Meter weiter ein großer Teich. Auch wenn im Innern die Steine roh sind, ist die Ausstattung doch recht fein: kleine Gästezimmer mit bedruckten Stoffen, blitzsaubere Bäder, einige alte Möbel und hübsche Gegenstände aus Glas. Das Abendessen ist köstlich und die Stimmung derart angenehm, dass man sich hier sehr wohl fühlen *muss*.

AUVERGNE - LIMOUSIN

119 - Le Masbareau

Royères
87400 Saint-Léonard-de-Noblat
(Haute-Vienne)
Tel. und Fax (0)5 55 00 28 22
Mme und M. Boudet

♦ Ganzj. geöffn. ♦ 3 Zi. (1 für Familien) mit Bad oder Dusche, WC: 46 € (1 Pers.), 48-52 € (2 Pers., Doppelbett oder 2 Betten), 58 € (3 Pers.) + 14 € (zusätzl. Pers.) ♦ Frühst. inkl. ♦ Gemeins. Essen (Bio-Produkte vom Bauernhof): 16 € (Wein inkl.) ♦ Salon ♦ Hunde nicht erlaubt ♦ 100 Hektar Wald (Pilze, Wanderwege) ♦ Sprachen: etwas Deutsch, Englisch ♦ **Anreise** (Karte Nr. 23): 18 km östl. von Limoges über die N 141 Rtg. Clermont-Ferrand. Rechts nach Fontaguly, 3 km weiter (oder an der Ampel von Royères rechts, nach 3 km das Haus).

Die Hauptaktivitäten dieses großen Anwesens auf dem Land sind Rinderzucht und Direktverkauf von Biofleisch. Weshalb hier, in absolut lockerem Familienambiente, der Gästetisch einer der besten überhaupt ist. Die Gästezimmer sind sehr angenhm (glänzendes Parkett, antike Möbel, Bibliothek). Ein weiteres Zimmer, es ist rustikaler, eignet sich besonders für Familien. Im schönen Salon gibt's von Vorfahren aus Indochina mitgebrachte Souvenirs. Ein Haus mit wunderbarer Lage, viel Charme und angenehm-dynamischem Empfang.

120 - Les Chênes

Les Sauvages
87240 Saint-Sylvestre
(Haute-Vienne)
Tel. und Fax (0)5 55 71 33 12
Mme und M. Rappelli
E-Mail: Les.chenes@wanadoo.fr
Web: haute-vienne.com/chenes.htm

♦ Ganzj. geöffn. ♦ Nichtraucher-Haus ♦ Mind. 2 Üb. im Juli und August ♦ 2 Zi. und 1 Suite mit Bad oder Dusche, WC: 48 € (1-2 Pers., 1 Üb.), 44 € (1-2 Pers., ab 2. Üb.) + 16 € (zusätzl. Pers.) ♦ Frühst. inkl. ♦ Gästetisch abends, gemeinsam: 16 € (Wein inkl.) - Restaurants ab 7 km ♦ Salon ♦ Hunde nicht erlaubt ♦ Sprachen: Englisch, Italienisch, Spanisch ♦ **Anreise** (Karte Nr. 23): 25 km nordöstl. von Limoges. Autobahn A 20, Ausfahrt Nr. 25, D 44 Rtg. Saint-Sylvestre, dann links D 78 Rtg. Grandmont. Hinter Grandmont 200 m rechts.

In der Ambazac-Region nordöstlich von Limoges wird die Landschaft plötzlich gebirgig, und deshalb hat dieses ungewöhnliche Chalet auch einen angenehmen Ausblick auf die umliegenden Teiche und Wälder. Das ausschließlich aus natürlichen Materialien erbaute Haus verbreitet eine besonders freundliche Atmosphäre, die Edith und Lorenzo gern mit ihren Gästen teilen. 2 der vollkommen vertäfelten, sehr komfortablen Zimmer, in denen einige vom Hausherrn gemalte Bilder hängen, haben einen Balkon mit Blick auf die Natur. In Ediths eher klassischer Küche gibt es Brot und Kuchen selbstgebacken, Entenschenkel, Filet mignon und auch einige vegetarische Gerichte.

B U R G U N D

121 - Les Planchottes

6, rue Sylvestre Chauvelot
21200 Beaune
(Côte-d'Or)
Tel. und Fax (0)3 80 22 83 67
Cécile und Christophe Bouchard
E-Mail: lesplanchottes@voila.fr
Web: lesplanchottes.free.fr

2003

♦ Jan. und Febr. geschl. ♦ Nichtraucher-Haus ♦ 2 Zi. mit Bad, WC: 90 € (2 Pers.) ♦ Frühst. inkl. ♦ Kein Gästetisch - Restaurants 5 Min. zu Fuß ♦ Salon ♦ Haustiere nicht erlaubt ♦ Sprachen: Deutsch, Englisch ♦ **Anreise** (Karte Nr. 19): von der N 74 (Paris/Dijon/Nuits-St-Georges) oder von der Autobahn A 6 kommend: Ausfahrt Nr. 24, Beaune-Saviny, Beaune Centre-Ville und Boulevard Circulaire, an dem Kriegerdenkmal vorbeifahren und nach 2 kurz hintereinander folgenden Ampeln auf die kleine Straße in entgegengesetzter Richtung.

Die berühmten Hospices liegen nur ein paar Minuten zu Fuß von diesem reizenden kleinen Haus entfernt, das sowohl zur Stadt als auch auf den Weinberg (gleich hinter einem unwiderstehlichen Bauerngarten, in dem das Frühstück serviert wird) hinausgeht. Wunderbar mit dem Anliegen renoviert, alles Ursprüngliche und die edlen Materialien zu erhalten, verfügt es über 2 große Zimmer, die zurückhaltend in einem klassisch-modernen Stil eingerichtet sind. Abgeschliffene Balken, antike Möbel, von farbschönen Stoffen unterstrichene Eierschalfarben, traumhafte Bäder … Hier fühlt man sich absolut wohl, und der diskret-elegante Empfang rundet diesen besten Eindruck weiter ab.

122 - Le Château

21520 Courban
(Côte-d'Or)
Tel. (0)3 80 93 78 69
Handy (0)6 09 62 51 77
Fax (0)3 80 93 79 23
Pierre Vandendriessche
E-Mail: chateau-decourban@wanadoo.fr
Web: chateaucourban.fr

♦ Ganzj. geöffn. ♦ Reservieren ♦ 6 Zi. mit Bad oder Dusche, WC: 60 €, 75 €, 95 €, 115 € (2 Pers.) + 20 € (Extrabett) ♦ Frühst.: 7,50 € ♦ Gästetisch abends, reservieren: 25 € (ohne Wein) ♦ Salon ♦ Schwimmbassin ♦ Sprachen: Englisch ♦ **Anreise** (Karte Nr. 19): 15 km von Chatillon-sur-Seine. Autobahn A 5, Ausfahrt 23 Montigny/Aube, Ausfahrt 24 Châteauvillain - Chatillon/Seine. 85 km von Troyes und Dijon.

Das von einem Taubenhaus flankierte Schloss liegt an der Grenze von 4 Departements und wirkt eher wie ein stattliches, wohlproportioniertes, großbürgerliches Haus. Der Eigentümer ist Dekorateur, restaurierte es und versah es mit üppigen Stoffen, komfortablem Mobiliar und mit den abgeschwächten, aber wunderbaren Farben des Nordens. Der Speiseraum, in dem die Farbe Rot vorherrscht, lädt zum Verweilen ein, das Frühstück wird ganz entspannt in der Küche eingenommen. Die Zimmer von mittlerer Größe haben fast alle einen Alkoven, hinter dem sich eine Dusche mit Hydromassage, ein Waschbecken und auch das WC verbergen (was diesen oder jenen stören mag). Der französische Garten wird nach und nach einum Bassin, einen kleinen Kanal und einen Rosengarten bereichert, um den Charme des Ortes abzurunden.

B U R G U N D

123 - Petit Paris

2003

6, rue du Petit-Paris
21640 Flagey-Echezeaux
(Côte-d'Or)
Tel. (0)3 80 62 84 09
Fax (0)3 80 62 83 88
Nathalie Buffey
E-Mail: famillebuffey@free.fr

♦ Ganzj. geöffn. ♦ 4 Zi. mit Bad oder Dusche, WC: 80 € (2 Pers.) + 20 € (für 1 Kind bzw. 1 Jugendlichen) ♦ Kein Gästetisch - Restaurants ab 200 m ♦ Park, Fischteich und Fluss, Kinderspiele im Freien ♦ Haustiere nur auf Anfrage erlaubt ♦ Sprachen: Englisch, Spanisch ♦ **Anreise** (Karte Nr. 19): in Nuits-Saint-Georges auf die N 74 Rtg. Dijon (3 km). Am Kreisverkehr De Vougeot rechts Rtg. Gilly-les-Citeaux, Gilly-Centre, dann „Petit Paris" ausgeschildert.

Dieses auf bewundernswerte Art erbaute kleine Burgunder Dorf scheint sich ganz seinem Schloss zuzuwenden, das heute ein luxuriöses Hotel-Restaurant ist. *Petit Paris* liegt gleich daneben, und die Dependance, in der sich die Zimmer befinden, geht direkt auf den Park und die Fischteiche des Anwesens hinaus. In diesem schönen, großbürgerlichen Haus ist das Ambiente künstlerisch, raffiniert, der Empfang sehr angenehm. Die oberhalb eines Künstlerateliers eingerichteten Zimmer (nehmen Sie die größten, da besseres Preis-Leistungsverhältnis) besitzen reizende Bäder und sind ganz modern, ja eine Spur minimalistisch gestaltet. Köstliches Frühstück, das im Garten serviert wird, sobald es schön zu werden beginnt.

124 - Château de Longecourt

21110 Longecourt-en-Plaine
(Côte-d'Or)
Tel. (0)3 80 39 88 76
Fax (0)3 80 39 87 44
Comtesse Bertrand de Saint-Seine

♦ Ganzj. geöffn. ♦ 3 Zi. mit Bad, WC und 2 Zi. mit eig. Bad, gemeins. WC: 121,96 € (1-2 Pers.) + 22,87 € (zusätzl. Pers.) ♦ Frühst. inkl. ♦ Gästetisch abends, gemeinsam: 41,16 € (Wein inkl.) ♦ Salons ♦ Hunde erlaubt ♦ Pferdeboxen, Angeln ♦ Sprachen: Englisch ♦ **Anreise** (Karte Nr. 19): 18 km südöstl. von Dijon über die D 996 und die D 968 Rtg. Saint-Jean-de-Losne; am Rathausplatz von Longecourt.

Am Ortsausgang des Burgunder-Dorfes spiegeln sich die Flügel dieses Kleinodes des 17. Jahrhunderts aus rosa Ziegelstein und Stuck in den grünen Gewässern des breiten Schlossgrabens. Das ganz authentisch gebliebene Interieur ist, insbesondere der einzigartige große Salon mit Marmorwandbekleidung und geschnitzter vergoldeter Decke, von gleichem Niveau; aber auch die Zimmer mit ihrem antiken Mobiliar, ihren Radierungen und Gemälden. Alle Schlafräume haben Komfort – auch wenn einige Bäder nicht auf dem letzten Stand sind. Außergewöhnlich!

B U R G U N D

125 - Château de Beauregard

21390 Nan-sous-Thil
(Côte-d'Or)
Tel. (0)3 80 64 41 08
Fax (0)3 80 64 47 28
Nicole und Bernard Bonoron
E-Mail: beauregard.chateau@wanadoo.fr
Web: perso.wanadoo.fr/beauregard.chateau

♦ Dez. und Jan. geschl. ♦ 3 Zi. mit Bad, WC und 1 Suite (4 Pers.) mit Bad, Dusche, 2 WC: 100-130 € (2 Pers.); Suite: 200 € (4 Pers.) + 22,87 € (zusätzl. Pers.) ♦ Frühst. inkl. ♦ Kein Gästetisch - Restaurants ab 3 km ♦ Salon ♦ Hunde nur auf Anfrage erlaubt (+ 15 €) ♦ Bassin ♦ Sprachen: Englisch ♦ **Anreise** (Karte Nr. 18): 18 km nördl. von Saulieu, Autobahn A 6, Ausfahrt Bierre-les-Semur, 3 km Rtg. Saulieu. Am Stoppschild links Rtg. Vitteaux und sofort rechts Rtg. Nan-sous-Thil. Den Ort durchfahren.

Beauregard, in einem 10 Hektar großen Park gelegen, verdient seinen Namen zu Recht, denn der Ausblick, den man von hier auf die hügelige Landschaft des Auxois hat, ist tatsächlich sehr schön. Das Schloss wurde von Nicole und Bernard Bonoron wunderbar restauriert. Von beiden wird man hier warmherzig empfangen und dann in eines der 3 komfortablen, edel im traditionellen Stil eingerichteten Zimmer geführt (die Bäder sind heute ultra-modern, haben aber noch den Charme von früher). Die prächtige Suite nimmt fast die Hälfte einer Etage ein. Das exzellente Frühstück wird in einem großen, hellen Salon mit Kamin oder im Innenhof serviert.

126- Domaine de Loisy

28, rue Général-de-Gaulle
21700 Nuits-Saint-Georges
(Côte-d'Or)
Tel. (0)3 80 61 02 72
Fax (0)3 80 61 36 14
Comtesse Michel de Loisy
E-Mail: domaine.loisy@wanadoo.fr
Web: domaine-de-loisy.com

♦ Vom 20. Dez. bis 6. Jan. geschl. ♦ Reserv. notwendig ♦ Mind. 2 Üb. Wochenende ♦ Falls nicht vorher vereinbart, Ankunft zwischen 17 und 19 Uhr und Abreise spätestens um 11.30 Uhr erwünscht ♦ 3 Zi. und 2 Suiten (4 Pers.) mit Bad, WC: 100-130 € (2 Pers.) ♦ Frühst. inkl. ♦ Kein Gästetisch - Restaurants in unm. Nähe ♦ Salon ♦ Tel. auf Wunsch ♦ Amex, Visa, MasterCard ♦ Hunde nur auf Anfrage erlaubt ♦ Weinkellerbesichtigung und Probierbuffet: 184 € (2 Pers.) ♦ Sprachen: Englisch, Italienisch ♦ **Anreise** (Karte Nr. 19): 22 km südl. von Dijon über die N 74; am Ortsausgang Rtg. Beaune.

Madame Loisy, deren außergewöhnliche Persönlichkeit und Bildung den Gast erfreuen, ist zudem Spezialistin für Weinbaukunde und organisiert Weinproben und Besuche bei Winzern. Die Gästezimmer und auch der Salon sind mit antiken Möbeln eingerichtet und verfügen über den Charme und die Patina der Häuser unserer Großmütter. Schallschutzfenster behüten nun die an der verkehrsreichen Straße gelegenen Zimmer, die zum Hof sind ruhig. Im großen Speiseraum mit Holzofen für die kalten Tage wird das Frühstück serviert. Eine Stopp-Adresse.

B U R G U N D

127 - Commanderie de la Romagne
Hameau de la Romagne
21610 Saint-Maurice-sur-Vingeanne
(Côtes-d'Or)
Tel. (0)3 80 75 90 40
M. Quenot
E-Mail: xavierquenot@laromagne.com
Web: laromagne.com

♦ Ganzj. geöffn. ♦ 1 Zi., 1 Suite und 1 Appart. (Vielstrahldusche und Balneotherapie) mit Bad oder Dusche, WC: 65 € (2 Pers.) + 18 € (zusätzl. Zi. für Erw.) oder 15 € (zusätzl. Zi. für Kinder) ♦ Frühst. inkl. ♦ Kein Gästetisch - Restaurants in Umgebung ♦ Kreditkarten außer Amex ♦ Zimmerreinigung auf Wunsch ♦ Kl. Hunde nur auf Anfrage erlaubt ♦ Flussangeln, Mountainbikes, Kanufahrten auf der Vingeanne ♦ Sprachen: ein wenig Deutsch, Englisch ♦ **Anreise** (Karte Nr. 19): 35 km südl. von Langres. Autobahn A 31, Ausfahrt 5, Til-Chatel. Danach Rtg. Langres, N 74 bis Orville, dann rechts nach Chazeuil, Sacquenay, Courchamp, La Romagne.

Dieses vom Vingeanne-Fluss umspülte außergewöhnliche Ensemble (12.-15. Jh.) wird diejenigen begeistern, die besonderes Interesse an Geschichte und alten Bauwerken haben. Die bewundernswert renovierten Zimmer befinden sich im Turm der Hebebrücke. Altes, poliertes Holz, glänzende Tomettes (sechseckige Tonplatten), naturfarbener Verputz, 1 oder 2 antike Möbelstücke, wunderbare Bäder ... So, und nicht anders wünscht man sie sich (das Appartement im 2. Stockwerk hat allerdings weniger Stil). Das Frühstück wird in Begleitung von Musik in einem Raum im Haute-Epoque-Stil serviert. Höchst angenehmer Empfang und Ruhe garantiert.

128 - Le Presbytère

La Motte Ternant
21210 Saulieu
(Côte-d'Or)
Tel. (0)3 80 84 34 85
Marjorie und Brian Aylett
E-Mail: lepresbytere@aol.com
Web: lepresbytere.com

♦ Von Ostern bis 31. Okt. geöffn. ♦ Reserv. notwendig ♦ Mind. 2 Üb. ♦ Nichtraucher-Haus ♦ 2 Zi. und 1 Studio mit Bad oder Dusche, WC: 63 € (1 Pers.), 70 € (2 Pers.); Studio 56 € (1 Pers.), 63 € (2 Pers.) ♦ Frühst. inkl. ♦ Gästetisch abends, gemeinsam, reservieren: 23 € (Wein inkl.) ♦ Salon ♦ Tel. ♦ Fahrräder ♦ Sprachen: Englisch ♦ **Anreise** (Karte Nr. 18): 10 km östl. von Saulieu. Autobahn A 6, Ausfahrt Bierre-les-Semur, dann Rtg. Saulieu, D 26 nach La Motte Ternant.

Ein ehemaliges Presbyterium, das sich an eine kleine Kirche aus dem 11. Jahrhundert anlehnt und einen Ausblick auf eine weite Wald- und Hügellandschaft bietet. Der schöne Garten ist abschüssig und hat alte, moosbewachsene Mäuerchen, die den Rasen von den Blumen- und Gemüsebeeten trennen. Die von einem englischen Paar renovierten Innenräume verbinden den Charme alter Häuser mit englischem Mobiliar. Das Ergebnis ist erfreulich und voller Komfort. Die Zimmerpreise sind zwar etwas überhöht, aber die französische Küche (bemerkenswert frische Produkte) ist gut.

B U R G U N D

129 - Péniche Lady A

Port du Canal - cidex 45
21320 Vandenesse-en-Auxois
(Côte-dOr)
Tel. (0)3 80 49 26 96
Fax (0)3 80 49 27 00
Mme und M. Jansen-Bourne

♦ Dez. und Jan. geschl. ♦ Nichtraucher-Kabinen ♦ 3 Kabinen (2 Betten oder großes Doppelbett) mit Dusche, WC: 40 € (1 Pers.), 50 € (2 Pers.) ♦ Aufenthaltstaxe 0,60 €/Pers./Üb. inkl. ♦ Frühst. inkl. ♦ Gästetisch abends, gemeinsam: 22 € (Wein inkl.) ♦ Kutschfahrten-Angebot ♦ Salon ♦ Haustiere nicht erlaubt ♦ Sprachen: Deutsch, Englisch, Niederländisch ♦ **Anreise** (Karte Nr. 19): 7 km südwestl. von Pouilly. Autobahn A 6, Ausfahrt Pouilly, D 18 Rtg. Créancey, dann Vandenesse. Im Hafen des Kanals.

Am Ufer eines der reizvollsten Dörfer des Auxois hat *Lady A* ihren Anker geworfen. Die kleinen, hellen, mit einem komfortablen Bett und einer Dusche bestens ausgestatteten Kabinen sind identisch. Hier verbringt man den Tag in Sesseln auf der Brücke, wobei man sich an den weidenden Schafen und schönen alten Häusern des Burgund erfreuen kann, die sich im stillen Wasser des Kanals spiegeln. Lisa ist sehr gastfreundlich und wird Ihnen gute Abendessen entweder draußen oder im hübschen Wohnraum servieren.

130 - Bouteuille

58110 Alluy
(Nièvre)
Tel. (0)3 86 84 06 65
Handy (0)6 77 35 01 34
Fax (0)3 86 84 03 41
Colette und André Lejault
E-Mail: lejault.c@wanadoo.fr
Web: perso.wanadoo.fr/bouteuille

♦ Ganzj. geöffn. ♦ 4 Zi. mit Bad oder Dusche, WC, TV (1 Zi. mit zusätzl. Raum): 39-44 € (1 Pers.), 46-56 € (2 Pers.) ♦ Frühst. inkl. ♦ Kein Gästetisch - den Gästen steht eine Küche zur Verf., Grill im Taubenhaus - Gastst. und gastronom. Restaurants 5 km entf. ♦ Kartentelefon ♦ Hunde nicht erlaubt ♦ Sprachen: Englisch ♦ **Anreise** (Karte Nr. 18): 40 km östl. von Nevers D 978 Rtg. Château-Chinon und Autun; ab L'Huy-Moreau (5 km hinter Rouy) ausgeschildert. Ab Châtillon en-Bazois D 978 Rtg. Nevers 4 km (nicht bis Alluy fahren), dann 1. Straße rechts (600 m) hinter der Avia-Citroën-Tankstelle.

Dieses gepflegte Haus aus dem 17. Jahrhundert ist Teil eines Gehöftes mit unendlich weitem Blick über die Felder. Die Innenräume (größtenteils mit echten alten Möbeln ausgestattet) sind in einwandfreiem Zustand. Die Zimmer sind recht groß und komfortabel, die Bäder modern und strahlend. Madame Lejault serviert ein gepflegtes Frühstück, das in der netten Wohnküche eingenommen wird. Sympathische Betreuung.

B U R G U N D

131 - Château de Villemenant

58130 Guérigny
(Nièvre)
Tel. (0)3 86 90 93 10
Fax (0)3 86 90 93 19
Mme und M. Chesnais
E-Mail: info@chateau-villemenant.com
Web: chateau-villemenant.com

♦ Ganzj. geöffn. ♦ Reservieren ♦ Nichtraucher-Zi. ♦ 4 Zi. mit Bad oder Dusche, WC, Tel.: Zi. 107-132 € (2 Pers.); Zi. als Suite 148 € (2 Pers.) + 30 € (Extrabett) ♦ Frühst. inkl. ♦ Gästetisch, gemeinsam, Fr und Sa abends, reservieren: 36 € (Wein inkl.) ♦ Salon ♦ Hunde nur auf Anfrage erlaubt (+ 8 €) ♦ Sprachen: Deutsch, Englisch ♦ **Anreise** (Karte Nr. 18): 15 km nordöstl. von Nevers. Autobahn A 6, A 77, Ausfahrt Nevers, Rtg. Auxerre, dann Guérigny. 2. Straße rechts hinter dem Ortseingangsschild (ausgeschildert).

Das denkmalgeschützte Schloss aus dem 14. Jahrhundert erhielt zum Glück seine schöne Architektur; zudem besitzt es einen Park an einem Nebenfluss der Nièvre. Frühstück und Abendessen werden im großen Speiseraum eingenommen, in dem ein imposanter Kamin thront. Die Wendeltreppe des kleinen Turms führt zu den komfortablen Zimmern, die nach jenen Frauen benannt sind, die hier im Laufe der Jahrhunderte gelebt haben. Im blauen Zimmer namens „Madeleine de Bréchard" finden 4 Personen Platz. Das „Marie de Lange" in Grüntönen besitzt einen Kamin. Ein weiteres Zimmer wurde im Empirestil gestaltet, und im letzten stehen 2 Betten. Die kleinen Bäder sind tadellos und wurden einfallsreich integriert.

132 - Château de Nyon

58130 Ourouër
(Nièvre)
Tel. (0)3 86 58 61 12
Mme Catherine Henry

♦ Ganzj. geöffn. ♦ Reserv. notwendig ♦ Nichtraucher-Zi. ♦ 3 Zi. und 1 Suite (4 Pers., mit Küche) mit Bad oder Dusche, WC: 40 € (1 Pers.), 52 € (2 Pers.), 49 € (2 Pers., ab. 2 Üb.); Suite 69 € (2 Pers.) + 16 € (zusätzl. Pers.) ♦ Frühst. inkl. ♦ Kein Gästetisch - Restaurants ab 6 km ♦ Haustiere nicht erlaubt ♦ Tel. ♦ Salon ♦ **Anreise** (Karte Nr. 18): 15 km nördl. von Nevers über die D 977 Rtg. Auxerre. Nach 6-7 km die D 958 in Montigny-aux-Amognes, D 26 Rtg. Ourouër, ab Ourouër ausgeschildert.

Die Architektur dieses kleinen Schlosses, das sich in eine Talmulde schmiegt, ist einfach wunderbar. Das Innere mit seiner Flucht kleiner Salons – sie sind antik möbliert, mit eleganten Stoffen dekoriert und haben schönes, farbig hervorgehobenes Täfelwerk – entspricht ganz und gar dem Äußeren. Die kleinen, höchst angenehmen und authentischen Zimmer erfreuen sich der gleichen Ästhetik und sind sehr gepflegt. Die neue Suite haben wir noch nicht in Augenschein nehmen können. Madame Henry, sie ist sehr liebenswürdig, bereitet das gute Frühstück zu, das am großen Tisch des seit dem 19. Jahrhundert unveränderten Speiseraumes serviert wird. Eine exzellente Adresse zum Entdecken der Region.

B U R G U N D

133 - Le Bois Dieu

58400 Raveau
(Nièvre)
Tel. (0)3 86 69 60 02
Fax (0)3 86 70 23 91
Mme Mellet-Mandard
E-Mail: leboisdieu@wanadoo.fr
Web: leboisdieu.com

♦ Vom 15. Nov. bis 15. März geschl. ♦ Nichtraucher-Zi. ♦ 4 Zi. mit Bad oder Dusche, WC: 50 € (2 Pers.); kostenlos für Kinder bis 2 J. ♦ Frühst. inkl. ♦ Gästetisch abends, gemeinsam, reservieren: 20 € (Wein inkl.) ♦ Salon ♦ Haustiere nicht erlaubt ♦ Angeln (Karpfen) am Teich - Weinbergs- od. Verkostungsrundfahrt für 4-8 Pers. (Begleiter spricht Englisch) ♦ Sprachen: Englisch ♦ **Anreise** (Karte Nr. 18): 6 km von La Charité-sur-Loire über die N 7, Ausfahrt Auxerre, nach ca. 20 m rechts Rtg. Raveau, dann über 6 km ausgeschildert.

Wenn man dem mit weißen Kieselsteinen bedeckten und von Nussbäumen gesäumten Weg bis zum Baunerhof folgt und danach jenem kürzlich mit Judasbäumen bepflanzten, erreicht man schließlich *Bois Dieu*. Von dem freundlichen Ambiente, das hier überall zum Ausdruck kommt, ist man sofort angetan: lindgrün, goldgelb oder himmelblau gestrichene Wände, hübsche Bilder und zahlreiche touristische Informationsschriften über die Region. Die Zimmer sind mit ihrem „Retro"-Mobiliar aus Pechkiefer und Mahagoni, ihrem glänzenden Parkett und ihren tadellosen Duschbädern sehr angenehm. Das gemeinsame Abendessen (*table d'hôtes*) können wir nur empfehlen. Besonders liebenswürdiger Empfang.

134 - La Chaumière

Route de Saint-Germain-du-Plain
71370 Baudrières
(Saône-et-Loire)
Tel. (0)3 85 47 32 18
Handy (0)6 07 49 53 46
Fax (0)3 85 47 41 42
Mme Vachet

♦ Vom 15. April bis 15. Okt. geöffn. (außerh. der Saison auf Anfrage) ♦ 3 Zi. und 1 Cottage mit Bad oder Dusche, WC, TV: 54 € (1 Pers.), 58 € (2 Pers.) + 16 € (zusätzl. Pers.); Suite: 69 € (2 Pers.); Cottage 92 € (4 Pers.) ♦ Frühst. inkl. ♦ Kein Gästetisch - Restaurants in unm. Nähe ♦ Salon ♦ Zimmerreinigung auf Wunsch ♦ Schwimmbad, Tennis ♦ Sprachen: Englisch, Italienisch ♦ **Anreise** (Karte Nr. 19): von Norden kommend: Ausfahrt A 6 Châlon-Sud, Rtg. Châlon. Reiseroute „Lyon bis" über D 978 nach Ouroux-sur-Saône, dann D 933 bis Nassey, links Baudrières ausgeschildert (D 160). Von Süden kommend, hinter Sennecey-le-Grand (RN 6), rechts D 18 Rtg. Gigny, Saint-Germain-du-Plain. Die Saône bei Nassey überqueren; dann Baudrières (D 160).

In diesem ruhigen, kleinen Ort liegt das hübsche, von wildem Wein bewachsene Haus. Der Empfang ist freundlich und zwanglos, und die geschmackvollen Zimmer sind ebenso komfortabel wie gemütlich eingerichtet. Die Bäder mit Badewanne und Waschbecken sind lediglich durch eine Wand in halber Höhe abgetrennt, die Toiletten liegen jedoch separat. In dem mit alten regionalen Möbeln gestalteten Salon fühlt man sich sehr wohl. Das exzellente Frühstück wird bei schönem Wetter draußen unter einem kleinen Vordach aus Holz serviert.

B U R G U N D

135 - Le Moulin des Arbillons

71520 Bourgvilain
(Saône-et-Loire)
Tel. (0)3 85 50 82 83
Fax (0)3 85 50 86 32
Sylviane und Charles Dubois-Favre
E-Mail: arbillon@club-internet.fr
Web: club-internet.fr/perso/arbillon

♦ Vom 1. Juli bis 31. Aug. geöffn. ♦ 5 Zi. mit Bad oder Dusche, WC, Tel., TV (auf Wunsch): 55-75 € (2 Pers.) ♦ Frühst. inkl. ♦ Kein Gästetisch - Restaurant ab 300 m ♦ Salon ♦ Hunde nur auf Anfrage erlaubt ♦ **Anreise** (Karte Nr. 19): 24 km von Mâcon und 7 km südl. von Cluny. Achse Mâcon-Moulin (N 79), Ausfahrt Cluny, D 22 Rtg. Tramaye: die Mühle liegt rechts vom Dorf Bourgvilain.

In diesem kleinen Tal mit seinem plätschernden Fluss, der den Mühlbach mit Wasser versorgt, befinden wir uns in der Heimat von Lamartine. Im *Moulin des Arbillons* werden Sie besonders freundlich empfangen, bevor Sie das (möglicherweise etwas zu intensiv) renovierte Interieur entdecken, das dennoch komfortabel und sehr gepflegt ist. Die im gleichen Stil eingerichteten Zimmer und Bäder sind ebenso tadellos. Das Frühstück wird in einer kleinen Orangerie mit Blick auf die Umgebung eingenommen. Ein angenehmes, leider nur im Sommer geöffnetes Haus.

136 - La Griolette

71460 Bresse-sur-Grosne
(Saône-et-Loire)
Tel. (0)3 85 92 62 88
Fax (0)3 85 92 63 47
Mme und M. Welter
Web: france-bonjour.com/griolette

♦ Ganzj. geöffn. ♦ 2 mal 2 Zi. (2-5 Pers.), die sich je 1 Bad und eine Außentoilette teilen: 43-47 € (1 Pers.), 49-53 € (2 Pers.), 73-79 € (3 Pers.) + 6-11 € (zusätzl. Pers.) ♦ Frühst. inkl. ♦ Kein Gästetisch - Restaurants ab 4 km ♦ Salon ♦ Schwimmbad, Kinderfahrräder ♦ Sprachen: Englisch ♦ **Anreise** (Karte Nr. 19): 20 km westl. von Tournus. Autobahn A 6, Ausfahrt Tournus, Rtg. Saint-Gengoux-le-National über die D 215 (14 km). Rechts Rtg. Bresse. Im Dorf.

Das Gästehaus liegt im hinteren Teil des herrlichen Blumengartens, dem einige große Bäume Schatten spenden. Es ist ein altes Haus, das zwei mal zwei Zimmer anbietet, die sich ein tadelloses, für die Benutzung der beiden Zimmer besonders gut durchdachtes Bad teilen. Eine Scheune dient als Sommersalon, in dem das Feinschmecker-Frühstück serviert wird. Der Empfang ist liebenswürdig und generös, und das Dorf lohnt einen ausgiebigen Besuch.

B U R G U N D

137 - Château de Nobles

71700 La Chapelle-sous-Brançion
(Saône-et-Loire)
Tel. (0)3 85 51 00 55
Mme und M. de Cherisey

♦ Von Ostern bis 11. Nov. geöffn. ♦ 2 Zi. mit Bad oder Dusche, WC: 72 € (2 Pers.) + 20 € (Extrabett) ♦ Frühst. inkl. ♦ Kein Gästetisch - Restaurants ab 2 km ♦ Sprachen: Englisch ♦ **Anreise** (Karte Nr. 19): 14 km westl von Tournus. Autobahn A 6, Ausfahrt Tournus. In der Stadt, gegenüber dem Hotel „Les Remparts", Rtg. Charolles/Cluny auf der D 14 bleiben; der Eingang liegt an der Straße.

In der wunderschönen Landschaft des Brançionnais wurden die Dependancen dieses Schlosses aus dem 15. Jahrhundert neu eingerichtet. Monsieur Cherisey, er ist Winzer, und seiner Frau liegen der Charme und die Authentizität dieser Gegend besonders am Herzen. Von den beiden Zimmern, zu denen man über eine Galerie im Stil der Region gelangt, blickt man auf den quadratischen Hof. Beide haben Doppelbetten und moderne Bäder, und eines verfügt über ein für Kinder geeignetes Mezzanin. Das Frühstück wird im großen Salon eingenommen, in dem ein Renaissance-Kamin thront.

138 - Ferme-Auberge de Lavaux

Chatenay
71800 La Clayette
(Saône-et-Loire)
Tel. (0)3 85 28 08 48
Fax (0)3 85 26 80 66
Mme und M. Paul Gelin

♦ Von Ostern bis 15. Nov. geöffn. ♦ 5 Zi. (darunter 1 großes mit Balkon im Turm) mit Bad oder Dusche, WC: kl. Zi. 46 € (2 Pers.), gr. Zi. im Turm 55 € (2 Pers.) ♦ Frühst. inkl. ♦ Bauern-Gasthof vor Ort: 12-20 € (ohne Wein) ♦ Hunde nicht erlaubt ♦ Angeln am Teich ♦ **Anreise** (Karte Nr. 18): ca. 40 km südöstl. von Paray-le-Monial über die N 79 Rtg. Charolles, dann die D 985 Rtg. La Clayette und die D 987 Rtg. Mâcon (5 km), anschl. links die D 300 Rtg. Chatenay.

Der an einem Hang im grünen und hügeligen Burgund gelegene hübsche Bauern-Gasthof ist von Blumen umgeben. Das Turmzimmer mit Terrakottaboden und antikem Mobiliar finden wir besonders schön. Die anderen, im Gebäude der Galerie entlang gelegen und kürzlich renoviert, sind ebenfalls sehr ansprechend und empfehlenswert. Der eigentliche Gasthof *(ferme-auberge)* ist recht rustikal, die den Haus- und anderen Gästen angebotene Küche zu besonders angemessenen Preisen ist gut. Ein sich stetig verbesserndes Haus, das angenehm empfängt und gute touristische Tipps erteilt.

BURGUND

139 - La Courtine

Pont de la Levée
71250 Cluny
(Saône-et-Loire)
Tel. und Fax (0)3 85 59 05 10
Mme Donnadieu

♦ Febr. geschl. ♦ 5 Zi. mit Bad, WC: 50 € (2 Pers.) + 13 € (Extrabett, ab 10 J.) ♦ Frühst. inkl. ♦ Kein Gästetisch - Restaurants: „Le Forum" vor Ort und andere in der Umgebung ♦ Salon ♦ Hunde nur auf Anfrage erlaubt ♦ **Anreise** (Karte Nr. 19): am Ufer der Grosne, Rtg. Azé, gleich hinter der Levée-Brücke.

Am Rand des Dorfes Cluny und am Fluss Grosne liegt dieses alte, von Glyzinien überwucherte Bauernhaus, in dem sich eine Antiquitätenhändlerin niedergelassen hat und in dem nun Gästezimmer angeboten werden; so wirkt hier wieder alles sehr lebendig. Die „Chambre Rose", mit weiß gestrichenen Balken, ist mit dem großen Bad nicht nur sehr geräumig, sondern hat zudem Aussicht auf den Garten. Von den niedrigen Fenstern der anderen Zimmer blickt man auf die Abtei. Das Frühstück (frisches Obst und hausgemachte Konfitüren) kann im Hof eingenommen werden, der an das Restaurant *Le Forum* grenzt; Letzteres wurde in den ehemaligen Pferdeställen eingerichtet und bietet Gegrilltes und Salate an.

140 - Chez M. et Mme Lamy

Anzy-le-Duc
71110 Marcigny
(Saône-et-Loire)
Tel. (0)3 85 25 17 21
Fax (0)3 85 25 44 82
Mme und M. Christian Lamy

♦ Von Allerheiligen bis Anfang April geschl. ♦ 2 Zi. (in einem kleinen separaten Haus) mit Bad, WC: 46 € (1-2 Pers.), 15 € (Extrabett) ♦ Frühst. inkl. ♦ Bei Interesse am ganzen Haus: Preis erfragen ♦ Kein Gästetisch - Kochnische mit Spülmaschine ♦ Salon (TV) ♦ Hunde nur auf Anfrage erlaubt ♦ **Anreise** (Karten Nr. 18 und 25): 25 km südöstl. von Paray-le-Monial über D 982 Rtg. Roanne. In Monceau-L'Étoile Rtg. Anzy-le-Duc. Im Dorf, nahe der Kirche.

Das schöne Dorf Anzy-le-Duc ist eine Stätte der Ruhe. Das kleine, quadratische Haus, das früher als Schule diente, wurde als Gästehaus eingerichtet. Die Zimmer in kräftigen Farben sind modern und komfortabel. Jedes verfügt zwar über ein Badezimmer, aber die Toiletten müssen geteilt werden. Im großen Salon herrscht eine besonders warme Atmosphäre: Musik, Spiele oder TV für kühle Abende. Die beiden Gärten sind sehr angenehm und der Empfang ist sympathisch. Eine besonders von Familien für längere Aufenthalte geschätzte Adresse.

B U R G U N D

141 - L'Orangerie

Vingelles
71390 Moroges
(Saône-et-Loire)
Tel. (0)3 85 47 91 94
Fax (0)3 85 47 98 49
M. Niels Lierow und M. David Eades
E-Mail: orangerie.mor@infonie.fr

♦ Von Allerheiligen bis Ostern geschl. ♦ Reserv. notwendig ♦ Mind. 2 Üb. in der Hochsaison ♦ Nichtraucher-Zi. ♦ 5 Zi. mit Bad oder Dusche WC, Tel.: 55-80 € (1 Pers.), 60-90 € (2 Pers.) + 20 € (Extrabett) + 8 € (TV) ♦ Frühst. inkl. ♦ Gemeins. Essen auf Best.: 30 € (Wein inkl.) ♦ Salon ♦ Hunde nicht erlaubt ♦ Schwimmbad, eingefriedeter Park ♦ Sprachen: Deutsch, Englisch ♦ **Anreise** (Karte Nr. 19): 15 km westl. von Chalon-sur-Saône. N 6, 2 km, Rtg. Süden; N 80, 13 km Rtg. Westen (Le Creusot); Ausfahrt Moroges. Im Dorf, am Platz links, 800 m weiter.

Dieses elegante Burgunder-Haus, das in einem kleinen Tal am Rand des Dorfes liegt, ist gekennzeichnet vom Charme des viktorianischen Englands. David und Niels – der eine ist Irländer, der andere Deutscher – haben es „nördlich" wie in ihren Geburtsländern eingerichtet, und man muss zugeben, dass alles sehr gelungen ist. Der elegante Speiseraum-Salon erhält Licht durch Bogenfenster. Die Zimmer sind ruhig, komfortabel und gepflegt – auch das kleine im 2. Obergeschoss ist angenehm. Gutes, mit schönem Silber und Porzellan serviertes Frühstück. Der Garten auf 2 Ebenen ist voller Blumen, das unterhalb gelegene Schwimmbad sehr schön.

142 - Maisons Vigneronnes

Château de Messey
71700 Ozenay
(Saône-et-Loire)
Tel. (0)3 85 51 16 11
Fax (0)3 85 32 57 30
Marie-Laurence und Bernard Fachon
E-Mail: bf@golfenfrance.com

♦ Vom 5. Jan. bis 15. Febr. geschl. ♦ Reserv. notwendig ♦ 6 Zi. mit Bad oder Dusche, WC: 82-104 € (2 Pers., 1 Üb.), 77-99 € (2 Pers., ab 2 Üb.) ♦ Frühst. inkl. ♦ Gästetisch abends, gemeinsam, reservieren: 25 € (Wein inkl.) ♦ Visa ♦ Salon ♦ Hunde nicht erlaubt ♦ Angeln am Fluss, Besichtigung der Weinkeller und Weinproben ♦ Sprachen: Englisch ♦ **Anreise** (Karte Nr. 19): 9 km westl. von Tournus. Autobahn A 6, Ausfahrt Tournus, Rtg. Ozenay über die D 14. 3 km hinter Ozenay, Rtg. Martailly.

An diesem Ensemble der einst von Winzern bewohnten Häuser, die am Fuß des aus Kalkstein errichteten Schlosses liegen, fließt die Natouze vorbei, in der geangelt werden kann. Die Zimmer sind komfortabel. Das eine ist schön groß, verfügt über einen eigenen Eingang und ein Stückchen Garten. 2 andere haben den einfachen Charme von Dachgeschosszimmern. Im angenehmen Salon, der auch als Speiseraum dient, werden regionale Spezialitäten serviert und, unter der Anleitung von Bernard Fachon, Weine aus eigener Produktion. Die Gastgeberin ist sowohl präsent als auch diskret. Empfehlenswert für einen Aufenthalt, aber auch für einen gesellligen Stopp.

B U R G U N D

143 - Château de Martigny

71600 Poisson
(Saône-et-Loire)
Tel. (0)3 85 81 53 21
Fax (0)3 85 81 59 40
Mme Edith Dor
E-Mail: chateau.martigny@worldonline.fr
Web: perso.worldonline.fr/chateau-martigny

♦ Von Ostern bis Allerheiligen geöffn. ♦ 3 Zi., 1 Studio (4 Pers.) und 1 Suite (3 Pers.) mit Bad, WC; 1 Zi. mit eig. Bad, gemeins. WC; 1 Zi. mit gemeins. Bad, WC: 53,36-91,47 € (1-2 Pers.), 76,22-106,71 € (3 Pers.), 91,47-114,34 € (4 Pers.) ♦ Frühst. inkl. ♦ Gemeins. Mittag- und Abendessen am großen oder indiv. Tisch: 30,49 € (Wein inkl.) ♦ Salon ♦ Hunde nur auf Anfrage erlaubt ♦ Schwimmbad, Fahrräder, Theater, Tanz und Malkurse sowie Künstlerbegegnungen ♦ Sprachen: Englisch ♦ **Anreise** (Karte Nr. 18): 8 km südl. von Paray-le-Monial über die D 34.

Dieses inmitten der Natur gelegene und mit außergewöhnlich gutem Geschmack eingerichtete Schloss erfrent sich einer einmaligen Umgebung. Im Interieur: reizende, komfortable Zimmer mit schönen alten Möbeln. Die weniger klassischen Dachzimmer sind ebenfalls sehr gelungen, nur ist dort die Aussicht nicht so einnehmend. Die Küche ist gesund und gut. Hin und wieder trifft man hier Künstler, die zum Erholen oder Arbeiten ins *Château de Martigny* kommen. Die informelle, von Kunst geprägte Atmosphäre ist Edith Dor zu verdanken.

144 - La Fontaine du Grand Fussy

Le Grand Fussy
71220 Le Rousset
(Saône-et-Loire)
Tel. und Fax (0)3 85 24 60 26
Dominique Brun
und Yves Rambaud

♦ Ganzj. geöffn. - Reservieren ♦ 5 Zi. (1 mit Küche) mit Bad oder Dusche, WC: 53 € (1 Pers.), 59 € (2 Pers.); Zi. mit Küche 69 € (2 Pers.) + 15,20 € (Extrabett für Erw. und Kinder ab 15 J.), kostenlos für Kinder bis zu 5 J. ♦ Frühst. inkl. ♦ Gästetisch abends, individuell, reservieren: 12,19 € (ohne Wein) ♦ Salon ♦ Schwimmbad ♦ Hunde nur auf Anfrage erlaubt ♦ Sprachen: Englisch ♦ **Anreise** (Karte Nr. 19): 15 km südl. von Montceau-les-Mines. In Montceau auf die D 980. Hinter Mont Saint Vincent die D 33 Rtg. Marizy, dann rechts.

Dieses verloren in einer Hügellandschaft gelegene ehemalige Ferienlager wurde von der heutigen Hausherrin, einer Gemälde-Restauratorin, renoviert. Die individuell gestalteten Zimmer sind persönlich mit mittelalterlichen Motiven gestaltet. Eine Außentreppe führt zum Zimmer „Jaune" mit Doppelbetten. Die Bäder von „Rouge" und „Bleue" verbergen sich hinter Täfelwerk. Das andere „Rouge" im Erdgeschoss hat 2 große Schrankbetten wie auch das Zimmer im Empirestil, das nach hinten zum Garten mit Kastanienbäumen hinausgeht. Zum Lesen steht eine kleine Salon-Bibliothek zur Verfügung. Das Frühstück gibt's im großen Raum – mit Kaminfeuer in der entsprechenden Jahreszeit. Reizender Empfang.

B U R G U N D

145 - Les Lambeys

71140 Saint-Aubin-sur-Loire
(Saône-et-Loire)
Tel. (0)3 85 53 92 76
Mme und M. de Bussierre

♦ Vom 31. Dez. bis 1. April geschl. ♦ 4 Zi. mit Bad, WC: 53,36-60,98 € (2 Pers.) + 12,20 € (Extrabett); 1 Suite (3 Pers.) mit Bad, WC: 76,22 € (3 Pers.) ♦ Frühst. inkl. ♦ Gästetisch abends, gemeinsam, reservieren: 22,87 € (Wein inkl.) ♦ Angeln (Loire) ♦ Sprachen: Englisch ♦ **Anreise** (Karte Nr. 18): 30 km östl. von Moulins-sur-Allier und 34 km nördl. von Paray-le-Monial.

Monsieur de Bussierre, ein begeisterter Sammler und im Herzen ein Künstler, sammelt alte, nun sepiafarbene Abzüge: Klassen- und Hochzeitsfotos, Fotos von Handwerkern, Honoratioren usw. Überall verteilt, ist Gestaltung des Hauses davon stark geprägt. Die wie einst eingerichteten Gästezimmer vorwiegend in ockerfarbenem Ton-in-Ton haben ausgesprochen angenehme Bäder. Im großen Wintergarten, der zudem hell und freundlich ist, wird das Frühstück serviert. Von diesem besonderen, von Heiterkeit geprägten Ort blickt man auf ein reizvolles ländliches Panorama. Liebenswürdiger Empfang mit eigenwilliger Note.

146 - Chez M. et Mme Lyssy

Champseuil
71350 Saint-Germain-en-Vallière
(Saône-et-Loire)
Tel. und Fax (0)3 85 91 80 08
Mme und M. Lyssy
E-Mail: Martine.LYSSY-chambres-dhotes@wanadoo.fr

♦ Vom 1. März bis 30. Nov. geöffn. ♦ 3 Zi. mit Bad, WC: 53 € (2 Pers.) + 16 € (Extrabett) ♦ Frühst. inkl. ♦ Gästetisch abends, gemeinsam oder individuell, reservieren: 20 € (Wein inkl.) ♦ Salon ♦ Hunde nur auf Anfrage erlaubt ♦ Mountainbikes, Tischtennis ♦ Sprachen: Englisch ♦ **Anreise** (Karte Nr. 19): 14 km südöstl. von Beaune. Autobahn A 6, Ausfahrt Beaune-Chagny, Rtg. Verdun-sur-Doubs über die D 970. In Saint-Loup-de-la-Salle die D 183 Rtg. Saint-Martin-en-Gâtinois, dann Champseuil.

In einem verlorenen Dörfchen in der Saône-Ebene richtete die stets gutgelaunte Madame Lyssy ihr Landhaus so ein, dass sie nun Gäste aufzunehmen vermag. Mit Hilfe ihres Metiers, sie ist Dekorateurin, allerlei Objekten und Möbeln, die sie bei Antiquitätenhändlern der Gegend ausfindig machte, gelang es ihr, den kleinen, hellen und sehr ruhigen Zimmern und deren Bädern einen gewissen Touch zu verleihen. Das Frühstück wird entweder am großen Tisch oder auf der Terrasse eingenommen, auf der im Sommer auch gegrillt werden kann und abends ein kaltes Buffet angeboten wird.

B U R G U N D

147 - La Salamandre
Lieu-dit Au Bourg
71250 Salornay-sur-Guye
(Saône-et-Loire)
Tel. (0)3 85 59 91 56
Fax (0)3 85 59 91 67
M. Forestier und M. Berclaz
E-Mail: info@la-salamandre.fr
Web: la-salamandre.fr

♦ Vom 15. Nov. bis 15. Dez. und vom 15. Jan. bis 15. Febr. geschl. ♦ Nichtraucher-Zi ♦ 4 Zi. und 1 Suite mit Bad oder Dusche, WC, Tel.: 55 € (1 Pers.), 75 € (2 Pers.); Suite: 95 € (2-3 Pers.) ♦ Frühst. inkl. ♦ Gästetisch abends, gemeinsam, reservieren, 1 oder 2 mal pro Woche: 20 € (ohne Wein, Weinkarte) ♦ Visa, MasterCard, Eurocard ♦ Salon ♦ Parkplatz ♦ Haustiere nur auf Anfrage erlaubt ♦ Fahrräder ♦ Sprachen: Deutsch, Englisch, Italienisch ♦ **Anreise** (Karte Nr. 19): 30 km von Tournus, Autobahn A 6, Ausfahrt Tournus, dann D 14 Rtg. Cormatin und Salornay. Von Lyon kommend Ausfahrt Mâcon-Sud, Rtg. Cluny.

Dieses elegante Bürgerhaus, das aus dem 18. Jahrhundert stammt und inmitten eines Parks liegt, wurde mit viel Gespür und Raffinement renoviert. Die Gästezimmer, alle unterschiedlich im Stil, sind geräumig und hell und wurden mit alten Möbeln und wundervollen Stoffen hergerichtet. Die Bäder sind neu. Das an einem oder zwei Abenden angebotene Diner wird entweder im Speiseraum oder unter den Linden im Park serviert. Monsieur Forestier, dessen Unterhaltung Sie schätzen werden, wird Sie über die historischen Schätze der Gegend aufklären. Charmanter Empfang.

148 - Maison Niepce

8, avenue du 4 Septembre 44
71240 Sennecey-le-Grand
(Saône-et-Loire)
Tel. (0)3 85 44 76 44
Fax (0)3 85 44 75 59
M. Moreau de Melen

♦ Ganzj. geöffn. ♦ 4 Zi. mit Bad, WC und 1 mit Dusche, WC: 46-92 € (2 Pers.) + 22,87 € (Nebenzi.) + 7,62 € (Extrabett) ♦ Frühst.: 8 € ♦ Gästetisch abends, gemeinsam, reservieren (regionale Küche): 20 € (ohne Wein, Weinkarte) ♦ Salon ♦ Hunde auf Anfrage erlaubt (+ 9 €) ♦ Kreditkarten ♦ Schwimmbad, Mountainbikes ♦ Sprachen: Englisch ♦ **Anreise** (Karte Nr. 19): 14 km südl. von Châlon-sur-Saône. Autobahn A 6, Ausfahrt Châlon-Sud. Rtg. Mâcon N 6 (14 km), Sennecey-le-Grand. Am Ortsausgang, die Sackgasse links.

Das strenge Portal dieses Stadthauses (17. Jh.) verbirgt einen Park und ein Interieur, das nach einem zweihundertjährigen Schlaf zu erwachen scheint: unangetastete Räume wie die große Küche mit sehr alten Schränken und der Salon, in dem sich einst die Cousins von Joseph Nicéphore Nièpce, dem Erfinder der Fotografie, trafen. Auch in den Zimmern wurde diese unnachahmbare Patina erhalten, die den Ort so einzigartig macht. Dennoch werden Sie hier jeglichen Komfort vorfinden, auch in dem zur Straße gelegenen Zimmer, dessen Aussicht weniger einnehmend ist. Die köstlichen Mahlzeiten werden von Monsieur Moreau – er kocht leidenschaftlich gern – persönlich zubereitet.

B U R G U N D

149 - Château de Beaufer

Route d'Ozenay
71700 Tournus
(Saône-et-Loire)
Tel. (0)3 85 51 18 24
Fax (0)3 85 51 25 04
Mme Roggen

♦ Vom 1. April bis Allerheiligen geöffn. ♦ Im Juli und Aug. mind. 3 Üb. ♦ 5 Zi. (DZ) und 1 Suite mit Bad, WC: 115-140 € (2 Pers.); Suite 125 € (2 Pers.), 135 € (3 Pers.), 150 € (4 Pers.) ♦ Frühst. inkl. ♦ Kein Gästetisch - Restaurants ab 4 km ♦ Salon (TV) ♦ Visa ♦ Hunde nur auf Anfrage erlaubt (+ 9 €) ♦ Schwimmbad ♦ Sprachen: Deutsch, Englisch, Italienisch ♦ **Anreise** (Karte Nr. 19): 25 km südl. von Chalon-sur-Saône über die N 6 und A 6 bis Tournus, dann die D 14 Rtg. Ozenay; 3 km vor Tournus ausgeschildert.

Das kleine, an einem Hügel gelegene Schloss ist von bewaldeter Landschaft umgeben und wurde derart hergerichtet, dass auch Gäste mit höchsten Ansprüchen zufriedengestellt werden: hier erwarten Sie Komfort, Ruhe und Ästhetik. Der schöne Salon mit hohem Deckengewölbe und Blick aufs Schwimmbad steht ausschließlich den Gästen zur Verfügung. Die auf mehrere Gebäude verteilten Zimmer sind ausnahmslos groß, sehr gepflegt und mit hübschem Mobiliar und Radierungen gestaltet (riesige Betten und superbe Bäder). Das Abendessen können Sie im 4 Kilometer entfernten, von der Tochter des Hausbesitzers eröffneten Restaurant einnehmen (wir haben es nicht testen können).

150 -Château de Ribourdin

89240 Chevannes
(Yonne)
Tel. und Fax (0)3 86 41 23 16
Mme und M. Brodard

♦ Ganzj. geöffn. ♦ 5 Zi. mit Bad oder Dusche, WC: 50 € (1 Pers.), 57-65 € (2 Pers., je nach Zi.) + 11 € (Extrabett) + 16 € (2 Extrabetten) ♦ Frühst. inkl. ♦ Kein Gästetisch - Restaurants im Dorf, in Vaux und in Auxerre ♦ Salon ♦ Hunde nicht erlaubt (außer kl. Hunden in nur 1 Zi.) ♦ Schwimmbad (unbeaufsichtigt), Angeln am Yonne, Mountainbike-Verleih ♦ Sprachen: Englisch ♦ **Anreise** (Karte Nr. 18): 6 km südöstl. von Auxerre. Autobahn A 6, Ausfahrt Auxerre-Nord, Rtg. Auxerre über die N 6, nach 500 m rechts Rtg. Saint-Georges-sur-Baluche, Chevannes.

Der Besitzer dieses 6 Kilometer von Auxerre gelegenen ländlichen Renaissanceschlosses entwarf selbst die 5 Gästezimmer in den Dependancen mit Blick auf eine ruhige Landschaft, die aus Kornfeldern besteht. Jedes der rustikal, nicht aber überladen eingerichteten Zimmer trägt den Namen eines Schlosses aus der Umgebung. Sie alle profitieren von der aufgehenden Sonne. Das Zimmer „Château Gaillard" ist zugänglich für Behinderte. Im Frühstücksraum im Erdgeschoss oder vor dem Kamin werden Sie die hausgemachten Kuchen und Konfitüren genießen.

B U R G U N D

151 - Les Morillons

89250 Mont-Saint-Sulpice
(Yonne)
Tel. (0)3 86 56 18 87
Fax (0)3 86 43 05 07
Françoise und Didier Brunot

♦ Ganzj. geöffn ♦ Mind. 2 Üb. ♦ Nichtraucher-Haus ♦ 3 Zi. mit Bad oder Dusche: 73,18 € (2 Pers.) ♦ Frühst. inkl. ♦ Gemeins. Essen: 27,44 € (Wein inkl.) ♦ Salon ♦ Angeln, Pferdegespann, Mountainbikes ♦ Sprachen: Englisch ♦ **Anreise**: (Karte Nr. 18): 22 km nördl. von Auxerre. Autobahn A 6, Ausfahrt Auxerre-Nord, Rtg. Moneteau (D 84), Seignelay und Hauterive durchfahren, Mont-Saint-Sulpice: 3,5 km hinter dem Ort in die Straße einbiegen, die der Mairie gegenüberliegt.

Der von Feldern umgebene imposante Landsitz *Les Morillons* setzt sich aus mehreren Gebäudeteilen zusammen, die um einen großen Hof herum angelegt sind; zudem gibt es eine oberhalb der stillen Gewässer des Serain gelegene Terrasse. Die Innenausstattung ist sehr gepflegt und geschmackvoll. Unsere Lieblingszimmer befinden sich im Obergeschoss. Das dritte liegt zwar separater, ist aber unpersönlicher. Françoise und Didier Brunot legen großen Wert auf Qualität und Ambiente ihrer Abendessen. Und da sie in ihre Region vernarrt sind, werden Sie viel Interessantes über Sport, Kultur und Weinbau dieser Gegend erfahren.

152 - Le Château d'Archambault

Cours
89310 Noyers-sur-Serein (Yonne)
Tel. (0)3 86 82 67 55
Fax (0)3 86 82 67 87
M. Marie
E-Mail: chateau-archambault@wanadoo.fr
Web: chateau-archambault.com

♦ Ganzj. geöffn. ♦ Reserv. notwendig ♦ 5 Zi. mit Bad oder Dusche, WC: 58-69 € (2 Pers.) + 15 € (Extrabett) ♦ Frühst. inkl. ♦ Gästetisch abends, individuell, reservieren: 15-20 € (ohne Wein) ♦ Kreditkarten ♦ Salon ♦ Tel. ♦ Hunde erlaubt (+ 5 € pro Tag) ♦ Fahrradverleih ♦ Sprachen: Englisch ♦ **Anreise** (Karte Nr. 18): 2 km von Noyers-sur-Serein über die D 86 Rtg. Avallon.

Dieses Herrenhaus aus dem 19. Jahrhundert mit bewaldetem Park und Aussicht auf eine Ruhe ausstrahlende Landschaft wurde dank Monsieur Maries Dynamik vor dem Verfall gerettet. Die Zimmer sind komfortabel, freundlich, hell, in einem zeitgenössischen Stil gestaltet, und die Bäder sind angenehm. Das Zimmer im Obergeschoss, mit Dachschrägen in eher ländlichem Stil eingerichtet, hat ebenfalls Charme. Im schlichten Aufenthaltsraum (Korbmöbel und Sofas im Kolonialstil) wird das Frühstück serviert (selbstgemachte Konfitüren, leckeres Brot, Brioches usw.). Die Betreuung ist zwar sehr aufmerksam, lässt aber jeden Gast ganz und gar unabhängig.

B U R G U N D

153 - La Coudre

La Coudre
89120 Perreux
(Yonne)
Tel. (0)3 86 91 61 42
Fax (0)3 86 91 62 91
Mme und M. Lusardi
E-Mail: lusardi@wanadoo.fr
Web: lacoudre.com

♦ Ganzj. geöffn. ♦ 3 Zi. mit Bad, WC: 79,26-99,08 € (2 Pers.) ♦ Frühst. inkl. ♦ Gästetisch abends, gemeinsam, reservieren: 27,44 € (ohne Wein) ♦ Salon ♦ Tel. ♦ Hunde nicht erlaubt ♦ Töpferatelier vor Ort ♦ Golfpl. 18 L. (8 km) ♦ Sprachen: Englisch, Italienisch ♦ **Anreise** (Karte Nr. 18): ab Paris, 15 km von der A 6, Ausfahrt Joigny, Rtg. Montargis, dann die D 3 Rtg. Toucy bis Sommecaise und die D 57 nach Perreux; 1 km vor dem Dorf.

Dieses große, wunderbar restaurierte Haus liegt an einer kleinen Landstraße und ist von einem gepflegten Garten umgeben. Besonders werden Sie die großzügige Aufteilung, die verwandten Materialien und die alten Möbel schätzen. Die einladenden, komfortablen und mit gleicher Sorgfalt gestalteten Gästezimmer sind somit höchst angenehm. Die an langen Tischen servierten Mahlzeiten (Frühstück und Abendessen) sind ebenso gut wie hübsch präsentiert. Aufmerksamer, gastfreundlicher Empfang.

154 - Domaine des Beaurois

Lavau
89170 Saint-Fargeau
(Yonne)
Tel. und Fax (0)3 86 74 16 09
Mme Anne-Marie Marty

♦ Weihnachten und Neujahr geschl. ♦ Schriftlich reservieren ♦ 1 Zi. und 1 Suite (2 Zi.) mit Bad, WC: 46 € (1 Üb./2 Pers.) oder 40 € (ab 2. Üb./2 Pers.); Suite: 76 € (1. Üb./4 Pers.) oder 65 € (ab 2. Üb./4 Pers.) ♦ Frühst. inkl. ♦ Kein Gästetisch - Restaurants in Umgebung ♦ Salon ♦ Zimmerreinigung alle 3 Tage, öfter: + 6 € pro Tag ♦ Haustiere nicht erlaubt ♦ Schwimmbad, Fahrräder, Weinlager ♦ Sprachen: Englisch ♦ **Anreise** (Karten Nr. 17 und 18): von Norden kommend: Autobahn A 6, dann A 77 (Rtg. Nevers), Ausfahrt Bonny-sur-Loire Rtg. Auxerre (D 965). Ab Lavau ist „Beaurois" über 3 km ausgeschildert. Von Süden kommend: Autobahn A 6, Ausfahrt Auxerre-Sud Rtg. Orléans (D 965) bis Lavau, dann „Beaurois" über 3 km ausgeschildert.

Die Besitzer dieses Weingutes mitten auf dem Land mit viel Wald ist von Blumen umgeben und verfügt über komfortable, hübsch eingerichtete Gästezimmer (die in kräftigen Farben gestaltete Suite für 3 Personen im Obergeschoss hat ein schönes Bad). Außerdem gibt es einen angenehmen Salon mit offenem Kamin und einen freundlichen Speiseraum, in dem das Frühstück serviert wird, wenn man wegen dem Wetter nicht im Garten sitzen kann. Die freundliche Betreuung und das ausgesprochen gute Preisniveau werden Sie von den Vorzügen dieses Hauses überzeugen.

B U R G U N D

155 - Chez Mme Defrance

4, place de la Liberté
89710 Senan
(Yonne)
Tel. (0)3 86 91 59 89
Mme Defrance

♦ Ganzj. geöffn. ♦ 1 Zi. mit Dusche, WC; 2 Zi. teilen sich Bad und WC: 55-70 € (2 Pers.) + 25 € (Extrabett) ♦ Frühst. inkl. ♦ Gästetisch abends, gemeinsam, reservieren (ausschl. außerh. der Saison): 20 € (Wein inkl.) - Restaurant (4 km) ♦ Salon ♦ Hunde nicht erlaubt ♦ Sprachen: Englisch ♦ **Anreise** (Karte Nr. 18): 26 km nordwestl. von Auxerre. Von Süden kommend: Autobahn A6, Ausfahrt Nr. 18 Villeneuve-sur-Yonn, dann D 98 Volgré, Senan. Ab Paris: Autobahn A6, Ausfahrt Joigny, dann D 89.

Dieses angenehme, stilvolle Haus liegt ein wenig zurückgesetzt hinter einer mit Linden bepflanzten Esplanade, was Ruhe garantiert. Die Innenausstattung ist schlicht und gepflegt, und es gibt ein paar antike Möbelstücke. Wir empfehlen das große, angenehm helle, hübsch tapezierte Zimmer mit gebohnertem Parkett, geschmackvoller Tagesdecke und Vorhängen in Rottönen und wunderbarem Duschraum, das mindestens für 2 Übernachtungen reserviert werden muss. Stets heiter und präsent, überlässt Madame Defrance ihren Gästen die Wahl, wo sie ihr Frühstück einnehmen möchten: auf dem Zimmer, im Garten oder im Speiseraum.

156 - Domaine de Montpierreux

Route de Chablis
89290 Venoy
(Yonne)
Tel. (0)3 86 40 20 91
Fax (0)3 86 40 28 00
Françoise und François Choné

♦ Vom 1. Dez. bis 28. Febr. geschl. ♦ 4 Zi. und 1 Suite mit Bad oder Dusche, WC: 46-51 € (2 Pers.); Suite 57 € (2 Pers.), 73 € (3 Pers.), 83 € (4 Pers.) ♦ Frühst. inkl. ♦ Kein Gästetisch - Restaurants ab 3 km ♦ Haustiere nicht erlaubt ♦ Verkostung eigener Burgunderweine und Angebot von Trüffeln in der Saison ♦ Sprachen: Englisch ♦ **Anreise** (Karte Nr. 18): 10 km östl. von Auxerre. A 6, Ausfahrt Auxerre-Sud (Nr. 20), D 965 Rtg. Chablis, dann ausgeschildert; das Haus liegt 3 km weiter rechts (nicht in den Ort Venoy hineinfahren).

Dieser große, ganz von Natur umgebene landwirtschaftliche Betrieb produziert Wein und Trüffeln. Die hier angebotenen Zimmer sind sehr ansprechend. Sie liegen im 2. Stock, sind schmuck, haben eine persönliche Note und verfügen über kleine Bäder (mit Badewanne oder Dusche). Das größte kann mit einem anderen Raum verbunden und so zu einer sehr angenehmen Suite für Familien umgewandelt werden. Das Ganze ist sehr gepflegt. Das Frühstück wird entweder im Gästeraum oder, sobald es war zu werden beginnt, im Garten serviert. Aufmerksamer, sympathischer Empfang.

B U R G U N D

157 - Domaine de Sainte Anne
Allée de Sainte-Anne
Soleines-le-Haut
89290 Venoy (Yonne)
Tel. (0)3 86 94 10 16
Fax (0)3 86 94 10 12
Mme Genest
E-Mail: info@domainesainteanne.com
Web: domainesainteanne.com

♦ Vom 15. Jan. bis 28. Febr. geschl. ♦ 3 Zi. mit Bad oder Dusche, WC, Tel.: 60 €, 68 € und 80 € (2 Pers.) ♦ Frühst. inkl. ♦ Kein Gästetisch - Restaurants ab 500 m ♦ Kreditkarten nicht akzeptiert ♦ Salon (TV, Bibliothek) ♦ Hunde nicht erlaubt ♦ Sprachen: Englisch ♦ **Anreise** (Karte Nr. 18): 8 km östl. von Auxerre. Autobahn A 6, Ausfahrt Nr 20, Rtg. Chablis, dann 2. Straße links Soleines und 2. Straße rechts.

Etwas oberhalb der großen Talmulden des Auxerrois liegt dieses elegante, höchst sorgfältig eingerichtete Haus. Die Gästezimmer sind schmuck, hell, in freundlichen Farben gestaltet und sehr gepflegt. Das Nostalgiemobiliar bildet mit einigen „Kitsch-Elementen" ein sehr ansprechendes Ensemble. Das ausgesprochen üppige Frühstück wird in den beiden kleinen, in kräftigen Farben gestalteten Speiseräumen serviert. Und wenn im Sommer einige Tische auf den Rasen gestellt werden, dann bedeutet dies, dass das in der ganzen Gegend sehr beliebte Sommer-Café eröffnet ist. Ein gastfreundliches Haus mit besonders günstiger Lage zum Aufsuchen der Weinkeller dieser Region.

B R E T A G N E

158 - La Tarais

22100 Calorguen
(Côtes-d'Armor)
Tel. und Fax (0)2 96 83 50 59
Deborah und Bernard Kerkhof
E-Mail: deborah@tarais.com
Web: tarais.com

♦ Ganzj. geöffn. ♦ Reserv. notwendig ♦ Nichtraucher-Zi. ♦ 5 Zi. mit Bad oder Dusche, WC: 40-50 € (2 Pers., 1 Üb.), 120 € (2 Pers., 3 Üb.) + 12 € (Extrabett); Familien-Suite 85 € (4 Pers., 1 Üb.), 225 € (4 Pers., 3 Üb.) ♦ Frühst. inkl. (engl. Frühst.: + 5 €) ♦ Individ. Essen auf Best. von Anfang Juli bis Ende Sept.: 14 € (einfaches Essen, Wein inkl.) - Restaurants ab 3 km ♦ Salon ♦ Hunde nicht erlaubt ♦ Sprachen: Deutsch, Englisch, Niederländisch ♦ **Anreise** (Karte Nr. 6): 7 km südl. von Dinan über D 12 Rtg. Léhon. Dort auf die Route de Calorguen, dann ausgeschildert.

In einem Dörfchen mitten auf dem Land liegt dieses einstige Bauernhaus, das von einem jungen, sympathischen, englisch-holländischen Paar vollkommen neu gestaltet wurde. Die recht ländlich eingerichteten Zimmer sind gepflegt und schlicht und haben hübsche Daunendecken. Alle gehen auf den reizenden Garten hinaus, in den Deborah und Bernard bei schönem Wetter zum Einnehmen des Frühstücks Tische stellen. Ansonsten werden die Mahlzeiten im angenehmen Speiseraum (der nachmittags auch als Salon de thé dient) eingenommen. Ein gastfreundliches Haus mit gutem Preis-Leistungsverhältnis.

159 - Le Char à Bancs

Plélo
22170 Chatelaudren
(Côtes-d'Armor)
Tel. (0)2 96 74 13 63
Fax (0)2 96 74 13 03
Familie Lamour
E-Mail: charabanc@wanadoo.fr
Web: aucharabanc.com

♦ Von Mitte Juni bis Mitte Sept. geöffn. ♦ Reserv. notwendig ♦ Im Juli und Aug. und an Wochenenden außerh. der Saison mind. 2 Üb. ♦ 5 Zi. (2-4 Pers.) mit Bad oder Dusche, WC: 50-80 € (1 Pers.), 60-85 € (2 Pers.), 75-92 € (3 Pers.), 100-105 € (4 Pers.) ♦ Frühst. inkl. ♦ Kein Gästetisch - Landgasthof 500 m entf. (ausschl. Eintöpfe, Fladen und Crêpes), andere Landgasthöfe und Restaurants in Umgebung ♦ Hunde nicht erlaubt ♦ Tretboote, Ponys im Sommer ♦ **Anreise** (Karten Nr. 5 und 6): zw. Saint-Brieuc (20 km westl.) und Guingamp. 4 km nördl. der Schnellstraße Paris-Brest, Ausfahrt Plélo; ausgeschildert.

Ein sympathisches, von einer aktiven und freundlichen Familie geführtes Haus. Die einen kümmern sich um den Bauerngasthof, in dem Fladenkuchen und Gemüseeintöpfe angeboten werden, und die anderen um das Landgasthaus, das mitten auf dem Land wunderbar ruhig liegt. Die in ländlichem Stil eingerichteten Gästezimmer sind sehr ansprechend, komfortabel (Balken, Bettwäsche mit Schottenmuster oder in Uni, nostalgisches Mobiliar) und haben angenehme Duschen; das größte verfügt über eine Terrassenecke. Das und jenes Zimmer, in dem Kinder nächtigen können, liegen preislich höher. Die beiden kleinen Zimmer sind aber auch nett. Exzellentes, reichhaltiges Frühstück.

B R E T A G N E

160 - La Belle Noë

22130 Créhen
(Côtes-d'Armor)
Tel. (0)2 96 84 08 47
Fax (0)2 96 80 41 88
Mme Siros
E-Mail: info@crehen.com
Web: crehen.com

♦ Ganzj. geöffn. ♦ Mind. 3 Üb. im Juli/Aug. ♦ 3 Zi. mit Dusche, WC: 50 € (2 Pers.) + 14 € (zusätzl. Pers.) ♦ Frühst. inkl. ♦ Gästetisch abends, reservieren: 20 € (Wein inkl.) ♦ Salon ♦ Sprachen: Englisch ♦ **Anreise** (Karte Nr. 6): 20 km südwestl. von Dinard. Von St-Malo aus Rtg. Barrage de la Rance, dann die Straße nach St-Brieuc-Plancoët (D 768). Ab dem Kreisverkehr, der Créhen anzeigt, noch 2,5 km weiter, dann 1. Straße rechts.

Dieses alte Bauernhaus, das von einem herrlichen Landschaftsgarten umgeben ist, gehört Madame Siros, die den Beruf der Pflanzenzüchterin ausübt. Dass hier Blumen einen ganz besonderen Platz einnehmen, ist somit nicht erstaunlich! Der Westflügel steht ganz den Hausgästen zur Verfügung und besteht aus einem angenehm rustikalen Aufenthaltsraum mit Insert-Kamin, einer Salonecke und einem großen Tisch fürs Feinschmecker-Frühstück und das köstliche Abendessen. Am Ende des Raumes geht eine Fenstertür zur großen Balkon-Terrasse hinaus, von wo man auf eine Hügellandschaft blickt. Die jugendlich-frisch gestalteten Zimmer sind hell, angenehm, sehr gepflegt und somit empfehlenswert. Ein schlichtes, besonders gastfreundliches Haus.

161 - Le Logis du Jerzual

25-27, rue du Petit-Fort
22100 Dinan
(Côtes-d'Armor)
Tel. (0)2 96 85 46 54
Fax (0)2 96 39 46 94
Mme und M. Dominique Ronsseray
E-Mail: sry.logis@9online.fr

♦ Ganzj. geöffn. ♦ 4 Zi. (1 Zi. mit Kochnische) mit Bad oder Dusche, WC und 1 Zi. mit Dusche und gemeins. WC; TV auf Wunsch: 50-70 € (2 Pers.) + 15 € (Extrabett) ♦ Frühst. inkl. ♦ Kein Gästetisch - zahlr. Restaurants 100 m weiter am Hafen ♦ Salon ♦ Visa ♦ Tel. und Fax ♦ Sprachen: etwas Deutsch, Englisch ♦ **Anreise** (Karte Nr. 6): In Dinan Rtg. Hafen, 100 m vom Hafen entfernt. Gegenüber der alten Brücke in die Rue du Petit-Fort („Le Jerzual") einbiegen (Einbahnstraße, außer zum Entladen vor dem Haus). Anlieger-Parkplatz 150 m weiter: Rue du Roquet, hinter dem Waschhaus oder am Hafen.

Die mittelalterliche, steil ansteigende Straße, die den alten Hafen mit der Ville Haute, der Oberstadt, verbindet, führt Sie zu diesem kleinen Quartier aus dem 15. und 18. Jahrhundert, einem wahren Puppenhaus. Die auf eine nette Art bunt zusammengewürfelt wirkenden Zimmer (antikes Mobiliar, Radierungen, Nippsachen usw.) sind richtige, äußerst freundliche Gästezimmer. Das Frühstück wird in 2 kleinen reizenden Räumen serviert oder im terrassierten Garten: intim, angenehm und voller Blumen mit Blick auf die Schieferdächer und schöner Aussicht auf den Hafen.

BRETAGNE

162 - Château de Bonabry

22120 Hillion
(Côtes-d'Armor)
Tel. und Fax (0)2 96 32 21 06
Vicomte und Vicomtesse
Louis du Fou de Kerdaniel

♦ Von Ostern bis 30. Sept. geöffn. ♦ 1 Zi. mit Bad, WC: 80 € (2 Pers.) und 2 Suiten (Zi. mit Salon für 4-5 Pers.) mit Bad oder Dusche (1 mit Balneotherapie), WC: 110-125 € (2 Pers.) + 28 € (zusätzl. Pers.) ♦ Frühst. inkl. ♦ Sowie 1 Haus (16. Jh.) (2 Zi., Salon, Küche, Bad): 915 € /Woche (4 Pers.) ♦ Kein Gästetisch - Restaurants ab 5 km ♦ Salon ♦ Hunde nur im Zwinger erlaubt ♦ Angeln, Zöllnerpfad, Pferdepension (Pferdeauslauf, Steinbruch) ♦ Sprachen: Englisch ♦ **Anreise** (Karte Nr. 6): 12 km nordöstl. von Saint-Brieuc. Auf der vierspurigen Straße (N 12) Ausfahrt Yffiniac/Hillion. In Hillion Rtg. La Granville. 300 m vor Hillion links (Weg).

Diese Schlossanlage umfasst Weiden, Wälder sowie Felswände, und ihre Alleen führen zu einem riesigen Strand. Die Fassade des Schlosses, die Pferdeställe, das Taubenhaus und die Kapelle sind von der Zeit gezeichnet. Die Innenräume wurden sehr geschmackvoll aufgefrischt. Die beiden riesigen Suiten und das gelbe Zimmer sind wunderbar. Ein authentischer Ort (antike Möbel, ausgewählte Stoffe, Gemälde aus dem Familienbesitz, Jagdtrophäen usw.), wo man mit ausgesprochen guter Laune empfangen wird.

163 - Manoir de Troezel Vras

22610 Kerbors
(Côtes-d'Armor)
Tel. (0)2 96 22 89 68
Fax (0)2 96 22 90 56
Françoise und Jean-Marie Maynier
E-Mail: troezel.vras@free.fr
Web: troezel.vras.free.fr

♦ Vom 30. Sept. bis 30. März geschl. ♦ Nichtraucher-Zi. ♦ 5 Zi. (2 Pers.) mit Dusche, WC: 47-52 € (2 Pers., je nach Saison) + 14 € (Extrabett); 2 Familienzi. (3 Pers.), aus 2 Räumen bestehende Suite mit Bad, WC: 63-70 € (3 Pers., je nach Saison) + 14 € (Extrabett) ♦ Frühst. inkl. ♦ Gästetisch abends, gemeinsam oder individuell: 16 € (ohne Wein), 8 € (Kinder unter 12 Jahren) ♦ Salon ♦ Hunde nicht erlaubt ♦ Sprachen: Englisch ♦ **Anreise** (Karte Nr. 5): in Paimpol Rtg. Tréguier. 2 km hinter Lézardieux rechts Rtg. Pleumeur-Gautier. Im Dorf Rtg. Kerbors, das Haus liegt 2 km weiter.

Unweit der rosa Granitküste liegt dieses alte Herrenhaus aus dem 17. Jahrhundert, das von einem traumhaften Garten umgeben ist mit Buchsbaum, Lebensbäumen, seltenen Sträuchern und das einen kleinen Gemüsegarten hat. Das ganz auf den Empfang von Gästen eingestellte renovierte Interieur ist angenehm und von schlichter Eleganz. Hell getünchte Zimmer mit Bildern von Mathurin Méheut, alten Schränken, Terrakottafußböden mit schönen Kilims usw. Das Frühstücksbuffet und Abendessen werden im großen, in hellen Ockertönen gestrichenen Speiseraum serviert. Angenehmer, professioneller Empfang.

B R E T A G N E

164 - Manoir de Kerguéréon

Ploubezre
22300 Lannion
(Côtes-d'Armor)
Tel. (0)2 96 38 91 46
Mme und M. de Bellefon

♦ Von Ostern bis Allerheiligen geöffn. ♦ Außerh. der Saison auf Reserv. ♦ Mind. 2 Üb. ♦ 2 Zi. mit Bad, WC: 85 € (2 Pers.) + 25 € (zusätzl. Pers.) ♦ Frühst. inkl. ♦ Kein Gästetisch - Restaurants ab 8 km ♦ Salon ♦ Hunde nur auf Anfrage erlaubt ♦ Sprachen: Englisch ♦ **Anreise** (Karte Nr. 5): 10 km südl. von Lannion über die D 11; in Kerauzern die D 30 Rtg. Ploumillau; hinter dem Bahnübergang 4. Straße links. Nach 100 m 1. Straße links zum Manoir.

Dieser bretonische Landsitz – ein mit seinem Eckturm und den spitzbogigen Türen interessanter Archetyp – liegt mitten auf dem Land, neben einem kleinen Gestüt. Das Innere ist mit schönem Mobiliar, Gemälden aus dem Familienbesitz und Fayencen gestaltet und konnte seinen ursprünglichen Stil bewahren. Die beiden Zimmer sind wunderbar und mit Möbeln und Accessoires aus dem Familienbesitz eingerichtet. Nach wie vor sind sie authentisch und ausgestattet mit schönen Bädern. Das Frühstück (mit Crêpes und hausgemachter Konfitüre) ist köstlich, der Empfang besonders liebenswürdig.

165 - Le Colombier

Coat Gourhant
Louannec
22700 Perros-Guirec
(Côtes-d'Armor)
Tel. (0)2 96 23 29 30
Mme und M. Fajolles
E-Mail: le-colombier-coat-gourhant@wanadoo.fr

♦ Von März bis Okt. geöffn. ♦ Außerh. der Saison auf Reserv. ♦ Mind. 2 Üb. ♦ 4 Zi. mit Dusche, WC: 40 € (1 Pers.), 45 € (2 Pers.) ♦ Frühst. inkl. ♦ Kein Gästetisch - Picknick-Angebot (Barbecue) - zahlr. Restaurants in unm. Nähe ♦ Salon - Bibliothek ♦ Hunde nicht erlaubt ♦ Sprachen: Englisch ♦ **Anreise** (Karte Nr. 5): von Lannion kommend, am großen Kreisverkehr und Ortsbeginn von Perros-Guirec rechts Rtg. Louannec (20 m), dann 1. kleine Straße rechts, anschließend ausgeschildert; „Le Colombier" liegt 2,5 km weiter.

Dieses alte Landhaus wurde komplett renoviert, liegt mitten auf dem Land und nur einige Minuten vom Meer. Hier wird man sehr freundlich und natürlich empfangen und hier wohnt man in angenehmen Zimmern, die unter dem Dach eingerichtet wurden. Sie sind schlicht, hell, komfortabel, sehr hübsch, jedes hat seine eigene Farbe und Veluxfenster; die Bäder sind lediglich durch einen dicken Vorhang abgetrennt. Im kleinen Salon finden Sie zahlreiche Unterlagen für touristische Unternehmungen vor. Das exzellente Frühstück wird in einem sehr großen, rustikalen und zugleich eleganten Raum serviert, in dem zur Freude von Klein und Groß ein großes Aquarium mit regionalen Fischarten steht. Ein gutes, preisgünstiges Haus.

B R E T A G N E

166 - Demeure de Rosmapamon

Louannec
22700 Perros-Guirec
(Côtes-d'Armor)
Tel. (0)2 96 23 00 87
Mme Annick Sillard

♦ Vom 1. Mai bis 31. Okt. geöffn. ♦ Außerh. der Saison auf Anfrage ♦ 3 Suiten mit Bad, WC: 64-97 € (1 Pers.), 72-105 € (2 Pers.) + 23 € (Extrabett) ♦ Frühst. inkl. ♦ Kein Gästetisch - Restaurants in unm. Nähe ♦ Salon ♦ Tel. ♦ Hunde nicht erlaubt ♦ Sprachen: Englisch ♦ **Anreise** (Karte Nr. 5): 2 km östl. von Perros-Guirec über die D 6.

Nur ein paar hundert Meter vom Hafen entfernt ragt das inmitten eines reizenden bewaldeten Parks gelegene Rosmapon hervor. In diesem Haus, das einst Ernest Renan gehörte, wird man höchst angenehm empfangen. Heute bietet es ausschließlich Suiten an, von deren Salon aus man das Meer erblickt. Die des 1. Obergeschosses sind größer und somit teurer; zur Wahl stehen dort „Palmier dans le jardin" und „Renan" (mit Alkovenbett und 2 Bädern), in dem der Schriftsteller schrieb. In der „Suite Bleue" in der 2. Etage unter dem Dach kann man sich vom Kamin erwärmen lassen. Das gute Frühstück (frisch gepresster Orangensaft, Gebäck und Konfitüren hausgemacht) wird am großen Tisch des Speiserraums oder auf der Terrasse mit Südlage serviert. Hübscher, mit antiken Möbeln eingerichteter Salon.

167 - Malik

Chemin de l'Étoupe
22980 Plélan-le-Petit
(Côtes-d'Armor)
Tel. (0)2 96 27 62 71
Handy (0)6 09 92 35 21
Martine und Hubert Viannay
Web: perso.infonie.fr/malikhotes

♦ Von Ostern bis Allerheiligen geöffn. ♦ Außerh. der Saison auf Anfrage ♦ 1 Suite mit Salon (2 Pers.) und 1 Suite aus 2 Zi. (2-4 Pers.) mit Dusche, WC: 50 € (1 Pers.), 54 € (2 Pers.), 71 € (3 Pers.), 82 € (4 Pers.) ♦ Frühst. inkl. ♦ Kein Gästetisch ♦ Salon ♦ Sprachen: Englisch, Spanisch ♦ **Anreise** (Karte Nr. 6): 12 km westl. von Dinan, Rtg. Saint-Brieuc, über die N 176 (oder E 401), Ausfahrt Plélan-le-Petit/Centre. Vor dem Rathaus *(mairie)* die D 91 Rtg. Saint-Maudez, dann 2. Straße rechts.

Die Architektur dieses modernen Hauses mit Holzstruktur, das am Rand des Dorfes steht, ist sehr ansprechend. Es wurde um einen großen blühenden, japanisierenden Innenhof herum gebaut und es gelingt ihm, die Grenze von innen und außen aufzuheben dank der Aufteilung des Raumes und der Glasflächen. Für die Innengestaltung mit antikem Mobiliar und Kilims wurden freundliche, warme Farben gewählt. Den Zimmern kam die gleiche Sorgfalt zuteil; sie sind komfortabel, nicht gerade groß, aber sehr funktionell und alle mit einem zusätzlichen kleinen Raum (eines besitzt eine Veranda) fürs exzellente Frühstück. Ein schönes, sehr gastfreundliches Haus, in dem man sich sehr frei fühlt.

B R E T A G N E

168 - Manoir de Kergrec'h

22820 Plougrescant
(Côtes-d'Armor)
Tel. (0)2 96 92 59 13
Fax (0)2 96 92 51 27
Vicomte und Vicomtesse
de Roquefeuil
E-Mail: kergrec.h@wanadoo.fr

♦ Ganzj. geöffn. ♦ 5 Zi. und 2 Suiten mit Bad, WC: 95 € (2 Pers.); Suite 112 € (3 Pers.), 145 € (4 Pers.) ♦ Frühst. inkl. ♦ Kein Gästetisch - Restaurants ab 2 km ♦ Visa, MasterCard ♦ Tel. ♦ Hunde nur auf Anfrage erlaubt ♦ Küstenpromenaden ♦ Sprachen: Englisch ♦ **Anreise** (Karte Nr. 5): zw. Perros-Guirec und Paimpol; 7 km nördl. von Tréguier über die D 8, Abf. Schnellstraße Guingamp; ausgeschildert.

Von einem Park umgeben, der an der „Rosa Granitküste" liegt, hat der Landsitz *Kergrec'h* all seinen Charme von früher bewahrt. Die Gäste werden hier mit viel Sympathie empfangen. Die Zimmer wurden vor nicht langer Zeit renoviert. Sie sind komfortabel und mit einem absolut sicheren Geschmack eingerichtet; jedes verfügt über echte alte Möbel und einen besonderen Stil. Das Frühstück wird auf dem Zimmer oder im Speisesaal serviert: Crêpes, *Far breton* (bretonischer Fladen), Früchte, hausgemachte Konfitüren usw. Eine einzigartige Adresse am Meer.

169 - Château de Kermezen

22450 Pommerit-Jaudy
(Côtes-d'Armor)
Tel. und Fax (0)2 96 91 35 75
Comte und Comtesse de Kermel
E-Mail: micheldekermel@kermezen.com

♦ Ganzj. geöffn. ♦ 4 Zi. und 1 Suite (4 Pers.) mit Bad, WC: 81-99 € (2 Pers.) + 19 € (zusätzl. Pers.); Suite: 131 € (4 Pers.) ♦ Frühst. inkl. ♦ Kein Gästetisch - Restaurants ab 2 km ♦ Haustiere erlaubt ♦ Salon ♦ Amex ♦ Angeln und Küstenweg von Kermezen ♦ Sprachen: Englisch ♦ **Anreise** (Karte Nr. 5): 10 km südl. von Tréguier über die D 8 bis Roche-Derrien und Pommerit-Jaudy; ausgeschildert.

Kermezen liegt in einer schönen, ebenso grünen wie hügeligen Landschaft. Die Gastgeber, die auf eine fünfhundertjährige Familientradition zurückblicken, werden Sie humorvoll und freundlich empfangen. Die Gästezimmer sind ausgesprochen angenehm („Aux coqs" und „Pavillon" wundervoll); die beiden Mezzanin-Zimmer sind ideal für Familien. Das exzellente Frühstück kann man im Zimmer, auf der Terrasse oder im beeindruckenden Speisesaal aus dem 17. Jahrhundert einnehmen. Ein wunderbares Haus, dessen Entdeckung Spaß macht.

B R E T A G N E

170 - Belle Fontaine

22260 Pontrieux
(Côtes-d'Armor)
Tel. und Fax (0)2 96 95 60 57
Mme Van de Kerchove

♦ Ganzj. geöffn. ♦ 4 Zi. mit Bad oder Dusche, WC (darunter 1 mit separatem WC und zur Verfg. stehender Küche): 55 € (2 Pers.) ♦ Frühst. inkl. ♦ Kein Gästetisch - Restaurants in unm. Nähe ♦ Salon (Gesellschaftsspiele, Videorecorder) ♦ Sprachen: Englisch, Spanisch ♦ **Anreise** (Karte Nr. 5): 20 km nordwestl. von Guingamp. Ab Pontrieux Rtg. La Roche-Jagu. 500 m hinter dem Ortsausgang 1. Straße rechts, nach 800 m dann wieder rechts.

Belle Fontaine ist ein schöner, um einen blühenden Gartenhof L-förmig angelegtes familiäres Herrenhaus, das zudem inmitten eines großen Parks liegt. Zur Verfügung stehen hier 3 antik möblierte Zimmer mit hellem Parkettboden und 1 weiteres im Erdgeschoss, das rustikaler ist und besonders jenen gefallen wird, die besonders unabhängig wohnen möchten. Ein großer, einladender Salon rundet das freundliche Bild dieses Hauses weiter ab, in dem man besonders liebenswürdig empfangen wird.

171 - Le Clos du Prince

10, rue Croix-Jarrots
22800 Quintin
(Côtes-d'Armor)
Tel. und Fax (0)2 96 74 93 03
Mme Marie-Madeleine Guilmoto

♦ Ganzj. geöffn. ♦ 2 Zi. und 1 Suite (3 Pers.) mit Bad oder Dusche, WC: 46 € (1 Pers.), 60-82 € (2 Pers.), 98 € (3 Pers.) ♦ Frühst. inkl. ♦ Gemeins. Essen (außerh. der Saison) am großen oder individ. Tisch: 15,24 € (ohne Wein) ♦ Salon ♦ Tel. ♦ Hunde nur auf Anfrage erlaubt ♦ **Anreise** (Karte Nr. 6): 300 m vom Zentrum der Stadt Quintin gelegen. Am Rathaus (*mairie*) Rue des Douves, danach Rue des Forges, dann Rue Saint-Yves und Rue Croix-Jarrots.

Die eigenwillige Stadt Quintin prosperierte bis zum 18. Jahrhundert. Aus dieser Zeit gibt es noch zahlreiche Zeugnisse, so auch dieses an der Straße gelegene, ganz von wildem Wein bewachsene Haus. Madame Guilmoto, die eine Schwäche für Antiquitäten hat, richtete ihre Zimmer sehr geschmackvoll und stets mit einer persönlichen Note ein. Allerlei Gegenstände, im Artdéco- oder „Retro"-Stil, sind mit viel Fingerspitzengefühl auf die erlesenen Möbel und eleganten Stoffe abgestimmt. Von einem der Zimmer und Suite blickt man auf den Garten, während man vom 3., ganz in Grau und Weiß und mit einem erstaunlichen Ankleideraum, zur Straße hinaus geht. Das delikate Frühstück wird entweder in einem großen Raum mit Kamin und freigelegten Steinen oder im Garten serviert. Empfang voller Enthusiasmus.

B R E T A G N E

172 - Le Presbytère

Les Hautes Mares
22630 Saint-André-des-Eaux
(Côtes-d'Armor)
Tel. und Fax (0)2 96 27 48 18
Mme und M. Mousquey-Piel
E-Mail: mousquey-piel@wanadoo.fr
Web: mousquey-piel.com

♦ Vom 15. Nov. bis 1. März geschl.♦ 3 Zi. mit Bad oder Dusche, WC: 54 € (2 Pers.) + 16 € (Extrabett) ♦ Frühst. inkl. ♦ Kein Gästetisch - Restaurants ab 5 km oder in Dinan (10 km) ♦ Visa, Eurocard ♦ Zimmerreinigung auf Wunsch ♦ Salon ♦ Tel. ♦ Sprachen: Englisch ♦ **Anreise** (Karte Nr. 6): 10 km südl. von Dinan über Lehon, Calorguen, Saint-André-des-Eaux. Oder über Rennes, Bécherel, Evran und Saint-André-de-Eaux.

Wenn eine Künstlerfamilie ihr Haus öffnet, erwartet einen nichts Gewöhnliches. Der Garten ist wie ein impressionistisches Bild angelegt. Die farbige Holzverkleidung des Speiseraumes und des Salons bringen der hier ständig ausgestellten Pastelle und Skulpturen gut zur Geltung. Die nett zurechtgemachten Zimmer haben den Charme früherer Zeiten bewahrt – von ihren Fenstern hat man einen wunderbaren Blick auf die Blumen. Eine Adresse, die es zu entdecken gilt. Ruhe und Aufmerksamkeit garantiert. Die Umgebung bietet so manches in sportlicher und städtebaulicher Hinsicht (Dinard, Cap Fréhel, San Malo usw.).

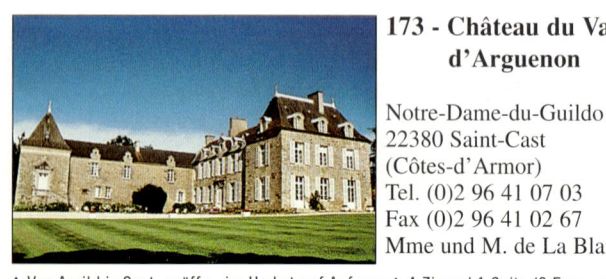

173 - Château du Val d'Arguenon

Notre-Dame-du-Guildo
22380 Saint-Cast
(Côtes-d'Armor)
Tel. (0)2 96 41 07 03
Fax (0)2 96 41 02 67
Mme und M. de La Blanchardière

♦ Von April bis Sept. geöffn.; im Herbst auf Anfrage ♦ 4 Zi. und 1 Suite (2 Erw. + 1 Kind) mit Bad oder Dusche, WC: 70-105 € (2 Pers.); Suite: 135 € (2-3 Pers.) ♦ Frühst. inkl. ♦ Kein Gästetisch - 3 Restaurants 400 m entf. - Küche bei längerem Aufenthalt ♦ Salon, Billard ♦ Hunde nicht erlaubt ♦ Tennis, Angeln, Park am Meer, Strand ♦ Sprachen: Englisch ♦ **Anreise** (Karte Nr. 6): 16 km westl. von Dinard über die D 786; unmittelbar hinter der Brücke von Guildo.

Dieses wunderbar am Meer gelegene Schloss aus dem 16. Jahrhundert, das im 18. und 19. Jahrhundert umgebaut wurde, ist seit Jahrhunderten im Familienbesitz. Die Nippsachen, Bilder und Möbel in den Räumen stammen von früheren Generationen. Von den angenehmen, nett und individuell eingerichteten Gästezimmern hat man Blick auf den Park, und von dort auf ein Stückchen Ärmelkanal. Sorgfältig und auf geschmackvolle Art einfach eingerichtet, haben sie Stil und verfügen über den Komfort eines Familienschlosses. Schöne Promenaden entlang der Besitzung. Liebenswürdiger Empfang der Schlossbesitzer und ihrer Kinderschar.

B R E T A G N E

174 - Le Château de Kerlarec

29300 Arzano-Quimperlé
(Finistère)
Tel. (0)2 98 71 75 06
Fax (0)2 98 71 74 55
Mme und M. Bellin

♦ Ganzj. geöffn. ♦ 1 Familienzi. und 5 Suiten mit Bad oder Dusche, WC: 76-88,50 € (2 Pers.) ♦ Frühst. inkl. ♦ Gästetisch abends, gemeinsam oder individuell, reservieren: Meeresfrüchte-Platte 35 € (ohne Wein) oder Crêpe-Diner 23 € (alles inkl.) ♦ Salons (Gesellschaftsspiele, Bibliothek) ♦ Schwimmbad, Tennis, Bassin ♦ Sprachen: Englisch, Italienisch ♦ **Anreise** (Karte Nr. 5): 6 km von Quimperlé. Schnellstraße Nantes-Brest, Ausfahrt Quimperlé Rtg. Arzano-Plouay über die D 22. Nach 5,5 km Einfahrt links von der Straße.

Château de Kerlarec ist ein harmonisches Gebäude im Empirestil und wurde renoviert und neu eingerichtet – Komfort stand dabei im Vordergrund. Madame Bellin, die ein besonderes Gespür für schöne Gegenstände besitzt, die sie hier und da aufstellt, hat es verstanden, eine freundliche Atmosphäre voller Imagination in ihrem Haus zu schaffen. Das Zimmer und die Suiten sind recht groß, die Bäder (außer einem) sehr geräumig und hell. Die Salons, die Veranda mit Malerei, die das Leben von Jeanne d'Arc nachzeichnet, der Garten – alles trägt hier zu großem Wohlbefinden bei. Aufmerksamer Empfang voller Vitalität. Ein Haus in der Nähe der Strände, das zudem günstig liegt für den Besuch von Pont-Aven oder Quimperlé.

175 - Kerfornedic

29450 Commana
(Finistère)
Tel. (0)2 98 78 06 26
Mme und M. Le Signor

♦ Ganzj. geöffn. ♦ Mind. 2 Üb. und mind. 4 Üb. im Juli und Aug. ♦ 2 Zi. mit Dusche, WC: 44 € (1 Pers.), 50 € (2 Pers.) ♦ Frühst. inkl. ♦ Kein Gästetisch - Restaurants: 6 km entf., Crêperien ab 2 km ♦ Hunde nur auf Anfrage erlaubt ♦ **Anreise** (Karte Nr. 5): 41 km südwestl. von Morlaix über die N 12 bis Landivisian, die D 30 und die D 764 bis Sizun, anschl. die D 30 am Ortsausgang bis Saint-Cadou, dann Rtg. Commana; nach 2 km rechts.

Dieses sehr alte Haus mit seinen verwinkelten Dächern, Schrägflächen und seiner mit Blumen geschmückten Außenwand liegt isoliert in der herrlichen Landschaft der Arrée-Berge. Sobald man das Haus betritt, ist man von der Schönheit der Innenausstattung angetan; die ist zwar schlicht, aber sehr geschmackvoll. Überall weißgetünchte Wände, alte Balken, getrocknete Blumen und ausgesuchte Accessoires; die Zimmer sind im gleichen Stil gehalten. Die Betreuung ist sehr freundlich. Eine Adresse mit besonders viel Charme.

B R E T A G N E

176 - Kerveroux

2003

29450 Commana
(Finistère)
Tel. (0)2 98 78 92 87
M. und Mme Lancien
E-Mail: m-t.lancien@wanadoo.fr

♦ Ganzj. geöffn. ♦ 2 Zi. mit Dusche, WC: 48 € (2 Pers.) + 12 € (zusätzl. Pers.) ♦ Frühst. inkl. ♦ Kein Gästetisch - Restaurants ab 4 km ♦ Haustiere nur auf Anfrage erlaubt ♦ Sprachen: Englisch ♦ **Anreise** (Karte Nr. 5): ab Commana Rtg. Landivisiau. Nach 2 km rechts ausgeschildert.

Der alte Weiler Kerveroux, wo im 18. Jahrhundert die Weber Tuch anfertigten, ist erneut lebendig dank der Begeisterung eines Bildhauers und seiner Frau für diesen Ort. Vollkommen still mitten auf dem Land mit Blick auf die Arrée-Berge gelegen, laden die Häuser und der Garten zum Ausruhen ein. Die beiden Zimmer liegen separat. Das im Erdgeschoss, in Grüntönen, hat eine Glastür und ein kleines Fenster. Das darüber mit weißem Parkett und gestaltet in Gelbtönen hat ebenfalls ein kleines Fenster und ist etwas heller. In beiden wurde Hochaktuelles mit antikem Mobiliar verbunden, und ihre Duschbäder sind tadellos. Das reichhaltige Frühstück wird entweder auf der Terrasse oder im schönen Speiseraum eingenommen, in dem an kühlen Tagen ein Kaminfeuer brennt.

177 - Manoir de Kervent

29100 Douarnenez
(Finistère)
Tel. (0)2 98 92 04 90
Mme Lefloch

♦ Ganzj. geöffn. ♦ Dez. und Jan. auf Anfrage ♦ 3 Zi. (2-3 Pers.) und 1 Familien-Suite (4 Pers.) mit Dusche, WC: 38-44 € (2 Pers.); Familien-Suite 70 € ♦ Frühst. inkl. ♦ Kein Gästetisch - Restaurants in Douarnenez ♦ Salon ♦ Hunde nur auf Anfrage erlaubt (mit Zuschlag) ♦ **Anreise** (Karte Nr. 5): in Douarnenez die D 765 Rtg. Audierne, 400 m hinter der letzten Ampel kleine Straße rechts (im Pouldavid-Viertel).

Die einstigen Kinderzimmer dieses auf dem Land nur 3 Kilometer von den Stränden entfernt gelegenen Familienhauses sind heute Gästezimmer. Mit ihrem Nostalgiemobiliar sind sie intim und komfortabel (das „Verte" ist etwas kleiner als die anderen). Das bemerkenswerte Frühstück wird für alle Gäste am großen Tisch des Speiseraumes serviert. Madame Lefloch ist eine Frau mit starker Persönlichkeit, gastfreundlich und voller Humor. Ihre Gegend kennt sie sehr gut, und deshalb wird sie Sie gern über alles aufklären, was Sie sich in der Nähe anschauen sollten.

B R E T A G N E

178 - Ty Va Zadou

Bourg
29253 Île-de-Batz
(Finistère)
Tel. (0)2 98 61 76 91
Marie-Pierre und Jean Prigent

♦ Vom 1. März bis 15. Nov. geöffn. ♦ 3 Zi. mit Bad oder Dusche, WC und 1 Familien-Suite. (2-4 Pers.) mit Bad und eig. WC (außerhalb des Zi.): 35 € (1 Pers.), 50 € (2 Pers.), 65 € (3 Pers. in der Suite), 75 € (4 Pers. in der Suite) ♦ Frühst. inkl. ♦ Kein Gästetisch ♦ Salon ♦ Haustiere nicht erlaubt ♦ Fahrradverleih ♦ **Anreise** (Karte Nr. 5): in Roscoff die Fähre zur Île-de-Batz nehmen (Überfahrt: 15 Min.). Das Haus liegt 10 Min. vom Anlegeplatz entfernt, rechts von der Kirche.

Eine Traumadresse, um die Insel Batz und das Leben dieses kleinen Dorfes am Meer mit landwirtschaftlichen Aktivitäten zu entdecken. Madame Prigent, besonders liebenswürdig und immer gut gelaunt, kann über die Insel, auf der sie geboren wurde, viel Interessantes berichten. Das Erdgeschoss ist noch immer mit seinem alten regionalen Mobiliar eingerichtet, während die Zimmer im Obergeschoss erst vor kurzem von Grund auf renoviert wurden. Sie sind behaglich, freundlich, sehr gepflegt und haben einen außergewöhnlichen Ausblick auf den kleinen Hafen, eine Reihe von kleinen Inseln und das Festland. Einen Gästetisch gibt es nicht, aber Madame Prigents Sohn führt die reizende „Bio"-Crêperie am Hafen. Ein wunderbares Haus. Frühzeitig reservieren!

179 - Château du Guilguiffin

29710 Landudec
(Finistère)
Tel. (0)2 98 91 52 11
Fax (0)2 98 91 52 52
M. Philippe Davy

♦ Vom 1. März bis 15. Nov. geöffn. ♦ im Winter auf Anfrage ♦ 4 Zi. und 2 Suiten (3-4 Pers.) mit Bad, WC, TV: 115-140 € (2 Pers.); Suite: 170-200 € ♦ Frühst. inkl. ♦ Kein Gästetisch - Restaurants in unm. Nähe ♦ Salons ♦ Münztel. ♦ Hunde erlaubt ♦ Sprachen: Deutsch, Englisch ♦ **Anreise** (Karte Nr. 5): 13 km westl. von Quimper Rtg. Audierne, D 784; die Besitzung liegt 3 km vor Landudec.

Mit seinem Säulengang, seinen phantastischen Gärten und seiner Fassade im reinsten Stil des 18. Jahrhunderts ist dieses Schloss ein architektonisches Meisterwerk, in dem man zudem besonders angenehm wohnt. Der von seinem Haus begeisterte Philippe Davy empfängt seine Gäste wie gute alte Freunde. Die Zimmer sind vollkommen renoviert, voller Pracht und Komfort, mit unwiderstehlichen Bädern. Herrliche Empfangsräume mit Wandbekleidung aus der Entstehungszeit, freundlicher Raum zum Einnehmen des Frühstücks. Ein Ort von höchster Qualität.

B R E T A G N E

180 - La Grange de Coatélan

29640 Plougonven
(Finistère)
Tel. (0)2 98 72 60 16
Charlick und Yolande de Ternay

♦ Weihnachten bis Neujahr geschl. ♦ Mind. 2 Üb. ♦ 5 Zi. mit Bad, WC: 31-54 € (1 Pers.), 42-60 € (2 Pers.) + 13 und 16 € (Extrabett) ♦ Frühst. inkl. ♦ Gasthof in der Saison vor Ort, abends außer Mi; außerh. der Saison nur zum Wochenende (Fr, Sa, So): traditionelle Gerichte und Gegrilltes (ca. 20 €) ♦ Hunde nicht erlaubt ♦ Wanderwege ♦ Sprachen: Englisch ♦ **Anreise** (Karte Nr. 5): 7 km südl. von Morlaix über die D 109 Rtg. Plourin-lès-Morlaix, dann Plougonven; ab Coatélan ausgeschildert.

Der Empfang in diesem alten Weberhaus, das in der Nähe des faszinierenden Arrée-Gebirges liegt, ist dynamisch und sympathisch. Im Erdgeschoss befindet sich das kleine Restaurant: helles Holz, Kamin und in der Ecke eine Bar in Form eines Kiels. Die Küche ist ausgezeichnet und das Ambiente nicht weniger gelungen. Die Zimmer sind komfortabel, freundlich und sowohl modern als auch klassisch mit besonders sicherem Geschmack gestaltet. 2 sind aus dem Grund preisgünstiger, weil sie sich direkt über dem Restaurant befinden. Die 3 anderen Zimmer liegen separat im einstigen Schweinestall (sic!), und dort steht auch der große Tisch für's Frühstück. Ein wahrlich zauberhafter Ort.

181 - Manoir de Mezedern

29640 Plougonven
(Finistère)
Tel. (0)2 98 78 64 90
Handy (0)6 11 78 79 06
Fax (0)2 98 78 72 90
Pierrette und Jack Meyer

♦ Von Ostern bis Allerheiligen geöffn. ♦ Außerhalb der Saison auf Anfrage ♦ Mind. 2 Üb. ♦ 2 Zi. mit Bad, WC, Tel.: 85 und 115 € (2 Pers.) ♦ Frühst. inkl. ♦ Kein Gästetisch - Restaurants ab 5 km ♦ Salon ♦ Hunde nicht erlaubt ♦ Angeln am Teich ♦ **Anreise** (Karte Nr. 5): 11 km südöstl. von Morlaix über die RN 12. Abfahrt Plouigneau Rtg. Plougonven. Am Ortsausgang auf die D 9 Rtg. Lannéanou. 1 km von Plougonven die Allee gegenüber der Kreuzigungsgruppe. Das Haus liegt 100 m weiter.

Unglaublich! Das Wort ist nicht übertrieben zur Beschreibung dieses Landsitzes, der größtenteils aus dem 15. und 16. Jahrhundert stammt und quadratisch um einen ungewöhnlichen Portalvorbau herum entstand, in dessen oberem Teil sich eine Wohnung befindet. Dass bei einer Renovierung die alte Bausubstanz derart respektiert wird, ist außergewöhnlich. Hier befinden Sie sich inmitten der Haute-Epoque, und das betrifft sowohl die vielen schönen antiken Möbel wie auch die Gemälde und Sammelstücke. Die nicht gerade großen Zimmer und Bäder sind sehr gelungen im Hinblick auf Schönheit und Komfort. Außerdem gibt es große Ländereien mit einem Teich. Ganz persönlicher Empfang des dynamischen Rentnerpaares mit ausgeprägt trockenem Humor.

B R E T A G N E

182 - Le Manoir de Lanleya

Lanleya
29610 Plouigneau
(Finistère)
Tel. (0)2 98 79 94 15
M. Marrec
E-Mail: manoir.lanleya@libertysurf.fr
Web: multimania.com/lanleya

♦ Ganzj. geöffn. ♦ 5 Zi. mit Dusche, WC und 1 Nebenzi.: 47 € (1 Pers.), 58 € (2 Pers.) + 23 € (zusätzl. Pers.) ♦ 4 Häuser (2-7 Pers.) mit Dusche, WC: 245-400 € (2 Pers.), 270-420 € (3 Pers.), 290-460 € (4 Pers.), 340-560 € (7 Pers.); Preise saisonbedingt ♦ Frühst. inkl. ♦ Kein Gästetisch - Restaurants und Crêperien in Umgebung ♦ Salon ♦ Hunde nicht erlaubt ♦ **Anreise** (Karte Nr. 5): 10 km östl. von Morlaix über die N 12 Rtg. Saint-Brieuc. In Plouigneau Rtg. Lanmeur, dann ausgeschildert. 3,5 km von der N 12 entfernt.

Teils Herrenhaus mit der Strenge des 15. Jahrhunderts und teils *malouinière* (typisches Saint-Malo-Haus) aus dem 18. Jahrhundert. Vor dem Ruin gerettet und intensiv restauriert, erinnern hier und da alte bretonische Möbel, ein Steinkamin und eine schöne Treppe an das Alter des Hauses. Die für Familien idealen Zimmer wurden leider nicht alle gleich ansprechend gestaltet. Das Gästezimmer „Catherine du Plessis" ist jedoch sehr gelungen und freundlich. Ganz reizender Blumengarten. Der Empfang ist zwar schüchtern, aber liebenswürdig.

183 - Roch Ar Brini

29600 Ploujean / Morlaix
(Finistère)
Tel. (0)2 98 72 01 44
Fax (0)2 98 88 04 49
Armelle und Étienne Delaisi
E-Mail: rochbrini@aol.com
Web: brittanyguesthouse.com

♦ Ganzj. geöffn. ♦ 3 Zi. mit Bad oder Dusche, WC: 68 € (2 Pers.) und 1 Suite mit Bad, WC (2-4 Pers.): 68 € (2 Pers.), 108 € (4 Pers.) ♦ Frühst. inkl. ♦ Kein Gästetisch - Restaurants in Morlaix (3 km) ♦ Salon, Billard ♦ Reiten (mit Zuschlag) ♦ Sprachen: Englisch ♦ **Anreise** (Karte Nr. 5): 3 km nordöstl. von Morlaix. In Morlaix auf das rechte Ufer Rtg. La Dourduff (3 km), dann rechts ausgeschildert.

Dieser Landsitz wurde Ende des 19. Jahrhunderts vom Vater des Dichters Tristan Corbière gebaut und ist umgeben von einem großen Park. *Roch Ar Brini* überragt stolz ein kleines Tal, dessen Fluss den Hafen von Morlaix versorgt. Das Anwesen wurde von seinen jungen Besitzern vollkommen renoviert; im Innern ist alles reizend, komfortabel und sehr hell. Die Innenausstattung spiegelt den aktuellen Trend wider: klassisch-elegante Formen, edle Materialien und Stoffe. Die mit wunderbaren Bädern ausgestatteten Gästezimmer sind sehr angenehm. Ein gastfreundliches Haus mit vielen Vorzügen.

B R E T A G N E

184 - Pen Ker Dagorn

9, rue des Vieux Fours
29920 port de Kerdruc-en-Nevez
(Finistère)
Tel. (0)2 98 06 85 01
Fax (0)2 98 06 60 46
Familie Brossier-Publier

♦ Vom 1. Mai bis 30. Okt. geöffn. (im Winter auf Anfrage) ♦ Mind. 2 Üb. ♦ 3 Zi. mit Bad oder Dusche, WC (4. Zi. für Juli-Aug. mögl.): 57 € (2 Pers.) ♦ Frühst. inkl. ♦ Kein Gästetisch - Restaurants und Crêperie in Kerdruc ♦ Salon ♦ Hunde nicht erlaubt ♦ **Anreise** (Karte Nr. 5): 4 km südl. von Pont-Aven. Von Pont-Aven kommend: D 783 Rtg. Trégunc und Concarneau. 200 m hinter der Gendarmerie. Nordausf. von Pont-Aven, links, Rue des Fleurs Rtg. Le Henan-Kerdruc CD Nr. 4. Oder von Trégunc bzw. von Nizon kommend: an der Kreuzung von Croaz Hent Kergoz die D 77 Rtg. Névez. In Névez Kerdruc C Nr. 8 Rtg. Hafen Kerdruc. Am Ortseingang von Kerdruc, am kleinen Platz, auf den „Sentier côtier", dann Rue des Vieux-Fours, 150 m weiter.

200 Meter vom Hafen von Kerdruc liegt dieses hübsche Herrenhaus, das von viel Grün umgeben und besonders freundlich eingerichtet ist. Jedes Zimmer hat seinen eigenen Stil: eine ausgesuchte Ausstattung, vorwiegend aus Holz, sowie phantasievolle, hinter Einbauschränken „verborgene" Bäder. Alle Gästezimmer sind groß, sehr komfortabel und hell. Beim exzellenten Frühstück, das an mehreren Tischen serviert wird, werden Sie die große Gastfreundschaft von Madame und Monsieur Brossier-Publier besonders schätzen. Eine hervorragende Adresse.

185 - Les Hortensias

Kernec
29310 Querrien
(Finistère)
Tel. (0)2 98 71 35 22
Mme und M. Guillerm
E-Mail: guillermjeanmarc@aol.com

♦ Zw. Weihnachten und Neujahr geschl. ♦ Nichtraucher-Zi. ♦ 2 Zi. mit Bad oder Dusche, WC für 4 Pers.: 38 € (pro DZ) ♦ Frühst. inkl. ♦ Gästetisch abends, gemeinsam: 15 € (Wein inkl.) ♦ Salon ♦ Fahrradverleih ♦ Sprachen: Deutsch, Englisch, Spanisch ♦ **Anreise** (Karte Nr. 5): 15 km nordwestl. von Quimperlé, Rtg. Le Faouët. In Querrien Rtg. Guiscriff bis Kernec. Rechts hinter der Kreuzigungsgruppe.

Dieses kleine, ganz einfache Haus mit einem Garten voller Blumen, das am Rand eines Weilers liegt, ist besonders interessant für Familien, die für einen längeren Aufenthalt die beiden Zimmer im Obergeschoss mieten wollen. Das eine ist mit einer Dusche und einem Waschbecken ausgestattet. Auf dem Flur dann ein weiteres Bad. Die Zimmer mit ihrem rustikalen Parkett sind alles andere als protzig, aber angenehm. Im Erdgeschoss wird der Salon des Hauses von den Gästen mitbenutzt, ebenso die Veranda. Dort werden Frühstück und Abendessen (Familienküche) serviert werden; Letzteres wird mit den jungen Hausbesitzern eingenommen, die sehr liebenswürdig und spontan sind.

B R E T A G N E

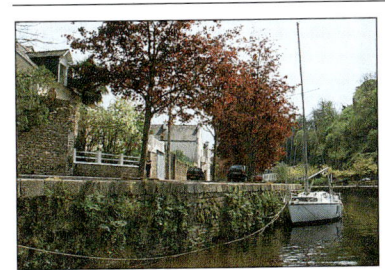

186 - La Maison d'Hippolyte

2, quai Surcouf
29300 Quimperlé
(Finistère)
Tel. (0)2 98 39 09 11
Mme Lescoat

♦ Ganzj. geöffn. ♦ 4 Zi. mit Dusche, WC: 45 € (2 Pers.) + 15 € (Extrabett) ♦ Frühst. inkl. ♦ Kein Gästetisch - Restaurants und Crêperie in Umgebung ♦ Salon ♦ Lachs- und Forellenangeln, Kanu/Kajak direkt am Haus und Fahrradverleih - „Novembre de la photo" ♦ Sprachen: Englisch ♦ **Anreise** (Karte Nr. 5): 50 m hinter dem Office de Tourisme von Surcouf, in der Nähe des Flusses. TGV-Bahnhof 1 km entf.

Dieses kleine Haus, 15 Kilometer von Pont-Aven und 12 von den Stränden entfernt, liegt am Kai der Laïta im Herzen der reizenden Stadt Quimperlé. Das schlichte, angenehme Haus ist klein, aber freundlich und geprägt von einer Boheme- und Künstleratmosphäre. Sie werden sehr angetan sein von der Liebenswürdigkeit der Gastgeberin Madame Lescoat, die sich sehr für Malerei und Fotografie interessiert und deshalb die Wände ihres hellen Salon-Speiseraumes bretonischen Künstlern zur Verfügung stellt. Die Zimmer entsprechen dem Stil des Hauses, sind komfortabel, sehr gepflegt und haben gut konzipierte Duschen. Das exzellente Frühstück wird bei schönem Wetter im Schatten eines Feigenbaumes mit Blick auf den maritimen Fluss auf der Terrasse serviert.

187 - Le logis de la Filanderie

3, rue de la Filanderie
35190 Bécherel
(Ille-et-Vilaine)
Tel. (0)2 99 66 73 17
Fax (0)2 99 66 79 07
Mme Lecourtois Canet
E-Mail: filanderie@aol.com
Web: filanderie.com

♦ Von Nov. bis Ostern geschl. ♦ Außerhalb der Saison reservieren ♦ Nichtraucher-Haus ♦ 3 Zi. mit Bad oder Dusche, WC: 50-70 € (2 Pers.), Suite mit 2 Zi. 100 € (4 Pers.) + 20 € (zusätzl. Pers.) ♦ Frühst. inkl. ♦ Kein Gästetisch - Restaurants ab 100 m ♦ Salon ♦ Hunde nicht erlaubt ♦ **Anreise** (Karte Nr. 6): 30 km nördl. von Rennes. Schnellstraße (Voie express) Rennes/Saint-Malo, Abfahrt Tinténiac Bécherel.

An einem kleinen Platz des reizenden kleinen Dorfes liegt dieses sehr alte Haus (besser: 2 durch einen Hofgarten voller Moos und Blumen verbundene Gebäude) mit besonders gemütlichem, sehr englischem Ambiente und hohem Komfort. Am Eingang die große Küche mit beeindruckender Teekannen-Sammlung. Im Salon daneben ist die Gestaltung vom (provinziellen) 19. Jahrhundert geprägt. Die Zimmer befinden sich im anderen Haus. Das 1., ganz in Blautönen, ist besonders groß, das 2., kleiner und romantischer, in Rosa und Grün gestaltet, erinnert an den Libertystil, und das neue 3., in der ehemaligen Weberei eingerichtet, wirkt in Bordeaux und Weiß freundlich-ländlich und liegt am Garten. Alle sind ebenso reizvoll wie tadellos gepflegt. Sehr angenehmer Empfang.

B R E T A G N E

188 - Les Maisons Debricourt
Les Rimains

35260 Cancale
(Ille-et-Vilaine)
Tel. (0)2 99 89 64 76
Fax (0)2 99 89 88 47
Jane und Olivier Roellinger
E-Mail: info@maisons-de-bricourt.com
Web: maisons-de-bricourt.com

♦ Jan. geschl. ♦ 5 Zi. mit Bad, WC, Tel, TV: 145-210 € (2 Pers.) ♦ Frühst.: 15 € ♦ 2 separate Fischerhäuser (s. Foto) zu mieten: 1 524,49 € /pro Woche; 336 € /pro Tag ♦ Gastronomisches Restaurants „Le Relais Gourmand" von Olivier Roellinger, 600 m weiter, reservieren ♦ Sprachen: Englisch ♦ **Anreise** (Karte Nr. 15): 14 km östl. von Saint-Malo. In Cancale auf die Hauptstraße Rtg. Kirche. Ab der Kirche ausgeschildert.

Olivier Roellingers Küche braucht eigentlich nicht mehr vorgestellt zu werden. Wir meinen: eine der allerbesten überhaupt! Aber wussten Sie, dass er oben in Cancale außerdem wunderbare, ganz und gar anheimelnde Zimmer und gleich nebenan 2 Fischerhäuser anbietet? Salon mit Kamin, „Profi"-Küche und Zimmer, die ebenso schön wie komfortabel sind. Hier wurde der maritime Stil auf eine besonders aktuelle und gelungene Art abgewandelt (glattes Parkett, perlgraue Täfelung, wertvolle Naturholzmöbel, Bilder und Accessoires). Und, als Sahnehäubchen, ein Garten oberhalb des Meeres mit einem kleinen Tor, um es auch zu erreichen. Phan-tas-tisch!

189 - La Tremblais

35320 La Couyère
(Ille-et-Vilaine)
Tel. und Fax (0)2 99 43 14 39
Handy (0)6 63 65 24 22
Mme und M. Raymond Gomis
E-Mail: la-raimonderie@wanadoo.fr
Web: la-raimonderie.com

♦ Ganzj. geöffn. ♦ 1 Zi. und 1 Suite (4 Pers.) mit separatem Eingang, Salon, Dusche, WC: 50 € (2 Pers.); Suite: 55 € (2 Pers.) + 11 € (Extrabett) ♦ Frühst. inkl. ♦ „Soirée en Amoureux" (Abendessen zu zweit) auf Best.: 125 € (2 Pers., Zi., Abendessen, Champagner und Frühst. inkl.) ♦ Gemeins. Essen gelegentlich: 16 € ♦ Es kann auch ein einfaches Haus (*gîte*) gemietet werden ♦ Sommersalon, kleiner Trödelmarkt nur für Hausgäste ♦ Hunde nicht erlaubt ♦ Sprachen: Englisch, Spanisch ♦ **Anreise** (Karte Nr. 15): 25 km südöstl. von Rennes. Autobahn bis Vitré-Janzé. In Janzé die D 92 Rtg. La Couyère-Châteaubriant. Das Haus liegt in dem kleinen Ort La Tremblais.

In diesem ehemaligen Bauernhaus, das im Innern ganz dem Geschmack von heute entspricht, erwarten Sie ein kokettes, in den Tönen Gelb und Grün hübsch eingerichtetes Zimmer und eine rustikale Maisonnette-Suite mit Kamin. In der einstigen Scheune, die sich weit aufs Grüne öffnet, wird das Frühstück serviert. Die gesamte Anlage ist ansprechend und angenehm. Madame Gomis, sie ist sehr freundlich, kümmert sich um ihre Gäste ebenso gut wie um die Blumen in ihrem reizenden Garten.

B R E T A G N E

190 - Manoir de la Duchée

La Duchée
Saint-Briac-sur-Mer
35800 Dinard
(Ille-et-Vilaine)
Tel. (0)2 99 88 00 02
Fax (0)2 99 88 92 57
Jean-François Stenou
Web: pro.wanadoo.fr/manoir.duchee

♦ Vom 1. März bis 31. Dez. und während der Ferien geöffn. ♦ 3 Zi. (1 Maisonnette-Zi.) und 2 Suiten mit Bad, WC, Fön, TV: 53,40-76,30 € (2 Pers.), 84 € (3 Pers., Maisonnette), 91,50 € (4 Pers., Maisonnette), 91,50 € (1 Suite mit 2 Bädern) ♦ Frühst. inkl. ♦ Kein Gästetisch - Restaurants in Umgebung ♦ Salons und Ausstellungsräume ♦ Tel. ♦ Hunde nicht erlaubt ♦ Reiten, Mountainbikes, Park, Ausstellung alter Kutschen, „Antiquitäten und Trödel mit Charme" ♦ **Anreise** (Karte Nr. 6): ab Saint-Malo Rtg. Saint-Brieuc über D 168, dann D 603 Rtg. Saint-Briac. Am Ortseingang 1. Straße links, ausgeschildert. Ab Dinard: D 786 Rtg. Campingplatz *(camping municipal)*.

Dieser mitten auf dem Land gelegene kleine Landsitz aus dem 17. Jahrhundert verfügt über originale Zimmer, die sehr komfortabel und mit kunstvollen Jugendstilmöbeln eingerichtet sind. Im Erdgeschoss dient ein sehr schöner Raum mit Dachbalken und freigelegten Steinen als Esszimmer: Kaminfeuer, große Kronleuchter, altes Mobiliar, Kunstgegenstände, Musik ... zu theatralisch? Um in manche Zimmer zu gelangen (über die steile Treppe), sollte man schon kletterfest sein!

191 - Chez M. Cointre

Le Bourg
35440 Dingé
(Ille-et-Vilaine)
Tel. (0)2 99 45 04 13
Handy 06 70 31 34 35
Claire und Antony Cointre
E-Mail: claire.antony@wanadoo.fr

2003

♦ Ganzj. geöffn. ♦ 3 Zi. mit Dusche, WC: 43 € (2 Pers.) + 9 € (zusätzl. Pers.) ♦ Frühst. inkl. ♦ Gästetisch mittags und abends, gemeinsam, reservieren: 15 € (Getränke inkl.) ♦ Salon ♦ Haustiere nicht erlaubt ♦ Sprachen: Englisch ♦ **Anreise** (Karte Nr. 6): N 137 Rennes/Saint-Malo, Ausfahrt Combourg. Nach 6,5 km auf der D 795 rechts auf die D 20 Rtg. Dingé. Hinter der Post.

In diesem kleinen Dorf zwischen Rennes und Combourg bietet Antony Cointre seit kurzem im einstigen Presbyterium mit gelber Fassade 3 Gästezimmer an. In sanften Farben mit erdfarben verputzen Wänden gestaltet, sind die 3 Zimmer einfach, hell und freundlich und entsprechend ihren Namen „Abricot", „Tilleul" und „Lavande" abgewandelt. Sie gehen nach hinten zum frisch angelegten Garten heraus. Das üppige Frühstück (u.a. Leb- und Napfkuchen, Brioche und Apfelsaft, alles hausgemacht) ist nur ein Vorgeschmack dessen, was der generöse Koch sonst noch bietet. Antony Cointre kreiert für den Gästetisch Jahreszeitenmenüs, bei denen seine ganze Imagination zum Ausdruck kommt. Serviert wird im großen Speiseraum mit Kamin, und zwar unter einem besonders schönen Kronleuchter aus Treibholz. Unkompliziert-spontaner Empfang.

BRETAGNE

192 - La Ville Autin

35360 Montauban-de-Bretagne
(Ille-et-Vilaine)
Tel. (0)2 99 06 62 03
Olga und Garri Karadjanian
E-Mail: garri.karadjanian@wanadoo.fr

♦ Ganzj. geöffn. ♦ 2 Zi. mit Dusche, WC: 45 und 50 € (2 Pers.) + 12 € (Extrabett) ♦ Frühst. inkl. ♦ Gästetisch abends: 20 € (Wein inkl.) ♦ Hunde nur auf Anfrage erlaubt ♦ Sprachen: Englisch, Italienisch, Russisch ♦ **Anreise** (Karte Nr. 6): 26 km westl. von Rennes über die N 12. Im Dorf.

Am Ortsausgang muss man die Straße verlassen und in die Passage zwischen 2 Häusern fahren, bevor man auf den Hof dieses ehemaligen Bauernhauses von mittelalterlicher Strenge gelangt. Im Innern ist alles sehr gepflegt, die Räume wirken ursprünglich und unverändert seit dem 15. Jahrhundert. So gibt es gekalkte Wände in dezenten Farben, Balken und Naturstein freigelegt, das wenige Mobiliar ist wertvoll: geschmackvolle Schlichtheit, alles sehr gelungen. Die Zimmer sind groß, freundlich und eine Spur klösterlich. Hier ein Kilim, dort Bilder zeitgenössischer russischer Maler; die bemalten Eier zeugen von dem Interesse der Hausbesitzer an slawischer Kultur. Der Empfang ist sehr freundlich.

193 - La Corne de Cerf

Le Cannée
35380 Paimpont
(Ille-et-Vilaine)
Tel. (0)2 99 07 84 19
Mme und M. Morvan

♦ Jan. geschl. ♦ Nichtraucher-Zi. ♦ 3 Zi. mit Dusche, WC: 48 € (2 Pers.) + 12 € (Extrabett) ♦ Frühst. inkl. ♦ Kein Gästetisch - Restaurants und Crêperien ab 3 km ♦ Salon ♦ **Anreise** (Karte Nr. 6): 2,5 km südl. von Paimpont. Am großen Kreisverkehr Rtg. Beignon. Nach 2 km an der ersten Kreuzung das große Haus mit Glasfassade.

Inmitten des Brocéliande-Waldes, der Domäne der König-Arthur-Überlieferung, liegt dieses schöne Haus ganz aus Naturstein, das *longère* genannt wird und von seinen Eigentümern komplett mit modernem Komfort ausgestattet wurde. Weit auf einen gepflegten Garten voller Blumen hin geöffnet, besitzt es 3 komfortable Gästezimmer in freundlichen Farben mit modernen Bädern. Das Gourmand-Frühstück wird entweder in dem angenehmen Raum serviert, in dem sich Werke der Gastgeber finden (beide sind Künstler), oder auf der kleinen Gartenterrasse. Aufmerksamer Empfang.

B R E T A G N E

194 - Château du Bois Glaume

35320 Poligné
(Ille-et-Vilaine)
Tel. (0)2 99 43 83 05
Fax (0)2 99 43 79 40
Mme und M. Berthélémé

♦ Vom 1. Juni bis 1. Okt. geöffn. ♦ 2 Zi. und 2 Suiten mit Bad, WC (Suiten mit TV): 95 € (2 Pers.); Suite: 125 € (2 Pers.) ♦ Frühst. inkl. ♦ Kein Gästetisch ♦ Keine Kreditkarten ♦ Salons ♦ Hunde nicht erlaubt ♦ Angeln und Park (11 ha) ♦ Sprachen: Englisch, Spanisch ♦ **Anreise** (Karte Nr. 14): 22 km südl. von Rennes. Schnellstraße N 137 Rtg. Nantes, Ausfahrt Poligné. Ab Dorfmitte ausgeschildert.

Nach langer Zeit der Verwahrlosung wurde dieses anmutige Schloss aus dem frühen 18. Jahrhundert von seinen heutigen Besitzern restauriert. Es ist von einem Park umgeben, dessen prachtvolle Bäume am Ufer eines Teiches viel Schatten spenden und wo man voller Genuss ruhen kann. Die riesigen, mit zahlreichen Fenstern und großzügigen Bädern versehenen Suiten wie auch die geräumigen, komfortablen Zimmer sind geschmackvoll ausgestattet. Die mit altem Mobiliar eingerichteten Salons und der Speiseraum sind groß und freundlich. Liebenswürdiger, diskreter Empfang.

195 - La Petite Ville Mallet

Le Gué
35400 Saint-Malo
(Ille-et-Vilaine)
Tel. und Fax (0)2 99 81 75 62
Joëlle und Henri Pierre Coquil

2003

♦ Ganzj. geöffn. ♦ Nichtraucher-Zi. ♦ 2 Zi. und 1 Suite (4 Pers.) mit Bad oder Dusche, WC: 55 € (2 Pers.); Suite 90 € (4 Pers.) + 15 € (zusätzl. Pers.) ♦ Frühst. inkl. ♦ Kein Gästetisch - Restaurants ab 2 km ♦ Salon (Raucher) ♦ Haustiere nur auf Anfrage erlaubt ♦ Sprachen: Englisch ♦ **Anreise** (Karte Nr. 6): ab Rennes auf die Schnellstraße Paramé/Cancale, am Kreisverkehr „des Français libres" auf die Straße nach Cancale über Saint-Coulomb. 2. Straße rechts, dann 1. Straße links.

Diese neue Haus im traditionellen Look liegt etwas abseits von Saint-Malo an der Straße nach Cancale in unmittelbarer Nähe der Küste. Empfangen werden Sie hier liebenswürdig und mit guter Laune von Madame und Monsieur Coquil, deren Familien seit mehreren Generationen in Saint-Malo ansässig sind und die mit ihrer Region stark verbunden sind. Die großbürgerlich in klassisch-freundlichem Stil gestalteten Zimmer sind anheimelnd und tadellos gepflegt. Bei schönem Wetter wird das Frühstück vor dem Haus am reizenden Blumengarten serviert.

B R E T A G N E

196 - Les Mouettes

Grande-Rue
35430 Saint-Suliac
(Ille-et-Vilaine)
Tel. (0)2 99 58 30 41
Fax (0)2 99 58 39 41
Isabelle Rouvrais

♦ Ganzj. geöffn. ♦ 5 Zi. mit Bad oder Dusche, WC: 37-41 € (1 Pers., je nach Saison), 42-46 € (2 Pers., je nach Saison) ♦ Frühst. inkl. ♦ Kein Gästetisch - Restaurants ab 150 m ♦ Salon ♦ Hunde nicht erlaubt ♦ Sprachen: Englisch, Spanisch ♦ **Anreise** (Karte Nr. 6): 3 km nördl. von Châteauneuf (nahe Saint-Malo). Schnellstraße Rennes/Saint-Malo, Ausfahrt Châteauneuf, in den Ort fahren, dann Saint-Suliac ausgeschildert.

Die Straßenlage dieses Hauses ist vielleicht nicht ideal, doch das Leben des kleinen Dorfes Saint-Suliac, die reizende Promenade am Meer und die nahen Strände (200 m) gleichen diesen Nachteil wieder aus. Eingerichtet wurde das Haus mit absolut sicherem Geschmack (hell gebeiztes Holz, pastellfarbene Stoffe). Die Zimmer sind zwar klein, haben klösterlichen Komfort und an Zen erinnerndes Ambiente (leider nicht alle untereinander hundertprozentig geräuschisoliert, und in der Hochsaison macht sich schon mal die Straße bemerkbar). Isabelle, die freundliche, sensible und ein klein wenig schüchterne Hausbesitzerin serviert ein exzellentes, natürlich-gesundes Frühstück. Eine hübsche Dorf-Adresse nur 200 Meter vom Strand und von reizvollen Küstenwanderwegen.

197 - Château de la Villouyère

35630 Vignoc
(Ille-et-Vilaine)
Tel. (0)2 99 69 80 69
Mme und M. Bruchet-Mery

♦ Von Mai bis Okt. und an Wochenenden geöffn. ♦ Reserv. notwendig ♦ 2 Zi. mit Bad oder Dusche, WC: 90 € (2 Pers.) + 27 € (Extrabett) ♦ Frühst. inkl. ♦ Kein Gästetisch - Restaurants ab 4 km ♦ Salon ♦ Tischtennis, Federball, Fahrräder, Bibliothek, auf Wunsch Babysitting ♦ Sprachen: Englisch ♦ **Anreise** (Karte Nr. 6): 15 km nördl. von Rennes über die Schnellstraße N 137 Rtg. Saint-Malo, Ausfahrt Vignac. Ab Kreisverkehr Rtg. La Mézière, nach 500 m rechts (ausgeschildert).

Dieses kleine Schloss aus dem 18. Jahrhundert liegt in einem mit seltenen Bäumen bepflanzten Park und wurde mit viel Geschick von einem jungen Paar restauriert, das viel Wert auf Schönheit legt. Hier werden 2 große Zimmer mit antikem Mobiliar angeboten; mit dem kleinen Salon kann das eine Zimmer zu einer Suite umgestellt werden. Wenn Sie es wünschen, wird Monsieur Bruchet-Mery Ihnen von seiner Leidenschaft für den Kaiser und von vergangenen Zeiten berichten. Aufmerksamer Empfang in familiärer Atmosphäre. Eine Adresse für einen besonderen Aufenthalt.

BRETAGNE

198 - Moulin de Trebimoël

56390 Colpo
(Morbihan)
Tel. (0)2 97 66 81 89
Mme und M. Le Lann

♦ Ganzj. geöffn. ♦ In der Hauptsaison mind. 2 Üb. ♦ 2 Zi. mit Bad oder Dusche, WC: 45 € (2 Pers.) ♦ Frühst. inkl. ♦ Kein Gästetisch ♦ Salon - Musik (zahlreiche Instrumente), auf Wunsch Einführung in die Jazzmusik - erfahrene Musiker (16 €/h.) ♦ Bassin, Tennis, Angeln (Teich, Fluss) ♦ Hunde nur auf Anfrage erlaubt ♦ Sprachen: Spanisch sowie etwas Deutsch und Englisch ♦ **Anreise** (Karten Nr. 5 und 14): 20 km nordwestl. von Vannes. In Vannes auf die D 767 Rtg. Pontivy, Colpo: D 115, Rtg. St Jean Brevelay. An der Ortsausfahrt von Colpo auf die D 150 Rtg. Bignan; 1. Straße links hinter Kerruy. Die Mühle befindet sich am Ende von Trebimoël und am Ende der Sackgasse.

Diese alte Mühle liegt in einer Talmulde am Teich und einem Wasserfall, aus dem ein sprudelnder Bach wird. Die Garten-Ebene, wo das Frühstück (meist mit selbstgebackenem Kuchen) serviert wird, ist ganz der Küche gewidmet. Auf der Teich-Ebene befindet sich der mit seinem antiken Mobiliar, seinen Musikinstrumenten und seiner bis ans Wasser reichenden Terrasse besonders freundliche Salon. Die Zimmer (schlicht-elegante Gestaltung, Mansardenfenster, hübsche Aussicht) mit Bettwäsche aus besticktem Leinen wurden im Obergeschoss eingerichtet. Ein zunächst zurückhaltender, dann aber sehr angenehmer Empfang.

199 - Le Val aux Houx

56120 Guegon
(Morbihan)
Tel. (0)2 97 22 24 32
Mme Robic

♦ Ganzj. geöffn. ♦ 3 Zi. mit Bad oder Dusche, WC: 60-75 € (2 Pers.) + 15 € (zusätzl. Pers.) ♦ Frühst. inkl. ♦ Kein Gästetisch - Restaurants in Josselin (2,5 km) ♦ Salon ♦ Beheiztes Schwimmbad ♦ Sprachen: Englisch, Spanisch ♦ **Anreise** (Karte Nr. 14): in Josselin auf die D 126, Route du Roc-Saint-André, dann 4. Straße rechts. Der Landsitz liegt 2,5 km von Josselin entfernt.

Dieser imposante Landsitz liegt am Hang eines kleinen Tals, in dem die Natur ganz und gar unberührt ist. Vom schön angeordneten Hof aus kann man die Fassade des Hauptgebäudes bewundern, die zum Teil auf das 16. Jahrhundert zurückgeht. Das von Grund auf renovierte Interieur hat noch immer seinen besonderen Charakter, aber nicht mehr seine frühere Strenge, die einer moderneren Gestaltung in Pastellfarben gewichen ist. Die klassisch-freundlichen und komfortablen Zimmer sind eher groß und verfügen über angenehme Bäder. Bei schönem Wetter wird das Frühstück auf der Terrasse serviert, von wo man auf den Park blickt und die sich nahe des wunderbaren, von Blumen umgebenen Schwimmbads befindet. Warmherziger, gut gelaunter Empfang.

BRETAGNE

200 - Ty Horses

Le Rouho - Route de Locmaria
56520 Guidel
(Morbihan)
Tel. (0)2 97 65 97 37
Mme und M. Hamon

♦ Ganzj. geöffn. ♦ 4 Zi. mit Dusche, WC (TV auf Wunsch): 39 € (1 Pers.), 46-49 € (2 Pers.) + 12 € (zusätzl. Pers.) ♦ Frühst. inkl. ♦ Kein Gästetisch - Restaurants ab 2 km ♦ Aufnahme von Gästen mit Pferd (Box, Auslauf) ♦ Sprachen: Englisch ♦ **Anreise** (Karte Nr. 5): 4 km nördl. von Guidel. Autobahn Nantes-Brest, Ausfahrt Guidel, die Kirche umfahren, Rtg. „Centre Commercial", dann 4 km lang Rtg. Locmaria: ausgeschilderter Weg links.

Die in der Bretagne geborenen Hamons leben nun ständig in diesem Haus, das sie auf dem Land unweit des Meeres bauen ließen. Es hat ein Reetdach, und in einem der beiden Flügel sind die Gästezimmer untergebracht. Der Flügel umfasst den Eingang, die Zimmer und eine Veranda, auf der eine Salonecke und eine Ecke zum Einnehmen des Frühstücks schlicht eingerichtet wurden. Trotz des banalen Mobiliars ist die Gestaltung frisch und angenehm. Ein ruhiges, von Wiesen umgebenes Haus, auf dem Pferde auslaufen, die recht zugänglich sind.

201 - Les Cormorans

Rue du Chalutier
Les Deux Anges
56590 Île-de-Groix
(Morbihan)
Tel. (0)2 97 86 57 67
Mme und M. Le Priol

♦ Ganzj. geöffn. - Reservieren ♦ 3 Zi. mit Bad oder Dusche, WC (TV auf Wunsch): 43 € (2 Pers.) ♦ Frühst.: 5 € ♦ Kein Gästetisch - Restaurants ab 300 m ♦ Sprachen: Englisch ♦ **Anreise** (Karte Nr. 5): 5 Min. zu Fuß vom Hafen ins Dorf. Bei der Ankunft am Landungsplatz von Port Tudy Rtg. Bourg, dann 1. Straße links, 2. Haus auf der linken Seite.

Dieses neue, in lokalem Stil erbaute Haus liegt genau (5 Gehminuten) zwischen dem Hafen (*port*) und dem Dorf (*bourg*); diese Lage im lebendigsten Teil der Insel ist somit besonders günstig. Die Zimmer sind äußerst komfortabel, klassisch gestaltet, gepflegt. Die des Erdgeschosses sind nicht so groß. Fürs Frühstück können Sie wählen zwischen dem Garten, in den leider erst spät die Sonne scheint, Ihrem Zimmer oder dem Speiseraum des nahen Hotel-Restaurants *Les Pêcheurs* (mit besonders sympathischer Billard-Bar), das den Gastgebern ebenfalls gehört. Eine Adresse für diejenigen, die großen Wert auf Unabhängigkeit legen; der Empfang ist sehr angenehm und entspannt.

B R E T A G N E

202 - La Criste Marine

Locqueltas
56590 Ile-de-Groix (Morbihan)
Tel. (0)2 97 86 83 04
Fax (0)2 97 86 84 65
Mme Monique Poupée
E-Mail: la-criste-marine@wanadoo.fr
Web: groix.com.fr

♦ Vom 20. Dez. bis 20. Jan. geschl. ♦ Reservierung SMN 0 820 056 000 ♦ 2 Zi. und 1 Familien-Suite (1 Eltern- und 1 Kinderzi.) mit Bad, WC: 60 € (2 Pers.) + 23 € (zusätzl. Pers.) ♦ Frühst. inkl. ♦ Kein Gästetisch - Restaurants ab 150 m ♦ Hunde nur auf Anfrage erlaubt ♦ **Anreise** (Karte Nr. 5): auf der Insel Ile-de-Groix (Fähre ab Lorient), 1 km von Groix entfernt. Erst Rtg. Kirche La Trinité, dann ins Dorf Lomener, danach Locqueltas.

Der Blick vom Garten aus, an dessen Ende Sträucher und Felsen ins Meer „stürzen", ist einfach wundervoll und könnte schöner nicht sein. Dieses urwüchsige Panorama kompensiert die verhältnismäßig geringe Größe der beiden Zimmer, umso mehr, als sich eine Terrasse anschließt, auf der man das Frühstück einnimmt. Die einfachen, absolut gepflegten und nostalgisch eingerichteten Zimmer sind somit ganz und gar empfehlenswert. Eine außergewöhnliche Adresse mit unendlich vielen Wandermöglichkeiten in der nahen Umgebung.

203 - Ty Mat

Penquesten
56650 Inzinzac-Lochrist
(Morbihan)
Tel. und Fax (0)2 97 36 89 26
Mme und M. Spence
E-Mail: ty-mat@wanadoo.fr

♦ Ganzj. geöffn. ♦ Reserv. notwendig ♦ Nichtraucher-Zi. ♦ 4 Zimmer mit Bad, WC: 54-64 € (2 Pers.) + 20 € (Extrabett) ♦ Frühst. inkl. ♦ Kein Gästetisch - Restaurants ab 4 km ♦ Salon ♦ Kl. Hunde nur auf Anfrage erlaubt ♦ Fahrräder werden z. Verfüg. gestellt ♦ Sprachen: Englisch ♦ **Anreise** (Karte Nr. 5): 4 km nördl. von Hennebont Rtg. Inzinzac-Lochrist. In Lochrist hinter der 2. Brücke sofort rechts Rtg. Penquesten Bubry (D 23). 4 km weiter das Haus links (ausgeschildert).

Dieses großbürgerliche Haus ist von großer Ruhe geprägt und hat eine gute Lage zum Kennenlernen der Bretagne. Die jungen Hausbesitzer, die sich mit der ganzen Familie hier niederließen, werden Sie sehr freundlich in Empfang nehmen. Der große, angenehme Familiensalon mit getäfelten Wänden kann von den Gästen selbstverständlich in Anspruch genommen werden. Die geräumigen, eleganten Zimmer sind mit ihrem antiken Mobiliar und ihren gut ausgesuchten Accessoires charmant. Das einfache, aber gute Frühstück wird bei schönem Wetter draußen an der großen Rasenfläche oder am besonders langen Tisch des Speiseraumes serviert, der trotz seines gelben Anstrichs ein wenig dunkel wirkt.

B R E T A G N E

204 - Kerdelan

Locqueltas
56870 Larmor-Baden
(Morbihan)
Tel. (0)2 97 57 05 85
Fax (0)2 97 57 25 02
Marie-Claude Hecker

♦ Vom 15. Juli bis 30. Aug. geschl. ♦ 4 Zi. mit Bad oder Dusche, WC (privat, aber meist außerh. des Zi.): 48-55 € (2 Pers.) ♦ Frühst. inkl. ♦ Kein Gästetisch - Restaurants ab 2 km ♦ Salon, franz. Billard, Bibliothek ♦ Hunde nur auf Anfrage erlaubt ♦ Hochseeangeln und kleiner Strand (am Fuß des Anwesens) ♦ Sprachen: Englisch und ein wenig Deutsch, Spanisch und Italienisch ♦ **Anreise** (Karten Nr. 5 und 14): 12 km westl. von Vannes Rtg. Auray über die D 101, dann Larmor-Baden (ca. 10 km). Auf der Straße nach Vannes-Lamor-Baden bleiben. Hinter der Kreuzung „Carrefour des quatre chemins" liegt 1,6 km weiter das Haus auf der linken Seite (hinter dem Transformator).

Diese große, weiße, am Golf du Morbihan gelegene Villa verfügt über drei Gästezimmer zu ebener Erde mit Terrasse und Blick aufs Meer. Das vierte Zimmer, das zum Garten hin liegt, ist groß und hat ein schönes Bad. Das Bett wie auch die meisten Möbel des Hauses sind auf geschmackvolle Art ausgefallen. Ein kleiner Strand gleich am Fuß des Blumengartens lädt zum Angeln ein. Die außergewöhnliche Lage und Madame Heckers freundlicher Empfang machen dieses Haus zu einer netten Ferienadresse.

205 - Le Cosquer-Trélécan

56330 Pluvigner
(Morbihan)
Tel. (0)2 97 24 72 69
Fax (0)2 97 24 90 45
Françoise und Bernard Menut

♦ Ganzj. geöffn. ♦ Mind. 2 Üb. ♦ 1 Suite (4 Pers.) mit Bad, WC (+ Waschb. in jedem Zi.): 31 € (1 Pers.), 49 € (2 Pers.), 57 € (3 Pers.), 64 € (4 Pers.) ♦ Frühst. inkl. ♦ Kein Gästetisch - Restaurants ab 7 km ♦ Kl. Haus zu mieten: 183-230 € pro Woche, je nach Saison ♦ Salon ♦ Haustiere nicht erlaubt ♦ Sprachen: Englisch ♦ **Anreise** (Karte Nr. 5): 32 km nordwestl. von Vannes über die N 165 bis Auray und die D 768 Rtg. Pontivy. In Pluvigner die D 102 Rtg. Languidic, dann der Ausschilderung „Le Cosquer-Trélécan" folgen.

Das hübsche, authentische Haus, ein Teil gehört ganz den Gästen, liegt auf dem Land, ist von viel Natur umgeben und somit besonders ruhig; man wohnt hier vollkommen unabhängig und hat viel Raum zur Verfügung. Im Erdgeschoss der große Salon mit Kamin und dem von der Gastgeberin (sie war früher Antiquitätenhändlerin) ausgewählten antiken Mobiliar. Im Obergeschoss erwarten Sie 2 kleine, sehr ansprechende, für Familien besonders geeignete Zimmer wie auch 1 Bad. Das Frühstück mit hausgemachten Konfitüren und mit Honig von Madame Menuts Bienen ist ein Traum. Der Empfang ist besonders sympathisch und angenehm. Ein sehr kinderfreundliches Haus.

B R E T A G N E

206 - Ty Maya

Kervassal
56670 Riantec (Morbihan)
Tel. (0)2 97 33 58 66
Fax (0)2 97 33 49 47
Mme Watine
E-Mail: gonzague.watine@wanadoo.fr
Web: pro.wanadoo.fr/chaumiere.kervassal

♦ Ganzj. geöffn. ♦ Reserv. notwendig ♦ Mind. 2 Üb. ♦ Nichtraucher-Haus ♦ 4 Zi. mit Dusche, WC: 54-64 € (2 Pers.) ♦ Frühst. inkl. ♦ Kein Gästetisch - Restaurants ab 1,5 km ♦ Kl. Salon ♦ Haustiere nicht erlaubt ♦ Sprachen: Englisch, Portugiesisch, Spanisch ♦ **Anreise** (Karte Nr. 5): ab Rennes N 24 (ab Vannes N 165), Ausfahrt und Rtg. Port Louis (D 781). 3,2 km hinter der Ausfahrt (Kreisverkehr von Kernours) Rtg. Port-Louis/Riantec; nach 1 km links Rtg. Fontaine-Galeze bis Kervassal.

In einem Dörfchen unweit vom Meer liegt dieses strohgedeckte Haus aus dem 17. Jahrhundert; es besitzt 4 gepflegte Gästezimmer voller Raffinement, gestaltet von der Hausbesitzerin, die es liebt, die Farben der Vorhänge, Tagesdecken, Handtücher und Accessoires aufeinander abzustimmen. Die Duschbäder sind tadellos. Heute können die Gäste es sich im großen Salon bequem machen, der reizend und wie die Zimmer mit hübschen Stoffen (Kissen, Vorhänge usw.) aufgefrischt ist. Hier wird das Frühstück serviert: köstlich und zudem ein Augenschmaus. Der kleine Garten, der leider an den Schuppen mit Blechdach des Nachbarn grenzt, ist ruhig, angenehm und voller Blumen.

207 - Château de Talhouët

56220 Rochefort-en-Terre
(Morbihan)
Tel. (0)2 97 43 34 72
Fax (0)2 97 43 35 04
M. Jean-Pol Soulaine
E-Mail: chateaudetalhouet@libertysurf.fr
Web: chateaudetalhouet.com

♦ Ganzj. geöffn. ♦ 7 Zi. mit Bad, WC, Tel. und 1 Zi. mit Dusche, WC, Tel.: 110-170 € (2 Pers.) ♦ Frühst. inkl. ♦ HP: 95-125 € pro Pers. im DZ ♦ Gästetisch abends, individuell: 40 € (ohne Wein) ♦ Salon ♦ Visa, Amex ♦ Sprachen: Englisch ♦ **Anreise** (Karte Nr. 14): 33 km nordwestl. von Redon über die D 775 Rtg. Vannes, dann rechts die D 774 Rtg. Rochefort-en-Terre. Rochefort durchqueren, D 774 Rtg. Malestroit (4 km), dann links.

Das in einer wunderbaren Landschaft am Wald gelegene, besonders typische bretonische Schloss verfügt über eine Flucht prachtvoller, sehr geschmackvoller Innenräume mit Salon, Billardraum und Speisesaal im Erdgeschoss. Die meist großen Gästezimmer mit bemerkenswerten Bädern sind ausgesprochen komfortabel. Wir bevorzugen die des 1. Obergeschosses, die Dachzimmer im 2. Stockwerk haben aber auch ihren Reiz, und die beiden nach hinten heraus sind ausgesprochen intim. Überall antike Möbel, Gemälde und Gegenstände aller Art … ohne das Menü des zwar einfachen, aber ausgesuchten Abendessens zu vergessen. Dem Hausherrn, Jean-Pol Soulaine, ist es gelungen, diesem wunderbaren Ort, der friedliche Ruhe verbreitet, erneut Leben einzugeben. Eine Adresse für Verliebte.

BRETAGNE

208 - Château de Castellan

Auberge et chambres d'hôtes
56200 Saint-Martin-sur-Oust
(Morbihan)
Tel. (0)2 99 91 51 69
Fax (0)2 99 91 57 41
Mme und M. Cossé
E-Mail: auberge@club-internet.fr
Web: castellan.fr.st.

♦ Ganzj. geöffn. ♦ 4 Zi. und 1 Suite (2 Zi. für 4 Pers.) mit Bad oder Dusche, WC: 77-100 € (2 Pers.) + 19 € (zusätzl. Pers.) ♦ Frühst. inkl. ♦ Gasthof vor Ort, mittags und abends, reservieren: 17, 19, 20 und 23 € (entsprechend Menü, ohne Wein) ♦ Hunde nicht erlaubt ♦ Sprachen: Englisch ♦ **Anreise** (Karte Nr. 14): 20 km nordwestl. von Redon über D 764 Rtg. Malestroit, in Peilhac rechts Rtg. Les Fougerêts, vor dem Dorf Rtg. Saint-Martin. Hinter dem Dorf D 149 (1,5 km), rechts, dann ausgeschildert.

Dieses Schloss aus dem 18. Jahrhundert, das seit mehreren Generationen in Familienbesitz ist und früher ein großer landwirtschaftlicher Betrieb war, liegt mitten auf dem Land. Die Zimmer befinden sich im Schloss: mehr oder weniger groß, angenehm möbliert und gestaltet; „Médaillon" mit seiner bemerkenswerten Täfelung ist das schönste (und mit dem großen Zimmer im 2. Geschoss das teuerste). Das exzellente Frühstück und die anderen guten Mahlzeiten werden im besonders großen, rustikalen Speiseraum serviert, der sich im einstigen Gesindehaus befindet. Der Empfang ist angenehm, dynamisch und freundlich.

C E N T R E

209 - Domaine de Vilotte

18170 Ardenais
(Cher)
Tel. und Fax (0)2 48 96 04 96
M. Jacques Champenier

♦ Ganzj. geöffn. ♦ Reserv. notwendig ♦ 5 Zi. mit Bad, WC: 60-70 € (2 Pers.) + 18 € (zusätzl. Pers.) ♦ Frühst. inkl. ♦ Gemeins. Essen auf Best.: 25 € (Wein inkl.) ♦ Salon ♦ Tel. ♦ Teich, Angeln, Park und Wald ♦ Sprachen: Englisch ♦ **Anreise** (Karte Nr. 17): 21 km südwestl. von Saint-Amand-Montrond (Ausfahrt A 71, Autobahn Clermond-Ferrand) Rtg. Orval, La Châtre-Culan, Fosse Nouvelle, Rtg. Le Châtelet. In dem kleinen Ort Ardenai links Rtg. Culan (D 38), dann ausgeschildert.

Diese Besitzung (Teil einer ehemaligen römischen Siedlung) liegt mitten auf dem Land im Berry. Die Gästezimmer sind elegant und geschmackvoll möbliert und gehen auf den großen Garten hinaus (ausgenommen „Marguerite", das sich mit 1 kleinen zusätzlichen Zimmer für Familien eignet). Die Einrichtung des Hauses ist eher gelungen, und es gibt zahlreiche Objekte aller Art vom Flohmarkt. Im Sommer ist der Garten ein Wunder an Farben und Düften. Sehr freundlicher Empfang.

210 - La Folie

18170 Ardenais
(Cher)
Mme Jacquet
Tel. und Fax (0)2 48 96 17 59
E-Mail: la.folie@wanadoo.fr
Web: perso.wanadoo.fr/cher.berry.la.folie

♦ Ganzj. geöffn. ♦ 1 Zi. und 1 Suite mit 2 Zi. (4-5 Pers.), Bad oder Dusche, WC: 43 € (2 Pers.); Suite 83 € (4 Pers.) + 13 € (zusätzl. Pers.) ♦ Frühst. inkl. ♦ Gästetisch abends, gemeinsam: 17 € (Wein inkl.) ♦ Salon ♦ Sprachen: Englisch ♦ **Anreise** (Karte Nr. 17): 15 km südwestl. von Saint-Amand Montrond. D 951 Rtg. La Châtre ab Loye /Arnon, auf die 1. Straße rechts (Kreuzung an der Kirche von Ardenais), dann D 38 rechts. Ab Kreuzung an der Kirche ausgeschildert.

Das Berry zählt zu jenen französischen Regionen, die besonders viele alte Bauten und Landschaften erhalten haben; das kleine Bauernhaus aus dem 18. Jahrhundert ist hierfür der beste Beweis. Einfach, aber sehr geschmackvoll renoviert, ist es ein charmantes Ensemble mehrerer Bauten, die durch einen blühenden Garten mit Blick auf die Landschaft untereinander verbunden sind. Das Interieur ist hell und harmonisch und gestaltet mit einigen schönen antiken regionalen Möbeln; desgleichen die Zimmer, die klassisch, angenehm und sehr gepflegt sind. Madame Jacquet ist es, die die Table d'hôtes zubereitet und hierzu möglichst viele regionale Produkte besonders sorgfältig aussucht. Eine veritable Adresse mit Charme.

C E N T R E

211 - Manoir d'Estiveaux

Estiveaux
18170 Le Châtelet-en-Berry
(Cher)
Tel. und Fax (0)2 48 56 22 64
Mme de Faverges

♦ Ganzj. geöffn. ♦ 3 Zi. (1 Nichtraucher-Zi.) und 1 Suite (2 Zi.) mit Bad oder Dusche, WC, TV: 70, 85 und 92 € (1-2 Pers.); Suite: 115 € (2 Kinder und 2 Erwachsene) ♦ Frühst. inkl. ♦ Gästetisch abends, gemeinsam oder individuell: 23-31 € (Wein inkl.) ♦ Großer Salon (Nichtraucher), kleiner Salon (Raucher), Spielzimmer und Fitnessraum ♦ Angeln am Teich ♦ **Anreise** (Karte Nr. 17): 46 km nördl. von Montluçon über die D 943. In Culan die D 65; Ausfahrt Le Châtelet über die D 951, dann 1,5 km Rtg. La Châtre.

Dieses Herrenhaus ist von einem Park mit Teich umgeben und liegt in unmittelbarer Nähe der Jacques-Cœur-Route, an der sich zahlreiche Schlösser befinden. Das Haus ist außerordentlich gepflegt, und die großen, ruhigen Zimmer sind sehr geschmackvoll gestaltet. Das Abendessen wird im großen Speiseraum serviert, aber auch, wenn es intimer sein soll, im kleinen Privatsalon. Madame de Faverges – sie nimmt an zahlreichen kulturellen Initiativen teil und kennt ihre Region besonders gut – wird Sie warmherzig, diskret und ganz und gar natürlich empfangen.

212 - Château d'Ivoy

18380 Ivoy-le-Pré
(Cher)
Tel. (0)2 48 58 85 01
Fax (0)2 48 58 85 02
Mme de Vaivre-Gouëffon
E-Mail: chateau.divoy@wanadoo.fr
Web: perso.wanadoo.fr/chateau.divoy

♦ Ganzj. geöffn. ♦ Nichtraucher-Haus (Rauchzimmer: Salle de chasse) ♦ 5 Zi. (2 Pers.) und 1 Suite (3 Pers.) mit Bad oder Dusche, WC: 135-185 € (2 Pers.), 255 € (3 Pers.) ♦ Frühst. inkl. - Jagdpauschale: *spécial chasseur* ♦ Kreditkarten ♦ Gästetisch für Gruppen abends, reservieren ♦ Salons ♦ Hunde im Zwinger nur auf Anfrage erlaubt ♦ Schwimmbad, Bassin, Fahrradverleih ♦ Sprachen: Deutsch, Englisch, Russisch ♦ **Anreise** (Karte Nr. 17): 45 km südl. von Gien über die D 940 Rtg. Bourges. In La Chapelle-d'Angillon links die D 12 Rtg. Henrichemont. Vor dem Ortsausgang von Ivoy-le-Pré rechts: Einfahrt im „Parc communal".

Dieses kleine Schloss war einst ein Jagdhaus, wurde im Laufe der Jahrhunderte umgebaut, erst kürzlich ganz umgestaltet und höchst geschmackvoll eingerichtet. *Château d'Ivoy*, ein luxuriöses Hau ohne Protz, stellt seinen Gästen einen englischen Salon im Stil „Rückkehr von der Jagd" zur Verfügung, eine Bibliothek mit zahlreichen Sammelobjekten sowie superbe Zimmer. Nach verschiedenen Themen wunderbar ausgestattet, wobei Stoffe, Möbel und Bilder gekonnt aufeinander abgestimmt wurden, besitzen alle Zimmer Himmelbetten. Reizende Bäder mit CD-Player. Exzellente Croissants und Konfitüren zum Frühstück. Besonders sympathischer Empfang.

C E N T R E

213 - La Verrerie d'Ivoy

18380 Ivoy-le-Pré
(Cher)
Tel. (0)2 48 58 90 86
Fax (0)2 48 58 92 79
Mme und M. de Saporta
E-Mail: m.desaporta@wanadoo.fr

♦ Ganzj. geöffn. ♦ 1 Suite (2 Zi.) mit Privatsalon, Bad, WC und 1 DZ mit Dusche, WC: 70-90 € (1 Pers.), 75-99 € (2 Pers.) + 23 € (Extrabett) ♦ Frühst. inkl. ♦ Gästetisch abends, gemeinsam, reservieren: ab 28 € (1 Pers.), 18 € (Kind) (Getränke inkl.) ♦ Küche steht zur Verfüg. ♦ Hunde nur auf Anfrage erlaubt ♦ Sprachen: Englisch ♦ **Anreise** (Karte Nr. 17): 15 km südöstl. von Aubigny. Ab Paris: Autobahn A 6 und A 77, Ausfahrt Gien, Rtg. Aubigny über die D 940 bis Chapelle-d'Angillon, dann D 12 bis Ivoy-le-Pré. An der Kirche links, D 39 Rtg. Oizon.

Die Suite und das Zimmer befinden sich in einem kleinen, am Wald gelegenen Cottage, das sich neben dem schönen, rosa verputzten Gebäude, der einstigen Dependance des Châteaus de la Verrerie, befindet. Im kleinen Salon der Suite, im Winter mit Kaminfeuer, kann man es sich wahrlich bequem machen. Vom Zimmer im Erdgeschoss mit 2 Fenstern hat man Blick auf den Garten und einen der Teiche; das andere, im Obergeschoss mit Mezzanin hat 2 Betten. Eine Außentreppe führt zu dem mit einer großen Dusche ausgestatteten Doppelzimmer im 1. Stock. Das Frühstück wird in einem hübschen Raum serviert. Die auf besonders nette Art um ihre Gäste bemühte Hausherrin wird Ihnen interessante Wandertouren empfehlen.

214 - Ferme du Château

Levéville
28300 Bailleau-L'Évêque
(Eure-et-Loir)
Tel. und Fax (0)2 37 22 97 02
Nathalie und Bruno Vasseur

♦ Ganzj. geöffn. ♦ 3 Zi. mit Bad oder Dusche, WC: 40 € (1 Pers.), 45-55 € (2 Pers.) + 15 € (zusätzl. Pers.) ♦ Frühst. inkl. ♦ Gemeins. Essen: 15 € (Wein inkl.) ♦ Hunde nicht erlaubt ♦ Sprachen: Englisch ♦ **Anreise** (Karte Nr. 8): 8 km nordwestl. von Chartres. Rtg. Dreux über N 154, an der Brücke von Poisvilliers auf die D 133 Rtg. Fresnay, dann D 134[10] Rtg. Bailleau-L'Évêque, danach „Chambres d'hôtes" ausgeschildert.

Die quadratische Einfriedigung dieses schönen Bauernhauses in der Beauce grenzt an ein prächtiges Schloss – ein Backsteinbau aus dem 16. und 17. Jahrhundert. Aus dem umliegenden Feldern ragt – einsam – die Kathedrale von Chartres hervor. Die Zimmer mit Parkett oder Teppichboden sind angenehm schlicht in freundlichen Farben gestaltet. 2 haben große Bäder, im 3. gibt es nur ein Duschbad. Einem Zimmer steht ein zusätzliches Kinderzimmer zur Verfügung. Frühstück und Abendessen werden in einem Gastraum serviert, der allerdings freundlicher gestaltet werden könnte. Der Empfang ist liebenswürdig und aufmerksam. Ein schönes, gepflegtes Haus zu angemessenen Preisen.

CENTRE

215 - Le Château de Jonvilliers

17, rue d'Épernon - Jonvilliers
28320 Ecrosnes
(Eure-et-Loir)
Tel. (0)2 37 31 41 26
Fax (0)2 37 31 56 74
Virginie und Richard Thompson
Web: chateaudejonvilliers.com

♦ Anfang Nov. bis Febr. geschl. ♦ Nichtraucher-Zi. ♦ 4 Zi. mit Dusche, WC: 60 € (2 Pers.) und 1 Suite (Doppelbett + 1 Bett) mit Dusche, WC; TV auf Wunsch.: 65-70 € (2 Pers.) ♦ Frühst. inkl. ♦ Kein Gästetisch - Restaurants ab 5 km ♦ Zimmerreinigung auf Wunsch ♦ Salon ♦ Sprachen: Englisch ♦ **Anreise** (Karte Nr. 9): Autobahn A 11, Ausfahrt Ablis, N 10 Rtg. Chartres. In Essart rechts Rtg. Bleury. In Bleury rechts Rtg. Ecrosnes. In Ecrosnes erst rechts, dann links Rtg. Jonvilliers.

Jonvilliers, im Herzen eines bewaldeten Parks gelegen, wurde Ende des 18. Jahrhunderts errichtet. Virginie und Richard haben es so eingerichtet, dass sich ihr Familienleben mit der Aufnahme von Gästen ohne weiteres vereinbaren lässt. Das Gebäude ist groß, hell, eher schlicht für ein Schloss, und man fühlt sich sofort wohl in ihm. Die kleinen Gästezimmer sind hübsch, komfortabel und sehr gepflegt („Chartres" ist unser Lieblingszimmer). Amüsante Mischung diverser Stile in den Empfangsräumen, in denen Authentisches neben Anekdotischem steht. Empfang: unkompliziert, einfach, natürlich.

216 - Manoir de la Motte

28340 La Ferté-Vidame
(Eure-et-Loir)
Tel. (0)2 37 37 51 69
Handy (0)6 22 15 00 70
Fax (0)2 37 37 51 56
Mme Anne Jallot
E-Mail: manoir.de.la.motte.LFV@wanadoo.fr
Web: lemanoirdelamotte.com

♦ Ganzj. geöffn. ♦ 1 Zi. und 1 Suite (2-4 Pers.) mit Bad, WC (zudem 1 Kinderzi.): 85-95 € (2 Pers.); Suite 120 € (3 Pers.), 140 € (4 Pers.) ♦ Frühst. inkl. ♦ Sonderpreis ab 2. Üb. (außerhalb. d. Saison) ♦ Hunde nur auf Anfrage erlaubt ♦ Kein Gästetisch - Restaurants (1 km) ♦ Salon ♦ Tel. ♦ Kl. Fitnessraum, 3-Loch-Golfpl., Jogging-Pfad ♦ Sprachen: ein wenig Deutsch, Englisch ♦ **Anreise** (Karte Nr. 8): 1,5 km nördl. von La Ferté-Vidame die D 921 Rtg. Verneuil. 1,5 km weiter links die Allee kurz vor Les Rableux.

Dieser kleine Landsitz im Stil Louis-Philippe liegt am „Parc régional naturel" des Perche und überrascht mit einer außergewöhnlichen Innenarchitektur. Die geschnitzte Treppe, die zu den Zimmern führt, ist ein wahres Meisterwerk. Die Schlafräume sind reizend in den Tönen Blau, Lindgrün oder Gelb gestaltet und öffnen sich weit zum großen Park hin. Mehr oder weniger geräumig, sind sie durchweg komfortabel, mit hier und da einem alten Möbelstück, einem besonderen Detail und bestickten Bettlaken. Die ausgesprochen liebenswürdige Gastgeberin legt großen Wert darauf, dass sich ihre Gäste sehr wohl fühlen; ihre Brunchs (die in einem hübschen, mit heller Eiche getäfelten Raum eingenommen werden) sind hierfür der beste Beweis.

C E N T R E

217 - Château de la Villette

Saint-Août
36120 Ardentes
(Indre)
Tel. (0)2 54 36 28 46
Mme Verburgh

♦ Ganzj. geöffn. ♦ 2 Zi. mit Bad oder Dusche, WC: 57 € (2 Pers.) ♦ Frühst. inkl. ♦ Gästetisch abends, gemeinsam: 20 € (Aperitif und Wein inkl.) ♦ Salon ♦ Fahrräder, Kahn (7 Hektar großer Teich) ♦ 30 Hektar Park und rund herum 3000 Hektar Wald ♦ Sprachen: Deutsch, Englisch, Holländisch, Spanisch ♦ **Anreise** (Karte Nr. 17): 22 km südl. von Chateauroux über die D 943 bis Ardentes, die D 14 (6 km), dann links ausgeschildert.

Ein 30 Hektar großer Park, ein riesiger Teich und eine unendlich weite Landschaft ... Liebhaber von Natur und großer Ruhe werden diesen Ort besonders genießen. Dieses kleine Schloss im Stil Napoléon III, das im Laufe der Jahre mit viel Komfort versehen und in einer amüsanten Stilmischung gestaltet wurde, bietet ein schönes, romantisches Zimmer in Perlgrau (welches wir bevorzugen), und ein weiteres, das moderner ist. Frühstück und Abendessen, beides sehr gut, werden in einem kleinen, sehr ansprechenden Speiseraum serviert; daneben liegt ein Salon, der sich weit aufs Grüne hin öffnet. Sehr angenehmer, persönlicher Empfang.

218 - Château de Boisrenault

36500 Buzançais
(Indre)
Tel. (0)2 54 84 03 01
Fax (0)2 54 84 10 57
Mme Y. du Manoir
E-Mail: boisrenault@wanadoo.fr
Web: chateau-du-boisrenault.com

♦ Jan. geschl. ♦ 7 Zi. mit Bad oder Dusche, WC: 66-93 € (2 Pers.), 89,94-111,28 € (3 Pers.) ♦ Frühst. inkl. ♦ Kein Gästetisch - Restaurants ab 2,5 km ♦ Appartements (4-5 Pers.) mit Küche ♦ Salon ♦ Visa ♦ Schwimmbad ♦ Sprachen: Englisch, Spanisch ♦ **Anreise** (Karte Nr. 16): 25 km nordwestl. von Châteauroux über die N 143 bis Buzançais, dann die D 926 nach Levroux; 2 km hinter dem Dorf rechts.

Dieses neugotische Schloss liegt mitten auf dem Land in der Nähe der Tausend Teiche der Brenne. Das authentische, warme Innere ist großzügig mit Eiche vertäfelt und wirkt sehr freundlich. Die Gästezimmer sind mit antikem Mobiliar eingerichtet, und es fehlt ihnen weder an Farbe, noch an Charakter, noch an Größe („Les Faisans" ist riesig). Die schön bemalten Badezimmerkacheln, deren Motive auf die Stoffe der Zimmer abgestimmt sind, ist dem Talent der Mutter der Gastgeberin zu verdanken. Ein Haus mit viel Stil und freundlichem Empfang, das für längere Aufenthalte auch Appartements anbietet.

C E N T R E

219 - La Maison des Moines

1, route de Neuillay
36500 Méobecq
(Indre)
Tel. (0)2 54 39 44 36 (vor 9.00 und ab 19.00 Uhr)
Mme Cécile Benhamou

♦ Ganzj. geöffn. ♦ 2 Zi. mit eig. Bad oder Dusche, gemeins. WC (Erdgeschoss): 46 € (2 Pers.) + 15 € (Extrabett) ♦ Frühst. inkl. ♦ Kein Gästetisch - Restaurants ab 8 km ♦ Salon ♦ Hunde nicht erlaubt ♦ Sprachen: Englisch ♦ **Anreise** (Karte Nr. 16): 30 km westl. von Châteauroux über die D 925 Rtg. Châtellerault. Nach 18 km links D 27 Rtg. Neuilly-les-Bois, dann weiter auf der D 27 Rtg. Méobecq; das Haus liegt hinter der Kirche.

Dieses Haus, unmittelbar hinter der Apsis einer kleinen Kirche gelegen, ist der ideale Ausgangspunkt zum Entdecken des wunderbaren Parks der „Tausend Teiche" *(mille étangs)*. Die beiden Zimmer sind hell, sehr gepflegt und mit einigen regionalen Möbelstücken und Stoffen in frischen Farben gestaltet. Um die Raumeinheit zu bewahren, wurde im großen Zimmer das Bad nicht abgetrennt. Das bemerkenswerte Frühstück wird mit guter Laune entweder in einem der beiden Aufenthaltsräume oder im gepflegten Blumengarten serviert.

220 - Le Manoir des Remparts

14, rue des Remparts
36800 Saint-Gaultier
(Indre)
Tel. und Fax (0)2 54 47 94 87
Ren Rypstra
E-Mail: WILLEM.PRINSLOO@wanadoo.fr

♦ Vom 15. Dez. bis 2. Jan. geschl. ♦ Mind. 2 Üb. ♦ Nichtraucher-Haus ♦ 2 Zi. mit 2 Bädern (1 mit Badewanne, 1 mit Dusche), WC: 100 € (2 Pers.) und 1 große Suite (60 qm) mit Eingangsbereich, großem Raum, Bad, WC: 115 € (2-3 Pers.) ♦ Frühst. inkl. ♦ Gästetisch abends, gemeinsam oder individuell, reservieren: 26 € (ohne Wein) - Restaurants ab 1 km ♦ Sprachen: Deutsch, Englisch, Niederländisch ♦ **Anreise** (Karte Nr. 16): im Zentrum von Saint-Gaultier.

An der Grenze des Berry unweit der Brenne-Teiche dieses schöne Manoir: ein mitten im Dorf gelegenes Haus aus dem 18. Jahrhundert, das viel Raffinement und Komfort bietet. Ausgewählte Stoffe, bemerkenswertes Mobiliar, schöne Teppiche und alte Gemälde verleihen den Zimmern und Bädern mit Nostalgie-Look etwas besonders Luxuriöses. Der von hohen Mauern umgebene blühende Garten, in dem sich große Bäume erheben, trägt weiter dazu bei, dass man sich hier besonders wohl fühlt. Ren Rypstra, mit langjähriger Landgasthaus-Erfahrung, wird „sich umbringen", damit Ihr Aufenthalt der Qualität des Hauses entspricht, das diskret, geschmackvoll, freundlich und, wir wiederholen uns, von großem Raffinement ist.

C E N T R E

221 - Manoir de Villedoin

36330 Velles
(Indre)
Tel. (0)2 54 25 12 06
Fax (0)2 54 24 28 29
Mme und M. Limousin
E-Mail: info@villedoin.com
Web: villedoin.com

♦ Ganzj. geöffn. ♦ 4 Zi. mit Bad (1 mit Dusche), WC, Tel.: 60-69 € (1 Pers.), 65 und 75 € (2 Pers.) + 20 € (zusätzl. Pers.) ♦ Frühst. inkl. ♦ Gemeins. Essen (individ. Tische): 25 € (ohne Wein) ♦ Salon ♦ Hunde nur auf Anfrage erlaubt (+ 8 €) ♦ Tennis, Tischtennis, Fluss, Angeln, Boot, Tretbootfahren ♦ Ausstellung internationaler Künstler ♦ **Anreise** (Karte Nr. 17): 19 km südl. von Châteauroux über die A 20, Ausfahrt Nr. 15. Rtg. Velles (D 14), dann D 40 Rtg. Mosnay und Velles.

Einsam in einer waldigen Gegend gelegen, überragt dieses Haus die sich schlängelnde Bouzanne. Die großbürgerlich eingerichteten Räume wirken mit ihren Nippsachen und Gemälden sehr freundlich; selbstverständlich sind sie sehr gepflegt. Die Gästezimmer sind groß und bieten jeglichen Komfort. Im Sommer wird das Frühstück auf einer ungewöhnlichen Terrasse mit Blick auf den Fluss eingenommen. Das gemeinsame Essen ist von höchster Güte. Der das Haus umgebende Park ist gepflegt: nachts wacht hier und da eine steinerne Venus über die Blumen und die zahlreichen Gartenmöbel.

222 - Château du Vau

37510 Ballan-Miré
(Indre-et-Loire)
Tel. (0)2 47 67 84 04
Fax (0)2 47 67 55 77
Nancy und Bruno Clément
E-Mail: chateauduvau@chez.com
Web: chez.com/chateauduvau

♦ Ganzj. geöffn. ♦ 5 Zi. mit Bad, WC: ab 88 € (1 Pers.), 96 € (2 Pers.), 118 € (3 Pers.) ♦ Frühst. inkl. ♦ Gemeins. Essen auf Best. 23-38 € (entsprechend dem Angebot mit oder ohne Getränke) - Restaurants ab 2 km ♦ Salon ♦ Tel. ♦ Schwimmbad (unbeaufsichtigt) ♦ Sprachen: Deutsch, Englisch ♦ **Anreise** (Karte Nr. 16): 13 km südwestl. von Tours, Autobahn A 10, Ausfahrt Nr. 24 (südl. von Tours), dann D 751 bei Ballan-Miré; vor dem Bahnübergang an der 3. Ampel rechts.

Das nicht übermäßig große Schloss (nahe der Stadt Tours) aus dem 16. Jahrhundert, das im 17. Jahrhundert umgebaut wurde, ist seit einem Jahrhundert im Besitz der Familie von Bruno Clément; es teilt sich mit dem *foie gras* produzierenden Bauernhof einen großen, ruhigen Park. Die Gästezimmer sind hell, schlicht, angenehm möbliert und gestaltet und haben schöne Bäder. Hier und da einige Souvenirs der Familie und antikes Mobiliar. Der Speiseraum in Gelb und in Blau hervorgehoben ist ein angenehmer Ort zum Einnehmen des Frühstücks, das bei schönem Wetter draußen serviert wird. Sympathischer Empfang, entspannte Atmosphäre.

C E N T R E

223 - La Garenne

37350 La Celle-Guénand
(Indre-et-Loire)
Tel. (0)2 47 94 93 02
Mme und M. Devaulx de Chambord

♦ Ganzj. geöffn. ♦ Reserv. notwendig ♦ 3 Zi. mit Bad und Dusche, WC: 53 € (1 Pers.), 58 € (2 Pers.) ♦ Frühst. inkl. ♦ Kein Gästetisch - Restaurants (1 Michelin-Stern) ab 3 km ♦ Haustiere auf den Zi. nicht erlaubt ♦ Sprachen: ein wenig Englisch ♦ **Anreise** (Karte Nr. 16): 24 km südöstl. von Loches. Autobahn A 10, Rtg. Loches, Ligueil (D 59), dann 12 km D 50 Rtg. Preuilly. Das Haus liegt hinter dem Ortsausgang von La Celle-Guénand links, Rtg. Preuilly.

Nur selten findet man einen derart authentischen Ort wie dieses Herrenhaus aus dem frühen 19. Jahrhundert, wo man sich (ausschließlich im traditionellen Sinn) der Jagd widmet. Die Ausstattung ist superbe: antikes, besonders wertvolles Mobiliar, Gemälde aus dem Familienbesitz, Jagdtrophäen. Wunderbare, warm und heiter wirkende Zimmer. Teppiche und Dekostoffe sind sensibel auf alles andere abgestimmt. Ein ausgesprochen gutes Haus, in dem Sie die allerbeste Betreuung erwartet.

224 - Ferme de Launay

37210 Chançay
(Indre-et-Loire)
Tel. und Fax (0)2 47 52 28 21
M. Jean-Pierre Schweizer
E-Mail: launay@bedbreak.com
Web: bedbreak.com/launay
bedandbreakfastineurope.com/launay

♦ Ganzj. geöffn. ♦ Nichtraucher-Haus ♦ Mind. 2 Üb. von Mai bis Okt. ♦ 3 Zi. mit Bad oder Dusche, WC: 62-78 € (2 Pers.) ♦ Frühst. inkl. ♦ Kein Gästetisch ♦ Salon ♦ Hunde nicht erlaubt ♦ Sprachen: Deutsch, Englisch, Italienisch ♦ **Anreise** (Karte Nr. 16): 15 km nordöstl. von Tours über die N 152 (Nordufer) Rtg. Amboise. In Vouvray die D 46 Rtg. Vernou, dann Chançay. Vor Chançay ausgeschildert.

Dieses ausgesprochen alte Bauernhaus liegt an jener (nachts vollkommen ruhigen) Straße, die zu den Weinbergen führt. Auf der Weide ersetzen nun 3 reinrassige Pferde die Kälber, Kühe und Schweine von einst. Innen ist alles komfortabel, klassisch und freundlich. Sehr angenehme kleine Zimmer (wir bevorzugen die im 1. Stock), gutes Frühstück und bemerkenswertes Abendessen, das bei schönem Wetter draußen eingenommen werden kann. Ein hervorragendes und ausgesprochen kosmopolitisches Haus, in dem man sehr freundlich empfangen wird.

C E N T R E

225 - La Varenne
37120 Chaveignes
(Indre-et-Loire)
Tel. (0)2 47 58 26 31
Fax und Telefonbeantw.
(0)2 47 58 27 47
Joëlle und Gérard Dru-Sauer
E-Mail: dru-sauer@la-varenne.com
Web: la-varenne.com

♦ Ganzj. geöffn. ♦ 3 Zi. mit Bad, WC: 80, 90 und 100 € (2 Pers.) + 25 € (zusätzl. Pers.) ♦ Frühst. inkl. ♦ Kein Gästetisch - Restaurants ab 4 km ♦ Salon (Klavier, Kamin) ♦ Hunde nicht erlaubt ♦ Beheizt. Schwimmbad (von Mai bis Sept.), Farräder und Solex, Tischtennis, Wanderwege ♦ Sprachen: ein wenig Deutsch, Englisch ♦ **Anreise** (Karte Nr. 16): 4 km südöstl. von Richelieu über die D 757 Rtg. Tours (2 km), dann rechts die D 20, Route de Braslou (2 km) bis zum Weiler Chizeray. Einfahrt 200 m weiter links.

Nur einige Minuten von der Stadt des Kardinals entfernt erhebt sich dieses Herrenhaus aus dem 17. Jahrhundert in weiter, unberührter Landschaft. Nachdem man den ersten begrünten Hof überquert hat, in dem das frische Wasser eines Schwimmbads mit Überlauf glänzt, entdeckt man ein Interieur voller Charme. Die Zimmer sind ebenso ansprechend wie komfortabel, und deshalb fühlt man sich in ihnen absolut wohl (auch in denen, die riesig sind). Die Bäder sind ganz neu und perfekt, das Frühstück ist exzellent, und der Empfang besonders liebenswürdig. Günstige Lage für den Besuch der Loire-Schlösser und des Futuroscop.

226 - Domaine de Pallus

Cravant-les-Côteaux
37500 Chinon
(Indre-et-Loire)
Tel. (0)2 47 93 08 94
Fax (0)2 47 98 43 00
Mme und M. B. Chauveau
E-Mail: bcpallus@club-internet.fr

♦ Ganzj. geöffn. ♦ 2 Zi. und 1 Suite mit Bad, WC: 85-90 € (2 Pers.) + 23 € (zusätzl. Pers. in Suite) ♦ Frühst. inkl. ♦ Kein Gästetisch - Restaurants in einem Umkreis von 8 km ♦ Salon ♦ Tel. ♦ Hunde nicht erlaubt ♦ Schwimmbad ♦ Sprachen: Deutsch, Englisch ♦ **Anreise** (Karte Nr. 16): 8 km östl. von Chinon über die D 21 bis Cravant-les-Côteaux; 1,5 km hinter dem Ortsausgang; das Haus liegt rechts.

Eine kleine, von Weinbergen gesäumte Straße führt zu diesem reizenden Haus, das sich aus mehreren Gebäuden zusammensetzt und in das dank seiner Lage viel Licht einfällt. Die Möbel aus verschiedenen Epochen sind perfekt aufeinander abgestimmt. Jedes Zimmer hat seinen eigenen Stil und ist mit viel Sorgfalt hergerichtet, die Bäder sind phantastisch. Den Gästen stehen der Salon und selbstverständlich auch der Garten zur Verfügung. Die Atmosphäre ist sehr angenehm und das Frühstück ausgezeichnet. Außerdem liegt das Haus günstig, um den Loire-Schlössern einen Besuch abzustatten.

C E N T R E

227 - La Butte de l'Épine

37340 Continvoir
(Indre-et-Loire)
Tel. (0)2 47 96 62 25
Fax (0)2 47 96 07 36
Mme und M. Michel Bodet

♦ Weihnachten geschl. ♦ Nichtraucher-Haus ♦ 3 Zi. (mit je 2 Betten) mit Bad, WC: 55 € (2 Pers.) + 18 € (zusätzl. Pers.) ♦ Frühst. inkl. ♦ Kein Gästetisch - Restaurants (2 km) ♦ Großer Salon ♦ Großer Garten, englischer Garten ♦ Parkplatz ♦ Haustiere nicht erlaubt ♦ Sprachen: Englisch ♦ **Anreise** (Karte Nr. 16): 13 km nördl. von Bourgueil über die D 749 Rtg. Château-la-Vallière, dann die D 15 rechts Rtg. Continvoir. Dort auf die D 64. Dann „Chambres d'hôtes" ausgeschildert.

Hier in der Touraine, am Rand des Waldes, haben Madame und Monsieur Bodet ihren Traum verwirklicht und ein Haus im Stil des 17. Jahrhunderts erbaut – mit Werkstoffen aus vergangenen Zeiten. Und diesen Traum teilen sie seit bereits einigen Jahren mit ihren Gästen, die hier besonders liebenswürdig aufgenommen werden. In der Mitte des Hauses befindet sich ein sehr großer Raum, der sehr geschickt unter einer Balkendecke Speiseraum und Salon miteinander verbindet. Die Zimmer mit Blümchentapete sind schlicht, behaglich und komfortabel. Eines der 3 ist dennoch nicht so hell wie die beiden anderen. Das Frühstück wird an einem großen Tisch je nach Wetter drinnen oder draußen eingenommen.

228 - Château de Girardet

37370 Épeigné-sur-Dême
(Centre)
Tel. (0)2 47 52 36 19
Fax (0)2 47 52 36 90
Mme und M. Chesnaux

♦ Ganzj. geöffn. ♦ Im Winter Reserv. notwendig ♦ 4 Zi. und 1 Suite (4 Pers.) mit Bad oder Dusche, WC: 61-104 € (2 Pers.) ♦ Frühst. inkl. ♦ Kein Gästetisch - Restaurants ab 7 km ♦ Salons ♦ Hunde außer in den Zimmern erlaubt (Zwinger) ♦ Tischtennis, Fahrradverleih ♦ Sprachen: Deutsch, Englisch ♦ **Anreise** (Karte Nr. 16): 30 km nördl. von Tours über die D 29. In Chemillé-sur-Dême auf der D 29 dann noch 2 km (nicht Rtg. Épeigné).

Dieses kleine, von zwei Türmchen (15. und 19. Jh.) flankierte Château wurde seit seinem Bestehen mehrmals umgebaut. Madame Chesnaux gestaltete im Innern alles um, und bald will sie sich auch des Gartens annehmen. Die mit Antiquitäten, Sammelobjekten und Stilmöbeln gestalteten Zimmer sind alle unterschiedlich, und jedes evoziert eine Epoche. Die von uns bevorzugten sind das „1900" und die „Suite Anglaise". Vom „Louis XVI" aus hat man einen Rundblick, und das „Louis XII" ist theatralisch. Die Preise der Zimmer sind je nach Größe unterschiedlich: das „1900" ist das kleinste, das „Louis XIII" das größte. Das Frühstück wird in der großen Küche serviert, die mit ihrem Kamin wunderbar ländlich ist. Angenehmer Empfang.

C E N T R E

229 - Le Moulin de la Roche

37460 Genillé
(Indre-et-Loire)
Tel. (0)2 47 59 56 58
Fax (0)2 47 59 59 62
Josette und Clive Miéville
E-Mail: clive.mieville@wanadoo.fr
Web: moulin-de-la-roche.com

♦ Vom 1. Nov. bis 4. Jan. geschl. ♦ Nichtraucher-Zi. ♦ 2 Zi. (2 Pers.) und 2 Zi. (3-4 Pers.) mit Dusche, WC: 58-62 € + 14 € (Extrabett) ♦ Frühst. inkl. ♦ Kein Gästetisch - Restaurants ab 800 m ♦ Salon ♦ Hunde nicht erlaubt ♦ Flussangeln ♦ Sprachen: Englisch, Spanisch ♦ **Anreise** (Karte Nr. 16): 21 km südl. von Bléré. D 31 Rtg. Loches. In Saint-Quentin-sur-Indrois links Rtg. Genillé. Nach 6 km rechts, ausgeschildert.

Erst windet sich die kleine Landstraße, dann fällt sie zum Fluss ab und führt schließlich um die Mühle mit ihrem sprudelnden Bach herum. Die in einem reizenden ländlichen Stil gehaltenen, unterschiedlich großen Zimmer sind komfortabel und sehr ansprechend. Der den Gästen zur Verfügung stehende Salon ist mit seinen Büchern, seinem antiken Mobiliar und seinen Bildern besonders freundlich. Das gute und reichhaltige Frühstück wird in einem eleganten Raum serviert, in dem sich einst auch der alte, heute als Schreibtisch dienende Mühlstein befindet. Aufmerksamer, dynamischer Empfang.

230 - La Chancellerie

37420 Huismes
(Indre-et-Loire)
Tel. (0)2 47 95 46 76
Fax (0)2 47 95 54 08
M. und Mme Berthelot
E-Mail: info@lachancellerie.com
Web: www.lachancellerie.com

2003

♦ Ganzj. geöffn. ♦ Mind. 2 Üb. an langen Wochenenden ♦ 2 Zi. und 1 Suite (3 Pers.) mit Bad oder Dusche, WC (auf Wunsch TV in 2 Zi.): 80 und 88 € (2 Pers.); Suite 112 € (3 Pers.) + 16 € (zusätzl. Pers.) ♦ Frühst. inkl. ♦ Kein Gästetisch - Gasthof im Dorf ♦ Salon ♦ Schwimmbad ♦ Haustiere nicht erlaubt ♦ Sprachen: Englisch, Spanisch ♦ **Anreise** (Karte Nr. 16): ab der Umleitung D 751 nördl. von Chinon auf die D 16 Rtg. Huismes. 250 m hinter dem Ortseingangsschild von Huismes links nach L'Etui. 100 m weiter das schwarze Portal.

Einige Kilometer von Chinon und am Rand eines kleinen, ruhigen Dorfes liegt dieses im 18. Jahrhundert entstandene Rittergut mit französischem, im Sommer von Rosen überbordenden Garten. Die Gästezimmer mit ländlichen Namen wurden in den Nebengebäuden eingerichtet. Üppige Gestaltung, altes Balkenwerk, prachtvolle Stoffe, antikes Mobiliar. Die Bäder sind ihrerseits ganz modern. Die Suite befindet sich im Stammhaus, allerdings hinter einem kleinen Zimmer und einem Bad. Das Frühstück wird in der alten Küche mit Kamin aufgetragen. Im nach hinten herausgehenden Garten liegt das ovale große Schwimmbad, an dem für warme Tage Liegen aus Teakholz bereitstehen.

C E N T R E

231 - Le Clos de Ligré

Le Rouilly
37500 Ligré
(Indre-et-Loire)
Tel. (0)2 47 93 95 59
Fax (0)2 47 93 06 31
Mme Descamps
E-Mail: martinedescamps@hotmail.com
Web: leclosdeligre.com

♦ Ganzj. geöffn. ♦ 2 Zi. und 1 Junior-Suite (2-4 Pers.) mit Bad, WC, TV: 85 € (2 Pers.) + 30 € (Extrabett) ♦ Frühst. inkl. ♦ Gästetisch abends, gemeinsam: 26 € (Wein inkl.) ♦ Salon-Bibliothek ♦ Nur kleine Hunde erlaubt ♦ Schwimmbad im Garten, Fitness-Vorrichtungen in der Scheune ♦ Sprachen: Englisch, Italienisch, Spanisch ♦ **Anreise** (Karte Nr. 16): 6 km südöstl. von Chinon. Den Fluss Vienne überqueren, danach geradeaus. Ab dem Kreisverkehr Rtg. Ste-Maure. Nach etwa 1 km rechts Rtg. „Ligré par le vignoble". Ab Le Rouilly, etwa 6 km weiter, ist „Le Clos de Ligré" ausgeschildert.

Das elegante Haus mit einem Hof voller Blumen liegt schön ruhig auf dem Land und ist ein ehemaliges Weingut, das von seiner neuen Besitzerin zu einem freundlichen Gästehaus umfunktioniert wurde. Eines der Zimmer befindet sich im Stammhaus, die Junior-Suite und das andere Zimmer liegen in den einstigen Dependancen. Jedes besitzt ein sehr schönes Bad. Die Zimmer wurden individuell gestaltet, sind geräumig, haben Komfort und sind nett eingerichtet. Die Mahlzeiten werden entweder in einem freundlichen Speiseraum oder im Garten serviert. Der Empfang ist aufmerksam.

232 - Château de Pintray

37400 Lussault-sur-Loire
(Indre-et-Loire)
Tel. (0)2 47 23 22 84
Fax (0)2 47 57 64 27
Mme und M. Rault-Couturier
E-Mail: marius.rault@wanadoo.fr

♦ Ganzj. geöffn. ♦ 3 Zi. und 1 Familien-Suite (2 Zi.) mit Bad, WC: 86 € (1 Pers.), 95 € (2 Pers.) + 22 € (zusätzl. Pers.) ♦ Frühst. inkl. ♦ Kein Gästetisch - Restaurants ab 2,5 km ♦ Salon, Billard ♦ Tel. ♦ Hunde nicht erlaubt ♦ Kosten und Kennenlernen der Weine ♦ Sprachen: Englisch ♦ **Anreise** (Karte Nr. 16): 7 km südwestl. von Amboise über die D 751 Rtg. Tours. An der Kirche des Dorfes Lussault die D 283 Rtg. Saint-Martin-le-Beau: das Schloss liegt 2 km weiter, am Ende einer Platanenallee.

Madame und Monsieur Rault-Couturier waren Buchhändler auf der Insel Ré, bevor sie in Lussault-sur-Loire in diesem eleganten, kleinen Schloss, das sie geschmackvoll und höchst komfortabel renoviert haben, auf Winzer „umschulten". Empfang und Betreuung sind liebenswürdig. Die großen, hellen und mit hübschen Stoffen versehenen Zimmer sind sehr gepflegt, und das gleiche gilt für die Bäder. Der Gästesalon ist sehr angenehm, und die Weinberge des Anwesens liegen gleich hinter dem hübschen Garten.

C E N T R E

233 - Les Hauts Noyers

Les Hauts Noyers
37530 Mosnes
(Indre-et-Loire)
Tel. (0)2 47 57 19 73
Fax (0)2 47 57 60 46
Mme und M. Saltron

♦ Ganzj. geöffn. ♦ Mind. 2 Üb. ♦ Nichtraucher-Zi. ♦ 1 Zi. und 1 Suite (4 Pers.) mit Bad, WC: 52 € (2 Pers.) + 15 € (zusätzl. Pers.) ♦ Frühst. inkl. ♦ Kein Gästetisch - Restaurants ab 5 km ♦ Salon ♦ Hunde nicht erlaubt ♦ Fahrradverleih, Boccia ♦ **Anreise** (Karte Nr. 16): 10 km östl. von Amboise über die D 751 Rtg. Blois und Chaumont. Ab Mosnes ausgeschildert.

Dieses direkt an den Weinbergen, knapp 1 Kilometer von der Loire und unweit der Schlösser gelegene, völlig renovierte Haus verfügt über 1 Gästezimmer und 1 Suite; beide sind sehr behaglich und gepflegt und wurden mit hübschen Stoffen bespannt. Die große Familiensuite im Erdgeschoss ist in Blau gehalten, das „Jaune" genannte Zimmer liegt unter dem Dach. Zimmer und Suite verfügen über einen eigenen Garten, in dem im Sommer das besonders reichhaltige Frühstück serviert wird. Außerdem gibt es einen Salon bzw. Speiseraum mit Kamin, der nur für die Gäste da ist. Die Betreuung in diesem Haus, das für sein Frühstück den 1. Preis erhielt und 1998 auch einen 1. Preis für seinen Garten, ist außerordentlich sympathisch, und die Preise sind wirklich günstig.

234 - Château des Ormeaux

37530 Nazelles
(Indre-et-Loire)
Tel. (0)2 47 23 26 51
Fax (0)2 47 23 19 31
M. Merle / M. Guenot
E-Mail: chateaudesormeaux@wanadoo.fr.
Web: chateaudesormeaux.com

♦ Ganzj. geöffn. ♦ 6 Zi. mit Bad, WC, Tel.: 107-115 € (2 Pers.) ♦ Frühst. inkl. ♦ Gästetisch abends, gemeinsam, reservieren: 39 € (Wein inkl.) ♦ Salon (Satelliten-TV) ♦ Nur kl. Hunde auf Anfrage erlaubt ♦ Schwimmbad, Weinberge, Angeln (Fluss), Mountainbikes ♦ Sprachen: Deutsch, Englisch, Italienisch, Spanisch ♦ **Anreise** (Karte Nr. 16): 4 km nördl. von Amboise. Autobahn A 10, Ausfahrt Amboise, Rtg. Autreche, dann Saint-Ouen-les-Vignes, Pocé-sur-Cisse; in Nazelles (D 1) Rtg. Noizay (ca. 2 km), dann ausgeschildert.

Dieses ganz in das Grün des Felsens eingebettete Haus erfreut sich einer Terrasse mit Südlage, die Ausblick auf eine weite Landschaft bietet. *Château des Ormeaux* wurde zu einem Landgasthaus umgestellt, hat aber seinen ursprünglichen Charakter erhalten. Viele Farben im Salon mit offenem Kamin, im großen Speiseraum und in den Zimmern, die allesamt sehr schön groß sind und alte, gestrichene Täfelungen sowie geräumige, blitzsaubere Bäder haben. Die antiken Möbel und die alten Bilder geben zu erkennen, dass Monsieur Merle Antiquitäten besonders großes Interesse entgegenbringt. Ein schönes Anwesen, das große Ruhe bietet und zudem in der Nähe der Loire-Schlösser liegt.

C E N T R E

235 - Domaine de Beauséjour

37220 Panzoult
(Indre-et-Loire)
Tel. (0)2 47 58 64 64
Fax (0)2 47 95 27 13
Mme Marie-Claude Chauveau
Web: domainedebeausejour.com

♦ Ganzj. geöffn. ♦ 2 Zi. und 1 Suite (2 Zi.) mit Bad oder Dusche, WC: 60,98-76,22 € (2 Pers., je nach Saison und Zi.); Suite: 91,47-106,71 € (3-4 Pers.) ♦ Frühst. inkl. ♦ 1 Appart., ebenerdig, (2-5 Pers.): 457,35-533,57 € ♦ Kein Gästetisch - Restaurants ab 6 km ♦ Salon (mit Waschmaschine) ♦ Hunde nur auf Anfrage erlaubt ♦ Schwimmbad ♦ Sprachen: Englisch ♦ **Anreise** (Karte Nr. 16): 12 km östl. von Chinon über die D 21 bis Panzoult; vor der Ortschaft links.

Beauséjour ist ein besonders gastfreundliches Weingut. Die Zimmer sind schlicht, hübsch mit alten Möbeln eingerichtet und haben alle einen herrlichen Blick auf die Weinberge und die Ebene. Wohl fühlen werden Sie sich im Gästesalon mit vorgelagerter, mit Teakmöbeln eingerichteter Terrasse, und es gibt sogar eine Ecke mit großem Kühlschrank. Das Schwimmbad steht den Gästen ebenfalls zur Verfügung. Ein Gästetisch wird nicht angeboten, aber in nächster Umgebung gibt es zahlreiche Restaurants. Wenn Sie sich für gute Weine interessieren (wer tut das nicht?), wird ein Familienmitglied Sie zu einer Degustation einladen. Somit werden Sie hier Ihre Kenntnisse, regionale Weine betreffend, auf eine besonders angenehme Art vervollkommnen!

236 - Le Clos Saint-Clair

Départementale 18
37800 Pussigny
(Indre-et-Loire)
Tel. (0)2 47 65 01 27
Mme Anne-Marie Liné

♦ Ganzj. geöffn. ♦ 2 Zi. mit Dusche, WC (2-4 Pers.): 35 € (1 Pers.), 45-51 € (2 Pers.), 54-60 € (3 Pers., Doppelbett und Einzelbett), 67 € (4 Pers.) + 16 € (zusätzl. Pers.), Kinderbett kostenlos ♦ Frühst. inkl. ♦ −10 % ab 4. Üb. ♦ Kein Gästetisch - Restaurants im Tal (Vallée de la Vienne): 2 km ♦ Salon ♦ Hunde nicht erlaubt ♦ Tennis, Angeln ♦ **Anreise** (Karte Nr. 16): 50 km südl. von Tours über die Autobahn A 10, Ausfahrt Sainte-Maure, die N 10 rechts bis Port-de-Piles, rechts die D 5 Rtg. Pussigny (2 km), dann links die D 18 Rtg. Pussigny (1 km); gegenüber dem Rathaus *(mairie)*.

Kurz vor diesem hübschen Dörfchen der Touraine liegen in einem gepflegten Blumengarten 2 alte Häuser. Den 3 Schlafzimmern mit ländlichem Charme wurde dank einiger besonderer Möbelstücke, geschmackvoller Stoffe und zahlreicher Aufmerksamkeiten eine gewisse Eleganz verliehen. Das ausgezeichnete Frühstück wird auf einer wunderbaren Veranda serviert, die bei schönem Wetter zum Garten hin offen ist. Besonders liebenswürdige Betreuung. Mit den Loire-Schlössern, den Kirchen, den Weinkellern und dem Futuroscope (50 km) bietet die Gegend viel Abwechslung.

C E N T R E

237 - Château de Chargé

37120 Razines
(Indre-et-Loire)
Tel. (0)2 47 95 60 57
Fax (0)2 47 95 67 25
Mme und M. d'Asfeld

♦ Vom 1. Juni bis 1. Okt. geöffn. ♦ Außerh. der Saison reservieren ♦ 4 Zi. mit Bad oder Dusche, WC: 73-105 € (1 Pers., je nach Zi.), 81-113 € (2 Pers., je nach Zi.) + 25 € (Extrabett) ♦ Frühst. inkl. ♦ Kein Gästetisch - Restaurants in der Umgebung ♦ Salon ♦ Tel. ♦ Hunde nicht erlaubt ♦ Schwimmbad ♦ Sprachen: Deutsch, Englisch, Russisch, Spanisch ♦ **Anreise** (Karte Nr. 16): 7 km südöstl. von Richelieu. Autobahn A 10, Ausfahrt Sainte-Maure-de Touraine, Rtg. Richelieu. D 749 Rtg. Châtellerault. 7 km vor Razines; hinter dem Dorf rechts.

Das Schloss ist ein ehemaliges Bollwerk, beherbergte einst die Gouverneure von Richelieu und Chinon und ist dank der Energie von Claude und Marie-Louise d'Asfeld zu neuem Leben erwacht. Auf einem Hügel zwischen Feldern und Weinbergen nahe einer Kapelle thronend, wurde es mit Präzision und großer Sorgfalt restauriert. Jedes Gästezimmer hat seinen Stil, der vom 14. bis 18. Jahrhundert reicht, wurde mit entsprechendem Mobiliar eingerichtet und hat ein kleines, aber einwandfreies Bad. Je weiter das Jahrhundert der Gestaltung der Zimmer zurückliegt, desto höher sind die Preise. Besonders angetan waren wir vom „Dames" genannten Zimmer im 2. Stockwerk: das teuerste, klösterlich, aber wunderbar.

238 - Les Religieuses

24, place des Religieuses
und 1, rue Jarry
37120 Richelieu
(Indre-et-Loire)
Tel. und Fax (0)2 47 58 10 42
Mme Le Platre-Arnould

♦ Vom 15. Dez. bis 15. Jan. geschl. ♦ 4 Zi. und 1 Suite (3 Pers.) mit Bad oder Dusche, WC: 46 € (1 Pers.), 60 € (2 Pers.); Suite 78 € (2 Pers.) ♦ Frühst. inkl. ♦ Kein Gästetisch - Restaurants ab 300 m ♦ Salon ♦ Hunde nicht erlaubt ♦ **Anreise** (Karte Nr. 16): 29 km nordwestl. von Châtellerault über die A 10, dann die D 749; ab Richelieu ausgeschildert.

Innerhalb der Stadtmauern des Ortes Richelieu erbaut, wird Ihnen dieses Stadtpalais bestimmt gefallen. Die Gastgeberin, Madame Le Platre, ist charmant und wird Sie besonders liebenswürdig in ihrem Haus mit vielen alten Möbeln und Nippsachen aufnehmen. Überall duftet es fein nach Möbelpolitur; die komfortablen Zimmer sind ebenso gepflegt wie der Rest des Hauses. Für eine Stadtlage ist es hier sehr ruhig. Im Sommer wird im Garten gefrühstückt.

C E N T R E

239 - Le Prieuré des Granges

15, rue des Fontaines
37510 Savonnières
(Indre-et-Loire)
Tel. (0)2 47 50 09 67
Fax (0)2 47 50 06 43
Mme und M. Salmon
E-Mail: salmon.eric@wanadoo.fr
Web: prieuredesgranges.com

♦ Von Febr. bis Ende Nov. geöffn. ♦ Nichtraucher-Zi. ♦ 5 Zi. und 1 Suite (2-4 Pers.) mit Bad oder Dusche, WC, Tel.: 65-95 € + 30 € (Extrabett); Suite 115 € (2 Pers.), 140 € (3 Pers.), 170 € (4 Pers.) ♦ Frühst. inkl. ♦ Auf dem Tablett serviertes vollständiges Gericht auf Best.: 20 € - Restaurants ab 600 m ♦ Salon mit TV, Billard ♦ Hunde nur auf Anfrage erlaubt ♦ Schwimmbad ♦ Parkplatz ♦ Sprachen: ein wenig Deutsch, Englisch, Spanisch ♦ **Anreise** (Karte Nr. 16): ab Tours Rtg. Tours-Sud/Villandry (D 7) bis Savonnières. Autobahn A 10, Ausfahrt Nr. 24 Joué-lès-Tours, den Schildern „Château de Villandry" bis Savonnières folgen.

Dieses auf den Anhöhen von Savonnières gelegene Haus aus dem 17., 18. und 19. Jahrhundert mit zahlreichen antiken Gegenständen und Möbeln ist wahrlich gelungen. Die außergewöhnlichen Zimmer sind ebenso komfortabel wie geschmackvoll eingerichtet. Der in Blautönen gehaltene Speisesaal (18. Jh.) ist sehr schön auf das Meißner Porzellan „abgestimmt", wurde kürzlich renoviert und hat nun neue Stühle. Der Salon daneben ist gemütlich und komfortabel, und man kann Billard spielen – amerikanisch. All das geht auf einen Park voller Blumen hinaus. Madame und Monsieur Salmon empfangen ausgesprochen freundlich.

240 - Le Prieuré Sainte-Anne

10, rue Chaude
37510 Savonnières
(Indre-et-Loire)
Tel. (0)2 47 50 03 26
Mme Caré

♦ Von März bis Nov. geöffn. ♦ 1 Suite (2-4 Pers.) mit Dusche, WC: 34 € (1 Pers.), 53 € (2 Pers.) + 17 € (zusätzl. Pers.) ♦ Frühst. inkl. ♦ Kein Gästetisch - Restaurants im Dorf (200 m) ♦ Salon ♦ Hunde nur auf Anfrage erlaubt ♦ **Anreise** (Karte Nr. 16): 13 km westl. von Tours über die D 7 Rtg. Villandry; am Ortseingang rechts, dann links und noch einmal rechts.

Etwas abseits, in einer ruhigen Dorfstraße, liegt dieses sehr alte Haus aus dem 15. Jahrhundert mit rustikalem Äußeren. Altes, gut gepflegtes Mobiliar, alte Teller an den Wänden, große Kamine, komfortable Wollmatratzen. Ein schlichtes, sehr gepflegtes Haus, in dem man sich regelrecht in eine andere Zeit versetzt fühlt. Madame Caré ist besonders liebenswürdig und serviert ihr köstliches Frühstück entweder am Kamin oder im Blumengarten, den schöne alte Mauern schützen.

C E N T R E

241 - La Ferme des Berthiers

37800 Sepmes
(Indre-et-Loire)
Tel. und Fax (0)2 47 65 50 61
Mme Anne-Marie Vergnaud
E-Mail: lesberthiers@libertysurf.fr

♦ Ganzj. geöffn. ♦ 5 Zi. und 1 Suite mit Bad oder Dusche, WC: 36 € (1 Pers.), 43-48 € (2 Pers.), 51-55 € (3 Pers.); Suite 60 € (3 Pers.); außerdem: Extrabett und Kinderzi. ♦ Frühst. inkl. ♦ Gemeins. Abendessen auf Best. am Vortag: 20 € (Wein und Kaffee inkl.) ♦ Zimmerreinigung alle 3 Tage ♦ Hunde nur auf Anfrage erlaubt ♦ Sprachen: Deutsch, Englisch, Niederländisch ♦ **Anreise** (Karte Nr. 16): 40 km südl. von Tours über die A 10, Ausfahrt Sainte-Maure-de-Touraine, dann D 59 Rtg. Ligueil; ab Ortsausgang Sepmes ausgeschildert.

Auf diesem schönen Bauernhof mit Innenhof und schattigem Garten werden die Gäste sehr freundlich empfangen. Die Zimmer sind komfortabel und hübsch und besitzen wunderbare Bäder. Das blaue und das gelbe Zimmer mögen wir am liebsten. Wunderbare Terrakotta-Fußböden. Das exzellente Abendessen wird von der talentierten Köchin Anne-Marie Vergnaud zubereitet – das Frühstück ist reichhaltig. Kinder sind in dieser angenehm-ländlichen Umgebung willkommen. Die Nähe der Loire-Schlösser werden Sie während Ihres Aufenthaltes schätzen.

242 - Manoir de Foncher

37510 Villandry
(Indre-et-Loire)
Tel. (0)2 47 50 02 40
Fax (0)2 47 50 09 94
Mme und M. Salles

♦ Von April bis Sept. geöffn. ♦ 1 Suite (2 Zi.) mit Bad, WC: 125 € (1 Zi., 1-2 Pers.), 175 € (2 Zi., 3-4 Pers.) ♦ Frühst. inkl., von 9.00 bis 10.00 Uhr ♦ Kein Gästetisch - Restaurants in unm. Nähe ♦ Salon ♦ Sprachen: Englisch ♦ **Anreise** (Karte Nr. 16): 15 km westl. von Tours über die D 7 Rtg. Villandry. In Savonnières über die Brücke, dann links auf das rechte Ufer des Cher (3 km).

Der am Ende einer Landzunge zwischen den Flüssen Loire und Cher gelegene Landsitz *Foncher* präsentiert sich mit seinen alten Fensterkreuzen, seiner Außengalerie und seiner außergewöhnlichen Wendeltreppe heute noch wie zur Zeit seiner Entstehung im 15. Jahrhundert. Im Kaminzimmer, in dem der Gast sehr freundlich und aufmerksam empfangen wird und wo man an einem ausgesprochen großen Klostertisch das Frühstück einnimmt, herrscht eine besonders freundliche Atmosphäre. Die Suite ist nicht nur wunderbar und authentisch, sondern auch sehr komfortabel. Hübsche Bäder. Ein idealer Ausgangspunkt zum Besichtigen der Loire-Schlösser.

C E N T R E

243 - Domaine des Bidaudières

Rue du Peu Morier
37210 Vouvray (Indre-et-Loire)
Tel. (0)2 47 52 66 85
Fax (0)2 47 52 62 17
Mme und M. Suzanne
E-Mail: info@bidaudieres.com
Web: bandb-loire-valley.com

♦ Ganzj. geöffn. ♦ 6 Zi. mit Bad oder Dusche, WC, Tel., TV: 105 € (2 Pers.) + 15 € (Extrabett) ♦ Frühst. inkl. ♦ 1 Appart. in einer Dependance (4-5 Pers.): 120 € ♦ Kein Gästetisch - Restaurants ab 1,5 km ♦ Salon, Gewächshaus ♦ Beheizt. Schwimmbad, Teich ♦ Sprachen: Deutsch, Englisch ♦ **Anreise** (Karte Nr. 16): 14 km östl. von Tours. Autobahn A 10. Ausfahrt Nr. 20 Vouvray, dann N 152 Rtg. Amboise. Ab Vouvray Rtg. Vernou-sur-Brenne über die D 46; hinter der Eisenbahnbrücke 2. Straße links.

Mit der allumfassenden Restaurierung dieses ehemaligen Weingutes aus dem 18. Jahrhundert wurde 1996 begonnen. Die Besitzung besitzt ein phantastisches beheiztes Schwimmbad, einen erst kürzlich angelegten Teich und einen hübschen Garten. Die Zimmer, die man über einen Aufzug erreicht, wurden sehr geschmackvoll in modernem Stil eingerichtet, mit hier und da einem Touch aus vergangenen Zeiten. Allein vom charmanten „Clos Chapon" blickt man nicht auf die ländliche Umgebung. Alle Gästezimmer sind klimatisiert und mit schönen Bädern ausgestattet. Das Frühstück wird entweder in einem Troglodyten-Raum aus Tuffstein oder unter einem Glasdach herkömmlicher Art mit Blick auf den Park eingenommen. Liebenswürdig-dynamischer Empfang.

244 - La Farge

41600 Chaumont-sur-Tharonne
(Loir-et-Cher)
Tel. (0)2 54 88 52 06
Fax (0)2 54 88 51 36
M. und Mme de Grangeneuve
E-Mail: sylvie.lansier@wanadoo.fr
Web: france-bonjour.com/la-farge

♦ Ganzj. geöffn. ♦ 1 Zi., 1 Suite (2-4 Pers.) und 1 Studio (3 Pers., Aufenthaltsr., Kamin, TV und Kochnische) mit Bad, WC: 56 € (2 Pers.); Studio: 70 € (2 Pers.), 80 € (3 Pers.); Suite: 90 € (4 Pers.) + 15 € (zusätzl. Pers.) ♦ Frühst. inkl. ♦ Preisnachlass ab der 4. Üb. ♦ Kein Gästetisch - Restaurants ab 5 km ♦ Kaminzimmer mit TV ♦ Hunde nur auf Anfrage erlaubt ♦ Schwimmbad, Reiten, Pferdeboxen, Wanderwege ♦ Sprachen: Englisch ♦ **Anreise** (Karte Nr. 17): 5 km östl. von Chaumont-sur-Tharonne. Über die C 2 Rtg. Vouzan. „La Farge" 4 km weiter rechts (35 km südl. von Orléans über N 20).

Dieser mitten im Wald gelegene und für diese Region ausgesprochen typische Häuserkomplex aus dem 16. Jahrhundert bietet komfortable und angenehm möblierte Zimmer mit schönen Bädern. Das Appartement mit reizender Sitzecke, Kamin und Kochnische ist sehr gelungen. Das Frühstück wird in einem großen Raum mit freigelegten Balken serviert, in dem Kupfergegenstände, Jagdtrophäen und alte Möbel zur warmen Atmosphäre dieses gastfreundlichen Hauses beitragen.

C E N T R E

245 - Ferme des Saules

41700 Cheverny
(Loir-et-Cher)
Tel. (0)2 54 79 26 95
Fax (0)2 54 79 97 54
Mme une M. Merlin
E-Mail: merlin.cheverny@wanadoo.fr
Web: chez.com/fermedessaules

♦ Vom 15. Dez. bis 15. Jan. geschl. ♦ Reserv. notwendig ♦ 4 Zi. mit Bad oder Dusche, WC: 55-75 € (2 Pers. je nach Zi.), 78 € (3 Pers.), 89 € (4 Pers.) ♦ Frühst. inkl. ♦ Gästetisch abends, gemeinsam, reservieren (Di, Mi, Do und So abends geschl.): 22 € (Wein inkl.) ♦ Beheizt. Freibad ♦ Sprachen: Deutsch, Englisch, Niederländisch, Spanisch ♦ **Anreise** (Karte Nr. 16): 2 km südl. von Cheverny. Autobahn A 10, Ausfahrt Blois, Rtg. Vierzon. Cour-Cheverny durchqueren, Rtg. Cheverny, dann D 102 Rtg. Contres. Nach 1,5 km rechts hinter dem Schlossgitter.

Diese alte Haus von Format nahe Cheverny, einst ein landwirtschaftlicher Betrieb und umgeben von Feldern und Wäldern, wurde von den Merlins restauriert, und in ihrem Stammhaus richteten sie 4 Zimmer ein, von denen 3 sehr geräumig sind und große Bäder haben. Das eine im Erdgeschoss erfreut sich eines Kamins. Das 4., es ist einfacher, eignet sich eher für Kinder. Einige Bäder haben Veluxfenster. Didier, von Berufs wegen Koch, bietet einfache, aber sehr gute Jahreszeitenmenüs an, die man nach dem gemeinsamen Pilze sammeln – wobei man schon mal die Hirsche röhren hört - besonders genießt. Warmherziger Empfang.

246 - Le Clos Bigot

Lieu-dit Le Clos Dussons
41120 Chitenay
(Loir-et-Cher)
Tel. 02 54 44 21 28
Fax 02 54 44 38 65
M. und Mme Bravo-Meret
E-Mail: clos.bigot@wanadoo.fr
Web: chez.com/closbigot

♦ Ganzj. geöffn. ♦ Im Winter reservieren ♦ Nichtraucher-Zi. ♦ 3 Zi. und 1 Suite (mit 2 Zi.) mit Bad oder Dusche, WC: 44-84 € (2 Pers.) + 20 € (Extrabett) ♦ Frühst. inkl. ♦ Gästetisch (unregelmäßig): 23 € - Restaurants ab 1 km ♦ Sprachen: Englisch, Spanisch ♦ **Anreise** (Karte Nr. 16): 13 km südl. von Blois, erst Rtg. Chateauroux, dann Cellettes. Hinter der Brücke rechts Rtg. Chitenay. Ab dem Ort ausgeschildert.

Le Clos Bigot liegt mitten auf dem Land, fern lauter Straßen. Aus der Renaissance (16. Jh.) stammt ein Teil des Hauses, das vom Eigentümer, ein Liebhaber der Malerei, restauriert wurde, und zwar mit Raffinement. So wurde das Taubenhaus zu einer Suite umgestaltet, deren Wände „à l'ancienne" patiniert wurden, und konnten im Bad des Etagenzimmers die Brutkäfige der Tauben erhalten bleiben. Die anderen Zimmer liegen verteilt im Haus, in dem oft klassische Musik zu vernehmen ist. Das Südzimmer mit stoffbespannten Wänden und antikem Mobiliar gefiel uns am besten. Ein weiteres Zimmer im 1. Stock hat abgeschrägte Wände, und das mit Toile-de-Jouy-Bespannung ist eine kleine Suite mit wunderschönem Gebälk aus dem 17. Jahrhundert.

C E N T R E

247 - La Rabouillère

Chemin de Marçon
41700 Contres
(Loir-et-Cher)
Tel. (0)2 54 79 05 14
Fax (0)2 54 79 59 39
Mme Thimonnier
E-Mail: rabouillere@wanadoo.fr
Web: larabouillere.com

♦ Ganzj. geöffn. ♦ 4 Zi., 1 Suite und 1 Haus mit Bad, WC, TV (auf Wunsch): 47 € (1 Pers.), 58 € (2 Pers.); Suite: 90 € (2 Pers.), 106 € (3 Pers.); Haus: 107 € (2 Pers.), 130 € (3-4 Pers.), 145 € (5 Pers.) ♦ Frühst. inkl. ♦ Kein Gästetisch - Kochnische steht zur Verf. - Restaurants in unm. Nähe ♦ Kreditkarten außer Amex ♦ Salon ♦ Tel. ♦ Fahrradverleih ♦ Hunde nicht erlaubt ♦ Sprachen: Englisch ♦ **Anreise** (Karte Nr. 16): 19 km südl. von Blois über die D 765. In Cheverny die D 102 Rtg. Contres (6 km), dann „Chambres d'hôtes" ausgeschildert.

Das Haus (in dieser Gegend als *longère* bezeichnet) ist umgeben von fünf Hektar Wald und Wiesen, die zur Sommerzeit zu einem gepflegten Garten werden. Die Gästezimmer sind ausnahmslos sehr angenehm und mit viel Phantasie und Raffinement eingerichtet. Das „kleine Haus" mit Speiseraum, Kamin und zwei Zimmern im Obergeschoss könnte reizender nicht sein. Madame und Monsieur Thimonnier lieben ihr Haus und stellen es ihren Gästen mit eindeutigem Vergnügen zur Verfügung. Wenn das Wetter es erfordert, knistert ein Feuer im Kaminzimmer, das sich weit zum Garten hin öffnet.

248 - Le Béguinage

41700 Cour-Cheverny
(Loir-et-Cher)
Tel. (0)2 54 79 29 92
Fax (0)2 54 79 94 59
Patricia und Brice Deloison
E-Mail: le.beguinage@wanadoo.fr
Web: multimania.com/beguinage

♦ Ganzj. geöffn. ♦ Reserv. notwendig ♦ 6 Zi. mit Bad oder Dusche, WC: 45-50 € (1 Pers.), 50-65 € (2 Pers.) + 16 € (Extrabett) ♦ Frühst. inkl. ♦ Kein Gästetisch - Restaurants ab 5 Min. ♦ Visa, MasterCard ♦ Tel. mit Zähler ♦ Hunde nur auf Anfrage erlaubt ♦ Fluss, Becken, Heißluftballon-Flüge ab dem Garten ♦ Sprachen: Englisch ♦ **Anreise** (Karte Nr. 16): Autobahn A 10, Ausfahrt Blois, Rtg. Chateauroux/Vierzon über die D 765. Ausfahrt Cour-Cheverny (Centre).

Dieses ehemalige Beginenkloster, das an der Straße der Schlösser liegt, erwachte am Rand eines baumbepflanzten Parks mit einem Wasserbecken und einem Fluss zu neuem, ruhigem Leben. Patricia und Brice haben die in verschiedenen Gebäuden separat gelegen Gästezimmer eingerichtet: breite Betten, hübsche Stoffe und schöne Bäder mit Badewanne oder Dusche. Besonders gefiel uns „Bouton d'or", dessen Kamin man (für zusätzl. 10 Euro) benutzen kann. „Western"-Türen trennen das „Rouge" und das „Jaune" von ihrer jeweiligen Toilette. Das Frühstück bekommt man auf der Terrasse serviert oder im Speiseraum mit zartgrünen Balken.

C E N T R E

249 - La Borde

41160 Danzé
(Loir-et-Cher)
Tel. (0)2 54 80 68 42
Fax (0)2 54 80 63 68
Mme und M. Kamette

♦ Ganzj. geöffn. ♦ 3 Zi. und 2 Suiten (2 Zi.) mit Dusche, WC: 29-44 € (1 Pers.), 41-54 € (2 Pers.); Suiten: 68-74 € (3 Pers.), 80-86 € (4 Pers.) ♦ Sonderpreise ab 2. Üb. ♦ Frühst. inkl. ♦ Kein Gästetisch - Restaurants ab 2 km ♦ Salon ♦ Tel. ♦ Hunde nicht erlaubt ♦ Beheizt. Schwimmbad, Angeln ♦ Sprachen: Englisch, Spanisch ♦ **Anreise** (Karte Nr. 16): 15 km nördl. von Vendôme über die D 36 bis Danzé, dann die D 24 nach La Ville-aux-Clercs.

La Borde ist ein Haus aus den dreißiger Jahren mit sehr angenehmer Atmosphäre und großem Park. Alle Gästezimmer haben Ausblick aufs Grüne, sind komfortabel, groß und hübsch eingerichtet. Das „Bleue" ist unser Lieblingszimmer, aber auch die anderen sind sehr behaglich. Das gute und reichhaltige Frühstück wird in einem großen, hellen Raum serviert, der als TV- und Speiseraum dient. Das beheizte Hallenbad ist besonders angenehm vor oder nach dem Besuch der nahe gelegenen Loire-Schlösser. Ein Haus mit warmherzigem Empfang und günstigen Preisen.

250 - Le Clos

9, rue Dutems
41500 Mer
(Loir-et-Cher)
Tel. (0)2 54 81 17 36
Fax (0)2 54 81 70 19
Mme Mormiche
Web: chambres-gites-chambord.com

♦ Ganzj. geöffn. ♦ 4 Zi. und 1 Suite (4 Pers.), 2 Zi. mit Bad oder Dusche, WC: 48-55 € (2 Pers.); Suite: 95 € (4 Pers.); Häuschen 65 € (2 pers.); je nach Saison ♦ Frühst. inkl. ♦ Kein Gästetisch ♦ Salon ♦ Eurocard, MasterCard, Visa ♦ Hunde nicht erlaubt ♦ Billard, Fahrradverleih ♦ Sprachen: Englisch ♦ **Anreise** (Karte Nr. 16): zwischen Blois und Beaugency die N 152, Autobahn A 10, Ausfahrt Mer-Chambord, dann Rtg. „Centre Ville". Ein Teil der Rue Dutems (von der Place des Halles bis zur Kirche) ist verkehrsfrei.

Dieses Haus aus dem 16. Jahrhundert liegt in dem kleinen Ort an einer Straße, die zur Hälfte Fußgängerzone ist; man betritt es durch Madame Mormiches Rahmen-Atelier. Im Innern ist alles hell, schlicht, aber geschmackvoll eingerichtet: helle Farben, einige alte Möbel aus Naturholz und eine beachtliche Auswahl von Bildern. Die komfortablen, gepflegten Zimmer sind im gleichen Stil gehalten. Das kleine, hinten im Garten gelegene Haus wurde geschmackvoll restauriert und bietet nun modernen Komfort: kleine, intime Räume für Verliebte. Freundlicher, schattiger Garten, sehr gepflegtes Frühstück und höchst angenehmer Empfang.

C E N T R E

251 - Château de Colliers

41500 Muides-sur-Loire
(Loir-et-Cher)
Tel. (0)2 54 87 50 75
Fax (0)2 54 87 03 64
Mme und M. de Gélis

♦ Ganzj. geöffn. ♦ Im Winter Reserv. notwendig ♦ 4 Zi. und 1 Suite (4 Pers.) mit Bad, WC: 95-120 € (2 Pers.); Suite 125-135 € (4 Pers.) (Lokaltaxe je nach Saison) ♦ Frühst. inkl. ♦ Kein Gästetisch - Restaurants ab 1 km ♦ Salons ♦ Tel. ♦ Sehr großes Schwimmbad vor Ort (ohne Aufsicht), Flüge (Ballon und Hubschrauber) ab dem Haus auf Reserv. ♦ Sprachen: Englisch, Spanisch ♦ **Anreise** (Karte Nr. 16): Autobahn A 10, Ausfahrt Mer, Rtg. Chambord bis Muides-sur-Loire, dann D 951 Rtg. Blois. Das Schloss liegt am Loire-Ufer, 300 m hinter dem letzten Haus.

Dieses Lustschlösschen aus dem 18. Jahrhundert verfügt über eine außergewöhnliche Lage am Ufer der Loire – ideal für eine Besichtigung der nahen Schlösser. Das Interieur ist von großer Eleganz: der Salon ist wunderbar möbliert, der Speisesaal hat seine zahlreichen originalen Fresken bewahrt und die prachtvollen Zimmer besitzen fast alle einen Kamin, der selbstverständlich benutzt werden kann (ein Zimmer verfügt über eine ausgesprochen hübsche Dachterrasse). Von jedem Zimmer hat man Blick auf den Fluss, und eines besitzt sogar eine eigene Dachterrasse. Aufmerksame und diskrete Betreuung.

252 - Prieuré de la Chaise

8, rue du Prieuré
41400 Saint-Georges-sur-Cher
(Loir-et-Cher)
Tel. (0)2 54 32 59 77
Fax (0)2 54 32 69 49
Mme Duret-Thérizols
E-Mail: prieuredelachaise@yahoo.fr
Web: prieuredelachaise.com

♦ Ganzj. geöffn. ♦ Reserv. notwendig ♦ Nichtraucher-Zi. ♦ 3 Zi. und 1 Suite (6 Pers.) mit Bad oder Dusche, WC: 61 und 95 € (2 Pers.); Suite 162 € (6 Pers.) ♦ Frühst. inkl. ♦ Kein Gästetisch - Restaurants ab 5 km ♦ Salon ♦ Tel. ♦ Hunde nicht erlaubt ♦ Fahrräder, Weinverkostung ♦ Sprachen: Englisch ♦ **Anreise** (Karte Nr. 16): 30 km südl. von Tours. Autobahn A 10, Ausfahrt Amboise Rtg. Montrichard, dann Rtg. Chissay-en-Touraine. Über die Brücke in Saint-Georges-sur-Cher fahren, Rtg. La Chaise, dann ausgeschildert.

Diese Komturei aus dem 12. Jahrhundert, die im 16. Jahrhundert wiederaufgebaut wurde, konnte im Park die originale Kapelle erhalten; hier findet das Dorffest statt. Die Wiesen und Weinberge dahinter sorgen für große Ruhe und bieten einen weiten Blick. Mit seinem alten Gebälk und seinen großen Kaminen vereint das Haus Komfort und Ursprüngliches. Die hier und da in kräftigen Farben gestalteten Zimmer sind mit antiken Möbeln eingerichtet und haben komfortable Bäder. Die Suite besteht aus 2 Zimmern und 2 Bädern. Die alte Weinpresse und das kleine Werkzeugmuseum erinnern an die Weinbauaktivitäten dieses angenehmen Hauses, in dem Sie regionale Weine probieren werden. Für einen Besuch der Loire-Schlösser günstig gelegen.

CENTRE

253 - Le Moulin de Choiseaux

8, rue des Choiseaux Diziers
41500 Suèvres
(Loir et Cher)
Tel. (0)2 54 87 85 01
Fax (0)2 54 87 86 44
Marie-Françoise und André Seguin
E-Mail: choiseaux@wanadoo.fr
Web: choiseaux.com

♦ Ganzj. geöffn. ♦ 4 Zi. und 1 Suite mit Bad oder Dusche, WC: 50-66 € (2 Pers.); Suite: 75 € (2 Pers.) + 16 € (Extrabett) ♦ Frühst. inkl. ♦ Kein Gästetisch - Restaurants ab 4 km ♦ Kreditkarten ♦ Salon (TV) ♦ Haustiere nicht erlaubt ♦ Schwimmbad, Fahrräder ♦ Sprachen: Englisch ♦ **Anreise** (Karte Nr. 16): 15 km nordöstl. von Blois. Autobahn A 10, Ausfahrt Mer, 3 km hinter Mer rechts und der Ausschilderung nach Diziers folgen.

In dieser im 18. Jahrhundert erbauten Mühle mit ihrem Rad, ihrem Bach und ihrem Schwimmbad wird man besonders freundlich empfangen. Der Speiseraum im Erdgeschoss mit seinem alten Gebälk und seinen rustikalen Möbeln ist freundlich. Die meisten im Obergeschoss gelegenen, sehr ruhigen und mit tadellosen sanitären Einrichtungen ausgestatteten Zimmer sind sehr gelungen; ein besonderes Faible haben wir jedoch für „Les Vieux Livres". Der Salon befindet sich neuerdings im Müllerhaus, in dem außerdem „Le Pressoir" liegt wie auch die „Suite" mit ihrem kleinen Salon.

254 - Château de La Voûte

41800 Troo
(Loir-et-Cher)
Tel. und Fax (0)2 54 72 52 52
Mme Véronique Ricquez
E-Mail: chatlavout@aol.com
Web: members.aol.com/chatlavout

♦ Ganzj. geöffn. ♦ 5 Zi. mit Bad oder Dusche, WC: 75-110 € (2 Pers.) ♦ Frühst. inkl. ♦ Kein Gästetisch - Restaurants ab 200 m ♦ Sprachen: Englisch ♦ **Anreise** (Karte Nr. 16): 48 km nördl. von Tours; die D 29 bis Chartre sur-Loire, dann rechts die D 305 und die D 917 bis Troo.

Vor dem sich an den Hügel anlehnenden *Château de La Voûte* liegen 2 terrassierte Gärten. Im Interieur hat jedes Zimmer seinen eigenen Stil, die Einrichtung mit antikem Mobiliar ist sehr gelungen, und alle überblicken eine der reizvollsten Landschaften überhaupt. Die Preise entsprechen der jeweiligen Größe des Zimmers; das kleinste, mit Toile de Jouy gestaltete, ist besonders anheimelnd, während das „Pompadour", mit Möbeln im Stil des 18. Jahrhunderts möbliert, grandios ist. Das Frühstück wird entweder auf dem Zimmer serviert oder, bei schönem Wetter, auf der blühenden Terrasse. Ein sehr schönes Anwesen, das echte Gastfreundschaft und Komfort bietet: in der Nähe von einem reizenden Dorf, das man sich näher ansehen sollte – ganz wie die nahe gelegenen Loire-Schlösser.

C E N T R E

255 - Château de la Giraudière

41220 Villeny
(Loir-et-Cher)
Tel. (0)2 54 83 72 38
Mme Anne Giordano-Orsini

♦ Von Ostern bis Allerheiligen geöffn. ♦ 2 Zi. mit Bad, WC: 65 € (2 Pers.); 3 Zi. mit eig. Bad, gemeins. WC: 60 € (2 Pers.) ♦ Frühst. inkl. ♦ Außerdem: 1 Appartement (außer Juli und Aug.) (4 Pers.) mit 2 Zi., Bad, WC, Salon, Küche: 330 €, mind. 3 Tage + 65 € zusätzl. Üb. ♦ Kein Gästetisch - Restaurants in unm. Nähe ♦ Salon mit Klavier ♦ Hunde nicht erlaubt ♦ Tennis ♦ Sprachen: Englisch ♦ **Anreise** (Karte Nr. 17): 25 km südl. von Beaugency über die D 925 (Autobahn A 10, Ausfahrt Meung/Loire), 10 km hinter La Ferté-Saint-Cyrrechts hinter der Kreuzung D 18; 800 m von der Straße entfernt.

Nach einem kleinen Abstecher durch den Wald erreicht man das hübsche Schloss mit sehr gepflegter Fassade im Louis-treize-Stil. Die Innenräume zeugen von der gleichen Sorgfalt. Im Salon beeindruckt die Eleganz des Mobiliars und die große Helligkeit; Letztere ist auf die großen, sich gegenüberliegenden Fenster zurückzuführen. Die Gästezimmer sind von klassischer Eleganz und verfügen über gepflegte sanitäre Einrichtungen. Wir empfehlen zunächst die Zimmer im 1. Stock; die der 2. Etage sind Dachzimmer, aber Familien sollten sich für die beiden Schlafräume mit 1 Bad entscheiden. Das Frühstück wird oft in der schönen Küche am Kamin serviert. Ideal zum Entdecken der Sologne.

256 - Sainte-Barbe

Route de Lorris - Nevoy
45500 Gien
(Loiret)
Tel. (0)2 38 67 59 53
Fax (0)2 38 67 28 96
Mme Annie Le Lay
E-Mail: annielelay@aol.com

♦ Ganzj. (auf Anfrage) geöffn. ♦ 2 Zi. mit Bad, WC; 1 Zi. mit Dusche, WC: 34-42,50 € (1 Pers.), 58 € (2 Pers.) + 12,50 € (zusätzl. Pers.) ♦ Frühst. inkl. ♦ 1 kl. Haus (5 Pers.) in der Dependance mit 1 Bad und 2 WC (einschl. Bettzeug): Wochenenden (außer Juli und Aug.) 122 € (2 Pers.), 183 € (3-5 Pers.); Preis pro Woche auf Anfrage; Frühst. nicht inkl. ♦ Kein Gästetisch - aber: Kalte Platte: 10 € (Getränke inkl.) - Restaurants ab 3 km ♦ Salon ♦ Hunde im Zwinger erlaubt ♦ Jacuzzi, Tennis, Angeln, Schwimmbad ♦ Sprachen: Englisch ♦ **Anreise** (Karte Nr. 17): 5 km nordwestl. von Gien über die D 44; dann Route de Lorris.

Umgeben von Feldern und Wäldern, bietet dieses gastfreundliche alte Haus 2 reizende, sehr geschmackvoll und sorgfältig gestaltete Gästezimmer an, außerdem 1 reizendes kleines Haus, das wöchentlich und (außer im Juli und August) auch an Wochenenden vermietet wird. Der schöne Salon kann ebenfalls von den Hausgästen benutzt werden; der ist von besonderem Format mit seinem Haute-Epoque-Mobiliar, seinem Chesterfield-Sofa und seinen zahlreichen Objekten, die allgemein mit der Jagd und mit Pferden zu tun haben. Ein schönes Haus mit hohem Komfort, das man sich nicht entgehen lassen sollte.

C E N T R E

257 - La Petite Cour
15, rue de la Mairie
45490 Lorcy (Loiret)
Tel. (0)2 38 92 20 76
Handy (0)6 88 39 15 81
Fax (0)2 38 92 91 97
Mme Danielle de Mersan
E-Mail: la_petite_cour@yahoo.fr
Web: La-petite-cour.com

◆ Ganzj. geöffn. ◆ 2 Zi. und 1 Suite (3 Pers.) mit Bad oder Dusche, WC: 55 und 66 € (2 Pers.) + 12 € (Extrabett) ◆ Frühst. inkl. ◆ Kein Gästetisch - Restaurants ab 8 km ◆ Salon ◆ Kl. Hunde erlaubt ◆ Fahrradverleih, Tischtennis ◆ Sprachen: Englisch, Italienisch ◆ **Anreise** (Karte Nr. 9): 22 km westl. von Montargis über die N 60 Rtg. Orléans, dann St-Maurice-sur-Fessard. In Ladon rechts Rtg. Lorcy (6 km). Ab Paris: A 6, danach A 77, Ausfahrt Montargis, dann Rtg. Orléans, St-Maurice-sur-Fessard, Ladon und Lorcy. Ab Orléans: N 60, Bellegarde dann Rtg. Nemours. An der Straße von Juranville rechts nach Lorcy (4 km).

Hinter der diskreten, alltäglich wirkenden Fassade eines Dorfhauses verbirgt sich ein charmantes, geschickt zum Garten hin orientiertes Interieur. Außerdem werden Sie hier ganz neu gestaltete Zimmer entdecken, deren Stil als klassisch-aktuell bezeichnet werden kann. Das Mobiliar ist antik oder aus Schmiedeeisen, die Dekostoffe sind aus schönem Material, die Radierungen zeitgenössisch, die Fußböden aus altem Terrakotta (es sei denn, sie haben Teppichboden), die Bäder reizend ... Alles ist komfortabel, von schlichter Eleganz und hell. Das gepflegte Frühstück wird im kleinen Speiseraum oder gleich daneben, draußen nahe der Kletterrosen eingenommen. Ein angenehmes Haus zum Kennenlernen des eher unbekannten Gâtinais.

258 - Ferme des Foucault

45240 Ménestreau-en-Villette
(Loiret)
Tel. und Fax (0)2 38 76 94 41
Handy (0)6 83 39 70 94
Mme Rosemary Beau
E-Mail: rbeau@waika9.com

◆ Ganzj. geöffn. ◆ Reserv. notwendig ◆ Mind. 2 Üb. im Juli und Aug. ◆ Nichtraucher-Haus ◆ 3 Zi. mit Bad, Dusche, WC, TV: 65-75 € (2 Pers.) + 16 € (Extrabett) ◆ Frühst. inkl. ◆ Kein Gästetisch - Restaurants im Dorf und in Umgebung ◆ 5 Golfplätze in unmittelbarer Nähe ◆ **Anreise** (Karte Nr. 17): 6 km südl. von Marcilly-en-Villette über die D 64, Rtg. Sennely (6 km). Rechts „Ferme des Foucault" ausgeschildert; am Ende des Weges, bei den Briefkästen rechts.

Rosemary Beau, in Amerika geboren, ist eine wahre Persönlichkeit mit ansteckender Begeisterungsfähigkeit. Ihr altes, charmantes, einsam am Wald gelegenes Bauernhaus ist besonders reizend eingerichtet und verbindet jenen Komfort, der jenseits des Atlantiks anzutreffen ist, aber im Stil „vieille France". Das von Fenstern und durchbrochenen Wänden erhellte Innere des Hauses spielt mit dem Licht, das nacheinander Orientteppiche, ein poliertes altes Möbelstück und das Porzellan des (reichhaltigen) Frühstücks zum Leuchten bringt. Die ebenerdig am Garten oder unter der hohen Balkendecke eingerichteten Zimmer sind sehr groß und schön und haben eine richtige kleine Salonecke. Exzellentes Preis-Leistungsverhältnis.

C E N T R E

259 - La Mouche

45130 Meung-sur-Loire
(Loiret)
Tel. (0)2 38 44 34 36
Mme und M. Perrody
E-Mail: perrody@3dnet.fr
Web: chambres-hotes-loire.com

♦ Ganzj. geöffn. ♦ Von Nov. bis März Reserv. notwendig ♦ 3 Zi. mit Bad, Dusche, WC: 57 € (1 Pers.), 65 € (2 Pers.) ♦ Frühst. inkl. ♦ Kein Gästetisch - Restaurants im Dorf ♦ Salon ♦ Sprachen: Englisch ♦ **Anreise** (Karte Nr. 17): Autobahn A 10, Ausfahrt Meung-sur-Loire, dann N 152, Rtg. Orléans. 200 m hinter dem Ortsausgangsschild auf die große schattige Allee rechts.

Dieses Haus aus dem 18. Jahrhundert mit einem 4 Hektar großen Park, einem Teich mit Seerosen, einem Obstgarten und einem kleinen französischen Garten liegt direkt am Ufer der Loire. Von 2 Zimmern blickt man auf den Fluss; sie sind mit antikem Mobiliar eingerichtet und besitzen große, sehr angenehme Bäder. Vom dritten im Empirestil kann man den Sonnenuntergang betrachten. Der sehr große, in Gelbtönen gestrichene Salon wirkt sehr warm und ist ein höchst angenehmer Wohnraum. Das üppige Frühstück mit köstlich-frischen Fruchtsäften wird im Sommer auf der Terrasse eingenommen.

260 - Château de Montliard

5, route de Nesploy
45340 Montliard
(Loiret)
Tel. (0)2 38 33 71 40
Fax (0)2 38 33 86 41
Annick und François Galizia
E-Mail: montliard@infonie.fr
Web: www.france-bonjour.com/montliard

2003

♦ Ganzj. geöffn. ♦ 4 Zi. mit Bad oder Dusche, WC: 60 und 85 € (2 Pers.) ♦ Frühst. inkl. ♦ Gästetisch abends, gemeinsam, reservieren: 20 und 30 € (alles inkl.) ♦ Der Speisesaal steht den Gästen zur Verfügung ♦ 14 ha großer Park ♦ Sprachen: etwas Deutsch, Englisch, Italienisch ♦ **Anreise** (Karte Nr. 9): 50 km nordöstl. von Orléans über die N 60 Rtg. Montargis bis zum Kreisverkehr „Pont des Beignets". Am Kreisverkehr Rtg. Nesploy. Ab Nesploy an der Ampel rechts. Nach 5 km liegt das Schloss 50 m vor der Kirche.

Dieses Renaissance-Schloss von humaner Größe ist umgeben von Wassergräben und bildet mit seinen Fachwerkgebäuden des 18. Jahrhunderts ein bemerkenswert schönes Ensemble. Das seit 1384 im Familienbesitz befindliche Anwesen ist außerordentlich geschichtsträchtig. Das Interieur mit Möbeln der verschiedenen Generationen hat im Laufe der Jahrhunderte selbstverständlich an Komfort gewonnen. In den Erdgeschossräumen wird gefrühstückt und zu Abend gegessen. Die 4 Zimmer haben noch immer den Stil von einst. Die schönen alten Fußböden und Decken der Schlafräume wie auch deren wunderbare Kamine mit Malereien des 19. Jahrhunderts wurden erhalten. Warmherziger Empfang. Eine sehr gute Adresse zu leicht erhöhten Preisen.

C E N T R E

261 - Château du Plessis

45530 Vitry-aux-Loges
(Loiret)
Tel. (0)2 38 59 47 24
Fax (0)2 38 59 47 48
Mme und M. de Beauregard
E-Mail: plessisbeauregard@minitel.net

♦ Weihnachten geschl. ♦ 3 Zi. mit Bad oder Dusche, WC: 85 € (2 Pers.) und 1 Kinderzi. ohne sanit. Einrichtungen: 53,36 € (2 Pers.) ♦ Frühst. inkl. ♦ Gästetisch abends, gemeinsam, reservieren: 30,49 € (alles inkl.) ♦ Hunde nicht erlaubt ♦ Schwimmbad, Angeln am Teich ♦ Sprachen: Deutsch, Englisch ♦ **Anreise** (Karte Nr. 17): Autobahn A 10, Ausfahrt Orléans Nord, Rtg. Montargis. In Chateauneuf-sur-Loire links Vitry-aux-Loges. Das Dorf durchqueren, 2. Straße links (Rue Pasteur) und Rtg. „Le Plessis".

Das *Château du Plessis* stammt aus dem 17. Jahrhundert und ist ein reizendes, von Wassergräben umgebenes, in einem großen Waldgebiet gelegenes Bauwerk. Die lichtdurchfluteten Räume verfügen über schönes Mobiliar aus dem Familienbesitz (vorwiegend 18. Jahrhundert) und geben eine Vorstellung von der freundlichen Ausstattung jener Zeit. Die eleganten, wie einst möblierten Gästezimmer sind geschmackvoll und komfortabel. Obschon sehr sauber, müssten die Bäder (wie das eine kürzlich im Empirestil) aufgefrischt werden. Ein hervorragendes, sehr nobles Haus, in dem der Empfang von gewisser Eleganz, natürlich und freundlich ist.

CHAMPAGNE-ARDENNE

262 - Rue du Moulin

5, rue du Moulin
10190 Bucey-en-Othe
(Aube)
Tel. (0)3 25 70 34 09
Mme und M. Poisson-Dallongeville

♦ Von Ende Okt. bis Ostern geschl. ♦ 1 Suite (2-3 Pers.) mit Dusche, WC: 55 € (2 Pers.) + 15 € (Extrabett) ♦ Frühst. inkl. ♦ Gästetisch abends, gemeinsam, reservieren: 30 € (alles inkl.) ♦ Salon ♦ Tel. ♦ Kl. Hunde nur auf Anfrage erlaubt ♦ Sprachen: ein wenig Englisch ♦ **Anreise** (Karte Nr. 10) ab Paris: Autobahn A 5, Ausfahrt Vulaines (Nr. 19); von Osten oder Norden kommend: Autobahn A 5, Ausfahrt Torvilliers (Nr. 20). Danach Rtg. Estissac, dann Bucey-en-Othe. 1. ansteigende Straße rechts.

Aus der Region Othe (von *hôte* = Gastgeber) stammend, haben Madame und Monsieur Poisson-Dallongeville lange auf anderen Kontinenten gelebt. Heute liegt es ihnen am Herzen, Fremden die Reichtümer ihrer Gegend zu zeigen und ihr Haus mit anderen zu teilen. In der Küche wechseln sie sich ab und bieten ihren Gästen köstliche, auch vegetarische Gerichte an. Die Suite hat einen eigenen Eingang; eine Tür geht aber auch zum Salon der Hausbesitzer, in dem die Gäste stets willkommen sind. Ein reizender Garten umgibt dieses ruhige Haus, in dem man sehr aufmerksam empfangen wird.

263 - La Maison de Marie

11, rue de la Motte
52220 Droyes
(Haute-Marne)
Tel. (0)3 25 04 62 30
(vorzugweise zu den Mahlzeiten)
Sylvie Gravier
E-Mail: lamaison.marie@wanadoo.fr

♦ Vom 15. Dez. bis 15. Jan. geschl. ♦ 1 Suite (2 Zi., 2-5 Pers.) und 1 Zi. (3 Pers.) mit Salon, Bad, WC: 46 € (2 Pers.) + 16 € (zusätzl. Pers.) + 8 € (Kinder von 4-10 J.); 15 % Preisnachl. ab der 4. Üb.; Aufenthaltstaxe nicht inkl. ♦ Frühst. inkl. ♦ Kein Gästetisch - Restaurants ab 400 m ♦ Salon ♦ Sprachen: Englisch, Spanisch ♦ **Anreise** (Karte Nr. 11): 30 km südöstl. von Vitry-le-François über die D 396, in Frémicourt die D 13 Rtg. Der-See. In Giffaumont Rtg. Montier-en-Der, die D 174 bis Droyes, dann ausgeschildert.

Dieses die hiesige Architektur repräsentierende Fachwerkhaus lädt zu längeren Aufenthalten ein. Es bietet eine riesige Suite an, die mit ihren vielen Fenstern, ihrem hellen Parkettboden, ihrer Bücherecke und ihren komfortablen Betten und hübschen Tagesdecken ideal für Familien oder mehrere Freunde ist. Das besonders angenehme Maisonnette-Zimmer geht zum Garten hinaus; im Erdgeschoss umfasst es einen kleinen, holzverkleideten Salon, Voltaire-Sessel und eine Schlafcouch, im 1. Stock ein Doppelbett und ein reizendes Bad. Das hervorragende Frühstück wird entweder in einem sehr ansprechenden Raum serviert oder draußen neben dem Brotbackofen. Ungezwungene und sehr freundliche Betreuung. Eine besonders empfehlenswerte Adresse.

CHAMPAGNE - ARDENNE

264 - Domaine de Boulancourt

"Le Désert"
Longeville-sur-la-Laisne
52220 Montier-en-Der
(Haute-Marne)
Tel. (0)3 25 04 60 18
Christine und Philippe Viel-Cazal

♦ Vom 15. Dez. bis 28. Febr. geschl. ♦ 5 Zi. mit Bad oder Dusche, WC: 50-57 € (2 Pers., je nach Zi.) + 16 € (Extrabett) ♦ Frühst. inkl. ♦ Gästetisch abends, gemeinsam oder individuell, reservieren (19.30 Uhr): 23 € (alles inkl.), 12 € (für Kinder) ♦ Salon ♦ Münztel. ♦ Hunde nicht erlaubt ♦ Angeln ♦ Sprachen: ein wenig Deutsch, Englisch ♦ **Anreise** (Karte Nr. 11): Autobahn A 26, Ausfahrt Arcis-sur-Aube Rtg. Brienne-le-Château, dann Rtg. Nancy, Saint-Dizier, Montier-en-Der über die D 400. In Louze links auf die D 182 Rtg. Longeville-sur-Laines. Longeville durchqueren, D 174; 1 km hinter dem Ort an der 1. Kreuzung links.

In diesem in einem äußerst angenehmen Garten mit Teich und (unterhalb vorbeifließenden) Bach gelegenen B&B-Haus herrscht vollkommene Ruhe. Von November bis März sieht man hier die Kraniche vorbeiziehen. Die Innenausstattung ist besonders freundlich und farbenfroh, und die Zimmer sind ebenso hübsch wie komfortabel. Das ausgezeichnete Abendessen besteht oft aus Wildgerichten, die in der Küche zubereiteten Fische stammen aus dem eigenen Teich, und die Wildschweine aus eigener Zucht. Natürliche, warmherzige Atmosphäre.

K O R S I K A

265 - Pattu Di Lena

2003

Marina di Fiori, n° 130
20137 Porto-Vecchio
(Corse)
Tel. (0)4 95 70 18 42
Mme Guiard-Marigny

♦ In der Weihnachtszeit geschl. ♦ 2 Zi. mit Bad, WC: 60-80 € (2 Pers., je nach Saison); 1 Nebenzi. ohne sanit. Einrichtungen: 20-30 € (1 Pers., je nach Saison) ♦ Frühst. inkl. ♦ Kein Gästetisch - Restaurants ab 1 km ♦ Schwimmbad, Tennis (vor Ort) ♦ **Anreise** (Karte Nr. 36): 2 km von Porto-Vecchio (gleich nach der Reservierung wird Ihnen ein Plan zugesandt).

Dieses vor 16 Jahren am Hang erbaute Haus gehört zu einer Luxusresidenz, die in der sie umgebenden meridionalen Vegetation geradezu versinkt. Im Innern eine freundliche, persönliche Stilmischung (Mobiliar der dreißiger Jahre, eine Gemälde- und Keramiksammlung). Hier erwarten Sie 2 komfortable, gepflegte Zimmer; wir bevorzugen jenes, von dessen Terrasse aus man aufs Meer blickt. Am Ende des schönen Gartens befindet sich das an den Felsen gebaute Schwimmbad mit phantastischem Panoramablick. Besonders liebenswürdiger und aufmerksamer Empfang.

266 - U Levante

2003

20137 Porto-Vecchio
(Corse)
Tel. und Fax (0)4 95 72 22 60
Mme und M. Guéroult

♦ Von März bis Nov. geöffn. ♦ Im Winter Reserv. notwendig ♦ 2 Zi. mit Bad, WC, TV, Safe: 65-85 € (2 Pers., je nach Saison) ♦ Frühst. inkl. ♦ Kein Gästetisch - Restaurants ab 600 m ♦ Haustiere nicht erlaubt ♦ **Anreise** (Karte Nr. 36): 3 km vom Zentrum Porto-Vecchio. N 198 von Bastia kommend, am Kreisverkehr La Trinité Rtg. Cala Rossa. Nach 900 m am Kreisverkehr „Marina di Fiori". 600 m weiter „Domaine de Carpalone"; das Haus liegt ganz oben links.

Dieses moderne, am Hang zum Sonnenaufgang hin erbaute Haus liegt oberhalb der Residenz, zu der es gehört. Ganz zum atemberaubenden Panorama des Golf von Porto-Vecchio hin gewandt, bietet es 2 elegante Gästezimmer an: „Anis" und „Vanille". Frisch und hell und zurückhaltend-modern gestaltet, verfügen sie über wunderbare Bäder. Jedes hat einen eigenen, von Muschelwerk eingefassten Platz fürs Frühstück (höchstwahrscheinlich aber werden Sie die Terrasse darüber vorziehen, von wo die Aussicht noch eindrucksvoller ist). Sympathisch-dynamischer Empfang.

K O R S I K A

267 - Château Cagninacci

20200 San-Martino-di-Lota
(Corse)
Handy (0)6 78 29 03 94
Fax (0)4 95 31 91 15
Familie Cagninacci

♦ Vom 1. Okt. bis 15. Mai geschl. ♦ 4 Zi. (1 mit Terrasse) mit Bad, WC: 70-78 €; Zi. mit Terrasse: 73-81 €; (2 Pers., je nach Saison) + 16 € (Extrabett) ♦ Frühst. inkl. ♦ Kein Gästetisch - Restaurants knapp 1 km entf. ♦ Zimmerreinigung alle 2 oder 3 Tage ♦ 1 Appartement das ganze Jahr über: 300-570 €/Woche, je nach Saison) ♦ Salon ♦ Haustiere nicht erlaubt ♦ Sprachen: Englisch, Italienisch ♦ **Anreise** (Karte Nr. 36): 8 km nordwestl. von Bastia. In Bastia die Straße zum Cap Corse nehmen, am Ortseingang von Pietra Néra die D 131 nach San-Martino-di-Lota. Das Haus liegt 500 m vor dem Dorf.

Dieses ehemalige Kloster aus dem frühen 17. Jahrhundert, das im 19. Jahrhundert im Stil der norditalienischen Patrizierhäuser umgestaltet wurde, zählt zu den schönsten Schlössern Korsikas. Die Cagninaccis, ihrem Anwesen sehr zugetan, werden Sie an ihrer Begeisterung für diese alten Mauern teilhaben lassen, die mit der Familiengeschichte eng verknüpft sind. Das renovierte Interieur hat nach wie vor viel Ursprüngliches: große, helle Räume und ein monumentales Treppenhaus. Die angenehmen Gästezimmer sind schlicht mit alten Möbeln eingerichtet und erhalten Licht durch wundervolle Kolonnadenfenster. Einwandfreie moderne Bäder. Das Frühstück ist sehr gepflegt und wird auf einer Terrasse serviert, die Aussicht auf die Natur, das Meer und auf Elba bietet.

FRANCHE - COMTÉ

268 - Chez les Colin

„Maison d'Hôtes de La-Fresse"
25650 Montbenoît
(Doubs)
Tel. (0)3 81 46 51 63
Christiane und Jacques Colin

♦ Vom 15. April bis 1. Juli und vom 15. Sept. bis 20. Dez. geschl. ♦ Reserv. notwendig ♦ Mind. 6 Üb.
♦ Wochenenden für Gruppen à la carte - Reservierung: Sonderkonditionen telefonisch erfragen ♦
6 Zi. mit Dusche, (3 gemeinsame WC für die 6 Zi. auf dem Flur): 440 € pro Woche im Sommer,
510 € pro Woche im Winter (Preise pro Pers. und Vollpension) ♦ Frühst. inkl. ♦ Gästetisch mittags
und abends, gemeinsam ♦ Salon ♦ Münztel. ♦ Hunde nicht erlaubt ♦ Im Sommer Aquarellkurse;
1-wöchiges Langlaufski-Angebot im Winter; Wellness-Aufenthalte, Rücken-„Workshops" ♦ Sprachen: Deutsch, Englisch ♦ **Anreise** (Karte Nr. 20): 10 km östl. von Pontarlier über die D 47.

Dieses ehemalige, auf einer Anhöhe des Jura errichtete Zöllnerhaus verfügt über einige mit hübschen Nippsachen verschönte Zimmer, die mit regionalen Möbeln aus hellem Holz eingerichtet sind und angenehm dicke Bettdecken haben. Jedes Gästezimmer besitzt einen geschickt integrierten Duschraum; die restlichen sanitären Einrichtungen (sehr gepflegt) liegen auf dem Flur. Zu den Colins zieht es einen in erster Linie wegen der Ruhe (weder Radio noch Fernsehen), aber auch wegen Christiane Collins bemerkenswerter Küche und nicht zuletzt wegen des Langlaufski in der Umgebung. Ein besonders gastfreundliches Haus.

269 - Abbaye de Baume-les-Messieurs

39210 Baume-les-Messieurs
(Jura)
Tel. (0)3 84 44 64 47
M. Ghislain Broulard

♦ Ganzj. geöffn. ♦ 4 Zi. mit Bad oder Dusche, WC, TV: 60 € (1 oder 2 Pers.) + 16 € (zusätzl. Pers.)
♦ Frühst. inkl. ♦ Kreditkarten ♦ Gästetisch abends, gemeinsam: Gerichte oder Menü 17 € (ohne Getränke) ♦ Salon ♦ Hunde erlaubt + 8 €/Tag ♦ Besichtigung der Abtei: vom 15. Juni bis 15. Sept., von 10 bis 18 Uhr ♦ **Anreise** (Karte Nr. 19): 15 km nordöstl. von Lons-le-Saulnier über die N 183 Rtg. Poligny, rechts Rtg. Voiteur, dann Nevy-sur-Seille und Baume-les-Messieurs.

Für eine geschichtsträchtige Etappe bietet diese wunderbare mittelalterliche Abtei, die in einem außergewöhnlich guten Zustand ist, 4 zwar große, aber ein wenig spartanisch eingerichtete Gästezimmer an. Der Empfang ist sehr freundlich, die Küche gut, auch wenn die Karte nicht sehr umfangreich ist. Im Sommer wird im Garten aufgetischt, von wo man einen schönen Blick aufs Tal hat. Die Umgebung bietet zum Kennenlernen des Jura und seiner Weinberge viele Ausflugsmöglichkeiten.

FRANCHE - COMTÉ

270 - Château Gréa

39190 Rotalier
(Jura)
Tel. (0)3 84 25 05 07
Fax (0)3 84 25 18 87
Pierre de Boissiu
Françoise Rostaing
E-Mail: chateau.grea@wanadoo.fr

♦ Vom 15. Dez. bis 31. Jan. geschl. - Reservieren ♦ 2 Zi. und 2 Suiten mit Bad oder Dusche, WC: 73 € (2 Pers.) + 23 € (Extrabett) ♦ Frühst. inkl. ♦ Gästetisch abends, reservieren: 17,50 € (ohne Wein) ♦ Kreditkarten ♦ Hunde nicht erlaubt ♦ Sprachen: Englisch ♦ **Anreise** (Karte Nr. 19): 12 km südl. von Lons-le-Saulnier. Autobahn A 39, Ausfahrt Lons-le-Saulnier, RN 83 Rtg. Bourg-en-Bresse. In Paisia hinter dem Bahnübergang links Rtg. Rotalier.

Unmittelbar neben einem Weingut und an den Ausläufern des Jura gelegen, ist dieses Schloss mit seinem Park von Ruhe geprägt. Das Foyer mit bemalter Täfelung lädt zum Entspannen ein. Im Speiseraum fühlt man sich ins 19. Jahrhundert zurückversetzt. Die Zimmer im Obergeschoss wurden von Grund auf renoviert, mit antiken Möbeln, Fauteuils oder bequemen Sofas eingerichtet und mit tadellosen Bädern versehen. Vom Zimmer „Hêtre pourpre" blickt man auf den Park und die Weinberge, und „Tulipier" kann ein kleines Zimmer mit einem Etagenbett für Kinder hinzugefügt werden. Die geräumige Familiensuite der 2. Etage „Cèdre Bleu", in Weiß und Rosa, hat Fenster nach 2 Himmelsrichtungen. Der Empfang ist unkompliziert, diskret, aber zuvorkommend und sehr sympathisch.

271 - Château de Salans

39700 Salans
(Jura)
Tel. (0)3 84 71 16 55
Fax (0)3 84 79 41 54
Mme und M. Oppelt

♦ Ganzj. geöffn. ♦ 3 Zi. und 1 Suite (3 Pers.) mit Bad, WC: 75 € (1 Pers.), 90 € (2 Pers.); Suite 105 € (2 Pers.), 120 € (3 Pers.) ♦ Frühst. inkl. ♦ Kein Gästetisch - Restaurants in der Umgebung ♦ Salons ♦ Hunde nur auf Anfrage erlaubt ♦ Sprachen: Deutsch, Englisch ♦ **Anreise** (Karte Nr. 19): 18 km westl. von Besançon. A 36, Ausfahrt Gendray, Rtg. Dampierre, Saint-Vit. Ab Saint-Vit Rtg. Salans.

Dieses Schloss mit klassizistischer Fassade liegt am Ufer des Doubs und ist eine wahre Wonne. In seinem großen, bewaldeten Park gedeihen an einem Bach Feldblumen, Pfingstrosen und Iris. Die Gästezimmer wurden mit einer Vorliebe für die Vergangenheit neu gestaltet, allerdings ohne auffälligen Luxus. Zwei der Zimmer und die Suite liegen zum Park; vom dritten blickt man auf die Kirche und die Landschaft. Zur Eleganz der bestickten Bettlaken und Rosenblumensträuße und zur Diskretion der Gastgeber kommt noch der Charme der beiden Salons (der eine ist im Directoire-Stil gehalten) und des Speisesaals hinzu. Eine exzellente Adresse.

FRANCHE-COMTÉ

272 - Les Égrignes

Le Château
Route d'Hugier
70150 Cult (Haute-Saône)
Tel. und Fax (0)3 84 31 92 06
Handy (0)6 84 20 64 91
Fabienne Lego-Deiber
E-Mail: lesegrignes@wanadoo.fr

♦ Ganzj. geöffn. (Ankunft nach 17.00 Uhr erwünscht) ♦ Mind. 2 Üb. im Juli/Aug. ♦ 1 Zi. und 2 Suiten (2-4 Pers., mit Salon) mit Bad oder Dusche, WC: 65 € (2 Pers.) + 22 € (zusätzl. Pers.) ♦ Frühst. inkl. ♦ Gästetisch abends, gemeinsam: 23 € (Wein inkl.) ♦ Salon (Klavier) ♦ Hunde nur auf Anfrage erlaubt (jedoch nicht in den Zi.) ♦ Sprachen: Deutsch, Englisch ♦ **Anreise** (Karte Nr. 19): 20 km südwestl. von Besançon. Autobahn A 36, Ausfahrt Nr. 3 Besançon-Ouest, dann D 67 Rtg. Gray. 20 km vor Gray Rtg. Besançon. Ab Cult ausgeschildert.

Ein seltener Zeuge des Restaurationsstils ist dieses kleine, unter Ludwig XVIII. erbaute Schloss, das am Eingang des Dorfes liegt. Das Interieur hat seine schöne Säulentreppe erhalten, sein Trompe-l'œil, seinen Stuck, seine Türaufsätze und seine ursprünglichen Kamine. Das große Zimmer und die Suiten, mit viel Gespür renoviert und gestaltet, haben sehr guten Komfort. Diner und Frühstück, beides im gelben Speiseraum am schönen alten Kachelofen östlichen Stils serviert, sind exzellent. Der Gemüsegarten ist ein Beweis dafür, wie wichtig diesem Haus Qualitätsprodukte sind. Überaus liebenswürdiger Empfang. Eine wirklich gute Adresse.

273 - La Maison Royale

70140 Pesmes
(Haute-Saône)
Tel. und Fax (0)3 84 31 23 23
Mme und M. Hoyet

♦ Vom 15. Okt. bis 31. März geschl. ♦ Reserv. notwendig ♦ 7 Zi. mit Bad, WC: 68,60 € (2 Pers., 1 Üb.), 60,98 € (2 Pers., ab 2 Üb.) ♦ Frühst. inkl. ♦ Kein Gästetisch - Restaurants in unm. Nähe ♦ Salon ♦ Hunde nicht erlaubt ♦ Mountainbikes, Fahrräder ♦ Sprachen: Deutsch, Englisch, Italienisch, Japanisch, Spanisch ♦ **Anreise** (Karte Nr. 19): Autobahn A 6, Dijon, A 39 Dijon-Dole, Ausfahrt Dole, Rtg. Gray, Pesmes (15 km).

Im Zentrum des hübschen Dorfes Pesmes erlebt nun das Festungs-Haus aus dem 14. bis 15. Jahrhundert dank der Ausdauer des Monsieur Hoyet ein ruhigeres Leben. Trotz seiner dicken Mauern ist das Haus mit schöner diverser Aussicht auf die Umgebung voller Licht. Von den Gästezimmern im Obergeschoss, alle unterschiedlich gestaltet, schaut man entweder aufs Land oder auf die Dächer des Dorfes. Das Zimmer „Amarante" ist mit seinem roten Baldachin eine Hommage an das nahe Burgund. Das Frühstück wird in einem abgehängten kleinen Raum des ausgesprochen großen Salons serviert. In der Bibliothek kann man lesen, Schach oder Billard spielen.

ÎLE - DE - FRANCE

274 - Le Manoir de Beaumarchais

77610 Les Chapelles-Bourbon
(Seine-et-Marne)
Tel. (0)1 64 07 11 08
Fax (0)1 64 07 14 48
Mme und M. Charpentier
E-Mail: Hubert.Charpentier@wanadoo.fr
Web: le-manoir-de-beaumarchais.com

♦ Ganzj. geöffn. ♦ Reserv. notwendig ♦ 1 Suite (2 Pers., Nichtraucher) mit Bad, WC (TV auf Wunsch): 112 € (1 Pers.), 120 € (2 Pers.) ♦ Frühst. inkl. ♦ Restaurants ab 8 km ♦ Salon ♦ Kl. Hunde nur auf Anfrage erlaubt ♦ Teich (Kahn), Fahrräder ♦ Sprachen: Deutsch, Englisch, Spanisch ♦ **Anreise** (Karte Nr. 9): 43 km östl. von Paris. Paris, Porte de Bercy, Rtg. Metz-Nancy, Ausfahrt Nr. 13, Rtg. Provins über die 231. In Villeneuve-le-Comte Rtg. Tournan (D 96). 250 m hinter Neufmoutiers links, dann ausgeschildert.

Dieser imposante, architektonisch hoch interessante Landsitz liegt mitten auf dem Land, aber nahe Paris, und wurde 1927 vom Großvater des heutigen Besitzers in einem englisch-normannischen Stil des späten 17. Jahrhunderts erbaut. Salon und Speiseraum, im Letzteren wird gefrühstückt, erhalten viel Licht über große, sich gegenüberliegende Bogenfenster, und der Blick von hier auf den Park und das alte Gehöft ist angenehm. Die Suite, die sich aus einem schönen Zimmer, einem kleinen rundgebauten Boudoir und einem angenehmen Bad zusammensetzt, ist wie der Rest des Hauses mit Möbeln aus dem Familienbesitz gestaltet. Das warme Ambiente voller Komfort entspricht ganz dem aufmerksamen Empfang.

275 - La Ferme de Vosves

155, rue de Boissise
Vosves
77190 Dammarie-les-Lys
(Seine-et-Marne)
Tel. (0)1 64 39 22 28
Fax (0)1 64 79 17 26
Mme Lemarchand

♦ Ganzj. geöffn. ♦ 3 Zi. mit Bad oder Dusche, WC: 40 € (1 Pers.), 50-55 € (2 Pers.), 70 € (3 Pers.), 85 € (4 Pers.) ♦ Frühst. inkl. ♦ Kein Gästetisch - Restaurants in Vulaine ♦ Hunde nur auf Anfrage erlaubt ♦ Großer Garten ♦ Sprachen: Englisch, Italienisch ♦ **Anreise** (Karte Nr. 9): 15 km nordwestl. von Fontainebleau (A 6, Ausfahrt Nr. 12); N 7 Rtg. Fontainebleau. Hinter Ponthierry-Pringy links auf die N 472 (3 km); in den Ort Vosves hineinfahren.

Etwas abseits von Melun liegt am Ufer der Seine der Weiler Vosves, der nach wie vor angenehm ländlich ist. Auch wenn man über den Garten ein wenig den Straßenverkehr vernimmt, wird die hier herrschende Ruhe Sie überraschen. Die (mit Ausnahme von einem) auf die Dependancen aufgeteilten Zimmer sind zwar einfach, aber angenehm. Das für Familien sympathische Atelier unter dem Dachgeschoss mit großen Veluxfenstern hat einen gewissen Boheme-Charakter. Ein weiteres Zimmer liegt in einem separaten Häuschen mit Holzofen. Die Bäder (mit Badewanne oder Dusche) müssten zwar aufgefrischt werden, aber der warmherzige Empfang und das gute Frühstück vervollständigen die Vorzüge dieser preiswerten Adresse unweit von Paris.

ÎLE - DE - FRANCE

276 - Bellevue

77610 Neufmoutiers-en-Brie
(Seine-et-Marne)
Tel. (0)1 64 07 11 05
Fax (0)1 64 07 19 27
Isabelle und Patrick Galpin
E-Mail: bellevue@fr.st
Web: bellevue.fr.st

♦ Ganzj. geöffn. ♦ 5 Zi. mit Dusche, WC, TV: 50 € (2 Pers.) + 15 € (Extrabett) und 2 separate Lodges: 70 € (2 Pers.) + 15 € (zusätzl. Pers.) ♦ Frühst. inkl. im Zi. ♦ Kein Gästetisch ♦ Salon ♦ Tel. (Zähler) ♦ Hunde nur auf Anfrage erlaubt ♦ Teich, Tischtennis, Kinderspielecke ♦ Sprachen: Englisch ♦ **Anreise** (Karte Nr. 9): 40 km östl. von Paris. Autobahn A 4 Rtg. Metz, Ausfahrt Nr. 13, bis Villeneuve-Lecomte, dann Rtg. Neufmoutiers-en-Brie. Ab der Kirche ausgeschildert.

Von *Bellevue*, das am Rand des Dorfes liegt, blickt man auf immens weite Felder; lassen Sie sich deshalb bei der Ankunft von den Nachbarhäusern nicht beeindrucken. Die 5 Zimmer mit Mezzanin und die 2 reizenden Lodges sind komfortabel und in den Tönen Weiß und Blau geschmackvoll eingerichtet. Hier und da ein schöner Gegenstand, ein Möbel mit Charme. Ein großer Raum mit riesigem Tisch und kleiner Salonecke steht den Gästen zur Verfügung. Nahe Paris eine gute Adresse für Familien und alle anderen. Sympathischer Empfang.

277 - Mont au Vent

2, route de Maule
Herbeville
78580 Maule
(Yvelines)
Tel. (0)1 30 90 65 22
Fax (0)1 34 75 12 54
Mme Turmel

♦ Ganzj. geöffn. ♦ Mind. 2 Üb. von April bis Sept. ♦ 5 Zi. (2 mit Tel., TV) und 1 Suite mit Bad, WC: 61-76,25 € (2 Pers.), Familienzi.: 99,10 € (4 Pers.), Suite: 121,95 € (4 Pers.) ♦ Frühst. inkl. ♦ Kein Gästetisch - im Park kann gepicknickt werden (Barbecue) - Restaurants in unm. Nähe ♦ Salon ♦ Tennis, Schwimmbad ♦ **Anreise** (Karte Nr. 9): 33 km von Paris und 7 km östl. von Orgeval. Autobahnausf. Poissy, dann Rtg. Orgeval. Dort links Rtg. Maule (N 13). Hinter dem Dorf Les-Alluets-le Roi 1. Straße links nach Herbeville; das Haus liegt am Ortseingang.

Das kleine Dorf Herbeville, das ein wenig abseits der Wohnviertel von Maule liegt, wirkt ganz unangetastet. Dieses imposante, verhältnismäßig neue Haus ist mit seinen hellen, sehr geräumigen und bourgeois eingerichteten Räumen eine Adresse mit Komfort. Im Hinblick auf die Zimmer sollten Sie eines im Erdgeschoss nehmen; wie der Rest des Hauses sind sie ganz und gar komfortabel eingerichtet und mit angenehmen Bädern ausgestattet. Bei dem im Sommer auf der Terrasse servierten Frühstück hat man einen wunderbaren Blick auf die ländliche Umgebung. Das Schwimmbad und der Tennisplatz machen aus diesem Ort eine angenehme Wochenendadresse. Höflicher Empfang.

ÎLE - DE - FRANCE

278 - Le Clos Saint-Nicolas

2003

33, rue Saint-Nicolas
78640 Neauphle-le-Château
(Yvelines)
Tel. (0)1 34 89 76 10
Mme und M. Drouelle
E-Mail: mariefrance.drouelle@tak.fa

♦ Ganzj. geöffn. ♦ Reserv. notwendig ♦ 3 Zi. mit Bad oder Dusche, WC, TV: 84 € (1 oder 2 Pers.) ♦ Frühst. inkl. ♦ Kein Gästetisch - Restaurant ab 1 km ♦ Kleiner Speiseraum-Salon ♦ Hunde nur auf Anfrage erlaubt ♦ Sprachen: Englisch ♦ **Anreise** (Karte Nr. 9): etwa 40 km westl. von Paris erst Rtg. Versailles, dann Plaisir. In Neauphle-le-Château: die Rue St-Nicolas beginnt an der Kirche und führt am Gebäude Grand Manier vorbei.

Dieses hübsche, hinter seinem Gitter verborgene Haus im Stil Napoléon III liegt im Dorf und besitzt einen kleinen Garten. Alles ist sehr großbürgerlich möbliert und komfortabel gestaltet für den Gast, dem im Obergeschoss 3 angenehme Zimmer mit tadellosen Duschbädern zur Verfügung steht. Das eine, mit großblumigem Stoff bespannten Wänden, hat ein Vorzimmer, in dem ein zusätzliches Bett aufgestellt werden kann. Die Zimmer gehen zum Speiseraum heraus, in dem das gute Frühstück immer dann serviert wird, wenn das Wetter es nicht erlaubt, es auf der schönen Veranda im Erdgeschoss einzunehmen. Aufmerksamer Empfang in diesem ruhigen Haus unweit von Paris in der Nähe des Waldes von Rambouillet.

279 - Le Château

2003

78125 Poigny-la-Forêt
(Yvelines)
Tel. (0)1 34 84 73 42
Fax (0)1 34 84 74 38
M. Le Bret

♦ Ganzj. geöffn. ♦ 5 Zi. und 1 Suite (4 Pers.) mit Bad oder Dusche, WC: 54-63 € (2 Pers.) ♦ Frühst. inkl. ♦ Kein Gästetisch - Restaurants 2 Min. zu Fuß ♦ Salon ♦ Hunde nur auf Anfrage erlaubt ♦ Sprachen: Deutsch, Englisch, Italienisch, Spanisch ♦ **Anreise** (Karte Nr. 9): etwa 13 km nordwestl. von Rambouillet über die D 936 Rtg. Montfort l'Amaury, dann links D 108 nach Poigny. Neben der Kirche.

Nahe Rambouillet ist dieses schöne, bourgeoise Familienhaus aus dem 19. Jahrhundert eine sowohl reizvolle als auch originelle Adresse. Hier gibt es nämlich Möbel und Sammelobjekte aus aller Welt. Die gleiche Kreativität und Generosität am großen Frühstückstisch (40 verschiedene Sorten Konfitüren, Tee, Yoghurt, Brot und Napfkuchen hausgemacht, Eier von eignen Hühnern). Monsieur Le Bret, dem Taïeb hilfreich zur Seite steht, liebt es, sein Haus mit anderen zu teilen. Die Zimmer (außer dem ganz der Coca-Cola-Sammlung gewidmeten) alle unterschiedlich gestaltet und voller Exotik, sind angenehm und gepflegt mit ihren Bädern, die schon mal außerhalb des Zimmers liegen (wir bevorzugen die Suite im 1. Stock). Die Haustiere im Garten erfreuen Klein und Groß. Ein Haus, in dem es sich besonders gut leben lässt.

LANGUEDOC-ROUSSILLON

280 - Domaine de Saint-Jean

11200 Bizanet
(Aude)
Tel. (0)4 68 45 17 31
Mme und M. Delbourg

♦ Ganzj. geöffn. ♦ Im Sommer 2 oder 3 Üb. erwünscht ♦ Nichtraucher-Zi. ♦ 4 Zi. mit Dusche, WC: 52-62 € (2 Pers.) + 12 € (Extrabett) ♦ Frühst. inkl. ♦ TV auf Wunsch ♦ Kein Gästetisch - Restaurants je nach Saison 2 bzw. 10 km entfernt ♦ Salon ♦ Hunde nicht erlaubt ♦ Sprachen: Spanisch und etwas Englisch ♦ **Anreise** (Karte Nr. 31): 12 km südl. von Narbonne. Autobahn A 9, Ausfahrt Narbonne Sud, Rtg. Abbaye de Fontfroide. Ab der Kreuzung nahe der Abtei Fontfroide ausgeschildert.

Das von Weinbergen umgebene und von Monsieur Delbourg geführte Weingut hat nahe der Abtei Fontfroide eine wunderbare Lage und stellt in einem vollkommen renovierten Teil des Hauses den Gästen im Erdgeschoss einen gemütlichen Aufenthaltsraum mit einer Salonecke und einem großen Frühstückstisch zur Verfügung. Die kürzlich eingerichteten Zimmer im Obergeschoss sind komfortabel und sehr anheimelnd; jedes hat seinen besonderen Stil: romantisch wie das Terrassenzimmer oder meridional wie das andere. Im Mezzaninzimmer finden 4 Personen Platz. Madame Delbourg, die erst seit kurzem Gäste empfängt, das aber besonders gern, bietet in ihrem Haus viel Raum und Unabhängigkeit an.

281 - La Maison sur la Colline

Sainte-Croix
11000 Carcassonne
(Aude)
Tel. und Fax (0)4 68 47 57 94
Mme Nicole Galinier
E-Mail: nicole.galinier@wanadoo.fr
Web: perso.wanadoo.fr/lamaisonsurlacolline

2003

♦ Ende Nov. bis Ende Febr. geschl. ♦ 4 Zi. und 1 Suite mit Bad oder Dusche, WC: 57-77 € (2 Pers.) ♦ Frühst. inkl. ♦ Gästetisch abends, gemeinsam oder individuell, reservieren: 25 € (Wein inkl.) - Restaurants ab 1 km ♦ Salon ♦ Schwimmbad, Kinder- und Gesellschaftsspiele ♦ Haustiere nur auf Anfrage erlaubt ♦ Sprachen: Englisch, Spanisch ♦ **Anreise** (Karte Nr. 31): Rtg. Cité de Carcassonne. An der Porte de Narbonnaise (Kinderkarussell) Rtg. Friedhof (cimetière), dann 1 km lang ausgeschildert.

Nur 1 Kilometer entfernt von der Cité, der Oberstadt von Carcassonne, wohin man zu Fuß gehen kann, hat *La Maison sur la Colline* sich den Namen gewiss nicht widerrechtlich angeeignet. Ganz ruhig inmitten der Natur gelegen, bietet dieses große, freundliche, provenzalische, am Hang erbaute Landhaus einen phantastischen Ausblick auf die Umgebung. Jedes Zimmer, voller Komfort und Raffinement, hat seinen Stil und geht auf eine üppige Vegetation hinaus. Von einigen erblickt man die Cité. Im Sommer wird auf der Blumenterrasse gefrühstückt und zu Abend gegessen. In diesem Haus ist Gastfreundschaft wahrlich kein leeres Wort.

LANGUEDOC-ROUSSILLON

282 - Domaine Grand Guilhem
Chemin du Col-de-la-Serre
11360 Cascastel
(Aude)
Tel. (0)4 68 45 86 67
Fax (0)4 68 45 29 58
Séverine und Gilles Contrepois
E-Mail: gguilhem@aol.com
Web: thelin.net/gguilhem

2003

♦ Ganzj. geöffn. ♦ 4 Zi. mit Bad, WC: 70 € (2 Pers.) + 15 € (zusätzl. Pers.) ♦ Frühst. inkl. ♦ Kein Gästetisch - Restaurant im Dorf (200 m) ♦ Salons ♦ Schwimmbad (11 x 5 m) ♦ Weinverkostungseinführung ♦ Haustiere nicht erlaubt ♦ Sprachen: Englisch ♦ **Anreise** (Karte Nr. 31): 6 km von Durban-Corbières. Dort auf die D 611. In Villeneuve-les-Corbières rechts Rtg. Cascastel (2 km). Cascastel durchqueren. Am Ende des Dorfes links auf die Route de Quintillan. Die Domaine liegt gleich links hinter der Gabelung.

Im Herzen des Corbières-Massivs und nahe der Region der Katharer liegt dieses schöne Dorfhaus (19. Jh.); umgeben ist es von einem großen, abschüssigen Garten, den ungezähmte Natur und der Weinberg verlängern. In klaren Farbtönen wie Gelborange oder Grün sehr ansprechend gestaltet, bietet das Haus vollkommen renovierte Zimmer an, die sehr groß und komfortabel sind. Alles ist zurückhaltend-elegant möbliert, hier und da etwas Antikes, außerdem hübsche Stoffe. Die hier erst seit kurzem als Winzer niedergelassenen Hausbesitzer sind ganz besonders gastfreundlich. Über Weine können Sie von ihnen so manches erfahren.

283 - Domaine de la Bonde
30, route de Caudebronde
11390 Cuxac-Cabardès
(Aude)
Tel. (0)4 68 26 57 16
Fax (0)4 68 26 59 94
Mme und M. Grandin
E-Mail: welcome@labonde-cuxac.com
Web: labonde-cuxac.com

♦ Von Nov. bis Mitte März geschl. ♦ 5 Zi. mit Dusche, WC: 52 € (1 Pers.), 58-62 € (2 Pers.) + 14 € (Extrabett) ♦ Frühst. inkl. ♦ Gästetisch abends, gemeinsam: 25 € (Aperitif und Wein inkl.); gastronomisches Menü 45 € ♦ Kreditkarten ♦ Salon ♦ Kochkurse auf Wunsch: 55 € ♦ Hunde nur auf Anfrage erlaubt ♦ Schwimmbad ♦ Sprachen: Deutsch, Englisch, Italienisch, Spanisch ♦ **Anreise** (Karte Nr. 31): 23 km von Carcassone über die D 118 Rtg. Mazamet. Ab Cuxac-Cabardès dem Hinweis „Chambres d'hôtes" folgen.

Diese ehemalige Spinnerei und königliche Manufaktur hat heute wieder – mit viel Diskretion - großen Reiz. Das Frühstück wird am Schwimmbad oder im geräumigen Salon des Obergeschosses eingenommen. Die Zimmer haben Süd- und Gartenlage. Das größte ist ganz in Weißtönen gestaltet. Alle Schlafräume verfügen über moderne Bäder aus Jurastein mit ebenerdigen Duschen. Im großen Speiseraum des Erdgeschosses mit seegrünem Gebälk werden zum stets exquisiten Diner beispielsweise „crème aux cèpes" (Steinpilzcremesuppe) und „magret de canard" (Entenfilet) gereicht.

LANGUEDOC-ROUSSILLON

284 - Lou Castelet

33, place de la République
11200 Fabrezan
(Aude)
Tel. und Fax (0)4 68 43 56 98
Mieke und Jan Wouters-Machiels
E-Mail: lou.castelet@bigfoot.com
Web: castelet.online.fr

♦ Von April bis Sept. geöffn. ♦ Juli/Aug. Vermietung wöchentlich (von Sa bis Sa) ♦ 4 Zi. und 1 Suite mit Bad oder Dusche, WC: 65 € (1 Pers.), 70 € (2 Pers.), 85 € (3 Pers.); Suite 95 € (2 Pers.), 110 € (3 Pers.) + 5 € (zusätzl. Pers.) ♦ Frühst. inkl. ♦ Kein Gästetisch - Restaurants im Dorf ♦ Kreditkarten ♦ Salon ♦ Tel. ♦ Hunde nur auf Anfrage erlaubt ♦ Schwimmbad ♦ Sprachen: Deutsch, Englisch, Niederländisch, Spanisch ♦ **Anreise** (Karte Nr. 31): 30 km westl. von Narbonne. A 61 - E 80, Ausfahrt Lézignan. Links nach Fabrezan (6 km). Im Dorf ausgeschildert.

Gelegen in der kleinen, ruhigen Stadt im Gebiet der Katharer, bietet dieses Haus aus der Mitte des 19. Jahrhunderts, das von einem belgischen Paar restauriert wurde, im Obergeschoss Gästezimmer an. Sie haben alle Stil, sind mit freundlichen Stoffen gestaltet und erfreuen sich eines Balkons, eines großen, modernen oder traditionellen Bades oder eines Alkovenbettes. Die Suite im 2. Obergeschoss wurde in provenzalischen Farben gestaltet. Der terrassierte Garten ist noch jung. Vom Turm aus lassen sich die Sterne besonders gut betrachten.

285 - La Galerie

16, place de la République
11370 Leucate Village
(Aude)
Tel. und Fax (0)4 68 40 82 46
Noëlle Bourgois
und Nicolas Galtier

♦ Vom 1. April bis 15. Sept. geöffn. (außerhalb der Saison nur auf Anfrage) ♦ Reservierung erwünscht ♦ Nichtraucher-Haus ♦ 2 Zi. mit Dusche, WC: 54 (2 Pers.)-58 € (2 Pers., Juli/Aug.) ♦ Frühst. inkl. ♦ Kein Gästetisch - Restaurants ab 50 m ♦ Salon (TV) ♦ Kartentelefon ♦ Hunde nicht erlaubt ♦ Sprachen: Englisch, Spanisch ♦ **Anreise** (Karten Nr. 31 und 32): 35 km südl. von Narbonne über die A 9, Ausfahrt Leucate, dann die Küstenstraße (D 627) bis Leucate Village.

Eine Halbinsel, ein hübscher Platz in einem südfranzösischen Dorf, eine Bildergalerie: Sie betreten ein Haus, das von einem jungen Paar mit einem ausgeprägten Sinn für Ästhetik sorgfältig renoviert wurde. Die klassisch-komfortablen, nicht sehr großen Zimmer und die hübschen Bäder bieten Raffinement bis ins letzte Detail. Wenn Sie dann abends vom Restaurant oder von einem Strandspaziergang zurückkommen, wird Sie ein von Kerzen beleuchteter Weg bis ins Bett begleiten! Um den nicht vorhandenen Garten vergessen zu lassen, haben Noëlle und Nicolas einen Salon eingerichtet, in dem man nach dem hervorragenden Frühstück gern die Zeit verstreichen lässt. In diesem von Heiterkeit geprägten Haus ist der Empfang von reizender Effizienz.

LANGUEDOC-ROUSSILLON

286 - La Ferme de la Sauzette

Route de Villefloure-Cazilhac
11570 Palaja
(Aude)
Tel. (0)4 68 79 81 32
Fax (0)4 68 79 65 99
Diana Warren und Chris Gibson
E-Mail: info@lasauzette.com

♦ Im Jan. und Nov. geschl. ♦ 5 Zi. (1 Zi. f. Behinderte) mit Bad oder Dusche, WC: 51-60 € (1 Pers.), 58-67 € (2 Pers.) + 17 € (zusätzl. Pers.) ♦ Frühst. inkl. ♦ Gästetisch abends, gemeinsam, reservieren: 26 € (alles inkl.) ♦ HP: ab 105,50 € /pro Üb. (2 Pers.); mind. 2 Üb. von Mai bis Sept. ♦ Salon ♦ Tel. ♦ Haustiere nicht erlaubt ♦ Mountainbikes (Preiszuschl.) ♦ Sprachen: Deutsch, Englisch ♦ **Anreise** (Karte Nr. 31): 5 km von Carcassonne; ab der unteren Stadt Carcassonne Rtg. Palaja, Cazilhac (ca. 2 km). Ab Cazilhac ausgeschildert (ca. 2 km hinter dem Dorffriedhof).

Dieses alte, nur 5 Kilometer von der vielbesuchten Oberstadt *(cité)* von Carcassonne entfernte und dank seiner Lage auf der Anhöhe angenehm luftige Haus ist umgeben von Weinbergen und Feldern. Angeboten werden hier 5 Dachzimmer, deren Möbel aus hellem Holz sind. Diana Warren und Chris Gibson, beide viel in der Welt herumgekommen, sind besonders offen und entgegenkommend. Diana, höchst aufmerksam, stellt ihren Gästen tausenderlei Dinge zur Verfügung. Ein wunderbares Haus voller Wärme und großer Gastfreundschaft.

287 - Domaine de la Pierre Chaude   2003

Les Campets
11490 Portel-des-Corbières (Aude)
Tel. (0)4 68 48 89 79 / (0)4 68 48 14 03
Fax (0)4 68 48 89 79
Jacques und Myriam Pasternak
E-Mail: lescampets@aol.com
Web: lapierrechaude.com

♦ Jan. geschl. ♦ Mind. 2 Üb. ♦ Nichtraucher-Zi. ♦ 4 Zi. und 1 Suite (4 Pers.) mit Bad oder Dusche, WC: 58-68 € (2 Pers.); Suite 100 € (2 Pers.) + 15 € (zusätzl. Pers.) ♦ Frühst. inkl. ♦ Kein Gästetisch - Restaurants (1 km) ♦ Separate, wöchentlich zu mietende Wohnungen ♦ Gastronomische und Wein-Wochenenden ♦ Salon (Kamin), Spielraum ♦ Fahrräder ♦ Haustiere nicht erlaubt ♦ Sprachen: Englisch ♦ **Anreise** (Karte Nr. 31): 18 km südl. von Narbonne, A 19, Ausfahrt Sigean, links nach Portel (4 km), dann Rtg. Durban. Les Campets 3 km weiter, La Pierre Chaude dann rechts ausgeschildert.

In den siebziger Jahren verschachtelte ein Schüler von Gaudi ein Haus in einem einstigen Weinlager. Das Ergebnis ist höchst erstaunlich: die Fenster der eleganten, komfortablen Zimmer gehen vis-à-vis auf einen Innenhof mit Lichteinfall vom Dach hinaus, was den Eindruck erweckt, auf eine „Operettenstraße" zu schauen. Ein Steg verbindet die beiden Seiten und führt unterhalb zum Salon und zum Speiseraum. An vielen Stellen des Hauses, einschließlich der Frühstücksterrasse (wunderbare Brotsorten und Konfitüren) schmücken zersprungene Fayencen das untere Mauerwerk und auch einen Teil des Bodens. Unweit der Küsten ein ganz ungewöhnliches Haus.

LANGUEDOC-ROUSSILLON

288 - L'Abbaye de Capservy

11600 Villardonnel
(Aude)
Tel. und Fax (0)4 68 26 61 40
Mme und M. Meilhac

♦ Vom 15. Nov. bis 1. März geschl. ♦ 3 Zi. mit Bad oder Dusche, WC: 46-53 € (2 Pers.), 56-63 € (3 Pers.), 66-73 € (4 Pers.); Suite und großes, separates Studio: 51-58 € (2 Pers.), 61-68 € (3 Pers.), 71-78 € (4 Pers.) je nach Saison ♦ Frühst. inkl. ♦ Gästetisch abends, gemeinsam, reservieren (3 oder 4 mal pro Woche): 20 € (Wein inkl.) ♦ Salon ♦ Tel. ♦ Schwimmbad, See ♦ Sprachen: Deutsch ♦ **Anreise** (Karte Nr. 31): 17 km nördl. von Carcassonne über die D 118 Rtg. Mazamet. In der Ortschaft Les Auberges links „Abbaye de Capservy" ausgeschildert.

Von der alten Abtei, die sich auf dem Land nahe der Montagne Noire verbirgt, konnten lediglich ein paar gerundete Türen aus dem 16. Jahrhundert gerettet werden. Zum Einnehmen des Frühstücks steht an kühleren Tagen ein großer Raum mit Kamin zur Verfügung; im kleinen, schmucken Salon kann man fernsehen oder lesen (zur Verfügung stehen u.a. regionale Führer). Im hinteren Bereich wurde die alte Scheune zur Landschaft hin geöffnet, und hier wird im Sommer zu Abend gegessen. Die Zimmer sind schlicht, weiß und haben einen grünen Fries aus Weinblättern. 2 der Zimmer sind mit einem Mezzanin als Schlafgelegenheit für Kinder ausgestattet. Die wunderbare Umgebung bietet viel Sehenswertes für Groß und Klein.

289 - Domaine Saint-Pierre-de-Trapel

11620 Villemoustaussou (Aude)
Tel. (0)4 68 77 00 68
Handy (0)6 08 83 65 09
Fax (0)4 68 77 01 68
Mme und M. Pariset
E-Mail: cpariset@trapel.com
Web: trapel.com

♦ Von März bis Nov. geöffn. ♦ Reservieren ♦ Mind. 2 Üb. von Mai bis Sept. ♦ 4 Zi. und 1 Suite (2 Zi. + Salon) mit Bad oder Dusche, WC: 80-135 € (2 Pers.) + 23 € (zusätzl. Pers.) ♦ Frühst. inkl. ♦ Kein Gästetisch ♦ Außerdem ein kleines Haus (4 Pers.) ♦ Kreditkarten außer Amex und Diners ♦ Salon ♦ Hunde nicht erlaubt ♦ Schwimmbad, Mountainbikes ♦ Sprachen: Englisch ♦ **Anreise** (Karte Nr. 31): 5 km östl. von Carcassonne. Autobahn A 61, Ausfahrt 23, Carcassonne-Ouest, Rtg. Mazamet. An der Kreuzung Bezons (5. Kreisverkehr) die D 620 Rtg. Villalier (1,5 km), dann 1. Straße rechts Rtg. Villedubert (150 m): Einfahrt, Portal 150 m weiter.

Dieses alte Weingut des Minervois nahe Carcassonne wurde von Grund auf restauriert. Die Zimmer, die meisten haben ein Bad mit Badewanne und Dusche, wurden vollkommen unterschiedlich gestaltet. Altrosa im „Rose Pourpre", ein exotischer Touch im „Cannelle", Blau im Zimmer „Les Marines" (auch als Familiensuite) oder ein Louis-Seize-Ambiente im „Jade". Die Suite „Safran" ist am geräumigsten. Den Gästen stehen mehrere kleine Salons zur Verfügung, und das reichhaltige Frühstück wird bei kühlem Wetter vor dem Kamin serviert. Der große Park, in dem man lesen oder „lustwandeln" kann, erhöht weiter das in diesem Haus gebotene Raffinement.

LANGUEDOC-ROUSSILLON

290 - Le Cèdre

97, place Émile Jamais
30670 Aigues-Vives
(Gard)
Tel. (0)4 66 35 93 93
Fax (0)4 66 35 56 37
Abigail Barthélémy

♦ Ganzj. geöffn. ♦ 5 Zi. mit Bad oder Dusche, WC: 70-110 € (2 Pers.) ♦ Frühst. inkl. ♦ Kein Gästetisch - Restaurants im Dorf und 3 km weiter ♦ Salon ♦ Schwimmbad ♦ Hunde nur auf Anfrage erlaubt ♦ Sprachen: Englisch, Italienisch ♦ **Anreise** (Karte Nr. 32): 19 km von Nîmes. Autobahn A 9, Ausfahrt 26, Gaillargues. Am Ortseingang rechts Aigues-Vives, dann ausgeschildert.

Wenn Charme verkörpert werden könnte, dann bestimmt in diesem Haus: eine sehr aufmerksame Hausherrin mit viel Stil, Zimmer, die genau richtig mit einem absolut sicheren Geschmack gestaltet wurden und ein wunderbares „Déco"-Schwimmbad. Das inmitten dieses meridionalen, reizenden Dorfes befindliche Natursteinhaus, flankiert von einer hundertjährigen Zeder, birgt wahrlich alle Schätze. Das Frühstück wird unter der Glyzinie serviert. Die Zimmer mit Kokosteppich und edlen Betten sind bis ins letzte Detail überaus freundlich; besonders aber gefallen uns das Zimmer mit Bad und kleinem Salon in maurischem Stil und die gelbe Suite im Obergeschoss.

291 - Château de la Vernède

Saint-Pierre-la-Vernède
30390 Aramon
(Gard)
Tel. (0)4 66 57 47 53
M. Argagnon
E-Mail: chateau-vernede@avignon-et-provence.com

♦ Jan. und Febr. geschl. ♦ Reserv. notwendig ♦ 4 Zi. mit Bad oder Dusche, WC, TV: 121,96-137,20 € (2 Pers.) + 22,87 € (Extrabett) ♦ Frühst. inkl. ♦ Kein Gästetisch - Restaurants (5 km) ♦ Schwimmbad ♦ Sprachen: Englisch, Spanisch, Italienisch ♦ **Anreise** (Karte Nr. 33): 7 km südwestl. von Avignon. Ab Avignon Rtg. Nîmes über die Rhône-Brücke. Hinter der Brücke rechts Rtg. Aramon (D 2), dann Rtg. Saint-Pierre-la-Vernède. 800 m weiter links.

In der Nähe von Avignon liegt auf dem rechten Rhône-Ufer dieser einstige Bischofssitz aus dem 16. Jahrhundert, der von einem Innenarchitekten vollkommen umgestaltet wurde, und zwar im Stil des 18. und 19. Jahrhunderts. Weitläufiger, schattiger Park mit großem Schwimmbad. Die Terrasse mit einem Bassin voller farbiger Seerosen ist sehr angenehm fürs Frühstück. Die Zimmer im Obergeschoss sind groß, ganz „déco" (Himmelbetten, Bilder und antike Möbel): „Nattier" in Blautönen hat eine Terrasse, „Sinople" eine provenzalische Bettnische. Die Suite „Garance" ist romantisch mit ihrer Toile de Jouy. „Fleur de Lys", in Ocker und Rot, das größte, besitzt einen Balkon. Bäder: tadellos. Ambiente: garantiert.

LANGUEDOC - ROUSSILLON

292 - Le Rocher Pointu

Plan-de-Dève
30390 Aramon (Gard)
Tel. (0)4 66 57 41 87
Fax (0)4 66 57 01 77
Annie und André Malek
E-Mail: amk@rocherpointu.com
Web: rocherpointu.com

♦ Ganzj. geöffn. Die Zi. stehen lediglich vom 15. Okt. bis 1. April zur Verfüg. ♦ 3 Zi. mit Bad oder Dusche, WC: 80-96 € (2 Pers.) ♦ Frühst. inkl. ♦ 2 Appart. und 2 Studios mit Bad oder Dusche, WC: Studio: 89 € (2 Pers.); Appart.: 96-105 € (2 Pers.) + 12 € (zusätzl. Pers.) ♦ Ohne Frühst. ♦ Kein Gästetisch - Sommerküche steht z. Verf. ♦ Hunde nicht erlaubt ♦ Schwimmbad ♦ Sprachen: Englisch ♦ **Anreise** (Karte Nr. 33): 12 km westl. von Avignon Rtg. Nîmes auf der Rhôneufer-Straße vor Aramon, beim Unternehmen „SANOFI" rechts Rtg. Saze. Nach 2,3 km ausgeschildert.

Das Haus liegt in der Nähe von Avignon, mitten auf dem Land, bietet eine wunderschöne Aussicht und ist Provence pur: Heide, Oleander, Grillen, Olivenbäume ... Der von den Gebäuden umgebene Hof ist im Sommer angenehm kühl. Die schlicht mit Holz, Stein und hübschen Stoffen gestalteten Zimmer und Wohnungen sind angenehm. Das Frühstück nimmt man entweder auf der Terrasse gleich neben der Küche oder auf dem Zimmer ein. 2 kleine Küchen – die eine im Haus und die andere im Sommer auf der Terrasse mit Barbecue – stehen den Gästen zur Verfügung. Angenehmes, gastfreundliches Ambiente.

293 - Indéo

Le Viaduc - Route des Haras
30700 Arpaillargues
(Gard)
Tel. (0)4 66 22 37 15
Fax (0)4 66 22 39 16
Mme und M. Henderson

2003

♦ Ganzj. geöffn. ♦ Mind. 3 Üb. ♦ Nichtraucher-Haus ♦ 3 Zi. mit Dusche, WC: 92-122 € (2 Pers.) ♦ Frühst. inkl. ♦ Gästetisch abends, gemeinsam, reservieren: 31 € (Getränke inkl.) ♦ Salon (Bibliothek) ♦ Schwimmbad, Fahrräder, Boccia ♦ Haustiere nicht erlaubt ♦ Sprachen: Englisch, Italienisch ♦ **Anreise** (Karte Nr. 32): 3 km westl. von Uzès, Rtg. Arpaillargues. Nach etwa 2 km Rtg. „Haras national" (900 m), dann ausgeschildert („Indéo" kurz vor der Brücke, rotes Portal).

Madame und Monsieur Henderson, die schon in ihrem früheren Haus seit mehreren Jahren Gäste bei sich aufnahmen, haben dieses alte, unter den hohen Bögen einer Brücke sich eingenistete Pumpwerk übernommen und es eingerichtet. Das von einem bepflanzten Park umgebene Haus mit kleinem Nebengebäude bietet 3 schöne Zimmer an, denen die Kunst aus dem fernen Osten viel Raffinement verleiht. Je nach Jahreszeit und Laune hält man sich hier in der Sonne, im Schatten der großen Bäume oder in einem freundlichen Salon auf. Offener, großzügiger Empfang.

LANGUEDOC - ROUSSILLON

294 - Domaine de la Sérénité

Place de la Mairie
30430 Barjac
(Gard)
Tel. und Fax (0)4 66 24 54 63
Mme Catherine L'Helgouah

♦ Ganzj. geöffn. ♦ Reserv. notwendig ♦ Mind. 2 Üb. ♦ Nichtraucher ♦ 1 Zi. mit Dusche, Waschbecken, WC: 60 € (2 Pers.); 1 Suite (2 Pers.) mit Salon (Bibliothek), Zi., Bad, Dusche, WC: 105 € (2 Pers.), 120 € (3 Pers.); 1 Familiensuite (4 Pers.) mit 2 Zi., Bad, WC: 137 € (4 Pers.) ♦ Frühst. inkl. ♦ Kein Gästetisch - Restaurants in Barjac ♦ Salon ♦ Haustiere nicht erlaubt ♦ **Anreise** (Karte Nr. 32): 40 km von Bollène. Autobahn A 7, Ausfahrt Bollène, Rtg. Pont-Saint-Esprit, dann Barjac. Im Dorf.

Von diesem opulenten Haus aus dem 18. Jahrhundert genießt man ein prachtvolles Panorama, bei dem sich die ersten Reliefs der Cevennen abzeichnen. Madame L'Helgouah ist Antiquitätenhändlerin und hat es verstanden, die Seele dieses Hauses zu bewahren, ihm aber auch viel Komfort zu verleihen. Das Zimmer und die Suiten rivalisieren an Charme und Schönheit untereinander (alte Möbel und Sammelobjekte, glänzende Stoffe, prachtvolle Bäder usw.). Das sorgfältigst zubereitete Gourmand-Frühstück wird serviert in der reizenden Küche, auf der Panorama-Terrasse oder im friedvollen Garten voller Blumen und Düfte mit hellen und schattigen Plätzen – angelegt in den einstigen Wässergräben der alten Stadtmauer entlang.

295 - Domaine des Clos

Route de Bellegarde
30300 Beaucaire - (Gard)
Tel. (0)4 66 01 14 61
Handy (0)6 11 81 62 78
Fax (0)4 66 01 00 47
Mme und M. Ausset
E-Mail: contact@domaine-des-clos.com
Web: domaine-des-clos.com

♦ Ganzj. geöffn. ♦ 5 Zi. mit Dusche, WC und 2 Suiten (2 Pers./2 Kinder) mit Bad, Dusche, WC: 53-69 € (2 Pers.); Suite 76-107 € (2 Pers.) + Zuschlag Kind; je nach Saison ♦ Frühst. inkl. ♦ 4 Appart. (2-7 Pers.) mit Bad, WC, Küche, Salon: 390-1144 € pro Woche (6 Pers.) ♦ Ohne Frühst. ♦ Kein Gästetisch - Restaurants (1 km) ♦ Hunde nicht erlaubt ♦ Schwimmbad ♦ Sprachen: Deutsch, Englisch ♦ **Anreise** (Karte Nr. 33): in Beaucaire auf die D 38 Rtg. Bellegarde. Nach 6 km links ausgeschildert.

Sandrine und David Ausset werden Sie angenehm in diesem riesigen, vollkommen renovierten Landhaus empfangen, das zwischen Obstplantagen und Weinbergen liegt. Die Zimmer im Obergeschoss haben gekalkte Wände in hübschen Pastellfarben, ein reizendes Bett aus Schmiedeeisen oder Messing, ein oder zwei Nostalgie-Möbel und alte Chinavasen. 2 große Familienzimmer und 1 geräumiger Frühstücksraum wurden kürzlich für die Zwischensaison eingerichtet. Das Ganze ist von schlichter Eleganz. Im Sommer werden Sie die beiden Vordächer mit dem draußen angebrachten Kamingrill schätzen. Das große Schwimmbad entspricht der Unterbringungskapazität des Mas. Ein Haus, in dem man sich einfach wohl fühlt.

LANGUEDOC-ROUSSILLON

296 - Chez Mme Burckel de Tell

48, Grande Rue
30420 Calvisson (Gard)
Tel. (0)4 66 01 23 91
Fax (0)4 66 01 42 19
Régis und Corinne Burckel de Tell
E-Mail: corinne.burckeldetel@free.fr
Web: bed-and-art.com

♦ Im Dez. und Jan. geschl. ♦ Mind. 2 Üb. im Juli/Aug. ♦ 3 DZ, 1 EZ und 2 Suiten (1 kleine Terrasse) mit Bad oder Dusche, WC: 38 € (1 Pers.), 46-49 € (2 Pers.); Suite 58 € (2 Pers. und 2 Kinder); 8 € (zusätzl. Pers.) ♦ Frühst. inkl. ♦ Gästetisch abends, gemeinsam, reservieren: 15 € (Wein inkl.) ♦ Salon ♦ Garage: 4 € ♦ Malkurse im Sommer ♦ Hunde nur auf Anfrage erlaubt ♦ Sprachen: Englisch, Italienisch, Spanisch ♦ **Anreise** (Karte Nr. 32): 15 km südwestl. von Nîmes. Autobahn A 9, Ausfahrt Gallargues, dann N 113 Rtg. Nîmes und D 1 Rtg. Calvisson ab dem Kanal der Nieder-Rhône. Im Dorf, neben der Mairie.

Dieses im 15. Jahrhundert erbaute und im 18. Jahrhundert restaurierte Haus liegt inmitten eines ruhigen Dorfes des Gard und ist empfehlenswert für einen Stopp. Das Haus ist authentisch geblieben und wurde hübsch gestaltet: schöner Bodenbelag, edle Materialien, Möbel vom Trödler, Teppiche aus aller Welt, ausgewählte Accessoires, vom Hausherrn gemalte Bilder ... Parterre befindet sich ein kleiner Salon gleich neben dem Entree. Zu den reizenden, individuell gestalteten Zimmern führt eine Wendeltreppe. Frühstück und Abendessen gibt's entweder am langen Tisch des überwölbten Speiseraumes oder im Innenhof voller Blumen. Unkomplizierter, sympathischer Empfang.

297 - Le Village

3, Chemin des Bugadières
30350 Cardet (Gard)
Tel. (0)4 66 83 33 53
Fax (0)4 66 83 33 68
Marc und Thérèse Rambaud
Maureen Turquet (Manager)
E-Mail: village@art-regard.com
Web: art-regard.com

♦ Im Jan. und Febr. geschl. ♦ 5 Zi. mit Bad oder Dusche, WC: 55-85 € (2 Pers., Hochsaison) und 45-70 € (2 Pers., Vor- und Nachsaison) + 15 € (zusätzl. Pers. Hochsaison) + 12 € (zusätzl. Pers. Vor- und Nachsaison) ♦ Frühst. inkl. ♦ Kreditkarten ♦ Gästetisch an manchen Abenden - Restaurants (3 km) ♦ Salon ♦ Parkpl. ♦ Haustiere nur auf Anfrage erlaubt ♦ Sprachen: etwas Deutsch und Italienisch, Englisch ♦ **Anreise** (Karte Nr. 32): etwa 25 km nordwest. von Nîmes über die N 106, Ausfahrt Ledignan-Saint-Hippolyte-Auduze, dann 7 km D 982 links Rtg. Anduze (7 km).

Das am Rand des Dorfes gelegene Haus geht nach hinten aufs Land hinaus. Das Gebäudeensemble aus dem 17. Jahrhundert besteht aus einem Mas, also einem provenzalischen Landhaus, einer Orangerie und den ehemaligen Pferdeställen des Schlosses von Cardet und bietet einen ausgesprochen harmonischen Rahmen für Aufenthalte. In einigen Räumen finden öffentliche Kunstausstellungen statt. Die Gestaltung des Mas, in dem die Gäste empfangen werden, ist schlicht, gepflegt, elegant und tut dem Auge wohl. Der Salon mit Balkendecke und Steinsäulen lädt zum Lesen ein. Das Frühstück wird im großen Entree serviert, auf Wunsch im Sommer auch im Garten. Angenehmer Empfang.

LANGUEDOC - ROUSSILLON

298 - Le Mas du Seigneur

Alteyrac
30530 Chamborigaud
(Gard)
Tel. und Fax (0)4 66 61 41 52
Mme und M. Bertrand
E-Mail: alteyrac@club-internet.fr
Web: i-france.com/seigneur

♦ Von Dez. bis Jan. geschl. ♦ Reserv. notwendig ♦ Mind. 2 Üb. ♦ 4 Zi. und 1 Suite mit Dusche, WC: 51-58 € (2 Pers., je nach Saison); Suite: 81 € (4 Pers.) ♦ Kostenlos f. Kinder unter 5 J. ♦ Frühst. inkl. ♦ Gästetisch abends, gemeinsam: 18 € (alles inkl.) ♦ HP, 7 Üb.: 40 € (Pers., DZ) ♦ Salon ♦ Hunde nur auf Anfrage erlaubt. ♦ Schwimmbad, Flussangeln ♦ Sprachen: Englisch, Spanisch ♦ **Anreise** (Karte Nr. 32): 4 km nördl. von Chamborigaud. Ab dem Dorf ausgeschildert.

Wer Ruhe und Natur liebt, muss hier eine letzte Anstrengung machen. Ab Chamborigaud fährt man mit dem Auto die kleine Landstraße in Serpentinen hoch und erreicht danach dieses herrliche Cevennen-Landhaus aus dem 16. Jahrhundert. Wenn Sie die schönen Gästezimmer (darunter eines für eine Familie) in Augenschein nehmen, die weiß gekalkt und mit bunten provenzalischen Stoffen aufgefrischt sind, werden Sie die Mühe bestimmt nicht bereuen. Die Zimmer sind von eleganter Schlichtheit und ausgestattet mit modernen Bädern. Der Ausblick auf die Cevennen ist wunderbar, und in unmittelbarer Nähe wird viel fürs Wohlbefinden und zum Ausruhen geboten. Das Abendessen wird mit Blick aufs Firmament serviert …

299 - Mas d'Escattes   2003

8, allée du Mas d'Escattes
30000 Courbessac - Nîmes
(Gard)
Tel. und Fax (0)4 66 26 19 64
Mme Ineke Bourret
E-Mail: masdescattes@yahoo.fr
Web: geocities.com/masdescattes

♦ Ganzj. geöffn. ♦ 2 Zi. (darunter 1 auch als Suite) mit Bad, WC, TV: 92 € (2 Pers.) + 12-15 € (zusätzl. Pers.) ♦ Frühst. inkl. ♦ 2 wöchentl. zu mietende Appart. ♦ Gästetisch abends, 3 mal pro Woche, gemeinsam, reservieren: 23 € (Wein inkl.) ♦ Salon ♦ Swimmbad, Bassin ♦ Haustiere nur auf Anfrage erlaubt ♦ Sprachen: Deutsch, Englisch, Niederländisch ♦ **Anreise** (Karte Nr. 32): 5 km vom Stadtzentrum. Autobahn A 9, Ausfahrt Nîmes-Est, dann Rtg. Nîmes und Courbessac. Für die weitere Wegbeschreibung, falls möglich, telefonieren.

Das altes Herrenhaus eines Wintzerbetriebs befindet sich 5 Kilometer von der Nîmer Innenstadt, ist sehr freundlich und mit viel Sorgfalt und Sinn für Komfort ausgestattet. Angeboten werden 2 große Zimmer mit hellem Parkett, die Farben sind überall ruhig und die Bäder hübsch. Das eine Zimmer kann zu einer Suite umgestalltet werden. An diesem Ort herrscht absolute Ruhe. Der schöne, schattige Garten rivalisiert mit dem touristischen Angebot und dem Reiz des Stierkampfs – alles in der nahen Stadt Nîmes „erhältlich". Madame Bourret empfängt auf eine ausgesprochen liebenswürdige Art.

LANGUEDOC-ROUSSILLON

300 - Château d'Euzet

30360 Euzet
(Gard)
Tel. (0)4 66 83 38 38
Fax (0)4 66 83 37 38
Anne und Christian Leviel
E-Mail: euzet@club-internet.fr

♦ Aug. geschl. ♦ 5 Zi. (darunter 1 Suite - für 2/4 Pers. und 1 Suite mit Kitchenette und Terrasse) mit Bad oder Dusche, WC: 58-106 € (2 Pers.) + 15,24 € (zusätzl. Pers.) ♦ Frühst. inkl. ♦ Kein Gästetisch - Restaurants ab 2/7 km ♦ Salons ♦ Hunde nur auf Anfrage erlaubt ♦ Schwimmbad, Tischtennis, Tischfußball, Boccia, Wanderungen in der Garrigue (Ödland) ♦ Von professionellen Masseuren angebotene Entspannungs-Massagen ♦ Sprachen: Englisch ♦ **Anreise** (Karte Nr. 32): 18 km westl. von Uzès Rtg. Alès über die D 981, dann Euzet rechts, im oberen Dorf.

Im Herzen des Dorfes verborgen, aber mit Blick über die Dächer und die Garrigue, hat dieses Haus aus dem 17. Jahrhundert etwas von der Atmosphäre der Villen oberitalienischer Seen. Mit großem Talent hat Anne Leviel die komfortablen, geräumigen Zimmer mit Bädern zu neuem Leben erweckt, ebenso die Gesellschaftsräume wie auch den Garten, in dem sich der Bambus im superben Schwimmbad mit Überlauf widerspiegelt. Auf der Terrasse dieses Hauses mit Boheme-Raffinement werden Sie im Schatten einer prachtvollen Linde Ihr Frühstück einnehmen. Eine gute, preisgünstige Adresse, die sowohl Familien als auch Paaren gefallen wird, die eine gewisse Intimität suchen.

301 - Le Mas Parasol

Rue Damon
30190 Garrigues (Gard)
Tel. (0)4 66 81 90 47
Fax (0)4 66 81 93 30
Geoffroy Vieljeux
E-Mail: vieljeux@masparasol.com
Web: masparasol.com

♦ Vom 8. März bis 16. Nov. geöffn. ♦ Mind. 2 Üb. ♦ 6 Zi. und 1 Wohnwagen als Suite mit Bad oder Dusche, WC: 90-155 € (2 Pers.) ♦ Frühst. inkl. ♦ Kein Gästetisch - Restaurants ab 8 km ♦ Visa, Eurocard, MasterCard ♦ Salons ♦ Parkplatz ♦ Karten-Tel. ♦ Haustiere nicht erlaubt ♦ Schwimmbad ♦ Misik-Aufenthalte ♦ Kochkurse, Nähkurse (Pikeedecken) ♦ Sprachen: Englisch ♦ **Anreise** (Karte Nr. 32): 8 km westl. von Uzès über die Route d'Anduze (D 982). Am Ortseingang von Garrigues rechts. Auf die Straße rechts vom, Taubenhaus.

Mit Aussicht aufs Land zeigt dieses alte Landhaus *(mas)* auf elegante Art seine Terrassen und Treppen. Zu den besonders geschmackvoll und sorgfältig ausgestatteten, komfortablen Gästezimmern kann man nur sagen, dass alle ausnahmslos schön sind (getupfte Wände, ausgewählte Stoffe, ausgefallenes Mobiliar, Gemälde oder Radierungen). Wer besonders unabhängig wohnen möchte, wird die in dem alten Wohnwagen eingerichtete „Suite" schätzen. Das Brunch-Frühstück wird entweder auf der großen Terrasse im Garten serviert oder in einem besonders behaglichen Raum mit Arkadenfenstern. Blick aufs Grüne mit Schwimmbad. Sehr sympathischer Empfang.

LANGUEDOC-ROUSSILLON

302 - Les Buis de Lussan

Rue de la Ritournelle
30580 Lussan
(Gard)
Tel. und Fax (0)4 66 72 88 93
Françoise und Thierry Vieillot
E-Mail: buisdelussan@net-up.com
Web: buisdelussan.free.fr

♦ Ganzj. geöffn. ♦ 4 Zi. mit Dusche, WC: 66-72 € (2 Pers.) ♦ Frühst. inkl. ♦ Gemeins. Abendessen 3 mal pro Woche, je nach Wunsch am individ. oder großen Tisch: 25 € (Wein inkl.) ♦ Salon ♦ Hunde nicht erlaubt ♦ Bassin, Jacuzzi (außen) ♦ Sprachen: Englisch, Spanisch ♦ **Anreise** (Karte Nr. 32): ab Uzès Rtg. Barjac. In Lussan am Schloss links, das grüne Gitter.

Am Rundweg des außergewöhnlichen Dorfes Lussan werden Sie diesen Hafen der Ruhe entdecken, der ein besonders eindrucksvolles Panorama der Cevennen bietet. Die nicht sehr großen Zimmer sind schlicht, freundlich und sehr gepflegt. Zum Einnehmen des köstlichen Frühstücks werden Sie im Sommer bestimmt die schattige Terrasse wählen, die am reizenden mittelalterlichen Garten mit mediterranen Essenzen und einem Jacuzzi-Bassin liegt. Von dem jungen, sehr freundlichen und absolut effizienten Paar wurde hier das kleinste Detail für das Wohlergehen der Gäste gut durchdacht. Das gemeinsame Essen (*table d'hôtes*) um keinen Preis verpassen.

303 - Château de Ribaute

30720 Ribaute-les-Tavernes
(Gard)
Tel. (0)4 66 83 01 66
Fax (0)4 66 83 86 93
Mme und M. Chamski-Mandajors
E-Mail: chateau.de-ribaute@wanadoo.fr

♦ Jan. und Febr. geschl. ♦ 5 Zi. und 1 Suite mit Bad, WC: 72-104 € (2 Pers.); Suite: 127 € (3 Pers.) + 22 € (Extrabett) ♦ Frühst. inkl. ♦ Kreditkarten außer Amex und Diners ♦ Sa gemeins. Abendessen am großen oder individ. Tisch; im Sommer zweimal pro Woche: 32 € (Wein inkl.), 20 € (ohne Wein) - Restaurants ab 1 km ♦ Salon ♦ Tel. ♦ Hunde erlaubt (8 €/Tag) ♦ Schwimmbad ♦ Sprachen: Englisch ♦ **Anreise** (Karte Nr. 32): 10 km südl. von Alès über die N 110 Rtg. Montpellier. In Les Tavernes rechts die D 106 bis „Ribaute".

Ein im Dorf befindliches Familienschloss mit einer prachtvollen Monumentaltreppe aus dem 18. Jahrhundert, die zu den Empfangsräumen und den Gästezimmern führt. Die sind groß, komfortabel und mit altem Mobiliar eingerichtet; im Winter wirken sie möglicherweise ein wenig streng. Sobald das Haus mehrere Gäste zählt, werden sympathische Abendessen angeboten, die entweder im großen Speiseraum oder im Hof eingenommen werden. Julie herrscht über die Küche, ihre Eltern kümmern sich um die Gäste. Das Ambiente ist spontan und familiär. Angenehmer Garten und kleines Schwimmbad zum Erfrischen, bevor man sich aufmacht, die Region zu erkunden.

LANGUEDOC-ROUSSILLON

304 - Mas de l'Amandier

30720 Ribaute-les-Tavernes (Gard)
Tel. (0)4 66 83 87 06
Fax (0)4 66 83 87 69
Sophie Lasbleiz und
Dominique Bernard

♦ Ganzj. geöffn. ♦ 4 Zi., darunter 1 Familienzi. mit Bad, WC: 69 € (2 Pers.); 80-117 € (4-6 Pers., Familienzi.) ♦ Frühst. inkl. ♦ Gästetisch abends, gemeinsam, reservieren; im Juli und Aug. zweimal wöchentl.: 20 € (ohne Wein) - Küche steht im Sommer zur Verfüg. + 8 € pro Tag und Familie ♦ Salon ♦ Bassin ♦ Sprachen: Englisch, Spanisch und ein wenig Italienisch ♦ **Anreise** (Karte Nr. 32): 10 km östl. von Anduze. Rtg. Nîmes (7 km), dann links Rtg. Alès. Ab Ribaute-les-Tavernes ausgeschildert.

In einem sehr ländlichen Weiler liegt dieses schöne alte Haus, das vor kurzem von den jungen Eigentümern neu ausgestattet wurde. Es wurden 4 Gästezimmer eingerichtet, deren Wände weiß gekalkt sind. Der Fußbodenbelag besteht aus alten Platten *(tomettes)*, es gibt Kontrapunkte zu den dezenten Farben und große Bäder. All das trägt zum Wohlbefinden und Entspannen bei. Das Frühstück mit hausgemachter Konfitüre wird im Schatten eines großen Kastanienbaumes oder im reizenden kleinen Speiseraum eingenommen. Von überall ist der Blick auf die Cevennen phantastisch. Der Empfang ist freundlich und aufmerksam.

305 - Le Moulin de Cors

30200 La Roque-sur-Cèze (Gard)
Tel. und Fax (0)4 66 82 76 40
Handy (0)6 08 51 73 13
Mme und M. Hedouin
E-Mail: moulin.decors@wanadoo.fr
Web: avignon-et-provence.com/locations/moulin-de-cors

♦ Ganzj. geöffn. ♦ Reserv. notwendig ♦ 4 Häuser (120/200 qm, mind. 2 Üb. oder 1 Woche) mit Terrasse, Garten, Salon, Küche, 1-2 Bäder, TV, Hi-Fi, Tel., Waschmaschine und Geschirrspülmaschine, Tisch- und Bettwäsche: 1 Üb.: 115 € (4 Pers.), 153 € (7 Pers.), 183 € (8 Pers.) und im Sommer 1 Zi. (mind. 2 Üb.): 53 € (2 Pers.); 1 Woche (4-8 Pers.), außerh. der Saison: 610-800 €, Zwischensaison: 686-1067 €, Hochsaison: 920-1375 €; ohne Heizung ♦ Zimmerreinigung: 10 €/Std. ♦ Kleine, gut erzogene Hunde erlaubt ♦ Schwimmbad, Flussangeln, Mountainbikes, Kanu/Kajak ♦ **Anreise** (Karte Nr. 33): 10 km südwestl. von Pont-Saint-Esprit. A 7, Ausfahrt Bollène, Pont-Saint-Esprit, dann Bagnols und Route de Barjac. Weg 7 km weiter links.

Diese uralte Mühle liegt einsam in einer wunderbaren Landschaft der Provence des Gard, besteht aus mehreren unabhängigen Wohnungen, hat eine gepflegte Umgebung voller Blumen und bietet Aussicht auf den Cèze-Fluss. Die bemerkenswerte Renovierung wurde mit viel Gespür vorgenommen (Terrakotta-Fußböden, Verputz in warmen Farbtönen, harmonisches Mobiliar). Bester Komfort, viel Ruhe, ein großes Schwimmbad ... Ein Traumort für längere Aufenthalte. Liebenswürdiger Empfang.

LANGUEDOC-ROUSSILLON

306 - Mas de Barbut

30220 Saint-Laurent d'Aigouze
(Gard)
Tel. (0)4 66 88 12 09
Mme und M. Gandon
E-Mail: gandon.barbut@club-internet.fr

♦ Ganzj. geöffn. ♦ Reservieren ♦ 3 Zi. (1 mit Terrasse) mit Bad oder Dusche, WC: 80-95 € (2 Pers.) und 70-85 € (2 Pers., Vor- und Nachsaison) ♦ Frühst. inkl. ♦ Gästetisch abends, gemeinsam oder individuell, reservieren: 21-27 € (Aperitif und Wein inkl.) ♦ Salons ♦ Schwimmbad ♦ Sprachen: Englisch, Spanisch ♦ **Anreise** (Karte Nr. 32): Autobahn A 9, Ausfahrt 26, Rtg. Gallargues, dann Aigues-Mortes (D 979). In der Höhe von Saint-Laurent d'Aigouze (nicht ins Dorf hineinfahren) Rtg. Aigues Mortes. Am 1. Kreisverkehr Rtg. Le Vidourle; 2 km weiter.

Madame und Monsieur Gandon, die lange in Mexiko lebten, haben dieses alte Mas umgestaltet und neu eingerichtet und ihm das Aussehen einer Hacienda voller Harmonie und Heiterkeit verliehen: edle Werkstoffe, ausgewählte Accessoires und antikes beziehungsweise mexikanisches Mobiliar. Die Küche und die Flucht von Vestibül, Speiseraum, Salon-Bar und dem klassischen Salon nehmen das Erdgeschoss ein. Die Zimmer im Obergeschoss sind angenehm und komfortabel (das mexikanische Zimmer sagte uns weniger zu). Im Sommer hält man sich hier vorwiegend im Hof mit vielen Blumen auf, am Schwimmbad oder unter dem Vorbau. Der hinter dem Haus vorbeifließende Vidourle lädt zu schönen Bootsfahrten ein (die für Kinder gefährlich sind).

307 - Le Clos de la Fontaine

30330 Saint-Laurent-la-
Vernède (Gard)
Tel. (0)4 66 72 95 85
Fax (0)4 66 72 95 71
Marie und Albert Henninger
E-Mail: albert.henninger@wanadoo.fr
Web: avignon-et-provence.com/bb/clos-fontaine

2003

♦ Vom 15. Dez. bis 15. Febr. geschl. ♦ Mind. 2 Üb. im Juli und Aug. ♦ Nichtraucher-Zi. ♦ 4 Zi. mit Bad oder Dusche, WC: 76 € (2 Pers.) + 17 € (Extrabett) + 11 € (pro Kind bis 10 J.) ♦ Frühst. inkl. ♦ Gästetisch abends, gemeinsam, reservieren: 19 € (Aperitif und Kaffee inkl.; ohne Wein) ♦ Salon ♦ Bassin, Boccia, Fahrräder, Gesellschaftsspiele ♦ Haustiere nicht erlaubt ♦ Sprachen: Deutsch, Englisch, Spanisch, Katalanisch, Italienisch ♦ **Anreise** (Karte Nr. 33): 13 km nördl. von Uzès. Autobahn A 9, Ausfahrt Pont-Saint-Esprit, dann Rtg. Bagnols. Ab Bagnols Rtg. Alés (15 km). Im Dorf, Place des Platanes nahe der Mairie.

Dieses große Natursteinhaus – gelegen in einem winzigen, ruhigen Ort, in dessen Mitte sich eine von einem grünen, blühenden Garten mit Brunnen umgebene Festung befindet – bietet den hier einkehrenden Gästen Ruhe und Frische. Die Zimmer sind mit ihren Bädern gepflegt und komfortabel. Die im *Clos de la Fontaine* herrschende Atmosphäre ist angenehm und entspannt, der Empfang aufmerksam. Sobald es schön zu werden beginnt, werden Frühstück und Abendessen auf der Terrasse serviert.

LANGUEDOC-ROUSSILLON

308 - La Mazade

12, rue de la Mazade
30730 Saint-Mamert-du-Gard
(Gard)
Tel. und Fax (0)4 66 81 17 56
Eliette Couston
Web: bbfrance.com/couston.htlm

♦ Ganzj. geöffn. ♦ Reservieren ♦ 3 Zi. mit Bad oder Dusche, WC (darunter 1 zwar eigenes, aber außerhalb des Zi. befindliches Bad): 40 € (1 Pers.), 50-55 € (2 Pers.) + 15 € (zusätzl. Pers) ♦ Frühst. inkl. ♦ Gästetisch abends, gemeinsam, reservieren: 18 € (Wein inkl.) ♦ 1 Maisonnette, wöchentlich zu mieten ♦ Salon ♦ Haustiere nicht erlaubt ♦ Sprachen: Spanisch ♦ **Anreise** (Karte Nr. 32): 14 km nordöstl. von Nîmes über die D 999 Rtg. Le Vigan, dann die D 22 bis Saint-Mamert.

Bestimmt bemerken Sie und gefällt auch Ihnen der südfranzösische Akzent von Eliette Couston, die seit bereits mehreren Jahren Gäste auf der Durchreise bei sich aufnimmt. Dieses hübsche Haus aus dem 19. Jahrhundert, das sich mitten im Dorf befindet, ist im Erdgeschoss auf originelle Art eher modern gestaltet und von einem reizenden Garten umgeben, in dem im Sommer in der Laube gefrühstückt und zu Abend gegessen wird. Die Zimmer im Obergeschoss sind harmonisch in einem eher ländlichen Stil mit hübschen Möbeln und zahlreichen Accessoires gestaltet. Die beiden neben den Zimmern befindlichen Bäder sind leider sehr klein, was man jedoch ohne weiteres aus dem Grund akzeptiert, weil der Empfang besonders liebenswürdig und das Haus für einen Stopp sehr angenehm ist.

309 - Mas du Caroubier

684, route de Vallabrix
30700 Saint-Quentin-la-Poterie
Tel. und Fax (0)4 66 22 12 72
Christine Charpentier
E-Mail: contact@mas-caroubier.com
Web: mas-caroubier.com

♦ Ganzj. geöffn. ♦ Nichtraucher-Haus ♦ Mind. 2 Üb. ♦ 3 Zi. mit Bad oder Dusche, WC: 70 € (2 Pers.) ♦ Frühst. inkl. ♦ Gästetisch abends, gemeinsam: 23 € (Wein inkl.) ♦ Salon (TV) ♦ Hunde nicht erlaubt ♦ Schwimmbad ♦ Keramik-, Aquarell- und Kochkurse ♦ Sprachen: Deutsch, Englisch ♦ **Anreise** (Karte Nr. 33): 4,5 km nordöstl. von Uzès. Ab Uzès Rtg. Saint-Quentin-la-Poterie, ab dem Ortseingang dann Rtg. Vallabrix. Am Verkauf „Légumes bio" die 6. Übergang rechts, dann noch 100 m bis zum Mas.

In der Nähe von Uzès bietet in der Stille eines sehr großen Gartens mit Rosenhain das *Mas du Caroubier* 3 komfortable, unterschiedlich gestaltete Zimmer an („Tilleul" ist klassisch, „Lavande" provenzalisch und „Garance", das wir bevorzugen, ist besonders freundlich und hat das schönste Bad). Auf der Terrasse oder in der großen Essküche von aktuell-ländlichem Stil werden Sie in den Genuss der von Madame Charpentier zubereiteten köstlichen Frühstücke und Abendessen kommen. Das Wohlbefinden ihrer Gäste liegt der Hausherrin sehr am Herzen.

LANGUEDOC-ROUSSILLON

310 - Hôtel de l'Orange

7, rue des Baumes
Montée du Château
30250 Sommières (Gard)
Tel. (0)4 66 77 79 94
Fax (0)4 66 80 44 87
M. Philippe de Frémont
Web: hotel.delorange.free.fr

♦ Ganzj. geöffn. ♦ 6 Zi. mit Bad oder Dusche, WC, Tel., TV: 52-70 € (1 Pers., je nach Saison), 58-80 € (2 Pers., je nach Saison) ♦ Frühst. inkl. ♦ Sonderpr. bei läng. Aufenth. (1 Woche im Herbst und Winter) ♦ Gästetisch mittags und abends, gemeinsam, reservieren - Restaurants in Sommières (Olivette, Evasion...) ♦ Salon (Klavier) ♦ Hunde erlaubt (+ 5 € pro Tag) ♦ Schwimmbad ♦ Sprachen: Deutsch, Englisch ♦ **Anreise** (Karte Nr. 32): im Dorf Sommières, ab dem historischen Zentrum Rtg. Château; ab Nîmes: D 40 oder Autobahn A 9, Ausfahrt Lunel.

Dieses edle, im Herzen von Sommières hoch gelegene Stadtpalais des 17. Jahrhunderts hat von seiner Ursprünglichkeit nichts eingebüßt. Seine beiden Terrassen (die eine mit Schwimmbad) überragen die Häuser des Dorfes und bieten eine schöne Aussicht. Die großen Räume sind sorgfältig in schlicht-raffiniertem Stil gestaltet, der den unveränderten Charakter des Hauses widerspiegelt. Eine außergewöhnliche Monumentaltreppe führt zu den komfortablen Gästezimmern von schlichter Eleganz. Exzellentes Frühstück. Ein hervorragendes Haus, in dem Sie sehr aufmerksam und höflich empfangen werden.

311 - Le Mas de Prades

30140 Thoiras
(Gard)
Tel. und Fax (0)4 66 85 09 00
Handy (0)6 80 28 51 46
Patrick und Sophie Auvray

♦ Vom 25. März bis Allerheiligen geöffn. ♦ 5 Zi. mit Bad oder Dusche, WC, TV: 60-75 € + 16 € (Extrabett) ♦ Frühst. inkl. ♦ Gästetisch abends, gemeinsam oder individuell, reservieren: 20 € (Wein inkl.) ♦ Hunde nur auf Anfrage erlaubt ♦ Salon ♦ Schwimmbad ♦ Sprachen: Deutsch, Englisch, Spanisch ♦ **Anreise** (Karte Nr. 32): 12 km westl. von Anduze, 4 km Rtg. Saint-Jean-du-Gard, dann D 57 Rtg. Lasalle (8 km). Prades rechts ausgeschildert (400 m).

Dieses große provenzalische Landhaus bietet mit seinem schönen Schwimmbad Blick auf die wundervollen, ausgezackten Cevennen. Die um den Innenhof und die Terrasse verteilten, in warmen Farben gestalteten Zimmer sind auf angenehme Art klassisch und haben etwas Provenzalisches. In diesem Mas haben wir es mit Liebhabern schöner Dinge zu tun, was die besonderen Materialien, die Sammelobjekte und die Kunstgegenstände belegen. Am langen Tisch im schönen Wohnraum werden Sie die Kochkunst der diskreten Sophie kennen- und schätzen lernen; das von ihr zubereitete Gemüse stammt ausschließlich aus dem eigenen Garten. Ein Aufenthaltsort voller Ruhe, in dem der Empfang aufmerksam und sympathisch ist.

LANGUEDOC-ROUSSILLON

312 - Demeure Monte-Arena
6, place de la Plaine
Montaren und Saint-Médiers
30700 Uzès (Gard)
Tel. (0)4 66 03 25 24
Fax (0)4 66 03 12 49
F. Plojoux-Demierre
E-Mail: info@monte-arena.com
Web: monte-arena.com

♦ Ganzj. geöffn. ♦ Mind. 2 Üb. ♦ 1 Zi. mit Dusche, WC und 1 Maisonnette (4-6 Pers.) mit Bad, WC: 75 € (2 Pers.); Suite: 90 € (2 Pers.) + 30 € (Extrabett); zusätzl. Zi. teilen sich 1 Bad außerhalb der Zi.: 55 € (2 Pers.) ♦ Frühst. inkl. ♦ Gästetisch mittags und abends, gemeinsam, reservieren: 20-30 € (alles inkl.) ♦ Tel. ♦ Hunde nur auf Anfrage erlaubt ♦ Theater, Kino, Musik im Aug. ♦ Sprachen: Deutsch, Englisch, Italienisch ♦ **Anreise** (Karte Nr. 33): 4 km nordwestl. von Uzès, Rtg. Alès bis Montaren. An der Ampel rechts, hinter dem Kirchplatz 1. Straße links. Das Haus auf der Schlossterrasse.

Das Haus aus dem 17. Jahrhundert liegt im Herzen des Dorfes am Fuß des Schlosses und besitzt 1 hübsches Zimmer und 1 sehr geräumige, angenehme Maisonnette-Suite. In der einstigen Wachstube mit großem Tisch und Kamin kommt man leicht untereinander ins Gespräch. Im Sommer werden die Gerichte und das gute Frühstück im Gewölberaum serviert – gleich am reizenden kleinen Garten bei den Außengalerien. Im Sommer steht das Haus im Zeichen der Kunst. Der Empfang ist besonders höflich und liebenswürdig.

313 - Le Mas d'Oléandre
Saint-Médiers
30700 Uzès
(Gard)
Tel. (0)4 66 22 63 43
Fax (0)4 66 03 14 06
Léonard und Esther Robberts-Küchler
E-Mail: info@masoleandre.com
Web: masoleandre.com

♦ Ganzj. geöffn. ♦ Reserv. vom 1. Nov. bis 1. März notwendig ♦ Mind. 2 Üb. ♦ 4 Zi. mit Dusche, WC: 59-85 € (2 Pers.) ♦ 2 Appart. mit Dusche, WC: 87-100 € (2 Pers.) + 20 € (Extrabett) ♦ Frühst. inkl. im Zi. und auf Wunsch auch im Appart.: 7,50 € ♦ Gästetisch: 22 € (ohne Wein) ♦ Hunde nur auf Anfrage erlaubt ♦ Visa, Eurocard, Mastercard ♦ Schwimmbad ♦ Parkplatz ♦ Sprachen: Deutsch, Englisch, Niederländisch ♦ **Anreise** (Karte Nr. 33): 6 km westl. von Uzès Rtg. Alès bis Montaren, dann D 337 bis Saint-Médiers (das Mas liegt am Ortsausgang).

Das Haus liegt am Ende eines kleinen, sehr ruhigen Ortes. Die Aussicht von hier auf Zypressen, Weinberge und Hügel, die eine ganz besonders harmonische Landschaft bilden, ist reizvoll. Die eher kleinen Zimmer und die für längere Aufenthalte vorgesehenen Appartements sind, entsprechend der sommerlichen Wärme, schlicht und modern eingerichtet. Alle liegen zu ebener Erde und haben einen separaten Eingang. Man frühstückt auf der Terrasse oder im Schatten eines Baumes und genießt das Schwimmbad mit Blick auf das einzigartige Panorama. Ein guter Ausgangspunkt zum Erkunden dieser schönen Gegend.

LANGUEDOC-ROUSSILLON

314 - Le Grand Logis

Place de la Madone
30210 Vers-Pont-du-Gard
(Gard)
Tel. (0)4 66 22 92 12
Fax (0)4 66 22 94 78
Mme Florence Hopital und
M. Thierry Léger

♦ Vom 15. Nov. bis 1. März. geschl. (ansonsten auf Anfrage) ♦ 2 Zi. mit Dusche, WC: 68,60 € (1 Pers.), 76,22 € (2 Pers.) + 19,82 € (Extrabett) ♦ Frühst. inkl. ♦ Kein Gästetisch - Restaurants 2 bzw. 6 km entf. ♦ Salon ♦ Zimmerreinigung auf Wunsch; frische Bettwäsche alle 3 Tage ♦ Nur kl. Hunde erlaubt ♦ Sprachen: Englisch ♦ **Anreise** (Karte Nr. 33): Autobahn 9, Ausfahrt Remoulins, Rtg. Uzès Pont du Gard (linkes Ufer), D 981, dann 1. Straße rechts hinter Bégude-de-Vers.

Das an der Place de la Madone gelegene Haus macht mit dem Kupferschild *„Chambres d'hôtes"* auf sich aufmerksam. Dieses ausgesprochen hübsche *Logis* mit einem wunderbaren schmiedeeisernen Balkon liegt in einem netten Dorf und wurde geschmackvoll renoviert. Um die Zimmer bei heißem Wetter möglichst kühl zu halten, sind tagsüber die Fensterläden geschlossen. Eine ausgetretene Treppe führt zu den sehr schlichten Zimmern mit alten Möbeln, bestickten Leinen-Betttüchern und gepflegten Wänden mit kleinem Fries. Im reizenden Garten und auf der Terrasse im Obergeschoss kann man die Sonne genießen.

315 - Le Clos de Vic

2, rue du Temple
30260 Vic-le-Fesq
Tel. (0)4 66 80 52 01
Fax (0)4 66 80 59 77
Mercedes und Eric Thiange-Brel
E-Mail: clos.de.vic@wanadoo.fr
Web: perso.wanadoo.fr/clos.de.vic/

♦ Ganzj. geöffn. ♦ Nichtraucher-Zi. ♦ 4 Zi. mit Bad oder Dusche, WC (darunter 1 mit Dusche außerh. des Zi.): 56,20 € (1 Pers.) oder 61 € im Juli-Aug.; 61 € (2 Pers.) oder 67,20 € im Juli-Aug.; Extrabett 16,80 € oder 18,40 € im Juli-Aug.; Kinderbett: 8,10 € ♦ Frühst. inkl. ♦ Gästetisch abends, gemeinsam oder individuell, reservieren: 25 € (ohne Getränke); Kindermenü: 6,80 € - Mittags auf Wunsch kalte Platte: 8,40 € ♦ Visa, Eurocard, MasterCard ♦ Salon ♦ Schwimmbad ♦ Nur Hündinnem erlaubt: 3,40 € (ohne Verpflegung) oder 6,85 € (mit Verpflegung) ♦ Sprachen: Englisch, Italienisch ♦ **Anreise** (Karte Nr. 32): 25 km westl. von Nîmes über die D 999 Rtg. Le Vigan. In Vic-le-Fesq 2. Einfahrt im Dorf, dann 1. Straße links.

Liebe auf den ersten Blick war es, weshalb Mercedes und Eric dieses schönen Dorfhauses wegen alles hinters sich ließen. Das Interieur ist klassisch, aber sehr persönlich gestaltet. Überall sanfte Farben, hübsche antike Möbel, Gemälde usw. Auch die nicht sonderlich großen, aber perfekt gepflegten Zimmer sind von diesem Raffinement geprägt. Das Schwimmbad macht gerade mal einer Terrasse voller Blumen und einer kleinen schattigen Ecke denjenigen Platz, der sich zurückziehen möchte. Dieses Paar, dessen Lebensfreude ansteckend ist, inszeniert außerdem Table d'hôtes für Feinschmecker.

LANGUEDOC-ROUSSILLON

316 - Château Massal

Bez
30120 Le Vigan
(Gard)
Tel. und Fax (0)4 67 81 07 60
Mme du Luc

♦ Ganzj. geöffn. ♦ 3 Zi. mit Bad (1 Mini-Badewanne) oder Dusche, WC: 51 € (1 Pers.), 58-74 € (2 Pers.) + 10 € (Extrabett f. Kinder unter 14 J.) ♦ Frühst. inkl. ♦ Gästetisch abends, gemeinsam, reservieren: 22 € (Wein inkl.) ♦ Salon ♦ Tel. ♦ Sprachen: Englisch, Spanisch ♦ **Anreise** (Karte Nr. 32): 60 km südöstl. von Millau über die D 999 Rtg. Ganges.

Dieses kleine, gegenüber dem Dorf Bez gelegene Schloss aus dem 19. Jahrhundert hat nach hinten zum Garten hinaus eine rosa Fassade, die einem provenzalischen Mas ähnelt. Obwohl es neben der Brücke über dem Merlanson liegt, sind hier (außer zuweilen im Sommer) keine Straßengeräusche zu vernehmen. *Château Massal* strahlt die Atmosphäre alter üppiger Häuser aus, die ihr Mobiliar und alle anderen Gegenstände erhalten haben: Madame du Luc entstammt einer hiesigen Spinnerei-Familie. Der Salon geht zum terrassierten Garten hinaus, in dem im Sommer neben dem Brunnen das Frühstück serviert wird. Eine Wendeltreppe mit direktem Zugang führt zu den authentisch gebliebenen Zimmern mit Mosaikfußböden und schönem Parkett. Das große Gelbe hat mit seinem Klavier besonders viel Stil. Gute großbürgerliche Familienküche und sehr angenehmer Empfang.

317 - La Missare

9, route de Clermont
34800 Brignac
(Hérault)
Tel. (0)4 67 96 07 67
Jean-François Martin
E-Mail: la.missare@free.fr
Web: la.missare.free.fr

2003

♦ Ganzj. geöffn. ♦ 4 Zi. mit Dusche, WC: 60 € (2 Pers.), 66 € (2 Pers. im Juli und Aug.) + 16 € (zusätzl. Pers.) ♦ Frühst. inkl. ♦ Kein Gästetisch - Restaurants (3 km) ♦ Salon ♦ Waschküche ♦ Schwimmbad ♦ Garage ♦ Haustiere nur auf Anfrage erlaubt ♦ Sprachen: Englisch, Spanisch, Italienisch ♦ **Anreise** (Karte Nr. 32): A 75, Ausfahrt 57 Clermont-l'Hérault, dann Rtg. Canet; am folgenden Kreisverkehr nach Brignac. In Brignac dann links Rtg. Saint-André, das Haus liegt 30 m weiter links der Telefonzelle gegenüber.

La Missare, inmitten eines typischen Dorfes des Langedoc gelegen, zeigt seinen ganzen Reiz, sobald man es betritt. Hinter diesem alten Weingut liegt ein schöner Gartenhof, der teils von einem Vordach geschützt ist und als Sommersalon dient; hier befinden sich auch die 4, in einem alten Weinlager eingerichteten Zimmer. Im Sommer angenehm kühl, sind sie komfortabel, geschmackvoll gestaltet und ausgestattet mit hübschen Bädern. Sie liegen zu ebener Erde am Hof voller Blumen. Das Ambiente des Stammhauses, in dem man sich eher in der Zwischensaison aufhält, ist ganz von früheren Zeiten geprägt.

LANGUEDOC-ROUSSILLON

318 - Domaine de la Redonde

Montels
34310 Capestang
(Hérault)
Tel. (0)4 67 93 31 82
Mme und M. Hugues
de Rodez Bénavent
E-Mail: huguesderodez@worldonline.fr

♦ Ganzj. geöffn. ♦ 1 Suite (2 Pers.) mit Bad, WC: 92 € /pro Üb.; mind. 2 Üb. ♦ Frühst. inkl. ♦ 1 Studio (4 Pers.), wöchentl. zu mieten, mit Bad, WC: 550 € /pro Woche ♦ Kein Gästetisch - Restaurants in Umgebung ♦ Salon ♦ Zimmerreinigung auf Wunsch oder zu Lasten der Gäste ♦ Kl. Hunde nur auf Anfrage erlaubt ♦ Schwimmbad ♦ Sprachen: Englisch, Spanisch ♦ **Anreise** (Karten Nr. 31 und 32): 21 km südwestl. von Béziers über die D 11 Rtg. Capestang; südl. von Capestang über die D 16.

Dieses kleine Schloss, das eine Suite zur Verfügung stellt, liegt einsam zwischen Weinbergen (das nicht mehr ganz frisch wirkende Studio können wir nicht empfehlen). Die großen Räume wurden erst kürzlich mit erlesenem Mobiliar sehr geschmackvoll eingerichtet. Alles absolut gelungen. Ein kleiner Weg führt zum Schwimmbad, von wo man die elegante klassische Fassade des Hauses bewundern kann. Ein empfehlenswertes Haus, in dem man sich vollkommen frei und sehr gut untergebracht fühlt.

319 - Château de Grézan

34480 Laurens
(Hérault)
Tel. (0)4 67 90 28 03
Fax (0)4 67 90 05 03
Mme Marie-France Lanson
E-Mail: Chateau-Grezan.Lanson@wanadoo.fr

♦ Vom 1. März bis Allerheiligen geöffn. ♦ 1 Zi. und 1 Suite (2-4 Pers.) mit Bad, WC: 98 € (2 Pers.) + 25 € (Extrabett), Suite 107 € (2 Pers.), 132 € (3 Pers.), 157 € (4 Pers.) ♦ Frühst. inkl. ♦ Restaurants vor Ort: Menüs etwa 24 € (ohne Wein) ♦ Schwimmbad ♦ Winzer (Weinverkostung) ♦ Sprachen: Englisch, Spanisch ♦ **Anreise** (Karten Nr. 31 und 32): 20 km nördl. von Béziers über die D 909 Rtg. Bédarieux. Ab der Straße ausgeschildert.

Madame Lanson nutzt ihre ganze Energie, um dieses Lustschlösschen aus dem 19. Jahrhundert, das erst eine römische Villa, danach eine Komturei der Tempelritter war und heute der Traumwelt eines Kindes zu entstammen scheint, erneut mit Leben zu erfüllen. Im Stammhaus, vom Winzerbetrieb, dem Restaurant und anderen Dependancen ein wenig abgelegen, befinden sich die Familiensuite mit ihrer großen Terrasse und das rote Zimmer. Antik möbliert, wirken sie wie echte Gästezimmer eines Privathauses. Das hinter Bambussträuchern verborgene Schwimmbad erreicht man über den romantischen Park, der diesem imposanten Bauwerk den grünen Rahmen verleiht.

LANGUEDOC-ROUSSILLON

320 - La Bastide Les Aliberts
Les Aliberts
34210 Minerve
(Hérault)
Tel. (0)4 68 91 81 72
Fax (0)4 68 91 22 95
Mme und M. Bourgogne
E-Mail: aliberts@wanadoo.fr
Web: aliberts.web-france.net

♦ Ganzj. geöffn. ♦ 5 Cottages (4-8 Pers.) mit Küche, Wohnzimmer, Bad, WC: pro Woche 545-1010 € (4-5 Pers.), 840-1845 € (8-9 Pers.) - Preis pro Tag (sofern verfügbar) 85 € (2 Pers.) ♦ Frühst. inkl. ♦ Essen auf Best.: Menü 20 € ♦ Keine Kreditkarten ♦ Wohnzimmer ♦ Hunde nicht erlaubt ♦ Schwimmbad von April bis Okt. ♦ Parkplatz ♦ **Anreise** (Karte Nr. 31): 45 km von Carcassonne über die N 113 und die D 610 Rtg. Béziers. Ab Homps die D 910 bis Olonzac und die D 10 bis Minerve (nach Norden).

Das Haus *Les Aliberts*, dem die charmanten und sehr freundlichen Gastgeber eine Seele zu geben vermochten, hat eine außergewöhnliche Lage. In den einst das Bauernhaus bildenden Gebäuden, die zu 5 kleinen Häusern umgestellt wurden, finden bis zu 8 Personen Platz. Hübsch gestaltet, komfortabel und perfekt ausgestattet, werden Sie hier, in dieser wunderbaren Region, wohnen. Im großen, überwölbten Raume der Bastide wird das gemeinsame Essen eingenommen. Im Sommer ist es hier angenehm frisch, und in der kühlen Jahreszeit kann man sich an den Kamin beispielsweise zum Lesen zurückziehen.

321 - La Bergerie de l'Étang

34310 Montels
(Hérault)
Tel. (0)4 67 93 46 94
Fax (0)4 67 93 42 56
Mme, M. und Marion Delaude
E-Mail: delaude@infonie.fr
Web: bergerie.web-france.net.

♦ Ganzj. geöffn. ♦ Reserv. notwendig ♦ 4 Zi. und 2 Suiten (mit Kitchenette) mit Bad oder Dusche, WC und Klimaanlage: 78-100 € (2 Pers.), 130-160 € (4-5 Pers. in Suite) ♦ Frühst. inkl. ♦ Bei einwöchigem Aufenthalt 1 Üb. gratis ♦ Keine Kreditkarten ♦ Restaurants ab 3 km ♦ Salon ♦ Tel. ♦ Hunde nicht erlaubt ♦ Schwimmbad, Yoga, Jagd, Angeln, Mountainbikes ♦ Sprachen: Englisch, Spanisch, Italienisch ♦ **Anreise** (Karten Nr. 31 und 32): 10 km nördl. von Narbonne. Ab Narbonne D 13 Rtg. Cuxac, Capestang. Ab Béziers D 11 Rtg. Capestang, dann D 13 Cuxac-Narbonne. Im Dorf Montels die Kirche passieren und geradeaus bis zum Ende des Weges.

Im Flachland mit vielen von Schilfrohr gesäumten Teichen am Ende eines kleinen Weges verbindet diese einstige Schäferhütte (*bergerie*) Charme mit Modernität und Ruhe. Die gesamte Anlage wurde kürzlich äußerst geschmackvoll und luxuriös bis ins letzte Detail in einer Harmonie sanfter Farben restauriert. Im großen Salon mit tiefen Sofas kann man die Kühle genießen. Das Frühstück wird auf der großen Terrasse in der Sonne eingenommen. In den individuell gestalteten Zimmern finden sich Antikes und Afrikanisches, sinnliche Blautöne oder Südliches in Gelb. Die Bäder sind allesamt modern und tadellos.

LANGUEDOC-ROUSSILLON

322 - Domaine du Pous

34380 Notre-Dame-de-Londres (Hérault)
Tel. (0)4 67 55 01 36
Mme Elisabeth Noualhac

♦ Ganzj. geöffn. ♦ 6 Zi. mit Bad oder Dusche, WC: 43 € (1 Pers.), 45-54 € (2 Pers.) + 8 € (Extrabett) ♦ Frühst. inkl. ♦ Kein Gästetisch - Es besteht die Möglichkeit, das Abendessen von einem benachbarten Restaurant kommen zu lassen ♦ Salon ♦ Hunde nicht erlaubt ♦ **Anreise** (Karte Nr. 32): 30 km nördl. von Montpellier. Rtg. Ganges über die N 986. 6 km hinter Saint-Martin-de-Londres rechts die D 1E Rtg. Ferrière-les-Verreries. Nach 2 km das Hinweisschild „Chambres d'hôtes".

Das imposante Haus aus dem 17 und 18. Jahrhundert, von jeher im Besitz der Familie Noualhac, geht auf eine Terrasse mit Panoramablick auf den weiten Himmel und die Heidelandschaft hinaus. Das Haus blieb lange unbewohnt, ist aber zu neuem Leben erwacht dank der Zimmer für Gäste, die Madame Noualhac sehr höflich empfängt. Im ungewöhnlichen, antik möblierten Salon zieren die Ecken Karyatiden, die 4 Jahreszeiten darstellend. Die Zimmer – einige können zu Suiten umgestaltet werden – sind hell, zurückhaltend elegant möbliert und verfügen über gepflegte Bäder. Das überwölbte Frühstückszimmer ist eine Spur zu karg, aber in diesem Haus hält man sich eher draußen auf der Terrasse auf, und die schöne Umgebung lädt zu Spaziergängen ein.

323 - La Cerisaie

1, avenue de Bédarieux
34220 Riols (Hérault)
Tel. (0)4 67 97 03 87
Fax (0)4 67 97 03 88
Honorah van Geel
und Albert-Jan Karsten
E-Mail: cerisaie@wanadoo.fr

2003

♦ Von Nov. bis Ende März geschl. ♦ 5 Zi. mit Bad oder Dusche, WC: 70 und 80 € (2 Pers.) + 11 € (Extrabett) ♦ Frühst. inkl. ♦ Gästetisch nur Mi abends, gemeinsam oder individuell, reservieren: 20 € (ohne Wein) - Restaurants ab 5 km ♦ Salon, Bibliothek ♦ Schwimmbad, Tischtennis ♦ Haustiere nicht erlaubt ♦ Sprachen: Deutsch, Englisch, Niederländisch ♦ **Anreise** (Karte Nr. 31): 30 km nordwestl. von Béziers Rtg. St-Chinian über die N 112 bis St-Pons, dann Riols. Am Ortsausgang.

Ein holländisches Paar empfängt Sie in diesem großen, bourgeoisen Dorfhaus – die Kirschbäume in einem Teil des Gartens erklären seinen Namen. Die einfachen, hellen Zimmer wurden mit einigen antiken Möbeln eingerichtet; die Bäder und Duschen haben modernen Komfort. Das Frühstück und das mittwochs angebotene Abendessen werden in einem freundlichen Speiseraum eingenommen, im Sommer selbstverständlich vor dem Haus im hübschen Blumengarten im Schatten der großen Bäume. Das Ambiente von früher und der liebenswürdige Empfang sind das Besondere dieses Hauses.

LANGUEDOC-ROUSSILLON

324 - Les Mimosas

Avenue des Orangers
34460 Roquebrun
(Hérault)
Tel. und Fax (0)4 67 89 61 36
Mme und M. La Touche
E-Mail: la-touche.les-mimosas@wanadoo.fr
Web: perso.wanadoo.fr/les-mimosas/

♦ Nov. geschl. ♦ Von Dez. bis Febr. Reserv. notwendig ♦ Nichtraucher-Haus ♦ 4 Zi. (2 lassen sich zu einer Suite umstellen) mit Dusche, WC: 70-80 € (2 Pers.) ♦ Frühst. inkl. ♦ 1 wöchentl. zu mietendes Studio (2 Pers.) ♦ Gästetisch abends, gemeinsam oder individuell, reservieren: 27 € (ohne Wein) ♦ Visa, MasterCard ♦ Zimmerreinigung tägl. oder auf Wunsch ♦ Salon ♦ Kochkurse und Weinverkostungs-Anleitungen ♦ Haustiere nicht erlaubt ♦ Sprachen: Englisch ♦ **Anreise** (Karten Nr. 31 und 32): 30 km nordöstl. von Béziers über die D 14 Rtg. Maraussan, Cazoules-lès-Béziers, Cessenon, dann Roquebrun. Die Brücke überqueren und links einbiegen. Der Schule gegenüber.

Dieses üppige Dorfhaus wird geführt von einem Paar, das über große Kenntnisse der französischen Gastronomie und französischen Weine verfügt; die hier angebotenen 4 Gästezimmer sind hell und haben einen angenehm kühlen *Tomettes*-Fußboden. Einige Zimmer liegen zwar zur Straße hin, aber das vom Orb durchflossene Dorf ist sehr ruhig. Die Mahlzeiten werden auf einer reizenden, von einer Laube geschützten Terrasse eingenommen. Ein wunderbarer Zwischenstopp im prachtvollen Regionalpark des Haut-Languedoc.

325 - Le Mas de Bombequiols

34190 Saint-André-de-Buèges
(Hérault)
Tel. und Fax (0)4 67 73 72 67
Anne-Marie Bouëc und
Roland Dann

♦ Ganzj. geöffn. ♦ Reserv. notwendig ♦ 4 Zi., 2 Suiten mit Bad und Dusche, WC: 80-100 € (2 Pers.) + 25 € (Extrabett) ♦ Frühst. inkl. ♦ 2 Studios mit Kitchenette, Salon, Bad und Dusche, WC: 110 € (2 Pers.) + 25 € (Extrabett) ♦ Ohne Frühst. ♦ 1 wöchentl. zu mietendes App. mit Küche ♦ Gästetisch abends, gemeinsam, reservieren: 25 € (alles inkl.) ♦ Salon ♦ Tel. ♦ Haustiere nicht erlaubt ♦ Schwimmbad, See ♦ **Anreise** (Karte Nr. 32): 45 km nördl. von Montpellier über die D 986, Rtg. Ganges bis Saint-Bauzille-de-Putois, links bis Brissac über die A 108. In Brissac Rtg. Saint-Jean-de-Buèges (5 km), „Bombequiols" links.

Auf einer wundervollen, 50 Hektar großen Besitzung werden Sie in diesem mittelalterlichen, im Laufe der Jahrhunderte umgebauten Landhaus unter dem Gebälk des ehemaligen Schafstalls empfangen, der heute als Speiseraum dient. Die um den Innenhof herum gelegenen Gästezimmer und großen Appartements (einige mit funktionierenden Kaminen), die schlicht aber komfortabel möbliert sind, haben alle einen eigenen Eingang. Empfehlenswert für einen erholsamen, ruhigen Aufenthalt; einzigartige Aussicht auf das wunderschöne Seranne-Massiv.

LANGUEDOC - ROUSSILLON

326 - Domaine de Saint-Clément

34980 Saint-Clément-de-Rivière
(Hérault)
Tel. (0)4 67 66 70 89
Fax (0)4 67 84 07 96
Mme und M. Bernabé
E-Mail: calista.bernabe@wanadoo.fr

♦ Von März bis Ende Nov. geöffn. ♦ 3 Zi. und 1 Suite mit Bad oder Dusche, WC: 65-90 € (1-2 Pers.), 130 € (3-4 Pers./Suite) ♦ Frühst. inkl. ♦ Die Zi. von Mme O. Bernabé (Nachbarhaus) empfehlen wir nicht ♦ Kein Gästetisch - Restaurants ab 2 km ♦ Salon ♦ Tel. ♦ Hunde nur auf Anfrage erlaubt ♦ Schwimmbad ♦ Sprachen: Deutsch, Englisch, Spanisch ♦ **Anreise** (Karte Nr. 32): 7 km nördl. von Montpellier. Autobahn A 9, Ausfahrt Vendargues, Rtg. Montpellier/Hopitaux-Faculté. 14 km weiter am Kreisverkehr Agropolis Ausfahrt D 112 Rtg. St-Clément. Nach 3 km den Ortseingang links liegen lassen; Einfahrt sofort links.

Einige Minuten von Montpellier liegt verborgen in einem Kiefernwald dieses alte Anwesen aus dem 18. Jahrhundert mit Schwimmbad. Eines der Zimmer im Erdgeschoss wie auch der große Salon mit Bibliothek und Täfelwerk liegen angenehm kühl. Die anderen sind im Obergeschoss um einen mit alten Kacheln gepflasterten Innenhof herum angeordnet. Alle Zimmer sind groß und haben Möbel aus dem Familienbesitz sowie moderne Gemälde – eine Leidenschaft der Hausherren. Die Bäder sind mit Mosaiken verschönt. Im Speiseraum am Garten wird das Frühstück serviert.

327 - Leyris

48240 Saint-Frézal-de-Ventalon
(Lozère)
Tel. und Fax (0)4 66 45 43 60
Mme und M. Bonnecarrère
E-Mail: leyrisba@club-internet.fr
Web: cevennes-lozere-fr.com

♦ Von Mai bis Ende Okt. geöffn. ♦ Reserv. notwendig ♦ Mind. 2 Üb. ♦ 2 Suiten mit 2 Zi., Dusche, WC: 45 € (1 Pers.), 70 € (2 Pers.) ♦ Frühst. inkl. ♦ Gästetisch abends, gemeinsam, reservieren: 20 € (Wein inkl.) ♦ Salon ♦ Hunde nur auf Anfrage erlaubt ♦ Sprachen: Englisch, Spanisch ♦ **Anreise** (Karte Nr. 32): Achse Alès/Florac (N 106), Rtg. Saint-Frézal-de-Ventalon (9,4 km). Bei der Anlage La Fougasse rechts Rtg. Collet-de-Dèze (1 km), dann rechts Rtg. Leyris (2,7 km). Letztes Haus der Sackgasse.

Die Ruhe und die Schönheit dieses alten provenzalischen Landhauses (*mas*), das einsam im Herzen der Cevennen liegt, muss man sich „erobern". Um zu diesem traditionellen, elegant renovierten Haus zu gelangen, folgt man einer kleinen, sich schlängelnden Straße. Es bietet Komfort und Raffinement in den hell gestalteten Zimmern mit Blick auf eine einzigartige, waldige Landschaft und auf reichlich Himmel. Das großzügige Frühstück und das Abendessen, oft mit Gemüse aus dem eigenen Garten zubereitet, werden auf der Terrasse oder in der schönen Küche alten Stils serviert. Aufmerksamer Empfang. Für alle, denen an viel Ruhe und Wanderungen gelegen ist.

LANGUEDOC-ROUSSILLON

328 - Mas Senyarich

66700 Argelès-sur-Mer
(Pyrénées-Orientales)
Tel. und Fax (0)4 68 95 93 63
Marina Roméro

♦ Ganzj. geöffn. ♦ 5 Zi. mit Bad oder Dusche, WC: 55 € (2 Pers.) ♦ Frühst. inkl. ♦ Gästetisch abends, gemeinsam, reservieren: 20 € (alles inkl.) ♦ Salon ♦ Schwimmbad ♦ **Anreise** (Karte Nr. 31): 3 km südwestl. von Argelès. An der Ampel Rtg. Sorède, hinter der Eisenbahnunterführung über 3 km ausgeschildert.

Kaum zu glauben, dass sich dieses große, von mediterraner, sommerlich duftender Vegetation umgebene Landhaus in unmittelbarer Nähe der doch sehr lebhaften Küste befindet. Dennoch braucht man nur das Meer vom hübschen Speiseraum aus zu betrachten, um sich dessen zu vergewissern. Die Gästezimmer sind schlicht, verfügen aber über Komfort, und einige haben sogar einen eigenen Eingang. Wenn Sie mögen, können Sie sich abends von Madame Roméros Küche und den Weinen ihrer Region verwöhnen lassen. Die Umgebung bietet viel Sehenswertes wie Collioure, Figueras mit dem Dali-Museum, Katalonien und seine romanische Kunst und, ein bisschen weiter, Cadaqués. Ein Haus zum Ausruhen, in dem der Empfang dynamisch und freundlich ist.

329 - Mas Saint Jacques

66300 Caïxas
(Pyrénées-Orientales)
Tel. und Fax (0)4 68 38 87 83
Handy (0)6 12 29 69 05
Ian Mayes
E-Mail: MasStJacq@aol.com

♦ Ganzj. geöffn. ♦ 3 Zi. und 1 Suite (4 Pers.) mit Bad oder Dusche, WC: 50 € (2 Pers.), Suite 83,85 € ♦ Frühst. inkl. ♦ 1 kl. Haus (2-3 Pers.) mit Küche, Salon, Kamin, Terrasse, Garten: 457 und 533 €/Woche (2 Pers.) ♦ Gemeins. Essen auf Best.: 20 € (alles inkl.), Karte großer Weine (*grands crus*) der Région; Menüs mit Roussillon-Weinproben 22,87 € ♦ Salon ♦ Tel. ♦ Hunde nur auf Anfrage erlaubt ♦ Schwimmbad ♦ Sprachen: Englisch ♦ **Anreise** (Karte Nr. 31): 30 km westl. von Perpignan. Autobahn A 9, Ausfahrt Perpignan-Sud Rtg. Thuir. Am Ortseingang von Thuir Rtg. Elne, dann Rtg. Céret (ca. 2 km weiter). In Fourques rechts Rtg. Caïxas über die D 2. In Caïxas Rtg. „Mairie-Eglise", dann ausgeschildert.

Dieses an einem Hang gelegene Landhaus befindet sich in einem Dorf, das nur einige Häuser zählt. Das *Mas Saint Jacques* verfügt über eine Suite und über schlichte, aber helle Zimmer (das kleine Haus im Garten eignet sich besonders für Aufenthalte). Im Sommer werden Sie die Frische des großen, gastfreundlichen und angenehm gestalteten Salons oder des Pools schätzen, von dem man einen schönen Blick auf die Landschaft und in der Ferne auf den schneebedeckten Canigou-Berg hat. Der Empfang ist freundlich und aufmerksam. Ein gutes Haus in einer schönen Gegend.

LANGUEDOC-ROUSSILLON

330 - Le Mas Félix

66300 Camelas
(Pyrénées-Orientales)
Tel. (0)4 68 53 46 71
Fax (0)4 68 53 40 54
Lucie Boulitrop
E-Mail: lucie.boulitrop@wanadoo.fr
Web: le-mas-felix.com

♦ Vom 1. April bis 15. Sept. geöffn. ♦ Nichtraucher-Haus ♦ 4 Zi. und 1 Suite mit Dusche, WC, TV: 47 € (1 Pers.), 60 € (2 Pers.), 75-85 € (3 Pers.); Suite: 98 € (4 Pers.) ♦ Frühst. inkl. ♦ Gästetisch abends, gemeinsam, reservieren: 24 € (Wein inkl.); Kinder (je nach Alter, von 10-14 J.): 5-15 € ♦ Salon ♦ Tel. ♦ Haustiere nicht erlaubt ♦ Tischtennis, Boccia ♦ Sprachen: Deutsch, Englisch, Spanisch ♦ **Anreise** (Karte Nr. 31): 10 km von Thuir, Rtg. Ille-sur-Têt. 5 km hinter dem letzten Kreisverkehr, kurz vor der Camelas-Brücke; links zum „Mas Félix".

Dieses alte provenzalische, verschachtelt gebaute und einsam auf einem Hügel gelegene Landhaus (*mas*) haben wir ausgewählt wegen seiner spektakulären Aussicht, großen Ruhe und der warmherzigen Persönlichkeit der Gastgeberin. Madame Boulitrop kocht leidenschaftlich gern und bereitet deshalb auch wunderbare mediterrane (katalanische oder marokkanische) Abendessen zu, die entweder im freundlichen Speiseraum oder auf der Terrasse serviert werden. Die beiden komfortablen Salons sind im Sommer angenehm kühl. Die Zimmer mit Künstlernamen haben den gleichen Vorteil. Ästheten werden sich für deren außerordentlich schlichte Gestaltung nicht gerade begeistern. Komfortabel und gepflegt, haben sie einen direkten Zugang zum Garten.

331 - Domaine de Quérubi

66300 Castelnou
(Pyrénées-Orientales)
Tel. (0)4 68 53 19 08
Fax (0)4 68 53 18 96
Françoise und Roland Nabet
E-Mail: contact@querubi.com
Web: querubi.com

♦ Ganzj. geöffn. ♦ 4 Zi. und 2 Suiten mit Bad oder Dusche, WC: 64 € (1 Pers.), 73 € (2 Pers.), 82 € (3 Pers.); Suite: 110 € (5 Pers.) ♦ Frühst. inkl. ♦ Gästetisch abends, gemeinsam: 23 € (Wein und Kaffee inkl.) ♦ Salon. Münztel. ♦ Kl. Hunde nur auf Anfrage erlaubt ♦ Schwimmbad ♦ Sprachen: Englisch, Spanisch ♦ **Anreise** (Karte Nr. 31): 7 km von Thuir. Autobahn A 9, Ausfahrt Perpignan-Sud, Rtg. Thuir. Das Dorf Castelnou durchqueren, 200 m hinter dem Schloss links und 3 km lang den Hinweisschildern „Quérubi" folgen.

Castelnou liegt verloren am Ende des Weges, aber man muss sich noch weiter durch die strauchige Heidelandschaft der Garrigue winden, um schließlich auf dieses große Mas zu stoßen, das eine atemberaubende Aussicht auf die Pyrenäen bietet. Die einsame Lage, die kargen Wände und der riesige Wohnraum erwecken den Eindruck, sich hier in einer Hütten-Herberge zu befinden. Die Zimmer sind jedoch intimer; einige eignen sich besonders für Familien. Sie sind einfach und gepflegt (gut ausgewählte Möbel und Stoffe) und haben schöne Bäder. Die Vorzüge der *table d' hôtes* werden Sie nach einer Wanderung oder auch nach einem am Schwimmbad (mit Blick auf die Umgebung, die man nicht müde wird zu betrachten) verbrachten Tag besonders schätzen.

LANGUEDOC-ROUSSILLON

332 - Chez Laurence Jonquères d'Oriola

9, rue des Cavaliers
66200 Corneilla-del-Vercol
(Pyrénées Orientales)
Tel. und Fax (0)4 68 22 12 67
Handy (0)6 13 37 49 74
Laurence Jonquères d'Oriola

♦ Ganzj. geöffn. ♦ 3 Zi. und 1 Suite (bestehend aus 2 Zi.) mit Bad oder Dusche, WC: 49 € (2 Pers.), 88 € (4 Pers.) ♦ Frühst. inkl. ♦ Kein Gästetisch - Restaurants ab 2 km ♦ Salon ♦ Sprachen: Englisch, Spanisch ♦ **Anreise** (Karte Nr. 31): 8 km südl. von Perpignan, Rtg. Argelès. Kurz vor Elne Rtg. Corneilla-del-Vercol; gegenüber der Kirche (hundertjährige Palme).

Dieses Anwesen aus dem 18. Jahrhundert befindet sich inmitten eines Dorfes nahe am Meer in einer von Bauherren sehr hofierten Gegend und hat den Charme vergangener Zeiten. Sobald man den Eingang betritt, an den sich ein im Sommer angenehm kühler Salon und der Speiseraum anschließen, begeistert einen gleich die hier herrschende Atmosphäre: angenehme Volumen, schöner Bodenbelag, Möbel und Einrichtungsgegenstände aus dem Familienbesitz oder vom Trödler, Zeichnungen, die die Begeisterung für Pferde der Familie des berühmten Jonquères d'Oriola belegen. Laurence, seine junge Tochter, wird Sie auf ihre natürlich-freundliche Art empfangen. Die Zimmer sind geräumig und angenehm wie private Gästezimmer (insbesondere die Suite mit Blick auf die Kirche). Auch im kleinen, nach hinten eingefriedeten Garten oder im Schatten der Palmen an der Terrasse kann man wunderbar entspannen.

333 - La Volute

1, Place d'Armes
66210 Mont-Louis
(Pyrénées-Orientales)
Tel. und Fax (0)4 68 04 27 21
Mme Schaff

♦ Ganzj. geöffn. ♦ Reserv. notwendig ♦ 5 Zi. mit Dusche, WC: 43-49 € (1 Pers.), 52-60 € (2 Pers.) + 16 € (Extrabett) ♦ Frühst. inkl. ♦ Kein Gästetisch - Restaurants (gastronomisch) in Mont-Louis ♦ 2 Salons ♦ Hunde nicht erlaubt ♦ Sprachen: Englisch, Spanisch ♦ **Anreise** (Karte Nr. 31): 74 km südwestl. von Perpignan. In Mont-Louis, das Haus über dem Gewölbeeingang der Zitadelle von Mont-Louis, Garten an der Stadtumwallung.

La Volute ist das ehemalige Haus des Gouverneurs der Festungsstadt Mont-Louis; es liegt unmittelbar an der Stadtmauer mit dem Eingangstor. Das intensiv renovierte Innere hat einige alte Elemente bewahrt. Das Ensemble ist einfach, aber freundlich: ansprechende Zimmer, alle ganz in Weiß gehalten, komfortabel und gepflegt (am schönsten finden wir das am Garten). Das exzellente Frühstück wird in Begleitung von Musik in einem kleinen Aufenthaltsraum oder draußen mit Blick auf die Gipfel der Pyrenäen serviert. Sehr sympathischer Empfang.

LANGUEDOC-ROUSSILLON

334 - La Casa del Arte

Mas Petit
66300 Thuir
(Pyrénées-Orientales)
Tel. und Fax (0)4 68 53 44 78
Mme Fourment
E-Mail: casadelarte@wanadoo.fr

♦ Ganzj. geöffn. ♦ Reserv. notwendig ♦ 5 Zi. und 1 Suite mit Bad, WC, Minibar, Tel., TV: 73 € (2 Pers.); Suite: 99 € (2 Pers.) ♦ Frühst. inkl. ♦ Kein Gästetisch - Restaurants im Dorf (2 km) ♦ Salon ♦ Pakplatz ♦ Hunde nur auf Anfrage erlaubt ♦ Schwimmbad ♦ **Anreise** (Karte Nr. 31): 15 km südwestl. von Perpignan. Autobahnausfahrt Perpignan-Sud. Rtg. Thuir, dann Rtg. Ille-sur-Têt (2 km); links ausgeschildert.

Zwischen dem Meer und den Bergen, im Land der Aprikosen- und Nektarinenplantagen, wurde eine Schäferei aus dem 12. Jahrhundert zum Innenhof dieses kleinen Weilers aus rosa Naturstein, der umgeben ist von üppiger Vegetation dank dem Wasser, das überall rinnt. Die im ganzen Mas präsenten Gemälde und Skulpturen verleihen diesem ruhigen, phantasievollen Ort viel Wärme. Die meist großen Zimmer sind mit ihren Bädern ausnahmslos sehr komfortabel. Jedes hat seine Besonderheit und bietet ein unabhängiges Wohnen. Der große Salon und das Schwimmbad vervollständigen die Vorzüge dieses ungewöhnlichen und reizvollen Hauses. Liebenswürdiger Empfang.

335 - La Vieille Demeure

4, rue de Llobet
66440 Torreilles
(Pyrénées-Orientales)
Tel. und Fax (0)4 68 28 45 71
Handy (0)6 74 73 94 35
E-Mail: vignaud.christine@wanadoo.fr
Web: la-vieille-demeure.com

2003

♦ Jan. und Nov. geschl. ♦ Mind. 2 Üb. ♦ 3 Zi. und 2 Suiten (2-4 Pers.) mit Bad oder Dusche, WC: 75, 80-90 € (2 Pers.); Suite 100 und 150 € (2-4 Pers.) + 20 € (zusätzl. Pers.) ♦ Frühst. inkl. ♦ Kein Gästetisch - Restaurants (2 km) ♦ Salon ♦ Haustiere nicht erlaubt ♦ Sprachen: Englisch ♦ **Anreise** (Karte Nr. 31): 10 km von Pergignan Rtg. Canet, Ausfahrt Bompas, Torreilles Village. Rue de la Poste, dann 3. Straße links.

Eine wahre Freude, an dieser doch stark verbauten Küste endlich ein typisches Dorf zu finden! Und auch das Haus – eine unserer interessantesten neuen Adressen – hat es in sich: ein altes Kloster aus dem 17. Jahrhundert, um 2 Innenhofgärten herum gebaut, in denen Zitrusfrüchte gedeihen, und umgeben von Backsteinarkaden nach andalusischer Art. Hier, an Tischen mit marokkanischem Mosaik, nimmt man das Frühstück ein. Die Zimmer in den Obergeschossen sind unwiderstehlich mit ihrem meist antiken Mobiliar, ihrem natürlichen Verputz und ihren wundervollen, sensibel auf alles abgestimmten Stoffen. Hyperkomfortabel, besitzen alle Zimmer phantastische Bäder – eine Mischung aus Klassik und Moderne. Angenehmer, aufmerksamer Empfang.

MIDI - PYRÉNÉES

336 - La Maison Martimor

10, rue Martimor
09270 Mazères
(Ariège)
Tel. (0)5 61 69 42 81
M. Guybert-Martimor
Mol Demory

♦ Vom 20. Dez. bis Anfang März geschl. ♦ 5 Zi., darunter 2 DZ für Familien mit Bad, WC: 45-55 € (2 Pers.) ♦ Frühst. inkl. ♦ Gästetisch abends, gemeinsam oder individuell, reservieren: 20 € (alles inkl.) ♦ Salon, Billard, Tischtennis, Gesellschaftsspiele, Bibliothek ♦ Kl. Hunde nur auf Anfrage erlaubt ♦ Sprachen: Englisch, Spanisch ♦ **Anreise** (Karte Nr. 31): 48 km südöstl. von Toulouse über die N 20 Rtg. Foix (Autobahn A 88). Abfahrt in Cintegabelle, D 35. An der Hauptstraße des Dorfes.

In Familienbesitz seit dem 18. Jahrhundert, ist dieses „Hôtel particulier" mit imposanter Fassade aus rosa Backstein harmonisch und lebendig. Die angebotenen Zimmer sind schön, die Möbel authentisch, die Bäder ausgesprochen hübsch; ferner gibt es einen Salon, vor allem aber einen Blumengarten, der ruhig und schattig ist, und in dem man im Sommer bei angenehmer Kühle die Mahlzeiten einnimmt. Die Atmosphäre dieses Hauses ist entspannt, der Empfang der jungen Gastgeber natürlich und freundlich.

337 - Le Poulsieu

Cautirac
09000 Serres-sur-Arget
(Ariège)
Tel. (0)5 61 02 77 72
Jenny und Bob Brogneaux

♦ Vom 1. Mai bis 1. Nov. geöffn. ♦ 4 Zi. mit Dusche, WC: 34-37 € (1 Pers., hoher Preis Juli/Aug.), 40-43 € (2 Pers., hoher Preis Juli/Aug.) + 10 € (zusätzl. Pers.) ♦ Frühst. inkl. ♦ Gästetisch abends, gemeinsam: 13 € (alles inkl.) - Mittags steht eine Kochnische zur Verfügung ♦ Salon ♦ Schwimmbad, Reiten und Ausflüge mit Geländewagen ♦ Sprachen: Deutsch, Englisch, Holländisch, Spanisch ♦ **Anreise** (Karte Nr. 30): 12 km westl. von Foix. Saint-Girons durchqueren; bei der Ausfahrt (Ouest) die D 17 Rtg. Col des Marrons. Nach 10 km, an der „Mouline", der „Bar-Tabac", gegenüber links, dann über 4 km „Chambres d'hôtes" ausgeschildert.

Jenny und Bob Brogneaux haben die ganze Welt bereist und empfangen heute Gäste in diesem alten, abgelegenen Bergweiler, der sich inmitten 70 Hektar Wald und Feldern befindet. Die weißgetünchten Zimmer sind schlicht, frisch, sehr ländlich. Am Tisch der Gastgeber ist die Atmosphäre besonders entspannt und sympathisch, im Sommer wird auf der Terrasse mit Blick aufs Tal zu Abend gegessen. In dieser einsamen Gegend kann man reiten und sich mit Pferdegespann vertraut machen.

MIDI - PYRÉNÉES

338 - Ferme-Aub. de Quiers
Compeyre
12520 Aguessac
(Aveyron)
Tel. (0)5 65 59 85 10
Fax (0)5 65 59 80 99
Mme und M. Lombard Pratmarty
E-Mail: quiers@wanadoo.fr
Web: ifrance.com/quiers

♦ Vom 1. April bis 15. Nov. geöffn. ♦ Reserv. notwendig ♦ 6 Zi. mit Bad oder Dusche, WC (darunter 1 Zi. f. 4-5 Pers. mit Mezzanin): 43 € (2 Pers.), Zi. mit Mezzanin: 67 € (4 Pers.) + 10 € (zusätzl. Pers.) ♦ HP: 69 € 2 Pers. im DZ außer an Ruhetagen (mind. 2 Üb.) ♦ Individ. Abendessen (19.30 Uhr) auf Best., außer Mo (das ganze Jahr) und So außerh. der Saison: 15-17 € (ohne Wein) ♦ Zimmerreinigung einmal wöchentl. ♦ **Anreise** (Karten Nr. 31 und 32): in Millau die N 9 Rtg. Severac. In Aguessac die N 9 bis Compeyre; dann ausgeschildert.

Dieses alte Bauernhaus liegt einsam mitten auf dem Land oberhalb des mittelalterlichen Dorfes Compeyre und überragt eine weite Hügellandschaft. Die in der einstigen Scheune eingerichteten Gästezimmer mit direktem Zugang bieten absolute Unabhängigkeit. Sie sind schlicht, angenehm und besitzen Charme: weiße Mauern mit einer bestimmten Farbe pro Zimmer und Mobiliar aus Naturholz. Die *Ferme-Auberge* bietet in einem abseits gelegenen rustikalen Speiseraum gesundes, reichhaltiges Essen an und verwendet vorwiegend Produkte aus eigener Produktion. Ein besonders angenehmes Haus für Aufenthalte in der Natur.

339 - Château de Camboulan

12260 Ambeyrac
(Aveyron)
Tel. und Fax (0)5 65 81 54 61
Mme und M. Prayssac

♦ Vom 1. Okt. bis 1. Juli geschl. ♦ Ansonsten Reserv. notwendig ♦ 3 Zi., darunter 1 Suite (4-5 Pers. mit Bad, 2 WC) mit Bad oder Dusche, WC, TV: 46-53 € (1 Pers.), 53 €, 61 € und 91 € (2 Pers.); Suite: 107 € (3 Pers.) + 14 € (zusätzl. Pers.) ♦ Frühst. inkl. ♦ Kein Gästetisch - Restaurants ab 2 km ♦ Salon ♦ Hunde nicht erlaubt ♦ Beheizt. Schwimmbad, Tischtennis, Boccia, 2 Mountainbikes ♦ Sprachen: Englisch, Spanisch ♦ **Anreise** (Karte Nr. 31): 18 km südwestl. von Figeac, die D 662 (Lot-Tal) über Faycelles, Frontenac bis zur Kreuzung Saint-Pierre Toirac. Die Gleise und Lot-Brücke überqueren, dann die D 86 nach Ambeyrac.

Die elegante Fassade (13.-16. Jh.) von *Camboulan* überragt das Lot-Tal. Von der Rasenterrasse des Schlosses, auf der sich heute ein Schwimmbad befindet, hat man die gleiche Aussicht. Das Innere wurde mit Stilmöbeln (meist Louis-treize) eingerichtet. Die Zimmer mit bestem Komfort – von einem blickt man aufs Tal, von den anderen in den Garten – haben hervorragend ausgestattete Bäder. Besonders erwähnen möchten wir „Aliénor": es ist zwar das teuerste, aber einfach phantastisch. Das angenehm gepflegte Frühstück wird im Kaminraum serviert. Empfang jovial und liebenswürdig, könnte besser nicht sein.

MIDI - PYRÉNÉES

340 - Le Bouyssou

12800 Crespin
(Aveyron)
Tel. (0)5 65 72 20 73
Marie-Paule und Philippe Wolff

♦ Von Allerheiligen bis Ostern geschl. ♦ Reserv. notwendig ♦ 4 Häuser von Sa bis Sa ♦ Für 2-6 Pers. je nach Haus ♦ Preise: 336-594 €/Woche (Heizungskosten und Begrüßungsmahlzeit inkl.; außerh. der Saison ohne Aktivitäten); 640-1036 €/Woche (Sommer mit Aktivitäten) ♦ Wasch- und Geschirrspülmaschine, Radio mit CD-Player, Bettwäsche und Handtücher (Zuschlag) ♦ Zimmerreinigung zu Lasten der Gäste ♦ Kl. Hunde auf Anfrage erlaubt ♦ Schwimmbad (ein 2. ist geplant), Gemüsegarten steht z. Verf., Fahrräder, Mountainbikes, Töpfern, Fotos, Bildhauerei, Wanderwege (G.R.) ♦ **Anreise** (Karte Nr. 31): 10 km südöstl. von Naucelle Rtg. Rodez und Crespin, Rtg. Lespinassol (4 km), dann links ausgeschildert.

Dies ist eine ungewöhnliche Adresse für einen bereichernden und natürlichen Aufenthalt. Denn hier wohnt man in richtigen kleinen Häusern (mit Küche), die mit einem besonderen Gespür für Wohlbefinden und Komfort eingerichtet sind. Und hier tun die Eigentümer wirklich alles, damit Ihr Aufenthalt zu einem Erlebnis wird – Erfahrungen und Begegnungen betreffend. Außer dem Schwimmbad und anderen angebotenen Freizeitaktivitäten können Sie Ihr Gemüse selbst ernten und Ihr eigenes Brot backen. In *Le Bouyssou* wird eine regelrechte Lebensart kultiviert.

341 - Vilherols

Vilherols
12600 Lacroix-Barrez
(Aveyron)
Tel. (0)5 65 66 08 24
Handy (0)6 07 42 30 15
Fax (0)5 65 66 19 98
Jean Laurens

♦ Ganzj. geöffn. ♦ Reserv. notwendig ♦ Mind. 2 Üb. ♦ 3 Zi. (darunter 1 großes mit Waschmaschine, TV, Terrasse) und 1 Familien-Suite (2-5 Pers.) mit Dusche, WC: 46 € (2 Pers.) und 61 € (2 Pers., Zi. mit Terrasse) + 15,25 € (Extrabett) ♦ Frühst. inkl. ♦ Kein Gästetisch - Restaurants ab 4 km ♦ Salon (TV) ♦ Haustiere nicht erlaubt ♦ Kinderbassin, Fahrräder ♦ **Anreise** (Karte Nr. 24): 5 km südl. von Mur-de-Barrez über D 904 Rtg. Entraygues-Rodez. 1 km vor Lacroix-Barrez links Rtg. Vilherols (ausgeschildert).

Dieser traumhafte Weiler, der seit Jahrhunderten von der Familie Laurens bewohnt wird, liegt in einer üppigen Landschaft. Im Haupthaus, das wie die Nachbarhäuser mit den für die Region typischen Ziegeln aus *lauze* (Kalk- oder Schiefergestein) bedeckt ist, befinden sich eine reizende Familien-Suite und der Frühstücksraum: schöne regionale Möbel und ein riesiger Kamin. Die anderen Gästezimmer sind in einer extra eingerichteten Dependance untergebracht. Sie sind sehr freundlich und bieten über große Fensterfronten einen Blick auf die Natur oder die große Terrasse. Der Empfang könnte nicht angenehmer sein, und die Preise sind sehr günstig.

MIDI - PYRÉNÉES

342 - La Manufacture

2, rue des Docteurs Basset
31190 Auterive
(Haute-Garonne)
Tel. und Fax (0)5 61 50 08 50
Mme Balansa
E-Mail: manufacture@pyrenet.fr

♦ Vom 1. Apr. bis 31. Okt. geöffn. ♦ 5 Zi. mit Bad oder Dusche, WC: 50 € (1 Pers.), 75 € (2 Pers.), 95 € (3 Pers.) + 20 € (Extrabett) ♦ Frühst. inkl. ♦ Gästetisch abends, gemeinsam: 24 € (alles inkl.) ♦ Salon ♦ Internet-Anschluss ♦ Hunde nur auf Anfrage erlaubt ♦ Schwimmbad, Angeln (Ariège), Fahrräder, Mountainbikes, Tischtennis ♦ **Anreise** (Karte Nr. 30): 32 km südl. von Toulouse. RN 20 Rtg. Foix-Andorre. In Auterive an der 2. Kreuzung links Rtg. Centre-Ville. Hinter der Brücke; die Straße der Post gegenüber.

Dieses wunderschöne Haus aus dem 18. Jahrhundert war einst eine Textilmanufaktur und liegt in einem ruhigen Viertel von Auterive, in unmittelbarer Nähe des Ariège-Ufers. Hier werden Sie um eine superbe Treppe herum angelegte Räume sowie ein authentisches, reizendes Dekor des 18. und 19. Jahrhunderts entdecken. Die meisten Gästezimmer sind sehr geräumig und mit antikem Mobiliar eingerichtet, was einen gewissen Komfort keineswegs ausschließt. Die Bäder sind neu und angenehm. Netter Empfang.

343 - Le Château

2003

Le Village
31190 Mauvaisin
(Haute-Garonne)
Tel. und Fax (0)5 61 81 31 02
Marie und Renaud de Mauvaisin
E-Mail: demauv@club-internet

♦ Von März bis Okt. geöffn. ♦ 2 Zi. (darunter 1 Familien-Suite für 2-4 Pers.) mit Bad oder Dusche, WC: 63 und 80 € (2 Pers.) + 13 € (Extrabett) ♦ Frühst. inkl. ♦ Kein Gästetisch ♦ Salon ♦ Schwimmbad, Tennis, Boccia, Tischtennis ♦ Sprachen: Englisch ♦ **Anreise** (Karte Nr. 30): 37 km südl. von Toulouse. Autobahn A 66 Rtg. Pamiers, Ausfahrt Nailloux, Rtg. Auterive (D 622), dann Mauvaisin. Am Ortseingang.

Mehr ein großes, edles Haus (aus dem 18. Jahrhundert) denn ein Schloss, ist *Le Château* ein sehr schönes Bauwerk aus rosa Backstein und ganz typisch für diese Gegend. Seit seinem Bestehen von der gleichen Familie bewohnt, ist dieser Ort elegant gealtert und wurde auf „sanfte" Art modernisiert. Die beiden Zimmer haben mit ihrem antiken Mobiliar, mit ihren Radierungen und stellenweise sogar mit ihren alten Tapeten noch immer ihr ursprüngliches Aussehen. Auch die Bäder (das Familienzimmer besitzt 2!) haben noch viel aus ihrer Entstehungszeit, bieten aber gleichzeitig modernen Komfort. Der Park, die Ruhe und der familiäre Empfang tragen ebenfalls zum Charme dieses erfreulichen Hauses bei.

MIDI - PYRÉNÉES

344 - Stoupignan

31380 Montpitol
(Haute-Garonne)
Tel. und Fax (0)5 61 84 22 02
Mme Claudette Fieux

♦ Ganzj. geöffn. ♦ 3 Zi. mit Bad oder Dusche, WC: 55 € (1 Pers.), 80 € (2 Pers.) + 16 € (Extrabett) ♦ Frühst. inkl. ♦ Kein Gästetisch - Restaurants ab 4 km ♦ Salon ♦ Hunde nur auf Anfrage erlaubt ♦ Tennis, See ♦ Sprachen: Englisch, Spanisch ♦ **Anreise** (Karte Nr. 31): 20 km nördl. von Toulouse über N 88 (Rtg. Albi) oder Autobahn A 63 (Ausfahrt Nr. 3), bis Montastruc. 500 m hinter der Ampel D 30 Rtg. Lavaur-Montpitol, dann rechts nach „Stoupignan".

In diesem schönen Haus im Louis-treize-Stil am Rand des Lauragais werden Sie von Madame Fieux aufs Herzlichste empfangen. Die geräumigen und im alten Stil ausgestatteten Zimmer sind ebenso elegant wie die Bäder, die Wäsche und das Besteck. Bewaldeter Park und Blick auf die Hügellandschaft. Eine Adresse für besonders charmante Kurzaufenthalte.

345 - Les Pesques

31220 Palminy
(Haute-Garonne)
Tel. (0)5 61 97 59 28
Fax (0)5 61 98 12 97
Mme und M. Lebris

♦ Außer letzter Augustwoche ganzj. geöffn. ♦ Reservieren ♦ Nichtraucher-Zi. ♦ 2 Zi. mit Bad oder Dusche, WC: 40 € (2 Pers.) ♦ Frühst. inkl. ♦ Gästetisch abends, gemeinsam, reservieren: 14 € (alles inkl.) - Restaurants ab 2,5 km ♦ Salon ♦ Hunde nicht erlaubt ♦ Sprachen: Englisch ♦ **Anreise** (Karte Nr. 30): 2,5 km westl. von Cazères. Ab Cazères Rtg. Camping de Plantaurel, hinter dem Campingplatz 2. Straße links.

Inmitten der Natur unweit der Garonne liegt dieses Bauernhaus von Format, das seine authentische Seite erhielt und einen großen Garten besitzt, in dem Platanen, Linden, Rosenstöcke und Hortensien gedeihen und wo Glyzinien die einstige Scheune hochklettern. Die Hausherrin, die die Farbe Blau liebt, entschied sich für einfache, frische Zimmer mit zurückhaltend-geschmackvoller Gestaltung – genauer: „Campagne chic". Die Bäder entsprechen dem Rest des Hauses. Frühstück und Abendessen werden entweder am großen Tisch des Speiseraumes oder, bei schönem Wetter, draußen eingenommen. Angeboten werden regionale Gerichte wie Saucisse de Toulouse oder Ente mit Gemüse aus dem eigenen Garten. Besonders sympathischer Empfang.

MIDI - PYRÉNÉES

346 - Domaine de Ménaut

Auzas
31360 Saint-Martory
(Haute-Garonne)
Tel. (0)5 61 90 21 51
(während der Essenszeiten)
Mme Jander

♦ Ganzj. geöffn. ♦ 1 Zi. und 1 Suite mit 2 Zi. (4 Pers.) mit Bad, WC: 54 € (2 Pers.), 92 € (3-4 Pers.)
♦ Frühst. inkl. ♦ Auf Wunsch gemeins. Essen: 13 € ♦ Salon ♦ Garage ♦ Haustiere nicht erlaubt
♦ Seen, Angeln und Baden, angelegte Terrasse fürs Frühstück und Abendessen im Sommer ♦ Sprachen: Deutsch, Englisch ♦ **Anreise** (Karte Nr. 30): ca. 20 km östl. von Saint-Gaudens. Toulouse N 117, in Boussens Rtg. Mancioux, dann D 33. Nach 5 km vor der D 52 rechts auf den kleinen Weg abbiegen und an der Einfriedigung entlangfahren.

Die *Domaine de Ménaut* liegt vollkommen abgeschieden in einer 90 Hektar großen Besitzung mit viel Wald und 3 Seen und scheint fern jeglicher Zivilisation. Die Innenausstattung ist tadellos, schlicht und gepflegt. Elegante Stilmöbel zieren Speiseraum und Salon. Die komfortablen Gästezimmer sind mit schönen Bädern ausgestattet und haben eine nach Süden gelegene Terrasse, auf der im Sommer das Frühstück serviert wird. Ein Ort, den Naturfreunde und Ruhebedürftige besonders schätzen werden. Der Empfang ist stets besonders freundlich.

347 - Maison Jeanne

Route Principale
31110 Saint-Paul-d'Oueil
(Haute-Garonne)
Tel. und Fax (0)5 61 79 81 63
Mme Guerre
Web: locations-luchon.com

♦ Ganzj. geöffn. ♦ Nichtraucher-Zi. ♦ 2 Zi. und 1 Suite mit Bad oder Dusche, WC, TV: 62 €
(2 Pers.); Suite 89 € (4 Pers.) ♦ Frühst. inkl.; Brunch von 13.00 bis 18.00 Uhr auf Best.: 11 €/Pers.
♦ Kein Gästetisch - Gasthof im Dorf ♦ Salon ♦ Sauna, Entspannungs-Raum ♦ Wandern in der Natur, Angeln am Bach ♦ Haustiere nicht erlaubt ♦ **Anreise** (Karte Nr. 30): 7 km westl. von Luchon. Ab Luchon Rtg. Col de Peyresourde; nach 5 km rechts Vallée d'Oueil; im 1. Dorf.

Besonders viel Charme besitzt dieses in einem reizenden kleinen Dorf in den Pyrenäen oberhalb von Luchon, gegenüber den schneebedeckten Bergen und inmitten eines Gartens mit intimen Ecken gelegene Natursteinhaus. Der Speiseraum ganz in Rot besitzen einen großen Kamin, antikes Mobiliar und moderne Bilder, der Salon mit gestrichenem Parkett ist geprägt von subtilen Grüntönen vor. Für die Suite im 1. Stock wurde so manches beim Trödler erworben, das Bad ist raffiniert. In den anderen Zimmern unter dem Dach wurden Stoffe an den Balken drapiert, sind die Fenster klein und die Bäder üppig und praktisch. Überall von der ganz und gar liebenswürdigen Hausherrin wohlverteiltes Raffinement.

MIDI - PYRÉNÉES

348 - Château du Bousquet

31570 Saint-Pierre-de-Lages
(Haute-Garonne)
Tel. (0)5 61 83 78 02
Fax (0)5 62 18 98 29
Mme und M. de Lachadenède

♦ Weihn. geschl. ♦ 1 Suite (2 Pers.) mit 1 Nebenzi. (2 Pers.) mit Dusche, WC, Tel., TV: 67 € (2 Pers.), 95 € (4 Pers.) ♦ Frühst. inkl. ♦ Kein Gästetisch - Restaurants in Fonvegrives (4,5 km) ♦ Zimmerreinigung auf Wunsch ♦ Haustiere nicht erlaubt ♦ Angeln (See), Boccia, Tischtennis ♦ **Anreise** (Karte Nr. 31): 15 km südöstl. von Toulouse. Rtg. Castres, Mazamet (oder Ausfahrt 17 über Ringstraße), nach 8 km rechts, Rtg. Lanta (4 km). Am Ortsausgang von Saint-Pierre-de-Lages links, Rtg. Vallesvilles, 800 m weiter.

Nur 15 Kilometer von Toulouse entfernt, aber inmitten der Natur liegt dieses solide Schloss aus rosa Backstein; umgeben ist es von harmonischen Gebäuden sowie einem riesigen Park mit hohen Bäumen. Die Suite mit kleinem Salon und TV-Ecke ist besonders reizvoll, außerdem kann das Nebenzimmer auf Wunsch ebenfalls benutzt werden. All dies ist luxuriös und freundlich, und der Blick geht auf eine ursprüngliche Landschaft. Der behagliche Frühstücksraum und die ruhigen Sitzecken im Garten runden die Annehmlichkeiten dieses Hauses noch ab. Besonders liebenswürdige Betreuung.

349 - La Grange Gasconne

Lieu-dit: Bêche
32700 Castera-Lectourois
(Gers)
Tel. (0)5 62 68 48 29
Mme Chantal Dupuis-Mendel
E-Mail: lagrange_gasconne@hotmail.com

♦ Ganzj. geöffn. ♦ Nichtraucher-Zi. ♦ Mind. 2 Üb. im Juli und Aug. ♦ 3 Zi. mit Bad oder Dusche, WC: 80 € (2 Pers.) + 23 € (zusätzl. Pers.) ♦ außerh. der Saison -20% ♦ Frühst. inkl. ♦ Gästetisch abends, gemeinsam, reservieren: 20 € (ohne Getränke) ♦ Salon, Bibliothek, TV ♦ Schwimmbassin, Erlebnisaufenthalte, Kurse verschiedenster Art ♦ Hunde nicht erlaubt ♦ Sprachen: Englisch, Spanisch ♦ **Anreise** (Karte Nr. 30): 9 km nordwestl. von Lectoure. In Lectoure auf die alte Römische Heerstraße D 248, links nach Castera Lectourois D 219, das Dorf hinunterfahren, am Bahnübergang rechts, am Steinkreuz rechts (4 km); an Lassalle vorbeifahren, dann links auf den großen Weg.

Chantal Dupuis-Mendel vermischte Modernität mit Tradition und gestaltete diese Scheune mit rustikalen Mauern um und brachte Licht und Farben hinein. Die Fußböden sind grau und die schönen Duschen und Waschbeckenecken klar und minimalistisch. Blaugrüne Wände und ein spanisches Bett im „Bleue". Das Zimmer „Africaine", in Orange und Gelb, hat einen exotischen Touch. „Charlotte" hat puterrote Vorhänge mit Streifen in Violett und Kastanie. Das Frühstück wird entweder unter dem Vordach oder in dem kleinen, à Le Corbusier möblierten Raum serviert. Chantal, dynamisch und eine begnadete Köchin, wird Sie unter anderem mit den Produkten aus ihrem Garten verwöhnen.

MIDI - PYRÉNÉES

350 - Domaine du Garros

32250 Fourcès
(Gers)
Tel. und Fax (0)5 62 29 47 89
Mme Carter
E-Mail: chateaudugarros@wanadoo.fr
Web: perso.wanadoo.fr/chateaudugarros/

♦ Vom 2. Mai bis 14. Nov. geöffn. ♦ Reservieren ♦ 3 Zi. mit Bad oder Dusche, WC: 85-105 € (2 Pers.), 105-130 € (3 Pers.) ♦ Frühst. inkl. ♦ Kein Gästetisch - Restaurants 300 m bzw. 7 km entfernt ♦ Salon ♦ Hunde nur auf Anfrage erlaubt ♦ Sprachen: Englisch, Spanisch ♦ **Anreise** (Karte Nr. 30): 12 km westl. von Condom Rtg. Eauze, dann rechts nach Fourcès. 200 m hinter dem Ortsausgang.

Ein englisches Paar, das eine Zeitlang auf den Balearen lebte, restaurierte dieses neben der Bastei von Fourcès gelegene Haus aus dem 19. Jahrhundert (in dem einst Armagnac hergestellt wurde), ließ ihm aber eine gewisse Patina. Die individuelle Gestaltung, der liebenswürdige Empfang und das Raffinement der Madame Carter schaffen eine einzigartige Atmosphäre. Neben der Eingangshalle mit bemalter Decke (Darstellung von Symbolen) liegt der ansprechende Salon. Die Zimmer befinden sich im Obergeschoss. Das eine, mit einem Himmelbett aus rosa Toile de Jouy, hat ein Bad aus imitiertem Marmor und ein kleines Kinderzimmer. Der Stil des „Rose" ist ländlich. Das große gelbe Zimmer mit spanischen Möbeln kann um ein Kinderzimmer vergrößert werden (schönes Bad mit alter Badewanne). Perfekt für längere Aufenthalte.

351 - Au Soulan de Laurange

Juilles
32200 Gimont
(Gers)
Tel. und Fax (0)5 62 67 76 62
M. Crochet und M. Petit
Web: canard-au-soulan.com

♦ Ganzj. geöffn. ♦ Im Juli und Aug. mind. 2 Üb. ♦ 4 Zi. mit Bad oder Dusche, WC: 62-77 € (1 Pers.), 70-85 € (2 Pers.), 90-105 € (3 Pers.), je nach Saison ♦ Frühst. inkl. ♦ Gästetisch abends, gemeinsam oder individuell, reservieren: 24 € (ohne Getränke) ♦ Salon ♦ Tel. ♦ Schwimmbad ♦ Hunde nicht erlaubt ♦ Sprachen: Englisch, Italienisch, Spanisch ♦ **Anreise** (Karte Nr. 30): 25 km von Auch Rtg. Toulouse über die N 124 (22 km). Ab Gimont Rtg. Saramon über die D 12 (3 km), dann rechts ausgeschildert.

Au Soulan (was nach Süden gelegen heißt) ist ein Herrenhaus aus dem 18. Jahrhundert; es befindet sich auf einem der Hügel des Gers und imitiert mit seinem rosa Verputz Villen der Toskana. Die Zimmer liegen im Erdgeschoss; zwei haben Blick auf das kleine Tal, in dem Mais und Weizen angebaut werden. Alle wurden renoviert und mit antikem Mobiliar und Einrichtungsgegenständen von Trödlern aus der Umgebung gestaltet. Die modernen Bäder sind angenehm. Beim gemeinsamen Essen *(table d'hôtes)* werden regionale Gerichte aufgetragen *(magret au miel, tourte aux légumes)*. Der Pool lädt bei schönem Wetter zum Entspannen ein.

MIDI - PYRÉNÉES

352 - Au Château

32230 Juillac
(Gers)
Tel. (0)5 62 09 37 93
Handy (0)6 15 90 25 31
Mme und M. de Rességuier
E-Mail: deresseguier@marciac.net

♦ Ganzj. geöffn. ♦ Für Aufenthalte reservieren ♦ 3 Zi. mit Bad oder Dusche, WC: 50 € (2 Pers.) + 15 € (zusätzl. Pers.) ♦ Frühst. inkl. ♦ Gästetisch abends, gemeins., reservieren: 16 € (Wein inkl.) - Restaurants ab 4 km ♦ Aufenthaltsraum (Kamin), Kochnische steht zur Verfügung ♦ **Anreise** (Karten Nr. 29 und 30): 4 km nordwestl. von Marciac. Von Marciac bis ins Dorf Juillac fahren. Das Dorf durchqueren, 1. Straße links hinter dem Ortsausgangsschild.

In einem Park mit hundertjährigen Bäumen und Blick auf die Hügel des Gers und in der Ferne auf die Pyrenäen ist dieses einstige Kartäuserkloster des 18. Jahrhunderts ein Hafen der Ruhe. In einer Dependance haben die Hausbesitzer (er ist Landwirt, sie Bürgermeisterin des Dorfes) nicht mehr als 3 Gästezimmer eingerichtet, um ihr Anwesen erhalten zu können. Die Zimmer sind quasi identisch mit kleinen, hohen Fenstern, die Aussicht auf den Park bieten. Ihre Gestaltung ist ländlich und abgewandelt mit blauen, grünen, gelben oder beigen Kacheln, der Teppichboden ist grau, die Möbel sind aus Kiefer. Die Bäder sind funktionell. Der Frühstücksraum mit großem Kamin im Erdgeschoss blieb unangetastet, ist somit rustikal. Dynamischer, sehr freundlich-direkter Empfang.

353 - Le Moulin de Mazères

32450 Lartigue
(Gers)
Tel. (0)5 62 65 98 68
Fax (0)5 62 65 83 50
Régine und Raymond Bertheau

♦ Ganzj. geöffn. ♦ 4 Zi. mit Dusche, WC: 46 € ♦ Frühst.: 6 € ♦ Gästetisch abends, gemeinsam: 20 € (alles inkl.) ♦ Zimmerreinigung auf Wunsch ♦ Salon ♦ Schwimmbad, Angeln, Reiten und Pferdeboxen ♦ Sprachen: Englisch ♦ **Anreise** (Karte Nr. 30): 17 km südöstl. von Auch. Rtg. Toulouse, in Aubiet D 40, hinter Castelnau 3,5 km Rtg. Héréchou (D 40).

Diese hübsche alte Mühle, an einer kleinen Straße gelegen und geschmackvoll restauriert, ist umgeben von Natur und Frische. Angeboten werden 3 einfache, aber geräumige Zimmer, in denen man das Wasser rauschen hört, und ein 4., von dem man über die große Fensterfront auf den Mühlbach schaut. In diesem Haus sind Reiter mit ihren Pferden gern gesehen. Auch das Schwimmbad und das reichhaltige, von Madame Bertheau zubereitete Frühstück tragen zum Entspannen und zum Wohlbefinden bei.

MIDI - PYRÉNÉES

354 - La Tannerie

32170 Miélan
(Gers)
Tel. und Fax (0)5 62 67 62 62
Mme und M. Bryson

♦ Von Ostern bis Allerheiligen (außer Juni) geöffn. ♦ Reserv. notwendig ♦ 3 Zi. mit Bad, WC: 45-57 € (2 Pers.) ♦ Frühst. inkl. ♦ Kein Gästetisch - Restaurants 2 bzw. 12 km entf. ♦ Salon (TV und Kühlschrank) ♦ Sprachen: Englisch, Spanisch ♦ **Anreise** (Karte Nr. 30): 40 km südwestl. von Auch, N 21 Rtg. Tarbes. In Miélan kleine Straße rechts vor der Kirche.

Wie könnte man diesem schönen Landsitz, dieser Balustraden-Terrasse, diesem Garten, den Gemälden im Treppenhaus und vor allem der liebenswürdigen Hausbesitzerin, Madame Bryson, widerstehen? Die größeren Zimmer sind geräumig und hell, das mit Kiefernmöbel eingerichtete ist einfacher. Wer möchte, kann sich im angenehmen Lese- und Fernsehraum des Erdgeschosses einen Kaffee oder Tee zubereiten. Bei schönem Wetter werden Frühstück und Abendessen unter den Sonnenschirmen serviert. Die Vorteile dieses Hauses sind der Empfang, die Ruhe, die Entspannung und der hübsche Blick auf die umliegenden Hügel.

355 - La Garlande

Place de la Mairie
32380 Saint-Clar
(Gers)
Tel. (0)5 62 66 47 31
Fax (0)5 62 66 47 70
Nicole und Jean-François Cournot
E-Mail: nicole.cournot@wanadoo.fr

♦ Vom 1. Dez. bis 15. März und 1 Woche Ende Aug. geschl. ♦ 3 Zi. mit Dusche, WC; auch Suiten: 48-58 € (2 Pers.) und 2 Kinderzi. (1 mit Waschbecken, Dusche und 1 mit eig. Toilette im Untergeschoss) ♦ Frühst. inkl. ♦ Gästetisch an manchen Abenden, gemeinsam, reservieren: 16 € (Wein inkl.) ♦ Salon ♦ Hunde nicht erlaubt ♦ Sprachen: Englisch ♦ **Anreise** (Karte Nr. 30): 35 km nordöstl. von Auch über die N 21, dann die D 953, Fleurance. Im Zentrum von Saint-Clar.

Dieses große Haus aus dem 18. Jahrhundert, das aufgrund seiner Aufteilung und seiner großen Steintreppe etwas Majestätisches hat, liegt im Herzen des ruhigen Ortes mit schöner Markthalle. Die Gästezimmer haben ihr Ambiente aus früheren Zeiten bewahrt; mit ihren ausgewählten Möbeln und modernen Bädern sind sie ausgesprochen komfortabel. Die Küche, in der das Frühstück serviert wird, ist sehr freundlich. Zum Entspannen stehen ein großer Salon und ein kleiner Garten zur Verfügung. Offener, freundlicher Empfang. Familien sind hier gern gesehen.

MIDI - PYRÉNÉES

356 - La Lumiane

Grande Rue
32310 Saint-Puy
(Gers)
Tel. (0)5 62 28 95 95
Fax (0)5 62 28 59 67
Mme und M. Scarantino
E-Mail: la.lumiane@wanadoo.fr

♦ Zur Zeit der Februar-Ferien geschl. ♦ 5 Zi. mit Bad oder Dusche, WC, Tel.: 60,98 € (2 Pers.) ♦ Frühst. inkl. ♦ Kreditkarten ♦ Gästetisch abends, gemeinsam, reservieren: 22,87 € (ohne Getränke) ♦ Salon ♦ Hunde nicht erlaubt ♦ Schwimmbad ♦ Tennis (kostenlos, 100 m weiter) ♦ Sprachen: Englisch, Italienisch ♦ **Anreise** (Karte Nr. 30): 11 km südöstl. von Condom Rtg. Fleurance.

La Lumiane, ein Herrenhaus aus dem 17. Jahrhundert, liegt mitten im Dorf und besitzt einen sehr gepflegten Garten, der unmittelbar neben einer wunderbaren Kirche liegt. Die neu gestalteten Zimmer haben jeglichen Komfort, sind freundlich und raffiniert. Entdecken werden Sie hier außerdem einen ansprechenden Salon, der dem klassischen Geschmack von heute entspricht. Vom großen Schwimmbad aus, das von Blumen umgebenen ist, hat man einen wunderbaren Panoramablick auf die Hügel des Gers. Exzellentes Frühstück und aufmerksamer Empfang.

357 - En Bigorre

32380 Tournecoupe
(Gers)
Tel. (0)5 62 66 42 47
Jacqueline und Jean Marqué

♦ Ganzj. geöffn. ♦ 5 Zi. mit Dusche, WC: 45,73 € (2 Pers.) ♦ Frühst. inkl. ♦ Kein Gästetisch ♦ Salon ♦ Zimmerreinigung auf Wunsch ♦ Tel. ♦ Schwimmbad, *putting green*, Angeln ♦ **Anreise** (Karte Nr. 30): 40 km südl. von Agen über die N 21 Rtg. Lectoure, dann links die D 27. Vor Lectoure Rtg. Saint-Clar, dann Tournecoupe.

Das erst kürzlich renovierte Haus ist von einem Garten umgeben und deshalb auch sehr ruhig. Die Zimmer sind angenehm, vertäfelt oder weiß gestrichen. Das Frühstück wird entweder in einem hübschen Speiseraum oder unter einem Vordach mit offenem Grill und Blick auf das Schwimmbad serviert. Die Betreuung ist warmherzig.

MIDI - PYRÉNÉES

358 - Château de Cousserans

46140 Belaye
(Lot)
Tel. (0)5 65 36 25 77
Fax (0)5 65 36 29 48
Mme und M. Georges Mougin
E-Mail: château.cousserans@wanadoo.fr

◆ Ganzj. geöffn. ◆ 5 Zi. mit Bad, WC: 115 und 130 € (2 Pers.), 145 € (3 Pers.) ◆ Kontinent. Frühst. inkl. ◆ Gästetisch abends, gemeinsam, reservieren: 30 € (Wein inkl.) - Restaurants ab 4 km ◆ Musiksalon (Orgel und 2 Klaviere) ◆ Bedeckt. Schwimmbad, Angeln ◆ Sprachen: Englisch, Spanisch ◆ **Anreise** (Karte Nr. 30): 30 km von Cahors über die D 911. In Castelfranc Rtg. Anglars Juillac, dann Rtg. Montcuq links über die D 45 (3 km).

Das erstaunlich gut erhaltene Schloss aus dem 15. Jahrhundert, das einsam inmitten der Natur liegt, ragt aus einer Baumgruppe an der Biegung einer kleinen Straße hervor. Sein mittelalterliches Äußeres bildet einen interessanten Kontrast zur komfortablen Neugestaltung. Ein Aufzug führt zu den mit Teppichboden ausgelegten Zimmern, die sehr ansprechend und in hellen Tönen gehalten und modern eingerichtet sind; einige antike Möbel verleihen ihnen eine persönliche Note. Der wunderbare Musiksalon ist ganz und gar authentisch geblieben, ganz wie das auf der Etage darüber eingerichtete Zimmer. Das Frühstück wird im Speisesaal mit Deckengewölbe oder auf der reizenden Schloss-Terrasse eingenommen.

359 - Domaine de Labarthe

46090 Espère
(Lot)
Tel. (0)5 65 30 92 34
Fax (0)5 65 20 06 87
Mme und M. Claude Bardin

◆ Ganzj. geöffn. ◆ Reserv. notwendig ◆ 3 Zi. mit Bad, WC (darunter 1 Suite mit Kochnische, TV): 55 € (1 Pers.), 65-90 € (2 Pers.) ◆ Frühst. inkl. ◆ Kein Gästetisch - Restaurants ab 5 km ◆ Salon ◆ Tel. ◆ Hunde nur auf Anfrage erlaubt ◆ Schwimmbad, Garten, Barbecue steht zur Verfügung ◆ Sprachen: ein wenig Englisch ◆ **Anreise** (Karten Nr. 23 und 30): 10 km westl. von Cahors über D 911 Rtg. Villeneuve-sur-Lot. In Espère, etwa 300 m hinter dem Kreisverkehr und links von der D 911 und der Telefonzelle: Einfahrt zum Anwesen.

In diesem schönen, großen und stattlichen Haus aus weißem Stein werden Sie mit ausgesuchter Höflichkeit empfangen; hier können Sie absolute Ruhe genießen und sich in den klassischen, komfortablen Zimmern mit Blick auf den Park entspannen. Üppiges, reichhaltiges, in einer eleganten Küche serviertes Frühstück. Wer besonders unabhängig sein möchte, wird sich für die im Taubenhaus mit kleinem Garten eingerichtete Suite (mit Kochnische) entscheiden. Bei schönem Wetter kann man sich am Schwimmbad entspannen, das von viel Grün umgeben ist. Ein bemerkenswertes, traditionelles Haus.

MIDI - PYRÉNÉES

360 - Moulin de Fresquet

46500 Gramat
(Lot)
Tel. (0)5 65 38 70 60/ (0)6 08 85 09 21
Fax (0)5 65 33 60 13
Mme und M. Ramelot
E-Mail: moulindefresquet@ifrance.com
Web: moulindefresquet.com

♦ Vom 1. April bis 1. Nov. geöffn. ♦ Nichtraucher-Zi. ♦ 5 Zi. mit Dusche, WC (TV auf Wunsch): 52-70 € (2 Pers.) + 13,75 € (zusätzl. Pers.) ♦ Frühst. inkl. ♦ Gästetisch abends, gemeinsam: 19 € (Wein inkl.) ♦ Salons ♦ Haustiere nicht erlaubt ♦ Angeln, Wanderweg ♦ Sprachen: ein wenig Englisch ♦ **Anreise** (Karte Nr. 24): 800 m südöstl. von Gramat; dort Rtg. Figeac über die N 140, nach 500 m links, 300 m langer Weg.

Ganz in der Nähe von Gramat liegt diese alte Mühle sehr ruhig mitten im Grünen. Dank der gelungenen Renovierungsarbeiten ist sie nun sehr komfortabel, hat aber ihren Charme von früher bewahren können. Die Zimmer sind ansprechend eingerichtet, und 2 von ihnen haben einen direkten Ausblick aufs Wasser. Außerdem gibt es eine freundliche Salon-Bibliothek und einen wunderbaren Sommer-Speiseraum, von dessen großer Fensterfront man weit auf den Fluss schaut. Claude und Gérard sind ausgesprochen freundliche Gastgeber, ihre Küche ist bemerkenswert, und auf Wunsch servieren sie ihren Gästen einen Aperitif mit *foie gras*. Ein exzellentes Haus, in dem man die Zierde frei lebender Enten bewundern kann.

361 - L'Ermitage

46230 Lalbenque
(Lot)
Tel. (0)5 65 31 75 91
Mme und M. Daniel Pasquier

♦ Ganzj. geöffn. ♦ 3 kl. Häuser mit Dusche, WC, Kitchenette, Tel.: 32 € (2 Pers.) ♦ Kein Gästetisch - Restaurants im Dorf ♦ Zimmerreinigung zu Lasten der Gäste ♦ Sprachen: Deutsch ♦ **Anreise** (Karte Nr. 30): 16 km südl. von Cahors über die D 6; am Ortseingangsschild (Lalbenque) links.

Für alle, die wie Eremiten mitten im Trüffeleichenwald wohnen möchten, baute Daniel Pasquier diese 3 kleinen Häuser aus mörtellosem Naturstein, die hier *gariottes* heißen. Sie sind vollkommen rund, blau, grün und rosa angestrichen, kühl im Sommer und warm im Winter, besitzen eine Kitchenette, eine Dusche, ein komfortables Bett und sogar ein Telefon. Ein von den B&B-Häusern leicht abgewandeltes Angebot. Gut durchdacht und ideal für diejenigen, die es zu günstigen Preisen gern besonders individualistisch haben.

MIDI - PYRÉNÉES

362 - Le Mas Azemar

Rue du Mas de Vinssou
46090 Mercuès
(Lot)
Tel. (0)5 65 30 96 85
Fax (0)5 65 30 53 82
Sabine und Claude Patrolin
Web: masazemar.com

♦ Ganzj. geöffn. ♦ Reserv. notwendig ♦ 6 Zi. mit Bad oder Dusche, WC: 62-80 € (2 Pers.) + 15 € (Extrabett) ♦ Frühst. inkl. ♦ Gästetisch abends, gemeinsam: 25 € (Wein und Kaffee inkl.) ♦ Salon, Bibliothek ♦ Münztel. ♦ Hunde erlaubt (+ 4 €/Tag) ♦ Beheizt. Schwimmbad ♦ **Anreise** (Karte Nr. 30): 8 km westl. von Cahors Rtg. Villeneuve-sur-Lot über die D 911. In Mercuès; ausgeschildert.

Dieses große Haus aus dem 18. Jahrhundert betört aufgrund der harmonischen Proportionen seiner Räume. Die Gästezimmer sind geräumig und haben ihr Ambiente vergangener Zeiten bewahrt. Die meisten Bäder haben Fenster, die den Eindruck von Größe noch unterstreichen. Ein ansehnlicher Raum mit Steinwänden dient als Frühstücksraum. Der Speiseraum und die Salons, die mit ihrer Täfelung besonders freundlich und warm wirken, bieten den richtigen Rahmen für die Freuden des Gästetisches (*table d'hôtes*) und tragen weiter zur Entspannung bei. Vom reizenden Garten blickt man auf die Felder der Umgebung. Höflicher Empfang.

363 - Le Cayrou

Le Bourg
46310 Saint-Chamarand
(Lot)
Tel. (0)5 65 24 50 23
Mme und M. Beauhaire

♦ Vom 1. Nov. bis 1. Mai geschl. ♦ 2 Zi. mit Bad oder Dusche, WC: 54-64 € (2 Pers.) + 15 € (Extrabett) ♦ Frühst. inkl. ♦ Kein Gästetisch - Restaurants (1,5 km) ♦ Kleiner Salon ♦ Hunde nicht erlaubt ♦ Schwimmbad ♦ Sprachen: etwas Englisch ♦ **Anreise** (Karte Nr. 23): 35 km nördl. von Cahors über die N 20 (Achse Limoges/Toulouse), dann D 704 Rtg. Périgueux über Saint-Chamarand. Im Dorf, der Kirche gegenüber. Oder Autobahn A 20 Ausfahrt Gourdon (Nr. 56).

Dieses angenehme, in einem kleinen, authentischen Dorf gelegene Haus besitzt einen hübschen, eingefriedeten Garten (mit Schwimmbad), der terrassenartig angelegt ist und in dem man sich wirklich gern aufhält. Die unterschiedlich großen Zimmer liegen ebenerdig und gehen direkt nach draußen. Mit einigen antiken Möbeln und ansprechenden Einrichtungsgegenständen sowie hübschen Stoffen sind sie sorgfältig und komfortabel gestaltet. Das größte, das sich weit zum Garten hin öffnet, hat ein besonders helles Bad.

MIDI - PYRÉNÉES

364 - Château d'Uzech

46310 Uzech-les-Oules
(Lot)
Tel. und Fax (0)5 65 22 75 80
Mme und M. Brun

♦ Ganzj. geöffn. ♦ Reserv. notwendig ♦ 3 Wohnungen (2-3 Pers.) mit Bad oder Dusche, WC, Kitchenette, Salon, TV: 76 € (2 Pers.); 1 Nebenzi.: 45 €; + 15,24 € (Extrabett) ♦ Frühst. inkl. ♦ Gästetisch abends, gemeinsam, reservieren: 23 € (alles inkl.) ♦ Haustiere nur auf Anfrage erlaubt ♦ Schwimmbad, Tischtennis, Boccia ♦ Sprachen: Englisch, Portugiesisch, Spanisch ♦ **Anreise** (Karte Nr. 23): 23 km nördl. von Cahors, Rtg. Villeneuve-sur-Lot über die D 911. Am Ortsausgang von Mercuès Rtg. Gourdon über die D 12. 4 km hinter Saint-Denis-Catus. Im Dorf links, Rtg. Schule (*école*) und Schloss (*château*).

Dieses schöne große Haus liegt am Rand eines kleinen Dorfes des Quercy, besitzt ein Schwimmbad und bietet Ausblicke auf eine prachtvolle Landschaft. Zur Verfügung stellt es 3 kleine, unabhängige, gut konzipierte Studios, bei denen Stein und Holz vorherrschen. Einige Zimmer sind in Loggias untergebracht. Jedes Studio verfügt über eine Kitchenette, die Sie nicht benutzen *müssen*, denn Madame Brun ist eine hervorragende Köchin. Ein freundlich-elegantes Haus.

365 - Manoir de la Barrière

46300 Le Vigan
(Lot)
Tel. (0)5 65 41 40 73
Fax (0)5 65 41 40 20
Mme und M. Auffret
E-Mail: manoirauffret@aol.com
Web: france-bonjour.com/manoir-la-barriere/

♦ Von Ostern bis Allerheiligen geöffn. ♦ Reserv. notwendig ♦ 4 Zi. (3 in Dependancen) mit Bad, WC: 75 € (2 Pers.) + 20 € (zusätzl. Pers.) ♦ Frühst. inkl. ♦ Gästetisch abends, gemeinsam: 30 € (Wein inkl.) ♦ Salon ♦ Hunde nicht erlaubt ♦ Schwimmbad, Angeln am Teich ♦ Sprachen: Deutsch, Englisch ♦ **Anreise** (Karte Nr. 23): 21 km südl. von Souillac über die N 20 Rtg. Cahors. Hinter Peyrac rechts Rtg. Le Vigan (5 km). Am Teich den kleinen Weg geradeaus.

Der Ursprung dieses schönen, Périgord-typischen Anwesens geht aufs 13. Jahrhundert zurück. Die neuen Besitzer verstanden es, den ursprünglichen Charakter des Hauses zu erhalten, es aber gleichzeitig mit jeglichem modernen Komfort auszustatten. Die geräumigen und sorgfältig eingerichteten Gästezimmer verfügen ausnahmslos über bemerkenswerte Bäder. Am großen Blumengarten, durch den sich ein Bach schlängelt, führt eine Straße vorbei, dessen Verkehr man tagsüber hört. Die hervorragende Küche von Monsieur Auffret, einst Restaurateur, machen dieses Haus zu einem erfrischenden Zwischenstopp, der für den Besuch von Les Eyzies und Rocamadour sehr günstig liegt. Der Empfang ist sehr freundlich.

MIDI - PYRÉNÉES

366 - Eth Béryè Petit

15, route de Vielle
65400 Beaucens
(Hautes-Pyrénées)
Tel. und Fax (0)5 62 97 90 02
Mme und M. Vielle
E-Mail: contact@beryepetit.com
Web: beryepetit.com

♦ Ganzj. geöffn. ♦ Nichtraucher-Zi. ♦ 3 Zi. mit Bad oder Dusche, WC: 45-54 € (2 Pers.) + 15 € (Extrabett) ♦ Gemeins. Essen, auf Anfrage an Wochenenden von Nov. bis Apr.: 15 € (Wein inkl.) ♦ Salon ♦ Sprachen: Englisch, Spanisch ♦ **Anreise** (Karte Nr. 29): 13 km südl. von Lourdes. Ab Lourdes Rtg. Argelès-Gazost. Im Dorf hinter der Total-Tankstelle links. In Beaucens der Ausschilderung „Vielle" folgen.

Das regionaltypische Bigourdane-Haus aus dem 18. Jahrhundert liegt in einer schönen Umgebung mit direktem Blick auf den Adler-Wachtturm und etwas weiter auf den Pic de Viscos. Sehr sorgfältig und geschmackvoll umgestaltet und eingerichtet, verfügt es über einen Aufenthaltsraum, der elegant und gediegen ist, sowie über sehr schöne Zimmer. „Galeria", besonders groß und hell, geht auf die lange Außengalerie des Hauses hinaus. Die beiden anderen sind kleiner, aber hübsch mit ihren reizenden Betten an der Trennwand, hinter der sich ein wunderbares Bad befindet. Eine harmonische Mischung aus Tradition und Modernität. Eine unserer ganz besonderen „Entdeckungen".

367 - Les Rocailles

65100 Omex / Lourdes
(Hautes-Pyrénées)
Tel. (0)5 62 94 46 19
Fax (0)5 62 94 33 35
Mme und M. Fanlou
E-Mail: muriellefanlou@aol.com
Web: lesrocailles.com

♦ Von Mitte Nov. bis Ende Jan. geschl. ♦ 3 Zi. (2 mit Klimaanlage) mit Bad und Dusche, WC, Tel., TV, Safe: 40 € (1 Pers.), 55 € (2 Pers.) + 13 € (Extrabett) ♦ Frühst. inkl. ♦ Gästetisch abends, gemeinsam (außer Do und So): 17 € (Wein inkl.) ♦ Schwimmbad ♦ Sprachen: Englisch ♦ **Anreise** (Karte Nr. 29): 4 km westl. von Lourdes, Rtg. Saint-Pé-Bétharram, an der Brücke nach Omex, dann ausgeschildert.

Oberhalb von Lourdes in den Bergen liegt dieses ehemalige Presbyterium; es wurde sehr ansprechend renoviert und bietet einen schönen Blick auf die verschneiten Gipfel der Pyrenäen. Eines der Zimmer besitzt eine eigene Terrasse. Alle haben Fußboden aus hellem Parkett und ein Himmelbett in ländlichem Stil (kariert oder mit Blumenmuster), zuweilen ein Alkovenbett für ein Kind, antikes Mobiliar und eine Menge kleiner Details, die sie besonders anheimelnd machen. Die Bäder sind zwar nicht sehr groß, dafür aber tadellos. Schwerpunkt der Küche sind regionale Gerichte, die von den Gastgebern liebevoll serviert werden. Eine Adresse mit Seltenheitswert.

MIDI - PYRÉNÉES

368 - Domaine de Jean-Pierre

20, route de Villeneuve
65300 Pinas
(Hautes-Pyrénées)
Tel. und Fax (0)5 62 98 15 08
Mme Marie Colombier
E-Mail: marie.colombier@wanadoo.fr
Web: domainedejeanpierre.com

♦ Ganzj. geöffn. ♦ 3 Zi. mit Bad, WC: 40 € (1 Pers.), 45 € (2 Pers.) + 15 € (zusätzl. Pers.) ♦ Frühst. inkl. ♦ Kein Gästetisch - Restaurants 5 bzw. 7 km entf. ♦ Salon, Bibliothek, Klavier ♦ Pferdeboxen ♦ Sprachen: Englisch, Spanisch ♦ **Anreise** (Karte Nr. 30): 30 km östl. von Tarbes. A 64, Ausfahrt Nr. 16 Lannemezan Rtg. Toulouse über die N 117. 5 km von Lannemezan entf. An der Kirche von Pinas D 158 Rtg. Villeneuve; das Haus liegt 800 m weiter rechts.

Dieses schöne, ganz mit wildem Wein bedeckte Haus liegt ruhig am Rand des Dorfes. Es besitzt einen sehr gepflegten Garten, und alle Zimmer – mit stets eigener Farbe und altem Mobiliar – gehen aufs Grüne hinaus. Die modernen Bäder sind besonders großzügig gestaltet; die Gesamteinrichtung des Hauses kann als elegant bezeichnet werden. Madame Colombier ist sehr freundlich und bereitet ein ausgezeichnetes Frühstück zu, das bei schönem Wetter auf der Terrasse serviert wird.

369 - Château de Sombrun

65700 Sombrun
(Hautes-Pyrénées)
Tel. (0)5 62 96 49 43
Fax (0)5 62 96 01 89
Gillian und Jeffrey Quirk
E-Mail: gillian@sombrun.com
Web: sombrun.com

2003

♦ Ganzj. geöffn. ♦ 5 Zi. mit Bad, WC: 62-80 € (2 Pers.); je nach Saison und Zi.; + 15 € (Extrabett für Erw.) + 10 € (Babybett) ♦ Frühst. inkl. ♦ Gästetisch abends, gemeinsam, reservieren: 23 € (Wein inkl.), 12 € (Kind) ♦ Salon ♦ Hunde nicht erlaubt ♦ Schwimmbad, Tennis, Tischtennis, Billard, Angeln, Reiten, Fahrräder (mit Zuschlag) ♦ Sprachen: Englisch, Spanisch ♦ **Anreise** (Karten Nr. 29 und 30): 50 km südl. von Aire-sur-Adour über die D 935 Rtg. Tarbes bis Maubourquet. Am Ortseingang sofort rechts Rtg. Lembeye, hinter dem Bahnübergang dann 1. Straße rechts.

Vor kurzem von einem englischen, recht munteren Paar übernommen, ist *Château de Sombrun* ein idealer Ort für längere Aufenthalte. Die unmittelbare Umgebung ist besonders einladend: hundertjährige Bäume, kleine Teiche, ein schönes Schwimmbad, eine von vielen Blumen umgebene Terrasse mit Südlage. Im Innern: wunderbare, große „Wohnküche", eleganter Speiseraum, Billard, Salon, großräumige, hübsch nostalgische Zimmer, die zudem komfortabel und frisch sind. Unsere Lieblingszimmer liegen im Schloss selbst (den Schlafraum mit Veluxfenster im Nebengebäude mögen wir weniger). Appetitlicher Gästetisch, ganz persönlicher Empfang und günstige Preise.

MIDI - PYRÉNÉES

370 - La Monestarié

Chemin des Moines
81150 Bernac (Tarn)
Tel. (0)5 63 53 14 04
Fax (0)5 63 53 14 15
Catherine und Geoffroy
Pieyre de Mandiargues
E-Mail: lamonasterie@aol.com

♦ Ganzj. geöffn. ♦ Im Sommer Reservierung notwendig ♦ Nichtraucher-Zi. ♦ Mind. 2 Üb. ♦ 3 Zi. und 1 Suite (3 Pers.) mit Bad oder Dusche, WC: 66-69 € (2 Pers.); Suite 84 € (2 Pers.) + 15,30 € (Extrabett) ♦ Frühst. inkl. ♦ Gästetisch abends, individuell, reservieren: 20 € (ohne Wein) ♦ Salon ♦ Hunde nicht erlaubt ♦ Schwimmbad, Bassin ♦ Sprachen: Englisch, Italienisch, Spanisch ♦ **Anreise** (Karte Nr. 31): Ab Albi Rtg. Cordes-sur-C., dann links Ausfahrt Albi Rtg. Castelnau-de-L. Castelnau durchqueren und geradeaus nach Bernac. Gegenüber dem Portal der Kirche von Bernac.

Das Ende des 18. Jahrhunderts errichtete Haus ist heute geprägt von moderner Kunst, antikem Mobiliar, schicker Boheme. Der große Salon mit Trompe-l'oeil-Täfelung bildet den Rahmen fürs Frühstück (der Brunch muss vorbestellt werden), das bei schönem Wetter auch auf der kleinen Terrasse serviert wird. Die beiden geräumigen Zimmer im Obergeschoss, „Bleue" und „Palmyre" (Tapeten aus dem frühen 19. Jahrhundert, Original-Parkettboden), besitzen große, tadellose Bäder. Die Suite mit kleinem Salon verbirgt hinter einem Kamin ein großes Bett und dahinter ein Bad. „Chambre de la Tour", kleiner, aber reizend, ist von großer Heiterkeit geprägt. Vom Garten mit Bassin hat man einen hübschen Blick auf die Kirche.

371 - Château de la Serre

81580 Cambounet-sur-le-Sor (Tarn)
Tel. (0)5 63 71 75 73
Fax (0)5 63 71 76 06
Chantal und Guy
de Limairac-Berthoumieux
E-Mail: reservation@la-serre.com
Web: la-serre.com

♦ Von Nov. bis April geschl. ♦ 5 Zi. und 1 Suite mit Bad, WC: 68,60 und 91,50 € (2 Pers., je nach Zi.), Suite: 122 € ♦ Frühst. inkl. ♦ Gemeins. Essen auf Best.: 22,87-27,44 € - Restaurants ab 6 km ♦ Zimmerreinigung auf Wunsch ♦ Salon, Billard ♦ Tel. ♦ Schwimmbad ♦ Haustiere nicht erlaubt ♦ Sprachen: Englisch, Italienisch, Spanisch ♦ **Anreise** (Karte Nr. 31): 11 km westl. von Castres Rtg. Toulouse über die N 126. Nach 9 km rechts Rtg. Vielmur und Sémalens. In Cambounet-sur-le-Sor 1. Straße links hinter der Kirche, dann ausgeschildert.

Dieses alte Familienanwesen überragt von seinem Hügel aus die liebliche Landschaft des Tarn. Es wurde zu Beginn des Jahrhunderts von den Großeltern der Madame de Limairac-Berthoumieux restauriert. Die prachtvolle Suite und die Zimmer wurden von der Dame des Hauses ausgesprochen sorgfältig und geschmackvoll gestaltet. 3 von ihnen, die erst kürzlich eingerichtet wurden, haben eine ganz persönliche Note. Gedacht wurde auch an das kleinste Detail; das stilechte Mobiliar und die ultramodernen Bäder bieten höchsten Komfort. Liebenswürdiger, aufmerksamer Empfang der Gastgeberin.

MIDI - PYRÉNÉES

372 - Aurifat

81170 Cordes-sur-Ciel
(Tarn)
Tel. und Fax (0)5 63 56 07 03
Mme und M. Wanklyn
E-Mail: aurifat@wanadoo.fr
Web: aurifat.com

♦ Jan. und Febr. geschl. ♦ Reservieren ♦ Nichtraucher-Zi. ♦ 3 Zi. und 1 Suite mit Bad oder Dusche, WC: 50-64 € (2 Pers.); Suite 94-120 € (4 Pers.) ♦ Frühst. inkl. ♦ Kein Gästetisch - Restaurants ab 600 m ♦ Salon, Küche (Barbecue) ♦ Hunde nur auf Anfrage erlaubt ♦ Schwimmbad ♦ Parkplatz ♦ Sprachen: Englisch ♦ **Anreise** (Karte Nr. 31): 1 km von Cordes-sur-Ciel. In Cordes, ab der Ville basse (Niederstadt) auf die Straße „Cité" rechts vom Zeitungsladen. Nach 500 m links Rtg. „Le Bouysset" und Aurifat. 200 m hinter der Haarnadelkurve.

Dieser oberhalb des mittelalterlichen Dorfes Cordes am Hang gelegene Wachturm, später um ein Bauern- und ein Taubenhaus erweitert, überragt die Landschaft. Die komfortablen, hübsch eingerichteten Zimmer gehen aufs Tal hinaus. Die 2 Zimmer umfassende Suite ist ideal für 4 Personen, der Wachturm und das Taubenhaus haben hinter einer Tür eine Dusche, das Waschbecken und eine Toilette befinden sich gleich gegenüber. Das letzte Zimmer besitzt das größte Bad (Dusche plus Badewanne). Eine Steintreppe führt zum Schwimmbad, zum Salon mit Bibliothek, zu einer vollkommen ausgestatten Küche und zum Barbecue. Ein hübsches Haus, das von einem englischen Paar – charming and so british! – geführt wird.

373 - Les Vents Bleus

Donnazac
81170 Cordes-sur-Ciel
(Tarn)
Tel. und Fax (0)5 63 56 86 11
Isabelle und Laurent Philibert
E-Mail: lesventsbleus@free.fr

♦ Vom 1. März bis Ende Okt. und in den Schulferien geöffn. ♦ Reserv. notwendig ♦ 4 Zi. und 1 Familienzi. (5 Pers.) mit Bad, WC, TV: 80-105 € (2 Pers.) + 20 € (Extrabett) ♦ Frühst. inkl. (kostenlos für Kinder unter 2 J.) ♦ Gästetisch abends, gemeinsam, reservieren (Sa, So und Mo): 30 € (Erw., Wein inkl.), 22 € (Kinder von 11 bis 16 J.), 11 € (Kinder von 2 bis 10 J.); auf Wunsch mittags Picknickkorb ♦ Keine Kreditkarten ♦ Salons ♦ Haustiere nicht erlaubt ♦ Schwimmbad, Tischtennis, Tischfußball, Boccia, Krocket, Spiele für Kinder ♦ Sprachen: Englisch, Spanisch ♦ **Anreise** (Karte Nr. 31): 22 km nordwestl. von Albi in Rtg. Cordes, Ausfahrt Villeneuve-sur-Vère, dann Rtg. Noailles, Route de Vaour, Donnazac, 1. Haus rechts.

Auch nach der Renovierung hat dieses imposante, einladende Haus aus weißem Stein mit seinem Taubenhaus zum Glück noch immer seinen ursprünglichen Charakter. Die in einem separaten Gebäude eingerichteten großen Gästezimmer verbinden die Eleganz antiker Möbel mit der Authentizität der Rohsteinwände. Ein großer, entspannender Salon, ein Vordach für sommerliche Mahlzeiten, schattige und sonnige Ecken und ein aufmerksamer Empfang tragen weiter zum Raffinement und Komfort dieses Hauses bei.

MIDI - PYRÉNÉES

374 - Manoir La Maysou

81800 Coufouleux
(Tarn)
Tel. (0)5 63 33 85 92
Fax (0)5 63 40 64 24
Mme und M. Silver
E-Mail: tonysilver@compuserve.com
Web: manoir-maysou.8m.com

♦ Ganzj. geöffn. ♦ Nichtraucher-Zi. ♦ HP obligatorisch im Juli und Aug. ♦ 4 Zi. mit Bad oder Dusche, WC: 65-68 € (2 Pers.) und 1 Suite mit Bad, Dusche, WC, TV: 84 € (2 Pers.) ♦ Frühst. inkl. ♦ Gemeins. Essen ♦ HP: 53,50-63 €/Pers./Tag, je nach Zi. und Saison ♦ Salon (TV) ♦ Schwimmbad, Tischtennis, Mountainbikes ♦ Haustiere nicht erlaubt ♦ Sprachen: Deutsch, Englisch, Niederländisch, Spanisch ♦ **Anreise** (Karte Nr. 31): 3,5 km nordöstl. von Saint-Sulpice. A 68, Toulouse Albi, Ausfahrt Nr. 6. In Saint-Sulpice Rtg. Coufouleux D 13 (ca. 3 km); das Haus links.

Lange Zeit war der Tarn die Gegend, in der die Silvers regelmäßig ihren Urlaub verbrachten. Heute leben sie in diesem immens großen Haus aus dem 18. Jahrhundert, das ideal ist zum Beherbergen von Gästen. Die Renovierung der Zimmer wurde mit derartiger Sorgfalt vorgenommen, dass der Komfort den ursprünglichen Charakter keineswegs verdrängt hat. Die Bäder sind perfekt. Der schattige Park, der freundliche Salon und die großen Tische, an denen einem exzellente lokale Produkte serviert werden, sind alles gute Gründe, um sich hier länger aufzuhalten. Direkter, liebenswürdiger Empfang.

375 - Lucile Pinon

8, place Saint-Michel
81600 Gaillac
(Tarn)
Tel. (0)5 63 57 61 48
Fax (0)5 63 41 06 56
Mme Pinon

♦ Ganzj. geöffn. ♦ 5 Zi. mit Bad, WC, Tel.: 40 € (1 Pers.), 45 € (2 Pers.); 1 Suite mit 1 Zi., Salon, Bad, Dusche, WC: 61 € (2 Pers.) ♦ Frühst. inkl. ♦ Kein Gästetisch - Restaurants knapp 200 m entf. ♦ Salon und TV-Raum ♦ Sprachen: Englisch ♦ **Anreise** (Karte Nr. 31): in Gaillac, gegenüber der Kirche Saint-Michel.

Mit seiner Monumentaltreppe und seinen hohen, holzgetäfelten Räumen mit Parkettboden ist dieses schöne Stadtpalais aus dem 17. Jahrhundert besonders typisch; dennoch haben die Gästezimmer moderne Bäder und jeglichen Komfort. Die Einrichtung des ganzen Hauses ist, mit eindeutigem Vorzug für den Stil Napoleon-trois, elegant. Im Sommer wird das Frühstück auf der überdachten Terrasse gegenüber der Abteikirche Saint-Michel oberhalb des Tarn eingenommen. Viel Authentisches und viel Charme.

MIDI - PYRÉNÉES

376 - Château de Garrevaques

81700 Garrevaques
(Tarn)
Tel. (0)5 63 75 04 54
Fax (0)5 63 70 26 44
Mme Combes
E-Mail: m.c.combes@wanadoo.fr
Web: garrevaques.com

♦ Ganzj. geöffn. ♦ Reserv. notwendig ♦ 7 Zi. (2-3 Pers.) und 1 Suite mit Bad, WC: 122 € (2 Pers.), Suiten: 214 € (4-6 Pers.) ♦ Frühst. inkl. ♦ HP: 91 € pro Pers. im DZ ♦ Gästetisch abends, gemeinsam, reservieren: 30 € (Wein inkl.) ♦ Salons, Billard ♦ 7 ha großer Park ♦ Orangerie 50 m vom Schloss für Hochzeitsfeiern ♦ Tel. ♦ Visa, Amex, Diner's ♦ Kl. Hunde nur auf Anfrage erlaubt ♦ Schwimmbad, Tennis ♦ Sprachen: Englisch, Spanisch ♦ **Anreise** (Karte Nr. 31): 50 km südöstl. von Toulouse über die D 1. Ab Revel 5 km Rtg. Caraman, Kreuzung D 79 F (gegenüber der Gendarmerie).

Während der Revolution durch Brand teilweise zerstört, wurde das in einem ausgedehnten Park (heute mit Schwimmbad und Tennisplatz) gelegene Schloss, das seit 15 Generationen im Familienbesitz ist, zu Beginn des 19. Jahrhunderts wiederaufgebaut. Es verfügt über herrliche Salons, die ganz im Empire- und Napoléon-trois-Stil eingerichtet sind. Die Zimmer sind groß, elegant möbliert und komfortabel. Das traditionelle Abendessen nehmen die Gäste und die Dame des Hauses gemeinsam ein. Die Betreuung ist angenehm und von gehobenem Niveau.

377 - Château de Montcuquet

81440 Lautrec
(Tarn)
Tel. (0)5 63 75 90 07
Mme und M. Vene

♦ Ganzj. geöffn. ♦ 2 Zi. mit Bad, WC, 1 Zi. ohne Bad/Dusche: 50 € (1-2 Pers.) + 16 € (zusätzl. Pers.) ♦ Frühst. inkl. ♦ Gästetisch abends, gemeinsam, reservieren (außer So): 16 € (Wein inkl.) ♦ Salon, TV-Raum und Leseraum ♦ Angeln (Fluss und Teich) ♦ **Anreise** (Karte Nr. 31): 15 km von Castres entf. Rtg. Lautrec; 4 km vor Lautrec, an der Route de Roquecourbe.

Eine gigantische, immergrüne Eiche und Buchsbaumgärten rahmen den Eingang dieses in U-Form gebauten Schlosses mit seinem Turm aus dem 14. Jahrhundert ein. Im Innern zeugt noch alles vom hohen Alter dieses Bauwerks. Die „Familiensuite" verfügt über 2 Zimmer (das eine liegt im Turm) und eine eindrucksvolle Aussicht. Aber auch das andere Zimmer mit seinem kleinen, winkligen Bad ist voller Charme; die Fenster gehen zur schattigen Terrasse hinaus, auf der im Sommer das Frühstück serviert wird. Die gute Laune und Ungezwungenheit der „Schloßherren" ist sehr angenehm. Eine Adresse, die Qualität garantiert.

MIDI - PYRÉNÉES

378 - La Bousquétarié

81700 Lempaut
(Tarn)
Tel. und Fax (0)5 63 75 51 09
Monique und Charles
Sallier-Larenaudie

♦ Ganzj. geöffn. ♦ 2 Zi. und 2 Suiten (3-4 Pers.) mit Bad oder Dusche, WC: Zi.: 57,93 € (2 Pers.); Suiten: 64,03 € (2 Pers.), 83,85 € (3 Pers.) + 15,24 € (Extrabett) ♦ Frühst. inkl. ♦ Preisnachl. bei läng. Aufenth. ♦ Gemeins. Essen auf Best.: 16,50-23 € (alles inkl.) ♦ Salons ♦ Hunde nicht erlaubt ♦ Schwimmbad, Tennis, Angeln am Teich ♦ Sprachen: ein wenig Englisch ♦ **Anreise** (Karte Nr. 31): 18 km südwestl. von Castres. Rtg. Toulouse bis Soual, dann Rtg. Revel. In Lescout rechts Rtg. Lempaut über die D 46. 2 km weiter an der Straße rechts (ausgeschildert).

Wenn Sie das ruhige Ambiente eines großen Familienhauses mögen, dann ist *La Bousquétarié* – dieses zu Beginn des letzten Jahrhunderts inmitten eines Gutes errichtete Herrenhaus – genau die richtige Adresse für Sie. Die hier herrschende Ruhe, die Weite, das geräumige Haus, das den Gästen großzügig zur Verfügung steht, und der Tisch, an dem sich die Familie versammelt – all das erinnert an die Gemütlichkeit der Ferien vergangener Zeiten. Der Empfang ist dynamisch und liebenswürdig.

379 - Montpeyroux

81700 Lempaut
(Tarn)
Tel. (0)5 63 75 51 17
Mme und M. Adolphe Sallier

♦ Vom 1. April bis 1. Okt. geöffn. ♦ 1 Zi. mit Bad (kl. Badewanne), WC; 4 Zi. mit Dusche (2 mit eig. WC und 2 mit gemeins. WC): 40-50 € (1-2 Pers.) ♦ Frühst. inkl. ♦ Gästetisch abends, gemeinsam: 16-19 € (alles inkl.) ♦ Zimmerreinigung zweimal pro Woche und auf Wunsch ♦ Salon ♦ Hunde nicht erlaubt ♦ Schwimmbad, Tennis ♦ **Anreise** (Karte Nr. 31): 12 km nordöstl. von Revel über die D 622 Rtg. Castres (9 km), dann links die D 12. In Lempaut links die D 46 Rtg. Blan, und vor dem Friedhof nochmal links.

Ein altes, ruhiges und ganz im Grünen gelegenes Haus. Die Einrichtung (mit erlesenen Möbeln aus dem 18. und frühen 19. Jahrhundert) im Salon wie auch in den komfortablen Zimmern mit angenehmen Bädern ist wirklich sehr gelungen (2 Zimmer teilen sich eine Toilette). Das recht gute Abendessen und das Frühstück werden bei schönem Wetter draußen unter einem kleinen Vordach serviert. Vor dem Haus steht ein großer, schattenspendender Baum. Die Betreuung ist natürlich und freundlich.

MIDI - PYRÉNÉES

380 - Villa Les Pins

81700 Lempaut
(Tarn)
Tel. (0)5 63 75 51 01
Mme Delbreil

♦ Vom 15. Mai bis 15. Okt. geöffn. ♦ 5 Zi. mit Bad, Dusche, WC; 2 kl. Zi. teilen sich Dusche, WC: 35,10 € (1 Pers.), 61-68,60 €, 76,25 und 83,85 € (2 Pers.) ♦ Frühst. inkl. ♦ Gästetisch abends, gemeinsam (auch Diät): 20 € (Aperitif und Wein inkl.) ♦ Salon ♦ Zimmerreinigung zweimal pro Woche ♦ Hunde nicht erlaubt ♦ Flussangeln, Tischtennis ♦ Sprachen: Englisch ♦ **Anreise** (Karte Nr. 31): 12 km nordöstl. von Revel über die D 622 Rtg. Castres (9 km), dann links die D 12. In Lempaut links die D 46 Rtg. Blan; 2. Weg links.

Dieser schöne Besitz, eine Villa italienischen Stils, stammt aus der Jahrhundertwende und wurde vor kurzem von Grund auf mit viel Gespür und Liebe zum Detail renoviert. Die charmanten hellen Zimmer mit Blümchentapete sind mit elegantem Mobiliar aus dem Familienbesitz eingerichtet. Das größte Zimmer hat einen hübschen, halbkreisförmigen Balkon. Park mit Blick auf die Montagne Noire. Sympatische, familiäre Betreuung.

381 - Les Pierres Bleues

3 bis, rue de la République
81200 Mazamet
(Tarn)
Tel. und Fax (0)5 63 98 88 62
Mme und M. Tricon
E-Mail: tricon.pierres.bleues@wanadoo.fr
Web: chez.com/pierrebleues

♦ Ganzj. geöffn. ♦ Reserv. notwendig ♦ Mind. 2 Üb. von Okt. bis April ♦ 3 Zi. mit Bad oder Dusche, WC, TV: 48 € (1 Pers.), 55 € (2 Pers.) + 22 € (Extrabett); 343 € (2 Pers., 7 Üb.) ♦ Frühst. inkl. ♦ Gästetisch abends, gemeinsam, reservieren: 18 € (Wein inkl.) ♦ Sprachen: Deutsch, etwas Englisch und etwas Italienisch ♦ **Anreise** (Karte Nr. 31): im Zentrum von Mazamet, hinter dem Office de Tourisme, links, 50 m von der Kirche entfernt.

Dieses große, von seinem Park voller Bäume geschützte Stadthaus mag überraschen, denn: gleich am Eingang die verschiedensten Möbel und Accessoires, was aber nicht heißt, dass Madame Tricon auch nur das kleinste Detail im Hinblick auf den Komfort ihrer Gäste vernachlässigen würde. Auch in den 3 großen, hellen Zimmern sind verschiedene Stile präsent, aber die außergewöhnlichen Bäder müssen jeden ansprechen, so gelungen sind sie. Ob Sie besonders unabhängig sein möchten, eine familiäre Atmosphäre schätzen oder viel Aufmerksamkeit wünschen – hier kümmert man sich um Sie, und zwar sehr liebenswürdig, ganz wie man es sich wünscht.

MIDI - PYRÉNÉES

382 - Château d'En Pinel

81700 Puylaurens
(Tarn)
Tel. und Fax (0)5 63 75 08 62
Mme und M. Viguié

♦ Von Mai bis Sept. geöffn. ♦ 1 Zi. und 1 Suite mit Bad, WC: 60,98 € (1 Pers.), 76,22 € (2 Pers.) + 22,87 € (Extrabett) ♦ Frühst. inkl. ♦ Gemeins. Abendessen am Tag der Ankunft: 16,77 € (Wein inkl.) - Restaurants ab 3 km ♦ Salon ♦ Tel. ♦ Schwimmbad ♦ Sprachen: Englisch, Spanisch ♦ **Anreise** (Karte Nr. 31): N 126 von Toulouse bis Puylaurens, dann Rtg. Revel. Nach 2 km rechts Rtg. Saint-Sernin, schließlich rechts Rtg. Pechaudier; „En Pinel" liegt 800 m weiter.

Dieses Familienanwesen mit Blick auf das Lauragais ist von Ruhe, Geschichte und Schönheit geprägt. Die Eingangshalle mit Mosaikfußboden nach Florentiner Art geht auf eine Terrasse hinaus, von wo die Aussicht einfach phantastisch ist. Die weißen Zimmer im Obergeschoss sind schlicht in warmen Farben mit viel Raffinement gestaltet; weiter verschönt werden sie mit Buketts, die die Dame des Hauses sehr kunstvoll arrangiert. Die Bäder mit ihrem Touch von einst sind dennoch ganz und gar modern und angenehm. Hier wohnt man besonders ruhig und ist umgeben von wunderbarer Natur.

383 - La Bonde

Loupiac
81800 Rabastens
(Tarn)
Tel. und Fax (0)5 63 33 82 83
Mme und M. Maurice Crété
Web: labonde81.com

♦ Vom 15. Dez. bis 15. Jan. geschl. ♦ Im Juni, Juli und Aug. mind. 3 Üb. ♦ 2 Zi. mit Bad oder Dusche, WC, TV: 46 € (1 Pers.), 50 € (2 Pers.) ♦ Frühst. inkl. ♦ Gemeins. Essen: 18 € (alles inkl.) ♦ Tel. ♦ Hunde nicht erlaubt ♦ Sprachen: Englisch, Spanisch ♦ **Anreise** (Karte Nr. 31): 7 km östl. von Rabastens Rtg. Loupiac. Am Friedhof, ausgeschildert.

Zu Madame Crété „kommt man als Gast und geht als Freund", denn hier wird Gastfreundschaft besonders groß geschrieben und hier ist die kreative Küche ein wahres Gedicht. Die Crétés haben außerhalb Frankreichs gelebt und sind über andere Kulturen bestens im Bilde. Außerdem: ein echtes Familienhaus mit edlen alten Möbeln, Büchern, Souvenirs, sehr schön eingerichteten Gästezimmern mit jeglichem Komfort; das eine besitzt ein großes, das andere ein kleineres Bad. Deshalb werden Sie wie wir als „Freund" oder „Freundin" nach *La Bonde* gern zurückkehren.

MIDI - PYRÉNÉES

384 - Maison des Chevaliers

Place de la Mairie
82700 Escatalens
(Tarn-et-Garonne)
Tel. (0)5 63 68 71 23
Fax (0)5 63 30 25 90
Claude und Claudine Choux
E-Mail: claude.choux@wanadoo.fr

2003

♦ Ganzj. geöffn. ♦ 2 Zi. mit Bad und Dusche, WC und 2 Suiten mit Bad, WC (TV auf Wunsch): 65 € (2 Pers.); Suite 90 € (3 Pers.), 105 € (4 Pers.) + 12,50 € (Extrabett) ♦ Frühst. inkl. ♦ Gästetisch abends, gemeinsam oder individuell: 20 € (Wein inkl.) ♦ Salon ♦ Tischtennis, Kinder- und Gesellschaftsspiele ♦ Schwimmbad ♦ Haustiere nur auf Anfrage erlaubt ♦ Sprachen: Englisch, Portugiesisch, Spanisch ♦ **Anreise** (Karte Nr. 30): Autobahn A 62, Ausfahrt Castel-Sarrazin-Moissac, dann Rtg. Toulouse über die N 113 (10 km); im Dorf, neben der Kirche.

Maison des Chevaliers, ein großes Dorfhaus mit schattigem Hof, hat eine äußert positive Ausstrahlung dank der kräftigen Farben von Wänden und Einrichtungsgegenständen und der Vitalität der Gastgeberin, die bei der größtenteils von Portugal inspirierten Gestaltung viel Phantasie bewiesen hat. Madame Claudine Choux zeigt sich beim Empfang in ihrem Haus und an ihrem Tisch von einer besonders großzügigen Seite. Die Zimmer sind sehr komfortabel, die Bäder gut konzipiert. Kinder, die im Spielraum wahre Schätze vorfinden, sind hier ebenfalls gern gesehen. Auf der anderen Straßenseite eine große Wiese mit schattigen Plätzen und einem Schwimmbad mit Südlage. Nicht nur deshalb eine ideale Adresse für ausgiebige Aufenthalte.

385 - Le Barry

Faubourg Saint-Roch
82270 Montpezat-de-Quercy
(Tarn-et-Garonne)
Tel. (0)5 63 02 05 50
Fax (0)5 63 02 03 07
M. Bankes und M. Jaross

♦ Ganzj. geöffn. ♦ Im Winter Reserv. notwendig ♦ 5 Zi. mit Bad oder Dusche, WC: 58 € (2 Pers., im DZ), 46 € (im EZ) ♦ Frühst. inkl. ♦ Gästetisch abends, gemeinsam, reservieren (6 mal pro Woche): 19 € (alles inkl.) ♦ Salon ♦ Haustiere nur auf Anfrage erlaubt ♦ Schwimmbad ♦ Sprachen: Deutsch, Englisch, Italienisch ♦ **Anreise** (Karte Nr. 30): 25 km südl. von Cahors über die N 20 Rtg. Montauban, rechts (ca. 2,5 km) Rtg. Montpezat-de-Quercy. Im Ort das „Café de l'Union" rechts liegen lassen, nach ca. 50 m links ausgeschildert.

Ein schönes, an der Stadtmauer im Dorf gelegenes und die Umgebung überragendes Haus; auch von den individuell eingerichteten Gästezimmern aus hat man eine weite Aussicht. Freundliches, ländlich-raffiniertes Ambiente, perfekter Komfort und von überall herrliche Ausblicke. Im Salon mit Bibliothek und Kamin beeindrucken die modernen Bilder und Zeichnungen. Der elegante Speiseraum bietet für die köstlichen Diners den richtigen Rahmen. Der kleine terrassierte Garten ist reizend und voller Blumen. Höflicher Empfang mit sehr eigenwilliger Note.

NORD - PAS - DE - CALAIS

386 - Château d'En-Haut

59144 Jenlain
(Nord)
Tel. (0)3 27 49 71 80
Fax (0)3 27 35 90 17
Mme und M. Demarcq
E-Mail: chateaudenhaut@aol.com

♦ Ganzj. geöffn. ♦ Nichtraucher-Haus ♦ 6 Zi. mit Bad oder Dusche, WC: 48-68 € (2 Pers.), 73 € (3 Pers.) ♦ Frühst. inkl. ♦ Kein Gästetisch - Restaurants in unm. Nähe ♦ Salon ♦ Hunde nicht erlaubt ♦ Sprachen: Englisch ♦ **Anreise** (Karte Nr. 3): 8 km südöstl. von Valenciennes (A 2, Ausfahrt 22a oder 24) über die N 49 Rtg. Maubeuge.

Von der Autobahn ein wenig abgelegen, verbirgt sich dieses reizvolle, von Blumen umgebene Schloss in einem großen Park, den man von der „Grand'rue" Nummer 20 des Dorfes aus betritt. Die Innenausstattung ist sehr gelungen: wertvolle Teppiche und alte Möbel, optimal ergänzt durch geschickt gewählte Farben. Die Zimmer sind sehr angenehm. Das Frühstück wird in einem der 3 Speisesäle serviert. Die Betreuung ist sehr nett und das Preis-Leistungsverhältnis bemerkenswert. Für einen Kurzaufenthalt mit Komfort.

387 - Château de Courcelette

17, rue César Parent
59390 Lannoy
(Nord)
Tel. und Fax (0)3 20 75 45 67
Handy (0)6 62 45 45 67
Mme und M. Brame
E-Mail: chateau-de-courcelette.com

♦ Ganzj. geöffn. ♦ Reserv. notwendig ♦ Nichtraucher-Haus ♦ 4 Zi. mit Dusche, WC, TV: 65 € ♦ Frühst.: 6 € ♦ Gästetisch abends, gemeinsam, reservieren: 25 € (alles inkl.) - Restaurants in der Umgebung ♦ Salon ♦ Tel. ♦ Hunde nur auf Anfrage erlaubt ♦ Sprachen: Englisch, Italienisch, etwas Spanisch ♦ **Anreise** (Karte Nr. 2): 15 Min. von Lille das Centre-Ville Lannoy: vom Périphérique auf die A 22 Villeneuve–d'Ascq, Achse Paris-Gand, von der A 1 kommend: Abfahrt in Roubaix Est-Sud, Rtg. Roubaix-Est, ZI Wattrelos, Lys-les-Lannoy. Am 2. Kreisverkehr links nach Lys-les-Lannoy, nach 100 m wieder links nach Lannoy. An der nächsten Kreuzung geradeaus, den Schildern „Les Orchidées" folgen, vor „Les Orchidées" rechts (wird zur Einbahnstraße), nun rechts in die Sackgasse.

Sie werden erstaunt sein bei der Ankunft, denn obwohl *Château de Courcelette* im Herzen von Lannoy liegt, nur 20 Minuten von der Innenstadt von Lille entfernt, ist dies eine grüne Insel der Ruhe. Ein Teil des großen Familienhauses aus dem 17. Jahrhundert wurde kürzlich für Gäste auf der Durchreise elegant und mit viel Sinn für Komfort eingerichtet. Die geräumigen, antik möblierten Zimmer gehen auf einen schönen, mit Bäumen bepflanzten Garten hinaus. In diesem bemerkenswerten Stadthaus werden Sie sehr höflich empfangen.

NORD - PAS - DE - CALAIS

388 - Le Château

287, route de la Bistade
59630 Saint-Pierre-Brouck
(Nord)
Tel. und Fax (0)3 28 27 50 05
Nathalie und Patrick Duvivier
E-Mail: nduvivier@nordnet.fr
Web: lechateau.net

♦ Ganzj. geöffn. ♦ Reserv. notwendig ♦ Nichtraucher-Haus ♦ 4 Zi. und 1 Suite (3 Pers.) mit Bad oder Dusche, WC: 47-54 € (1 Pers.), 56-61 € (2 Pers.); 72 € (3 Pers.) ♦ Frühst. inkl. ♦ Gästetisch abends, gemeinsam, reservieren: 20-22 € (alles inkl.) ♦ Salons ♦ Haustiere nicht erlaubt ♦ Parkplatz ♦ Golf von Ruminghem (18 L.) 9 km entf. ♦ Sprachen: Englisch, Italienisch ♦ **Anreise** (Karte Nr. 2): 25 km östl. von Calais (Kanal-Tunnel). Autobahn A 16 Rtg. Dunkerque, Ausfahrt 24, Loon-Plage, Saint-Omer, Rtg. Saint-Omer über die D 600, Ausfahrt Cappellebrouck und der Ausschilderung Saint-Pierre folgen. Im Dorf, zum „Centre Village".

Ein großes Backsteinhaus, im frühen 20. Jahrhundert erbaut und „Château" genannt, bietet seinen Gästen 4 ansprechende, helle, farbig tapezierte Zimmer an sowie 1 Suite voller Annehmlichkeiten. Der Salon in Blassgrün besitzt Täfelungen mit Malereien aus der Entstehungszeit des Hauses. Der große Speiseraum und die schöne Veranda lassen alles angenehm geräumig erscheinen, was der Ausblick auf den Garten und darüber hinaus auf eine Wiese noch unterstreicht. Eine gute Stopp-Adresse.

389 - Le Clos Grincourt

18, rue du Château
62161 Duisans
(Pas-de-Calais)
Tel. und Fax (0)3 21 48 68 33
Annie Senlis

♦ Ganzj. geöffn. ♦ Reserv. vom 1. Nov. bis 31. März notwendig ♦ Nichtraucher-Zi. ♦ 1 Zi. und 1 Suite (4 Pers.) mit Bad oder Dusche, WC: 32 € (1 Pers.), 47 € (2 Pers.) + 9 € (Extrabett für Kinder von über 5 J.), für Kinder unter 5 J.: kostenlos; Suite: 75 € (4 Pers.) ♦ Frühst. inkl. ♦ Kein Gästetisch - zahlr. Restaurants in Arras ♦ Salon ♦ Hunde nicht erlaubt ♦ Wanderweg (G.R. 121) ♦ Sprachen: Englisch ♦ **Anreise** (Karte Nr. 2): 7 km westl. von Arras. Ab Paris Autobahn A 1, Arras hinter sich lassen, auf die A 26 Rtg. Calais, Ausfahrt Nr. 7, Rtg. Arras, dann „Centre hospitalier", danach Rtg. Le Touquet über die N 39. Nach ca. 6 km die Bahnüberführung passieren, dann 1. Straße links über die D 56. 1. Haus links.

Ein prächtiger, von einem Park mit vielen Blumen umgebener Landsitz. Der Empfang, die Innenausstattung und nicht zuletzt die Familienfotos tragen dazu bei, dass man sich hier sofort wohl fühlt. Wir empfehlen vor allem das Gästezimmer „Chambre d'amis" – es ist wunderbar nostalgisch, groß und sehr komfortabel. Ein Raum ist für alle Gäste da: zum Einnehmen des Frühstücks, zum Lesen der angebotenen Touristeninformationen oder zum Betrachten eines über die Region gedrehten Videofilmes.

N O R D - P A S - D E - C A L A I S

390 - La Grand'Maison

62179 Escalles
(Pas-de-Calais)
Tel. und Fax (0)3 21 85 27 75
Jacqueline und Marc Boutroy

♦ Ganzj. geöffn. ♦ 4 Zi. und 1 Studio (2 Pers.) mit Bad oder Dusche, WC: 40-50 € (2 Pers.), 53-70 € (3 Pers.) + 13 € (zusätzl. Pers.) ♦ Frühst. inkl. ♦ Kein Gästetisch - Restaurants ab 1 km ♦ Zimmerreinigung auf Wunsch ♦ Salon ♦ Hunde nicht erlaubt ♦ Mountainbikes (langer Wanderweg), Angebot von Ausritten per Esel ♦ Sprachen: Englisch ♦ **Anreise** (Karte Nr. 1): 15 km südwestl. von Calais über D 940 (am Meer), Zufahrt in Escalles über Schnellstraße (A 16), Ausfahrt Blanc-Nez (Nr. 10 oder 11), Peuplingues, dann D 243, Ortschaft Haute-Escalle. Hinter dem 1. Haus links, am Platz.

Nur ein paar Schritte von den herrlichen Reliefs des Cap Blanc-Nez liegt dieses große, im Viereck gebaute Bauernhaus, dessen Innenhof mit Blumenbeeten geschmückt ist und über ein Taubenhaus verfügt. Hier werden Sie besonders freundlich empfangen. Die Zimmer sind groß, schön und komfortabel: hohe Schränke, „Voltaire"-Sessel, Radierungen, Teppiche usw. Die beiden Studios im Erdgeschoss sind nicht so beeindruckend. Das gute Frühstück wird auf einer großen, von Natur umgebenen Veranda serviert.

391 - Le Manoir du Meldick

2528, avenue du Général de Gaulle
Le Fort Vert
62730 Marck
(Pas-de-Calais)
Tel. und Fax (0)3 21 85 74 34
Mme und M. Houzet
E-Mail: jeandaniele.houzet@free.fr

♦ Ganzj. geöffn. ♦ 5 Zi. mit Bad oder Dusche, WC: 44 € (1 Pers.), 52 € (2 Pers.) + 10 € (Extrabett) ♦ Frühst. inkl. ♦ Kein Gästetisch - Restaurants ab 4 km ♦ Salon ♦ Hunde nicht erlaubt ♦ **Anreise** (Karten Nr. 1 und 2): 7 km östl. von Calais. Autobahn A 16, Ausfahrt 19, Marck-Ouest Rtg. Fort-Vert, dann D 119 rechts.

Im Flachland unweit des Naturparks von Oye verdient dieses typische Haus es, dass man hier nur seinetwegen Halt macht. Der Empfang und die diskrete Liebenswürdigkeit der Gastgeber lassen die nicht sonderlich attraktive Umgebung vergessen. Die beiden Zimmer voller Souvenirs der Familie im Obergeschoss („Jacinthes" und „Pâquerette") haben Dachschrägen, während die des Erdgeschosses groß (außer „Coquelicots", es ist kleiner) und ebenfalls sehr freundlich sind mit ihren geräumigen Bädern. Das Frühstück ist mit selbstgebackenem Kuchen und frisch gepresstem Orangensaft pantagruelisch, also recht deftig. In der kühlen Jahreszeit brennt im Kamin des Salons ein Holzfeuer.

NORD-PAS-DE-CALAIS

392 - Manoir Francis

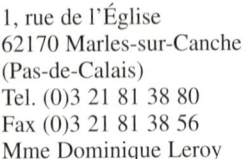

1, rue de l'Église
62170 Marles-sur-Canche
(Pas-de-Calais)
Tel. (0)3 21 81 38 80
Fax (0)3 21 81 38 56
Mme Dominique Leroy

2003

♦ Ganzj. geöffn. ♦ 2 Zi. und 1 Suite (4 Pers.) mit Salon, Bad oder Dusche, WC: 50 € (2 Pers.) + 10 € (Extrabett) ♦ Frühst. inkl. ♦ Kein Gästetisch - Restaurants ab 5 km ♦ Haustiere nur auf Anfrage erlaubt ♦ Sprachen: Englisch ♦ **Anreise** (Karte Nr. 1): in Montreuil-sur-Mer Rtg. Neuville, dann D 113 (etwa 4 km) bis zum Zentrum von Marles, wo sich das Anwesen befindet.

Dieses im 17. Jahrhundert erbaute Landgut am Rand des Dorfes ist ein bewundernswertes Beispiel der hiesigen Architektur. Es handelt sich um ein imposantes Hauptgebäude, das von Nebengebäuden voller Blumen umgeben und, wie es sich gehört, von einem Hoftor verschlossen ist. Im Interieur wurde alles Ursprüngliche erhalten: Gewölbedecken aus Stein und Trägern, eine Wendeltreppe, mit bearbeitetem Kalkstein zugerichtete Wände. Das antike Mobiliar der Zimmer entspricht all dem, die edlen Stoffe sind dick, die Sammelobjekte kommen vom Trödler, und all das erinnert an die Zeiten unserer Großmütter (nur der Komfort ist von heute). Frühstück gibt's in einem rustikalen Raum am Aquarium, der Empfang ist angenehm und natürlich.

393 - Le Prieuré

Impasse de l'Église
62180 Tigny-Noyelle
(Pas-de-Calais)
Tel. (0)3 21 86 04 38
Fax (0)3 21 81 39 95
M. Delbecque

♦ Ganzj. geöffn. ♦ 4 Zi. und 1 Suite mit Bad, WC: 56 € (2 Pers.); Suite 76 € (2 Pers.) + 16 € (Extrabett) ♦ Frühst. inkl. ♦ Abendessen: 22-25 € (ohne Wein) ♦ Sprachen: Deutsch, Englisch ♦ **Anreise** (Karte Nr. 1): 12 km von Montreuil-sur-Mer. RN 1 Rtg. Abbeville (Abbeville/Paris) bis Nemport-Saint-Firmin, rechts einbiegen, nach 200 m links. Das ganze Dorf durchfahren, hinter der Ortsausfahrt links auf den Weg zum Haus.

Hier ist alles von schlichtem Raffinement. In der Suite und im Speiseraum, beide im Stammhaus gelegen und weit zum Garten hin geöffnet, glänzen die schönen, polierten Möbel nur so. Die in einem kleinen Haus mit antikem Mobiliar eingerichteten komfortablen Zimmer besitzen hübsche Bäder, die mit ausgesuchter Keramik gekachelt sind. Auch der von einer Mauer umgebene Garten vermittelt das Gefühl von Wohlbefinden und Ruhe in diesem angenehmen Haus, das 10 Kilometer vom Strand und 15 Kilometer von der „Réserve de Marquenterre" entfernt liegt.

NORD - PAS - DE - CALAIS

394 - La Chaumière

19, rue du Bihen
62180 Verton
(Pas-de-Calais)
Tel. (0)3 21 84 27 10
Mme und M. Terrien
Web: alachaumiere.com

♦ Ganzj. geöffn. ♦ Reserv. notwendig ♦ Nichtraucher-Zi. ♦ 4 Zi. mit Dusche, WC, TV: 42 € (1 Pers.), 50 € (2 Pers.) ♦ Frühst. inkl. ♦ Kein Gästetisch - Restaurants in der Umgebung ♦ Hunde nicht erlaubt ♦ **Anreise** (Karte Nr. 1): 3 km südöstl. von Berck. In Abbeville die N 1 Rtg. Boulogne bis Wailly-Beaucamp, dann die D 142 Rtg. Verton oder Autobahn A 16 (Paris/Calais), Ausfahrt Berck (Nr. 25).

Die Strände sind nur knapp 3 Kilometer von diesem strohgedeckten Haus entfernt, das vor ca. 20 Jahren gebaut wurde und in einem Garten voller Blumen und Bäume angenehm vom Dorf isoliert liegt. Die sehr gepflegten kleinen Zimmer mit ihren reizenden Duschbädern sind nicht nur elegant, sondern auch freundlich, komfortabel und individuell gestaltet.

NORMANDIE

395 - Château d'Asnières-en-Bessin

14710 Asnières-en-Bessin
(Calvados)
Tel. (0)2 31 22 41 16
Mme Heldt

♦ Ganzj. geöffn. ♦ 2 Zi. mit Bad, WC: 70 € (2 Pers.) ♦ Frühst. inkl. ♦ Kein Gästetisch - Restaurants am Meer ♦ Hunde nicht erlaubt ♦ Sprachen: Englisch ♦ **Anreise** (Karte Nr. 7): 20 km nordwestl. von Bayeux über die N 13 Rtg. Isigny-sur-Mer. D 98 rechts Rtg. Asnières.

Das mitten auf dem Land errichtete Schloss von Asnières spiegelt sich im runden Parkbecken wider. Das angenehm ausgestattete Innere ist bewohnt und somit lebendig. In den sehr großen Räumen blieb das alte Mobiliar bis heute unverändert erhalten. Das bemerkenswerte Frühstück wird am großen Tisch im reizenden Speisesaal mit Tafelwerk aus dem 18. Jahrhundert serviert. Ein schönes, authentisches Haus, das nicht zuletzt dank Madame Heldts freundlicher Betreuung besonders anziehend ist.

396 - Les Fontaines

2003

14220 Barbery
(Calvados)
Tel. (0)2 31 78 24 48
Fax (0)2 31 78 24 49
M. Bamford
E-Mail: lesfontaines@free.fr
Web: lesfontaines.free.fr

♦ Ganzj. geöffn. ♦ 4 Zi. mit Dusche, WC: 58 € (2 Pers.) + 12 € (Extrabett) ♦ Frühst. inkl. ♦ Gästetisch abends, gemeinsam: 20 € (Getränke inkl.) ♦ Visa, Amex, Mastercard ♦ Salon ♦ Sprachen: Englisch ♦ **Anreise** (Karte Nr. 7): 15 km südl. von Caen. Ausfahrt Nr. 13 des Périphérique (Außenring) von Caen. Auf der N 158 Ausfahrt La Jalousie, dann rechts nach Bretteville-sur-Laize (D 23). Bretteville durchqueren. In Barbery 2. Straße rechts. Ab dem Ortseingang ist das Haus ausgeschildert.

Die klassische Fassade dieses schönen Hauses aus dem 19. Jahrhundert ragt aus einer üppigen Vegetation heraus, die hier beschnitten und dort sich selbst überlassen wurde und ein Zeuge des hier herrschenden milden Klimas ist. Von einer englischen, recht „coolen" und humorvollen Familie gestaltet, ist es mit seinem schönen Nostalgiemobiliar und den Sammelobjekten vom Trödler höchst elegant. Somit reichlich Charme, aber auch Komfort; alles ist sehr gepflegt und eigenwillig, auch in den reizenden Zimmern. Guter Gästetisch und erfreuliches Frühstück. Eine besonders angenehme Adresse, die man sich nicht entgehen lassen sollte.

NORMANDIE

397 - Château de Vaulaville

Tour-en-Bessin
14400 Bayeux
(Calvados)
Tel. (0)2 31 92 52 62
Fax (0)2 31 51 83 55
Mme Corblet de Fallerans

♦ Von Ostern bis Allerheiligen geöffn. ♦ 2 Zi. mit Bad, WC; 1 Suite (3 Erw. und 2 Kinder) mit Bad, Waschraum, WC: 53,35 € (1 Pers.), 76,22 € (2 Pers.); Suite: 106,71 € (3 Pers.) ♦ Frühst. inkl. ♦ Kein Gästetisch ♦ Salon ♦ Hunde nur auf Anfrage erlaubt ♦ Sprachen: Englisch ♦ **Anreise** (Karte Nr. 7): 7 km westl. von Bayeux über die N 13 Rtg. Tour-en-Bessin; ausgeschildert.

Dieses Schloss im reinen Baustil des 18. Jahrhunderts liegt am Ende einer Allee, und hübsche Wassergräben ohne jeglichen defensiven Charakter umgeben sein wohlproportioniertes Äußeres. Die Gästezimmer mit ihrem antiken Mobiliar, ihren alten Teppichen, Radierungen usw. sind von absoluter Authentizität. Die langgezogenen, korrekt ausgestatteten Bäder öffnen sich weit auf die Landschaft. Das Frühstück wird in dem mit antikem Mobiliar eingerichteten Salon eingenommen, der ein wahres Meisterwerk ist.

398 - Chez Mme Hamelin

Le Bourg
14430 Beuvron-en-Auge
(Calvados)
Tel. (0)2 31 39 00 62
Mme Hamelin

♦ Von Ostern bis Allerheiligen geöffn. ♦ Nichtraucher-Zi. ♦ 2 Zi. (2 Pers.) mit Bad oder Dusche, WC (außerdem: 1 Zi. mit 2 Etagenbetten): 47 € (2 Pers., 1 Üb.), 44 € (2 Pers., ab 4 Üb.) + 12,50 € (Extrabett) ♦ Frühst. inkl. ♦ Kein Gästetisch - Restaurants in Beuvron-en-Auge ♦ Kl. Hunde erlaubt ♦ Sprachen: Englisch ♦ **Anreise** (Karte Nr. 7): 27 km östl. von Caen über die N 175, dann die D 49; gegenüber von „La Boule d'Or", am Ortseingang.

Beuvron-en-Auge ist mit seinen Blumenbalkonen und Fachwerkbauten ein reizendes, aber auch vielbesuchtes normannisches Dorf. Dieses typische Fachwerkhaus ist im Winkel an einem hübschen Garten voller Blumen erbaut, von dem man auf der einen Seite Ausblick auf die Weiden hat. Das Haus verfügt über 2 Gästezimmer; das eine liegt Parterre am Garten, das andere im 1. Stock; ihre Ausstattung ist ebenso elegant wie freundlich. Das trifft auch für den hübschen Speiseraum zu, in dem das Frühstück serviert wird. Sehr sympathische und natürliche Betreuung, äußerst günstige Preise.

NORMANDIE

399 - Manoir des Tourpes
3, chemin de l'Église
14670 Bures-sur-Dives
(Calvados)
Tel. (0)2 31 23 63 47
Fax (0)2 31 23 86 10
Mme Landon und M. Cassady
E-Mail: mcassady@mail.cpod.fr
Web: cpod.com/monoweb/mantourpes/

♦ Vom 15. März bis 15. Nov. geöffn. ♦ 3 Zi. mit Bad oder Dusche, WC: 47-62 € (2 Pers.) + 10 € (Extrabett) ♦ Frühst. inkl. ♦ Kein Gästetisch - im Garten kann jedoch gepicknickt werden ♦ Salon ♦ Hunde nicht erlaubt ♦ Sprachen: Englisch ♦ **Anreise** (Karte Nr. 7): 15 km östl. von Caen über die A 13, Ausfahrt Nr. 30, dann N 175 in Troarn die D 95 Rtg. Bures-sur-Dives; neben der Kirche.

Dieser elegante Landsitz aus dem 18. Jahrhundert liegt neben der Kirche gegenüber einer Wiesenlandschaft, durch die sich ein kleiner Fluss schlängelt. Nach einem besonders angenehmen franko-amerikanischen Empfang werden Sie die reizenden Gästezimmer entdecken, die zudem sehr gepflegt und komfortabel sind. Die Farben der Tapeten und Vorhänge sind harmonisch und heben die schönen alten Möbel hervor. Im freundlichen Salon-Speiseraum, wo oft ein Kaminfeuer brennt, wird das treffliche Frühstück serviert. Am hübschen Garten fließt die Dives vorbei. Ein bemerkenswertes Haus.

400 - Domaine de la Picquoterie
14230 La Cambe
(Calvados)
Tel. (0)2 31 92 09 82
Fax (0)2 31 51 80 91
Handy (0)6 62 09 09 82
Mme und M. Laloy
E-Mail: picquoterie@wanadoo.fr
Web: picquoterie.com

♦ Ganzj. geöffn. ♦ Reserv. notwendig ♦ Ankunft gegen 18 Uhr erwünscht ♦ Mind. 2 Üb. ♦ Für Nichtraucher ♦ 3 Zi. (gr. Bett oder Himmelbett) und 1 Suite (Parterre zum Garten hin), 1 Zi. mit Verbindungstür (1 Pers.) mit Bad, Dusche, WC: 100 € (1-2 Pers.); Suite: 185 € (2 Pers.), 230 € (3 Pers.) ♦ Maisonnette pro Woche 460 € (2 Pers./Woche) ♦ Frühst.: 10 € ♦ Kein Gästetisch - Restaurants in Umgebung ♦ Eurocard, MasterCard, Visa ♦ Hunde nicht erlaubt ♦ Sprachen: Deutsch, Schweizerdeutsch, Englisch, Italienisch ♦ **Anreise** (Karte Nr. 7): 20 km westl. von Bayeux die RN 13, Ausfahrt Saint-Pierre-du-Mont, D 204, dann „La Picquoterie" ausgeschildert. Oder von Cherbourg die RN 13, Ausfahrt „La Cambe", D 113, dann ausgeschildert.

Der Kunstmaler Jean-Gabriel Laloy hat es verstanden, aus seinem Haus etwas ganz Besonderes zu machen. Nachdem man den Garten durchquert hat, in dem Dauergewächse und seltene Pflanzen gedeihen, entdeckt man Räume, die wie „Bilder zum Leben" konzipiert wurden. In den Zimmern steht Modernes neben Altem, und die verwandten Werkstoffe sind ausnahmslos edel. Hier ist alles freundlich, ruhig und von absolutem Komfort. Hervorragendes Frühstück, ungezwungene und sympathische Betreuung. Eine wahre Entdeckung.

N O R M A N D I E

401 - Manoir de Cantepie

Le Cadran
14340 Cambremer
(Calvados)
Tel. (0)2 31 62 87 27
Mme und M. Gherrak

♦ Vom 15. März bis 15. Nov. geöffn. ♦ 3 Zi. mit Bad und eig. WC: 45-55 € (2 Pers.) ♦ Frühst. inkl.
♦ Kein Gästetisch - Restaurants ab 1,5 km ♦ Haustiere nicht erlaubt ♦ Sprachen: Deutsch, Englisch, Schwedisch ♦ **Anreise** (Karte Nr. 8): 12 km westl. von Lisieux über die N 13 Rtg. Caen. In La Boissière die D 50 Rtg. Cambremer (5,3 km), 30 m vor Le Cadran (dem Eckhaus mit Uhr) links ausgeschildert.

Dieser wunderbare Landsitz aus dem Jahr 1610, umgeben von schönen Dependancen, wurde im 19. Jahrhundert umgestaltet. Hier ist alles außergewöhnlich – die Architektur ebenso wie die Gestaltung der Empfangsräume: Täfelungen, eine holzgeschnitzte Treppe, bemalte Decken, Mobiliar, Accessoires … Die angenehm möblierten und gestalteten Gästezimmer sind groß, hell und sehr gepflegt; das gleiche gilt für die Bäder. Das Frühstück wird im wunderschönen Speiseraum serviert, der zum Park hin geöffnet ist und an den sich Weiden mit dort auslaufenden Pferden anschließen. Madame Gherrak wird Sie auf elegante, freundliche und unkomplizierte Art empfangen. Eine vorzügliche Adresse. Die Preise sind alles andere als überhöht.

402 - Les Marronniers

14340 Cambremer
(Calvados)
Tel. (0)2 31 63 08 28
Fax (0)2 31 63 92 54
Mme Darondel
E-Mail: chantal.darondel@wanadoo.fr
Web: les-marronniers.com

♦ Ganzj. geöffn. ♦ Mind. 2 Üb. ♦ 5 Zi. mit Bad oder Dusche, WC: 42-52 € (2 Pers.) + 13 € (Extrabett) ♦ Frühst. inkl. ♦ Kein Gästetisch - Küche steht z. Verf. - Restaurants ab 2 km ♦ Haustiere nicht erlaubt ♦ Sommersalon ♦ Spazierwege ♦ Gute Englisch-Kenntnisse ♦ **Anreise** (Karte Nr. 8): 15,5 km westl. von Lisieux über die N 13 bis La Boissière, dann D 50 Rtg. Cambremer. In Cambremer, ab dem Kirchplatz, Rtg. Dozulé (ca. 4 km); gegenüber dem Stoppschild die Straße links: nach 1,8 km erreicht man „Les Marronniers".

Das Haus hat einen für die Region ungewöhnlichen Baustil und bietet einen Panoramablick. Ein Flügel, er ist einfach, von Wein bewachsen und mit dem Haus durch einen Sommersalon verbunden, beherbergt 3 angenehm eingerichtete Zimmer: weißer Anstrich, frische, freundliche Baumwollstoffe, tadellose Bäder. „Diane" geht zum Garten hinaus und „Vénus" ist besonders hell. In der ehemaligen Kelter regionalen Baustils befinden sich heute 2 Zimmer, die geräumig sind und Veluxfenster haben. Madame Darondel wird Sie mit ihrem köstlichen Frühstück verwöhnen, das je nach Wetter im Speiseraum, im Sommersalon oder auf der Blumenterrasse serviert wird.

NORMANDIE

403 - Le Courtillage

14320 Clinchamps-sur-Orne
(Calvados)
Tel. (0)2 31 23 87 63
Mme Hervieu

♦ Ganzj. geöffn. ♦ Reserv. notwendig ♦ Nichtraucher-Zi. ♦ 3 Zi. und 1 Suite (3-4 Pers.) mit Bad, WC: 55 € (1 Pers.), 65 € (2 Pers.) + 10 € (Babybett); Suite 65 € (2 Pers.), 80 € (3 Pers.) + 20 € (Extrabett) ♦ Frühst. inkl. ♦ Kein Gästetisch - Restaurants ab 2 km ♦ Salons ♦ Hunde nicht erlaubt ♦ Sprachen: Deutsch, Englisch ♦ **Anreise** (Karte Nr. 7): 12 km südl. von Caen Rtg. Flers bis Laize-la-Ville, dann rechts Rtg. Evrecy (2 km). In Clinchamps links. An der Kirche 1. Straße links.

Außerhalb des Dorfes hat dieses großbürgerliche Haus aus dem 19. Jahrhundert einen hübschen Garten voller Blumen und kann auf eine ereignisreiche Geschichte zurückblicken. Gäste werden hier erst seit kurzem aufgenommen, die Zimmer sind gepflegt und ganz unterschiedlich gestaltet; so gibt es „Beaumarchais", „Suédoise", „Provençale" und die reizende „Chambre de l'écrivain" mit ganz rot bespannten Wänden, viel Komfort und Raffinement. 2 können zu einer Suite umgestellt werden. Der bis 11.30 Uhr servierte Brunch mit vorwiegend Selbstgemachtem wird Sie für einen tourismusreichen Tag mit viel Energie versorgen.

404 - Le Haras de Crépon

Le Clos Mondeveille
14480 Crépon
(Calvados)
Tel. (0)2 31 21 37 37
Fax (0)2 31 21 12 12
Familie Landeau

♦ Ganzj. geöffn. ♦ 4 Zi. (2 können als Suite dienen) mit Bad oder Dusche, WC: 85-130 € (2 Pers.) + 21 € (Extrabett) ♦ Frühst. inkl. ♦ Kein Gästetisch ♦ Salon (Klavier), Kochnische ♦ Hunde erlaubt + 6 €/Tag ♦ Aufnahme von Reitern, Besichtigung des Gestüts ♦ Sprachen: Englisch, Spanisch ♦ **Anreise** (Karte Nr. 7): 20 km nordwestl. von Caen. Achse Caen-Cherbourg, Ausfahrt D 158 B. Am Stoppschild Rtg. Creully, Saint-Gabriel-Brécy, dann Arromanches. In Villiers-le-Sec erst rechts, dann sofort links, das Gestüt liegt 2 km weiter.

Wie es sein Name (*Haras* = Gestüt) zu erkennen gibt, steht dieser große, sehr sorgfältig restaurierte Landsitz aus dem 16. Jahrhundert ganz im Zeichen des Pferdes. 3 große Zimmer mit Komfort tragen die Namen der hier gezüchteten Rasse; einige dieser Pferde haben berühmte Rennen gewonnen. Das 4. Zimmer ist kleiner, aber seine beiden Fenster verleihen ihm viel Licht und bieten eine schöne Aussicht. Die Bäder sind gut konzipiert. Das Frühstück wird in einem großen Speiseraum eingenommen, bei schönem Wetter draußen am hübschen Garten.

N O R M A N D I E

405 - Manoir de Crépon

Route de Caen-Arromanches
14480 Crépon
(Calvados)
Tel. (0)2 31 22 21 27
Fax (0)2 31 22 88 80
Mme Anne-Marie Poisson

♦ Ganzj. geöffn. ♦ Im Jan. und Febr. Reserv. notwendig ♦ 2 Zi. und 1 Suite (3 Pers. mit zusätzl. Zi.) mit Bad oder Dusche, WC, (TV steht z. Verf.): 55 € (1 Pers.), 70 € (2 Pers.), 85 € (3 Pers.) und 1 Suite mit 2 Zi., Bad, WC: 100 € (4 Pers.) ♦ Frühst. inkl. ♦ Kein Gästetisch - Restaurants ab 500 m ♦ Kreditkarten außer Amex ♦ Salon ♦ Tel. ♦ Sprachen: Englisch ♦ **Anreise** (Karte Nr. 7): 10 km östl. von Bayeux. Von Paris kommend: auf den „Périphérique-Nord", Ausfahrt Nr. 7 Rtg. Creuilly-Arromanches.

Nur einige Minuten vom Meer und der historischen Stadt Arromanches entfernt liegt dieser elegante kleine Landsitz aus dem ausgehenden 17. Jahrhundert. Hier richtete Madame Poisson, gastfreundlich und spontan, sehr geschmackvolle und angenehme Gästezimmer ein. Sie sind freundlich, verfügen über die richtige Portion an Klassizismus und alten Möbeln, um Charme mit dem Komfort und den Anforderungen von heute zu verbinden. Die kleine, blaue Familiensuite ist besonders reizvoll, der Salon groß. Das Frühstück wird in der freundlichen, rustikalen Küche (im Winter mit Kaminfeuer) serviert.

406 - Manoir de L'Hermerel

14230 Géfosse-Fontenay
(Calvados)
Tel. (0)2 31 22 64 12
Fax (0)2 31 22 76 87
Agnès und François Lemarié
E-Mail: lemariehermerel@aol.com

♦ Vom 1. April bis 11. Nov. geöffn. ♦ Ansonsten Reserv. notwendig ♦ 4 Zi. mit Dusche, WC: 42 € (1 Pers.), 50 € (2 Pers.) + 17 € (zusätzl. Pers.) ♦ Frühst. inkl. ♦ Kein Gästetisch ♦ Salon ♦ Hunde nicht erlaubt ♦ Sprachen: Englisch ♦ **Anreise** (Karte Nr. 7): 7 km nördl. von Isigny-sur-Mer über die RN 13. In Osmanville auf die D 514 Rtg. Grandcamp-Maisy, dann links die D 199A; 2. Weg rechts.

Dieses von Feldern umgebene Bauernhaus wirkt mit seiner Fassade und seiner schönen Anordnung fast wie ein Schloss aus dem 17. Jahrhundert. Die angenehmen Zimmer, die Rustikales mit Komfort verbinden, haben sehr hohe Decken. Jedes Zimmer hat seinen Stil. Außer im Sommer sind die Etagenzimmer vorzuziehen. Das Frühstück wird in einem stattlichen Raum serviert. Als besonders angenehm empfanden wir den großen Aufenthaltsraum und den in der denkmalgeschützten Kapelle eingerichteten Sommersalon. Madame Lemarié wird Ihnen gute Tipps zum Kennenlernen der Region geben.

NORMANDIE

407 - Château de Dramard

14510 Houlgate
(Calvados)
Tel. (0)2 31 24 63 41
Fax (0)2 31 91 05 00
Alexis und Luce Straub
E-Mail: dramard@worldonline.fr
Web: chateaudramard.com

♦ Ganzj. geöffn. ♦ 2 kl. und 2 große Suiten mit Bad oder Dusche, WC: 115 € (2 Pers.) + 42 € (Extrabett); große Suite: 135 € (1 Zi., 2 Pers.), 200 € (2 Zi., 4 Pers.) ♦ Frühst. inkl. ♦ Gästetisch abends, gemeinsam, reservieren (mind. 6 Pers.): 40-50 € (alles inkl.) ♦ Visa ♦ Salon ♦ Kl. Hunde nur auf Anfrage erlaubt ♦ Sprachen: Deutsch, Englisch ♦ **Anreise** (Karten Nr. 7): Autobahn A 13, Ausfahrt Dozulé. Rtg. Cabourg und Dives. In Dives die D 45 Rtg. Lisieux. Nach 3 km auf dem Hügel links: Chemin de Dramard. Das Schloss (mit weißem Tor) liegt 1 km weiter.

Hinter einer Wegbiegung erblickt man das Meer, dann fährt man durch ein Waldstück, und in der Lichtung liegt das Schloss. Luce und Alexis, beide sehr dynamisch und gastfreundlich, haben hier eine besonders gelungene und warme Inneneinrichtung geschaffen. Die Suiten verfügen über einen Salon, und das Mobiliar besteht aus echten alten Möbeln und aus Stilmöbeln; Modernes gibt es aber auch. Die Himmelbetten, die stoffbespannten Wände, die Teppichböden und die Accessoires schaffen ein komfortables, elegantes Ambiente. Gefrühstückt und zu Abend gegessen wird in einem reizenden Speiseraum. Die Strände sind 3, Deauville 15 Minuten entfernt.

408 - Château de Vouilly

Vouilly
14230 Isigny-sur-Mer
(Calvados)
Tel. (0)2 31 22 08 59
Fax (0)2 31 22 90 58
Marie-José und James Hamel
E-Mail: chateau.vouilly@wanadoo.fr

♦ Von März bis Nov. geöffn. ♦ 5 Zi. mit Bad, WC: 50-60 € (1 Pers.), 60-70 € (2 Pers.) + 15 € (zusätzl. Pers.) ♦ Frühst. inkl. ♦ Kein Gästetisch - Bauerngasthof nahebei und Restaurants am Meer ♦ Kreditkarten ♦ Salon ♦ Hunde nur auf Anfrage erlaubt ♦ Sprachen: Englisch ♦ **Anreise** (Karte Nr. 7): 8 km südöstl. von Isigny-sur-Mer über die D 5 Rtg. Vouilly-Eglise; ausgeschildert.

Ein riesiges Sumpfgebiet umgibt dieses kleine, am Rand des Dorfes gelegene Dorf. Das Interieur des *Château de Vouilly* hat seinen Charme von einst erhalten, und der Empfang ist von natürlicher Freundlichkeit. Die unterschiedlich großen Zimmer sind sehr gepflegt und haben fast alle einen unwiderstehlich schönen Ausblick auf den Garten (Dauergewächse, Sträucher, Rasenflächen und kleine Pavillons aus dem 18. Jahrhundert). 3 von ihnen besitzen einen wunderbar gebohnerten Parkettfußboden, in dem man sich beinahe wie in einem Spiegel betrachten kann, so glänzt er. Das Frühstück wird in einem superben Speisesaal serviert – dem einstigen Hauptquartier der amerikanischen Presse zum Zeitpunkt der Landung der Alliierten.

N O R M A N D I E

409 - Le Roulage

14230 Longueville
(Calvados)
Tel. und Fax (0)2 31 22 03 49
Mme und M. Leroyer
E-Mail: dan.leroyer@wanadoo.fr

♦ Von Dez. bis Jan. geschl. ♦ Nichtraucher-Haus ♦ 2 Zi. mit Bad oder Dusche, WC: 54 € (2 Pers.) ♦ Frühst. inkl. ♦ Kein Gästetisch - Restaurants nahbei (Fischerhafen) ♦ Hunde nicht erlaubt ♦ Salon ♦ Sprachen: Englisch ♦ **Anreise** (Karte Nr. 7): 20 km westl. von Bayeux. RN 13, Rtg. Cherbourg, Ausfahrt Longueville, D 125, dann dreimal rechts, danach ausgeschildert.

Das am Ortsausgang gelegene, besonders sorgfältig renovierte normannische Bauernhaus hat ein stolzes Aussehen. Zunächst ist da der außergewöhnliche Garten, in dem sich die Blumenbeete aus Dauergewächsen zwischen die Gemüse-Karrees und die Aussicht auf die Obstbäumen schieben. Dann kommen wir zu den reizenden Zimmern, die in warmen, freundlichen Farben gestaltet, zurückhaltend antik möbliert und mit einwandfreien Bädern ausgestattet sind. Das exzellente Frühstück, zu dem jede Menge Konfitüren aus Früchten des eigenen Gartens gereicht werden, wird das Bild weiter abrunden, das *Le Roulage* einschließlich seiner Gastgeber dauerhaft bei Ihnen hinterlassen wird. Hier befinden Sie sich zudem im Herzen der Landungsstrände und in unmittelbarer Nähe von Bayeux mit seinen Museen, Tapisserien und seiner Kathedrale.

410 - Manoir du Carel

14400 Maisons über Bayeux
(Calvados)
Tel. (0)2 31 22 37 00
Handy (0)6 99 75 43 83
Fax (0)2 31 21 57 00
Mme und M. Aumond

♦ Ganzj. geöffn. ♦ 3 Zi. mit Bad, Dusche, WC, Tel., TV: 90 € (1 Pers.), 105 € (2 Pers.) und 1 separates Haus mit Schlafzi., Wohnzi. (Schlafcouch), Küche, Bad, Dusche, WC, Tel., TV: 145 € pro Tag oder Pauschalpreis bei läng. Aufenth. ♦ Zimmerreinigung auf Wunsch ♦ Frühst.: 10 € ♦ Kein Gästetisch - Restaurants in Umgebung ♦ Kreditkarten ♦ Salon ♦ Tel. ♦ Hunde nicht erlaubt ♦ Tennis, Reiten ♦ Sprachen: ein wenig Deutsch, Englisch ♦ **Anreise** (Karte Nr. 7): 5 km von Bayeux. D 6 Rtg. Port-en-Bessin: auf Wunsch Reiseweg per Fax.

3 Kilometer vom Meer und in unmittelbarer Nähe der Landungsstrände liegt dieses Herrenhaus aus dem 16. Jahrhundert, dessen schlichtes Äußeres aus schönem Stein und Holz ein Interieur mit vollendetem Komfort birgt. Sie können zwischen den geschmackvoll ausgestatteten Zimmern (antikes Mobiliar, reizende Stoffe, viele charmante Details) und dem kleinen separaten Haus wählen, das man für eine Nacht, aber auch für einen längeren Aufenthalt mieten kann. Die Bäder sind ebenfalls sehr gelungen. Das Frühstück ist exzellent und reichhaltig, serviert wird es im superben Haute-Époque-Speiseraum. Freundlicher kleiner Salon und liebenswürdiger Empfang.

NORMANDIE

411 - Le Cotil

14140 Le Mesnil-Simon
(Calvados)
Tel. (0)2 31 31 47 86
Fax (0)2 31 31 07 33
Mme Mecki Dauré
E-Mail: mecki.daure@wanadoo.fr
Web: lecotil.com

♦ Von Ostern bis Allerheiligen geöffn. ♦ Mind. 2 Üb. ♦ 2 separate Zi. (1 mit Dusche, WC und 1 mit Bad, WC) darunter 1 mit Küche, sofern gewünscht: 46-54 € (2 Pers.) ♦ Frühst. inkl. ♦ 1 separates Haus mit Küche, Zi, Salon (Satelliten-TV): 60 € (2 Pers.) ♦ Kein Gästetisch - Restaurants ab 3 km ♦ Haustiere auf Anfrage erlaubt ♦ Sprachen: Deutsch, Englisch ♦ **Anreise** (Karte Nr. 8): 10 km südwestl. von Lisieux über die D 511 Rtg. Saint-Pierre-sur-Dives. Hinter La Corne nach 3 km die D 511, danach, in einer Rechtskurve, die kleine abschüssige Straße, am Schild „Peintures sur bois" links.

Zu diesem alten Bauernhaus mit mehreren reizvollen Dependancen und Blick auf ein besonders hübsches Tal führt ein blau eingefasster Weg. Mecki, die ausgesprochen gastfreundlich ist, hat hier ein Traumdekor geschaffen, der sich aus alten Sammelobjekten, Kilims und antikem Mobiliar (das sie mit Motiven in Blaugrau, Altrosa und einem gedämpftem Gelb verziert) zusammensetzt. Die großen, mit Mezzanin und einer Salonecke ausgestatteten Zimmer sind ideal für Aufenthalte. Das Frühstück, es wird im reizvollen Speiseraum mit Fachwerk oder draußen eingenommen, ist gut. Ein außergewöhnliches Haus zu wirklich kleinen Preisen.

412 - Cour l'Épée

14340 Saint-Aubin-Lebizay
(Calvados)
Tel. und Fax (0)2 31 65 13 45
Mme und M. Tesnières
E-Mail: aj.tesniere@wanadoo.fr

♦ Ganzj. geöffn. ♦ Mind. 2 Üb. ♦ Nichtraucher-Haus ♦ 2 Zi. mit Bad, WC sowie 1 Suite (3 Pers.) in der einstigen Brennerei mit Dusche, WC: 61 € (2 Pers.) + 11 € (Extrabett) ♦ Kein Gästetisch - Restaurants etwa 5 km entf. ♦ Salon ♦ Haustiere nicht erlaubt ♦ Wanderungen und Früchtesammeln im Sommer (kostenl. Führung) ♦ Sprachen: Englisch ♦ **Anreise** (Karten Nr. 7 und 8): 25 km von Deauville. Autobahn A 13, Ausfahrt Dozulé. Ab dem Dorf auf die D 85 Rtg. Cambremer, nach 5,5 km (auf der D 85 bleiben) am Hinweisschild links.

Durch den Wechsel des Hausbesitzers hat die wundervolle *Cour l'Epée* Gott sei Dank nichts von ihrem Ambiente und nichts von ihrem „Geist" verloren. Ein Zimmer ist in einem eleganten Empirestil gehalten, das andere hat rustikale helle Möbel, und dann ist da noch, und zwar in der früheren Brennerei, die unwiderstehlich schöne kleine Suite. Das appetitliche Frühstück wird entweder auf der von Blumen und Sträuchern umgebenen Terrasse mit Südlage oder im angenehmen Wohnzimmer serviert, das antik möbliert ist und in der kühlen Jahreszeit durch seinen imposanten Kamin beheizt wird. Liebenswürdiger, gut gelaunter Empfang in einem Haus, das für Abstecher nach Honfleur, Deauville und zur Route der Abteien sehr günstig liegt.

N O R M A N D I E

413 - La Ferme des Poiriers Roses

14130 Saint-Philbert-des-Champs
(Calvados)
Tel. (0)2 31 64 72 14
Fax (0)2 31 64 19 55
Mme Lecorneur und Fanny

♦ Ganzj. geöffn. ♦ 5 Zi. (darunter 2 für 4 Pers.); 1 Suite (Zi. + Salon) mit Bad, WC: 60,98-106,70 € (2 Pers.) ♦ Feinschmecker-Frühst.: 8,38 € ♦ Kein Gästetisch - Restaurants in Breuil-en-Auge ♦ Hunde nicht erlaubt ♦ Fahrräder ♦ Sprachen: Englisch ♦ **Anreise** (Karte Nr. 8): A 13, Ausfahrt Pont-l'Évêque, D 579 Rtg. Lisieux. In Ouilly links die D 98 über Norolles, dann die D 284; 700 m vor der Ortschaft.

Mitten auf dem Land gelegen und von einem gepflegten Garten voller Blumen umgeben, ist die aus Fachwerkgebäuden bestehende *Ferme des Poiriers Roses* wirklich eine Welt für sich mit ihren Möbeln, Nippsachen, Tischen mit tiefen Decken, Teppichen, Radierungen, Fotos und den vielen getrockneten Blumensträußen; manchmal ist es deshalb nicht ganz leicht, sich in den beiden Speiseräumen zu bewegen. Die Gästezimmer, in denen man sich sehr wohl fühlt, und die Bäder sind ausgesprochen komfortabel und gepflegt und ebenso ansprechend gestaltet wie der Rest des Hauses. Das Frühstück ist ein wahres Schlemmerfest.

414 - Manoir du Petit Magny

14400 Saint-Vigor-le-Grand
(Calvados)
Tel. und Fax (0)2 31 22 70 67
Mme und M. Jean Jonlet

♦ Ganzj. geöffn. ♦ Reserv. notwendig ♦ 2 Zi. und 2 Suiten mit Bad oder Dusche, WC (TV in den Suiten): 48 € (2 Pers.); Suite 50 € (2 Pers.) + 15,24 € (Extrabett) ♦ Frühst. inkl. ♦ 2 Häuser/ Vermietung pro Woche: 389-409 € (je nach Saison/4 Pers.) + 7,62 € (Extrabett) ♦ Frühst. auf Wunsch: 5,34 € ♦ Kein Gästetisch - Restaurants ab 1,5 km ♦ Salon ♦ Hallenbad, Tennis ♦ Sprachen: Englisch, Niederländisch ♦ **Anreise** (Karte Nr. 7): 4-spurige Straße (Caen/Bayeux), am Kreisverkehr Eisenhower rechts Rtg. Saint-Vigor-le-Grand. Gleich hinter der „Taverne Hollandaise" auf den kleinen Weg rechts. Nach 1 km am Stoppschild geradeaus in die Sackgasse: das „Manoir" liegt links.

Sich endlich Zeit zum Leben zu nehmen, anderen gegenüber offen zu sein, einen Ort so zu gestalten, dass er als sehr gelungen bezeichnet werden kann und ihn besonders für Familien oder Verliebte einzurichten ... Das sind einige der Gründe, weshalb die Jonlets dieses mitten auf dem Land gelegene Herrenhaus restauriert haben. Im Innern ist alles klassisch, freundlich, voller Raffinement. Die kleinen Sitzecken, die es hier überall gibt, begünstigen ein besonders unabhängiges Wohnen. Eine ganz besondere Adresse, für die lange im voraus reserviert werden sollte.

N O R M A N D I E

415 - Le Prieuré Boutefol

14130 Surville
(Calvados)
Tel. (0)2 31 64 39 70
Fax (0)2 31 64 95 67
Handy (0)6 62 26 39 70
Mme und M. Colin
E-Mail: le-prieure-boutefol-colin@wanadoo.fr

♦ Ganzj. geöffn. ♦ Nichtraucher-Zi. ♦ 3 Zi. (im Stammhaus oder in den Dependancen) und 1 Suite (2-5 Pers.) mit Bad, WC: 50 € (1 Pers.), 55-65 € (2 Pers.) + 15 € (Extrabett); Familiensuite 80 € (2 Pers.), 93 € (3 Pers.), 105 € (4 Pers.), 115 € (5 Pers.) ♦ Frühst. inkl. ♦ Kein Gästetisch - Restaurants ab 1 km ♦ Salon ♦ Haustiere nicht erlaubt ♦ Sprachen: Englisch ♦ **Anreise** (Karte Nr. 8): 1 km südöstl. von Pont-l'Évêque. Straße Rouen/Caen (N 175), an „Intermarché" vorbeifahren, dann die Autobahnbrücke überqueren. Einfahrt 300 m hinter der Brücke links.

Diese ehemalige Komturei, die im frühen 20. Jahrhundert ganz umgebaut wurde, ist ein angenehmer Aufenthaltsort. Im großen Salon, in dem oft ein Holzfeuer brennt, werden Aperitif und Frühstück gereicht. Die hohe, dunkle Vertäfelung, die Gemälde aus dem 19. Jahrhundert, die Bibliothek, das antike Mobiliar, die alten Sammelobjekte und die schottische Couch schaffen eine besonders warme, ein wenig englische Atmosphäre. Die reizenden Zimmer von unterschiedlicher Größe sind aufs Stammhaus und die Dependancen aufgeteilt. Freundlich-gepflegte Gestaltung, angenehme Bäder, komfortable Betten ... Alles sehr gelungen. Einziger (kleiner) Einwand: im Garten hört man den Straßenverkehr. Der Empfang ist familiär und sehr liebenswürdig.

416 - Le Manoir du Lieu Rocher

14140 Vieux Pont-en-Auge
(Calvados)
Tel. (0)2 31 20 53 03
Fax (0)2 31 20 59 03
Mme und M. Grigaut
E-Mail: manoirlieurocher@wanadoo.fr
Web: castelinnormandy.com

♦ Ganzj. geöffn. ♦ 3 Zi. und 1 Suite (5 Pers.) mit Bad, WC: 77-100 € (2 Pers.), Suite 100-150 € (5 Pers.) ♦ Frühst. inkl. ♦ Kein Gästetisch - Restaurants ab 3 km ♦ Sprachen: Deutsch, Englisch, Italienisch ♦ **Anreise** (Karten Nr. 7 und 8): 19 km südl. von Lisieux Rtg. Caen, Ausfahrt Saint-Julien-le-Faucon, D 511 bis Vieux Pont (19 km), dann zur Kirche aus dem 10. Jahrhundert: das „Manoir" liegt 300 m weiter.

Dieser große, am Rand eines kleinen ländlichen Dorfes gelegene Landsitz aus dem 17. und 18. Jahrhundert, in dem Sie von der Sängerin Tatiana Grigaut und ihrem Ehemann, der Pianist ist, begrüßt werden, ist nach Süden zum Odon-Tal hin ausgerichtet. Das ganz individuell gestaltete Interieur ist von großer Authentizität geprägt. Im Obergeschoss (ganz den Gästen reserviert) wurden komfortable Zimmer mit gepflegten Bädern angenehm eingerichtet. Das Frühstück, zuweilen von der lebendigen, originellen Hausherrin „animiert", wird am großen Tisch des Speiseraumes serviert. Ein Ort von ganz besonderem Format. Dass man weder von einem Salon noch vom Garten vor dem Haus profitieren kann, ist bedauerlich. Aufmerksamer, diskreter Empfang.

NORMANDIE

417 - Pomme Reinette X

56, avenue de la Brigade Piron
14640 Villers-sur-Mer
(Calvados)
Tel. und Fax (0)2 31 81 17 88
Mme und M. Verbelen
E-Mail: pomme.reinette@wanadoo.fr
Web: pommereinette.com

♦ Ganzj. geöffn. ♦ Reserv. notwendig ♦ Nichtraucher-Zi. ♦ 3 Zi. mit Bad, WC, TV, Fön: 53 und 55 € (2 Pers.) + 17 € (Extrabett) ♦ Frühst. inkl. ♦ Gästetisch abends, gemeinsam, reservieren: 22 € (alles inkl.) ♦ Salon ♦ Beheizt. Schwimmbad von Mai bis Ende Okt. ♦ Sprachen: Niederländisch und ein wenig Englisch ♦ **Anreise** (Karten Nr. 7 und 8): Von Deauville am Meer entlang ab Villers-sur-Mer Rtg. Bahnhof und Lisieux verlassen. Auf der Avenue erst die Gendarmerie passieren und dann den Weg hochfahren, und zwar von Nr. 1 bis 56.

Dieses kleine Stadthaus mit großem Gelände haben wir ausgewählt wegen seiner Meerlage, seiner weiten Aussicht auf Deauville und nicht zuletzt wegen des liebenswürdigen Empfangs von Madame und Monsieur Verbelen. Das Haus ist nicht alt, wurde aber mit edlem Baumaterial errichtet. Die Gästezimmer mit ihren Kiefernmöbeln englischen Stils sind freundlich und komfortabel. Das angenehmste liegt im Obergeschoss und hat ein breiteres Bett (160 cm). Der als Speiseraum und Salon dienende Raum (Kamin, antikes und modernes Mobiliar, Sofas, ein Bauerntisch fürs Frühstück) ist sehr einladend.

418 - Les Aubépines X

Aux Chauffourniers
27290 Appeville-Annebault
(Eure)
Tel. und Fax (0)2 32 56 14 25
Mme und M. Closson Maze
E-Mail: clossonmaze@wanadoo.fr
Web: perso.wanadoo.fr/lesaubepines/

♦ Vom 30. Sept. bis März geschl. ♦ Außerh. der Saison Reserv. notwendig ♦ Nichtraucher (1. Etage) ♦ 2 Zi. mit Bad, WC: 43 € (1 Pers.), 48 € (2 Pers.) + 17 € (zusätzl. Pers.) ♦ Frühst. inkl. ♦ Gästetisch abends, gemeinsam, reservieren: 19 € (alles inkl.) ♦ Salon ♦ Hunde nur auf Anfrage erlaubt ♦ Tischtennis, Mountainbikes, Krocket und andere Spiele ♦ Sprachen: Englisch, Spanisch ♦ **Anreise** (Karten Nr. 1 und 8): 13 km südöstl. von Pont-Audemer. Ab Paris Autobahn A 13, Ausfahrt Nr. 26, Rtg. Pont-Audemer (ca. 3 km). An der Kreuzung Médine D 89 Rtg. Evreux. Gleich hinter dem Schild „Les Marettes" 1. Straße links, dann „Chambres d'hôtes" ausgeschildert.

Ein von den Straßen abgelegenes, von einem großen Garten umgebenes Haus mit Blick aufs Tal; sein Stil – rosa Backstein und Fachwerk – ist typisch normannisch. Die beiden Gästezimmer sind mit eigenen Bädern und Toiletten sehr angenehm. Die Mahlzeiten werden entweder im großen Speiseraum oder, im Sommer, auf der Terrasse eingenommen. Ein guter Ausgangspunkt zum Unternehmen von Ausflügen in der an Sehenswürdigkeiten wie Honfleur, Pont de Normandie, Pont-Audemer usw. reichen Region.

N O R M A N D I E

419 - Château de Boscherville

27520 Bourgtheroulde
(Eure)
Tel. und Fax (0)2 35 87 62 12
Mme und M. Henry du Plouy

♦ Ganzj. geöffn. ♦ Reserv. notwendig: 24 Std. zuvor für 1 Üb. oder 1-2 Wochen vorher für Aufenthalte ♦ 5 Zi. mit Bad oder Dusche, WC (Tel. und Fax auf Wunsch): 38 € (1 Pers.), 46 € (2 Pers.) + 7 € (Extrabett) ♦ Frühst inkl. ♦ Kein Gästetisch - Restaurants ab 3 km ♦ Salon ♦ Fitness-Parcours ♦ Sprachen: Englisch ♦ **Anreise** (Karte Nr. 8): ab Paris Autobahn A 13, Ausfahrt Maison Brûlée. Am 1. Kreisverkehr Rtg. Brionne, am 3. Kreisverkehr links, dann ausgeschildert.

Das Interieur dieses kleinen Schlosses von humaner Größe stammt aus dem 17. und 18. Jahrhundert, ist von außergewöhnlicher Einheitlichkeit geprägt und besitzt zahlreiche Souvenirs und Sammelobjekte der Familie. Die antik möblierten Zimmer sind auf die Etagen aufgeteilt; im 2. Obergeschoss haben sie abgeschrägte Wänden, auf der 1. Etage sind sie ein wenig größer. Komfort haben alle, und überall ist die Bettwäsche aus feinem Leinen. Zudem besitzt jedes Zimmer ein modernisiertes, sehr gepflegtes Bad. Der Empfang in diesem Anwesen, in dem lange vor Ihnen auch Jean de La Fontaine gewohnt hat, ist liebenswürdig und „gelehrt".

420 - Le Vieux Pressoir

Le Clos Potier
27210 Conteville
(Eure)
Tel. und Fax (0)2 32 57 60 79
Mme Anfray

♦ Ganzj. geöffn. ♦ 5 Zi. mit Bad oder Dusche, WC: 45 € (1 Pers.), 50 € (2 Pers.) ♦ Frühst inkl. ♦ Gästetisch abends, gemeinsam, reservieren (außer So): 22 € (Cidre und Wein inkl.) ♦ Salon ♦ Kl. Hunde nur auf Anfrage erlaubt ♦ Besichtigung der alten Presse (18. Jh.) und Fahrradverleih ♦ Sprachen: ein wenig Englisch ♦ **Anreise** (Karte Nr. 8): 12 km östl. von Honfleur über die D 180 Rtg. Pont-Audemer, dann in Fiquefleur links die D 312 bis Conteville; ausgeschildert.

Nahe Honfleur ist dieser kleine normannische Bauernhof mit seinen landwirtschaftlichen Nebengebäuden und seinem „Ententeich" eine einfache, aber sympathische Adresse. Die Atmosphäre im Salon, im Speiseraum und in den Schlafzimmern ist eher ländlich-rustikal: eine Reihe von Nostalgie- oder Kitschaccessoires, alte Fotos, Spitzen, getrocknete Blumen, Federbetten ... Die Bäder sind wie der Rest des Hauses sehr gepflegt. Wir empfehlen die Zimmer im kleinen Haus. Das Ländlich-Heitere dieser Räume entspricht ganz Madame Anfrays freundlichen Wesen. Der mit reichlich Produkten vom Hof zubereitete Gästetisch ist hervorragend.

NORMANDIE

421 - La Réserve

27620 Giverny
(Eure)
Tel. und Fax (0)2 32 21 99 09
Mme und M. Didier Brunet
Web: giverny.org/hotels/brunet

♦ Ganzj. geöffn. ♦ Reserv. notwendig ♦ Nichtraucher-Haus ♦ 5 Zi. mit Bad oder Dusche (darunter 1 für Behinderte), WC: 120-150 € (2 Pers., 1 Üb.), 90-120 € (2 Pers., ab 2 Üb.); Preise je nach Größe der Zi.; Sonderkonditionen für Familien ♦ Frühst. inkl. ♦ Kein Gästetisch - Restaurants ab 2 km ♦ Salon, Billard, Bibliothek ♦ Sprachen: Englisch ♦ **Anreise** (Karte Nr. 8): 4 km nördl. von Vernon (Autobahn A 13). Am Ortseingang von Giverny links Rue Claude Monet. 400 m hinter der Kirche links, Rue Blanche Hochedé Monet. Nach 1,2 km im Wald ab dem weißen Pfeil links und sofort rechts (800 m).

Auf den Anhöhen von Giverny liegt dieses große, freundliche Haus, das von Wiesen umgeben ist und 5 geräumige helle Gästezimmer besitzt. Jedes hat seinen eigenen Stil, und für jedes wurden Einrichtung und Gestaltung bis ins letzte Detail durchdacht. Das sorgfältig zubereitete Frühstück wird im schönen Speiseraum serviert, und im freundlichen Salon ist es angenehm, sich zu entspannen. Diskreter Empfang.

422 - Domaine du Plessis

2003

27300 Saint-Clair-d'Arcey
(Eure)
Tel. (0)2 32 46 60 00
M. Gouffier und M. Rodriguez

♦ Von Dez. bis Jan. geschl. ♦ 3 Zi. mit Bad oder Dusche, WC: 47-53 € (2 Pers.) ♦ Frühst. inkl. ♦ Gästetisch abends, gemeinsam, reservieren (außer Mi, Fr, So): 15 € (Wein inkl.) ♦ Kl. Salon-Speiseraum ♦ Außerdem 1 kl. Haus ♦ Hunde erlaubt (an der Leine im Park) ♦ Sprachen: Englisch ♦ **Anreise** (Karte Nr. 8): 7 km von Bernay über die D 140 Rtg. Beaumesnil, dann links D 42 nach St-Clair-d'Arcey.

Die friedvolle normannische Landschaft, hier ist sie verhältnismäßig flach, umgibt dieses hübsche Haus aus dem 18. Jahrhundert, das fachmännisch und sensibel restauriert wurde und das heute eine Glyzinie ziert. Sobald man es betritt, überrascht einen die große Helligkeit der Räume dank der sich gegenüber liegenden Fenster. Das Interieur von schlichter Eleganz ist ganz persönlich mit Möbeln aus dem Familienbesitz und ausgewählten Accessoires gestaltet. Die Zimmer, mit kleinen Bädern, haben Komfort (das mit Teppichboden mögen wir weniger, nur hat es ein größeres Bad). Frühstück und Abendessen werden hübsch im intimen Speiseraum serviert, aber auch in der freundlichen Küche. Der Enten- und Gänseteich im Garten wird Ihnen ebenfalls gefallen. Warmherziger, aufmerksamer Empfang.

NORMANDIE

423 - Le Four à Pain

8, rue des Gruchets
27140 Saint-Denis-Le-Ferment
(Eure)
Tel. und Fax (0)2 32 55 14 45
Madeleine Rousseau

♦ Ganzj. geöffn. ♦ 2 Zi. mit Dusche, WC: 35-39 € (1 Pers.), 48-53 € (2 Pers.), 64 € (3 Pers.) ♦ Frühst. inkl. ♦ Kein Gästetisch - Gasthof ab 500 m ♦ Salon ♦ Hunde nicht erlaubt ♦ Sprachen: Englisch ♦ **Anreise** (Karten Nr. 1 und 9): 6 km nordwestl. von Gisors D 14 Rtg. Bézu und Rouen, dann D 17 Rtg. Saint-Denis-Le-Ferment. Am 2. Schild „Chambres d'hôtes" im Dorf links.

In einem Dorf mit weit auseinander liegenden Häusern befindet sich dieses alte, kleine, normannische Bauernhaus, das vollkommen renoviert wurde und einen abschüssigen, von mehreren verschiedenartigen Häusern umgebenen Garten hat. Im Erdgeschoss befindet sich der Speiseraum mit Kamin, wo man – bestens – frühstückt. Die Innenräume sind mit ihren alten Fußbodenplatten, ihrem antiken Mobiliar, ihren geblümten Vorhängen und ihren vielen Accessoires sehr freundlich und gepflegt. Das weiß gestrichene Dachgeschosszimmer ist besonders anheimelnd. Das andere, es ist kleiner und einfacher, wurde im einstigen Backhaus im Garten eingerichtet; mit seiner Kochnische wird es denjenigen besonders gefallen, die ganz unabhängig sein möchten. Eine sympathische Adresse nahe der Seine- und Risle-Täler. Der Empfang ist von großer Liebenswürdigkeit.

424 - Le Pressoir du Mont

Le Mont
27210 Saint-Maclou
(Eure)
Tel. und Fax (0)2 32 41 42 55
Handy (0)6 73 57 65 83
Jean und Monique Baumann
Web: location-honfleur.com/baumann.htm

♦ Ganzj. geöffn. ♦ Nichtraucher-Zi. ♦ 3 Zi. (180 cm breites Bett oder 2 Betten) mit Bad oder Dusche, WC: 49 € (1 Pers.), 58 € (2 Pers.), 73 € (3 Pers.); TV auf Wunsch ♦ Frühst. inkl. ♦ Gästetisch abends, gemeinsam oder individuell, reservieren: 18 € (ohne Wein) ♦ Salon ♦ Kleine Hunde nur auf Anfrage erlaubt ♦ Tennis (Hartplatz), Tischtennis ♦ Sprachen: Deutsch, Englisch, Niederländisch, Italienisch ♦ **Anreise** (Karte Nr. 8): 14 km südöstl. von Honfleur. Autobahn A 13, Ausfahrt Beuzeville (Nr. 28), 2 km Rtg. Pont-Audemer über die N 175, dann rechts (1,5 km, Pfeilmarkierung).

Jean und Monique Baumann, erst vor kurzem aus Belgien hierher gekommen, bieten in ihrem eleganten normannischen Haus 3 Gästezimmer an, die in warmen Farben gestaltet und antik möbliert sind. Ein Zimmer befindet sich im Haus der Gastgeber, die beiden anderen liegen in einem kleinen Gästehaus direkt nebenan. Die wunderbar grüne Umgebung und die vielen Blumen bieten diesem Haus voller Komfort außergewöhnliche Ruhe. Der Empfang ist aufmerksam.

NORMANDIE

425 - La Fèvrerie

Sainte-Geneviève
50760 Barfleur
(Manche)
Tel. (0)2 33 54 33 53
Fax (0)2 33 22 12 50
Marie-France Caillet

♦ Ganzj. geöffn. ♦ Nichtraucher-Zi. ♦ 3 Zi. (1 mit Doppelbett, 1 mit 2 Betten, 1 mit 140 cm breitem Bett) mit Bad oder Dusche, WC: 55-67 € (2 Pers.) + 16 € (Extrabett) ♦ Frühst. inkl. ♦ Kein Gästetisch - Restaurants und Crêperien ab 3 km ♦ Salon ♦ Hunde nur auf Anfrage erlaubt ♦ Fahrräder, Pferdeboxen (+ 9,14 € pro Tag) ♦ **Anreise** (Karte Nr. 7): 3 km westl. von Barfleur über D 25 Rtg. Quettehou, 2. Straße rechts, dann ausgeschildert.

Unweit der herrlichen Pointe de Barfleur liegt dieser Landsitz aus dem 16. und 17. Jahrhundert mitten im Grünen. Das Interieur ist ebenso freundlich wie elegant. Die komfortablen, mit antiken Möbeln ausgestatteten und mit hübschen Dekostoffen belebten Zimmer sind unwiderstehlich. Das Frühstück wird am großen Kamin des angenehmen Aufenthaltsraumes serviert. Ein bemerkenswertes Haus. Betreuung freundlich und stets gut gelaunt.

426 - Manoir de Caillemont

Saint-Georges-de-la-Rivière
50270 Barneville-Carteret
(Manche)
Tel. (0)2 33 53 81 16
Fax (0)2 33 53 25 66
Éliane Coupechoux

♦ Von Mai bis Okt. geöffn. (in der Vor- und Nachsaison auf Anfrage) ♦ 2 Suiten mit Bad oder Dusche, WC, Tel.: 95 € (2 Pers.) + 18 € (zusätzl. Pers. im DZ) + 40 € (2 Pers. zusätzl. Zi. in Suite) ♦ Frühst. inkl. ♦ Gemeins. Essen auf Best. - Restaurant (5 km) ♦ Hunde nur auf Anfrage erlaubt ♦ Keine Kreditkarten ♦ Schwimmbad, Tischtennis, Billard ♦ Sprachen: Englisch ♦ **Anreise** (Karte Nr. 6): 35 km südl. von Cherbourg über die D 903. In Barneville-Carteret Rtg. Coutances. Genaue Wegbeschreibung per Telefon oder Fax.

Der stilgerechte Landsitz besitzt 2 höchst angenehme, klassisch gestaltete Suiten und ein Studio (das wir nicht empfehlen können). Die eine Suite macht besonders viel her mit ihrer Täfelung im Louis-quinze-Stil, die andere, auch sie ist sehr angenehm, hat einen Kamin, den man in der kühlen Jahreszeit benutzen kann. Das von der Blumenterrasse verborgene beheizte Schwimmbad ist eine angenehme Überraschung. Exzellentes Frühstück. Empfangen wird man hier natürlich und gut gelaunt.

N O R M A N D I E

427 - La Mietterie

50570 La Chapelle-en-Juger
(Manche)
Tel. (0)2 33 56 20 71
Antoinette Delisle
E-Mail: antoinettedelisle@voila.fr
Web: lamietterie.fr.st

2003

♦ Vom 15. Jan. bis 15. Dez. geöffn. ♦ 1 Zi. mit Dusche, WC: 57 € (2 Pers.); und 2 Nebenzi. ohne sanitäre Einrichtungen: 45 und 30 € ♦ Frühst. inkl. ♦ Gästetisch abends, gemeinsam: 16 € (Getränke inkl.) ♦ Salon ♦ Haustiere nicht erlaubt ♦ Sprachen: Englisch ♦ **Anreise** (Karte Nr. 7): 9 km westl. von Saint-Lô, D 900 Rtg. Periers. 3 km westl. vom Autobahnkreuz Hébécrevon Rtg. Periers auf der vierspurigen Straße zwischen Mont-Saint-Michel und den Landungssträndern (*plages du débarquement*).

Die Weiden dieses Landsitzes erlebten die Geburt mehrerer Rennbahn-Cracks. In den intimen, freundlich und eine Spur englisch antik möblierten Empfangsräumen gibt es so manche Erinnerung an diese berühmte Zeit (Fotos, Sammelobjekte, Radierungen). Die Suite liegt im Obergeschoss, ist freundlich, sehr gut möbliert und absolut reizvoll. Die besonders liebenswürdigen Gastgeber legen ebenso großen Wert auf die Renovierung ihres Anwesens wie auf die Pflege des Parks. Das Frühstück wird entweder im eleganten Speiseraum oder in der reizenden, sich weit nach außen öffnenden Orangerie serviert.

428 - Château de Coigny

50250 Coigny
(Manche)
Tel. und Fax (0)2 33 42 10 79
Handy (0)6 18 53 83 31
Mme Ionckheere

♦ Von Ostern bis Allerheiligen geöffn. (in der Vor- und Nachsaison auf Anfrage) ♦ 2 Zi. mit Bad, WC (darunter 1 Zi. mit zusätzl. Bett): 77 € (1 Pers.), 84 € (2 Pers.), 99 € (3 Pers.) ♦ Frühst. inkl. ♦ Kein Gästetisch - Restaurants in Umgebung ♦ Salon ♦ Hunde nicht erlaubt ♦ **Anreise** (Karte Nr. 7): 11 km westl. von Carentan über die D 903 Rtg. Barneville, dann die D 223; hinter dem Ortsausgangsschild Coigny 1. Einfahrt links.

Das schöne Schloss Coigny wurde im 16. Jahrhundert von dem Vorfahren eines Marschalls von Ludwig XV. erbaut. Im Innern mußte das alte Mobiliar Stilmöbeln weichen, aber die Zusammenstellung wirkt sehr gepflegt. Die Zimmer sind komfortabel und ruhig und haben einen schönen Ausblick auf den Schlosshof bzw. den Wassergraben. Das Frühstück und das Abendessen werden im großen Speisesaal serviert, den ein außergewöhnlicher italienischer, denkmalgeschützter Renaissancekamin aus skulptiertem Stein mit Marmor ziert. Natürlicher, sehr sympathischer Empfang.

N O R M A N D I E

429 - Belleville
Route de Saint-Marc
50530 Dragey-l'Église
(Manche)
Tel. (0)2 33 48 93 96
Fax (0)2 33 48 59 75
Florence und Olivier Brasme
E-Mail: belleville@mt-st-michel.net
Web: mt-st-michel.net

♦ Ganzj. geöffn. ♦ Nichtraucher-Zi. ♦ 2 Zi. mit Bad, WC: 47 € (1 Pers.), 55 € (2 Pers.) + 12 € (zusätzl. Pers.) ♦ Frühst. inkl. ♦ Kein Gästetisch - Restaurants ab 4 bzw. 7 km ♦ Eine ehemalige Bäckerei für 1 Üb. oder Aufenthalte (2-3 Pers.) mit Salon, Küche, Mezzanin-Zi., überdachter Terrasse, Garten: 70 € (2 Pers.)/Üb., 260-420 €/Woche; ohne Frühst. ♦ Hunde nicht erlaubt ♦ Sprachen: Englisch ♦ **Anreise** (Karte Nr. 6): 12 km nordwestl. von Avranches. In Avranches auf die vierspurige Straße, Ausfahrt Bahnhof (SNCF), dann D 911 Rtg. Vains-Jullouville (Küstenstraße). Am Ortsausgang von Dragey, vor der Tankstelle rechts. Nach 1 km links Rtg. Dragey. Das Haus liegt etwa 800 m weiter.

Vom Strand mit der Silhouette des Mont-Saint-Michel braucht man nur einige Minuten, um zu diesem Haus aus dem 17. Jahrhundert zu gelangen. Es liegt am Rand des Dorfes, gegenüber dem grünen Pferdeauslauf, auf dem sich Olivier Brasme um seine Fohlen kümmert. Die Zimmer (mit angenehmen Bädern) sind von eleganter Schlichtheit, freundlich und sehr komfortabel. Das Frühstück mit hervorragendem Brot und frischem Orangensaft verdient das Prädikat raffiniert. Der Empfang ist ungezwungen und sehr angenehm.

430 - Le Homme

Le Bourg
Bourg de Poilley
50220 Ducey
(Manche)
Tel. (0)2 33 48 44 41
Jeanine und Victor Vaugrente

♦ Ganzj. geöffn. ♦ Mind. 2 Üb. ♦ 1 Zi. (2-4 Pers.) mit Bad, WC; 1 Zi. mit eigenem Bad und WC außerh. des Zi.: 58 € (2 Pers.) + 21 € (zusätzl. Pers.) ♦ Frühst. inkl. ♦ Kein Gästetisch - Restaurants und Bauerngasthof in Umgebung ♦ Salon ♦ Hunde nicht erlaubt ♦ Sprachen: Englisch ♦ **Anreise** (Karte Nr. 7): 10 km südöstl. von Avranches Autobahn A 84, Ausfahrt Nr. 33, dann RN 176 Rtg. Ducey. Nach 2 km rechts. Im Dorf, 200 m hinter der Kirche. „Office de tourisme" 2 km weiter.

Le Homme liegt im Dorf nahe des Mont-Saint-Michel. Im ersten Stock neben dem Zimmer der Hausbesitzer wird ein großes, helles Gästezimmer angeboten, das mit Möbeln und Dekorationsgegenständen der Familie ausgestattet ist. Es besitzt ein Waschbecken, das von einer spanischen Wand kaschiert werden kann, und auf der anderen Seite der Etage ein großes, eigenes Bad. Unabhängiger ist man im zweiten Dachgeschosszimmer: es ist einfacher, aber gepflegt. Das Frühstück wird in der großen, hellen Küche mit Blick auf den hübschen Garten serviert. Natürlicher Empfang.

NORMANDIE

431 - Grainville

50310 Fresville
(Manche)
Tel. (0)2 33 41 10 49
Fax (0)2 33 21 59 23
Mme und M. Brecy
E-Mail: b.brecy@wanadoo.fr
Web: france-bonjour.com/bercy/
Web: perso.wanadoo.fr/grainville/

♦ Ganzj. geöffn. ♦ 3 Zi. mit Bad oder Dusche, WC: 35 € (1 Pers.), 48 € (2 Pers.), 60 € (3 Pers.) ♦ Frühst. inkl. ♦ Kein Gästetisch - Restaurants im Umkreis von 8 km: in der Stadt, auf dem Land oder am Meer ♦ Salon ♦ Tel.: mit Zähler ♦ Sprachen: Deutsch, Englisch, Spanisch ♦ **Anreise** (Karte Nr. 7): 5 km nordwestl. von Sainte-Mère-l'Église. Auf der vierbahnigen Straße Ausfahrt Fresville, bis Fresville, dann ausgeschildert.

Sie werden wie wir den Charakter dieses Herrenhauses aus dem 18. Jahrhundert schätzen, das am Rand des Cotentin-Parks liegt. Eine mit Holz eingefasste Steintreppe führt zum Obergeschoss. Wenn man sich erst einmal in den Zimmern eingerichtet hat, deren Dekor und Mobiliar seit Generationen fast unverändert geblieben sind, fühlt man sich hier rasch sehr wohl. Die Gästezimmer verfügen aber nicht nur über Charme, sondern sind zudem komfortabel. In einem großen Raum (Balken, Bruchstein, alte normannische Möbel) wird das Frühstück serviert. Dynamischer, ausgesprochen liebenswürdiger Empfang.

432 - Le Manoir

Barfleur
50760 Montfarville
(Manche)
Tel. (0)2 33 23 14 21
Mme und M. Gabroy

♦ Ganzj. geöffn. ♦ Nichtraucher-Zi. ♦ 2 Zi. (darunter 1 Einzelzi.) mit Dusche, WC: 50 € (1 Pers.), 60-65 € (2 Pers.), 80 € (3 Pers.) ♦ Frühst. inkl. ♦ Kein Gästetisch - Restaurants ab 800 m und 5 km ♦ Salon ♦ Hunde nicht erlaubt ♦ **Anreise** (Karte Nr. 7): 1 km südl. von Barfleur über die D 1 Rtg. Saint-Vaast. Hinter Barfleur 2. Straße rechts, 1. links, dann ausgeschildert.

Dieser Herrensitz, ein ehemaliges Lehnsgut, hat im Laufe seines Bestehens zahlreiche Umschwünge erlebt. Heute ist *Le Manoir* ein sehr gastfreundliches Haus, in dessen unmittelbarer Nähe einige hübsche Blumenkohlfelder liegen. Und das Meer ist zum Greifen nah. Die Innenausstattung ist angenehm, komfortabel und sehr gepflegt. Das gleiche gilt für die Gästezimmer, die schön hell und recht groß sind. Im reizenden Garten wuchern die Blumen. Das Frühstück wird in einem Raum mit Blick aufs Meer eingenommen. Angenehm lockerer Empfang.

N O R M A N D I E

433 - Le Château

50340 Le Rozel
(Manche)
Tel. und Fax (0)2 33 52 95 08
Mme Grandchamp

♦ Ganzj. geöffn. (im Winter auf Anfrage) ♦ 1 Zi. mit Dusche und eig. WC: 76 € (2 Pers.); Zi., auch als Suite: 31 € (1 Pers.) ♦ Frühst. inkl. ♦ Kein Gästetisch - Restaurants in Umgebung ♦ Haustiere nur auf Anfrage erlaubt ♦ Haus (Vertrag auf Wunsch) für 4-6 Pers.: 320-534 € pro Woche, je nach Saison + Strom ♦ **Anreise** (Karte Nr. 6): 15 km nördl. von Carteret über die D 904 Rtg. Les Pieux. 3 km vor Les Pieux (ausgeschildert) links Rtg. Le Rozel. Am Ortsausgang von Le Rozel rechts.

Eine umfangreiche Restaurierung verlieh diesem imposanten befestigten Bauernhaus sein ursprüngliches Aussehnen und den erforderlichen Komfort. Die beiden Zimmer der reizvollen Suite, mit Möbeln und Sammelobjekten vom Antiquitätenhändler gestaltet, teilen das erstaunliche kleine Bad, das in einem Türmchen mit Blick aufs Meer eingerichtet wurde. Madame Grandchamp, sie ist sehr liebenswürdig und großzügig, bereitet das bemerkenswerte Frühstück zu (frisch gelegte Eier, Bauernjoghurt, selbstgemachte Konfitüren), das in einem kleinen romantischen Speiseraum serviert wird. Am Ende des wunderschönen Gartens liegen 2 kleine alte Häuser, die wöchentlich vermietet werden. Eine besonders angenehme Adresse nur 1,5 Kilometer vom Meer.

434 - Le Manoir de la Porte

50870 Saint-Pience
(Manche)
Tel. (0)2 33 68 13 61
Handy (0)6 66 26 08 65
Fax (0)2 33 68 29 54
Mme und M. Lagadec
E-Mail: manoir.de.la.porte@wanadoo.fr
Web: manoir-de-la-porte.com

♦ Von Nov. bis Mitte Febr. geschl. ♦ Nichtraucher-Haus ♦ 2 Zi. im Manoir und 3 in einem anderen Gebäude mit Bad, WC: im Manoir 43 € (1 Pers.), 49 € (2 Pers.), 65 € (3 Pers.); im anderen Gebäude 38 € (1 Pers.), 43 € (2 Pers.), 56 € (3 Pers.) ♦ Frühst. inkl. ♦ Kein Gästetisch - Restaurants ab 10 km - Barbecue steht z. Verfüg. ♦ Salon ♦ Hunde nicht erlaubt ♦ Teich ♦ Sprachen: Englisch ♦ **Anreise** (Karte Nr. 7): 12 km südl. von Villedieu-les-Poêles Rtg. Avranches (10 km). Im Dorf Le Parc an der Ampel rechts. An der Kirche von Saint-Pience vorbeifahren und den Schildern „Maison d'hôtes" folgen (etwa 2 km). Kostenlose Abholung am Bahnhof Villedieu.

In diesem Manoir voller Blumen inmitten einer lieblichen Landschaft, etwa 30 Kilometer vom Mont Saint-Michel entfernt, werden Sie besonders liebenswürdig empfangen. Im 2. Obergeschoss des Stammhauses befinden sich die beiden komfortablen, recht geräumigen Zimmer. In einem Nebengebäude wurden 3 zusätzliche Zimmer eingerichtet; sie liegen Parterre und eignen sich besonders für längere Aufenthalte von Familien. Die Einrichtung der Zimmer ist zwar einfach, aber an Komfort mangelt es ihnen nicht. Der Raum, in dem das Frühstück serviert wird, ist sehr ansprechend.

NORMANDIE

435 - Château de Boucéel

50240 Vergoncey
(Manche)
Tel. (0)2 33 48 34 61
Comte und Comtesse
Régis de Roquefeuil-Cahuzac

2003

♦ Dez. und Jan. geschl. ♦ 5 Zi. mit Bad oder Dusche, WC: 122-145 € (2 Pers.) ♦ Frühst. inkl. ♦ Kein Gästetisch ♦ Visa ♦ Salon, Billard ♦ Teich ♦ Haustiere nicht erlaubt ♦ Sprachen: Englisch, Spanisch ♦ **Anreise** (Karte Nr. 7): ab Avranches Rtg. Mont-St-Michel, Ausfahrt 34, dann auf die N 175; nach 1 km Ausfahrt D 40 Mont-St-Michel/Antrain, dann Rtg. Antrain. Nach 6 km auf der D 40 links auf die D 308. Das Schloss liegt 800 weiter.

Die wunderbar klassische Fassade des 18. Jahrhunderts mit geschwungenem Giebel von Schloss Boucéel überragt ein großes Anwesen; bewässert wird es von einem kleinen Fluss, der ein paar Minuten von hier in die Bucht von Mont-Saint-Michel mündet. Monsieur de Roquefeuil, dem die Geschichte der Familie des *Château de Boucéel* sehr am Herzen liegt, wird Ihnen gern die wunderbar renovierten und antik möblierten Räume (17. und vor allem 18. Jh.) vorführen. Die Zimmer sind von hohem Komfort, geschmackvoll und sehr fein gestaltet. Bemerkenswerte Bäder. Eine sehr schöne Adresse, die gediegenen Luxus bietet.

436 - Domaine de l'Emière

61110 Maison-Maugis
(Orne)
Tel. (0)2 33 73 74 19
Fax (0)2 33 73 69 80
Edith und Jean-Louis Grandjean
E-Mail: domaine.de.lemiere@club-internet.fr

♦ Ganzj. geöffn. ♦ Reserv. notwendig ♦ 2 Zi. und 1 Suite mit Bad oder Dusche, WC: 80-85 € (2 Pers.), Suite 95-100 € (2 Pers.) ♦ Frühst. inkl. ♦ Kein Gästetisch - Restaurants ab 8 km ♦ Salon ♦ Haustiere nicht erlaubt ♦ Direkter Zugang zum Waldgebiet Réno-Valdieu ♦ Sprachen: Englisch, Italienisch ♦ **Anreise** (Karte Nr. 8): 15 km südöstl. von Mortagne über die D 10 Rtg. Rémalard. Auf der D 10 links nach Maison-Maugis, den Ort durchqueren, 1,5 km auf der D 291 bleiben, links dann der Weg (800 m) zum Anwesen.

16 Hektar im Herzen der wundervollen Hügellandschaft des Perche, ein phantastischer, von Stauden und Dauergewächsen eingefasster Gemüsegarten, Paddocks usw. Dieses Anwesen ist eine kleine Welt für sich. Die nahe der Pferdeställe etwas abseits gelegene (Maisonnette)-Suite oder die Zimmer im Stammhaus sind angenehm. Salon und Speiseraum sind großzügig mit Holz, Terrakotta und Leder gestaltet, während man beim unvergesslichen Frühstück (mit ganz frischen Eiern) draußen von Teakmöbeln umgeben ist. Eine hochinteressante Adresse insbesondere für Melomanen, die vom Musiksalon und den Ratschlägen des gelehrten Musikologen Jean-Louis profitieren werden.

NORMANDIE

437 - La Grande Noë

61290 Moulicent
(Orne)
Tel. (0)2 33 73 63 30
Fax (0)2 33 83 62 92
Pascale und Jacques de Longcamp
E-Mail: grandenoe@wanadoo.fr
Web: chateaudelagrandenoe.com

♦ Vom 30. Nov. bis 1. März geschl. (im Winter auf Anfrage) ♦ 3 Zi. mit Bad, WC: 90-105 € (2 Pers.) + 15 € (Extrabett f. Erwachs.) ♦ Frühst. und Getränke inkl. ♦ Kein Gästetisch ♦ Salon, Klavier ♦ Pferdeboxen und Pferdewagen vor Ort, Fahrräder, Ausflüge per Flugzeug ♦ Sprachen: Englisch, Spanisch ♦ **Anreise** (Karte Nr. 8): 24 km südwestl. von Verneuil-sur-Avre über N 12 Rtg. Alençon. An der Kreuzung Sainte-Anne Rtg. Longny D 918, dann 4 km vor Moulicent links; das Haus liegt 800 m weiter rechts.

Dieses Herrenhaus aus dem 15. und 18. Jahrhundert liegt mitten auf dem Land. Die Zimmer mit ihren antiken Möbeln und eleganten Dekostoffen sind reizend, die Bäder sehr komfortabel. Das prächtige Treppenhaus verfügt über Trompe-l'œil-Marmor und Stuckarbeiten aus dem frühen 19. Jahrhundert. Der äußerst große Salon ist sehr geschmackvoll ausgestattet und hat einen Kamin. Warmer, mit heller Eiche vertäfelter Speiseraum (18. Jahrhundert). Alles ist vollkommen gelungen. Charmanter Empfang.

438 - Château de la Maigraire

61700 Saint-Bômer-les-Forges
(Orne)
Tel. und Fax (0)2 33 38 09 52
Handy (0)6 76 83 36 17
M. Fischer

♦ Ganzj. geöffn. ♦ Reservieren ♦ Nichtraucher-Haus ♦ 1 Zi. und 1 Suite mit Bad oder Dusche, WC: 75 € (2 Pers.); Suite 95 € (2 Pers.), 115 € (3 Pers.) und 1 Nebenzi. für Kinder ohne sanitäre Einrichtungen ♦ Frühst. inkl. ♦ Kein Gästetisch - Restaurants ab 7 km - Nachmittags Tee mit hausgemachter Patisserie ♦ Salon, Klavier ♦ Hunde nicht erlaubt ♦ Fischteich ♦ Sprachen: Englisch, Spanisch ♦ **Anreise** (Karte Nr. 7): 7 km nördl. von Domfront Rtg. Flers über die D 962 (etwa 5 km). Ab Grande Croix D 260 Rtg. Champsecret (1,5 km), dann links.

Das große Haus aus Granitstein, das Ende des 19. Jahrhunderts von einem Industriellen aus Flers erbaut wurde, liegt in ruhiger, harmonischer Umgebung. Kürzlich wurde es elegant renoviert. Die wunderschöne Suite ist voller Komfort, ebenso das ganz und gar angenehme Zimmer mit Terrasse. Der aufmerksame Gastgeber, Monsieur Fischer, wird Ihnen entweder im hübschen Salon oder bei schönem Wetter draußen Tee anbieten. Eine höchst angenehme Adresse für Ruhesuchende.

N O R M A N D I E

439 - La Bussière

61370 Ste-Gauburge-Ste Colombe
(Orne)
Tel. (0)2 33 34 05 23
Fax (0)2 33 34 71 47
Mme und M. Le Brethon

♦ Vom 1. Dez. bis 28. Febr. geschl. ♦ Nichtraucher-Zi. ♦ 1 Zi. mit Bad und eig. WC: 39 € (1 Pers.) 53 € (2 Pers.) und 1 Suite mit Dusche und eig. WC: 53 € (2 Pers.), 70 € (3 Pers.) +10 € (Extrabett) ♦ Frühst. inkl. ♦ Gästetisch abends: 22,11 € (Wein inkl.) und 9,15 € (Kinder unter 12 Jahren) ♦ Salon ♦ Hunde nicht erlaubt ♦ Sprachen: Deutsch, Englisch ♦ **Anreise** (Karte Nr. 8): 16 km westl. von L'Aigle Rtg. Argentan. 1 km hinter Sainte-Gauburge links.

Dieses Familienanwesen, das Kinder gern aufnimmt, ist ein normannischer Landsitz aus dem frühen 19. Jahrhundert. Die im 2. Obergeschoss eingerichteten Zimmer sind sehr groß, komfortabel und ausgestattet mit guten Bädern. Das eine Gästezimmer geht auf die Weiden hinaus und kann zu einer Suite umgestaltet werden. Der Salon und der große Speiseraum, in dem alle Mahlzeiten eingenommen werden, öffnen sich weit zum Garten hin, in dem sich Groß und Klein sehr wohl fühlen. Dynamisch-natürlicher Empfang.

440 - Les Gains

61310 Survie
(Orne)
Tel. (0)2 33 36 05 56
Fax (und Telefonbeantworter)
(0)2 33 35 03 65
Mme und M. C. C. Wordsworth
E-Mail: christopher.wordsworth@libertysurf.fr

♦ Im Dez., Jan., Febr. geschl. ♦ Nichtraucher-Zi. ♦ 3 Zi. mit Bad oder Dusche, WC: Zi. für 2 Pers.: 55 € (1 Üb.) und 50 € (ab 2 Üb.); Zi. für 3 Pers.: 65 € (1 Üb.) und 60 € (ab 2 Üb.) + 12,20 € (Extrabett) ♦ Frühst. inkl. ♦ Gemeins. Essen: 25 € (Wein und Bauern-Cidre inkl.) ♦ Salon ♦ Hunde nicht erlaubt ♦ Sprachen: Englisch ♦ **Anreise** (Karte Nr. 8): 10 km südl. von Vimoutiers. In Lisieux die D 579 Rtg. Vimoutiers, dann die D 16 und D 26 Rtg. Exmes. Im Dorf Survie, 20 m hinter der Kirche rechts (ausgeschildert).

Die Wordsworths haben England verlassen und diesen reizenden Ort in der Normandie gewählt, um hier Landwirtschaft zu betreiben. 800 Schafe und jede Menge Apfelbäume beleben die Hügellandschaft. Die Atmosphäre in diesem Haus ist ausgesprochen familiär. Die Zimmer sind schmuck, und das gute Frühstück mit selbstgebackenem Brot wird in der Laube an einem kleinen Bach, dem gepflegten Garten gegenüber serviert.

NORMANDIE

441 - Manoir de Sainte-Croix

61310 Survie
(Orne)
Tel. (0)2 33 35 61 09
Fax (0)2 33 34 29 35
M. Jacques des Courières
E-Mail: sainte-croix2@wanadoo.fr

♦ Ganzj. geöffn. ♦ 1 Zi. mit Bad oder Dusche, WC und 1 Suite (4 Pers.) mit 2 Zi., 1 Bad und 1 Waschraum, WC: 55 € (1 Pers.), 60 € (2 Pers.), 80 € (3 Pers.), 100 € (4 Pers.) ♦ Frühst. inkl. ♦ Abendessen: 22 € (Wein inkl.) ♦ Salon ♦ Waldspaziergänge ♦ Sprachen: Englisch ♦ **Anreise** (Karte Nr. 8): 10 km südl. von Vimoutiers. Ab Vimoutiers Rtg. Survie.

Dieser herrliche Landsitz, der im 16. Jahrhundert entstand und seither in Familienbesitz ist, wurde an den Hang eines Hügels des Pays d'Auge gebaut. Als Vorposten erinnern zwei landwirtschaftliche Gebäude an den großen Landbesitz und bilden im Hinblick aufs Panorama einen einzigartigen Vordergrund. Mit den Porträts der Vorfahren und der türkisfarbenen, von Vorhängen in Altrosa eingerahmten Täfelung kommt im Salon das ganze Raffinement des Hauses zum Ausdruck. Das Zimmer wurde dort eingerichtet, wo sich früher die Küche befand; mit seinen hohen Fenstern, durch die die Sonne morgens und abends einfällt, wirkt es sehr freundlich, und an Komfort mangelt es ihm auch nicht. Eine neue Suite, die wir leider noch nicht besichtigt haben, wurde unlängst eingerichtet. Ein wunderbares Haus mit dynamischem Empfang.

442 - La Villa Florida

24, chemin du Golf
76200 Dieppe-Pourville
(Seine-Maritime)
Tel. und Fax (0)2 35 84 40 37
M. Noel
E-Mail: villa-florida@wanadoo.fr
Web: perso.wanadoo.fr/villa-florida

♦ Ganzj. geöffn. ♦ 3 Zi. mit Bad oder Dusche (darunter 1 mit Dusche und Bad), WC: 55-59 € (2 Pers.), 74 € (3 Pers.), 94 € (4 Pers.) ♦ Frühst. inkl. ♦ Kein Gästetisch - Restaurants ab 300 m ♦ Salon ♦ Yoga- und Relaxationskurse ♦ Sprachen: Englisch ♦ **Anreise** (Karte Nr. 1): 2 km westl. von Dieppe. In die Stadt Dieppe hineinfahren, hinter dem Hügel links Rtg. Pourville die D 75. Nach 2 km links, kurz vor dem Golfplatz.

Die Rückseite dieses modernen Hauses mag Ihnen ein wenig streng erscheinen; sobald Sie es aber betreten, werden Ihnen die hellen, freundlichen Räume und die ansprechende farbige Gestaltung bestimmt gefallen. *Villa Florida* öffnet sich weit zum schönen Golf von Dieppe und besitzt 3 komfortable Gästezimmer mit gut konzipierten Bädern. Jedes Zimmer verfügt über eine eigene kleine Terrasse. Wer das Meer vorzieht, hat es knapp 2 Kilometer weiter wirklich greifbar nahe. Freundlicher, sympathischer Empfang.

N O R M A N D I E

443 - Château du Mesnil Geoffroy

76740 Ermenouville
(Seine-Maritime)
Tel. (0)2 35 57 12 77
Fax (0)2 35 57 10 24
Princesse und Prince H. Kayali
E-Mail: contact@chateau-mesnil-geoffroy.com

◆ Ganzj. geöffn. ◆ 4 Zi. und 2 Suiten (1 für 3 Pers.) mit Bad, WC: 65-85 € (2 Pers.); Suiten 105-115 € (2 Pers.), 115 € (3 Pers.) ◆ Frühst. (Brunch): 9 € ◆ Diner bei Kerzenschein (nach Rezepten des 18. Jh.) auf Reserv. am Vortag (außer So und Mo abends): 42 €/Pers. (alles inkl.) ◆ Visa, Mastercard, Eurocard ◆ Salon ◆ Hunde nicht erlaubt ◆ Außergewöhnlicher Rosengarten ◆ Sprachen: Englisch ◆ **Anreise** (Karten Nr. 1 und 8): 7 km südl. von Veules-les-Roses. A 13, Ausfahrt Nr. 25 Pont-de-Brotonne, Yvetot. Ab Yvetot D 20, Rtg. Saint-Valéry-en-Caux, 2 km hinter Sainte-Colombe rechts Rtg. Fontaine-le-Dun (D 70). Das Schloss liegt 2 km weiter links (ausgeschildert).

Sie werden begeistert sein von der Eleganz dieses kleinen Schlosses, ebenso von der perfekten Symmetrie der Fenster, durch die das Licht beidseitig einfällt, von der prachtvollen Täfelung der Salonflucht aus dem 18. Jahrhundert und den sehr angenehmen, zuweilen kleinen Gästezimmern mit Stoffbespannung oder Täfelung und ausgestattet mit schönen Bädern. Die Einrichtung besteht aus antikem Mobiliar und aus Stilmöbeln. Das Abendessen bei Kerzenschein und der appetitliche Brunch (mit Konfitüren und Gebäck, alles selbst gemacht) werden in einem schönen Speisesaal serviert. In dem mit viel Talent restaurierten Park verbreiteten 2 500 Rosen wundervolle Düfte. Sympathischer Empfang.

444 - Villa Les Charmettes

Allée des Pervenches
76790 Étretat
(Seine-Maritime)
Tel. (0)2 35 27 05 54
Handy (0)6 64 24 02 60
Fax (0)2 35 28 45 08
Mme und M. Renard

◆ Ganzj. geöffn. ◆ Mind. 2 Üb. ◆ 3 Zi. mit Bad, WC: 65 € (1 Pers.), 70 € (2 Pers.) + 20 € (Extrabett) ◆ Frühst. inkl. ◆ Kein Gästetisch - Restaurants ab 500 m ◆ Kl. Salon ◆ Sprachen: Deutsch, Englisch ◆ **Anreise** (Karte Nr. 8): in Étretat. Ab dem Rathaus (*mairie*) Parc des Roches, Rue Jules Gerbeau (2. Straße rechts, für Wohnmobile Einfahrt verboten), dann 2. Straße rechts Allée des Pervenches (ganz am Ende).

Ein schönes Familienanwesen aus der Mitte des 19. Jahrhunderts auf den Anhöhen von Etretat mit abschüssigem Garten und schönem Meerblick. Die Innenräume wurden individuell und geschmackvoll gestaltet. Die Zimmer in den oberen Etagen sind im maritimen Stil eingerichtet, wunderbar hell und bieten Blick auf den kleinen Ort und das Meer. Eines verfügt über ein zusätzliches kleines Kinderzimmer. Die nicht gerade großen Bäder sind angenehm. Ihr Frühstück werden Sie entweder im geräumigen Speiseraum oder, in den Sommermonaten, auf der Terrasse einnehmen, bevor Sie es sich in den Liegestühlen im Garten bequem machen werden. Höflich-diskreter Empfang. Eine gute Adresse. Wir empfehlen Ihnen, Ihre Ankunftszeit mitzuteilen.

NORMANDIE

445 - Manoir de Beaumont

76260 Eu
(Seine-Maritime)
Tel. (0)2 35 50 91 91
Mme und M. Demarquet
E-Mail: CD@Fnac.net
Web: demarquet.com

♦ 2 Wochen im Jan. und 1 Woche im Okt. geschl. ♦ 3 Zi. mit Bad oder Dusche, WC: 45-65 € + 10 € (Extrabett) ♦ Frühst. inkl. ♦ Kein Gästetisch - Restaurants ab 2 km ♦ Salon ♦ Hunde nur auf Anfrage erlaubt ♦ Sprachen: Englisch ♦ **Anreise** (Karte Nr. 1): 5 km östl. von Le Tréport. Ab Eu auf die D 49, kurz vor Ponts et Marées rechts auf die Straße nach Beaumont, dann ausgeschildert.

Das wunderbar auf den Anhöhen von Eu gelegene und von einem superben Park umgebene Anwesen besteht aus einem alten Jagdpavillon (wie es sich gehört mit Trophäen und antikem Mobiliar gestaltet) und einem großbürgerlichen Haus jüngeren Datums. Die sehr hübsch und freundlich in klassischem Stil eingerichteten Zimmer sind auf die beiden Gebäude aufgeteilt; das schönste liegt im Obergeschoss des großen Hauses. Das gute Frühstück wird in der Galerie des Jagdpavillons serviert. Der ansprechende Salon hat einen englischen Touch, und der Empfang ist ausgesprochen liebenswürdig.

446 - Chambres avec vue

22, rue Hénault
76130 Mont-Saint-Aignan
(Seine-Maritime)
Tel. (0)2 35 70 26 95
Fax (0)2 35 52 03 52
Dominique Gogny
E-Mail: chambreavecvue@online.fr
Web: chambreavecvue.online.fr

♦ Im Okt. und Nov. geschl. ♦ 1 Zi. mit Bad und eigenem WC auf dem Flur, 2 Zi. mit eigenem Bad auf dem Flur und 1 gemeins. WC auf dem Flur: 35 € (1 Pers.), 45-49 € (2 Pers.) ♦ Frühst. inkl. ♦ Gästetisch abends, gemeinsam, reservieren: 18 € (alles inkl.) ♦ Salon ♦ Hunde nur auf Anfrage erlaubt ♦ Sprachen: Englisch ♦ **Anreise** (Karten Nr. 1 und 8): 900 m vom Bahnhof der Stadt Rouen. Rue de La Rochefoucault gleich rechts vom Bahnhof, dann links in die Rue du Champ des Oiseaux einbiegen (900 m). An der 2. Ampel links (Mt St-Aignan ausgeschildert). An der Gabelung links Rue Hénault.

Lassen Sie sich nicht vom kargen Eingang beeinflussen. Denn hier erwarten Sie Zimmer mit Aussicht auf die Stadt Rouen und die Kathedrale. Dies ist ein typisches kleines Haus auf dem Land mit dem Charme von früher. Der Garten voller Blumen bietet den Rahmen fürs Frühstück und auch fürs Abendessen, sobald das Wetter es zulässt. Gäste werden hier von Dominique Gogny ebenso liebenswürdig wie eigene Freunde empfangen, was den kleinen Nachteil, dass sich die Bäder außerhalb der Zimmer befinden, leicht ausgleicht. Eine Adresse nur ein paar Fußminuten vom Stadtzentrum entfernt.

NORMANDIE

447 - Le Brécy

72, route du Brécy
76840 St-Martin-de-Boscherville
(Seine-Maritime)
Tel. (0)2 35 32 69 92
Fax (0)2 35 32 00 30
Mme und M. Lanquest
Web: membres.lycos.fr/lebrecy

♦ Ganzj. geöffn. ♦ Nichtraucher-Zi. ♦ 2 Suiten (die eine für 2 Pers., die andere für Familien) mit Dusche, WC und Tel.: 57 € (1 Pers.), 64 € (2 Pers.) + 23 € (Extrabett) ♦ Frühst. inkl. ♦ Kein Gästetisch - Restaurants ab 1 km ♦ Salon ♦ Privater Zugang am Seineufer ♦ Sprachen: Deutsch, Englisch ♦ **Anreise** (Karten Nr. 1 und 8): 10 km westl. von Rouen. Autobahn A 13, Ausfahrt Maison Brulée, Rtg. La Bouille; die Fähre nehmen (alle 20 Min.), dann Rtg. St-Martin-de-Boscherville. Hinter Quevillon 2. Weg links.

Le Brécy ist ein großes, von einem Park mit hundertjährigen Bäumen umgebenes Familienanwesen und bietet Parterre eine angenehme „Suite" (mit Kochnische) an, die an einem ruhigen, von einer kleinen Mauer umgebenen Garten liegt. Von der anderen Suite im 2. Obergeschoss blickt man schön auf den Park; diese Suite ist im übrigen besonders praktisch für Familien und verfügt über ein Bad, das von einem Doppelzimmer und zwei Einzelzimmern geteilt wird. Madame Lanquest wird Sie sehr liebenswürdig empfangen und Ihnen alles über die Abtei Saint-Georges und die Umgebung erzählen, die sie besser kennt als jeder andere.

448 - Les Florimanes

850 rue Gadeau de Kerville
76360 Villers-Ecalles
(Seine-Maritime)
Tel. und Fax (0)2 35 91 98 59
Mme Lerevert

♦ Ganzj. geöffn. ♦ 3 Zi. mit Bad oder Dusche, WC: 62-66 € (2 Pers.), 88 € (3 Pers.) ♦ Frühst. inkl. ♦ Kein Gästetisch - Restaurants ab 3 km ♦ Salon ♦ Kurse für Rahmung und Einband ♦ Sprachen: Englisch ♦ **Anreise** (Karten Nr. 1 und 8): nordwestl. von Rouen. Ab Rouen Autobahn A 15 Rtg. Le Havre. Am Kreisverkehr von Barentin hinter dem Viadukt links Rtg. Villiers-Escalles. An der Kirche von Villiers-Escalles links Rtg. Duclain, hinter dem Tennisplatz dann rechts, 3. Haus rechts.

In diesem reizenden, von einem Landschaftspark umgebenen Landhaus aus dem 17. Jahrhundert hat es die anerkannte Aquarellmalerin Marie-Claire Lerevert verstanden, guten Geschmack mit Raffinement und Nüchternheit zu verbinden. In den mit antiken Möbeln eingerichteten Zimmern tun Pikeedecken, Radierungen und Gemälde dem Auge wohl. Ob im weißen Zimmer namens „Aubépine" voller Licht, im „Agapente" oder im „Alchemille" mit noch originaler Vertäfelung: hier werden Sie die richtige Prise Komfort und Harmonie vorfinden, und das trifft auch für die einzigartigen Bäder zu. Ein Salon und ein reizender Frühstücksraum stehen den Gästen des Hauses ebenfalls zur Verfügung. Sympathische, die Unabhängigkeit eines jeden respektierende Betreuung.

PAYS DE LA LOIRE

449 - La Gandonnière

44240 La Chapelle-sur-Erdre
(Loire-Atlantique)
Tel. (0)2 40 72 53 45
Mme und M. Girard

♦ Von April bis Okt. geöffn. ♦ Ansonsten Reserv. notwendig ♦ 2 Zi. (darunter 1 mit Kinderzi. 2 Pers.) und 1 Suite mit Bad oder Dusche, WC (TV auf Wunsch): 63-94 € (2 Pers.) + 16 € (Extrabett) ♦ Frühst. inkl. ♦ Kein Gästetisch - Restaurants ab 1,5 km ♦ Salon ♦ Künstl. See, Boot z. Verfg., Fahrräder, Spiele f. Kinder ♦ Sprachen: Deutsch, Englisch ♦ **Anreise** (Karte Nr. 14): Autobahn A 11, Ausfahrt Nr. 25 La Chapelle-sur-Erdre, dann Rtg. Sucé-sur-Erdre und Ausfahrt „La Gandonnière". Av. de la Gandonnière hinunterfahren; in der Einbahnstraße (*impasse*), am Ende des Hofes.

Die Umgebung von *La Gandonnière*, einem großen Herrenhaus aus dem 18. Jahrhundert, steht unter Denkmalschutz. Sein von Mauern umgebener Garten geht auf einen großen Fischteich hinaus, hinter dem sich der schöne künstliche See von Erdre befindet. Die beiden Zimmer (eines mit Kinderzimmer) und die Suite mit Familienhaus-Ambiente sind geräumig und intim zugleich. Familien und Musiker sind hier gern gesehen. Und das alles nur 20 Minuten vom Zentrum der Stadt Nantes entfernt. Aufmerksamer, höflicher Empfang.

450 - La Guérandière

5, rue Vannetaise
44350 Guérande
(Loire-Atlantique)
Tel. (0)2 40 62 17 15
Fax (0)2 51 73 04 71
Mme Valérie Lauvray
E-Mail: valerie.lauvray@laguerandiere.com
Web: laguerandiere.com

2003

♦ Ganzj. geöffn. ♦ In der Hochsaison mind. 2 Üb. ♦ 5 Zi. und 1 Suite (4 Pers.) mit Bad oder Dusche, WC: 70-107 € (2 Pers.); Suite 139-154 € (4 Pers.) ♦ Frühst. inkl. ♦ Kein Gästetisch - Restaurants in Guérande ♦ Kreditkarten ♦ Salon ♦ Haustiere nur auf Anfrage erlaubt ♦ Sprachen: Englisch ♦ **Anreise** (Karte Nr. 14): in Guérande, innerhalb der Ringmauer, Porte Vannetaise (im Norden), dann sofort rechts.

Unmittelbar hinter der Ringmauer der mittelalterlichen Stadt Guérande überrascht dieses typische Stadtpalais des 19. Jahrhunderts mit besonders hübschen Zimmern. Achten Sie weder auf den Parkplatz noch auf das Geschäft, in dem regionale Produkte verkauft werden: das Interieur, ganz im Jugendstil, hat viel Raffinement. Der Salon in Graublau ist mit seinem rot gestrichenen Holzkamin ein wunderbarer Ort zum Lesen oder fürs Frühstück, das auch im kleinen Garten serviert wird. Im farbigen, einzigartigen Ambiente der Zimmer und Bäder wurden Möbel und Sammelobjekte vom Trödler mit hier und da einem modern Touch gekonnt verbunden. Am liebsten mögen wie die Zimmer „Bleue", „Verte und „Blanche", ganz Hochzeitszimmer, aber auch „Rouge", ein richtiges kleines Appartement. Spontan-frischer Empfang.

PAYS DE LA LOIRE

451 - Le Tricot
8, rue du Tricot
44350 Guérande
(Loire-Atlantique)
Tel. (0)2 40 24 90 72
Fax (0)2 40 24 72 53
Mme und M. de Champsavin
E-Mail: letricot@aol.com
Web: chateauxcountry.com/chateaux/letricot

♦ Von Allerheiligen bis 1. April geschl. ♦ Im Winter Reserv. notwendig ♦ 3 Zi. mit Bad, Dusche, WC und 1 Zi. ohne zusätzl. sanitäre Einrichtungen als Suite: 75-100 € (2 Pers.); Suite 140-155 € (4 Pers.) + 15-20 € (Extrabett für Kinder unter 12 J.), je nach Saison und Zi.; 1 kostenl. Üb. bei 1 Woche mit Reserv. ♦ Frühst. inkl. ♦ Kein Gästetisch ♦ Salon, Garten ♦ Hunde nicht erlaubt ♦ Sprachen: Deutsch, Englisch ♦ **Anreise** (Karte Nr. 14): vom mittelalterlichen Teil von Guérande zur Kapelle Notre-Dame La Blanche, dann Rue du Tricot.

Hinter seiner Ringmauer verbirgt Guérande schöne Stadthäuser; die meisten stammen aus dem 17. Jahrhundert. Der Garten von *Le Tricot* grenzt an den Wehrgang, und gleich hinter der Mauer erstrecken sich die „quartiers extérieurs", an die das Marschland anschließt. Dieses gut renovierte Haus ist ganz von raffiniertem Klassizismus geprägt. Die antik möblierten Zimmer sind mit ausgewählten Stoffen, die mit ihren Namen zu tun haben, gestaltet. Die Empfangsräume wurden teilweise renoviert; die Speiseräume blieben ihrerseits mit ihren Radierungen (Reiter- und Jagdabbildungen) unangetastet. Raffiniertes, sehr reichhaltiges englisches Frühstück. Nur 5 Kilometer vom Meer, ist dies eine edle und ideale Hochsaisonadresse.

452 - La Mozardière

Richebonne
44650 Legé
(Loire-Atlantique)
Tel. (0)2 40 04 98 51
Fax (0)2 40 26 31 61
Mme und M. Desbrosses
E-Mail: christine@lamozardiere.com

♦ Vom 1. März bis 31. Okt. geöffn. ♦ Nichtraucher-Haus ♦ 2 Zi. mit Bad, WC: 47 € (1 Pers.), 51 € (2 Pers.); Nebenzi.: 29 € (1 Pers.), 34 € (2 Pers.) ♦ Frühst. inkl. ♦ Gemeins. Essen an gewissen Tagen: 22 € (Wein inkl.) ♦ Salon, Kochnische im Sommer ♦ Hunde nur auf Anfrage erlaubt ♦ Fahrräder ♦ Sprachen: Englisch, Spanisch ♦ **Anreise** (Karte Nr. 14): 1 km von Legé. Ab Zentrum, vor der Kapelle, Rtg. Touvois. 20 m vor dem Ortsausgangsschild links die kleine Straße nach Richebonne. 300 m weiter.

Dieses von Blumen und Grün umgebene alte Natursteinhaus ist typisch für die Vendée und liegt schön ruhig. Christine und Gérard haben beschlossen, nicht mehr Gästezimmer einzurichten, denn die bestmögliche Betreuung ihrer Gäste liegt ihnen sehr am Herzen. Deshalb fühlt man sich hier wie bei Freunden, und Sie haben die Wahl zwischen dem blauen Zimmer, das im Nostalgiestil eingerichtet ist, und dem grünen mit Korbmöbeln und direktem Zugang zum Garten. Das gute gemeinsame Essen wird hin und wieder auf reizender emaillierter, von Christine Desbrosses kreierter Keramik serviert. Ein schönes, schlichtes und sehr preisgünstiges Haus.

PAYS DE LA LOIRE

453 -Château Plessis-Brézot

44690 Monnières
(Loire-Atlantique)
Tel. (0)2 40 54 63 24
Fax (0)2 40 54 66 07
Mme Calonne
E-Mail: a.calonne@online.fr
Web: chateauplessisbrezot.com

♦ Vom 1. April bis 30. Okt. geöffn. ♦ Im Winter Reserv. notwendig ♦ 5 Zi. mit Bad oder Dusche, WC: 75-105 € (1-2 Pers.) ♦ Frühst. inkl. ♦ Kein Gästetisch - Restaurants ab 5 km ♦ Salon ♦ Hunde erlaubt (7,62 € pro Tag) ♦ Unterbringung von Pferden (12,20-15,24 € pro Tag) ♦ Hallenbad, auf Wunsch Besichtigung der Weinkeller des Schlosses ♦ Sprachen: Englisch ♦ **Anreise** (Karte Nr. 15): Autobahn A 11, Ausfahrt Nantes, Rtg. Bordeaux, Poitiers über die N 249. Ausfahrt N 249 Le Pallet/La Haye/Fouassière, dann N 149. Vor Le Pallet rechts D 7 Rtg. Monnières.

Das im Herzen der Region Muscadet gelegene Schloss und Weingut aus dem 17. Jahrhundert wurde vollkommen restauriert, und zwar mit Materialien aus seiner Entstehungszeit, die hier und da ausfindig gemacht wurden. Im Interieur bestechen die skulptierte Tür, die grüngelbe Régence-Täfelung des Salons, die hohen Balken, der Steinfußboden ... Die eleganten, höchst komfortablen und antik möblierten Zimmer gefielen uns sehr. Das gute Frühstück wird am großen Tisch des edlen Speiseraumes serviert. Angenehmer Empfang. Sie sollten sich in jedem Fall die Zeit nehmen, die kleine Kapelle und die Weinkeller zu besichtigen.

454 - Château de la Sébinière

44330 Le Pallet
(Loire-Atlantique)
M. und Mme Cannaferina
Tel. (0)2 40 80 49 25
Handy (0)6 17 35 45 33
E-Mail: la.sebiniere@libertysurf.fr

♦ Letzte Woche im Jan. geschl. ♦ Nichtraucher-Zi. ♦ 3 Zi. mit Bad oder Dusche, WC: 74-100 € (2 Pers.) + 23 € (Extrabett) ♦ Frühst. inkl. ♦ Kein Gästetisch - Restaurants ab 800 m ♦ Salon ♦ Haustiere nicht erlaubt ♦ Schwimmbad ♦ Sprachen: Englisch ♦ **Anreise** (Karte Nr. 15): 20 km südöstl. von Nantes über die D 249 Rtg. Cholet/Poitiers, auf den Autobahnzubringer Le Pallet, das Dorf durchqueren, am Musée du Vignoble vorbeifahren, dann auf dem Hügel 1. Privatweg rechts.

Zu diesem kleinen, vollkommen renovierten Schloss gehören 12 Hektar Park und 6 Kilometer Alleen (vorwiegend am Flussufer). In der Nähe des Hauses kündigen Blumenbeete und kleine Meditationsecken all die Qualitäten an, die Sie im Innern erwarten dürfen. Das antike Mobiliar in Maßen, die wertvollen Stoffe, der schöne natürliche Anstrich, die Gemälde und gut ausgesuchten Accessoires bilden ein unwiderstehliches Ensemble. Von unterschiedlicher Größe und ausgestattet mit phantastischen Bädern „à l'ancienne", sind sowohl die Zimmer wie das exzellente Frühstück und der dynamische, aufrichtige und besonders liebenswürdige Empfang, der Sie an diesem einzigartigen Ort erwartet, einfach perfekt.

PAYS DE LA LOIRE

455 - Le Jardin de Retz

Avenue du Général de Gaulle
44210 Pornic
(Loire Atlantique)
Tel. (0)2 40 82 02 29
sowie (0)2 40 82 22 69
Mme und M.
Blondeau-Raederstoerffer

♦ Ganzj. geöffn. ♦ Nichtraucher-Zi. ♦ 3 Zi. mit Bad oder Dusche, WC: 50-55 € (2 Pers.) ♦ Frühst. inkl. ♦ Kein Gästetisch - Restaurants in Pornic ♦ Hunde nicht erlaubt ♦ Themen-Aufenthalte, mind. 4 Pers. (Gärtnerei-, Aquarell- oder Malkurse) werden vor Ort angeboten ♦ **Anreise** (Karte Nr. 14): In Pornic die Bögen des Schlosses passieren. Nach 100 m rechts einbiegen, dann „Pépinière" ausgeschildert.

Als begeisterte Baumschulgärtner und eifrige, treue Kunden beim Antiquitätenhändler haben die Inhaber hier ein beispielhaftes Gästehaus geschaffen. Die auf eine reizende Art romantischen Zimmer spielen mit den hellen, natürlichen Farben. Es sind richtige Zimmer für geladene Gäste, die trotz der nicht gerade großen sanitären Einrichtungen wirklich komfortabel sind. Das Frühstück ist gepflegt und wird entweder in einem hübschen Wohnzimmer serviert oder draußen zwischen Sträuchern und seltenen Blumen. Der Empfang entspricht der Heiterkeit des Hauses.

456 - La Plauderie

1, rue du Verdelet
44680 Sainte-Pazanne
(Loire-Atlantique)
Tel. (0)2 40 02 45 08
Mme Mignen

♦ Vom 1. Mai bis 30. Okt. geöffn. ♦ außerh. der Saison auf Reserv. ♦ 1 DZ (Nichtraucher) mit Bad, WC, Ankleideraum und Babysitting-Angebot: 80 € (2 Pers.) ♦ Frühst. inkl. ♦ 1 Appart. (4 Pers.) im Haus, wird in der Saison wöchentlich, außerh. der Saison auch für 1 Wochenende vermietet: Wochenende 220 €, Woche 450-500 € ♦ Kein Gästetisch - Restaurants in unm. Nähe ♦ Zimmerreinigung alle 2 Tage ♦ Salon ♦ Kl. Hunde nur auf Anfrage erlaubt ♦ Sprachen: Englisch ♦ **Anreise** (Karte Nr. 14): 28 km südwestl. von Nantes über die D 751 Rtg. Pornic/Noirmoutier. In Port-Saint-Père die D 758 links Rtg. Bourgneuf-en-Retz/Noirmoutier.

Dieses vortreffliche Haus liegt neben der Kirche und verbirgt einen wunderbaren romantischen Garten. Allein die ganz besondere Gastfreundschaft von Madame Mignen würde eine Empfehlung von *La Plauderie* rechtfertigen. Schätzen werden Sie aber auch die hübsche Einrichtung und den ausgezeichneten Komfort des einzigen Gästezimmers sowie des wöchentlich oder (außerhalb der Saison) für 1 Wochenende zu mietenden Appartements. Ein sehr behaglicher Ort mit zahlreichen Ausflugsmöglichkeiten.

PAYS DE LA LOIRE

457 - Palais Briau
Rue de la Madeleine
44370 Varades
(Loire-Atlantique)
Tel. (0)2 40 83 45 00
Fax (0)2 40 83 49 30
Mme und M. Devouge
E-Mail: palaisbrio@aol.com
Web: welcome.to/palais_briau

♦ Ganzj. geöffn. ♦ 3 Zi. und 1 Suite mit Bad oder Dusche, WC: 90-150 € (1-2 Pers.) ♦ Frühst. inkl.
♦ Kein Gästetisch - Restaurants (am Loire-Ufer) ab 1 km ♦ Salon ♦ Hunde nicht erlaubt ♦ Sprachen: Englisch ♦ **Anreise** (Karte Nr. 15): 40 km westl. von Angers und 44 km von Nantes. Autobahn A 11, Ausfahrt Béaupréau, die N 23 Rtg. Nantes. In Varades, am 1. Kreisverkehr, links „Palais Briau".

Édouard Moll baute für François Briau, der sich durch die Ausbeutung der Eisenbahn unter Napoleon III. bereicherte, dieses 1854 errichtete Palais palladischer Inspiration. Umgeben von einem riesigen Park mit mehreren Terrassen liegt es, mit Aussicht auf das Loire-Tal, auf dem Madeleine-Hügel. Die Gästezimmer des Obergeschosses wurden vollkommen im Stil Napoléon-trois bzw. Louis-seize renoviert und haben prachtvolle Bäder. Die Aussicht des nach hinten gelegenen Zimmers ist leider nicht sonderlich interessant. Das Frühstück wird in einem kleinen Salon serviert. An diesem ungewöhnlichen Ort werden Sie sehr freundlich empfangen.

458 - La Chouannière

Domaine des Hayes   *2003*
49250 Brion
(Maine-et-Loire)
Tel. und Fax (0)2 41 80 21 74
Patricia und Gilles Patrice
E-Mail: chouanniere@loire-passion.com
Web: loire-passion.com

♦ Ganzj. geöffn. ♦ Nichtraucher-Zi. ♦ 3 Zi. und 1 Suite (2 Pers.) mit Bad oder Dusche, WC, TV: 48 und 53 € (2 Pers., je nach Zi.); Suite 53 € (2 Pers.) + 16 € (zusätzl. Pers.) ♦ Frühst. inkl. ♦ Gästetisch abends, gemeinsam, reservieren: 18 € (alles inkl.) ♦ Salon ♦ Fahrräder ♦ Sprachen: Englisch, Spanisch ♦ **Anreise** (Karte Nr. 15): Autobahn A 11 Rtg. Nantes. Vor Angers A 85 Rtg. Tours, Ausfahrt Longué-Jumelles, dann D 938 Rtg. Jumelles. Ab Jumelles, an der Kirche, dann nach Brion (3 km): hinter dem Ortseingangsschild auf den Weg rechts.

Dieses aus dem 16. Jahrhundert stammende Bauernhaus mit hübschem Taubenhaus aus dem 19. Jahrhundert liegt in der „Domaine des Hayes" im Wald; in seinen Dependancen bietet es sorgfältig renovierte Gästezimmer an. Möbliert wurden sie mit Antiquitäten vom Trödler: schmiedeeiserne Betten mit ansprechenden Decken, kleine Nachttische, bequeme Voltaire-Sessel zum Lesen oder Fernsehen. „Chanvre" ist zwar das kleinste Zimmer, hat aber enorm viel Charme. Die Bäder, die meisten mit Duschen, sind modern und tadellos gepflegt. Frühstück und die anderen Mahlzeiten werden gegenüber im großen Speiseraum aufgetragen, wo Patricia einfache, traditionelle Gerichte zubereitet. Das junge Paar empfängt sehr höflich.

PAYS DE LA LOIRE

459 - Beauregard

22, rue Beauregard - Cunault
49350 Chênehutte-les-Tuffeaux
(Maine-et-Loire)
Tel. (0)2 41 67 92 93
Fax (0)2 41 67 95 35
Mme und M. Tonnelier
E-Mail: hmcbeauregard@club-internet.fr

♦ Vom 1. April bis 1. Okt. geöffn. ♦ außerh. der Saison auf Reserv. ♦ 1 Suite (4 Pers.) mit 2 Zi., Bad, WC, TV: 60 € (2 Pers.), 79 € (3 Pers.), 98 € (4 Pers.) ♦ Frühst. inkl. ♦ Kein Gästetisch - Restaurants ab 5 km ♦ Kl. Hunde erlaubt ♦ Angeln an der Loire unterhalb der Besitzung ♦ Sprachen: Englisch ♦ **Anreise** (Karte Nr. 15): 10 km westl. von Saumur über die D 751 Rtg. Gennes; vor dem Dorf Cunault, am Ufer der Loire.

Der ansehnliche Landsitz aus dem 15. Jahrhundert, der in den beiden Jahrhunderten danach vergrößert wurde, liegt etwas erhöht und bietet somit eine wunderbare Aussicht auf die Loire. Monsieur Tonnelier erbte das Anwesen von seinem Vater, Künstler und Antiquitätenhändler, der einen sehr sicheren Geschmack hatte; die vielen Möbel und Einrichtungsgegenstände verschiedener Epochen, die das Haus nie verlassen haben, lassen zumindest darauf schließen. Die im ältesten Teil untergebrachten Zimmer verfügen über Komfort, Eleganz und reizende Bäder. Das Frühstück wird in einem bourgeois eingerichteten Speiseraum serviert. Sympathischer Empfang der Tonneliers, deren besonderes Interesse klassischer Musik gilt.

460 - Le Logis de Rousse

49700 Denezé-
sous-Doué
(Maine-et-Loire)
Tel. und Fax (0)2 41 59 83 52
Magda Robin und Philippe Coste
E-Mail: philippe.coste6@wanadoo.fr
Web: perso.wanadoo.fr/chambre.d-hotes

2003

♦ Weihnachten geschl. ♦ 1 Zi. und 1 Suite (2 Pers.) mit Bad oder Dusche, WC: 48 € (2 Pers.), Suite 60 € (2 Pers.) + 15 € (zusätzl. Pers.) ♦ Frühst. inkl. ♦ Gästetisch abends, gemeinsam, reservieren: 19 € (alles inkl.) ♦ Teich ♦ Haustiere nicht erlaubt ♦ Sprachen: Englisch, Polnisch, Spanisch ♦ **Anreise** (Karte Nr. 15): 14 km südwestl. von Saumur, Rtg. Doué-la-Fontaine/Cholet. Hinter dem 1. Kreisverkehr auf die D 213 Rtg. Cunault, nach 7 km rechts.

Dieser alte, am Ufer eines Teiches gelegene und von Feldern und Wäldern umgebene Herrensitz hat die ruhigste Lage der Welt. Magda und Philippe krempelten das alte Gebäude ganz um, ließen ihm aber alles besonders Authentische wie die alten Fenster, und gestalteten es modern und komfortabel. Die Suite „Noble Homme" mit hellem Parkett, in der 5 Personen nächtigen können, hat einen kleinen Salon und einen Kamin, während das Zimmer „Cathédrale", eher für Verliebte, wunderschönes Balkenwerk besitzt. Die modernen Bäder sind einwandfrei. Im Speiseraum mit Natursteinwänden und großem Kamin serviert Magda das Frühstück und abends die regionalen Gerichte.

PAYS DE LA LOIRE

461 - Malvoisine

49460 Ecuillé
(Maine-et-Loire)
Tel. und Fax (0)2 41 93 34 44
Handy (0)6 88 90 15 76
Mme und M. de La Bastille
E-Mail: bastille-pr@wanadoo.fr
Web: malvoisine-bastille.com

♦ Ganzj. geöffn. ♦ Im Winter Reserv. notwendig ♦ 3 Zi. mit Bad, WC: 53 und 58 € (2 Pers.) + 14 € (Extrabett) ♦ Frühst. inkl. ♦ Gästetisch abends, gemeinsam oder individuell: 24 € (Aperitif und Wein inkl.) ♦ Wanderwege ♦ 3 Golfpl., 18 L., zwischen 5 und 20 km entf. ♦ Sprachen: Englisch ♦ **Anreise** (Karte Nr. 15): 18 km nördl. von Angers über die N 162 Rtg. Laval, dann, in Montreuil-Juigné, D 768 Rtg. Champigné; 5 km hinter Feneu und 1 km hinter der kleinen Kreuzung (auf der D 768 bleiben) rechts Allée La Roche Malvoisine, 1. Weg links.

Dieses hübsche, kleine Bauernhaus des Anjou wurde unlängst von einer jungen, gastfreundlichen Familie mit besonders viel Gespür renoviert. Mit Ausnahme des Eckzimmers im Erdgeschoss können die Gästezimmer als gelungen bezeichnet werden: sensibel aufeinander abgestimmte Farben, ausgewähltes Mobiliar, Material hoher Qualität, weite Aussicht auf die wunderbare ländliche Umgebung ... Eines der – einfacheren – Zimmer verfügt nur über eine kleine Duschecke mit Toilette. Die Hausherrin, die besonders gerne kocht, bereitet schmackhaft-traditionelle Diners zu. Das Frühstück mit Toasts, Napfkuchen und Konfitüren ist einfach und familiär.

462 - Le Clos du Rocher

Chemin des Bigottières
Route de Grez Heuville
Départementale 191
49460 Feneu
(Maine-et-Loire)
Tel. und Fax (0)2 41 32 05 37
Mme und M. Pauvert

♦ Ganzj. geöffn. ♦ 2 Zi. mit Bad oder Dusche (1 mit eig. WC außerh. des Zi.): 50 und 60 € (2 Pers.) ♦ Frühst. inkl. ♦ Kein Gästetisch - Restaurants in um. Nähe ♦ Schwimmbad, Kajak z. Verfügung ♦ Klavier ♦ Sprachen: ein wenig Englisch ♦ **Anreise** (Karte Nr. 15): 13 km nordwestl. von Angers über die D 770 Rtg. Sablé. Ab Feneu die Route de Grez-Neuville (2,5 km), dann über die D 191 (ausgeschildert).

Dieses vor etwa 30 Jahren errichtete Haus ist umgeben von einem Park voller Blumen und Bäume. Der Empfang lässt nur Gutes ahnen. Sie werden ein sehr elegantes, mit altem Mobiliar im großbürgerlichen Stil eingerichtetes Interieur entdecken, in dem es sich höchst angenehm wohnen lässt. Die in Gelbtönen gestalteten reizenden Gästezimmer sind geprägt von elegantem Komfort, was sie unwiderstehlich macht, insbesondere das „Azalée". Das ausgesprochen gepflegte Frühstück wird entweder draußen oder im eleganten Speiseraum serviert.

PAYS DE LA LOIRE

463 - Le Domaine de Mestré
49590 Fontevraud-l'Abbaye
(Maine-et-Loire)
Tel. (0)2 41 51 72 32
sowie (0)2 41 51 75 87
Fax (0)2 41 51 71 90
Mme und M. Dominique Dauge
E-Mail: domaine-de-mestre@wanadoo.fr
Web: dauge-fontevraud.com

♦ Vom 20. Dez. bis 1. April geschl. ♦ Reserv. per Brief oder Fax notwendig ♦ 11 Zi. und 1 Suite mit Bad, WC: 39 € (1 Pers.), 53 € (2 Pers.), 62,50 € (2 Pers. und 1 Kind); Suite 94 € (4 Pers.), 95,50 € (5 Pers.) ♦ Frühst.: 7 € ♦ HP (mind. 1 Woche): - 5 % pro Tag bei einem Aufenth. von 1 Woche; - 10 % pro Tag bei einem Aufenth. von 1 Monat ♦ Gästetisch abends, individuell, reservieren (außer So und Do abends): 23 € (ohne Getränke); Sonderpreise für Kinder ♦ Salon ♦ Kl. Hunde erlaubt ♦ Sprachen: Englisch ♦ **Anreise** (Karte Nr. 15): 12 km südöstl. von Saumur über die D 947 Rtg. Chinon, dann Rtg. Fontevrault-l'Abbaye; zwischen Montsoreau und Fontevrault.

Mestré war früher ein Bauernhof, der den Mönchen der berühmten Abtei Fontevrault gehörte. Die komfortablen Gästezimmer sind sehr schön eingerichtet und haben die Echtheit und Eleganz früherer Zeiten bewahrt. Das Abendessen ist ausgezeichnet, reichhaltig und unkompliziert (ausschließliche Verwendung eigener Produkte – Fleisch, Gemüse und Milchprodukte auf traditionelle Art zubereitet); serviert wird es in einem eleganten Speisesaal. Ein höchst interessanter Ort, an dem außerdem nach sehr alten Rezepten Seife hergestellt wird – die man hier auch kaufen kann.

464 - La Croix d'Étain
2, rue de l'Écluse
49220 Grez-Neuville
(Maine-et-Loire)
Tel. (0)2 41 95 68 49
Fax (0)2 41 18 02 72
Mme und M. Bahuaud
E-Mail: croix.etain@anjou-et-loire.com
Web: anjou-et-loire.com/croix

♦ Ganzj. geöffn. ♦ 4 Zi. mit Bad, WC: 60-75 € (2 Pers.) + 25 € (Extrabett) ♦ Frühst. inkl. ♦ Kein Gästetisch ♦ Hunde nur auf Anfrage erlaubt ♦ Sprachen: Englisch ♦ **Anreise** (Karte Nr. 15): 3 km südöstl. von Le Lion-d'Angers. RN 162 Rtg. Laval. In Grez-Neuville, zwischen der Kirche und der Mayenne (Zufahrt über Rue de l'Écluse).

Die breite, ruhig dahinfließende Mayenne zweiteilt das Dorf. Das schöne, gastfreundliche Haus liegt in unmittelbarer Nähe des Flussufers und der Kirche. Die großbürgerlich in klassischem Stil besonders cosy gestalteten Zimmer sind tadellos gepflegt. Bei schönem Wetter kann man die Ruhe im großen Park genießen, der hinter dem Haus liegt, möglicherweise aber bevorzugen Sie Spaziergänge am Ufer der Mayenne oder zur kleinen Crêperie am 50 Meter entfernten Yachthafen.

PAYS DE LA LOIRE

465 - Château du Plessis

49220 La Jaille-Yvon
(Maine-et-Loire)
Tel. (0)2 41 95 12 75
Fax (0)2 41 95 14 41
M. und Mme Benoist-Vadot
E-Mail: plessis.anjou@wanadoo.fr
Web: chateau-du-plessis.com

2003

♦ Ganzj. geöffn. ♦ Nichtraucher-Zi. ♦ 7 Zi. und 1 Suite (2 Pers.) mit Bad oder Dusche, WC: 130 € (2 Pers.); Suite 160 € (2 Pers.) + 30 € (zusätzl. Pers.) ♦ Frühst. inkl. ♦ Gästetisch abends (außer So) gemeinsam, reservieren: 45 € (alles inkl.); auch Tellertablett auf dem Zi.: 30 € ♦ Kreditkarten ♦ Salons ♦ Teich ♦ Haustiere nur auf Anfrage erlaubt ♦ Sprachen: Englisch, Spanisch ♦ **Anreise** (Karte Nr. 15): 37 km nördl. von Angers über die N 162 Rtg. Laval. 11 km hinter Lion-d'Angers, hinter dem Fernfahrer-Restaurant Fleur de Lys sofort rechts; das Haus liegt 3 km weiter.

Dieses für die Gegend ganz typische Schloss des 16. und 17. Jahrhunderts verbirgt hinter seinen mit wildem Wein überwucherten Mauern ein raffiniert-familiäres Ambiente. Die Tochter der früheren Eigentümer hat dieses große Haus übernommen und führtes mit viel Schwung und guter Laune. Die freundlichen Zimmer mit Möbeln aus dem Familienbesitz wie die tadellosen Bäder werden regelmäßig renoviert. In der warmen Jahreszeit kann das Frühstück draußen eingenommen werden. Das Abendessen findet im großen Speiseraum mit erstaunlichem Fries nach griechischer Art aus den dreißiger Jahren statt. Für Naturliebhaber steht ein 14 Hektar großer Park mit schönem Rosarium und Blumengarten zur Verfügung.

466 - Manoir Saint-Gilles

La Cirottière
49160 Longué-Jumelles
(Maine-et-Loire)
Tel. (0)2 41 38 77 45
Fax (0)2 41 52 67 82
Mme und M. Claude Naux
E-Mail: cmcnaux@aol.com

♦ Vom 1. April bis Allerheiligen geöffn. (außerh. der Saison auf Anfrage) ♦ Von Ende Juni bis Aug. mind. 2 Üb. ♦ Nichtraucher-Zi. ♦ 3 Zi. und 1 Suite mit Bad oder Dusche, WC: 62 € (1 Pers.), 67-69 € (2 Pers.); Suite: 116 € (3 Pers.) ♦ Frühst. inkl. ♦ Zimmerreinigung auf Wunsch ♦ Kein Gästetisch - Restaurants ab 1,5 km ♦ Salon ♦ Hunde nicht erlaubt ♦ **Anreise** (Karte Nr. 15): 15 km von Saumur über die RN 147. In Longué am Kreisverkehr (Super U) rechts Rtg. Blou, Saint-Philibert, Vernantes, geradeaus bis zum Stoppschild, dann rechts. An der 1. Kreuzung links (Schild „Voie sans issue"), noch einmal links (400 m). Etwas weiter rechts Ortseingang von La Cirottière, 100 m, gegenüber.

Anne du Bellay war als erste namhafte Person im Besitz dieses reizenden Herrenhauses aus dem 15. Jahrhundert. Es ist ganz von Blumen umgeben, und der Rosengarten und die kleinen französischen Gärten sind ebenso raffiniert wie die Hausfassade. Die Zimmer mit Terrakottafliesen sind sehr freundlich und voller Komfort, das Mobiliar ist vorwiegend antik. Ein wunderschönes, vollkommen gelungenes Ensemble (nur an gewissen Tagen sind dumpfe Geräusche von der Autobahn zu hören), und auch der Empfang ist perfekt: diskret und liebenswürdig. Gutes Frühstück, erschwingliche Preise. Sollte man sich nicht entgehen lassen!

PAYS DE LA LOIRE

467 - Château du Montreuil

49140 Montreuil-sur-Loir
(Maine-et-Loire)
Tel. (0)2 41 76 21 03
Mme und M. Bailliou
E-Mail: chateau.montreuil@anjou-et-loire.com
Web: anjou-et-loire.com/chateau

♦ Vom 15. Nov. bis 15. März geschl. ♦ Reserv. notwendig ♦ 4 Zi. mit Bad oder Dusche, WC: 60 € (1 Pers.), 65-70 € (2 Pers.) ♦ Frühst. inkl. ♦ Gästetisch abends, gemeinsam: 25 € (Wein und Kaffee inkl.) ♦ Salon ♦ Hunde in Haus nicht erlaubt ♦ Tel. ♦ Sprachen: Englisch ♦ **Anreise** (Karte Nr. 15): 22 km nördl. von Angers. Autobahn A 11, Ausfahrt Seiches-sur-Loir, Rtg. Seiches, dann D 74 Rtg. Tiercé und Montreuil. Am Ortsausgang.

Hodé, ein im 19. Jahrhundert sehr gefragter Architekt, erbaute 1840 dieses Schloss auf einer Anhöhe mit Blick auf das Loir(ohne „e")-Tal. Die Flucht der Empfangsräume umfasst auch den außergewöhnlichen Salon in Rosa und Grau mit authentischer Holztäfelung des 18. Jahrhunderts, den neogotischen Lesesalon, der im Winter von einem großen Kamin beheizt wird, und einen kleinen Speiseraum, ebenfalls mit Kamin. Hier werden Sie in den Genuss von Zwiebelkuchen, Loué-Hühnchen, Geflügel „à l'angevine" oder andere Köstlichkeiten kommen. Die Gästezimmer haben den Charme früherer Zeiten und deren Mobiliar. Wunderbar weiter Blick auf die seit langem unveränderte, vom Fluss Loir durchzogene Landschaft. Besonders liebenswürdiger Empfang.

468 - Le Jau

Route de Nantes
49610 Murs-Érigné
(Maine-et-Loire)
Tel. (0)2 41 57 70 13
Handy (0)6 83 26 38 80
Mme Terriere
E-Mail: le.jau@anjou-et-loire.com
Web: anjou-et-loire.com/jau

♦ Ganzj. geöffn. ♦ Von Allerheiligen bis Ostern Reserv. notwendig ♦ Nichtraucher-Zi. ♦ 3 Zi. mit Bad oder Dusche, WC, TV: 54-60 € (2 Pers.), 65-75 € (3 Pers.) + 15 € (Extrabett) ♦ Frühst. inkl. ♦ Gästetisch abends, gemeinsam oder individuell, reservieren: 23 € (Wein inkl.) ♦ Salon (TV) ♦ Im Sommer stehen 2 Häuser zur Verf. ♦ Hunde nicht erlaubt ♦ **Anreise** (Karte Nr. 15): 12 km südl. von Angers über die N 160 Rtg. Cholet, dann Les Ponts-de-Cé, Érigné, schließlich Rtg. Murs, Route de Châlonnes (Corniche Angevine). 100 m weiter links (hinter der Ampel). Über die Schnellstraße Rtg. Cholet, Ausfahrt Murs-Erigné.

In diesem großen Haus aus dem frühen 19. Jahrhundert in der Nähe von Angers wird man sehr freundlich empfangen; es liegt in einem Dorf mit Fluss, an dem geangelt werden kann. Vom Park aus, der es von der Ortschaft abschirmt, blickt man auf die Kirche. Die mit Möbeln aus Obstbaum eingerichtete „Chambre rose" ist eine wahre Freude. Im anderen Zimmer, das schlichter ist, befindet sich die Bibliothek der ältesten Tochter des Hauses. Das 3. ist einfacher gestaltet. Das Frühstück wird in der riesigen, ganz in Gelb und Blau gehaltenen Küche eingenommen und das Abendessen im behaglichen, weit nach außen geöffneten Speiseraum mit Salon.

PAYS DE LA LOIRE

469 - Château du Goupillon

49680 Neuillé
(Maine-et-Loire)
Tel. und Fax (0)2 41 52 51 89
Monique Calot

♦ Ganzj. geöffn. ♦ 2 Zi. und 1 Suite (5 Pers.) mit Bad oder Dusche, WC: 65-90 € (2 Pers.) + 20 € (zusätzl. Pers.); Suite 150 € (5 Pers.) ♦ Frühst. inkl. ♦ Kein Gästetisch - zahlr. Restaurants in Saumur ♦ Salon ♦ Hunde nur auf Anfrage erlaubt ♦ **Anreise** (Karte Nr. 15): 9 km nördl. von Saumur Rtg. Longué. Am Kreisverkehr La Ronde D 767 Rtg. Vernantes, nach 2 km links D 129 Rtg. Neuillé. 1 km vor Neuillé Rtg. Fontaine-Suzon, dann ausgeschildert.

Das Interieur dieses Schlosses aus dem 19. Jahrhundert im Stil Napoléontrois ist mit seinen großen, lichtspendenden Fenstern sehr freundlich; schöne alte, abgebeizte Holztäfelungen, mit Rohseide bespannte Wände, einige interessante antike Möbel. Das Louis-seize-Zimmer mit Mobiliar des 18. Jahrhunderts ist mit seinem hübschen Bad besonders reizvoll. Das andere Zimmer ist einfacher, aber durchaus angenehm. Die Suite ist groß, ihr kleines Boudoir charmant, das Bad freundlich. Das Frühstück wird im Speiseraum aufgetragen. Das sanfte Wesen von Madame Calot und die Liebe, die sie ihrem Haus entgegenbringt, wird sie aufs Höchste zufrieden stellen.

470 - La Bouquetterie

118, rue du Roi-René
49250 Saint-Marthurin-sur-Loire
(Maine-et-Loire)
Tel. (0)2 41 57 02 00
Fax (0)2 41 57 31 90
Claudine Pinier
E-Mail: cpinier@aol.com
Web: anjou-et-loire.com/bouquetterie

♦ Ganzj. geöffn. ♦ 6 Zi. (darunter 2 in der Dependance 18. Jh.) mit Dusche, WC: 40-46 € (1 Pers.), 55-61 € (2 Pers.) ♦ Preisnachl. entsprechend Dauer und Saison ♦ Frühst. inkl. ♦ Gästetisch abends, gemeinsam, reservieren: 24 € (Wein inkl.); Kochnische eigens für Gäste ♦ Salon ♦ Hunde nicht erlaubt ♦ Organisation von 6 „Erlebnis"-Wochenden pro Jahr außerh. der Saison: „découvertes insolites" ♦ Sprachen: Englisch, Italienisch ♦ **Anreise** (Karte Nr. 15): 20 km südöstl. von Angers über D 952 (Touristenstraße der Loire entlang) Rtg. Saumur; 1 km vor Saint-Mathurin-sur-Loire.

Dieses große, an der Loire gelegene Haus aus dem 19. Jahrhundert besitzt einen nach hinten herausgehenden großen Obstgarten. Den freundlichen Empfang Claudine Piniers (sie weiß alles über die Geschichte ihrer Region) und ihrer Kinder empfindet man als sehr angenehm. Die beiden Zimmer zur (nur zu gewissen Zeiten verkehrsreichen) Straße haben Doppelglasfenster und wurden kürzlich renoviert: farbgetupfte Wände, Terrakottafußböden. Die ruhigsten Zimmer gehen nach hinten heraus. Die Bäder aller Zimmer wurden aufgefrischt. In den ehemaligen Pferdeställen befinden sich heute 2 modernere Zimmer mit Kochnische.

PAYS DE LA LOIRE

471 - Château de Beaulieu
Route de Montsoreau
49400 Saumur (Maine-et-Loire)
Tel. (0)2 41 67 69 51
Handy (0)6 07 44 15 98
Fax (0)2 41 67 63 64
Mme und M. Van Den Brule de Regis
E-Mail: chateaubeaulieu@wanadoo.fr
Web: monsite.wanadoo.fr/chateaubeaulieu

♦ Ganzj. geöffn. ♦ 5 Zi. und 1 Suite (4 Pers.) mit Bad, WC: 75-140 € (2 Pers.) + 28 € (zusätzl. Pers.) ♦ Frühst.: 7 € pro Pers., von 8.30 bis 10.00 Uhr ♦ Zwischen 11 und 17 Uhr ist den Gästen das Haus nicht zugänglich ♦ Gästetisch, reservieren (ab 8 Pers.): 40 € (Wein inkl.) ♦ Kreditkarten ♦ Salon, Billard ♦ Haustiere nicht erlaubt ♦ Sprachen: Deutsch, Englisch, Italienisch ♦ **Anreise** (Karte Nr. 15): 2 km östl. von Saumur über die D 947, Rtg. Chinon. An der Loire entlang. Gleich neben Caves Gratien et Meyer, ausgeschildert.

Dank einer Mauer und einiger hundertjähriger Bäume von der Straße abgeschirmt, liegt *Beaulieu* nur ein paar Meter vom Loire-Ufer entfernt. Die jungen, sehr freundlichen Inhaber haben ihr Schloss fast ausschließlich für Gäste eingerichtet. So stehen Ihnen Salon, Billard- und Speiseraum, alles komfortabel aus einer Mischung von Alt und Modern gestaltet, zur Verfügung. Die kürzlich renovierten Zimmer sind von klassischer Eleganz und besonders ansprechend antik möbliert. Eine exzellente Adresse. Absolut empfehlenswert.

472 - La Cour Pavée
374, route de Montsoreau
Dampierre-sur-Loire
49400 Saumur
(Maine-et-Loire)
Tel. (0)2 41 67 65 88
Fax (0)2 41 51 11 61
M. Jehanno
Web: cour-pavee.com

♦ Ganzj. geöffn. ♦ Vom 1. Nov. bis 1. März (Öffnungszeiten erfragen) ♦ Mind 2 Üb. ♦ 2 Zi. und Suite mit Bad, WC: 60 € (1 Pers.), 70 € (2 Pers.), 100 € (3 Pers.); Suite: 115 € (4 Pers.) ♦ Frühst. inkl. ♦ Gemeins. Essen auf Best.: 31 € (Wein inkl.) ♦ Zimmerreinigung auf Wunsch ♦ Hunde nicht erlaubt ♦ Salon ♦ **Anreise** (Karte Nr. 15): 4 km östl. von Saumur Rtg. Fontevraud, Chinon. Am Ortseingang von Dampierre.

Der Name dieses Hauses geht auf das Pflaster (*pavé*) der Abtei von Fontevraud zurück: es schmückt seinen Hof. Vom Sandbett der Loire lediglich durch die Landstraße getrennt (von der mit hundertjährigen Bäumen bepflanzten Terrasse aus blickt man auf den Fluss), werden hier geräumige, komfortable, mit freundlichen Stoffen und bemalten Möbeln gestaltete Gästezimmer angeboten, die über riesige Bäder verfügen. Jean-Jacques, immer guter Laune und sehr gastfreundlich, bereitet das exzellente Frühstück zu, das auf einem wunderbar gedeckten Tisch serviert wird. Das gleiche gilt für das hin und wieder angebotene gemeinsame Essen (nur auf Vorbestellung).

PAYS DE LA LOIRE

473 - La Croix de la Voulte

Route de Boumois
Saint-Lambert-des-Levées
49400 Saumur
(Maine-et-Loire)
Tel. (0)2 41 38 46 66
Mme und M. Jean-Pierre Minder

♦ Vom 15. April bis 15. Okt. geöffn. ♦ 4 Zi. mit Bad oder Dusche, WC: 55-70 € (2 Pers.) ♦ Frühst.: 6 € ♦ Kein Gästetisch - Restaurants ab 5 bzw. 9 km ♦ Salon ♦ Hunde nur auf Anfrage erlaubt ♦ Schwimmbad ♦ Sprachen: Deutsch, Englisch ♦ **Anreise** (Karte Nr. 15): 4 km nordwestl. von Saumur über die D 229 Rtg. Château de Boumois.

La Croix de la Voulte setzt sich aus mehreren Tuffsteinhäusern zusammen, die zwar alle sehr alt, aber perfekt renoviert sind. Die Gästezimmer von komfortabler Größe sind gepflegt und sorgfältig mit einigen alten Möbelstücken eingerichtet. Das auf einer Terrasse voller Blumen besonders freundlich servierte Frühstück ist hervorragend (in der Vor- und Nachsaison wird es im kleinen Speiseraum eingenommen). Die Nutzung des Parks, großzügig mit Gartenmobiliar versehen, ist ein weiterer Vorteil dieses empfehlenswerten Hauses.

474 - Domaine du Marconnay

Route de Saumur - Parnay
49400 Saumur
(Maine-et-Loire)
Tel. (0)2 41 67 60 46
Fax (0)2 41 51 22 36
Mme und M. Goumain
E-Mail: goumainM@aol.com

♦ Vom 1. April bis 11. Nov. geöffn. ♦ 3 Zi. und 1 Suite (4 Pers.) mit Bad oder Dusche, WC: 60 € (2 Pers.) + 20 € (zusätzl. Pers.) ♦ Frühst. inkl. ♦ Kein Gästetisch - Restaurants in unm. Nähe ♦ Salon (TV) ♦ Hunde nur auf Anfrage erlaubt ♦ Schwimmbad, Besichtigung der Weinkeller, Weinproben, Höhlen ♦ Sprachen: Deutsch, Englisch ♦ **Anreise** (Karte Nr. 15): 6 km östl. von Saumur. In Saumur D 947 Rtg. Chinon, dann ausgeschildert.

Das Haus aus dem 19. Jahrhundert, in dem Sie freundlichst empfangen werden, liegt in einem reizenden Dorf am Ufer der Loire; es gehört zum Weingut und ist geprägt von den 3 Kennzeichen der Region: Saumur-Champigny-Wein, Häuser aus weißem Kalktuff und Höhlen. Im schlicht gestalteten Haus sind die Gästezimmer mit ihren Bädern zwar schlicht, aber sehr gepflegt. Das „Schloss" aus dem 15. Jahrhundert, das im 18. Jahrhundert umgebaut wurde, liegt gegenüber und wurde mit seinem unglaublichen Kellerlabyrinth in den Felsen gehauen. Ein ungewöhnliches Ensemble, umgeben von einem gepflegten Park.

PAYS DE LA LOIRE

475 - Château de Mirvault

Azé
53200 Château-Gontier
(Mayenne)
Tel. und Fax (0)2 43 07 10 82
Brigitte und François d'Ambrières
E-Mail: bfjc@hotmail.com

♦ Vom 1. April bis 1. Nov. geöffn. (außerh. der Saison auf Anfrage) ♦ Wochenende mind. 2 Üb.♦ 2 Zi. mit Bad, WC und 2 Nebenzi.: 53 € (1 Pers.), 76 € (2 Pers.) + 23 € (zusätzl. Pers.) - ab der 3. Üb. 10% Preisnachl. ♦ Frühst. inkl. ♦ Kein Gästetisch - Restaurants auf der anderen Seite des Flusses und weitere ab 1 km ♦ Salon (Klavier) ♦ Hunde nicht erlaubt ♦ Teich, Fluss (Boot, Schwimmen, Windsurfing), Fahrräder, Pferdeboxen ♦ Sprachen: Englisch ♦ **Anreise** (Karte Nr. 15): 1 km von Château-Gontier über die Ringstraße, Avenue René-Cassin, am Kreisverkehr Route de Laval (N 162); dann ausgeschildert.

Dieses große Anwesen, seit 1573 im Familienbesitz, liegt am Rand von Château-Gontier sehr schön von seinem großen Park geschützt am Ufer der Mayenne. Hier werden Sie sowohl höflich als auch sehr zwanglos aufgenommen. Die großen, wunderbar eingerichteten Empfangsräume erlauben es dem Gast, auf Wunsch etwas Abstand zu nehmen. Reizende, komfortable Zimmer (die im zweiten Stock eignen sich besonders für Familien). Und abends wird Ihnen ein Boot zur Verfügung gestellt, um in einem kleinen Restaurant am gegenüberliegenden Ufer zu Abend zu essen …

476 - Château du Bas du Gast

6, rue de la Halle-aux-Toiles
53000 Laval
(Mayenne)
Tel. (0)2 43 49 22 79
Fax (0)2 43 56 44 71
Mme und M. Williot
E-Mail: chateaubasdugast@wanadoo.fr

♦ Dez. und Jan. geschl. ♦ 3 Zi. mit Bad, WC und 1 Suite (4 Pers.) mit Bad, Dusche, WC: 95-105 € (2 Pers.) + 30 € (schmales Extrabett im Zi. Napoléon); Suite: 195 € (2 Pers.) + 27 € (Extrabett f. Kinder) ♦ Frühst.: 11 € (Fr.) und 16 € (engl.) ♦ Kein Gästetisch - 5 gute Restaurants in Laval ♦ Salon ♦ Hunde und Katzen auf Anfrage erlaubt: 11 € ♦ Sprachen: Englisch ♦ **Anreise** (Karte Nr. 7): im Zentrum von Laval, in der Nähe des Rathauses (*mairie*) und des Jardin de la Perrine.

Das im reinsten klassizistischen Stil des 18. Jahrhunderts errichtete Stadtpalais liegt im Herzen von Laval, ist denkmalgeschützt und verbirgt einen Buchsbaumgarten, der in einen romantischen Park übergeht. Für den Fall, dass Sie mehr über die Besitzung wissen möchten, geben Madame und Monsieur Williot, sie sind sehr an Geschichte und Architektur interessiert, bereitwillig Auskunft über ihr Anwesen. Die Empfangsräume wie auch einige Zimmer haben eine wunderbare Holztäfelung. Die großen Gästezimmer sind ebenso schön wie komfortabel: Mobiliar aus dem Familienbesitz, Sammelobjekte, Radierungen, edle Stoffe usw.

PAYS DE LA LOIRE

477 - Le Logis et les Attelages du Ray

53290 Saint-Denis-d'Anjou
(Mayenne)
Tel. (0)2 43 70 64 10
Fax (0)2 43 70 65 53
Martine und Jacques Lefebvre

♦ Ganzj. geöffn. ♦ 3 Zi. mit Dusche, WC: 58-65 € (2 Pers.), 90 € (3 Pers.) + 25 € (zusätzl. Kinderbett); ab der 3.-4. Üb. 10 % Preisnachl. und ab der 5.-7. Üb. 15 % Preisnachl. ♦ Frühst. inkl. ♦ Kalte Platte „campagnarde": Käse, Nachtisch: 14 € (ohne Getränke) - 2 Restaurants (800 m) ♦ Visa ♦ Salon ♦ Hunde nicht erlaubt ♦ Pferdegespann-Schule, Kurse für Anfänger ♦ Sprachen: Englisch ♦ **Anreise** (Karte Nr. 15): 9 km südwestl. von Sablé-sur-Sarthe über die D 27 Rtg. Angers; ab Saint-Denis-d'Anjou „Chambres d'hôtes, Attelages du Ray" ausgeschildert.

In diesem alten, besonders gut restaurierten Haus wird man sehr freundlich und aufmerksam empfangen, und die sorgfältig möblierten, in Blau gehaltenen Zimmer sind sehr schmuck. 2 von ihnen, auch das mit dem Himmelbett, haben wunderschöne alte Terrakottaböden. Das hervorragende Frühstück wird in einem reizenden Speiseraum mit schönem Mobiliar aus dem 18. Jahrhundert serviert. Im Sommer lässt der Hausherr die Gäste an seiner Leidenschaft für Pferde teilhaben. Möglicherweise lädt er auch Sie zu einem Ausflug mit der Droschke ein. Bedauerlicherweise gibt es keinen Aufenthaltsraum für die Gäste.

478 - La Maison du Roi René

4, Grande-Rue
53290 Saint-Denis-d'Anjou
(Mayenne)
Tel. (0)2 43 70 52 30
Fax (0)2 43 70 58 75
M.-C. und P. de Vaubernier
E-Mail: roi.rené@wanadoo.fr
Web: roi-rene.fr

♦ Ganzj. geöffn. ♦ 4 Zi. (1 mit kl. Salon) mit Bad oder Dusche, WC, TV, Tel.: 55-85 € (2 Pers.) ♦ Preisnachl. bei läng. Aufenth. ♦ Frühst.: 8 € ♦ Kreditkarten ♦ Restaurants vor Ort: Menüs: 14-40 € oder Karte ♦ Sprachen: Deutsch, Englisch, Italienisch ♦ **Anreise** (Karte Nr. 15): 10 km südl. von Sablé Rtg. Angers. Im Dorf, gegenüber des Antiquitätenhändlers (TGV Sablé: einviertel Std. ab Paris).

In der Art eines Gargantua mit dem goldenen Herzen empfängt Pierre de Vaubernier seine Gäste: mit guter Laune und großer Freundlichkeit. Sein Haus stammt wie das Dorf aus dem Mittelalter (15. Jh.). *La Maison du Roi René* ist aber zunächst ein exzellentes Restaurant, das eine gute Familienküche anbietet (besonders günstiges Preis-Leistungsverhältnis bei den kleinen Menüs) und in dem man im Sommer auch draußen im Garten essen kann. Unwiderstehliche Zimmer, die ebenso authentisch wie komfortabel sind. Das große im Erdgeschoss verdient ein besonderes Lob. In den beiden Salonecken kann man sich bei nicht so tollem Wetter entspannen oder lesen.

PAYS DE LA LOIRE

479 - Château de Saint-Paterne

72610 Alençon - Saint-Paterne
(Sarthe)
Tel. (0)2 33 27 54 71
Fax (0)2 33 29 16 71
Ségolène und Charles-Henry de Valbray
E-Mail: paterne@club-internet.fr
Web: chateau-saintpaterne.com

♦ Vom 15. Jan. bis 1. April geschl. (Nachsaison auf Anfrage) ♦ 8 Zi. mit Bad, WC, Tel.: 85-150 € (2 Pers.); Suite: 130-200 € ♦ Frühst.: 9 €, von 8.30 bis 11.00 Uhr ♦ Gästetisch abends (um 20.00 Uhr), individuell, reservieren: 38 € (Aperitif und Kaffee inkl.) ♦ Salon ♦ Amex, Visa, Eurocard, MasterCard ♦ Hunde nur auf Anfrage erlaubt (9 €/Tag) ♦ Beheizt. Schwimmbad, Tennis (150 m), Parkplatz ♦ Sprachen: Englisch, Spanisch ♦ **Anreise** (Karte Nr. 8): 2 km südwestl. von Alençon über die D 311 Rtg. Mamers-Chartres; im Zentrum von Saint-Paterne.

Alençon ist nicht weit von dem Dorf Saint-Paterne entfernt, aber das Schloss liegt geschützt in seinem von Mauern umgebenen Park. Der junge Hausbesitzer restaurierte es von Grund auf mit sehr sicherem Geschmack. Die Gästezimmer, entweder mit klassischer oder „Deko"-Einrichtung und auch ihre Bäder rivalisieren untereinander, die Qualität betreffend. Antike Möbel und raffinierte Stoffe auch im Salon und Speisesaal. Ein wundervolles Haus mit stets bestem Empfang.

480 - Manoir des Claies

72430 Asnières-sur-Vègre
(Sarthe)
Tel. (0)2 43 92 40 50
Fax (0)2 43 92 65 72
M. Anneron

♦ Von Ostern bis Allerheiligen geöffn. ♦ Reserv. notwendig ♦ 2 Zi. und 1 Suite (3-4 Pers.) mit Bad, WC, TV (auf Wunsch): 67 € (1 Pers.), 76 € (2 Pers.) + 30 € (zusätzl. Pers. in Suite) ♦ Frühst. inkl. ♦ Gästetisch abends, gemeinsam, reservieren: 26 € (alles inkl.) ♦ Salon ♦ Tel. ♦ Haustiere nicht erlaubt ♦ Flussangeln, Boote, Zugang zu privaten Schwimmbad ♦ Sprachen: Englisch ♦ **Anreise** (Karte Nr. 15): 45 km südwestl. von Le Mans. Autobahn A 81, Ausfahrt Joué-en-Charnie.

Der in einer schönen Gegend gelegene Landsitz aus dem 15. Jahrhundert verkörpert ganz und gar die Architektur seiner Zeit. Die behaglichen, geschmackvoll eingerichteten Zimmer mit besonders hoher Balkendecke haben (um die Architektur nicht zu verfälschen) kleine Fenster. Die Parterre am Garten in einem ehemaligen landwirtschaftlichen Gebäude eingerichtete Suite ist rustikaler. Ein Salon und ein Speiseraum haben viel Ursprüngliches. Geschmackvoll gestaltet, sind sie ebenso freundlich wie Monsieur Anneron, der eine Schwäche für altes Gemäuer hat.

PAYS DE LA LOIRE

481 - Garencière

72610 Champfleur
(Sarthe)
Tel. (0)2 33 31 75 84
Denis und Christine Langlais

♦ Ganzj. geöffn. ♦ 5 Zi. (4 Parterre am Hof, darunter 1 im kl. Haus (s. Foto) und 1 Zi. im Obergeschoss) mit Bad oder Dusche, WC: 33 € (1 Pers.), 44 € (2 Pers., Doppelbett), 45 € (2 Pers., 2 Betten) + 12 € (Extrabett) ♦ Frühst. inkl. ♦ Gästetisch abends, gemeinsam: 18 € (alles inkl.) ♦ Kl. Salon ♦ Hunde nur auf Anfrage erlaubt ♦ Beheizt. Hallenbad ♦ Sprachen: Englisch ♦ **Anreise** (Karte Nr. 8): 5 km südöstl. von Alençon über die N 138 Rtg. Le Mans, dann nach links die D 55 Rtg. Champfleur. In Champfleur auf der D 55 Rtg. Bourg-le-Roi bleiben.

Auf diesem an einem Hang gelegenen Bauernhof wird man Sie besonders freudlich empfangen. Alle Gästezimmer sind ganz sorgfältig hergerichtet: Stoffe in frischen Tönen, mit dem Schwamm gearbeiteter Anstrich, Nostalgie-Mobiliar. Das kleine Haus (Foto) ist ideal für Familien: rustikal im Erdgeschoss, verfügt es im Dachgeschoss über einen großen Schlafraum, der uns regelrecht begeistert hat. Das Frühstück und das Abendessen werden gemeinsam im freundlichen Esszimmer eingenommen. Für die ausgezeichnete Küche werden hauptsächlich eigene Produkte verwendet.

482 -Le Prieuré

1, rue de la Gare
72500 Dissay-sous-Courcillon
(Sarthe)
Tel. und Fax (0)2 43 44 09 09
Mme Calla
E-Mail: ccalla@club-internet.fr
Web: chateauxcountry.com/chateaux/leprieuré

♦ Ganzj. geöffn. (von Nov. bis Febr. ausschließlich auf Reservierung) ♦ 3 Zi. und 1 Familiensuite mit Bad oder Dusche, WC: 84-99 € (2 Pers., entsprechend Jahreszeit und Dauer des Aufenthaltes) + 15 € (Extrabett); Suite 70 € (2 Pers.), 120 € (3 Pers.) ♦ Frühst. inkl. ♦ Kein Gästetisch - Auberge gleich gegenüber ♦ Salon ♦ Hunde nur auf Anfrage erlaubt (+ 8 €) ♦ Sprachen: Englisch, Spanisch ♦ **Anreise** (Karte Nr. 16): 36 km nördl. von Tours. Autobahn A 11 bis Le Mans, Autobahn Rtg. Tours, Ausfahrt Ecommoy, dann 23 km Rtg. Tours über die N 138. In Dissay an der Ampel rechts, dann gleich links, vor der Kirche.

Le Prieuré stammt aus dem 12. und 16. Jahrhundert, steht unter Denkmalschutz und ist heute ein elegantes Haus mit modernem Komfort. Die 3 recht großen Zimmer in der 1. Etage wurden mit antikem Mobiliar und ausgewählten Stoffen gestaltet und haben wunderschöne Bäder. Um zur Familiensuite zu gelangen, muss man einen riesigen Speicher durchqueren, dessen Gebälk sehr beeindruckt. Einziger Nachteil: die im ansonsten sehr angenehmen Garten zu vernehmenden Straßengeräusche. Der Empfang ist höflich.

PAYS DE LA LOIRE

483 - La Maridaumière

Route de Tulièvre
72510 Mansigné
(Sarthe)
Tel. und Fax (0)2 43 46 58 52
Mme Hamandjian-Blanchard

♦ Vom 1. April bis 31. Okt. geöffn. ♦ Von Okt. bis März Reserv. notwentig ♦ Nichtraucher-Zi. ♦ 4 Zi. mit Bad oder Dusche, WC: 45-60 € (2 Pers.) + 12 € (Extrabett) und 1 Nebenzi. ohne sanit. Einrichtungen: 25 € ♦ Frühst. inkl. - So Brunch auf Best.: 13 € ♦ Kein Gästetisch - Restaurants ab 6 km ♦ Salon ♦ Hunde nicht erlaubt ♦ Sprachen: Englisch ♦ **Anreise** (Karte Nr. 16): Autobahn A 11, Ausfahrt Le Mans-Tour, dann Le Mans Centre und ZI Sud. hinter der Péage (Mautstelle) nach ZI. Sud, Ausfahrt Arnage. In Arnage D 307 Le Lude und D 77 Rtg. Requeil. In Requeil Route de Mansigné, nach 3 km links ausgeschildert.

La Maridaumière liegt mitten auf dem Land, wurde kürzlich vollkommen renoviert und zu einem Gästehaus umgestellt. Die komfortablen und gepflegten Zimmer sind in einem sehr ansprechenden Stil gestaltet, den man als *English Country* bezeichnen könnte. Das vom gleichen Raffinement geprägte Frühstück ist eine wahre Freude, und der Sonntagsbrunch (auf Bestellung) ersetzt auf eine besonders vorteilhafte Art das Mittagessen. In diesem Haus, das entdeckt werden will, ist der Empfang gutgelaunt und liebenswürdig.

484 - Madame Paris

26, rue de l'Église
72450 Montfort-Le-Gesnois
(Sarthe)
Tel. (0)2 43 76 13 46
Mme Paris

♦ Ganzj. geöffn. ♦ 1 Suite (4 Pers.) mit Bad oder Dusche, WC: 36 € (1 Pers.), 43 € (2 Pers.) + 15 € (zusätzl. Pers.) ♦ Frühst. inkl. ♦ Gästetisch abends, individuell: 16 € (Wein inkl.) ♦ Salon ♦ Flussfischfang ♦ Sprachen: Englisch ♦ **Anreise** (Karten Nr. 8 und 16): 18 km südöstl. von Le Mans. Autobahn A 11, Ausfahrt La Ferté Bernard Rtg. Le Mans über die RN 23. Nach etwa 20 km am Ortseingang von Montfort 1. Straße rechts. Die römische Brücke überqueren, 1. Haus links.

Das Haus liegt am Fuß der harmonischen römischen Brücke und besitzt einen Park, der ein Hektar groß ist. In einem kleinen Flügel des Hauses ist die helle Suite voller Komfort untergebracht. Ihr antikes Mobiliar, die raffinierte Wäsche und das sanfte Rauschen des Huisne-Flusses verleihen ihr die Annehmlichkeiten der Häuser vergangener Zeiten. Das gleiche Ambiente beim Einnehmen der Mahlzeiten im großen Speiseraum. Der Empfang von Madame Paris ist diskret und trägt zum weiteren Charme des Hauses bei, das im nächsten Jahr ein zusätzliches Zimmer anbieten wird.

PAYS DE LA LOIRE

485 - Château de Monhoudou

72260 Monhoudou (Sarthe)
Tel. (0)2 43 97 40 05
Fax (0)2 43 33 11 58
Marie-Christine und Michel
de Monhoudou
E-Mail: monhoudou@aol.com
Web: monhoudou.com

♦ Ganzj. geöffn. ♦ 6 Zi. mit Bad oder Dusche, WC: 75-120 € (2 Pers.) ♦ Frühst.: 7 € (frei bei HP) ♦ Gemeins. Essen - „Dîner aux chandelles": 37 € (alles inkl.) - „Dîner prestige" in der Bibliothek: 54 € (Champagner) ♦ Salon, Klavier ♦ Tel. ♦ Visa, MasterCard, Amex ♦ Tandem, Fahrräder ♦ Sprachen: Englisch ♦ **Anreise** (Karte Nr. 8): von Paris: A 11, Ausfahrt La Ferté-Bernard, Rtg. Mamers, die D 27 Rtg. Marolles, rechts Rtg. Monhoudou.

Man muss die Straße verlassen und auf einem Weg Wiesen und Wald durchqueren, um zu diesem eleganten kleinen Schloss zu gelangen. In der renovierten Innenausstattung, die nun in frischen Farben erstrahlt und sehr geschmackvoll ist, wurde überall das schöne alte Mobiliar bewahrt, und die Bilder aus dem Familienbesitz kommen gut zur Geltung. Die Zimmer sind ebenfalls sehr komfortabel und voller Qualität. Von allen blickt man auf den riesigen englischen Park, in dem man Schafe, Schwäne, Pferde, Pfaue usw. beobachten kann. Die den Gästen zur Verfügung stehenden Empfangsräume sind ausgesprochen reizend. Ungezwungener, aufmerksamer und sympathischer Empfang.

486 - Château de la Renaudière

72240 Neuvy-en-Champagne
(Sarthe)
Tel. (0)2 43 20 71 09
Fax (0)2 43 20 75 56
Mme und M. de Mascureau
E-Mail: pdemascureau@wanadoo.fr

♦ Vom 15. Okt. bis 15. Mai geschl. ♦ 2 DZ mit Bad, WC: 100 €; 1 Zi (Doppelbett) mit Dusche, WC: 82 € ♦ Frühst. inkl. ♦ Kein Gästetisch - Restaurants (4-7 km) ♦ Salons ♦ Haustiere nicht erlaubt ♦ Angeln am Teich, Wald ♦ Sprachen: Englisch ♦ **Anreise** (Karten Nr. 7): 20 km westl. von Le Mans. Autobahn A 81, Ausfahrt Le Mans-Université, Route de Laval bis Coulans-sur-Gée, dann 6 km Rtg. Conlie. Hinter dem Dorf Saint-Julien-le-Pauvre, 300 m weiter rechts.

Das von einem großen Park umgebene *Renaudière* blickt auf eine ländliche, an Teichen reiche Umgebung. Empfangen werden Sie hier bestens. Der Speiseraum mit seiner Holztäfelung und seinem schönen offenen Kamin ist phantastisch. Die Salons und kleinen Boudoirs wurden von den verschiedenen Generationen, die hier gelebt haben, geschmackvoll möbliert und gestaltet. Eine bemerkenswerte Wendeltreppe führt zu den geräumigen, eleganten Gästezimmern. Das Zimmer im Obergeschoss hat zwar Komfort, aber leider nicht den Charme der anderen.

PAYS DE LA LOIRE

487 - Le Domaine
du Grand Gruet

Route de Challes
72440 Volnay
(Sarthe)
Tel. und Fax (0)2 43 35 68 65
Handy (0)6 87 42 50 58
Mme Eveno-Sournia

♦ Vom 15. Febr. bis 31. Dez. geöffn. (im Winter auf Anfrage) ♦ 2 Studios mit Kitchentte, Dusche, WC: 68,60 € (2 Pers.); 2 App. mit Salon, Zi., Bad, WC: 76 € und 99 € (2 Pers.) + 12 € (zusätzl. Pers.) ♦ Preisnachl. ab 2. Üb. ♦ Kein Gästetisch - Restaurants ab 2 km ♦ Zimmerreinigung auf Wunsch ♦ Salons ♦ Kl. Hunde nur auf Anfrage erlaubt (+ 7,62 €) ♦ Sprachen: Deutsch ♦ **Anreise** (Karte Nr. 16): Autobahn Chartres (A 11), Ausfahrt La Ferté-Bernard, Rtg. Le Mans. In Connerré Rtg. Grand-Lucé (15 km). In Volnay D 90 Rtg. Challes; 600 m hinter dem Ort Volnay auf den Weg links abbiegen.

Anne ist Malerin. Dieses schöne Haus, das einen reizenden Garten besitzt, wurde von ihr mit absolut sicherem Geschmack restauriert. Die Appartements – sie befinden sich zu ebener Erde – sind ansprechend eingerichtet und ideal, um sich ganz unabhängig inmitten der Natur in vollkommener Ruhe zu erholen. In diesem Haus ist alles freundlich, modern, komfortabel. Der Salon und der Speiseraum dienen auch als Ausstellungsräume. Unkomplizierter, warmherziger Empfang. Ein wunderbarer Ort.

488 - Le Logis
de Beaumarchais

85470 Brétignolles-sur-Mer
(Vendée)
Tel. und Fax (0)2 51 22 43 32
Mme Robet

♦ Von Nov. bis April geschl. (außerh. dieser Zeit nur auf Anfrage) ♦ Reserv. notwendig ♦ 4 Zi. mit Bad oder Dusche, WC: 80 € (1 Pers.), 85-115 € (2-3 Pers.) + 15,50 € (Extrabett) ♦ Kein Gästetisch - Restaurants ab 4 km ♦ Salon ♦ Tel. ♦ Hunde nicht erlaubt ♦ Sprachen: Englisch ♦ **Anreise** (Karte Nr. 14): 42 km südwestl. von La Roche-sur-Yon. Rtg. Saint-Gilles-Croix-de-Vie über Aizenay-Coëx; am Ortsausgang links. La Chaize Giraud, die Ortschaft durchqueren, dann rechts auf die D 12 (3 km); rechts auf die Avenue, am Ende links „Logis de Beaumarchais".

In einer von Betonbauten freien, 5 Kilometer von der Küste entfernten Gegend liegt dieses *Logis*, das die Dependance einer der schönsten Schlösser (17. Jh.) der Region ist. Von Grund auf neu gestaltet, verfügt es über höchst angenehme Zimmer mit Komfort; sie sind von schlichter Eleganz, haben gepflegtes antikes Mobiliar und sind darüber hinaus mit eleganten Stoffen sehr ansprechend gestaltet. Gepflegt ist auch das Frühstück, das entweder draußen oder im großen Speiseraum direkt am Garten mit Südlage eingenommen wird. Ein von Ruhe, Gastfreundschaft und Raffinement geprägtes Haus.

PAYS DE LA LOIRE

489 - Manoir de Ponsay

Saint-Mars-des-Prés
85110 Chantonnay
(Vendée)
Tel. (0)2 51 46 96 71
Fax (0)2 51 46 80 07
Mme und M. de Ponsay
E-Mail: manoir.de.ponsay@wanadoo.fr

♦ Vom 1. April bis 30. Nov. geöffn. (im Winter auf Anfrage) ♦ 8 Zi. mit Bad oder Dusche, WC: 57-100 € (2 Pers.); Suite: 107 € (2-4 Pers.) ♦ Frühst.: 8 € ♦ Gästetisch abends, gemeinsam oder individuell: 30 € (Wein inkl.) ♦ Salon ♦ Tel. ♦ Amex ♦ Hunde nicht erlaubt ♦ Boxen und Auslauf für Pferde ♦ Sprachen: Deutsch, Englisch ♦ **Anreise** (Karte Nr. 15): 35 km östl. von La Roche-sur-Yon über die D 948 und die D 949 bis Chantonnay und Saint-Mars-des-Prés; ausgeschildert. Autobahn A 83, Ausfahrt Bournezeau (14 km).

Seit dem 17. Jahrhundert ist dieser Landsitz, der in wunderschöner Hügellandschaft liegt, im Familienbesitz. Das Interieur ist von großer Authentizität, besonders im schönen Speisesaal und in den antik möblierten, sehr ansprechend gestalteten Zimmern des zentralen Hauptgebäudes. Die anderen Zimmer, im Flügel, sind gewöhnlicher, aber auch etwas preiswerter. Das ganze Haus ist sehr gepflegt. Das Frühstück mit Gebäck, Rosinenbrot, getoastetem Brot oder Napfkuchen werden im reizvollen Speiseraum serviert. Ein freundliches Haus im Herzen der Vendée.

490 - Logis de Chalusseau

111, rue de Chalusseau
85200 Doix
(Vendée)
Tel. und Fax (0)2 51 51 81 12
Mme und M. Gérard Baudry
E-Mail: chaluss@wanadoo.fr

♦ Vom 1. April bis 15. Nov. geöffn. ♦ Mind. 2 Üb. ♦ 2 Zi. mit Bad oder Dusche, WC und 1 Appart. (2-4 Pers.) mit Küche, Salon, 2 Zi., Dusche, WC: 31 € (1 Pers.), 41 € (2 Pers.); Appart. 47 € (2 Pers.) + 10 € (zusätzl. Pers.) ♦ Frühst. inkl. ♦ Kein Gästetisch - Küche steht zur Verfüg. ♦ Salon ♦ Hunde nicht erlaubt ♦ **Anreise** (Karte Nr. 15): 9 km südl. von Fontenay-le-Comte über die D 938ter Rtg. La Rochelle, dann links die D 20 Rtg. Fontaines-Doix (4 km).

Die Innenräume dieses schönen, für die Vendée typischen Gebäudes aus dem 17. Jahrhundert haben alle nach wie vor ihre Kamine aus Stein, ihre alten Holzbalken und die ursprüngliche, großzügige Aufteilung. Folglich sind die Zimmer groß, hell und hübsch mit regionalem Mobiliar eingerichtet. Die Bäder sind ganz neu. Eine Holztreppe aus dem 17. Jahrhundert führt Sie dorthin. Das reichhaltige Frühstück wird auch im angenehmen Garten serviert. Ein außergewöhnliches Haus in bemerkenswerter Lage. Zudem ist die Betreuung ausgesprochen freundlich.

PAYS DE LA LOIRE

491 - Château de la Flocellière

85700 La Flocellière (Vendée)
Tel. (0)2 51 57 22 03
Fax (0)2 51 57 75 21
Vicomte und Vicomtesse
Patrice Vignial
E-Mail: flocelliere.chateau@wanadoo.fr
Web: flocellierecastle.com

♦ Ganzj. geöffn. ♦ 6 Zi. und 3 Suiten (3-4 Pers.) mit Bad, WC, Tel.: 100-200 € (2 Pers.) + 20 € (Extrabett); Suite: 145-220 € ♦ Frühst.: 10 € ♦ Gästetisch abends, gemeinsam oder individuell, reservieren: 45 € (alles inkl.) - auf Wunsch Diner bei Kerzenlicht ♦ Visa, MasterCard, Amex ♦ Vermietet werden zudem Häuser für 7-9 Pers. ♦ Salons ♦ Hunde nur auf Anfrage erlaubt (+ 8 €) ♦ Schwimmbad (in der Saison beheizt), Billard, Tischtennis ♦ Sprachen: Deutsch, Englisch, Italienisch ♦ **Anreise** (Karte Nr. 15): 25 km südöstl. von Cholet über die D 752 Rtg. Pouzauges. In Saint-Michel-Mont-Mercure an der Ampel links Rtg. La Flocellière. Im Ort, Place de la Mairie (ausgeschildert). 7 km von Puy-du-Fou.

Dieses prachtvolle Schloss ist an sich schon eine Lektion in Geschichte. Die Familie Vignial, die es mit einem ausgeprägten Sinn für schöne Dinge unterhält, hat aus ihm einen besonders gastfreundlichen Ort gemacht. Die meisten Zimmer sind von großer Eleganz, haben moderne Bäder (manche mit Badewanne und Dusche), und einige können zu Suiten umgestaltet werden. Die Zimmer im Schloss sind am angenehmsten, aber auch die des Burgfrieds haben Charme. Die den Gästen zur Verfügung stehenden Gesellschaftsräume sind prachtvoll und freundlich. Besonders herzlicher Empfang. Eine Adresse, die Qualität garantiert.

492 - Le Logis d'Elpénor

5, rue de la Rivière
85770 Le Gué-de-Velluire
(Vendée)
Tel. (0)2 51 52 59 10
Fax (0)2 51 52 57 21
Mme und M. Bertin

♦ Vom 1. Dez. bis 31. Jan. geschl. ♦ 5 Zi. (1 mit Büro, Salon) mit Bad oder Dusche, WC: 44,21 € (1 Pers.), 50,31 € (2 Pers.); Zi. mit Büro, Salon: 60 € (1-2 Pers.) + 10,67 € (zusätzl. Pers.) ♦ Frühst. inkl. ♦ 1 wöchentlich mietbare Wohnung (2-4 Pers.) ♦ Gästetisch abends, gemeinsam (außer Sa): 18,29 € (Wein inkl.) - Bauerngasthof 6 km entfernt ♦ Salon (TV)♦ Tel. ♦ **Anreise** (Karte Nr. 15): 30 km nordöstl. von La Rochelle. Ab Niort: N 148 Rtg. Fontenay-le-Comte, dann D 938ter Rtg. La Rochelle. Ab La Rochelle: N 137 Rtg. Nantes; ab Marans: D 938ter Rtg. Fontenay-le-Comte.

Das *Logis*, schon im 18. Jahrhundert eine Herberge, liegt am Ende des Dorfes. Das Interieur ist schlicht, aber reizvoll: wunderbare Terrakottaböden, abgebeizte Holztüren, heller Parkettboden aus breiten Holzlatten. Die klassisch gestalteten Zimmer sind fast alle groß, außerdem hell und freundlich. Zudem: ein hübscher, mit einer Mauer umgebener Garten, und direkt dahinter ein vom Vendée-Fluss gesäumter Weg. Hervorragende Hausmannskost (Regionales wird hier leidenschaftlich gern gekocht) und besonders jovialer Empfang. Ein reizendes Haus zu vernünftigen Preisen.

PAYS DE LA LOIRE

493 - Le Cabanon des Pêcheurs

49, rue Saint-Hilaire
85350 Île d'Yeu
(Vendée)
Tel. (0)2 51 58 42 30
M. und Mme Groisard
Web: yeuloc.com

2003

♦ Ganzj. geöffn. ♦ 2 Zi. mit Bad oder Dusche, WC: 54-76 € (2 Pers.) + 8-19 € (zusätzl. Pers.)
♦ Frühst. inkl. ♦ Kein Gästetisch - Restaurants (1,5 km) ♦ Haustiere nicht erlaubt ♦ Sprachen: Englisch ♦ **Anreise** (Karte Nr. 14): ab dem Office du Tourisme in Rtg. Citadelle fahren. Hinter dem Wasserturm und der Stoppstraße links, dann 2. Straße rechts, gegenüber der kleinen Kapelle (blaues Tor).

Lysiane und Claude richteten auf den Anhöhen von Port-Joinville unterhalb einer weißen Kapelle 2 ganz und gar sympathische Zimmer ein; sie liegen separat und gehen auf den Garten hinaus, in dem in der warmen Jahreszeit jede Menge Blumen blühen. Das 1. Zimmer befindet sich in einer kleinen Hütte und hat heute sogar einen eigenen Salon. Das andere liegt im Haus der Gastgeber, ist sehr groß und hat eine riesige Glaswand. Ihre Gestaltung, Einfachheit mit Ruhe verbindend, ist eher maritim, und beide erfreuen sich einer eigenen Terrasse. Das Frühstück (Gebäck und Konfitüren hausgemacht) wird am Tisch des großen Salons oder auf der Blumenterrasse serviert. Der Empfang ist hier diskret und freundschaftlich auf eine besonders ehrliche Art.

494 - Le Petit Marais des Broches

7, Chemin des Tabernaudes
85350 L'Île d'Yeu
(Vendée)
Tel. und Fax (0)2 51 58 42 43
Chantal und Jean-Marcel Hobma
E-Mail: lemaraisdesbroches@free.fr

♦ Ganzj. geöffn. ♦ Mind. 2 Üb., 1 Woche im Juli und Aug. ♦ 4 Zi. mit Dusche, WC: 69-76 € (2 Pers., je nach Dauer und Saison) + 18 € (Extrabett) ♦ Frühst. inkl. ♦ Außer Juli/Aug. Sonderpreise f. Aufenthalte (ab 2 Üb.) ♦ Kein Gästetisch ♦ Haustiere nicht erlaubt ♦ **Anreise** (Karte Nr. 14): im Nordwesten der Insel. 300 m von der Anse des Broches entf. Mit dem Schiff (ganzjährig) ab Gare maritime Fromentine (Tel.: 02 51 49 59 69); im Sommer ab Ile de Noirmoutier (Tel. (0)2 51 39 00 00) oder ab Saint-Gilles-Croix-de-Vie (Tel. 02 51 54 15 15).

Begeben Sie sich auf der Ile d'Yeu zur wildromantischen Côte Sauvage und, nur 300 Meter vom Meer, zu diesem modernen, für die Gegend typischen und gastfreundlichen Haus. Die angenehmen Gästezimmer sind schlicht gestaltet, d.h. so, wie in den meisten Ferienhäusern am Meer: mit breiten Kiefernlatten vertäfelte Wände und großzügige Fenstertüren. Im Zwischengeschoss von 2 Zimmern können Kinder untergebracht werden. Das eine liegt separat in einem reizenden Garten, der „wild" und „diszipliniert" zugleich ist. Bei schönem Wetter wird das Frühstück auf der Terrasse eingenommen. In Port-Joinville können Sie Fahrräder mieten und ausgiebige Spazierfahrten unternehmen. Lockere freundschaftlich-familiäre Atmosphäre.

PAYS DE LA LOIRE

495 - Chez Mme Bonnet

69, rue de l'Abbaye
85420 Maillezais
(Vendée)
Tel. (0)2 51 87 23 00
Fax (0)2 51 00 72 44
Liliane Bonnet
E-Mail: liliane.bonnet@wanadoo.fr

♦ Ganzj. geöffn. ♦ Mind. 2 Üb. ♦ 5 Zi. mit Bad oder Dusche, WC: 54 € (1 Pers.), 58-61 € (2 Pers.), 70 € (3 Pers.) ♦ Frühst. inkl. ♦ Kein Gästetisch - Restaurants: „L'Auberge de la Rivière Velluire", und Bauerngasthof in Saint-Michel-de-Cloucq ♦ Salon (Bibliothek) ♦ Parkplatz ♦ Hunde erlaubt ♦ Tennis, Angeln, Bootsfahrten, Fahrräder, Aufenthalte und Wochenenden mit Themenangebot (außerh. der Saison) ♦ Sprachen: Englisch, Spanisch ♦ **Anreise** (Karte Nr. 15): 28 km nordwestl. von Niort über die N 148 Rtg. Fontenay-le-Comte, dann links die D 15 Rtg. Maillezais.

Der hübsche Garten, an dem ein Kanal vorbeifließt (mit dem hauseigenen Boot können Sie sich ins Sumpfgebiet begeben) ist der größte Vorteil dieses Quartiers in der Vendée. Ein kleines, rustikal eingerichtetes Zimmer liegt im Erdgeschoss am Garten. Die anderen befinden sich im Obergeschoss des Stammhauses. Sie sind ruhig, komfortabel und eher schlicht eingerichtet. Die freundliche Betreuung, das gute Frühstück und das charmante, antik möblierte Erdgeschoss sind weitere Annehmlichkeiten dieses Hauses; es liegt in einem Dorf, in dem Gemüseanbau betrieben wird und dessen Abtei (eine Ruine) berühmt ist.

496 - Le Logis de la Cornelière

85200 Mervent
(Vendée)
Tel. (0)2 51 00 29 25
Lyse und Jean-Raymond
de Larocque Latour
E-Mail: corneliere.mervent@libertysurf.fr
Web: corneliere.com

♦ Ganzj. geöffn. ♦ 3 Zi. und 1 Suite (4-5 Pers.) mit Bad, WC: 80 € (2 Pers.), Suite: 100 € (2 Pers.) + 16 € (zusätzl. Pers.) ♦ Frühst. (Brunch): 8 € ♦ Gemeins. Essen auf Best.: ab 30 € ♦ Sommerküche steht den Gästen z. Verf. ♦ Salon, Spielzimmer ♦ Fitnessraum, beheizt. Schwimmbad, Tischtennis, Mountainbikes, Steinpilzesuchen im Wald (5000 ha) ♦ Sprachen: Englisch ♦ **Anreise** (Karte Nr. 15): Ab Fontenay-le-Comte Rtg. Bressuire, Route de Mervent, Mervent durchqueren, bis „Les Ouillères", 3 km Rtg. „La Châtaigneraie", dann ausgeschildert.

Ein paar Schritte von einem wunderbaren Wald entfernt ragt aus einer Talmulde das *Logis de la Cornelière* mit seinen alten Dächern und goldbraunen Steinen hervor. Das Innere ist noch immer streng und authentisch: alte Möbel, persönliche Gegenstände, wunderbar skulptierte Kamine usw. Die Zimmer sind groß, sehr ansprechend und komfortabel. Das „Rose" ist außergewöhnlich, und die Suite praktisch für Familien. Auf wundervollem Geschirr wird das bemerkenswerte Frühstück serviert. Der Empfang ist besonders angenehm und freundlich. Eine hervorragende Adresse.

PAYS DE LA LOIRE

497 - Le Château

85450 Moreilles
(Vendée)
Tel. (0)2 51 56 17 56
Fax (0)2 51 56 30 30
Mme Danielle Renard
E-Mail: daniellerenard@hotmail.com
Web: chateau-moreilles.com

♦ Ganzj. geöffn. ♦ Von Okt. bis März auf Anfrage ♦ 3 Zi. und 3 Suiten (3-4 Pers.) mit Bad oder Dusche, WC, Tel.: 60-70 € (1 Pers.), 78-85 € (2 Pers.); Suite 100 € (2 Pers.) + 18 € (zusätzl. Pers.), Preisnachlass f. Kinder unter 12 J. ♦ Frühst.: 9,50 € ♦ HP: 70-85 € pro Pers. im DZ ♦ Gästetisch abends, individuell: 30 € (ohne Wein) ♦ Hunde nur auf Anfrage erlaubt ♦ Schwimmbad, Mountainbikes, Kindergarten ♦ Sprachen: Englisch ♦ **Anreise** (Karte Nr. 15): 35 km nördl. von La Rochelle die Straße nach Nantes (N 137); am Ortseingang rechts abbiegen (von La Rochelle kommend).

In diesem zwischen der Küste und dem Sumpfgebiet (Marais poitevin) gelegenen Haus wird man von Danielle, die nur für ihre Gäste da zu sein scheint, besonders liebenswürdig empfangen. Die gut möblierten und mit vielen angenehmen Details gestalteten Zimmer sind elegant, voller Komfort und haben ein gewisses Froufrou (eines besitzt das Bett der Belle Otéro). Das gleiche anheimelnde Ambiente in den Empfangsräumen mit Veranda und direktem Zugang zur Terrasse. Dennoch ein kleiner Vorbehalt: in einem Teil des Gartens und am Schwimmbad stört der Straßenverkehr.

498 - Le Rosier sauvage

1, rue de l'Abbaye
85240 Nieul-sur-l'Autize
(Vendée)
Tel. (0)2 51 52 49 39
Fax (0)2 51 52 49 46
Mme Chastain-Poupin
E-Mail: rosier.sauvagel@tiscali.fr

♦ Vom 1. Okt. bis 1. April geschl. ♦ Reserv. notwendig ♦ 4 Zi. mit Dusche, WC: 44-47 € (2 Pers.) + 9 € (Extrabett) ♦ Frühst. inkl. ♦ Kein Gästetisch - Restaurants in einem Umkreis von 200 m bis 8 km ♦ Salon ♦ Haustiere nicht erlaubt ♦ Sprachen: Englisch ♦ **Anreise** (Karte Nr. 15): 20 km südwestl. von Niort Rtg. Nantes über die N 148 Rtg. Fontenay-le-Comte (A 83, Ausfahrt Nr. 9). Hinter Oulmes Rtg. Nieul-sur-l'Autize. Gegenüber dem Parkplatz der Abtei.

Direkt der königlichen Abtei von Nieul gegenüber, in der Ebene des Marais poitevin, eine kürzlich renovierte hübsche Dependance aus dem 18. Jahrhundert, die nun Gästezimmer anbietet. Letztere sind von mittlerer Größe, haben Blumennamen, einen direktem Zugang und liegen direkt am Garten. Alle Zimmer sind schön hell, haben Stoffe mit diskreten Blumenmotiven und kleine, tadellose Bäder. „Coquelicot", das größte, ist unser Lieblingszimmer. Das Frühstück wird am großen Tisch des einstigen Pferdestalls eingenommen. Der TV-Salon liegt direkt am Garten, in dem man sich im Sommer besonders gern aufhält.

PAYS DE LA LOIRE

499 - Logis du Ranquinet

85200 L'Orbrie
(Vendée)
Tel. (0)2 51 69 29 27
Mme und M. Reigner

♦ Ganzj. geöffn. ♦ 1 Suite (3 Pers.) mit 2 Zi. (1 mit 2 Betten, das andere mit 1 fr. Bett) mit Bad, WC und 1 Zi. mit Doppelbett, Bad, WC: 38,11 € (1 Pers.), 45,73 € (2 Pers.); Suite: 76,22 € (3 Pers.) ♦ Frühst. inkl. ♦ Kein Gästetisch - Crêperie und Restaurants (3 km) ♦ Salon ♦ Tel. ♦ Zimmerreinigung auf Wunsch ♦ **Anreise** (Karte Nr. 15): 3 km nordwestl. von Fontenay-le-Comte. Von Niort kommend: Rtg. Mervent, L'Orbrie: das Haus rechts am ersten Stoppschild. Wer aus anderer Richtung kommt, sollte sich den Weg telefonisch erklären lassen.

Die Atmosphäre im Innern dieses reizvollen Hauses der Vendée ist sehr freundlich. Hier werden Sie in einem kleinen Gästezimmer mit schönen, alten Möbeln wohnen, das mit dem Nebenzimmer und dem modernen Bad am anderen Ende des Flurs als Suite dienen kann, oder in einem großen, kürzlich ebenfalls geschmackvoll eingerichteten Zimmer. Alles ist geschmackvoll gestaltet. Ihr Frühstück werden Sie im hübschen, hellen Speiseraum einnehmen, im Sommer selbstverständlich im Blumengarten. Seit kurzem gibt es einen großen Salon mit offenem Kamin für kühle Abende. Ein ruhiges Haus mit aufmerksamer Betreuung.

500 - Château du Breuil

85170 Saint-Denis-la-Chevasse
(Vendée)
Tel. und Fax (0)2 51 41 40 14
Monique und Pierre Maestre
Web: chateaudubreuil.net

♦ Von Allerheiligen bis Ostern geschl. (im Winter auf Anfrage) ♦ Reserv. notwendig ♦ 4 Zi. (darunter 2 Suiten mit Tel.) mit Bad, WC: 69-98 € (2 Pers.) + 30 € (Extrabett); Suite: 120-150 € (3-4 Pers.) ♦ Frühst. inkl. ♦ Visa ♦ Gästetisch abends: 38 € (Wein inkl.) ♦ Salon ♦ Hunde nur auf Anfrage erlaubt ♦ Beheizt. Schwimmbad, Pferdeboxen, Tischtennis, Fahrräder, 9-Loch-Golfpl. vor Ort ♦ Sprachen: Englisch, Spanisch ♦ **Anreise** (Karte Nr. 15): 45 km südl. von Nantes über die A 83, E 03, D 763 Rtg. La Roche-sur-Yon. Ausfahrt Saint-Denis-la-Chevasse. Vor der Kirche Rtg. Belleville/Vie, nach 500 m links.

Dieses in der typischen Bocage-Landschaft der Vendée gelegene kleine Schloss, es wirkt wie aus dem 19. Jahrhundert, illustriert die autarke Seite der großen Bauernhöfe von einst. Im Innern ist alles mit verschiedenartigem Mobiliar in einer „liebenswürdigen Unordnung" schön unangetastet geblieben: typisch für ein Familienhaus. Die großen, hellen und klassisch gestalteten Zimmer haben große, modernisierte Bäder. Liebenswürdiger, angenehm aufmerksamer Empfang.

PAYS DE LA LOIRE

501 - Château de la Millière

85150 Saint-Mathurin
(Vendée)
Tel. (0)2 51 23 85 75
Tel. und Fax (0)2 51 22 73 29
Danielle und Claude Huneault

♦ Von Mai bis einschl. Sept. geöffn. ♦ 5 Zi. (darunter 1 Suite) mit Bad, WC: 80 € (2 Pers.) + 15 € (Extrabett); Suite: 120 € (4 Pers.) ♦ Frühst.: 7,50 € ♦ Kein Gästetisch - im Garten kann jedoch gegrillt werden - Restaurants in unm. Nähe ♦ Salon ♦ Kl. Hunde nur auf Anfrage erlaubt ♦ Schwimmbad, See, fr. Billard, Pferdeboxen, Tischtennis, Fahrräder, Angeln ♦ **Anreise** (Karte Nr. 14): 8 km nördl. von Les Sables-d'Olonne über die 2x2 N 160: von Roche-sur-Yon nach Les Sables de l'Olonne, bis Saint-Maturin, dann Rtg. La Mothe-Achard; kurz vor dem Kilometerstein 81 führt eine Allee zum Schloss.

Von den Fenstern dieses Schlosses aus dem 19. Jahrhundert hat man einen herrlichen Blick auf das Bassin und die hohen Bäume des Parks. Die neue Inneneinrichtung besteht aus verschiedenartigem Mobiliar und zahlreichen Teppichen; im *Château de la Millière* wird man ausgesprochen freundlich und mit bester Laune empfangen, und deshalb fühlt man sich hier besonders wohl. Sehr große Zimmer, luxuriöse Bäder und olympische Ruhe.

502 - Le Fief Mignoux

85120 Saint-Maurice-des-Noués
(Vendée)
Tel. (0)2 51 00 81 42
Mme und M. Schnepf

♦ Vom 1. Mai bis Allerheiligen geöffn. ♦ 2 Zi. teilen sich 1 Bad mit Dusche, WC: 38,11 € (1 Pers.), 45,73 € (2 Pers.) ♦ Frühst. inkl. ♦ Kein Gästetisch - Restaurants in unm. Nähe ♦ Hunde nicht erlaubt ♦ **Anreise** (Karte Nr. 15): 25 km nordöstl. von Fontenay-le-Comte über die D 938ter Rtg. La Châtaigneraie. In L'Alouette die D 30 Rtg. Vouvant. Hinter Saint-Maurice-des-Noués rechts die D 67 Rtg. Puy-de-Serre.

Dieses charmante Haus aus dem 17. Jahrhundert ist voller Licht und von 2 hübschen Blumengärten umgeben. Das Haupt-Gästezimmer ist sehr groß und hell und mit ländlichem Mobiliar hübsch eingerichtet. Der zum Zimmer gehörende Duschraum liegt gegenüber. Sollten Sie zu mehreren Personen reisen, lässt sich ohne weiteres ein zweites Zimmer hinzufügen, das ebenso groß und schön wie das erste ist. Ausgesprochen freundliche Betreuung.

PAYS DE LA LOIRE

503 - Château de la Cacaudière

85410 Thouarsais-Bouildroux
(Vendée)
Tel. (0)2 51 51 59 27
Fax (0)2 51 51 30 61
Mme Montalt
E-Mail: chris.montalt@wanadoo.fr

♦ Vom 30. Sept. bis 1. Juni geschl. ♦ Außerh. der Saison auf Anfrage ♦ 5 Zi. (2 mit Doppelbetten) und 2 Suiten (3-4 Pers.) mit Bad oder Dusche, WC: 62 € (1 Pers.), 75-90 € (2 Pers.), 105 € (3 Pers.), 120 € (4 Pers.) ♦ Frühst. inkl. ♦ Kein Gästetisch ♦ Salons, (Billard, Klavier) ♦ Kl. Hunde nur auf Anfrage erlaubt ♦ Beheizt. Schwimmbad, Tischtennis, Fahrräder ♦ Sprachen: Deutsch, Englisch, Spanisch ♦ **Anreise** (Karte Nr. 15): 20 km nördl. von Fontenay-le-Comte über die D 23 Rtg. Bressuire. 4 km hinter Saint-Cyr-des-Gâts rechts die GC 39 Rtg. Thouarsais-Bouildroux; im ersten Weiler gegenüber der Scheune.

Auch das 19. Jahrhundert hatte Charme – das beweist dieses kleine, von einem Park mit abwechslungsreicher Vegetation umgebene Schloss. Die mit antiken Möbeln eingerichteten Empfangsräume (Salon, Billard- und Speisesaal) stehen Ihnen zur Verfügung. Die Zimmer sind vollkommen renoviert und ebenso komfortabel wie geschmackvoll gestaltet: englische Tapeten, elegante Stoffe und gut ausgewählte Möbel. Romantisch.

P I C A R D I E

504 - Le Clos

„Le Clos"
02860 Chérêt
(Aisne)
Tel. (0)3 23 24 80 64
Mme und M. Simonnot
E-Mail: leclos.cheret@club-internet.fr

♦ Vom 15. März bis 15. Okt. geöffn. ♦ 1 Zi. (mit kleinem Zuschlag) mit Bad, WC und 2 Zi. mit Dusche, WC (darunter 1 im Erdgeschoss) und 2 Zi. mit gemeins. Dusche, WC: 34-48 € (2 Pers.) ♦ Frühst. inkl. ♦ Gästetisch abends, gemeinsam: 18 € (Wein inkl.) ♦ Großer Aufenthaltsraum ♦ Teich auf der anderen Straßenseite ♦ Hunde nicht erlaubt ♦ **Anreise** (Karten Nr. 3 und 10): 8 km südl. von Laon über die D 967 Rtg. Fismes, dann die D 903; ausgeschildert.

In dieser ehemaligen Weinkellerei aus dem 17. Jahrhundert mit seinem Aussehen von einst, seinem antiken Mobiliar und seiner Einfachheit wird man von Monsieur Simonnot, einem Landwirt, der sich zur Ruhe gesetzt hat und absolut alles weiß über seine Region, und seiner Frau sehr freundlich empfangen. Mit guter Laune animieren sie den von Madame Simonnot liebevoll zubereiteten Gästetisch. Die Zimmer haben etwas Nostalgisch-Ländliches. Wir bevorzugen „Iris" mit seinem Bad und seinem kleinen Kinderzimmer. „Bleuet" ist angenehm, auch wenn die sanitären Einrichtungen sich außerhalb des Zimmers befinden und geteilt werden müssen. Die anderen Zimmer sind schlichter, aber wohl fühlt man sich auch in denen. Ein sympathisches, authentisches Haus, in dem Groß und Klein gern gesehen sind.

505 - Domaine des Patrus

L'Épine-aux-Bois
02540 La Haute-Épine
(Aisne)
Tel. (0)3 23 69 85 85
Fax (0)3 23 69 98 49
Mary-Ann und Marc Royol
E-Mail: contact@domainedespatrus.com
Web: domainedespatrus.com

♦ Ganzj. geöffn. ♦ 5 Zi. mit Bad, WC: 60-80 € (2 Pers.) + 21 € (Extrabett) ♦ Frühst. inkl. ♦ Gästetisch abends, gemeinsam, reservieren: 20-28 € (Wein inkl.) ♦ Salon ♦ Visa ♦ Angeln am Teich, Fahrräder ♦ Sprachen: Deutsch, Englisch ♦ **Anreise** (Karte Nr. 10): 10 km westl. von Montmirail über die D 933 Rtg. La Ferté-sous-Jouarre. In La Haute-Épine auf die D 863 Rtg. L'Épine-aux-Bois, dann ausgeschildert.

Dieses wunderbare Bauernhaus ist angenehm eingerichtet und bietet Gästezimmer an, die mit ihren weißen Wänden, ihren alten Decken und ihrem antiken Mobiliar (das „Bleue" verdient ein besonderes Prädikat) wirklich charmant sind. Der riesige Aufenthaltsraum mit seiner bequemen Salonecke gleich neben dem Kamin bildet für den Gästetisch (*table d'hôtes*) einen wirklich eleganten Rahmen. Das ganze Haus ist geschmackvoll gestaltet, Altes steht neben Neuem, und oft wird in den hier aufgehängten Bildern Bezug genommen auf die Fabeln von La Fontaine; das Gut hat sogar ein eindrucksvolles, dem berühmten Geschichtenerzähler gewidmetes Museum eröffnet.

P I C A R D I E

506 - La Ferme
sur la Montagne

02290 Ressons-le-Long
(Aisne)
Tel. (0)3 23 74 23 71
Fax (0)3 23 74 24 82
Mme und M. Ferté

♦ Jan. und Febr. geschl. ♦ 5 Zi. mit Bad oder Dusche, WC: 35 € (1 Pers.), 46 € (2 Pers.) + 15 € (zusätzl. Pers.) ♦ Frühst. inkl. ♦ Kein Gästetisch - Restaurants (4 km) ♦ Salon ♦ Hunde nur auf Anfrage erlaubt ♦ Tennis ♦ Sprachen: Deutsch, Englisch ♦ **Anreise** (Karten Nr. 2 und 10): 15 km westl. von Soissons. Nationale 2 Paris/Soissons, Ausfahrt Villers-Cotterêts, dann Rtg. Vic-sur-Aisne, Ressong rechts.

Dieses imposante alte, einer Abtei gehörende Anwesen, das größtenteils aus dem 14, Jahrhundert stammt, umfasst ein Gehöft und bietet einen eindrucksvollen Blick über das Aisne-Tal. Aufgrund der beachtlichen Größe des Ensembles scheinen einige Gebäude ein wenig vernachlässigt. Der riesige Salon und sehr große Speiseraum sind recht unkonventionell gestaltet, aber von gewissem Format, und bieten einen Panoramablick. Die Zimmer, fast alle mit Parkettfußboden und ausgestattet mit Bädern oder Duschen, sind angenehm und gepflegt. Wir bevorzugen die Zimmer mit Aussicht (das unter dem Dach wird jungen Leuten gefallen). Die beiden anderen, sie sind kleiner, haben Südlage. Besonders sympathischer Empfang.

507 - Ferme du Château

02130 Villers-Agron
(Aisne)
Tel. (0)3 23 71 60 67
Fax (0)3 23 69 36 54
Christine und Xavier Ferry
E-Mail: xavferry@club-internet.fr

♦ Ganzj. geöffn. ♦ 4 Zi. mit Bad oder Dusche, WC: 60-76 € (2 Pers.) + 25 € (Extrabett); Pauschale ab 3 Üb. ♦ Frühst. inkl. ♦ Gästetisch abends, gemeinsam, reservieren (außer an Wochenenden und Feiertagen): 32 € (alles inkl.) ♦ Salon ♦ Tennis, 18-Loch-Golfpl. vor Ort ♦ Sprachen: Deutsch, Englisch ♦ **Anreise** (Karte Nr. 10): 25 km westl. von Reims und 30 km nordöstl. von Château-Thierry; Autobahn A 4, Ausfahrt Dormans Nr. 21, dann die D 980 und die D 801 Rtg. „Golf de Champagne"; ausgeschildert.

Der L-förmig gebaute Landsitz aus dem 13. und 18. Jahrhundert ist umgeben von einem grünen Park, den der Golfplatz mit kleinem Fluss verlängert. Die vollkommen umgestalteten Innenräume haben nicht mehr den Charakter alter Häuser, aber das Ensemble, in dem es sich sehr angenehm wohnt, bietet viel Raum. Die Zimmer sind freundlich und komfortabel; die größten besitzen eine Salonecke. Die anderen sind ebenso gepflegt, aber nur durch einen Vorhang von ihren Bädern und Toiletten abgetrennt. Im großen Eingang im Erdgeschoss werden das Frühstück und die anderen, von den dynamischen Gastgebern belebten Mahlzeiten eingenommen (lokale Produkte, Wild in der Saison).

P I C A R D I E

508 - Chambres d'hôtes de Rochefort

60350 Berneuil-sur-Aisne
(Oise)
Tel. (0)3 44 85 81 78
Mme und M. Abadie

♦ Jan. und Febr. geschl. ♦ 4 Zi. mit Bad oder Dusche, WC: 62 € (1 Pers.), 70 € (2 Pers.) + 22 € (zusätzl. Pers.) ♦ Frühst. inkl. ♦ Kein Gästetisch - Restaurants ab 4 km ♦ Haustiere nicht erlaubt ♦ Sprachen: Englisch ♦ **Anreise** (Karten Nr. 2 und 9): Autobahn Paris/Lille, Ausfahrt Compiègne-Sud. Z.I. (Industriegebiet) von Compiège (Rtg. Reims/Soissons) durchqueren, danach Clairière de l'Armistice, Rethondes und Berneuil-sur-Aisme; dann „Chambres d'hôtes" ausgeschildert.

Das in einem kleinen grünen Tal eingenistete Anwesen aus dem Jahre 1634 ist ein erholsamer Ort nur 1 Stunde von Paris entfernt. Die einstige Kapelle wurde erst kürzlich zu einem Gästehaus umgestellt. Man betritt es über einen Aufenthaltsraum, in dem an kleinen Tischen das Frühstück serviert wird. 4 Türen führen direkt zu den Zimmern, die ganz neu auf eine klassisch-schlichte Art eingerichtet wurden. Besonders groß sind sie zwar nicht, doch sind sie angenehm und haben Komfort (das hellste ist Nr. 2). Der nahe Wald von Compiègne, die zahlreichen Kulturgüter dieser geschichtsträchtigen Region und die liebenswürdige Betreuung sind weitere Vorzüge dieses Hauses.

509 - La Bultée

60300 Fontaine-Chaalis
(Oise)
Tel. (0)3 44 54 20 63
Fax (0)3 44 54 08 28
Annie Ancel

♦ Ganzj. geöffn. ♦ 5 Zi. mit Dusche, WC, TV: 35 € (1 Pers.), 50 € (2 Pers.) + 15 € (zusätzl. Pers.) ♦ Frühst. inkl. ♦ Kein Gästetisch - Restaurants (3 km) ♦ Salon ♦ Hunde nicht erlaubt ♦ Parkplatz ♦ Sprachen: etwas Englisch ♦ **Anreise** (Karte Nr. 9): 8 km südöstl. von Senlis (A 1) über die D 330a Rtg. Nanteuil-le-Haudouin; hinter Borest und vor Fontaine-Chaalis (Flugplatz Roissy: 20 km).

Das wunderbar um seinen viereckigen Hof angeordnete edle Bauernhaus ist noch immer landwirtschaftlich aktiv. Ein Flügel gehört den Gästen. Man betritt einen großen Raum, der als Salon und Speiseraum dient. Die Gestaltung mit Fliesen und einigen alten Möbelstücken ist perfekt für den Sommer, möglicherweise ein bisschen „frisch" in der Zwischensaison. Die Zimmer liegen im Obergeschoss am Flur hintereinander. Die Betten sind bequem, alles ist tadellos gepflegt, die Ausstattung ganz nett, aber auch hier ein wenig steif. Angenehmer Empfang durch Madame Ancel, die sehr darauf bedacht ist, dass sich ihre Gäste hier wirklich wohl fühlen.

P I C A R D I E

510 - Château de Fosseuse

104, rue du Vert-Galant
60540 Fosseuse
(Oise)
Tel. und Fax (0)3 44 08 47 66
Mme und M. Marro
E-Mail: info@chateau-de-fosseuse.com

♦ Vom 1. April bis 1. Nov. geöffn. (ansonsten auf Anfrage) ♦ 2 Zi. und 1 Familiensuite (2-4 Pers.) mit Bad oder Dusche, WC: 66-72 € (2 Pers.) + 17 € (Extrabett); Suite 46-104 € (je nach Personenzahl) ♦ Frühst. inkl. ♦ Auf Wunsch Abendessen für 4 Pers. - Restaurants in unm. Nähe ♦ Salon ♦ Hunde nur auf Anfrage erlaubt ♦ Angeln (Teich) ♦ Sprachen: Englisch ♦ **Anreise** (Karte Nr. 9): 15 km nordöstl. von l'Isle-Adam. Paris-Beauvais N 1, Ausfahrt Bornel, nach 2 km Fosseuse.

Dieses wundervolle Schloss aus Backstein, das Ende des 16. Jahrhunderts erbaut wurde und ein Bassin besitzt, hat zudem einen großen Park und einen außergewöhnlichen Klostergarten. Im Innern wird alles nach und nach renoviert. Derzeit empfehlen wir in erster Linie das kürzlich fertiggestellte Zimmer „Montmorency". Beide Schlafräume sind sehr groß und in einer Mischung aus Nostalgischem und Reisesouvenirs gestaltet. Das exzellente Frühstück wird in einer wirklich angenehmen kleinen Salon-Bibliothek serviert. Gute Küche und reizender Empfang.

511 - L'Atelier du sculpteur Hugard

32, route de Clermont
60660 Rousseloy
(Oise)
Tel. (0)3 44 56 25 94
sowie (0)3 44 56 42 90
Hugard

♦ Ganzj. geöffn. ♦ 1 Zi mit Bad, WC und 1 Zi. mit eig. Bad und gemeins. WC (Tel. in 1 Zi.): 50 und 70 € (2 Pers.) ♦ Frühst. (Brunch): 5,50 € ♦ Kein Gästetisch - Gasthof und Restaurants ab 8 km ♦ Salon ♦ Hunde nur auf Anfrage erlaubt ♦ **Anreise** (Karten Nr. 2 und 9): 70 km nördl. von Paris über die A 1 Rtg. Lille, Ausfahrt Senlis, dann Rtg. Beauvais. Am Kreisverkehr „Kuom" Rtg. Mouy. Nach ca. 3 km Rtg. Rousseloy. Im Dorf, der Bushaltestelle gegenüber.

Dieses im Dorf gelegene Haus mit freundlichem Garten ist ein ungewöhnlicher Ort. Das in einer abseits gelegenen Scheune eingerichtete Zimmer besitzt ein großes, das Bildhaueratelier überragendes Mezzanin. Mit seinem offenen Bad und seinem hohen beigen Vorhang, der den Raum aufteilt, ist es typisch für das hier herrschende Boheme-Ambiente. Das gute Frühstück wird im „Atelier de l'artiste" oder im Garten serviert; im Obergeschoss des Stammhauses wird ein weiteres Zimmer, es ist klein und liegt unter dem Dach, angeboten. Ein von großer Persönlichkeit geprägter Empfang.

PICARDIE

512 - Manoir du Plessis au Bois
Le Plessis au Bois
4, rue du Château
60117 Vauciennes (Oise)
Tel. (0)3 44 88 46 98
Fax (0)3 44 88 46 89
Paul-Étienne und Diane Lehec
E-Mail: pelh@wanadoo.fr

2003

♦ Ganzj. geöffn. ♦ 2 Suiten (2-3 Pers.) mit Bad, WC: 90 € (2 Pers.) + 15 € (zusätzl. Pers.) ♦ Frühst. inkl. ♦ Kein Gästetisch - Restaurants ab 7 km ♦ Salon (für Raucher) ♦ Haustiere nicht erlaubt ♦ Sprachen: Englisch ♦ **Anreise** (Karte Nr. 10): 10 km östl. von Crépy-en-Valois über die N 324 und N 2. 7 km südwestl. von Villers-Cotterêts über die N 2, Ausfahrt Vez, dann ausgeschildert "Le Plessis au Bois".

Ein gepflasterter Hof, ein Backsteinbrunnen, ein Wachturm, Dependancen, hohe Ringmauern (die einen wunderbaren Gemüsegarten voller Blumen umgeben): dieser rustikal-herrschaftliche Landsitz ist ein Vorbild seiner Art. Auch die sensibel-geschmackvoll renovierten Innenräume sind mit ihrem ausgewählten antiken Mobiliar erfreulich. Reizende, komfortable zu Suiten kombinierbare, in harmonischen, eigenwilligen Farben gestaltete Zimmer. Elegant serviertes Frühstück: entweder am hohen Kamin oder im Garten. Ein wahres Wunder in der Natur!

513 - Château des Alleux

Les Alleux
80870 Behen
(Somme)
Tel. und Fax (0)3 22 31 64 88
Mme und M. René-François de Fontanges

♦ Ganzj. geöffn. ♦ 2 Zi. mit Bad oder Dusche, WC und 1 Suite (4-6 Pers.) mit Bad, Dusche, WC: 40 € (1 Pers.), 50 € (2 Pers.); Suite 90-115 € + 15 € (Extrabett f. Kinder) ♦ Frühst. inkl. ♦ Preisnachlass: 10 % ab 2 Üb. und 20 % ab 3 Üb. ♦ Gästetisch abends, gemeinsam, reservieren: 20 € (Getränke inkl.), 10 € (Kinder-Menü) ♦ Salon, Aufenthaltsraum mit Kamin und Küche f. Gäste ♦ Hunde nicht erlaubt ♦ Ponys, Fahrräder ♦ Sprachen: Englisch, Spanisch ♦ **Anreise** (Karte Nr. 1): 10 km südl. von Abbeville über die D 928 Rtg. Rouen, im Weiler Les Croisettes rechts, oder Autobahn A 28, Ausfahrt „Monts Caubert", rechts, wieder Les Croisettes, dann „Les Alleux Chambres d'hôtes" ausgeschildert.

Obwohl dieses kleine Schloss unweit einer Autobahnausfahrt liegt, wird es von seinem 17 Hektar großen Park bestens geschützt. Es verfügt über 2 Gästezimmer und 1 Familiensuite, die gepflegt und hübsch ausgestattet sind und sich in den kleinen Dependancen, aber auch im Haus selbst befinden. Das gemeinsame Essen (*table d'hôtes*) ist ausgezeichnet, die Atmosphäre familiär und besonders gutgelaunt. Eine attraktive und preisgünstige Adresse.

P I C A R D I E

514 - Château de Yonville

80490 Citernes
(Somme)
Tel. und Fax (0)3 22 28 61 16
Mme und M. des Forts

◆ Ganzj. geöffn. ◆ Nichtraucher-Zi. ◆ 3 Zi. und 1 Suite (mit 2 Zi.) im Nebengebäude mit Bad, WC: 50 € (1 Pers.), 53 € (2 Pers.) + 15 € (zusätzl. Pers.); Suite (4 Pers.) 99 €; Kinder bis 2 J. frei; degressive Preise ◆ Frühst. inkl. ◆ Kein Gästetisch - Restaurants ab 5 km ◆ Sommer-Salon ◆ Hunde nicht erlaubt ◆ Tennis ◆ Sprachen: ein wenig Englisch ◆ **Anreise** (Karte Nr. 1): 15 km südl. von Abbeville. Autobahn A 16, Ausfahrt Beauvais, D 901 Rtg. Abbeville bis Airaines, dann D 936 Rtg. Le Tréport. In Oisemont D 53 bis Citernes. Am Ortseingang Rtg. Yonville, dann ausgeschildert (300 m).

Sie werden wie wir von der Betreuung der Forts begeistert sein und auch von der Atmosphäre, die in ihrem Schloss, dem Haus der Familie, herrscht: Möbel, Accessoires und Bilder erzählen oft eine Geschichte. Die Gästezimmer (und Bäder) wurden unlängst renoviert, haben dabei aber nichts von ihrer Authentizität und ihrem Raffinement eingebüßt. Das Preis-Leistungsverhältnis ist exzellent. Die im einstigen Hühnerstall eingerichtete Suite ist modern und schön hell dank der Glasfassaden; ein angenehm ruhiger Ort, gestaltet mit rohseidenen Stoffe, weißen Gardinen und Balken.

515 - La Chaumière

26, rue Principale
80480 Creuse
(Somme)
Tel. und Fax (0)3 22 38 91 50
Mme Lemaître

◆ Von Ende Okt. bis Anfang April geschl. ◆ Reservieren ◆ Mind. 2 Üb. erwünscht ◆ 2 Zi. mit Bad oder Dusche, WC: 48,78-57,93 € (2 Pers.) + 7,62 € (Extrabett); Suite: 85,37 € (4 Pers.) ◆ Frühst. inkl. ◆ Kein Gästetisch - Restaurants ab 4 km ◆ Salon ◆ Hunde nicht erlaubt ◆ Sprachen: Englisch ◆ **Anreise** (Karten Nr. 2 und 9): 14 km südwestl. von Amiens. Autobahn A 16, Ausfahrt Amiens-Ouest (Nr. 18), 3 km auf der N 29 Rtg. Rouen/Poix de Picardie, dann links nach Creuse. An der Hauptstraße des Dorfes.

Das Haus liegt südlich von Amiens in einem kleinen, ruhigen Dorf, ist umgeben von einem schönen Garten, den der Hausherr leidenschaftlich pflegt, und strahlt viel Ruhe aus. Die Zimmer befinden sich in den im Picardie-Stil erbauten Dependancen. Die Atmosphäre des Parterre am Garten gelegenen Zimmers ist mit seinem antiken Mobiliar und seinen alten Gemälden ganz und gar romantisch. Das Zimmer im Obergeschoss ist trotz seines kleinen Schiebefensters komfortabel. Die Suite ist angenehm. Das Frühstück wird im großen Speiseraum mit Blick auf den Garten eingenommen. Der Empfang der diskreten, aufmerksamen Hausherrin: sehr höflich.

PICARDIE

516 - Chez Martine Warlop

80320 Fresnes-Mazancourt
(Somme)
Tel. (0)3 22 85 49 49
Fax (0)3 22 85 49 59
Mme Martine Warlop
E-Mail: martine.warlop@wanadoo.fr

2003

♦ Ganzj. geöffn. ♦ Nichtraucher-Zi. ♦ 3 Zi. (1 für Familien) mit Bad, WC und 1 Suite (2 Zi.) mit 2 Bäder (Badewanne und Dusche), WC: 48-78 € (2-4 Pers.) ♦ Frühst. inkl. ♦ Gästetisch abends, reservieren: 19-21 € (Getränke inkl.) ♦ Aufenthaltsraum, Salonecke ♦ Haustiere nicht erlaubt ♦ Sprachen: Englisch ♦ **Anreise** (Karte Nr. 2): Autobahn A 1, Ausfahrt Nr. 13, links Rtg. St-Quentin, nach etwa 5 km dann Rtg. Roye (N 17). Nach 5 km rechts, danach Fresnes-Mazancourt (TGV-Bahnhof 10 km entf.).

Wer moderne Architektur liebt, dem wird es hier bestimmt gefallen. In einem besonders schönen Dorf der Picardie ragt dieses auf einer Anhöhe erbaute und von bläulichen und weißen Dauergewächsen überwucherte Haus hervor. Niedrig zur Straßenseite hin, erhebt es sich in einer Bogenlinie zum Garten hin und zeigt seine hohe Glasfassade mit rechteckigen Fensterkreuzen, was eine weite Aussicht bietet. Im riesigen Aufenthaltsraum (in dem man exzellent zu Abend isst) wurde eine Salonecke eingerichtet, die intimer und schlicht im Stil der Fünfziger gestaltet ist, nur die Beleuchtung könnte wärmer sein. Minimalistische, ja Zen-artige Zimmer mit hyperkomfortablen Betten. Empfang zunächst reserviert, dann aber sehr angenehm.

517 - Château d'Omiécourt

Route de Chaulnes
80320 Omiécourt (Somme)
Tel. (0)3 22 83 01 75
Fax (0)3 22 83 09 56
Mme und M. Dominique de Thezy
E-Mail: thezy@terre-net.fr
Web: chateau-omiecourt.com

♦ Ganzj. geöffn. ♦ Reserv. notwendig ♦ Nichtraucher-Haus ♦ 3 Zi. und 1 Suite mit Bad, WC: 43 € (1 Pers.), 52 € (2 Pers.), Suite: 92 € (4 Pers.) + 15 € (zusätzl. Pers.); für Kinder bis zu 3 J. frei ♦ Frühst. inkl. ♦ Gästetisch abends, gemeinsam, reservieren: 20 € (Wein inkl.) - Rove, Stadt der Gastronomi 13 km entf. ♦ Gastronomische Wochenenden ♦ Salon ♦ Hunde nicht erlaubt ♦ Tischtennis, Tischfußball, Boccia ♦ Sprachen: Englisch ♦ **Anreise** (Karten Nr. 2 und 9): 40 km östl. von Amiens Rtg. Saint-Quentin, dann Roye. Roye umfahren, Rtg. Peronne (13 km). Im Dorf hinter der Kirche 1. Straße links, dann ausgeschildert.

Château d'Omiécourt ist ein hundertjähriges Familienanwesen und öffnet sich weit auf einen großen Park voller Bäume. Die 3 großen, hellen Gästezimmer mit modernen Bädern haben noch immer ihren Stil von einst und wurden mit farbenfrohen Stoffen belebt. Die intime Suite, deren Wände des mit Toile de Jouy bespannt sind, verfügt über 2 Kinderbetten im Empirestil. Junge Erdenbürger sind im übrigen in diesem Haus mit natürlicher, familiärer Atmosphäre gern gesehen. Höflicher Empfang.

POITOU - CHARENTES

518 - La Grande Métairie

Oyer
16700 Bioussac-Ruffec
(Charente)
Tel. (0)5 45 31 15 67
Fax (0)5 45 29 07 28
Mme und M. Moy

♦ Ende März bis Anfang Nov. geöffn. ♦ 1 Zi. und 1 Suite (4 Pers.) mit Dusche, WC: 30 € (1 Pers.), 38 € (2 Pers.) + 10 € pro Pers. in Suite ♦ Frühst. inkl. ♦ 10 % Preisnachlass ab der 7. Üb. ♦ Kein Gästetisch - Restaurants ab 3 km ♦ Zimmerreinigung auf Wunsch ♦ Aufenthaltsraum ♦ Hunde nicht erlaubt ♦ Schwimmbad ♦ Sprachen: Englisch ♦ **Anreise** (Karte Nr. 23): 6 km östl. von Ruffec über die D 740 Rtg. Confolens. Hinter Condac die D 197 Rtg. Bioussac, dann links (Oyer), erstes Bauernhaus.

Dieser hübsche, kleine Bauernhof – er liegt mitten auf dem Land – verfügt über eine Suite und ein Gästezimmer. Die Familiensuite mit ihrem Fliesenbelag, ihren Steinnischen und ihren beiden Louis-Philippe-Betten hat Format. Außerdem steht eine Kochnische zur Verfügung. So haben Sie die Möglichkeit, die hier angebauten biologischen Produkte zu verwenden. Das schmucke kleine Zimmer im Obergeschoss ist in besonders frischen Farben gehalten. Gutes Frühstück und natürliche Atmosphäre.

519 - Logis de Boussac

Boussac
16370 Cherves-Richemont
(Charente)
Tel. (0)5 45 83 22 22
Fax (0)5 45 83 21 21
Mme und M. Méhaud

♦ Ganzj. geöffn. ♦ 3 Zi. (darunter 1 großes Familienzi. in der Dependance mit Dusche, Bad) mit Bad oder Dusche, WC: 62 € (1-2 Pers.) + 16 € (Extrabett) ♦ Frühst.: 8 € ♦ Gästetisch abends, gemeinsam, reservieren: 30 € (Wein inkl.) ♦ Salon ♦ Tel. ♦ Schwimmbad, Flussangeln ♦ Reitclub („Club Ecurie") von Boussac direkt neben dem Anwesen ♦ Sprachen: Englisch ♦ **Anreise** (Karte Nr. 22): 5 km nördl. von Cognac. Ab Cognac über die D 731 Rtg. Saint-Jean-d'Angély. Nach 5 km, im kleinen Ort L'Épine, links Rtg. Richemont. Das Haus liegt links am Fluss, gleich hinter der Brücke.

Dieses reizende Lustschlösschen des 17. Jahrhunderts wurde von einem Weinhändler gebaut, um hier, im „Schaufenster des Handels", die guten Tropfen zu lagern. Von den heutigen Besitzern sorgfältig modernisiert, beeindruckt die Flucht der Empfangsräume, die schlicht antik in den Tönen Beige oder Blassgrün gestaltet sind. 2 elegante, sehr große Gästezimmer von schlichter Eleganz (das eine besitzt ein wunderschönes Bad) bieten jeglichen modernen Komfort. Das Familienzimmer in der ehemaligen Papiermühle ist rustikaler. Hier gehen die Fenster zum Garten und gleich dahinter zum Fluss hinaus. Höflicher Empfang.

POITOU-CHARENTES

520 - La Ronde

Saint-Amand-de-Nouère
16170 Rouillac (Charente)
Tel. und Fax (0)5 45 96 82 10
Handy (0)6 82 29 13 67
Mme und M. de Prévost
E-Mail: jdeprevost@aol.com
Web: ifrance.com/La-Ronde

♦ Ganzj. geöffn. ♦ 3 Zi. mit Bad, WC: 58-64 € (2 Pers.) und auf Wunsch 1 Suite (3-4 Pers.): 76 € oder Zi. (1 Pers.): 45 € ♦ Frühst. inkl. ♦ Außer So Mahlzeiten ausschl. auf Best.: 17-20 € - Restaurants in Umgebung ♦ Zimmerreinigung tägl., kein Bettenmachen ♦ Salon im Winter (Kamin) ♦ Haustiere nicht erlaubt ♦ Schwimmbad, Fahrräder ♦ Golf von Cognac (18 L.) ♦ Sprachen: Englisch ♦ **Anreise** (Karte Nr. 22): 18 km westl. von Angoulême Rtg. La Rochelle, dann Saint-Jean-d'Angély, Rouillac. 3 km hinter St-Genis d'Hiersac rechts, dann La Ronde ausgeschildert, danach links. Ab Cognac Rtg. Jarnac, Rouillac, dann D 939 Rtg. Angoulême. 5 km von Rouillac rechts ausgeschildert.

Hinter einem schönen Steinportal entdeckt man dieses regionaltypische Bauernhaus aus dem 18. Jahrhundert mit Gebäuden, die um einen großen Hof herum errichtet wurden. Im Salon mit Bibliothek und im Speiseraum des Erdgeschosses schaffen Möbel aus hellem Holz und Antiquitäten ein angenehmes Ambiente. Die geräumigen, eleganten Gästezimmer sind sehr persönlich gestaltet. Der ehemalige Gemüse- und Obstgarten (*ouche*) wurde zu einem Ziergarten umgestaltet, in dem sich heute das ein wenig zurückgelegene, von Grün umgebene Schwimmbad befindet. Im Sommer gibt's das Frühstück draußen. Eine sehr gute Stopp-Adresse zwischen Cognac und Angoulême.

521 - Logis de Romainville

16440 Roullet-Saint-Estèphe (Charente)
Tel. und Fax (0)5 45 66 32 56
Francine Quillet
Web: charente-fr.com/quillet.shtml

♦ Vom 15. April bis 15. Okt. geöffn. ♦ Reserv. notwendig ♦ Nichtraucher-Zi. ♦ Mind. 2 Üb. Juli/Aug. ♦ 3 Zi. mit Bad, WC und 2 Zi. als Familien-Suite mit gemeins. Bad, WC: 40 € (1 Pers.), 49 € (2 Pers.), 58 € (3 Pers.); Suite: 84 € (3-4 Pers.) ♦ Frühst. inkl. ♦ Gästetisch abends (Mo, Mi, Fr, Sa), gemeinsam, reservieren : 20 € (Wein inkl.) ♦ Zimmerreinigung tägl., kein Bettenmachen ♦ 2 Cottages werden wöchentl. vermietet: 360-458 € (2 Pers., entspr. Leistungen) ♦ Salon ♦ Schwimmbad, Fahrräder ♦ Haustiere nur auf Anfrage erlaubt ♦ Sprachen: Englisch, Italienisch ♦ **Anreise** (Karte Nr. 22): 12 km südl. von Angoulême über den Ring Rtg. Bordeaux, N 10, Ausfahrt Roullet und das Dorf durchfahren (D 42 Rtg. Mouthiers); das Haus liegt 2 km weiter (ausgeschildert).

Dieses Quartier mit seinen hübschen und besonders komfortablen Zimmern gefiel uns sehr: weicher Teppichboden, weiße oder Patchwork-Tagesdecken, pastellfarbene Tapeten usw. Die Zimmer sind sehr gepflegt und haben alle einwandfreie Bäder. Das Frühstück und das ausgezeichnete Abendessen werden in einem großen Raum serviert, in dem einige antike Möbel stehen. Um in den Genuss des großartigen Panoramas zu kommen, werden im Sommer die Mahlzeiten draußen serviert. Sympathische, ungezwungene Betreuung.

POITOU-CHARENTES

522 - Logis du Portal

16330 Vars
(Charente)
Tel. (0)5 45 20 38 19
Fax (0)5 45 68 94 24
Mme Liliane Berthommé

♦ Ganzj. geöffn. (vom 1. Nov. bis 31. März reservieren) ♦ 3 Zi. (darunter 1 Einzelzi.) und 1 Suite (4 Pers.) mit Bad oder Dusche, WC, TV: 43-49 € (1 Pers.), 61 € (2 Pers.); Suite 91 € (4 Pers.) + 15 € (Extrabett) ♦ Frühst. inkl. ♦ Tel. ♦ Kein Gästetisch - Restaurants ab 2 km ♦ Salon, Speiseraum (Kochnische, Bett- und Tischwäsche wird bei läng. Aufenth. z. Verf. gestellt) ♦ Hunde nur auf Anfrage erlaubt ♦ Schwimmbad, Angeln ♦ Sprachen: Englisch ♦ **Anreise** (Karte Nr. 23): 16 km nordwestl. von Angoulême. N 10 (11 km), dann die CD 11 Rtg. Vars; Vars durchqueren. Das Logis liegt 1 km hinter dem Ortsausgang rechts.

Hinter dem imposanten Steinportal zeigt sich der elegante kleine französische Garten und die superbe Fassade dieses Logis aus dem 18. Jahrhundert. Das Interieur ist freundlich, hell und gepflegt. Die komfortablen, antik möblierten Zimmer wurden in einem klassischen, sehr ansprechenden Stil gestaltet (die Bäder, auch die sehr gelungen, sind tadellos). Seitlich des Hauses wurde eignes für die Gäste ein hübscher schattiger Garten angelegt. Von hier aus gelangt man zum Schwimmbad; ein bisschen weiter kann man das Wasser der Charente testen, die am Ende des Parks friedlich vorbeifließt. Eine bemerkenswerte Adresse zu vernünftigen Preisen.

523 - La Maison de Caroline

17, rue de la Clairière
17580 Le Bois - Plage en Ré
Île-de-Ré
(Charente-Maritime)
Tel. (0)5 46 09 34 81
Mme Caroline Chenue

♦ Ruhe-Monate telefonisch erfragen ♦ Reserv. notwendig ♦ 4 Zi. mit Dusche, WC: 45-50 € (2 Pers.) ♦ Frühst. inkl. ♦ Kein Gästetisch - Restaurants ab 300 m ♦ Haustiere nicht erlaubt ♦ **Anreise** (Karten Nr. 14 und 22): 2 km von Saint-Martin-de-Ré. Hinter der Brücke Rtg. Süden nach Saint-Martin (10 km). In Höhe von Bois-Plage 5. Straße links, an der Mühle „La Bouvette" am Stoppschild links, an der Einbahnstraße rechts vorbeifahren, dann ausgeschildert.

Das hinten im Garten gelegene Gästehaus ist ziemlich neu, hat aber den typischen Stil von Ré und ist somit ein niedriges Gebäude. Vor den Toren von Saint-Martin stellt es 4 kleine, recht einfache Zimmer mit einer Dusche zur Verfügung. Die Umgebung ist schön ruhig. Einen Salon gibt es nicht, aber im Sommer wird Ihnen das Frühstück unter einem von Blumen umgebenen Windschutz serviert. Für einen kurzen Aufenthalt auf der Insel bei schönem Wetter.

POITOU-CHARENTES

524 - Logis de Louzignac

2, rue des Verdiers
17800 Brives-sur-Charente
(Charente-Maritime)
Tel. (0)5 46 96 45 72
Fax (0)5 46 96 16 09
Mme van Nispen tot Sevenaer

♦ Von Juni bis Sept. geöffn. ♦ 2 Zi. mit Bad, WC: 75-90 € (2 Pers., je nach Saison) + 22,50 € (zusätzl. Pers.) ♦ Frühst. 8 €. ♦ Kein Gästetisch - Restaurants ab 4 km ♦ Salon ♦ Schwimmbad ♦ Sprachen: Deutsch, Englisch, Niederländisch ♦ **Anreise** (Karte Nr. 22): 17 km östl. von Saintes. Autobahn A 10, Ausfahrt Saintes, Rtg. Cognac, dann rechts Rtg. Cognac/Chaniers durch das Charente-Tal (D 24); in Le Treuil rechts Rtg. Brives (D 135), danach ausgeschildert.

In diesem großen Herrenhaus, einem einstigen Weingut der Saintonge, werden Sie gleich bei der Ankunft von der ungewöhnlichen Größe und Helligkeit des Salons angetan sein. Überall antikes Mobiliar, Gemälde und Teppiche aus dem Familienbesitz. Die 3 Zimmer sind mit ihren Bädern (Dusche oder Badewanne) gepflegt und bieten hohen Komfort. Der angenehme, von einer Mauer umgebene Garten stellt im Sommer beim Frühstück einen schönen Rahmen dar. Ein bemerkenswertes Haus. Der Empfang ist dynamisch und aufmerksam.

525 - Château de Crazannes

17350 Crazannes
(Charente-Maritime)
Tel. (0)6 80 65 40 96
Fax (0)5 46 91 34 46
Mme und M. de Rochefort
E-Mail: crazannes@worldonline.fr
Web: crazannes.com

♦ Von März bis Nov. geöffn. ♦ Ansonsten Reserv. notwendig ♦ 6 Zi. und 2 Suiten (2-4 Pers.) mit Bad oder Dusche, WC: 75-140 € (2 Pers.); Suite: 120-185 € (2 Pers.) ♦ Frühst.: 9 € ♦ Außerdem können der Wachtturm und 1 zum Schloss gehörendes Haus wöchentl. gemietet werden ♦ Kein Gästetisch - Restaurants ab 3 km ♦ Visa ♦ Salons ♦ Hunde nicht erlaubt ♦ Sprachen: Englisch ♦ **Anreise** (Karte Nr. 22): 12 km nördl. von Saintes über die N 137 Rtg. Rochefort, dann D 119 Rtg. Plassay; „Château de Crazannes" ist ausgeschildert.

Inmitten der romanischen Provinz Saintonge, unweit der Strände des Atlantik, bietet dieses Schloss den Charme und die Heiterkeit eines schönen Renaissance-Gebäudes: hübsche Aussicht auf den Park, eine romanische Kapelle, ein Wachtturm, von Wassergräben umgebene Terrassen ... Im Interieur viel Komfort und Authentizität mit großen Salons, getäfelter Bibliothek und geräumigen Zimmern oder Suiten mit eigenen Bädern. Aufmerksamer, liebenswürdiger Empfang.

POITOU-CHARENTES

526 - Le Parc Casamène

95, avenue de la République
17150 Mirambeau
(Charente-Maritime)
Tel. und Fax (0)5 46 49 74 38
M. Ventola

♦ Ganzj. geöffn. ♦ Von Nov. bis März Reserv. notwendig ♦ 3 Zi. mit Bad, WC: 75 €, 80 € und 85 € (2 Pers.) + 23 € (Extrabett) ♦ Frühst. inkl. ♦ Gästetisch abends, gemeinsam, reservieren: 35 € - Restaurants in einem Umkreis von 100 m bis 14 km ♦ Salons (1 mit TV und 1 mit Nippsachen) ♦ Hunde nicht erlaubt ♦ 4 ha großer Park, Fahrräder ♦ **Anreise** (Karte Nr. 22): 45 km südl. von Saintes. Autobahn A 10, Ausfahrt 37 (Mirambeau), dann N 137 bis Mirambeau Rtg. Bordeaux.

In der kleinen Stadt Mirambeau liegt dieses große Bürgerhaus aus dem Jahr 1870, das von einem 4 Hektar großen Park geschützt wird und somit trotz seiner Lage nahe der Nationalstraße ganz ungestört ist. Die ungewöhnlich großen Zimmer präsentieren sich in Blau und Weiß („Les Tilleuls" im Erdgeschoss), in Blau („Cèdre") und in Sandrosa („Le Thuya"), beide im Obergeschoss. Alle Zimmer sind antik möbliert und haben große Bäder mit marmorierten Fliesen. Das reichhaltige Frühstück wird im Speiseraum serviert, das mit Möbeln des ausgehenden 19. Jahrhunderts eingerichtet ist. Auch abends lädt die Gastgeberin hier ein, um bei Kerzenschein ihre regionalen Gerichte zu genießen, die oft mit Kognak flambiert sind. An Sommerabenden ist ein Spaziergang im Park ein wahres Pläsier.

527 - Beaudricourt

Tugéras
Saint-Maurice
17130 Montendre
(Charente-Maritime)
Tel. und Fax (0)5 46 49 30 11
Handy (0)6 82 38 14 32
M. Bruno Soler

♦ Von Ostern bis Allerheiligen geöffn. (außerh. dieser Zeit Reserv. notwendig) ♦ 2 Zi. mit Bad oder Dusche, WC: 55 € (1 Pers.), 68 € (2 Pers.) + 20 € (Extrabett) ♦ Frühst. inkl. ♦ Kein Gästetisch - Restaurants in einem Umkreis von 1 bis 14 km ♦ Salon ♦ **Anreise** (Karte Nr. 22): 45 km südl. von Saintes. Autobahn A 10, Ausfahrt Montendre (Nr. 38). Ab Montendre Rtg. Jonzac. 8 km weiter ausgeschildert.

Oberhalb eines Weinbergs der Haute-Saintonge präsentiert dieses palladisch anmutende Haus aus dem 19. Jahrhundert ein typisch ländliches Interieur des 18. Jahrhunderts in subtilen Farben. Dem für Inszenierungen talentierten jungen Hausherrn ist es zu verdanken, dass die beiden großen Zimmer (in Blau und Gelb bzw. Rosa mit Kinderbett) und auch die (zwar kleinen) Bäder viel Stil haben (die Toiletten sind abgetrennt). Vom großen gelben Salon mit Möbeln aus dem Familienbesitz schaut man auf einen theatralischen Garten, Porträts von Vorfahren schmücken den Flur ... Zu dem in einem reizenden Raum auf schönen alten Leinentischdecken servierten Frühstück gibt es u.a. selbstgebackenen Kuchen und frisch gepressten Orangensaft. Ein Ort mit viel Raffinement für Verliebte.

POITOU-CHARENTES

528 - Château des Salles

17240 Saint-Fort-sur-Gironde
(Charente-Maritime)
Tel. (0)5 46 49 95 10
Fax (0)5 46 49 02 81
Sylvie Couillaud
E-Mail: chateaudessalles@wanadoo.fr

♦ Von März bis Okt. geöffn. ♦ Reserv. notwendig ♦ 5 Zi. mit Bad oder Dusche, WC, Tel., TV: 70-100 € (2-3 Pers.) ♦ Frühst.: 9 € ♦ HP: 68-76 € pro Pers. im DZ (mind. 3 Üb.), + 15 € pro Pers. im EZ ♦ „Geschenk"-Pauschale: 160 € für 1 Üb., 2 Abendessen (Aperitif und Wein aus eigener Produktion inkl.) sowie 2 Frühstücke ♦ Gästetisch abends, individuell, reservieren: 28 € (ohne Wein) ♦ Speisesaal (Nichtraucher) ♦ Salon ♦ Fax ♦ Visa ♦ Hunde nicht erlaubt ♦ Sprachen: Deutsch, Englisch ♦ **Anreise** (Karte Nr. 22): 14 km von der Ausfahrt Mirambeau-Royan (A 37) entfernt; an der Kreuzung die D 125 Rtg. Saint-Fort-sur-Gironde und die D 730 Rtg. Royan.

Das im 15. Jahrhundert errichtete und im 19. Jahrhundert renovierte *Château des Salles* verfügt über 5 angenehme Gästezimmer mit Blick auf den Park. Die Einrichtung ist sehr gepflegt und eher klassisch (einige Gästezimmer wurden vor kurzem vollkommen umgestaltet, die Wände mit geschmackvollen Stoffen bespannt). Die von den „Schloßherren" selbst gemalten Aquarelle sind überall in den Räumen verteilt. Sie können sich das Frühstück aufs Zimmer bringen lassen, es aber auch im Speisesaal (Nichtraucher) oder im Garten einnehmen.

529 - Rennebourg

Saint-Denis-du-Pin
17400 Saint-Jean-d'Angély
(Charente-Maritime)
Tel. (0)5 46 32 16 07
Michèle und Florence Frappier

♦ Ganzj. geöffn. ♦ 5 Zi. (davon auf Wunsch auch 1 Suite) mit Bad, WC und 1 Suite (2 Zi., 3-4 Pers.), mit 1 Bad, WC: 50-55 € (2 Pers.) ♦ Frühst.: 6 € ♦ Gästetisch abends, gemeinsam (nur an 3 Tagen pro Woche): 19 € (alles inkl.) ♦ Salons ♦ Hunde nicht erlaubt ♦ Schwimmbad, Spazierfahrten mit Ponywagen ♦ Sprachen: Deutsch, Englisch ♦ **Anreise** (Karte Nr. 22): 8 km nördl. von Saint-Jean-d'Angély (A 10, Ausfahrt 34) über die N 150; ausgeschildert.

Dieses erstaunliche Familienanwesen hat es verstanden, seine Authentizität voll und ganz zu erhalten: Räume mit Täfelung, antike Möbel, kuriose Objekte, Gemälde usw. *Rennebourg* ist eine wahre Hochburg des „Recycling" im Innern, aber auch im Hinblick auf den italienischen Garten und die zu einem Kostümmuseum umfunktionierte Scheune. Die Zimmer sind zwar komfortabel und reizvoll, aber in den nett gestalteten Bädern machen sich inzwischen Zeichen der Zeit bemerkbar ... Erwähnen möchten wir weiter die angenehme Ecke mit Schwimmbad, die gute Küche und den sympathischen Empfang, der wegen des großen Erfolges des Hauses hin und wieder überfordert zu sein scheint.

POITOU-CHARENTES

530 - Le Clos
La Menounière
20, rue de la Légère
17310 Saint-Pierre-d'Oléron
(Charente-Maritime)
Tel. (0)5 46 47 14 34
Fax (0)5 46 36 03 15
Micheline Denieau
Web: perso.wanadoo.fr/denieau-gites

♦ Ganzj. geöffn. ♦ 5 Zi. (3 mit Mezzanin f. Kinder und 1 Eingang f. Behinderte) mit Dusche, WC: 44 € (2 Pers.), 53 € (3 Pers.), 62 € (4 Pers.) + 9 € (zusätzl. Pers.) ♦ Frühst. inkl. ♦ Kein Gästetisch - Restaurants in Umgebung ♦ Salon (TV, Küche) ♦ Hunde nur auf Anfrage erlaubt ♦ Sprachen: Englisch, Spanisch ♦ **Anreise** (Karte Nr. 22): 4 km westl. von Saint-Pierre-d'Oléron, D 734; in Saint-Pierre an der Ampel hinter der Shell-Tankstelle links abbiegen; dann „La Menounière" ausgeschildert.

Dieses am Ortseingang gelegene kleine Haus ist von Wein umgeben und besitzt einen Blumengarten. Die Zimmer sind schlicht, angenehm und sehr gepflegt. Jedes verfügt über ein Mezzanin (was besonders familienfreundlich ist) und eine kleine Terrasse zu ebener Erde. Zwei Kochnischen bieten die Möglichkeit, sich selbst eine kleine Mahlzeit zuzubereiten und sie im großen Speiseraum mit Salon (im Winter plus Kaminfeuer) einzunehmen. Eine gute und preisgünstige Adresse.

531 - Château de la Tillade

17260 Saint-Simon-de-Pellouaille
(Charente-Maritime)
Tel. (0)5 46 90 00 20
Fax (0)5 46 90 02 23
Vicomte und Vicomtesse
Michel de Salvert
E-Mail: la.tillade@t3a.com

♦ Ganzj. geöffn. ♦ 3 Zi. mit Bad oder Dusche, WC: 75-120 € (2 Pers.) ♦ Frühst. inkl. ♦ Gemeins. Essen, gelegentlich: 31 € (Wein inkl.) ♦ Salon ♦ Hunde nicht erlaubt ♦ Zeichen- und Malkurse, Spazierfahrten im Pferdewagen (mit dem Hausbesitzer, 13 € pro Std.), Fahrradverleih ♦ Sprachen: Englisch ♦ **Anreise** (Karte Nr. 22): 4 km nördl. von Gémozac, links die Straße Rtg. Saintes. Autobahn A 10, Ausfahrt Nr. 36.

Auf diesem großen Gut, wo Pineau hergestellt wird, werden Sie die Ruhe und freundliche Aufnahme schätzen. Das Interieur ist raffiniert und noch immer wie früher, nur verfügt es jetzt über mehr Komfort. Die unterschiedlich großen Zimmer im Obergeschoss wurden vor kurzem renoviert: Möbel aus dem 18. und 19. Jahrhundert und besonders geschmackvolle Stoffe (Madame de Salvert erteilt Aquarellkurse). Die Bäder sind gut konzipiert, und der gelegentlich angebotene Gästetisch ist köstlich.

POITOU - CHARENTES

532 - Château de Cherveux

79410 Cherveux
(Deux-Sèvres)
Tel. und Fax (0)5 49 75 06 55
Mme und M. Redien

E-Mail: redien@aol.com
Web: chateau-de-cherveux.com

♦ Ganzj. geöffn. ♦ 2 Zi. und 1 Suite (2-6 Pers.) mit Bad oder Dusche, eig. WC (1 WC außerh. des Zi.): 34-41 € (1 Pers.), 46-54 € (2 Pers.); Suite: 54 € (2 Pers.), 80 € (4-6 Pers.) ♦ Frühst. inkl. ♦ Gemeins. Essen am großen oder individ. Tisch: 16 € (Wein inkl.) ♦ Salon ♦ Hunde nur auf Anfrage erlaubt ♦ Angeln an den Wassergräben des Schlosses ♦ **Anreise** (Karte Nr. 15): 13 km nördl. von Niort. Kreuzung von A 10 und A 83, Ausfahrt Nr. 10 A 83. Kreuzung von D7 und D8.

Diese Festung gehörte im 13. Jahrhundert der Familie Lusignan und wurde im 15. Jahrhundert von Schotten wiederaufgebaut. Heute ist es ein großes Bauernhaus, dessen Architektur viel Bewunderung hervorruft. Was die Zimmer betrifft, so empfehlen wir nur die beiden, die an der „salle des gardes" liegen, vor allem aber das große. Beide sind jedoch angenehm und verfügen über korrekte sanitäre Einrichtungen. Das Abendessen und das Frühstück können in verschiedenen Räumen eingenommen werden. Wir fanden die freundliche Küche am angenehmsten. Ein sehr rustikaler Ort vor allem für diejenigen, die alte Gebäude mit interessanter Vergangenheit schätzen.

533 - Château de Cirières

79140 Cirières
(Deux-Sèvres)
Tel. (0)5 49 80 53 08
Mme und M. Dugast

♦ Von Okt. bis Ende April geschl. ♦ 3 Zi. mit Bad, WC: 55 € (2 Pers.), 70 € (3 Pers.) + 17 € (Extrabett) ♦ Frühst. inkl. ♦ Kein Gästetisch - Restaurant im Dorf und Bauerngasthof (12 km) ♦ Aufenthaltsraum ♦ Hunde nur auf Anfrage erlaubt ♦ Teich (Angeln), Fahrräder, Billard, Boccia ♦ **Anreise** (Karte Nr. 15): 10 km östl. von Bressuire Rtg. Nantes, dann Cerisay über die N 160bis. Nach ca. 4 km 1. Straße rechts hinter dem Ortseingangsschild, 1. Straße rechts hinter der Kirche. Gleich hinter der kleinen Brücke rechts.

Das im 19. Jahrhundert in einem 18 Hektar großen Park errichtete *Château de Cirières* ist ein großes Anwesen neogotischen Baustils, das den Charakter eines Familienhauses hat. Die nüchtern gestalteten, komfortablen Zimmer wie auch deren Bäder sind sehr hell; Bad und Toilette von einem Zimmer liegen etwas abseits, aber ein Vorhang trägt dafür Sorge, dass man sie auf ganz und gar diskrete Art erreicht. Ein Haus zum Ausruhen und somit ideal für Aufenthalte. Die Hausbesitzer werden Sie über alles Sehenswerte in der Region aufklären (Puy du Fou, Château de Bressuire, das Kriegsmuseum der Vendée usw.).

POITOU-CHARENTES

534 - La Gatinalière

86100 Antran
(Vienne)
Tel. (0)5 49 21 15 02
Fax (0)5 49 85 39 65
M. Bernard de La Touche
E-Mail: gatinaliere@worldonline.fr
Web: chateauxcountry.com/chateaux/gatinaliere

♦ Von Ostern bis Allerheiligen geöffn. ♦ Im Winter Reserv. notwendig ♦ 1 Suite in der Dependance und 1 im Schloss (Salon) mit Bad, WC: 100-125 € (2 oder 3 Pers.) ♦ Frühst. inkl. ♦ Wöchentl. zu mieten: 3 separate Häuser (1-4 Zi.): 460 und 1070 € pro Woche, 1070-3200 € pro Monat ♦ gelegentlich Diner bei Kerzenschein für mind. 4 Personen, reservieren: 31 € (ohne Getränke) - Restaurants ab 6 km ♦ Hunde nur auf Anfrage erlaubt ♦ Salon ♦ Tel. und Fax ♦ Fahrräder, Mountainbikes ♦ Sprachen: Englisch, Spanisch ♦ **Anreise** (Karte Nr. 16): 5 km nördl. von Châtellerault. 5 km von der Autobahnausf. Châtellerault-Nord Rtg. Saumur. In La Gerbaudière links D 75, nach 500 m rechts.

Dieses in einem großen Park am Ende einer kühlen Lindenallee gelegene kleine Schloss aus dem 18. Jahrhundert, das von einem Blumengarten umgeben ist, stellt 2 Suiten zur Verfügung: die eine schlicht und separat gelegen mit dem Ambiente eines Landhauses, die andere im Schloss selbst mit einem erstaunlichen Bad voller Charme. Auch der große Salon und freundliche Speiseraum machen diese Adresse zu einem außergewöhnlichen Haus. Sehr höflicher Empfang.

535 - La Talbardière

86210 Archigny (Vienne)
Tel. (0)5 49 85 32 51
sowie (0)5 49 85 32 52
Fax (0)5 49 85 69 72
Mme und M. Lonhienne
E-Mail: jacques.lonhienne@interpc.fr
Web: interpc.fr/mapage/lonhiernne/indexhtm

♦ Ganzj. geöffn. ♦ 3 Zi. (2-3 Pers.) mit Bad oder Dusche, WC: 50 € (2 Pers., 1-2 Üb.), 45 € (2 Pers., 3-4 Üb.), 40 € (2 Pers., 5-6 Üb.), 37 € (2 Pers., mehr als 7 Üb.) ♦ Frühst. inkl. ♦ Kein Gästetisch - Restaurants ab 15 km ♦ Hunde nicht erlaubt ♦ Sprachen: Deutsch, Englisch, Italienisch, Russisch ♦ **Anreise** (Karte Nr. 16): 18 km südöstl. von Châtellerault über die D 9 Rtg. Monthoiron, dann die D 3 Rtg. Pleumartin; nach 1 km ausgeschildert.

Dieses ehemalige Wachthaus, das im 17. Jahrhundert große Fenster erhielt, besitzt eine wunderbare eichene Treppe, die zu den nostalgisch gestalteten Zimmern führt. Das erste mit Fußboden aus Terrakottafliesen ist riesig. Das zweite ist kleiner, hat Parkettfußboden, ist gepflegt und angenehm. Dann wurde ein drittes großes Zimmer mit Komfort im rustikalen ehemaligen Pferdestall eingerichtet. Das Frühstück (mit hausgemachter Konfitüre und selbstgebackenem Brot) wird auf dem Zimmer oder draußen serviert. Ein Haus mit Charme und Charakter, in dem Sie besonders liebenswürdig empfangen werden.

POITOU - CHARENTES

536 - La Rivière aux Chirets

86300 Chauvigny
(Vienne)
Tel. und Fax (0)5 49 56 41 70
Handy (0)6 82 23 58 59
Mme Filippi
E-Mail: rac@noos.fr
Web: mapage.noos.fr/rac

♦ Ganzj. geöffn. ♦ 3 Zi. mit Bad oder Dusche, WC: 69-84 € (2 Pers.) + 23 € (Extrabett) und 1 Nebenzi. ohne sanitäre Einrichtungen ♦ Frühst. inkl. ♦ Kein Gästetisch - Restaurants ab 1 km ♦ Salon ♦ Gesellschaftsspiele ♦ Haustiere nur au Anfrage erlaubt ♦ Sprachen: etwas Englisch ♦ **Anreise** (Karte Nr. 16): östl. von Poitiers über die N 151 nach Chauvigny. In Chauvigny dann rechts auf die D 8. 50 m vor der Brücke Rtg. Mothemer. Das Haus liegt 2 km weiter rechts.

Das Harmonische dieses mitten auf dem Land gelegenen Hauses aus hellem Naturstein des 17. Jahrhunderts besticht, sobald man es betritt. Es ist höchst gepflegt und besitzt 3 Gästezimmer, die Madame Filippi gekonnt gestaltete; sie hat es verstanden, ihnen Komfort zu verleihen, ohne ihren ursprünglichen Charakter zu entstellen. Ein kleiner Bauerngarten hinter dem Haus verbreitet ab dem Frühjahr wunderbare Düfte. Eine erfreuliche Adresse in einer sehenswerten Gegend.

537 - La Veaudepierre

8, rue du Berry
86300 Chauvigny (Vienne)
Tel. (0)5 49 46 30 81
sowie (0)5 49 41 41 76
Fax (0)5 49 47 64 12
Mme und M. J. de Giafferri
E-Mail: laveaudepierre@club-internet.fr
Web: perso.club-internet.fr/laveaudepierre

♦ Ganzj. geöffn. ♦ 4 Zi. und 1 Suite (3 Pers.) mit Bad oder Dusche, WC (darunter 1 Zi. mit Bad außerh. des Zi.): 32-40 € (1 Pers.), 40-47 € (2 Pers.), 56 € (3 Pers.) ♦ Frühst. inkl. ♦ Salon ♦ Hunde nicht erlaubt ♦ Organisation kultureller und touristischer Aufenth. im Poitou ♦ Sprachen: Englisch ♦ **Anreise** (Karte Nr. 16): in Chauvigny.

Dieses Haus im Directoire-Stil liegt in der kleinen, mittelalterlichen Stadt Chauvigny, die eine imposante Festung vorweisen kann. Die Betreuung ist freundlich und aufmerksam. Das Interieur ist mit schönen alten Möbeln eingerichtet und hat etwas von der Atmosphäre des Films *Un dimanche à la campagne*. Alle Gästezimmer gehen auf den reizenden, von einer alten Mauer geschützten Garten hinaus. Ein interessanter Ausgangspunkt für Ausflüge zum Entdecken der verborgenen Schätze des Poitou.

POITOU - CHARENTES

538 - Logis du Château du Bois Doucet

86800 Lavoux
(Vienne)
Tel. und Fax (0)5 49 44 20 26
Vicomte und Vicomtesse
de Villoutreys

♦ Ganzj. geöffn. ♦ 3 Zi. und 1 Suite mit Bad, WC: 61 € (2 Pers.); Suite 115 € (5 Pers.) + 26 € (Extrabett) ♦ Frühst. inkl. ♦ Gästetisch abends, gemeinsam oder individuell, reservieren: 16 € (Wein inkl.) ♦ Salon ♦ Garage ♦ Sprachen: Englisch ♦ **Anreise** (Karte Nr. 16): 12 km östl. von Poitiers. Autobahn A 10, Ausfahrt Poitiers-Nord, Rtg. Limoges, nach 5 km Rtg. Bignoux. Das Haus liegt an der D 139 zwischen Bignoux und Lavoux.

Die einstige Orangerie eines der schönsten Schlösser im Poitou ist heute ein charmantes Gästehaus; umgeben ist es von einem Buchsbaumgarten, aus dem einige fast ganz von Moos bedeckte Statuen aus Stein hervorragen. In einem kleinen, frisch restaurierten Flügel liegen 2 komfortable, antik möblierte Zimmer mit ganz neuen Bädern. Das 3. Zimmer im Obergeschoss ist prachtvoll, und sein Bad wurde unlängst in Grün und Weiß renoviert. Das angenehme Frühstück wird in einem noblen Speiseraum oder draußen gegenüber dem Schloss serviert, dessen Park sich am Waldrand verliert. Freundlich-lockerer Empfang von warmherziger Sensibilität.

539 - Le Bois Goulu

86200 Pouant
(Vienne)
Tel. (0)5 49 22 52 05
Mme Marie-Christine Picard

♦ Ganzj. geöffn. ♦ 2 Zi. mit Bad oder Dusche, WC (auch: Zi. als Suite): 36 € (1 Pers.), 43 € (2 Pers.) + 10 € (Kinder) ♦ Frühst. inkl. ♦ Kein Gästetisch - Restaurants in Pouant und Richelieu ♦ Salon ♦ Hunde nur auf Anfrage erlaubt ♦ Fahrradverleih ♦ **Anreise** (Karte Nr. 16): 15 km östl. von Loudun Rtg. Richelieu über die D 61; am Ortsausgang, an der Lindenallee.

Die große Lindenallee, die zu *Bois Goulu* führt, entspricht der Größe der Gebäude, die den Hof dieses schönen landwirtschaftlichen Betriebs einrahmen. Mit ihrem Parkettfußboden, ihren großen Schränken und komfortablen Betten sind die Zimmer einfach gestaltet. Neben dem einen liegt ein Kinderzimmer. Das andere Zimmer ist ein bisschen romantischer. Der Salon hat Komfort und ist dank beidseitiger Fenster angenehm hell. Das Frühstück (mit selbstgemachter Konfitüre) wird am großen Tisch des Speiseraumes serviert. Der Empfang in diesem einfachen, authentischen Haus ist angenehm.

POITOU-CHARENTES

540 - Château de Cibioux

86250 Surin
(Vienne)
Tel. (0)5 49 87 04 89
Fax (0)5 49 87 46 30
M. Jean-Claude Corbin

♦ Ganzj. geöffn. ♦ 1 Suite (2-3 Pers.) mit Bad, WC, TV: 80 € (1 Pers.), 100 € (2 Pers.) + 20 € (Extrabett) ♦ Frühst. inkl. ♦ Gemeins. Essen: 25 € (Wein inkl.) ♦ Aufenthalts-Pauschale ab 3. Üb. ♦ Salon ♦ Sprachen: Englisch ♦ **Anreise** (Karte Nr. 23): 10 km südl. von Civray. N 10, Ausfahrt Ruffec oder Couhé. In Couhé die D 7 bis Civray, dann die D 35 Rtg. Genouillé (4 km). Am Ortseingang rechts.

Im 15. Jahrhundert war *Cibioux* eine Festung, die sich im Laufe der Zeit zu einem behaglichen Lehnsgut entwickelte und dann einige Umschwünge durchmachte, bevor sie von Jean-Claude Corbin „gerettet" wurde. Jede Epoche hat hier Zeichen gesetzt. Das wohl charmanteste ist ein kleiner Flügel aus dem 15. Jahrhundert, in dem sich die Suite befindet. Mit viel Komfort und Authentizität eingerichtet, geht sie auf eine superbe Loggia hinaus, wo das Frühstück und das Abendessen serviert werden (es sei denn, Sie bevorzugen den Speisesaal, der rustikal und sehr eigenwillig ist). Besonders angenehmer Empfang. Zudem gut gelegen, um besonders Sehenswertes der Gegend zu erkunden, wozu sowohl die romanische Kunst als auch das Futuroscope zählt.

541 - Château de Régnier

86290 La Trimouille
(Vienne)
Tel. und Fax (0)5 49 91 60 06
Mme de Liniers

♦ Ganzj. geöffn. ♦ 4 Zi. mit Bad oder Dusche, WC: 50-70 € (2 Pers.) + 8 € (Extrabett), kostenlos für Kinder unter 10 J. ♦ Frühst. inkl. ♦ Gästetisch abends, gemeinsam: 16-23 € (Wein inkl.) ♦ Zimmerreinigung auf Wunsch ♦ Salon ♦ Hunde nur auf Anfrage erlaubt ♦ Teich und Fluss (Angeln und Baden) ♦ Sprachen: Englisch, Spanisch ♦ **Anreise** (Karte Nr. 16): 30 km südl. von Le Blanc über die D 975 bis La Trimouille, dann Route du Dorat (675), das Haus liegt 5 km weiter auf der linken Seite.

Bereits im 13. Jahrhundert existierte dieses Schloss; im 19. Jahrhundert wurde es allerdings umgebaut. Es überragt eine prachtvolle Landschaft aus Flüssen, Wiesen und Wäldern. Das Innere ist geprägt von schlichter Authentizität und Unkonventionellem eines Hauses früherer Zeiten. Wir empfehlen das reizende Gästezimmer „Rouge" mit eindrucksvollem Panoramablick, aber auch das vorzügliche „Rose" – trotz seiner ein wenig spartanischen sanitären Einrichtungen. Frühstück gibt's in der „rustikal" gebliebenen Küche. Das Mobiliar ist edel und alt, der Empfang sehr angenehm.

POITOU-CHARENTES

542 - Château de Ternay
Ternay
86120 Les Trois-Moutiers
(Vienne)
Tel. (0)5 49 22 97 54
Fax (0)5 49 22 34 66
Caroline und Loïc de Ternay
E-Mail: chateauternay@wanadoo.fr
Web: chateau-de-ternay.om

♦ Ganzj. geöffn. ♦ 3 Zi. mit Himmelbetten (darunter 1 Zi. mit 2 Betten) und 1 Suite (4 Pers.) mit Bad, WC: 80-90 € (2 Pers.); Suite: 140 € ♦ Frühst.: 6,10 € ♦ Gästetisch abends, gemeinsam, reservieren: 40 € (alles inkl.) ♦ Wird auch für Empfänge vermietet ♦ Salons ♦ Hunde nicht erlaubt ♦ Schwimmbad, Pferdeboxen ♦ Sprachen: Englisch ♦ **Anreise** (Karte Nr. 15): 30 km südl. von Saumur über die N 147. In Montreuil-Bellay Rtg. Les Trois-Moutiers, dann Rtg. Ternay.

Château de Ternay wurde im 15. Jahrhundert um einen noch älteren Wachtturm erbaut und im 19. Jahrhundert leider umgestaltet. Dennoch blieben eine gotische Kapelle und der imposante Charakter des Schlosses weitgehend erhalten, besonders im wunderbaren Innenhof und in einigen Räumen mit authentischer Einrichtung. Die Zimmer mit modernen Bädern sind ruhig, großzügig, mit schönen Stoffen gestaltet und antik möbliert. Die zuletzt eingerichtete Suite befindet sich ganz oben in einem Teil des Schlosses: Gelb verputzte Wände, Rohparkett, 2 mal 2 Meter breite Betten und kleines Bad mit Vielstrahldusche. Das gemeinsame Abendessen findet in besonders freundlicher Atmosphäre statt. Von hier aus werden Sie die Loire-Schlösser und die Abtei von Fontevrault besichtigen oder aber sich auf die Suche von Trüffeln machen.

543 - Les Hauts de Chabonne

Chabonne
86210 Vouneuil-sur-Vienne
(Vienne)
Tel. (0)5 49 85 28 25
Florence und Antoine Penot

♦ Ganzj. geöffn. ♦ 5 Zi. mit Bad oder Dusche, WC (darunter 1 eig., aber außerh. des Zi.): 44-46,50 € (2 Pers.) + 12,50 € (Extrabett) ♦ Frühst. inkl. ♦ Gemeins. Essen auf Best.: 16,50 € ♦ Salon ♦ Hunde in nur 3 Zi. erlaubt ♦ Sprachen: Englisch ♦ **Anreise** (Karte Nr. 16): 12 km südl. von Châtelleraut über die N 10. D 749 ab Châtelleraut, ab Vouneuil-sur-Vienne ausgeschildert.

Dieser kleine, intensiv renovierte Bauernhof liegt gleich neben dem Vogelreservat und verfügt über 5 Gästezimmer. 2 von ihnen sind mit ihrer Größe, ihren Fliesenfußböden und ihren Türen, die direkt ins Freie führen, perfekt für die warme Jahreszeit. Die anderen (außer dem „kleinen Blauen") sind sehr kokett. Das Frühstück wird im Stammhaus mit elegantem Salon und Speiseraum serviert. Beide haben edle alte Möbel und sind mit reizenden Stoffen dekoriert. Besonders ungezwungener und sympathischer Empfang.

PROVENCE - CÔTE D'AZUR

544 - Foulara

04230 Cruis
(Alpes-de-Haute-Provence)
Tel. (0)4 92 77 07 96
Mme und M. Hartz
E-Mail: ohartz@free.fr
Web: foulara.free.fr

♦ Von Dez. bis März geschl. ♦ Ankunft vor 19 Uhr erwünscht ♦ 5 Zi. mit Bad oder Dusche, WC: 38 €
(1 Pers.), 45 € (2 Pers.); 55 € (1 Zi., 3 Pers.) ♦ Frühst. inkl. ♦ Gästetisch abends, gemeinsam: 17 €
(Wein inkl.) ♦ Salon ♦ Hunde nicht erlaubt ♦ Boccia, Turngerüst für Kinder ♦ Sprachen: Englisch ♦
Anreise (Karte Nr. 34): 20 km nördl. von Forcalquier. Autobahn A 51, Ausfahrt Peyruis Rtg. Avignon
über die D 4 A. Die N 96 überqueren, Rtg. Saint-Étienne-les-Orgues über die D 101, danach D 951.
In Cruis auf die D 16 Rtg. Montlaux, dann ausgeschildert (2 km). Zugang über den Weg rechts.

Foulara, ein altes Bauernhaus inmitten von 30 Hektar Land, ist U-förmig
angelegt und hat, obwohl von Grund auf renoviert, sein ursprüngliches Aussehen erhalten. Angeboten werden 5 einfache, komfortable Zimmer, die u.a.
mit antiken Möbeln eingerichtet sind. Um das ganze Haus herum viel schattiger, geschützter Raum. Das gemeinsame Abendessen ist auf nette Art informell; sobald das Wetter es gestattet, wird draußen gegessen. Freundlicher
Empfang. Eine gute Adresse für längere Aufenthalte.

545 - Château d'Esparron

04800 Esparron-de-Verdon
(Alpes-de-Haute-Provence)
Tel. (0)4 92 77 12 05
Fax (0)4 92 77 13 10
Charlotte-Anne und Bernard
de Castellane
E-Mail: bernard.de.castellane@wanadoo.fr

♦ Von Allerheiligen bis Ostern geschl. ♦ Nichtraucher-Zi. ♦ 4 Zi. und 1 Suite mit 2 Zi. mit Bad, WC:
130-200 € (2 Pers. für mehrere Üb.) + 10 € pro Pers. für 1 Üb. + 30 € (für 1 Kind im Vorzimmer)
♦ Frühst. inkl. ♦ Visa, Eurocard, MasterCard ♦ Kein Gästetisch - Restaurants ab 200 m ♦ Salons
♦ Tel. ♦ Hunde nur auf Anfrage erlaubt ♦ Sprachen: Englisch ♦ **Anreise** (Karte Nr. 34): Autobahn
A 51, Ausfahrt Manosque. Bis Gréoux-les-Bains, dann Esparron. Im Dorf.

Esparron scheint in seiner grünem Umgebung mit See von diesem Schloss
beschützt zu werden, das seinerseits von seinem quadratischen Wachtturm
überragt wird. Seit dem 12. Jahrhundert im Familienbesitz und im Laufe der
Zeit vergrößert, ist dies ein interessantes architektonisches Ensemble (bemerkenswerte Wendeltreppe, Innenhof). In dem aus dem 18. Jahrhundert stammenden Abschnitt haben die großen, komfortablen Zimmer mit geschmackvoller, sensibler Gestaltung u.a. mit schönen Stoffen und schlicht antiker
Möblierung zudem einwandfreie Bäder. In der wunderbaren, alten, überwölbten Küche steht alles für das hervorragende Frühstück bereit, das sich
jeder entsprechend seinem Appetit selbst zusammenstellt. Sehr freundlicher
Empfang der jungen Inhaber dieses wirklich phantastischen Anwesens.

PROVENCE - CÔTE D'AZUR

546 - Maison d'hôtes des Méans

La Fresquière
04340 Meolans Revel
Tel. und Fax (0)4 92 81 03 91
Mme und M. Millet
E-Mail: lesmeans@chez.com
Web: chez.com/lesmeans/

♦ Vom 15. Okt. bis 15. Mai geschl. ♦ 4 Zi. und 1 Suite mit 2 Zi., Bad, Dusche, WC: 56-60 € (2 Pers.); Suite: 85 € (2 Pers), 115 € (4 Pers.) + 15 € (zusätzl. Pers.) ♦ Gästetisch abends (Di, Do, Sa): 20 € (Aperitif, Wein und Kaffee inkl.) ♦ Salon ♦ Telefonzelle. ♦ Hunde erlaubt + 3,04 € / Tag ♦ Sprachen: Englisch, Italienisch, Spanisch ♦ **Anreise** (Karte Nr. 34): 10 km von Barcelonnette. CD 900 Gap-Barcelonnette. La Fresquière durchqueren, 500 m weiter links; dann ein großes Holzschild.

Seit dem 16. Jahrhundert überragt *Les Méans* oberhalb von Barcelonnette das Tal. Opulent und groß, hat das Bauwerk schöne Überreste wie zum Beispiel die Holztreppe oder den großen gewölbten Gemeinschaftsraum: heute heller und freundlicher gestaltet. Er besitzt einen Salon und eine ansprechende Kitchenette am großen Kamin, wo man das Surren der Fleischspieße fürs Diner vernimmt. Das Ambiente der Zimmer ist spartanischer: möglichst die mit einem französischen Bett (*grand lit*) reservieren, denn sie sind geräumiger. Einfaches Mobiliar, aber Bäder mit Komfort. Der Empfang ist natürlich, „sportlich", angenehm.

547 - L'Escapade

Le Bourg
04200 Noyers-sur-Jabron
(Alpes-de-Haute-Provence)
Tel. (0)4 92 62 00 04
M. Guirand und M. Fontaine
E-Mail: escapades.en.jabron@wanadoo.fr
Web: guideweb.com/provence/bb/escapade

♦ Von Allerheiligen bis Ostern geschl. ♦ Mind. 2 Üb. ♦ Nichtraucher-Haus ♦ 2 Suiten (2 bzw. 4 Pers.) mit Dusche, WC: 53,50-69 € (2 Pers., je nach Saison), 72-91,50 € (3 Pers., je nach Saison), 76,50-107 € (4 Pers., je nach Saison) ♦ Frühst. inkl. ♦ Kein Gästetisch - Restaurants ab 100 m ♦ Salon ♦ Schwimmbad ♦ Tel. ♦ Sprachen: Englisch, Italienisch ♦ **Anreise** (Karte Nr. 34): 10 km südwestl. von Sisteron. Zwischen Sisteron und Château-Arnoux auf die N 85, dann D 946. Das Haus liegt am Ortseingang.

L'Escapade, ein interessantes, im frühen 20. Jahrhundert entstandenes Familienanwesen, kennzeichnet den Beginn eines Dorfes der Alpes-de-Haute-Provence. Nachdem man die kleine Gittertür und die Buchsbaumallee durchschritten hat und die Treppe hochgestiegen ist, entdeckt man ein nettes, sehr gepflegtes Interieur nostalgischen Stils. In dieser Proustschen Atmosphäre – „Tante Léonie" kann man sich hier sehr gut vorstellen – lässt die aus 2 sehr eleganten Zimmern bestehende Suite sowie eine weitere, kürzlich eingerichtete, die lange Anfahrt rasch vergessen. Das Ganze ist gastfreundlich und sehr gepflegt. Das Frühstück, das im Sommer auf der Terrasse serviert wird, ist gut und edel.

PROVENCE - CÔTE D'AZUR

548 - Le Jas de la Caroline

Chenebotte
04200 Noyers-sur-Jabron
(Alpes-de-Haute-Provence)
Tel. (Beantw.)
und Fax (0)4 92 62 03 48
Monique und Henri Morel

♦ Vom 15. Okt. bis Anfang Febr. geschl. ♦ Reserv. notwendig ♦ Nichtraucher-Haus ♦ Mind. 3 Üb. im Juli, Aug. und an Feiertagen; Suite, mind. 1 Woche im Juli, Aug. und an Feiertagen ♦ 2 Zi. mit Bad, WC und 1 Suite mit Dusche, WC, Salon/Wohnzi., Kitchenette: Zi. 50 € (2 Pers.); Suite 70 € (2 Pers.), 90 € (3 Pers.) ♦ Frühst. inkl. ♦ Gästetisch abends um 19.30 Uhr 3 mal pro Woche, gemeinsam, reservieren: 20 € (alles inkl.) ♦ Salon (Bibliothek, Kamin) ♦ Hunde nur auf Anfrage erlaubt (+ 3 €/Tag) ♦ Wanderungen auf den Spuren von Giono im Lure-Gebirge ♦ Sprachen: Englisch, Italienisch ♦ **Anreise** (Karte Nr. 34): 12 km südwestl. von Sisteron Rtg. Aix und Digne (3 km), rechts Rtg. Noyers-sur-Jabron. Am Ortsausgang 1. Straße rechts, dann ausgeschildert.

Diese an einem Hang in einer herrlich-wilden Landschaft gelegene ehemalige Schäferei des 16. Jahrhunderts, erbaut aus dem typischen Stein der Gegend, verfügt über frische, komfortable Gästezimmer. Hier werden Sie sich in absoluter Ruhe vollkommen entspannen können und auf der Terrasse, wo im allgemeinen das Frühstück und das (wie wir hörten exzellente) Abendessen eingenommen wird, unvergessliche Momente verbringen. Die heitere Liebenswürdigkeit von Monique und Henri Morel trägt ebenfalls dazu bei, dass man einen Aufenthalt in diesem Haus sehr empfehlen kann.

549 - Le Moulin de la Viorne

04200 Les Omergues
(Alpes-de-Haute-Provence)
Tel. (0)5 92 62 01 65
Fax (0)4 92 62 06 03
Mme Colonna-Boutterin

♦ Von Ostern bis Allerheiligen geöffn. ♦ 3 Zi. mit Bad, WC: 55-64 € (2 Pers.) + 18 € (Extrabett) ♦ Frühst. inkl. ♦ Gästetisch abends, gemeinsam oder individuell, reservieren: 22 € (alles inkl.) ♦ Salon, Billard, Bibliothek, Krocket ♦ Schwimmbad (12 x 5 m) ♦ Hunde nicht erlaubt ♦ Sprachen: Englisch, Italienisch, Spanisch ♦ **Anreise** (Karte Nr. 33): 28 km westl. von Sisteron, Rtg. Vallée de Jabron (D 946), Montfroc (2 km), dann rechts ausgeschildert.

Wunderbar ruhig in grüner Natur und 850 Meter hoch liegt dieses große freundliche Haus, in dem jeder „sein Glück findet" – mag er nun am liebsten lesen, die Natur genießen oder Billard spielen. Die Zimmer mit ihren hübschen Bädern sind angenehm. In einem neuen, kürzlich eingerichteten Raum, der als Salon und Speiseraum dient, werden auch Gemälde ausgestellt. Madame Colonna, sie ist eine begnadete Köchin, bereitet ihre Gerichte ausschließlich mit hiesigen Produkten zu. Viel Ruhe und Natur in einer besonders unverdorbenen Gegend, in der es so Manches zu entdecken gibt.

PROVENCE - CÔTE D'AZUR

550 - Les Granges de Saint-Pierre

04150 Simiane-la-Rotonde
(Alpes-de-Haute-Provence)
Tel. und Fax (0)4 92 75 93 81
Mme und M. Tamburini

♦ Ganzj. geöffn. ♦ Vom 15. Nov. bis 30. März Reserv. notwendig ♦ Nichtraucher-Zi. ♦ 3 Zi. mit Dusche, WC: 56 € (2 Pers.), 50 € (2 Pers., bei mehr als 5 Üb.) ♦ Frühst. inkl. ♦ Kein Gästetisch - Küche steht zur Verfüg. - Restaurants ab 300 m ♦ Münz-Tel. ♦ Schwimmbad ♦ Sprachen: Englisch, Italienisch ♦ **Anreise** (Karte Nr. 33): 22 km nordöstl. von Apt über die D 22 Rtg. Banon. In Simiane befindet sich das Haus am Ortseingang rechts.

Simiane liegt zwischen den Bergen des Luberon und des Ventoux. Diese Dependance und einstige Scheune eines provenzalischen Landhauses (*bastide*) des 18. Jahrhunderts, dessen Garten zu einem noch halb verwilderten Gelände führt, auf dem das Schwimmbad angelegt wurde, verfügt über ein modernes, sehr freundliches Interieur. Ob im großen Aufenthaltsraum mit herrlichen Volumen oder in den Zimmern voller Komfort, die Gestaltung ist überall von schlichter Eleganz: Eierschalfarben, Naturholz, ansprechende Stoffe usw. Das Frühstück wird auf einer überaus angenehmen Sonnenterrasse serviert, die den besonders kleinen Garten aufwiegt. Liebenswürdiger Empfang und recht milde Preise.

551 - La Maurissime

Chemin des Oliviers
04180 Villeneuve
(Alpes-de-Haute-Provence)
Tel. und Fax (0)4 92 78 47 61
Nicole Mouchot

♦ Ganzj. geöffn. ♦ Im Winter Reserv. notwendig ♦ Nichtraucher-Zi. ♦ 3 Zi. und 1 Suite (2-4 Pers.) mit Bad oder Dusche, WC: 42,50-50,30 € (2 Pers.), 57,93 € (3 Pers.) + 7,60 € (Extrabett); Suite: 42,50-85,37 € (2-4 Pers.) ♦ Frühst. inkl. ♦ Gästetisch abends, gemeinsam: 16,80 € (Aperitif und Wein inkl.) ♦ Salon ♦ Hunde erlaubt ♦ Sprachen: Englisch ♦ **Anreise** (Karte Nr. 34): 10 km nordöstl. von Manosque. A 51 Ausfahrt La Brillanne, links, am Kreisverkehr N 96 Rtg. Manosque, dann Villeneuve, danach „Chambres d'hôtes" ausgeschildert.

Madame Mouchots Empfang, ihre hervorragende Küche und der Panoramablick, den man von *La Maurissime* aus hat, erklären, weshalb wir dieses noch recht neue Haus, das abseits des Dorfes in einer Wohngegend liegt, ausgewählt haben. Der Wohnraum im Erdgeschoss ist angenehm. Die schlicht gestalteten, komfortablen und freundlichen Zimmer (von denen 3 zum Garten hinausgehen) sind wie auch ihre Bäder tadellos gepflegt. Familien steht 1 Suite zur Verfügung. Das Frühstück wird im Sommer auf einer großen Sonnenterrasse serviert.

PROVENCE - CÔTE D'AZUR

552 - La Girandole

Brunissard
05350 Arvieux-en-Queyras
(Hautes-Alpes)
Tel. (0)4 92 46 84 12
Fax (0)4 92 46 86 59
Isabelle und Noël Morel
E-Mail: info@lagirandole.net
Web: lagirandole.net

♦ Ganzj. geöffn. ♦ Reserv. notwendig ♦ Mind. 2 Üb. ♦ 5 Zi. und 1 Familienzi. (4 Pers.) mit Bad, WC: 55 € (1 Pers.), 66 € (2 Pers.) + 23 € (Extrabett); Familienzi.: 110 € (4 Pers.) ♦ Frühst. inkl. ♦ Kein Gästetisch - Restaurants ab 100 m (im Dorf); HP-Angebot ♦ Salon (Kamin, Klavier), Aufenthaltsraum, Küche steht z. Verf. ♦ Hunde nicht erlaubt ♦ Sauna, Turngeräte und Kinderspielzimmer, Balneotherapie-Schwimmbad im Sommer ♦ Sprachen: Englisch ♦ **Anreise** (Karte Nr. 27): 60 km von Briançon Rtg. Gap bis Mont-Dauphin, dann Guillestre Rtg. Col de Izoard bis Brunissard. Nur im Sommer von Briançon über den Izoard-Pass.

Dieses große, alte, für die Gegend typische Haus, das in einem kleinen Dorf abseits der Verkehrswege liegt, wurde mit viel Talent neu gestaltet. Die alten Möbel und Objekte, die farbigen Stoffe und das allgegenwärtige Holz schaffen in den Gästezimmern und dem großen Salon eine sehr freundliche, lichtdurchflutete Atmosphäre. Ideal für Aufenthalte im Winter wie im Sommer. Besonders liebenswürdiger Empfang.

553 - Le Parlement

Quartier de Charance
05000 Gap
(Hautes-Alpes)
Tel. und Fax (0)4 92 53 94 20
Mme und M. Drouillard

♦ Ganzj. geöffn. ♦ Nichtraucher (außer abends im Salon) ♦ 5 Zi. und 1 Suite (2-4 Pers.) mit Bad und/oder Dusche, WC; TV auf Wunsch: 55-61 € (2 Pers.); Suite: 77 € (2 Pers.), 110 € (4 Pers.) + 20 € (Extrabett) und 1 Studio (5 Pers.) mit Bad, Dusche, WC, Küche (Geschirrspül- und Waschmaschine), kl. Garten, TV (Reinigung am Ende des Anfenthaltes): 382-534 € pro Woche, je nach Saison ♦ Frühst. inkl. ♦ Kein Gästetisch - Auf Wunsch Benutzung der Sommerküche ♦ Salon ♦ Münztel. ♦ Haustiere nicht erlaubt ♦ Schwimmbad, Sauna ♦ Sprachen: Englisch ♦ **Anreise** (Karten Nr. 27 und 34): 5 km nordwestl. von Gap Rtg. Orange/Valence, am Kreisverkehr „Les 3 Cascades" Rtg. Charance, dann ausgeschildert.

In diesem hübschen, originellen Haus, dessen Ursprung auf das 18. Jahrhundert zurückgeht, werden sehr angenehme und gepflegte Gästezimmer mit Bädern angeboten, die über die gleichen Attribute verfügen. Die Suite hat einen Balkon mit sehr schönem Ausblick. Auch das separate Studio ist komfortabel und gepflegt. Einziger kleiner Vorbehalt: das Frühstück könnte opulenter sein. Bruno Drouillard, der Bergführer ist, wird Ihnen bei der Wahl Ihres Bergsports behilflich sein. Und wenn Sie ausgehen möchten, kümmert er sich (selbstverständlich auf Wunsch) auch darum.

PROVENCE - CÔTE D'AZUR

554 - Le Mas Rome

Chevalet le Haut
Orpierre
05700 Serres
(Hautes-Alpes)
Tel. und Fax (0)4 92 66 31 19
M. Gutierrez

♦ Vom 1. Juni bis Ende Sept. geöffn. ♦ Reserv. notwendig ♦ Nichtraucher-Zi. ♦ 3 Zi. mit Dusche, WC: 65 € (2 Pers.) + 23 € (zusätzl. Pers.) ♦ Frühst. inkl. ♦ Kein Gästetisch - Restaurants ab 6 km ♦ Hunde nur auf Anfrage erlaubt ♦ Sprachen: Englisch, Spanisch ♦ **Anreise** (Karte Nr. 33): 17 km nordwestl. von Sisteron. Autobahn A 7, Ausfahrt Montélimar-Valréas, dann Rtg. Nyons-Rosans-Serres über die N 75. Ab Lagrand rechts Rtg. Orpierre, aber vor Orpierre Rtg. Chevalet. Letztes Haus am Weg.

Im Buëch-Tal windet sich die Straße bis zu diesem einsam gelegenen Weiler, in dem der charmante Hausherr, er ist Architekt und in alte Steine vernarrt, dieses Mas der Familie (18. Jh.), von wo man Aussicht auf die Alpen hat, mit Stilempfinden restaurierte. Die in den einstigen Schafställen eingerichteten Zimmer von Format mit Blumen aus dem Garten haben einen separaten Eingang und eine kleine Rasen-Terrasse fürs Frühstück (mönchische Bäder, Quellwasser-Duschen). Das größte Zimmer ganz im hiesigen Stil des 18. Jahrhunderts hat eine Spitzbogen-Decke, das kleinste ist ganz in Weiß und Blau gehalten, und das mit dem Terrakottafußboden ist flachsfarben. Ein außergewöhnliches Haus für rustikale Aufenthalte.

555 - La Bastide du Bosquet

14, chemin des Sables
06160 Antibes-Juan-les-Pins
(Alpes-Maritimes)
Tel. und Fax (0)4 93 67 32 29
Tel. (0)4 93 34 06 04
Sylvie und Christian Aussel

♦ Von Mitte Nov. bis Mitte Dez. geschl. ♦ Reserv. notwendig ♦ Mind. 3 Üb. ♦ 3 Zi. mit Bad oder Dusche, WC: 70-90 € (2 Pers.) je nach Saison + 16-19 € (Extrabett) ♦ Frühst. inkl. ♦ Kein Gästetisch ♦ Zimmerreinigung alle 3 Tage ♦ Hunde nicht erlaubt ♦ Sprachen: Englisch ♦ **Anreise** (Karte Nr. 35): von Cannes nach Juan-les-Pins: nach dem Palais des Congrès fragen (am unteren Chemin des Sables). Ausfahrt Antibes: Rtg. Centre Ville, dann Cap d'Antibes. Am Meer „Juan-les-Pins direct" und nicht mehr Rtg. Cap d'Antibes. Nr. 14 liegt der neuen Synagoge gegenüber.

Fern vom Straßenverkehr liegt dieses Landhaus (*bastide*) aus dem 18. Jahrhundert zwischen dem Cap und dem Herzen von Antibes nur einige hundert Meter von den Stränden entfernt. Der Familienbesitz ist außen genauso schön wie innen. Die Zimmer sind hell, ruhig und liebevoll ausgestattet. Sehr angenehme Bäder mit großen Fayencemotiven. Das Frühstück wird im hübschen Speiseraum oder auf der Terrasse serviert. Die jungen Besitzer empfangen ihre Gäste auf eine sehr sympathische Art.

PROVENCE - CÔTE D'AZUR

556 - L'Ange Bleu
419, ch. de Montgros
06480 La Colle-sur-Loup
(Alpes-Maritimes)
Tel. (0)4 93 32 60 39/(0)6 60 44 32 62
Fax (0)4 93 32 63 64
Jérôme Gemondo und J.-Loup Zamboni
E-Mail: lange-bleu@wanadoo.fr
Web: angebleu.fr.st

2003

♦ Ganzj. geöffn. ♦ Nichtraucher-Zi. ♦ 4 Zi. und 1 Familiensuite (2 Zi.) mit Dusche, WC, TV: 68,50 € (2 Pers.); Suite 107 € (4 Pers.) ♦ Frühst. inkl. ♦ 10. Üb. frei ♦ Kein Gästetisch - Restaurants im Dorf ♦ Aufenthaltsraum mit Kochnische ♦ Schwimmbad, Gesellschaftsspiele, Videothek ♦ Haustiere nur auf Anfrage erlaubt ♦ Sprachen: Englisch, Italienisch ♦ **Anreise** (Karte Nr. 35): ab Colle-sur-Loup Rtg. Grasse und Bar-sur-Loup. Am Sportplatz rechts und hinter der Pharmacie du Jeu de Paume sofort links. Nach 500 m ausgeschildert; das Haus liegt links.

Dieses am Hügel erbaute Haus, 400 Meter vom Dorf und 2 Kilometer von Saint-Paul-de-Vence, ist umgeben von einem großen, stark abfallenden Garten, dessen Fortsetzung ein bewaldeter Hügel ist. Im Laufe der Jahre vergrößert, ist das *Ange Bleu* kein typisches altes provenzalisches Landhaus, aber Jérôme und Jean-Loup, die Sie hier nett empfangen werden, haben alles darangesetzt, damit man sich in ihrem Haus wohl und unabhängig fühlt. Kleine Außentreppen führen zu den Zimmern (mit eher kleinen Duschbädern), zum Pool und zur Frühstücksterrasse neben dem großen, verglasten Raum; in der dort eingerichteten Küche können die Gäste auf Wunsch selbst kochen. Eine ideale Adresse für Aufenthalte.

**557 - La Bastide
 de la Citadelle**

13, montée de la Citadelle
06610 La Gaude
(Alpes-Maritimes)
Tel. und Fax (0)4 93 24 71 01
Mme und M. Martin

♦ Von Ende Okt. bis Ende Febr. geschl. ♦ Ansonsten Reserv. notwendig ♦ Mind. 2 Üb. ♦ 2 Zi. mit Bad oder Dusche, WC: 46-52 € (2 Pers.) + 16 € (zusätzl. Pers.) ♦ Frühst. inkl. ♦ Gästetisch, gemeinsam, (morgens) reservieren: 16 € (Wein inkl.) ♦ Hunde nicht erlaubt ♦ Sprachen: Englisch ♦ **Anreise** (Karte Nr. 35): 8 km von Vence. Autobahn A 8, Ausfahrt Nr. 47 Rtg. Cagnes-sur-Mer. Ab Cagnes Rtg. La Gaude (7 km). Hinter der „Coupole" links Place du marronnier, dann Rue du marronnier hinter dem Lebensmittelgeschäft; Montée de la Citadelle ganz oben.

Ein Haus, wie man es sich wünscht. Auf der Anhöhe des alten Dorfes La Gaude in unmittelbarer Nähe von Vence gelegen, ist dies ein idealer Ort für längere Aufenthalte. Die Maisonnette-Suite mit großem Balkon ist ideal für Familien. Wer viel Unabhängigkeit wünscht, wird sich für das Zimmer im kleinen Haus des Gartens entscheiden; hohen Komfort haben beide. Das reichhaltige Frühstück und das Abendessen (Jahreszeitenküche) lässt man sich im Sommer auf der schönen Terrasse schmecken – die Gastgeber kochen leidenschaftlich gern. Höflicher, aufmerksamer Empfang. Ein erfreuliches Haus mit gutem Preis-Leistungsverhältnis, hübscher Aussicht und wohltuender Vegetation.

PROVENCE - CÔTE D'AZUR

558 - Le Coteau de Malbosc

210, avenue Saint-Exupéry
06130 Grasse
(Alpes-Maritimes)
Tel. und Fax (0)4 93 36 41 31
Mme und M. Malbrel

♦ Vom 1. Nov. bis 31. März geschl. ♦ Reserv. notwendig ♦ Mind. 3 Üb. ♦ Nichtraucher-Haus ♦ 2 Zi. mit Dusche, WC: 80-85 €, je nach Saison ♦ Frühst. inkl. ♦ Kein Gästetisch - Restaurants ab 4-5 km ♦ Haustiere nicht erlaubt ♦ Schwimmbad, Boccia-Terrain, Tischtennis ♦ Wandertouren (von M. Malbrel organisiert) ♦ **Anreise** (Karte Nr. 34): in der Gemeinde Grasse-Est. Autobahn A 8, Ausfahrt Grasse, dann Schnellstraße *(voie rapide)*. Auf Wunsch wird ein Plan zugesandt.

Dieses moderne, abseits der Innenstadt gelegene, vom Gastgeber selbst entworfene moderne Haus klammert sich an den Hügel von Malbosc und bietet einen wunderschönen Blick über die Ebene von Grasse und die Bucht La Napoule. Angeboten werden hier 2 separate Gästezimmer mit Blick auf den Blumengarten. Sie sind ganz verschiedenartig, aber gepflegt. Das größte Zimmer ist rustikaler als das im kleinen Haus neben dem Schwimmbad. Beide besitzen allerdings eine Terrasse, auf der man bei schönem Wetter frühstückt. die Preise sind zwar etwas erhöht, aber der Empfang von Madame und Monsieur Malbrel ist wirklich sehr liebenswürdig.

559 - La Villa Renée

464, avenue Joffre - 06140 Vence
(Alpes-Maritimes)
Tel. (0)4 93 58 87 01
Handy (0)6 21 09 85 07
Fax (0)4 92 02 87 10
Mme und M. Labica
E-Mail: villa-renee@wanadoo.fr
Web: villa-renee.ifrance.com

♦ Ganzj. geöffn. ♦ Mind. 1 Woche ♦ 2 Zi. mit Bad, WC, Salon, Kochnische: 600 € (4 Pers.) + 12,20 € (Extrabett) ♦ Ohne Frühst. ♦ Kein Gästetisch - Restaurants ab 200 m ♦ Salon ♦ Schwimmbad ♦ Sprachen: Englisch ♦ **Anreise** (Karte Nr. 35): 400 m nordöstl. von Vence. Am Ortseingang von Vence, Rtg. Saint-Jeannet, hinter der Brücke, links, und zurück nach Vence.

Die im 19. Jahrhundert erbaute *Villa Renée* befindet sich in einem Wohnviertel etwas außerhalb von Vence. Von hier schaut man auf den Stadtteil, der am Hang und einem winzigen Tal gegenüber liegt. Ein idealer Ort für diejenigen, die vollkommen unabhängig sein und das Hinterland von Nizza kennen lernen möchten. Die Zimmer, elegant in sanften Farben gestaltet, sind gepflegt und liegen neben einem kleinen Raum mit Ledercouch, Fernsehgerät und einem Tisch fürs Frühstück. Im terrassierten Garten gibt es ein Schwimmbad. Angenehmer, diskreter Empfang.

PROVENCE - CÔTE D'AZUR

560 - Les Quatre-Vents

Route de Lascours
13400 Aubagne
(Bouches-du-Rhône)
Tel. (0)4 42 03 76 35
Fax (0)4 42 18 98 58
Mme und M. Arlès
E-Mail: lesquatrevents@free.fr

♦ Ganzj. geöffn. ♦ 2 Zi. mit Bad, WC: 65 € (1 Pers.), 84 € (2 Pers.) und 1 Suite mit 2 Zi., 2 Bäder, 2 WC: 90 € (2 Pers.) + 20 € (zusätzl. Pers.) ♦ Frühst. inkl. ♦ Gästetisch (auf Best.): 16-23 € (alles inkl.) - Restaurants (3 km) ♦ Kreditkarten ♦ Haustiere nicht erlaubt ♦ Schwimmbad (6 x 13 m), Tennis, Wanderungen ♦ Sprachen: Englisch ♦ **Anreise** (Karte Nr. 33): 20 km östl. von Marseille. Autobahn A 50 Marseille, dann A 501 Rtg. Aix/Nice, Ausfahrt Nr. 7, Aubagne-Nord, RN 96 Rtg. Pont-de-l'Étoile. Am Kreisverkehr „Parc d'activités de Napollon" D 43 F und D 44 E Rtg. Lascours, dann ausgeschildert.

Nach der Abfahrt der Straße zwischen Aubagne und Marseille kommt man aus dem Staunen nicht heraus angesichts der Ruhe und der Umgebung dieses angenehmen, 140 Hektar umfassenden Anwesens am Fuß des Pic du Garlaban, von wo der Blick auf die Küste einzigartig ist. Mit alten Materialien von Monsieur Arlès, er ist Architekt, erbaut, bietet dieser Flachbau seinen Gästen absolute Bewegungsfreiheit und Komfort. Bei der schlicht-eleganten Gestaltung wurden schöne Werkstoffe mit meist provenzalischem Mobiliar verbunden. Hübsche, tadellose Bäder. Ein idealer Ort zum Entspannen nach interessanten Abstechern in die Umgebung (Cassis, Marseille, la Ste-Baume). Sympathischer Empfang.

561 - Le Balcon des Alpilles

Quartier du Grand Verger
D 24 A
13930 Aureille
(Bouches-du-Rhône)
Tel und Fax (0)4 90 59 94 24
Mme und M. Gatti

♦ Ganzj. geöffn. ♦ Reserv. notwendig ♦ Nichtraucher-Zi ♦ 5 Zi. mit Bad, WC: 80-125 € (2 Pers.) ♦ Frühst. inkl. ♦ Kein Gästetisch - Restaurants im Dorf ♦ 2 Salons (Kamin und TV) ♦ Hunde nicht erlaubt ♦ Schwimmbad, Tennis, Boccia, *putting green*, *pitchin put* ♦ **Anreise** (Karte Nr. 33): 15 km nordwestl. von Salon-en-Provence. Autobahn A 54, Ausfahrt Les Baux, dann Rtg. Eyguières und Aureille. Auf Wunsch wird Ihnen ein Plan zugeschickt.

Aureille, ganz in der Nähe des sehr in Mode gekommenen Luberon, ist ein echtes provenzalisches Dorf geblieben, das noch immer bei Sommeranfang den Almauftrieb seiner Schäfer feiert. *Balcon des Alpilles* liegt am Rand des Dorfes und besitzt viel Land mit Olivenbäumen und Pappeln auf einem Rasen, der mit den schönsten Greens konkurrieren kann. Das Haus wurde vergrößert und verfügt heute über einige echt provenzalische große Gästezimmer mit viel Komfort. Sollten Sie das Glück haben, an der *table d'hôtes* zu speisen, werden Sie feststellen, dass man es hier mit 2 professionellen Köchen zu tun hat.

PROVENCE - CÔTE D'AZUR

562 - Mas de Bassette

13570 Barbentane
(Bouches-du-Rhône)
Tel. und Fax (0)4 90 95 63 85
Mme Veilleux
E-Mail: bassette@club-internet.fr
Web: masdebassette.com

♦ Ganzj. geöffn. ♦ 2 Zi. mit Klimaanl., Bad, WC: 75 € (2 Pers., außerh. der Saison) - 95 € (2 Pers., Hochsaison, ab Osterferien) ♦ Frühst. inkl. ♦ Kein Gästetisch - Restaurants im Dorf (1 km) ♦ Salon ♦ Hunde nicht erlaubt ♦ Schwimmbad, Tennis, Fahrradverleih, Wanderwege ab dem Haus (Plan auf Wunsch) ♦ Sprachen: Englisch ♦ **Anreise** (Karte Nr. 33): 7 km südl. von Avignon über die N 570 Rtg. Arles, dann D 35 Rtg. Barbentane. Das Mas liegt neben dem Tennisclub.

Das schöne Haus aus dem 17. Jahrhundert liegt auf den Anhöhen von Barbentane und ist umgeben von einem großen Park, der sowohl den Schatten seiner großen Bäume bietet als auch einen schönen, weiten Blick. Die auf zurückhaltende Art renovierten und mit großem Raffinement gestalteten Zimmer sind angenehm, entspannend und haben hübsche Bäder. Das Frühstück wird neben der ansprechenden Salonecke am langen Tisch in einem großen, weiß gestrichenen Raum serviert, der sowohl antik als auch modern möbliert wurde. Wanderungen und Radtouren können vom Anwesen aus unternommen werden, das sich nur 7 Kilometer von Avignon befindet.

563 - Le Mas de la Tour

13, rue de la Tour
13990 Fontvieille
(Bouches-du-Rhône)
Tel. (0)4 90 54 76 43
Fax (0)4 90 54 76 50
Mme Monique Burnet
E-Mail: m_burnet@club-internet.fr

♦ Ganzj. geöffn. ♦ Reserv. notwendig ♦ 5 Zi. mit Klimaanl., Bad oder Dusche, WC, Tel., TV: 80-110 € ♦ Frühst. inkl. ♦ Kein Gästetisch - Restaurants 5 bzw. 10 Min. zu Fuß ♦ Keine Kreditkarten ♦ Salons ♦ Hunde nur auf Anfrage erlaubt ♦ Schwimmbad ♦ Garage, Parkplatz ♦ Sprachen: Englisch, Italienisch ♦ **Anreise** (Karte Nr. 33): 8 km östl. von Arles über die D 17 Rtg. Saint-Rémy-de-Provence bis Fontvieille. Wer aus einer anderen Richtung kommt, sollte sich die Reiseroute telefonisch erklären lassen.

Mit seinem von einer Ringmauer eingefassten Garten und der üppigen Vegetation, von der es umgeben ist, stellt dieses schöne Bauwerk aus dem 17. Jahrhundert einen besonders ruhigen Ort dar. Das Haus ist komfortabel ausgestattet und besitzt große Gästezimmer, die sowohl in einem klassischen als auch zeitgenössischen Stil gestaltet sind (eines hat einen winzigen, von Cocteau dekorierten Salon). Das Ganze wirkt sehr „cosy", die Klimaanlage garantiert im Sommer angenehme Kühle, und die Umgebung des Schwimmbads wurde nett gestaltet. Madame Burnets Natürlichkeit und Liebenswürdigkeit aber sind die größten Vorzüge dieses wunderbaren Hauses.

PROVENCE - CÔTE D'AZUR

564 - Mas de Coupier

Chemin de Coupier
13420 Gémenos
(Bouches-du-Rhône)
Tel. (0)4 42 32 29 28
Handy (0)6 88 08 72 06
Michèle Corvi
E-Mail: mas.coupier@wanadoo.fr

2003

♦ Ganzj. geöffn. ♦ Reserv. notwendig ♦ 2 Zi. mit Bad, WC: 76 € (2 Pers.) und 1 Suite (mit 1 DZ und 1 Zi. mit 2 Etagenbetten) mit Bad, WC: 70 € (2 Pers.), 110 € (2 Erwachsene, 2 Kinder); zusätzl. Zi.: 50 € (1 Pers., 120 cm breites Bett) ♦ Frühst. inkl. ♦ Kein Gästetisch - Restaurants (1 km) ♦ Schwimmbad ♦ Haustiere nicht erlaubt ♦ **Anreise** (Karte Nr. 33): in Marseille auf die Autobahn 50, Rtg. Toulon, Ausfahrt Aubagne-Sud, dann RN 8 Rtg. Toulon. Am 4. Kreisverkehr links D 42 E Rtg. Gémenos (1 km). Links Chemin de la République (700 m), danach links Chemin du Coupier (geradeaus).

Michèles lebendige, südfranzösische Mundart entspricht ganz ihrer Persönlichkeit voller Dynamik und Wärme. Dieses neue, von einem angenehmen Garten umgebene Haus in unmittelbarer Nähe von Gémenos liegt in einer ruhigen, unberührten Umgebung nur ein paar Kilometer von Cassis, Marseille, Aix und Ste-Baume entfernt. Die beiden großen, schlicht gestalteten Zimmer haben Komfort und öffnen sich dank großzügiger Fensterfronten weit zum Garten hin. Die Suite im Obergeschoss mit leicht abgeschrägten Wänden ist perfekt für Familien. Das gute Frühstück wird auf der Terrasse oder am Bauerntisch der Küche serviert. Eine ganz und gar sympathische Adresse. Die Lage zum Entdecken der Umgebung ist ideal.

565 - La Magnanerie

Montée de la Glacière
13450 Grans
(Bouches-du-Rhône)
Tel. und Fax (0)4 90 55 98 96
Mme de Lalène-Virchaux
und M. Dupont-Valin
E-Mail: sergedupontvalin@free.fr
Web: terres.et.lettres.free.fr

♦ Vom 24. Dez. bis 1. Jan. geschl. ♦ Nichtraucher-Zi. ♦ 1 Zi. (2 Pers.) mit Bad und eig. WC außerh. d. Zi., TV auf Wunsch; 1 Zi. mit eig. Dusche außerh. d. Zi.: 90 € (2 Pers.) + 15,24 € (Extrabett) ♦ Frühst. inkl. ♦ 1 separates Zi. für 1 großes Kind außerh. des Hauses ♦ Kein Gästetisch - Restaurants im Dorf ♦ Salon ♦ Schwimmbad ♦ Sprachen: Englisch ♦ **Anreise** (Karte Nr. 33): 5 km südl. von Salon-de-Provence. Autobahn A 7, dann A 54 Rtg. Arles, Ausfahrt 14, Salon-Ouest/Grans. In Grans Rtg. „Foyer socio-culturel".

Dieses Dorfhaus, das in einem kleinen, von einer Mauer umgebenen Garten liegt und ein Schwimmbad besitzt, betritt man über einen freundlichen Salon, der ganz im Zeichen der Skulptur und der Literatur steht, womit sich die Hausbesitzer beschäftigen. Die beiden Zimmer (das eine klassisch schlicht, das andere in provenzalischem Stil) sind komfortabel, und man fühlt sich sehr wohl in ihnen. Das Zimmer mit separatem Eingang eignet sich für eine(n) Jugendliche(n), denn ins Bad gelangt man nur über den Garten. Der Empfang in diesem hübschen Haus in der Nähe von Salon-en-Provence und Aix ist sympathisch.

PROVENCE - CÔTE D'AZUR

566 - Domaine de Saint-Véran
Route de Cavaillon
13660 Orgon
(Bouches-du-Rhône)
Tel. (0)4 90 73 32 86
Fax (0)4 90 73 39 57
Dominique Lorieux und Serge Guénot
E-Mail: d1jour@wanadoo.fr
Web: avignon-et-provence.com/bb/saint-veran

2003

♦ Jan. und Febr. geschl. ♦ 3 Zi. mit Bad oder Dusche, WC: 68 und 91 € (2 Pers.) ♦ Frühst. inkl. ♦ Kein Gästetisch - Restaurants ab 3 km ♦ Kreditkarten ♦ Salon ♦ Schwimmbad, Tennis ♦ Haustiere nur auf Anfrage erlaubt ♦ Sprachen: Englisch, Italienisch, Spanisch ♦ **Anreise** (Karte Nr. 33): Autobahn A 7, Ausfahrt Cavaillon. Auf die D 99 Rtg. Saint-Rèmy-de-Provence, dann nach Orgon. 2 km vor Orgon ausgeschildert.

7 Hektar Park voller Grün und Blumen schützen dieses Herrenhaus im italienischem Stil des späten 19. Jahrhunderts. Die Gastgeber, sie sind Dekorateure und Sammler, haben in ihrem Haus ein künstlerisch-raffiniertes Ambiente geschaffen. Jeder Empfangsraum, jedes Zimmer hat sein Thema und seine Farbe, die sich an vielerlei Accessoires, an den Bildern und Fayencen wiederfindet. Das Ergebnis ist schön, komfortabel und fern von jeglichem provenzalischem Abklatsch. Eine gastfreundliche, wunderbare Adresse für Aufenthalte.

567 - Mas Sainte-Anne

3, rue d'Auriol
13790 Peynier
(Bouches-du-Rhône)
Tel. (0)4 42 53 05 32
Fax (0)4 42 53 04 28
Mme Lambert

♦ 3 Wochen im Aug. geschl. ♦ Nichtraucher-Haus ♦ Mind. 3 Üb.♦ 4 Zi. mit Bad oder Dusche, WC: 59,50 € und 64 € (2 Pers., je nach Zi.) + 18,29 € (zusätzl. Pers.) ♦ Frühst. inkl. ♦ Gästetisch gelegentlich, reservieren - Restaurants in unm. Nähe ♦ Salon ♦ Haustiere nicht erlaubt ♦ Schwimmbad ♦ Sprachen: Englisch ♦ **Anreise** (Karte Nr. 33): 18 km östl. von Aix-en-Provence. Autobahn A 8 Rtg. Nizza, Ausfahrt Nr. 32, dann D 6 Rtg. Trets. 4 km vor Trets D 57, rechts Rtg. Peynier. Rue d'Auriol: zwischen der Post und der Apotheke.

Am Rand eines hübschen provenzalischen Dorfes verbirgt dieses authentische provenzalische Haus (*mas*) aus dem 18. Jahrhundert einen angenehmen Garten. Das Familienhaus, in dem Madame Lambert ihre Kinder aufgezogen hat, gehörte einst Vincent Roux, einem Maler aus der Region, dessen Geschmack für Gestaltung in seinem früheren Schlafzimmer mit Möbeln aus dem Familienbesitz und im dazugehörenden Bad (im Obergeschoss) mit Saint-Zacharie-Kacheln sich noch immer zeigt. 2 weitere angenehme Zimmer haben ein integriertes Bad. Der neben dem Atelier angebotene Raum kann als Nebenzimmer genutzt werden. Das Frühstück wird im Speiseraum oder auf der Terrasse serviert. Ein angenehmer und heiterer Ort.

PROVENCE - CÔTE D'AZUR

568 - Mas Predon

Avenue d'Arles
13103 Saint-Étienne-du-Grès
(Bouches-du-Rhône)
Tel. und Fax (0)4 90 49 12 37
Françoise Villeneuve
E-Mail: fvilleneuve@9online.fr
Web: mas-predon.com

♦ Ganzj. geöffn. ♦ Mind. 2 Tage ♦ 2 Zi. mit Dusche, WC (TV auf Wunsch): 71-76 € (2 Pers.) + 15 € (Extrabett) ♦ Frühst. inkl. ♦ Kein Gästetisch - Restaurants ab 6 km ♦ Salon, Bibliothek, Sommerküche und -speiseraum stehen zur Verf. ♦ Hunde nur auf Anfrage erlaubt ♦ Schwimmbad, Mountainbikes ♦ Bergtouren in den Alpilles vom Anwesen aus ♦ Sprachen: Deutsch, Englisch ♦ **Anreise** (Karte Nr. 33): 10 km nördl. von Arles. Autobahn A 7, Ausfahrt Cavaillon, dann auf die D 99 bis Saint-Étienne-du-Grès. Plan wird auf Wunsch zugesandt.

Dieses alte, sorgfältig mit Elementen der Vergangenheit renovierte Mas ist ein wirklich schönes Haus und verfügt über 2 helle Zimmer, die sowohl schlicht-elegant als auch sehr freundlich sind und hübsche Bäder besitzen; ferner steht ein honigfarbenes Studio in einem kleinen Nebenhaus zur Verfügung. Sonne und Schatten im Garten voller Blumen, der auf ein Lavendelfeld mit Olivenbäumen hinausgeht, von wo man zu einzigartigen Bergtouren in den Alpilles startet. Besonders liebenswürdiger Empfang.

569 - Rue du Château

24, rue du Château
13150 Tarascon
(Bouches-du-Rhône)
Tel. (0)4 90 91 09 99
Fax (0)4 90 91 10 33
Martine und Yann Laraison
E-Mail: ylaraison@wanadoo.fr
Web: chambres-hotes.com

♦ Ganzj. geöffn. ♦ Im Winter Reserv. notwendig ♦ Mind. 2 Üb. im Juli-Aug. ♦ Nichtraucher-Zi. ♦ 5 Zi. mit Bad oder Dusche, WC: 65-80 € (2 Pers.) ♦ Frühst. inkl. ♦ Kein Gästetisch - Restaurants in Tarascon ♦ Salon ♦ Haustiere nicht erlaubt ♦ Sprachen: Englisch, Spanisch ♦ **Anreise** (Karte Nr. 33): in Tarascon. Am Schloss in die kleine Fußgängerstraße gegenüber. Öffentlicher Parkplatz 50 m entfernt.

Dieser schöne, mit großem Talent restaurierte Häuserkomplex liegt in einer mittelalterlichen Stadt, nur ein paar Schritte vom Königsschloss entfernt. Die Materialien sind edel und rein, die Farben zart und gut gewählt und der Komfort derart, dass es für uns nicht leicht ist, eher das eine als das andere Zimmer zu empfehlen. Hier steht Provenzalisches auf nette Art neben Sammelobjekten aus aller Welt. Die neuen Hausbesitzer werden Sie an ihrer Freude, hier zu leben, teilhaben lassen.

PROVENCE - CÔTE D'AZUR

570 - Mas de Castellan

13670 Verquières
(Bouches-du-Rhône)
Tel. (0)4 90 95 08 22
Fax (0)4 90 95 44 23
M. Pinet
Web: mas-de-castellan.net

♦ Jan. und Febr. geschl. ♦ Mind. 2 Üb. im Sommer ♦ 4 Zi. mit Bad oder Dusche, WC: 77 € (2 Pers.) ♦ Frühst. inkl. ♦ Kein Gästetisch ♦ Salon ♦ Münztel. ♦ Parkplatz ♦ Hunde nicht erlaubt ♦ Schwimmbad ♦ **Anreise** (Karte Nr. 33): 8 km nordöstl. von Saint-Rémy. Nähere Angaben per Telefon.

Dieses provenzalische Landhaus *(mas)* wurde von einem Innenarchitekten gestaltet, der das Mischen der Stile, Trompe-l'œil und eine gedämpfte Atmosphäre liebt, und er bewohnt es auch. Sie werden das antike bzw. barocke Mobiliar schätzen, ferner die vielen geschmackvollen Gegenstände, den üppigen Wintergarten mit seiner Jasmin-„Wand" mit Blick auf den Park und das diskrete, von viel Grün umgebene Schwimmbad. Die ebenso schönen wie komfortablen Gästezimmer sind sehr angenehm: fast alle haben reizende Bäder, deren Boden mit alten Terrakottaplatten ausgelegt ist.

571 - Les Cancades

1195 Chemin de la Fontaine-de-
Cinq-Sous - Les Cancades
83330 Le Beausset (Var)
Tel. (0)4 94 98 76 93
Fax (0)4 94 90 24 63
Mme Zerbib
E-Mail: charlotte.zerbib@wanadoo.fr
Web: les-cancades.com

♦ Ganzj. geöffn. ♦ 2 Zi. mit Bad, WC und 2 Zi. (Terrasse) mit Bad und eig., aber außerhalb des Zi. gelegenen WC sowie 1 kl. provenz. Zi.: 58 und 68 € (2 Pers.) ♦ Frühst. inkl. ♦ Kein Gästetisch (aber: Sommerküche) - Restaurants in Le Beausset ♦ Zimmerreinigung auf Wunsch, sonst: Gäste ♦ Salon ♦ Hunde nicht erlaubt ♦ Schwimmbad ♦ **Anreise** (Karte Nr. 34): 20 km nordwestl. von Toulon über die N 8 Rtg. Aubagne; gegenüber dem Supermarkt „Casino" auf den Weg Fontaine-de-Cinq-Sous, nach 1,3 km Flurweg links; 50 m hinter der Kurve.

Erst muss man die Einfamilienhäuser hinter sich lassen, und dann entdeckt man zwischen Pinien und Olivenbäumen diese große Villa provenzalischen Stils. *Les Cancades* ist noch nicht sehr alt, geschmackvoll eingerichtet und verfügt über 4 schöne Gästezimmer. 2 besitzen eine eigene, zum Garten mit Schwimmbad herausgehende Terrasse. Ein weiteres Zimmer ist zwar kleiner, wurde aber hübsch mit schönen provenzalischen Stoffen gestaltet. Wunderbarer, üppig wuchernder Garten.

PROVENCE - CÔTE D'AZUR

572 - La Grande Maison

Domaine des Campaux
6987, route du Dom
83230 Bormes-les-Mimosas
(Var)
Tel. (0)4 94 49 55 40
Fax (0)4 94 49 55 23
Laurence Lapinet

♦ Jan. geschl. ♦ 3 DZ mit Bad, WC und 2 Suiten (2 Zi. mit Verbindungstür und je 1 Bad): 80 und 95 € (2 Pers.); Suite: 110 und 125 € (4 Pers.) ♦ Frühst.: 7,50 € ♦ Gästetisch abends, gemeinsam: 26 € (ohne Getränke) ♦ Salon ♦ Schwimmbad, Angeln (See) ♦ Sprachen: Englisch ♦ **Anreise** (Karte Nr. 34): 15 km von Cogolin. Ab Cogolin die N 98 Rtg. Bormes-les-Mimosas. 15 km weiter ausgeschildert. Das Haus liegt näher am Meer als an Bormes.

Dieses imposante, im Hinterland gelegene Landhaus (*bastide*) aus dem 16. Jahrhundert überragt eine wunderbare Landschaft voller Wälder, Wiesen und Weinberge; von Letzteren stammt der Wein der Domäne. Mit guten Ideen hat Laurence es zu einem sympathischen B&B-Haus umgestellt. Die großen, hellen Gästezimmer mit sehr angenehmen Bädern sind komfortabel und mit alten hellen oder schön polierten Möbeln hübsch gestaltet. Auf der schattigen Terrasse können Sie das Frühstück einnehmen. Das Abendessen ist gut, der Empfang dynamisch, locker, liebenswürdig. Also: ein Haus für diejenigen, die auf der Suche nach Ruhe und Natur sind. Die Ankunftszeiten sollten mitgeteilt werden.

573 - La Cordeline

14, rue des Cordeliers
83170 Brignoles
(Var)
Tel. (0)4 94 59 18 66
Fax (0)4 94 59 00 29
Michel Dyens
E-Mail: lacordeline@ifrance.com
Web: lacordeline.com

2003

♦ Ganzj. geöffn. ♦ Mind. 2 Üb. ♦ Nichtraucher-Zi. ♦ 4 Zi. mit Bad oder Dusche, WC: 61-76,25 € (2 Pers.); Suite 91,50 € (2 Pers.) + 15,25 € (zusätzl. Pers.) ♦ Frühst. inkl. ♦ Gästetisch abends (Mi, Sa), gemeinsam, reservieren: 23 € (Getränke inkl.) ♦ Kreditkarten ♦ Salon ♦ Haustiere nicht erlaubt ♦ Sprachen: Englisch, Spanisch ♦ **Anreise** (Karte Nr. 34): Autobahn A 8, Ausfahrt 35 Brignoles, Rtg. Centre-Ville, Bd. Louis Blanc (RN 7), dann Cours de la Liberté. Nach 300 m rechts Rtg. Toulon über Rue Ste Catherine, Rue des Remparts, Rue des Casernes. An der Esplanade Parkplatz Les Cordeliers links; Rue des Cordeliers gegenüber dem Parkplatz.

Ein prächtiges Haus des 18. Jahrhunderts im Herzen des alten Brignoles. Es verbirgt einen reizenden Garten und eine unwiderstehliche, schattige Terrasse, auf der im Sommer das Frühstück und das Abendessen serviert werden. Im Innern viel „Seele" und Ursprüngliches dank der vielen antiken Möbel, Bücher, Bilder und Sammelstücke der Familie. Wunderbarer Speiseraum (19. Jh.) mit Täfelwerk und allegorischen Abbildungen auf Paneelen. Die angenehmen Gästezimmer wurden natürlich wie für Freunde gestaltet und liegen entweder am Garten oder an einem absolut ruhigen kleinen Platz. Ganz und gar liebenswürdiger Empfang.

PROVENCE - CÔTE D'AZUR

574 - La Bastide Collombe

83119 Brue-Auriac
(Var)
Tel (0)4 94 80 91 60
Handy (0)6 20 86 16 63
Mme und M. Domont

♦ Von Ostern bis Ende Okt. geöffn. (ansonsten auf Reserv.) ♦ Mind. 2 Üb. ♦ 3 Zi. mit Dusche, WC: 54,87-59,44 € (2 Pers.) + 15,24 € (Extrabett) ♦ Früst. inkl. ♦ Gemeins. Essen an individ. Tischen auf Best.: 18,29 €; Picknickkorb auf Wunsch ♦ Tischtennis ♦ **Anreise** (Karte Nr. 34): 10 km nordöstl. von Saint-Maximin. Autobahn A 8, Ausfahrt Saint-Maximin, Rtg. Barjos (10 km), links, dann ausgeschildert. 1 km vor dem Dorf Brue-Auriac.

Dieser riesige, solide Natursteinbau aus dem 17. Jahrhundert bietet 3 kleine Gästezimmer mit Duschbädern an, die eigens zu diesem Zweck eingerichtet wurden. Die vorherrschenden Farben der Zimmer und die ganze Gestaltung verleiht ihnen etwas besonders Freundliches. Das leicht unterhalb gelegene Zimmer „van Gogh" besitzt eine kleine Terrassenecke. Die beiden anderen (darunter 1 kleines) können zwar separat gemietet werden, doch ist ihre Lage für mehrere Freunde oder für Familien geradezu ideal. Das reichhaltige Frühstück und die mediterran gewürzten Abendessen, die die Hausherrin selbst zubereitet, werden entweder draußen oder in einem freundlichen Salon serviert, dessen Gestaltung vorwiegend mit dem Stierkampf zu tun hat. Dynamisch-sympathischer Empfang.

575 - L'Aumonerie

620, avenue de Font-Brun
83320 Carqueiranne
(Var)
Tel. (0)4 94 58 53 56
Mme und M. Menard
Web: fleurs-soleil.tm.fr

♦ Vom 1. bis 15. Aug. geschl. ♦ Aufnahme ab 17.00 Uhr ♦ Nichtraucher-Zi. ♦ 1 Zi. mit Dusche, WC: 55-65 € (2 Pers., je nach Saison) und 2 Zi. mit Bad oder Dusche, gemeins. WC: 65-80 € (2 Pers., je nach Saison) + 20 € (Extrabett) ♦ Frühst. inkl. ♦ 1 kl. Haus mit Doppelbett, Küche, Kühlschrank, Waschmaschine.: 80-100 € + 20 € (Extrabett) ♦ Kein Gästetisch - Restaurants in Carqueiranne ♦ Hunde nicht erlaubt ♦ Privatstrand hinter dem Garten ♦ Sprachen: Englisch ♦ **Anreise** (Karte Nr. 34): 15 km östl. von Toulon, Autobahn Rtg. Nizza Le Pradet, Ausfahrt Nr. 2 Le Pradet-Carqueiranne. Hinter dem Ortsausgangsschild Carqueiranne und dem 3. Kreisverkehr 2. Straße rechts.

Das Meer liegt gleich hinter dem Garten dieser Villa mit kleinem Privatstrand. Die komfortablen Gästezimmer sind mit Sorgfalt möbliert; die größten im Obergeschoss, mit eigenem Bad oder eigener Dusche, haben Außentoiletten. Das Erdgeschoss-Zimmer ist ein wenig klein. Wer unabhängiger wohnen möchte, wird das nette kleine Haus wählen. Das Frühstück kann entweder auf dem Zimmer oder im Garten eingenommen werden. Unkomplizierter, sympathischer Empfang. Frühzeitig reservieren.

PROVENCE - CÔTE D'AZUR

576 - Maison Gonzagues

9, rue Léon Gérard
83570 Cotignac (Var) *2003*
Tel. (0)4 94 72 85 40
Fax (0)4 94 72 85 38
Colette und Philippe Léondurand
E-Mail: maison.gonzagues@libertysurf.fr
Web: maison-gonzagues-cotignac.com

♦ Ganzj. geöffn. ♦ 5 Zi. mit Bad, WC, TV: 92-107 € (2 Pers.) + 19 € (zusätzl. Pers.) ♦ Frühst. inkl. ♦ Gästetisch abends, gemeinsam, reservieren: 31 € (ohne Wein) ♦ Kreditkarten außer Amex ♦ Salon-Spreiseraum ♦ Haustiere nur auf Anfrage erlaubt ♦ Sprachen: Deutsch, Englisch, Italienisch, Spanisch ♦ **Anreise** (Karte Nr. 34): im Dorf an der oberen Allee rechts.

In Cotignac, überragt von seiner Ringmauer und gewogen von seinen Brunnen, ist das Leben von großer Ruhe geprägt. In der Mitte des Dorfes ist dieses 1747 erbaute Stadtpalais eines Gerbermeisters ein Beweis für die reiche Vergangenheit des Ortes. Die Innenräume mit modernem Komfort haben durchaus Spuren aus der Vergangenheit erhalten. Die Gestaltung bewegt sich zwischen Klassischem und antik Provenzalischem mit hier und das etwas Theatralischem (Draperien, Alkoven, Himmelbetten, kostümierte Puppen usw.). Die Zimmer und Bäder sind höchst komfortabel und gepflegt. Bei Tisch werden Sie u. a. provenzalischen Spezialitäten die Weine von Cotignac kennen lernen. Colette (in das Dorf ihrer Kindheit zurückgekehrt) und Philippe empfangen Sie warmherzig in diesem großen Haus, dem nur noch ein Garten fehlt. Angenehm für eine Station in der Provence.

577 - La Radassière

Quartier les Fabres
RD 50 - Route d'Entrecasteaux
83570 Cotignac (Var)
Tel. (0)4 94 04 63 33
Fax (0)4 94 04 66 99
Mme und M. Artaud
E-Mail: radasse@club-internet.fr
Web: sejour-en-provence.com

♦ Im Jan. geschl. ♦ Reserv. notwendig ♦ 4 Zi. mit Bad oder Dusche, WC: 65 € (2 Pers.) + 20 € (Extrabett) ♦ Frühst. inkl. ♦ Gästetisch abends, gemeinsam, 4 mal pro Woche, mind. insgesamt 6 Pers., reservieren: 25 € (Wein inkl.) - Restaurants (2 km) ♦ Hunde nicht erlaubt ♦ Schwimmbad ♦ Sprachen: Englisch, Spanisch, Italienisch ♦ **Anreise** (Karte Nr. 34): 20 km nördl. von Brignoles. Autobahn A 8, Ausfahrt Brignoles, Rtg. La Val, dann Cotignac. Ab Cotignac 1 km Rtg. Entrecasteaux.

Maryse und Richard arbeiteten 20 Jahre lang im Restaurantgewerbe und bauten dann in unmittelbarer Nähe des Höhlendorfs Cotignac im Haut-Var auf einem Anwesen mit Olivenanbau eine neue Dependance, die Gästezimmer anbietet (3 mit Mezzanin für Kinder). Mit ihrer kleinen Terrasse sind die Zimmer von gediegener Modernität: ganz in Weiß, die einzigen Farbtupfen stellen die Werke der Künstler des Dorfes dar. Frische Blumen, Früchte der Saison, verchromte Lampen, bequeme Design-Fauteuils, breite Betten mit weiß bezogenen Daunendecken sind ausnahmslos Dinge, die einen zufrieden stellen. 2 der Zimmer haben über dem Kopf des Bettes eine große Verglasung – zum Betrachten der Sterne natürlich. Das Frühstück ist reichhaltig und wird am großen Tisch im Haus der ausgesprochen geselligen Gastgeber serviert.

PROVENCE - CÔTE D'AZUR

578 - La Garonne

Chemin de la Roque
83560 Ginasservis (Var)
Tel. (0)4 94 80 14 00
Fax (0)4 94 80 19 04
Sibylle de Maisonseul, Joël Nicolas
E-Mail: setj@club-internet.fr
Web: b-and-b-ginasservis.com

2003

♦ Ganzj. geöffn. ♦ Reserv. notwendig ♦ 2 Zi. mit Dusche, WC: 46 € (2 Pers.) ♦ Frühst. inkl. ♦ 1 separates, wöchentlich zu mietendes appartement für 4 Pers. ♦ Kein Gästetisch - Restaurants ab 5 km ♦ Salon ♦ Haustiere nur auf Anfrage erlaubt ♦ Sprachen: Englisch, Italienisch ♦ **Anreise** (Karte Nr. 34): in Ginasservis auf die D 36 Rtg. St-Paul-Durance (6 km). Am Schild „Chambres d'hôtes" auf den Weg links; nach 800 m 1. Haus links.

Ein simples, angenehmes Haus mitten auf dem Land und umgeben von Heideland, das Liebhabern von Natur und großer Ruhe gefallen wird. Auch wenn die Fassade dieses Mas in den Siebzigern zu intensiv renoviert wurde, sind doch die von Sibylle neu entworfenen Innenräume angenehm. Die Gestaltung ist schlicht und geschmackvoll. Die Wände schmücken Bilder ihres Vaters. Die großen Zimmer mit kleinen, funktionellen Duschbädern sind ähnlich eingerichtet; das eine geht zum Garten hinaus, das andere liegt unter dem Dach. Das großzügige Frühstück wird draußen, aber auch im Wohnraum serviert. Bevor man sich aufmacht, um die Umgebung zu entdecken, kann man sich in mehreren kleinen Ecken um das Haus herum entspannen. Sibylle, Joël und ihr ganz junger Sohn empfangen auf eine sympathische Art.

579 - Cap Martin

10, parc de la Reine Astrid
83310 Grimaud (Var)
Tel. (0)4 94 43 89 68
Fax (0)4 94 43 97 68
Martine de Wasseige
und Jacques V. Remy
Web: capmartin.com

2003

♦ Ganzj. geöffn. ♦ Reserv. notwendig ♦ Mind. 2 Üb. ♦ 6 Zi. mit separatem Eingang, Bad oder Dusche, WC, TV: 55-125 € (2 Pers.) ♦ Frühst.: 7,5 € ♦ Gästetisch abends, gemeinsam, reservieren: 30 € (Wein inkl.) - Angebot eines kalten Mittagessens am Schwimmbad ♦ Schwimmbad ♦ Strand 10 Fußminuten ♦ Haustiere nur auf Anfrage erlaubt: + 4 €/Tag ♦ Sprachen: Englisch, Niederländisch ♦ **Anreise** (Karte Nr. 34): Autobahn A 8 Rtg. Nice, Ausfahrt 36, dann Rtg. Ste-Maxime, am Meer entlang Rtg. St-Tropez. Am 2. Kreisverkehr Parc Reine Astrid (Türcode bei der Reservierung).

Wer das Ehepaar Martine und Jacques in ihrem früheren Haus kennen gelernt hat, wird nicht zögern, ihnen in dieses zu folgen, um im Cap Martin außer von ihrer Großzügigkeit und ihrem Humor von der phantastischen Aussicht auf den Golf von Saint-Tropez zu profitieren. Für alle anderen ist dieses ganz ruhig in einem Park gelegene Haus eine Gelegenheit, die nicht verpasst werden sollte. Die auf mehreren Ebenen des Hauses und auf den Garten verteilten angenehm gestalteten Zimmer bieten Komfort und Eigenständigkeit. Das den reizvollen, abschüssigen Garten überragende Schwimmbad ist ein Hafen der Ruhe. Exzellente Küche, raffiniertes, fröhliches Ambiente für entspannende Aufenthalte.

PROVENCE - CÔTE D'AZUR

580 - Leï Méssugues

Domaine du Cros d'Entassi, N°86
83310 Grimaud
(Var)
Tel. und Fax (0)4 94 56 03 16
Mme und M. Casazza

♦ Von Ostern bis 10. Okt. geöffn. ♦ Mind. 2 Üb. ♦ 2 Zi. und 2 Studios (Kitchenette) mit Dusche, WC: 61 € (2 Pers.), Studio: 61 € (2 Pers.) ♦ Frühst.: 7 € ♦ Kein Gästetisch - Restaurants ab 1 km ♦ Hunde nur auf Anfrage erlaubt ♦ Schwimmbad, Parkplatz ♦ **Anreise** (Karte Nr. 34): N 98 Uferstraße, 6 km westl. von Sainte-Maxime vor Port Grimaud. Die genaue Wegbeschreibung erhalten Sie bei der Reservierung.

Dieses von viel Grün umgebene Haus mit gepflegtem Garten ist Teil einer Anlage, die nur einige Minuten von den Stränden entfernt und in der Nähe von Saint-Tropez liegt. Zur Wahl stehen 2 kleine Zimmer, die komfortabel und sehr schmuck sind, sowie 2 Studios mit Kitchenette; wir empfehlen Ihnen, das im Erdgeschoss zu reservieren. Das Ganze ist sehr gepflegt. Die ausgesprochen angenehme Art von Madame und Monsieur Casazza, den Gast zu empfangen und sich ihm zu widmen, möchten wir besonders erwähnen.

581 - La Bastide du Pin

1017, route de Salernes
83510 Lorgues-en-Provence
(Var)
Tel. (0)4 94 73 90 38
Fax (0)4 94 73 71 55
Claudie und Stéphane Dumont
E-Mail: bastidedupin@wanadoo.fr
Web: bastidedupin.com

2003

♦ Ganzj. geöffn. ♦ Reserv. notwendig ♦ Nichtraucher-Zi. ♦ 4 Zi. mit Bad oder Dusche, WC: 70-95 € (2 Pers.) + 20 € (zusätzl. Kinderbett) ♦ Frühst. inkl. ♦ Gästetisch abends, reservieren: 20 € (Landwein inkl.) ♦ Kreditkarten ♦ 2 wöchentlich zu mietende Wohnungen für 4 Pers. ♦ Salon, Billard ♦ Schwimmbad (unbeaufsichtigt, auch für die Wohnungen nutzbar) ♦ Haustiere nicht erlaubt ♦ Sprachen: Englisch ♦ **Anreise** (Karte Nr. 34): Autobahn A 8, Ausfahrt Le Muy, Rtg. Les Arcs, dann Lorgues. Am Ausgang von Lorgues auf die Route de Salernes (am km 1017).

Diese von seiner Umgebung (Wohngegend) am Ausgang von Lorgues durch eine Zypressenallee geschützte Bastide, deren Restaurierung erst kürzlich abgeschlossen wurde, verbirgt nach hinten heraus einen Innenhof mit einem unterhalb gelegenen Schwimmbad, das viel Sonne erhält. Die Zimmer liegen im Obergeschoss. Wie die Bäder mit Salernes-Kacheln sind sie sehr gepflegt. Ihre Gestaltung kann als zurückhaltend bezeichnet werden. Die Zimmer zum Innenhof (nach Süden) sind denen zur Straße hin vorzuziehen. Sobald es warm zu werden beginnt, wird das Frühstück draußen unter den Arkaden serviert, ansonsten im Billardraum. Angenehmer, freundlicher Empfang in diesem sehr günstig zwischen dem Meer und den Bergen im Haut-Var gelegenen Haus.

PROVENCE - CÔTE D'AZUR

582 - Le Mas du Rouge

83120 Plan-de-la-Tour
(Var)
Tel. (0)4 94 43 75 88
Mme Roques

♦ Vom 30. Sept. bis Ende Mai geschl. ♦ Mind. 2 Üb. ♦ 2 Zi. mit Dusche, WC: 45 €, 1 Studio mit Dusche, WC: 70 € (4 Pers.) + 8 € (Extrabett) ♦ Frühst. inkl. ♦ Kein Gästetisch ♦ Haustiere nicht erlaubt ♦ Schwimmbad ♦ Sprachen: Deutsch, Englisch, Italienisch ♦ **Anreise** (Karte Nr. 34): 3,5 km nordöstl. von Plan-de-la-Tour über die D 44 Rtg. Le Muy.

In der Nähe von Saint-Tropez profitiert man in diesem kleinen Haus zwischen Weinbergen und Eichen von der ruhigen, schönen Umgebung. Hier stehen zur Wahl 2 gepflegte, aber schlicht eingerichtete Gästezimmer und 1 Studio mit Blick auf einen kleinen „privaten" Garten am Schwimmbad; es hat einen Kamin, Balken, Terrakottafußboden und Sessel mit weißen Baumwollbezügen. Das Frühstück wird auf der Terrasse serviert. Ein unprätentiöses und (für die Gegend) sehr preiswertes Haus.

583 - Saint-Ferréol

Domaine de Saint-Ferréol
83670 Pontevès
(Var)
Tel. (0)4 94 77 10 42
Fax (0)4 94 77 19 04
Mme und M. de Jerphanion

♦ Von März bis Nov. geöffn. ♦ 2 Zi. und 1 Suite (4 Pers.) mit Bad oder Dusche, WC: 50-60 € (2 Pers.), 76 € (4 Pers.) ♦ Frühst. inkl. ♦ Kein Gästetisch - Küche steht zur Verfüg. - Restaurants in unm. Nähe ♦ Zimmerreinigung auf Wunsch ♦ Salon ♦ Haustiere nicht erlaubt ♦ Schwimmbad ♦ Sprachen: Deutsch, Englisch ♦ **Anreise** (Karte Nr. 34): 21 km nordöstl. von Saint-Maximin über die D 560 Rtg. Barjols. Ab Barjols Rtg. Draguignan. 2,5 km vor Barjols gleich hinter dem Schild „Bienvenue à Pontevès" links den Weg.

Dieses schöne Bauernhaus aus dem 18. Jahrhundert liegt auf einem leicht abfallenden Gelände inmitten der Natur und ist ein großes Weingut. Die Gästezimmer liegen in einem der 4 Flügel, die einen kleinen, eckigen, vor Wind geschützten Hof umgeben. Sie sind einfach und geschmackvoll eingerichtet, eher geräumig und haben angenehme Bäder. Das Frühstück wird in einem großen, rustikalen Raum im Erdgeschoss serviert. Liebenswürdiger Empfang.

PROVENCE - CÔTE D'AZUR

584 - Mas des Graviers
Route de Rians - Chemin Cézanne
83910 Pourrières (Var)
Tel. (0)4 94 78 40 38
Fax (0)4 94 78 44 88
Mme Andrea Mc Garvie Munn
E-Mail: masdesgraviers@wanadoo.fr
Web: masdesgraviers.homestead.com/1.html
Web: foolscap.com/mas/

♦ Ganzj. geöffn. ♦ Mind. 2 Üb. ♦ 2 Suiten (1 für Paare mit Kindern; 1-5 Pers., 3 Zi.) und 2 separate Zi. mit Bad oder Dusche, WC: 75 € (1 Pers.), 90 € (2 Pers.); Suiten: 130 und 170 € ♦ Frühst. inkl. ♦ Gästetisch, gemeinsam oder individuell, reservieren: 25 € (ohne Wein) ♦ Salon ♦ Hunde nicht erlaubt ♦ Schwimmbad, Tennis ♦ Sprachen: Deutsch, Englisch ♦ **Anreise** (Karte Nr. 33): 30 km südöstl. von Aix-en-Provence. Autobahn A 8, Ausfahrt Le Canet, dann N 7 Rtg. Saint-Maximin. Links Rtg. Pourrières, weiter Rtg. Rians, danach ausgeschildert.

Dieses freundliche, von Weinbergen, Lavendel und Baumgruppen umgebene provenzalische Landhaus *(mas)* hat dem Berg Sainte-Victoire gegenüber eine Traumlage. Fast ausschließlich den Gästen zur Verfügung stehend, hat es wunderbare Räume, in denen moderne Kunst neben Freundlich-Meridionalem steht. Die Zimmer sind angenehm und komfortabel. Die Disposition der nicht generell in den Zimmern gelegenen sanitären Einrichtungen unterstreicht die hier kultivierte Seite „Haus für geladene Freunde". Das Frühstück wird unter den alten Maulbeerbäumen der Terrasse mit Blick aufs Schwimmbad eingenommen.

585 - Vasken

Les Cavalières
83520 Roquebrune-sur-Argens
(Var)
Tel. (0)4 94 45 76 16
Fax (0)4 94 45 71 47
Mme und M. Kuerdjian

♦ Ganzj. geöffn. ♦ Nachsaison Reserv. mit Anzahlung erforderlich ♦ Nichtraucher-Zi. ♦ 5 Zi. mit Bad oder Dusche, WC: 61 € (2 Pers.) und 1 Studio (2 Erw. + 1 Kind) mit Dusche, WC, Küche und 1 Wohn-Schlafzi.: 76 €; TV auf Wunsch. ♦ Frühst.: 6,10 € ♦ Kein Gästetisch - Restaurants ab 2 km ♦ Kein Bettenmachen - Zimmerreinigung auf Wunsch mit Zuschlag ♦ Hunde nicht erlaubt ♦ Schwimmbad ♦ **Anreise** (Karte Nr. 34): 12 km westl. von Fréjus über die N 7 (zwischen Le Muy und Le Puget-sur-Agens), danach D 7 Rtg. Roquebrune. Dort 1. Straße rechts, am Friedhof Boulevard du 18-Juin (1,5 km), dann ausgeschildert.

Ganz einsam auf dem Land, aber nahe der Küste liegt dieses aus rotem Stein vom Gastgeber erbaute einstöckige Haus, das einen weiten Blick und vollkommene Ruhe bietet. Im und am angenehmen Schwimmbad entspannt man sich wunderbar. Mit ihren Duschbädern sind die Zimmer perfekt für den Sommer; einfach eingerichtet und gestaltet, haben alle eine eigene Terrasse entweder zum Schwimmbad hin oder mit Blick auf die Umgebung. Monsieur Kuerdjian, früher übte er den Beruf des Konditors aus, backt die Croissants natürlich selbst. In diesem schlichten, ruhigen Haus ist der Empfang spontan.

PROVENCE - CÔTE D'AZUR

586 - Mas de Fontbelle

Hameau des Molières
83136 La Roquebrussanne
(Var)
Tel. und Fax (0)4 94 86 84 16
Bernadette und Roger Buyle

♦ Vom 20. Nov. bis 20. März geschl. ♦ Reserv. notwendig ♦ Mind. 2 Üb. ♦ Nichtraucher-Zi ♦ 2 Zi. mit Bad oder Dusche, WC: 72-77 € (2 Pers.) und 1 Suite (2-4 Pers.) mit 2 Zi., Salon, Bad, WC: 95 € (2 Pers.) + 23 € (Extrabett) ♦ Frühst. inkl. ♦ Gästetisch abends, gemeinsam oder individuell: 28 € (Wein inkl.) ♦ Salon ♦ Tel. ♦ Hunde nicht erlaubt ♦ Schwimmbad, Kochkurse, Wanderwege (G.R) ♦ Tennis (kostenlos, 2 km entf.) ♦ Sprachen: Englisch, Spanisch, Niederländisch ♦ **Anreise** (Karte Nr. 34): 30 km nördl. von Toulon. Autobahn A 8, Ausfahrt Saint-Maximim, N 7 bis Tourves, dann D 205 (wird später zur D 5) bis La Roquebrussanne, auf den Weg Chemin des Molières, dann ausgeschildert.

Früher führten die Buyles ein berühmtes Restaurant in Belgien. Danach haben sie sich in diesem provenzalischen alten Landhaus niedergelassen, das sie sehr geschmackvoll renoviert haben. Die Zimmer sind schmuck und, wie der Rest des Hauses, mit viel Raffinement eingerichtet (Mobiliar frühes 19. Jh., bemerkenswerte Objekte und Bilder). Viel Komfort. Frühstück und Abendessen von höchster Qualität. Professioneller, liebenswürdiger Empfang und ein sehr gepflegter Garten sind die anderen Vorzüge dieses empfehlenswerten Hauses.

587 - Le Bastidon Saint-Michel

La Baucas - CD 44
83120 Sainte-Maxime
(Var)
Tel. und Fax (0)4 94 43 72 95
Bernard und Sonia Nouvel

2003

♦ Ganzj. geöffn. ♦ Reserv. notwendig ♦ Mind. 2 Üb. erwünscht ♦ Nichtraucher-Haus ♦ 1 Zi. und 1 Suite mit 2 nebeneinander gelegenen Zi. mit separatem Eingang, Dusche und WC in jedem Zi.: 65-80 € (2 Pers.), 122 € (4 Pers.) ♦ Frühst. inkl. ♦ Kein Gästetisch - Restaurants (5 km) ♦ Schwimmbad (Bewegungsbad) ♦ Strand (10 km) ♦ Haustiere nicht erlaubt ♦ **Anreise** (Karte Nr. 34): Autob. A 8, Rtg. Nice, Ausf. 36, dann Rtg. Ste-Maxime über die D 25. 9 km weiter rechts Rtg. Plan de Tour über Touristenstraße D 44, die Brücke passieren, und nach 3 km Ortseingangsschild von Le Baucas, 1. geteerter Weg rechts.

Einige Kilometer von der doch sehr lebendigen Küste dieses ganz von Vegetation eingenommene und inmitten des „Massif des Maures" gelegene Haus, das all diejenigen erfreuen wird, die auf der Suche nach Ruhe und Authentizität sind. Die für Familien ideale Suite und das Zimmer gehen ebenerdig zum Garten heraus, in dem sich die blumenbepflanzten Krüge gut machen. Wie die Bäder sind die Zimmer klein, einfach, aber hübsch. Um die einzigartige Aussicht zu genießen, braucht man nur ein paar Schritte zu tun, und zum Entspannen am angenehmen Schwimmbad in der Sonne sind es nur wenige Stufen. Die Spontaneität und Liebenswürdigkeit von Bernard und Sonia sind das Sahnehäubchen dieses von immenser Ruhe geprägten Hauses.

PROVENCE - CÔTE D'AZUR

588 - La Vieille Bastide

300, chemin
du Plan de Chidron
83870 Signes (Var)
Tel. und Fax (0)4 94 90 81 45
Nadèje Fercoq
E-Mail: vieillebastide@aol.com
Web: lavieillebastide.free.fr

2003

♦ Von Mitte Jan. bis Mitte März geschl. (außer in den Schulferien) ♦ Mind. 2 Üb. ♦ Nichtraucher-Haus ♦ 3 Zi. mit Bad oder Dusche, WC: 70-95 € (2 Pers.) + 24 € (zusätzl. Pers.) + 5 € (Kinder unter 8 J.) ♦ Frühst. inkl. ♦ Gästetisch abends, gemeinsam, reservieren: 27 € (Landwein inkl., Weinkarte exkl.) ♦ Salon ♦ Haustiere nicht erlaubt ♦ Sprachen: Englisch ♦ **Anreise** (Karte Nr. 34): Autobahn A 8 Rtg. Nice, dann A 50 Rtg. Toulon, Ausfahrt 11 Le Beausset. N 8 Rtg. Gémenos, dann D 2 nach Signes. Vor dem Dorf auf den Weg links, 600 m hinter den 5 Platanen rechts.

Inmitten des Massivs Sainte-Baume präsentiert am Ende eines holprigen Weges diese im 18. Jahrhundert am Hang erbaute, heute renovierte Bastide ihre Fassade mit blauen Fensterläden. Nadèje und ihre Ehemann haben die Innenräume für den Komfort ihrer Gäste vollkommen neu gestaltet. Das von uns bevorzugte Zimmer liegt im alten Teil. Die anderen sind aber ebenso komfortabel, anheimelnd und gepflegt, auch wenn das Bad des einen von einem kleinen Gang getrennt ist. Die Geräusche, die man tagsüber schon mal von der Straße her hört, lassen abends, wenn man auf der Terrasse unter den Platanen diniert, ganz nach. Jahreszeitenküche, und im Sommer gibt es häufiger Gegrilltes vom Barbecue.

589 - Bastides des Hautes Moures

Les Moures
83340 Le Thoronet
(Var)
Tel. (0)4 94 60 13 36
M. Debray und Mme Jobert
Web: bastide-des-moures.com

♦ Ganzj. geöffn. ♦ Reserv. notwendig ♦ 3 Zi. mit Bad oder Dusche, WC, TV: 95-107 € (2 Pers.) + 16 € (zusätzl. Pers.) ♦ Frühst. inkl. ♦ 1 wöchentlich zu mietendes Parterre-App. (4 Pers.) mit Küche, Dusche, WC, TV: 763 € in der Hochsaison und 641 € außerh. der Saison ♦ Ohne Frühst. (auf Best.: 7 € pro Pers. ♦ Gästetisch abends, gemeinsam, reservieren: 27 € (Aperitif und Wein inkl.) ♦ Salon ♦ Schwimmbad, Billard ♦ Schwimmbad (15 x 7 m, mit Salz), Boccia, Fahrräder ♦ Sprachen: Deutsch, Englisch, Italienisch ♦ **Anreise** (Karte Nr. 34): Autobahn A 8, Ausfahrt Le Luc/Le Cannet Rtg. Le Thoronet. 300 m vor der D 84 Rtg. Vidauban. Nach 4,5 km Rtg. „Bastide des Hautes Moures" rechts (800 m).

Am Ende eines ein wenig holprigen Weges liegt mitten im Wald diese Bastide aus dem späten 18. Jahrhundert, die all denen gefallen wird, denen große Ruhe und unverdorbene Natur, Komfort und Wellness wichtig ist. Das von einem jungen Paar restaurierte Haus besitzt eine schöne Terrasse und ein großes Schwimmbad. Im Salon mit Ledersofas kann man es sich ebenfalls bequem machen, und bei weniger schönem Wetter Billard spielen. Die großen, komfortablen Zimmer in orientalischen Farben haben farbige Bäder. Um die provenzalische Küche kümmert sich Monsieur Debray, der früher ein Restaurant besaß.

PROVENCE - CÔTE D'AZUR

590 - La Prévôté

354, chemin d'Exploitation
84210 Althen-les-Paluds
(Vaucluse)
Tel. (0)4 90 62 17 06
Fax (0)4 90 62 17 36
Mme und M. Frenot
Web: la-prevote.com

♦ Vom 1. März bis 14. Nov. geöffn. ♦ Reserv. notwendig ♦ Im Winter auf Anfrage ♦ 5 Zi. mit Bad, WC: 60-85 € (1 Pers.) + 15 € (zusätzl. Pers.) ♦ Frühst. inkl. ♦ 1 Studio (4 Pers.) mit Bad, WC: 80-110 € + 10 € (zusätzl. Pers.) ♦ ohne Frühst. (Frühst.: 6 € pro Pers.) ♦ Kein Gästetisch - Restaurants (4 km) ♦ Salon ♦ Hunde nicht erlaubt ♦ Schwimmbad ♦ Sprachen: Englisch ♦ **Anreise** (Karte Nr. 33): 12 km nördl. von Avignon. Autobahn A 7, Ausfahrt Avignon-Nord, Rtg. Carpentras (Schnellstraße), Ausfahrt Althen-les-Paluds-Est, dann ausgeschildert.

Dieses Mas von Format befindet sich in der Nähe von Avignon, ist von Rosen umgeben und liegt inmitten eines Obstgartens voller Apfelbäume, Johannisbeer- und Himbeersträucher, selbstverständlich mit hier und da Rosmarin und Lavendel. Das von Oleander umgebene Schwimmbad ist ein Hafen der Ruhe. Das Frühstück wird unter dem großen Kastanienbaum serviert. Die im Erd- und Obergeschoss gelegenen Zimmer sind sehr geräumig und von zurückhaltend-schlichter Gestaltung (freundliche Stoffe und schmiedeeiserne Möbel). Die Bäder mit modernem Komfort sind tadellos. Das etwas abseits gelegene Studio ist besonders praktisch für Familien. Ein ausgesprochen ruhiges Haus mit fürsorglichen Gastgebern.

591 - Richarnau

84390 Aurel
(Vaucluse)
Tel. und Fax (0)4 90 64 03 62
Visnja und Christian Michelle
E-Mail: richarnau@free.fr
Web: richarnau.free.fr

♦ Vom 5. Jan. bis 28. Febr. geschl. ♦ Mind. 2 Üb. ♦ 3 Zi. und 2 Suiten (3-4 Pers.) mit Bad oder Dusche, WC: 65-80 € (2 Pers.); Suite: 80-85 € (2 Pers.), 110 € (3 Pers.), 120 € (4 Pers.) ♦ Frühst. inkl. ♦ Gemeins. Essen auf Best.: 22 € ♦ Salon ♦ Hunde nicht erlaubt ♦ Kurse (mit Zuschlag) der Methode Feldenkrais (Bewusstseinsbildung dank Bewegung) ♦ Sprachen: Deutsch, Englisch, Italienisch ♦ **Anreise** (Karte Nr. 33): 40 km östl. von Carpentras Rtg. Sault, Sault durchqueren, Rtg. Aurel und Montbrun (4 km), danach links, „Richarnau" ausgeschildert.

Mit Blick auf die wunderschöne Landschaft der Haute-Provence, umgeben von Lavendelfeldern und Olivenbäumen, umschließt dieses L-förmig gebaute provenzalische Landhaus die von einer prachtvollen hundertjährigen Linde beschattete Terrasse. Hier wird bei schönem Wetter an mehreren Tischen das Frühstück und gute Abendessen serviert. Die Zimmer und Familiensuiten, von unterschiedlicher Größe, Lage und Einrichtung, sind höchst sorgfältig gestaltet und gepflegt, so dass man sich in ihnen sehr wohl fühlt. Der liebenswürdige Empfang und die große, hier herrschende Ruhe machen dieses Haus fern des touristischen Betriebs zu einem angenehmen, erholsamen Aufenthaltsort nahe Mont Ventoux, Luberon und Avignon.

PROVENCE - CÔTE D'AZUR

592 - L'Anastasy

Île de la Bathelasse
84000 Avignon
(Vaucluse)
Tel. (0)4 90 85 55 94
Fax (0)4 90 82 59 40
Mme Olga Manguin

♦ Ganzj. geöffn. ♦ Mind. 2 Üb. ♦ 5 Zi. mit Bad oder Dusche, WC (darunter 2 Bäder außerh. der Zi.): 63-81 € (2 Pers.) ♦ Frühst.: 9 € ♦ Gästetisch (provenzalische und italienische Küche) um 20.30 Uhr: Menü 27 € ♦ Keine Kreditkarten ♦ Schwimmbad ♦ **Anreise** (Karte Nr. 33): ab Avignon Rtg. Île de la Barthelasse über die Daladier-Brücke, dann die D 228. Der Rhône entlang: am Kreisverkehr 1. Straße rechts zur Kirche (2. Haus links hinter der Kirche).

L'Anastasy war früher ein Bauernhaus im typischen Stil der Gegend. Die großen Räume wurden erhalten, um Salon und Essküche einzurichten – das „Herz" des Hauses. Olga Manguin liebt es nämlich, ihre Gäste mit provenzalischen und italienischen Spezialitäten zu verwöhnen, die sie aufs Köstlichste zuzubereiten versteht. Im Sommer isst man in der Laube mit Blick auf den großen Blumengarten zu Abend. Die einfachen, aber hübschen Zimmer sind so, wie man sich „wahre Gästezimmer" vorstellt; der Bungalow bietet seinerseits moderneren Komfort. Selbstverständlich wird hier Ihre Intimität respektiert, aber andererseits wäre es schade, dem Rhythmus des Hauses nicht zu folgen und Olgas Freunde – Schauspieler, Journalisten und Regisseure, die hier wohnen – nicht kennen zu lernen.

593 - La Banasterie

11, rue de la Banasterie
84000 Avignon
(Vaucluse)
Tel. und Fax (0)4 32 76 30 78
M. und Mme Brochet
E-Mail: labanasterie@infonie.fr
Web: avignon-et-provence.com/bb/banasterie

2003

♦ Ganzj. geöffn. ♦ Reserv. notwendig ♦ Nichtraucher-Zi. ♦ 4 Zi. und 1 Suite (2-3 Pers.) mit Bad oder Dusche, WC, TV: 100-140 € (2 Pers.) + 16 € (zusätzl. Pers.) ♦ Frühst. inkl. ♦ Kein Gästetisch - Restaurants in Umgebung ♦ Salon ♦ Haustiere nicht erlaubt ♦ Sprachen: Englisch, Italienisch ♦ **Anreise** (Karte Nr. 33): in Avignon, 100 m vom Palais des Papes. Über die Porte de la Ligne in die Stadt hineinfahren (gelbes Hinweisschild „Hôtel de la Mirande"), sofort rechts, dann Rue de la Banasterie.

Welch' angenehme Überraschung: im Herzen von Avignon, nur 100 Meter vom Palais des Papes ein Haus, das sowohl Komfort als auch Ruhe bietet. Die angenehm gestalteten Zimmer haben fast alle eine kleine Terrasse oder einen großen Balkon, sind verschiedenartig, aber alle voller Komfort und Raffinement. Françoise und Jean-Michel Brochet haben in diesem schönen Natursteinhaus des 16. Jahrhunderts bewiesen, dass sie große gestalterische Talente besitzen. Die warmen Farben, die sanfte Beleuchtung, die ausgesuchten Accessoires, die Pflanzen, vor allem aber der besonders aufmerksame Empfang machen *La Banasterie* zu einem vorzüglichen Ort.

PROVENCE - CÔTE D'AZUR

594 - Mas de la Lause

Chemin de Geysset - Route de Suzette
84330 Le Barroux (Vaucluse)
Tel. (0)4 90 62 33 33
Fax (0)4 90 62 36 36
Corine und Christophe Lonjon
E-Mail: info@provence-gites.com
Web: provence-gites.com

♦ Von Nov. bis Ende März geschl. ♦ 4 Zi. und 1 Suite (4 Pers., Kochnische) mit Dusche, WC: 46 € (1 Pers.), 52-54 € (2 Pers.); Suite: 68 € (2 Pers.), 82 € (3 Pers.), 108 € (4 Pers.) ♦ Frühst. inkl. ♦ 5 % Preisnachlass 3.-6. Üb.; 10 % Preisnachlass ab der 7. Üb. ♦ Gästetisch abends (außer Mi und So), gemeinsam, reservieren: 15 € (Aperitif inkl., ohne Wein), 7 € für Kinder unter 6 J. ♦ Hunde erlaubt (+ 7 €/Tag) ♦ Boccia ♦ Sprachen: Deutsch, Englisch ♦ **Anreise** (Karte Nr. 33): 15 km nördl. von Carpentras über die D 938 Rtg. Malaucène. Ab Barroux ausgeschildert.

Corine und Christophe haben dieses von Obstbäumen und Wein umgebene Mas aus dem 19. Jahrhundert restauriert. Die meisten Gästezimmer haben Terrakottaböden, sind in den Farben Ocker, Gelb und Lindgrün gestrichen und auf die blauen und weißen Stoffe abgestimmt. Alles in allem recht angenehm, aber noch ein wenig steif. Gutes Frühstück und Abendessen (Gemüse und Früchte aus eigenem Anbau); mit Blick auf „Château du Barroux" wird auf der Terrasse mit heute reizender Laube serviert. Die vervollständigt glücklicherweise den kleinen Speiseraum, der freundlicher gestaltet werden könnte. Ein Haus mit Qualitäten zu günstigen Preisen. Natürlicher, sympathischer Empfang.

595 - La Grange aux chats

Chemin de Granot
84190 Beaumes-de-Venise
(Vaucluse)
Tel. (0)4 90 65 07 78
Arlette Van Com

♦ Ganzj. geöffn. ♦ Reserv. notwendig ♦ Mind. 2 Üb. ♦ Nichtraucher-Zi. ♦ 2 Zi. mit Dusche, WC: 56 € (2 Pers.) + 17 € (zusätzl. Pers.) ♦ Frühst. inkl. ♦ Gästetisch abends, gemeinsam, reservieren: 25 € (Wein und Aperitif inkl.) - Restaurants im Dorf und 8 km weiter ♦ Salon ♦ Haustiere nicht erlaubt ♦ **Anreise** (Karte Nr. 33): 6 km nordwestl. von Carpentras. Autobahn A 7, Ausfahrt Orange-Sud Rtg. Carpentras. Dem bei der Reservierung zugesandten Plan folgen.

Die besonders sanfte Gastgeberin, ihr Haus befindet sich nahe Beaumes-de-Venise, ist in Katzen verliebt und besitzt ihrer 3, die es sich die meiste Zeit auf dem Stroh der Scheune wohl ergehen lassen. Sie liebt aber auch Blumen und Körbe und verbringt viel Zeit im Garten, in dem sich vor einem Feld aus Klee und Weinbergen Feigenbäume mit Oleander, Bambus und Lavendel vermischen. Im Salon ganz in Weiß mit großem Kamin und einem besonders schönen deutschen Hochzeitsmöbel finden die provenzalischen Diners (*clafoutis de tomates-cerises, petits farcis …*) statt. Die im Obergeschoss gelegenen lavendelblauen oder sonnenblumengelben Zimmer sind geräumig (Bäder mit großen Duschen; das Bad des gelben Zimmers liegt nebenan). Das Frühstück wird individuell im Garten oder in der von den Katzen bewachten „Scheune" serviert.

PROVENCE - CÔTE D'AZUR

596 - Aux Tournillayres

84410 Bédoin
(Vaucluse)
Tel. (0)4 90 12 80 94
Marie-Claire Renaudon

♦ Vom 1. Nov. bis 1. April geschl. ♦ Mind. 3 Üb. ♦ 4 Studios (2 Pers.) und 1 Suite (4 Pers.) mit Dusche, WC, Kitchenette, Kamin, Zentralheizung: 77 € (2 Pers.) + 15,24 € (Extrabett); Suite: 99 €; kostenlos f. Kinder unter 5 J. ♦ Frühst. inkl. ♦ Kein Gästetisch ♦ Zimmerreinigung einmal wöchentl. ♦ Haustiere nicht erlaubt ♦ Sprachen: ein wenig Englisch ♦ **Anreise** (Karte Nr. 33): Autobahn A 7, Ausfahrt Bollène, Rtg. Sainte-Cécile-les-Vignes, Beaume-de-Venise, Vacqueyras, Caromb und Bédoin, dann Route du Mont-Ventoux über die D 974. 500 m hinter Bédoin. An der Tankstelle „Les Lavandes" links (2 km), dann ausgeschildert.

Dieser erst vor kurzem am Fuß des Mont Ventoux entstandene, aus 4 kleinen und direkt zum Garten hinausgehenden Häusern bestehende Komplex liegt einer Wein- und Heidelandschaft gegenüber. Alle sind ganz und gar reizend (3 wurden kürzlich renoviert): mit schönen provenzalischen Stoffen gepolsterten Betten, alten Radierungen und Balken verfügt jedes zudem über eine hübsche Kochnische, einen Kamin und Heizkörper. Der Frühstückskorb (hausgemachte Konfitüren) wird ins „private" Gärtchen gebracht, das von Eichen beschattet wird. Eine gute, gastfreundliche Adresse. Ideal für einen längeren Aufenthalt.

597 - Bonne Terre

Lacoste
84480 Bonnieux
(Vaucluse)
Tel. und Fax (0)4 90 75 85 53
M. Roland Lamy
E-Mail: bonneterre@fr.st
Web: bonneterre.fr.st

♦ Im Dez. geschl. ♦ 6 Zi. mit Bad oder Dusche, WC, TV, Terrasse: 82-94 € (1 Pers., je nach Saison), 87-99 € (2 Pers., je nach Saison) + 20 € (zusätzl. Pers.) ♦ Frühst. inkl. ♦ Kein Gästetisch - Restaurants in Lacoste und Umgebung (7-8 km) ♦ Keine Kreditkarten ♦ Tel. ♦ Hunde erlaubt (+ 6 €) ♦ Schwimmbad ♦ Sprachen: Deutsch, Englisch ♦ **Anreise** (Karte Nr. 33): östl. von Cavaillon über die N 100 Rtg. Apt, dann die D 106 nach Lacoste.

Dieses elegante Haus, in dem man besonders ruhig und unabhängig wohnt, liegt am Eingang des wunderbaren Dorfes Lacoste. Die einfachen, komfortablen Gästezimmer sind hübsch eingerichtet und gehen direkt nach außen. Die Zimmer, die uns am besten gefielen, haben eine eigene Terrasse im Grünen, auf der man besonders angenehm frühstückt. Im reizenden terrassierten Garten gibt es ein Schwimmbad, und die Aussicht von hier auf den Mont Ventoux ist einzigartig. Die Uhrzeit Ihrer Ankunft sollten Sie unbedingt mitteilen.

PROVENCE - CÔTE D'AZUR

598 - La Bouquière

Chemin des gardiols
84480 Bonnieux
(Vaucluse)
Tel. (0)4 90 75 87 17
Françoise und Angel Escobar
Web: labouquiere.com

♦ Ganzj. geöffn. ♦ Mind. 2 Üb. ♦ 4 Zi. (Parterre am Garten) mit Bad oder Dusche, WC und Zentralheizung: 73-104 € (2 Pers.) + 15,24 € (zusätzl. Pers.) ♦ Frühst. inkl. ♦ Kein Gästetisch (eine kl. Küche steht z. Verfüg.) - Restaurants in Umgebung ♦ Salon ♦ Hunde nur auf Anfrage erlaubt ♦ Sprachen: Englisch, Spanisch ♦ **Anreise** (Karte Nr. 33): 3 km von Bonnieux entf.; Rtg. Apt über die D 3; dann ausgeschildert.

Von der isoliert in grüner Landschaft gelegenen *Bouquière* hat man einen wunderschönen Ausblick auf das Ventoux-Gebirge; das Haus verfügt über 4 besonders hübsche, im provenzalischen Stil eingerichtete komfortable Gästezimmer. Jedes hat einen eigenen Eingang mit Terrasse, auf der man das Frühstück einnehmen kann. Der Salon mit Kamin steht den Gästen zur Verfügung, und in der kleinen Küche in freundlichen Farben können Sie auf Wunsch selbst kochen. Françoise und Angel Escobar wie auch ihr Sohn betreuen die Gäste liebenswürdig und aufmerksam. Wer Wanderungen liebt, wird auch den nahen Regionalpark des Luberon schätzen.

599 - Les Trois Sources

84480 Bonnieux
(Vaucluse)
Tel. (0)4 90 75 95 58
Fax (0)4 90 75 89 95
Caroline Guinard und Paul Jeannet
Web: luberon-news.com/les-trois-sources.html

♦ Ganzj. geöffn. ♦ 1 Zi. mit Dusche, WC sowie 3 mit Dusche, Bad, WC: 60-110 € (1-2 Pers., entspr. Zi. und Saison) und 1 Suite mit 2 Bädern, 2 WC: 140 oder 160 € (4 Pers., je nach Saison) ♦ Frühst. inkl. ♦ Kein Gästetisch - Restaurants ab 2 km ♦ Kreditkarten ♦ Salon ♦ Hunde nicht erlaubt ♦ Schwimmbad (15 x 5 m) ♦ Sprachen: Englisch ♦ **Anreise** (Karte Nr. 33): 2 km nordwestl. von Bonnieux über die D 194 Rtg. Gordes, Goult. Ab Ortsausgang ca. 2 km hinter „Château Luc" rechts, auf den Weg „Chemin de la Chaîne", dann „Les Trois Sources" ausgeschildert.

Ein sehr altes Bauernhaus mit einigen schönen Überresten aus der Renaissance an den Fassaden des Innenhofs. Die geräumigen Zimmer von schlichter Eleganz wurden vollkommen renoviert und haben viel Ursprüngliches bewahrt (natürlicher Wandputz, Fußboden aus Terrakotta, Gebälk usw.). Sobald das Wetter es erlaubt, wird das Frühstück im Schatten des Maulbeerbaumes und windgeschützt serviert. Natürlicher, angenehmer Empfang. Das schöne Schwimmbad befindet sich wie ein Bassin inmitten des Weinberges, von wo aus man einen schönen Blick auf die beiden Dörfer Lacoste und Bonnieux hat.

PROVENCE - CÔTE D'AZUR

600 - Le Clos des Saumanes
519, chemin de la Garrigue
84470 Châteauneuf-de-Gadagne
(Vaucluse)
Tel. (0)4 90 22 30 86
Fax (0)4 90 22 30 68
Mme Lambert
E-Mail: closaumane@aol.com
Web: closaumanes.ifrance.com

♦ Von Nov. bis März geschl. (ansonsten auf Anfrage) ♦ Reserv. notwendig ♦ Nichtraucher-Zi. ♦ 4 Zi. mit Bad, WC: 75-140 € (2-4 Pers.) ♦ Frühst. inkl. ♦ Kein Gästetisch - Restaurants ab 2 km ♦ Salon ♦ Kl. Hunde nur auf Anfrage erlaubt ♦ Schwimmbad (9 x 9 m) ♦ Sprachen: ein wenig Deutsch, Englisch, Italienisch, Spanisch ♦ **Anreise** (Karte Nr. 33): 9 km östl. von Avignon. Autobahn A 7, Ausfahrt Avignon-Nord Rtg. Carpentras. 1. Ausfahrt Rtg. Vedène, geradeaus. Saint-Saturnin durchqueren. In Jonquerettes rechts, Centre-Ville, D 97. Ins Dorf hineinfahren. 350 m vor dem Ortsausgangsschild links (Weg ausgeschildert).

Der schattige Weg und eine großzügige Vegetation schützten dieses traditionelle Haus (*bastide*) vor Lärm und Sonne; Gästen auf der Durcheise werden hier freundlich gestaltete Zimmer mit modernen Bädern angeboten. Die ausgewählten Möbel, Stoffe und Gemälde schaffen im Salon eine besonders angenehme Atmosphäre. Der mit Kieselsteinen bedeckte Hof und ein reizender eingefriedigter Garten bieten Ruhe und Entspannung. Höflicher Empfang.

601 - La Respelido

„Au village"
84110 Crestet
(Vaucluse)
Tel. und Fax (0)4 90 36 03 10
Mme und M. Veit

♦ Ende Nov. bis Mitte März geschl. ♦ Ansonsten Reserv. notwendig ♦ Nichtraucher-Zi. ♦ 2 Zi. mit Bad, WC: 55-60 € (2 Pers.) + 15 € (Extrabett) ♦ Frühst. inkl. ♦ Ab der 7. Üb. 10 % Preisnachl. ♦ Kein Gästetisch - Restaurants in unmittelbarer Nähe ♦ Salon ♦ Nur kl. Hunde erlaubt ♦ Auf Wunsch: Besuch der Weinberge (Côtes-du-Rhône und Côte-du-Ventoux)und Themenaufenthalte (Wein oder Olivenöl) ♦ Sprachen: Deutsch, Englisch ♦ **Anreise** (Karte Nr. 33): 5 km von Vaison-la-Romaine auf der Straße nach Malaucène-Carpentras. Im mittelalterlichen Dorf Crestet.

Diese alte Ölmühle liegt in einem denkmalgeschützten Dorf, dessen kleine (teils Fußgänger-) Straßen mit Kieselsteinen gepflastert sind und von wo der Blick auf den Mont Ventoux wunderbar ist. Zur Verfügung stehen hier große, antik möblierte Zimmer (darunter 1 neues, das wir demnächst begutachten werden). Von einem Zimmer hat man einen schönen Blick auf die Dächer des Dorfes und die Umgebung; das andere, im Erdgeschoss, besitzt eine eigene Terrasse. Die Salon-Bibliothek, der kleine provenzalische Speiseraum und die überwölbte Küche sind auch sehr freundlich. Das köstliche Frühstück wird im kleinen, grünen Blumengarten serviert. Den Mont Ventoux kann man von mehreren Terrassen aus bewundern. Liebenswürdiger Empfang.

PROVENCE - CÔTE D'AZUR

602 - La Ribaude

84110 Crestet
(Vaucluse)
Tel. (0)4 90 36 36 11
Fax (0)4 90 28 81 29
Wenn nicht geöffnet, in Deutschland erreichbar: 0511 32 62 68
Mme Lühmann

♦ Von Ende Okt. bis 1. Mai geschl. ♦ Mind. 3 Üb. ♦ 1 Suite (2 Erwachsene, 2 Kinder) und 4 Suiten (2 Pers.) mit Bad oder Dusche, WC, Kitchenette: 155 € (2 Pers.) + 10 € (Kinder) ♦ Frühst.: 10,50 € ♦ Kein Gästetisch - Restaurants im Umkreis von 5 km ♦ Schwimmbad ♦ Sprachen: Deutsch, Englisch ♦ **Anreise** (Karte Nr. 33): 5 km südwestl. von Vaison-la-Romaine. Vaison-la-Romaine durchqueren, erst Rtg. Malaucène, dann Le Crestet: „La Ribaude" ausgeschildert.

In diesem Haus, das all denen gefällt, die viel für „Luxus, Ruhe und Sinnenlust" übrig haben, wird perfekt Deutsch gesprochen. Das Haus ist superb, und das betrifft die sehr gepflegte und raffinierte Innenausstattung ebenso wie das Äußere (Terrassen, Innenhof, Gärten, Schwimmbad), von wo man eine herrliche Aussicht auf den Mont Ventoux hat. Die Suiten sind geräumig und ebenfalls von erster Güte. Ein mit großer Sorgfalt und viel Liebe geführtes Haus.

603 - Les Airs du Temps

84110 Faucon
(Vaucluse)
Tel. und Fax (0)4 90 46 44 57
Michael Berry und
Evelyne Hammond
E-Mail: michaelaberry@hotmail.com
Web: guideweb.com/provence/bb/airsdutemps

2003

♦ Von Ostern bis Okt. geöffn. ♦ Mind. 2 Üb. ♦ Nichtraucher-Haus ♦ 3 Zi. und 1 Familiensuite mit Bad oder Dusche, WC: 70 € (2 Pers.) + 17 € (Extrabett) ♦ Frühst. inkl. ♦ 1 Appart. (2 Pers.) wöchentlich zu mieten ♦ Gästetisch, gemeinsam, reservieren: 29 € (alles inkl.) ♦ Aufenthaltsraum ♦ Haustiere nicht erlaubt ♦ Sprachen: Englisch ♦ **Anreise** (Karte Nr. 33): Autobahn A 7 (von Norden kommend), Ausfahrt Montélimar-Sud, Rtg. Nyons, dann Vaison-la-Romaine. 5 km vor Vaison links D 46 Rtg. Faucon. Am Ortseingang von Faucon in der 1. Kurve rechts.

Dieses provenzalische Haus des 19. Jahrhunderts befindet sich zwischen Vaison und Buis-les-Baronnies, am Anfang des Dorfes und hat Innenräume, die vom schlichten Charme typischer Landhäuser geprägt sind. Die Zimmer im gleichen Ton sind freundlich und angenehm, besonders diejenigen mit den großen Bädern. Die Familiensuite geht zur Straße hinaus (tagsüber befahren, abends und nachts vollkommen ruhig). Michael kümmert sich um die phantasiereiche Küche verschiedenartigster Inspiration; serviert wird abends im Speiseraum-Salon oder draußen Richtung Sonnenuntergang, unter den großen Bäumen des Parks mit Blick auf die ländliche Umgebung. Ein sympathisches Haus, in dem Sie liebenswürdig und sehr natürlich empfangen werden.

PROVENCE - CÔTE D'AZUR

604 - La Badelle

84220 Gordes
(Vaucluse)
Tel. (0)4 90 72 33 19
Fax (0)4 90 72 48 74
Mme Cortasse
E-Mail: badelle@club-internet.fr
Web: badelle.com

♦ Ganzj. geöffn. ♦ 5 Zi. und 1 Familiensuite (2-4 Pers.) mit Bad oder Dusche, WC, TV: 69-76 € (1 Pers.), 74-82 € (2 Pers.); Familiensuite: 89-96 € (3 Pers.) + 15 € (zusätzl. Pers.) ♦ Frühst. inkl. ♦ Kein Gästetisch - vollst. eingerichtete Küche steht zur Verfüg. - Restaurants in Gordes und in Goult ♦ keine Kreditkarten ♦ Tel. ♦ Schwimmbad ♦ Hunde nicht erlaubt ♦ Sprachen: ein wenig Deutsch, Englisch ♦ **Anreise** (Karte Nr. 33): 17 km nordöstl. von Cavaillon. In Le Coustellet die D 2 Rtg. Gordes. Ab Imberts Rtg. Saint-Panthaléon auf der D 207, D 148, dann Rtg. D 104, danach ausgeschildert.

Aus den vollkommen renovierten Dependancen dieses landwirtschaftlichen Betriebes, ein wenig abschüssig und mit schöner Aussicht gelegen, entstanden 4 reizende Gästezimmer. Sie umgeben ein blitzsauberes Schwimmbad und laden zum ausgiebigen Entspannen ein … Die tadellosen, hübsch hergerichteten Zimmer haben eine dominierende, auf die Betten und die Stoffe abgestimmte Farbe und besitzen alle ein antikes Möbelstück wie auch ein hübsches Bad. Eines der Zimmer, es liegt hinter dem Haus, hat eine eigene Terrasse. Das Frühstück wird unter einem Vordach serviert. Ungezwungener, angenehmer Empfang.

605 - La Borie

Route des Murs
84220 Gordes (Vaucluse)
Tel. und Fax (0)4 90 72 13 14
Christine Le Marinel
Emmanuel Baltramonaitis
E-Mail: christine.lemarinel@club-internet.fr
Web: borie-provence.com

♦ Ganzj. geöffn. ♦ 2 Zi. und 1 Suite mit Bad oder Dusche, WC, TV: 75 € (1 Pers.), 85 € (2 Pers.); Suite: 100-140 € (2 Pers., je nach Saison) ♦ Frühst. inkl. ♦ 1 App. (2-4 Pers.) mit Bad, 2 WC: 125-185 € je nach Saison + 10 € (zusätzl. Pers.) ♦ städt. Taxe: 1 € pro Pers./Tag ♦ Visa, Eurocard, MasterCard ♦ Kein Gästetisch - Restaurants ab 500 m ♦ Salon ♦ Tel. ♦ Hunde nur auf Anfrage erlaubt ♦ Schwimmbad ♦ Tennis (Vereinbarung mit dem „Hôtel La Gacholle", 500 m weiter) ♦ Sprachen: Englisch ♦ **Anreise** (Karte Nr. 33): 800 m von Gordes (Autobahn Avignon-Sud, Rtg. Apt), Route des Murs.

Dieses Haus am Hang besteht aus einer 5 Jahrhunderte alten „borie" (in der sich heute die Küche befindet) und einem renovierten Bauernhaus, dem ein moderner Trakt hinzugefügt wurde. Die Terrasse mit meridionalen Pflanzen und schönem Schwimmbad bietet Aussicht auf ein kleines Tal. Das Interieur ist sehr gelungen, das Ambiente intim: harmonische Mischung mehrerer Stile, freundliche Farben, alte Skulpturen, herrliche Ausblicke auf das Luberon und die Alpilles … Die beiden Zimmer sind klein, aber angenehm. Neu sind 2 wunderbare, sehr große Suiten, die luxuriös möbliert sind. Sympathisch-reservierter Empfang.

PROVENCE - CÔTE D'AZUR

606 - Au Ralenti du Lierre

Les Beaumettes
84220 Gordes
(Vaucluse)
Tel. (0)4 90 72 39 22
Fax (0)4 90 72 43 12
Thierry Dulieu und Sylvain Lhuillier
Web: rdlierre.free.fr

♦ Ganzj. geöffn. ♦ außerh. der Saison Reserv. notwendig ♦ Nichtraucher-Zi. ♦ 5 Zi. mit Bad oder Dusche, WC: 60 und 72 € (2 Pers., Zi. zum Dorf), 85 € (2 Pers., Zi. zum Garten); Suite mit eig. Garten 100 € (2 Pers.) + 23 € (zusätzl. Pers.) ♦ Frühst. inkl. ♦ Kein Gästetisch - Restaurants im Dorf ♦ Kl. Salon ♦ Hunde nicht erlaubt ♦ Schwimmbad ♦ **Anreise** (Karte Nr. 33): 15 km östl. von L'Isle-sur-la-Sorgue. Autobahnausf. Avignon-Sud, Rtg. Apt; im Dorf Les Beaumettes.

Dieses reizvolle Dorfhaus liegt zwischen Gordes und Ménerbes, entstand im 18. Jahrhundert und verbirgt nach hinten einen kleinen, abschüssigen Garten mit Schwimmbad. Die Gestaltung der Innenräume ist eigenwillig, angenehm und freundlich und hat noch immer viel Authentisches (eine schöne Treppe, Steinfußböden usw.). Die Patina harmoniert bestens mit den Sammelstücken und dem eleganten, eigenwilligen Mobiliar und dem Theaterdekor mit Gartensujet, was der außergewöhnlichen Suite, die aus 2 (etwas dunklen) Räumen mit Deckengewölbe besteht, die Illusion einer Außenansicht verleiht. Die Zimmer, jedes hat seinen eigenen Stil, sind ausnahmslos gepflegt und komfortabel. Bemerkenswertes Frühstück und besonders sympathischer Empfang der jungen Gastgeber.

607 - Le Jas de Monsieur

84240 Grambois
(Vaucluse)
Tel. (0)4 90 77 92 08
Mme und M. Mazel

♦ Von Mitte Juli bis Mitte Aug. geschl. ♦ 2 Zi. und 1 Suite (2-4 Pers.) mit Bad, WC: 55 € (2 Pers.) + 12,20 € (Extrabett in Suite) ♦ Frühst. inkl. ♦ Kein Gästetisch - Restaurants ab 3 km ♦ Salon ♦ Schwimmbad, gekennzeichnete „Erlebnis-Wege" ♦ Sprachen: Englisch ♦ **Anreise** (Karte Nr. 33): 15 km westl. von Manosque. Autobahn Aix-Sisteron, Ausfahrt Pertuis, dann Rtg. La Tour-d'Aigues und Grambois, danach ausgeschildert.

Die in die Natur und ihre Region regelrecht vernarrten Besitzer dieses authentischen Landhauses *(bastide)* des 18. Jahrhunderts werden Ihnen die Tür auf eine besonders liebenswürdige Art öffnen. Die Gästezimmer sind zwar schlicht, aber durchaus komfortabel und nett gestaltet. Schlafen werden Sie auf hübsch bestickten Laken. In den Empfangsräumen kann der Gast in zahlreichen touristischen Unterlagen blättern. Die große, nach Süden zu den Gärten und zum Schwimmbad hin gelegene Terrasse bietet zudem eine wunderbare Aussicht auf die Landschaft. Ein preislich günstiges, gastfreundliches Haus, das man ohne weiteres für längere Aufenthalte wählen kann.

PROVENCE - CÔTE D'AZUR

608 - Mas Saint Damien

144, chemin des Madeleines
84800 L'Isle-sur-la-Sorgue
(Vaucluse)
Tel. (0)4 90 38 38 42
Fax (0)4 90 38 15 17
Mme und M. Netzler
Web: mas-saintdamien.com

♦ Vom 15. Nov bis 15. März geschl. ♦ Nichtraucher-Zi. ♦ 4 Zi. mit Bad oder Dusche, WC, TV: 73, 89 und 110 € (2 Pers.) ♦ Frühst. inkl. ♦ Kein Gästetisch - Restaurants ab 2 km ♦ Salon ♦ Schwimmbad ♦ Sprachen: Deutsch, Englisch, Schwedisch ♦ **Anreise** (Karte Nr. 33): 8 km nordwestl. von Cavaillon. Autobahn A 7, Ausfahrt Cavaillon, Rtg. Isle-sur-la-Sorgue, dann N 100 Rtg. Apt. Nach 3 km rechts ein gelbes Schild: den Hinweisen folgen.

Nur ein paar Kilometer vom berühmten Antiquitäten-Dorf L'Isle-sur-la-Sorgue dieses provenzalische Landhaus. Es liegt einsam zwischen Mandelbäumen und Zypressen, hat einen hübschen, mit Oleander, Olivenbäumen und Rosmarin bepflanzten Hof und gehört einem liebenswürdigen schwedischen Paar (mit 3 Kindern), das sich für Glaswaren aus Nordeuropa begeistert. Die Zimmer mit separatem Eingang (ockerfarbene Wände, Terrakotta-Fußböden und freundliche Stoffe) gehen zum Hof oder zum Frühstücksraum hinaus; das Frühstück wird auch auf der Terrasse serviert. Die Bäder mit Kacheln in Weiß und Blau, in Weiß und Grün oder in Weiß und Gelb sind komfortabel. Das etwas abseits gelegene Schwimmbad (UV-aufbereitetes Wasser, also ohne Chlor) ist von üppigen Ginstersträuchern umgeben.

609 - Mas du Clos de l'Escarrat

Route de Carpentras
84150 Jonquières
(Vaucluse)
Tel. und Fax (0)4 90 70 39 19
Handy (0)6 61 22 39 19
Mme und M. Charles Barail
Web: visite-en-provence.com

♦ Ganzj. geöffn. ♦ Reserv. notwendig ♦ 2 Studios (2 Pers.) mit Dusche, WC, Kochnische, TV, Terrasse: 54 € (1-2 Pers.) ♦ Frühst.: 6,50 € ♦ Oder pro Woche: 359 € (ohne Frühst.) ♦ 2 Suiten (2-4 Pers., je nach Suite) mit 2 Zi., Salon, Dusche, WC, Küche, TV, Terrasse: 74-84 € (1-2 Pers.), 84-94 € (3-4 Pers.) ♦ Frühst.: 6,50 € ♦ Oder pro Woche: 499-559 € (1-2 Pers.), 559-625 € (3-4 Pers.) (ohne Frühst.) ♦ Kein Gästetisch - Restaurants in Orange ♦ Haustiere nicht erlaubt ♦ Schwimmbad ♦ Sprachen: Englisch, Spanisch ♦ **Anreise** (Karte Nr. 33): 8 km südöstl. von Orange. D 950 Rtg. Carpentras. Jonquières durchqueren. Etwa 800 m hinter der Ampel in die „Voie sans Issue" einbiegen.

Dieses alte, in der fruchtbaren Ebene des Comtat Venaissin einsam gelegene provenzalische Landhaus wurde vor kurzem sehr hübsch renoviert. Die Studios und Suiten liegen separat, sind freundlich, komfortabel, raffiniert und ausgestattet mit kleinen Duschbädern. Das Frühstück können Sie auf dem Zimmer, unter den großen Bäumen des Gartens oder im sehr ansprechenden Speiseraum einnehmen. Es sei denn, Sie bevorzugen Ihre Kitchenette, um so von der Terrasse mit Blick auf den Mont Ventoux und die Dentelles de Montmirail zu profitieren.

PROVENCE - CÔTE D'AZUR

610 - La Ferme des 3 Figuiers

84800 Lagnes
(Vaucluse)
Tel. (0)4 90 20 23 54
Fax (0)4 90 20 25 47
Mme und M. Gouin
M. Julien Gouin
E-Mail: les-troisfiguiers@wnadoo.fr

♦ Ganzj. geöffn. ♦ Reserv. notwendig ♦ Mind. 2 Üb. ♦ 4 Zi. (darunter 1 kl. außerh. des Stammhauses) und 2 Suiten (1 für 2-6 Pers.) mit Bad oder Dusche, WC: 76,50 (1 Pers.), 92 € (2 Pers.); Suite 108 € (2 Pers.), 154 € (4 Pers.) und 3 weitere vom Sohn des Hauses angebotene Zi.: 122 € (2 Pers.) + 16 € (zusätzl. Pers.) ♦ Frühst. inkl. ♦ Gästetisch abends (außer So), gemeinsam, reservieren: 25 € (Wein inkl.), Kinder: 12 € ♦ Salon ♦ Hunde nicht erlaubt ♦ Reiseschecks ♦ Schwimmbad, Kochkurse ♦ Sprachen: Englisch ♦ **Anreise** (Karte Nr. 33): 30 km südl. von Avignon über die D 22 Rtg. Apt, 2 km hinter Petit-Palais ausgeschildert.

Dieses von der Landstraße etwas abgelegene große Bauernhaus ist eine wunderbare, sehr freundliche Adresse für alle, die Geselligkeit lieben; angesichts der wenigen vorhandenen Zimmer muss hier reserviert werden. Die Schlafräume liegen (außer einem) nach hinten, wo man den Straßenverkehr nicht vernimmt. Ansprechende, an die Provence angelehnte Gestaltung mit vorwiegend antikem Mobiliar. Erstaunlich große und komfortable Zimmer (einige mit Kitchenette). Bevor Sie es sich im Speiseraum oder auf der schattigen Terrasse fürs besonders gute Abendessen bequem machen, laden die Gastgeber zum Aperitif.

611 - La Pastorale

Les Gardiolles
84800 Lagnes
(Vaucluse)
Tel. (0)4 90 20 25 18
Fax (0)4 90 20 21 86
Mme und M. Negrel

♦ Ganzj. geöffn. ♦ 4 Zi. mit Bad oder Dusche, WC: 70 € (1-2 Pers.) + 15 € (zusätzl. Pers.) ♦ Frühst. inkl. ♦ Kein Gästetisch - Sommerküche steht z. Verfüg. - Restaurants ab 2 km ♦ Aufenthaltsraum ♦ Tel. ♦ Sprachen: Deutsch, Englisch ♦ **Anreise** (Karte Nr. 33): Autobahn A 7, Ausfahrt L'Isle-sur-la-Sorgue. Ab L'Isle-sur-la-Sorgue ca. 3 km Rtg. Apt, dann Rtg. Fontaine-de-Vaucluse (D 24). Nicht nach Lagnes hineinfahren, sondern noch ca. 1 km weiter auf der D 24 bleiben, dann links ausgeschildert.

Dieses an einer kleinen Straße gelegene Bauernhaus aus dem 18. Jahrhundert, das vor kurzem von Madame und Monsieur Negrel sorgfältig restauriert wurde, besitzt 4 angenehme Gästezimmer – die Möbel sind echt und alt. Für Entspannung ist auch gesorgt: je nach Vorliebe im großen Garten im Schatten der riesigen Platane oder in der Sonne. Familiäre, sympathische Betreuung.

PROVENCE - CÔTE D'AZUR

612 - La Bastide de Piecaud

Chemin de l'Escudier
84360 Lauris
(Vaucluse)
Tel. und Fax (0)4 90 08 32 27
Carole Schlumberger Chazelle

♦ Von März bis Nov. geöffn. ♦ Reserv. notwendig ♦ Mind. 2 Üb. ♦ 4 Zi. und 1 Suite (2-6 Pers.) mit Bad oder Dusche, WC: 65-76 € (2 Pers., außerh. der Saison), 71-82 € (2 Pers., Hochsaison); Suite 76 € (2 Pers., außerh. der Saison), 82 € (2 Pers., Hochsaison) + 23 € (Extrabett, außerh. der Saison) und 25 € (Hochsaison) ♦ Frühst. inkl. ♦ Kein Gästetisch - Restaurants ab 3 km ♦ Salon ♦ Schwimmbad ♦ Hunde nicht erlaubt ♦ Sprachen: Deutsch, Englisch ♦ **Anreise** (Karte Nr. 33): etwa 27 km südöstl. von Cavaillon (Autobahn A 7, Ausfahrt Cavaillon), Anreiseplan wird bei der Reservierung zugesandt.

Diese schöne Bastide, in der absolute Ferienstimmung herrscht, wird von 7 Hektar Land beschützt, von wo man direkt auf die Wanderwege des Lubéron gelangt. Zimmer und Bäder sind zwar klein, haben aber allen Komfort und sind voller Raffinement. Alle Zimmer verfügen über einen eigenen Eingang. Das Herz des Hauses ist ein großer Innenhof, der teilweise überdacht ist und in dem meist das Frühstück eingenommen wird – es sei denn Sie bevorzugen den weiten Blick auf das Durance-Tal. Größe und Lage des Gartens erlauben es jedem Gast, hier seinen Lieblingsplatz zu finden.

613 - La Carraire

84360 Lauris
(Vaucluse)
Tel. (0)4 90 08 36 89
Fax (0)4 90 08 40 83
Michel Cuxac
E-Mail: infos@lacarraire.com
Web: lacarraire.com

♦ Vom 15. Nov. bis Ende März geschl. ♦ Mind. 2 Üb. ♦ 5 Zi. mit Bad, WC: 55 € (2 Pers.), 70 € (2 Pers., von Mai bis Sept.) + 15 € (Extrabett) ♦ Frühst.: 7 € ♦ Kein Gästetisch - Restaurants in Umgebung ♦ Salon ♦ Hunde nur auf Anfrage erlaubt ♦ Schwimmbad, Bassin ♦ Sprachen: Englisch ♦ **Anreise** (Karte Nr. 33): 2 km südl. von Lourmarin. A 7, Ausfahrt Senas, dann Route de Malemort, hinter der Brücke Rtg. Pertuis. In Lauris die Route de Lourmarin; nach 800 m 1. Straße links (ausgeschildert).

Dieser Familienbesitz aus dem 18. Jahrhundert wurde kürzlich vollkommen renoviert. Er liegt einem wunderschönen, mit Naturstein umgebenen Berieselungsbassin gegenüber. Sophie, stets guter Laune, wird Sie zu den ansprechenden Gästezimmern führen, deren Wände in nachgedunkelten Pastellfarben gestrichen sind (wir bevorzugen die großen Zimmer mit Doppelbett). Das alte Gemäuer des Hauses verbirgt eine wirklich schöne, meridionale Dekoration und viel Charme. Das von Wein und Kirschbäumen umgebene Schwimmbad ist unwiderstehlich. Das Frühstück ist köstlich, das Preis-Leistungsverhältnis in Vor- und Nachsaison gut.

PROVENCE - CÔTE D'AZUR

614 - La Maison des Sources

Chemin des Fraisses
84360 Lauris
(Vaucluse)
Tel. und Fax (0)4 90 08 22 19
Handy (0)6 08 33 06 40
Mme Collart Stichelbaut
E-Mail: contact@maison-des-sources.com
Web: maison-des-sources.com

♦ Ganzj. geöffn. ♦ 4 Zi. mit Bad oder Dusche, WC (1 mit 4 Einzelbetten, Bad, Dusche): 73-75 € (2 Pers.), 90-94 € (3 Pers.), 120 € (4 Pers.) + 18 € (zusätzl. Pers.) ♦ Frühst. inkl. ♦ Gemeins. Abendessen an gewissen Tagen auf Best.: 23 € (alles inkl.); 13 € (Kinder unter 10 J.) - Restaurants in Umgebung ♦ Salon ♦ Tel. ♦ Haustiere nur auf Anfrage erlaubt ♦ Tischtennis ♦ **Anreise** (Karte Nr. 33): 27 km südöstl. von Cavaillon. Autobahn A 7, Ausfahrt Cavaillon, dann D 973 Rtg. Pertuis/Cadenet über Lauris (ab D 973 ausgeschildert). Am Ende des Dorfes Lauris.

Dieses provenzalische Landhaus ist von Natur umgeben und an einen Felsen angelehnt, der an die Unterkünfte von Höhlenbewohnern erinnert. Die geräumigen und ausgesprochen hellen Gästezimmer sind sehr hübsch eingerichtet und höchst komfortabel. Besonders originell ist das „Nonnenzimmer", in dem 4 Baldachinbetten mit weißen Vorhängen nebeneinander stehen und in dem eine ganze Familie untergebracht werden kann. Viel Ruhe und Entspannung auf der Terrasse im Schatten der Akazien. Abendessen angenehm, Betreuung sehr freundlich. Empfehlenswert.

615 - Château Talaud

84870 Loriol-du-Comtat
(Vaucluse)
Tel. (0)4 90 65 71 00
Fax (0)4 90 65 77 93
Hein und Conny Deiters
E-Mail: chateautalaud@infonie.fr
Web: chateautalaud.com

♦ Febr. geschl. ♦ Nichtraucher-Zi. ♦ Mind. 2 Üb. vom 1. Mai bis 30. Okt. ♦ 5 Zi. und 1 Suite mit Bad, WC, Tel., Sateliten-TV: 125-170 € (2 Pers.); Suite: 190 € (2 Pers.) + 40 € (Extrabett) ♦ Frühst. inkl. ♦ 1 Studio (2 Erw. u. 1 Kind) mit Salon, Kitchenette, Zi., Bad, WC: 1000 € pro Woche; 1 kleines Haus (5 Pers.) mit Salon, Küche, Speiseraum, 3 Zi., 2 Duschen, 2 WC: 1200 € pro Woche; „L'Orangerie" (2 Erw. und 1 Kind), Aufenthaltsraum, Kitchenette-Bar, Schlafcouch, 1 Zi., 1 Bad: 1300 € ♦ Gästetisch, reservieren: 40 € (Wein inkl.) ♦ Visa, MasterCard, Eurocard: ab 2 Üb. ♦ Salon ♦ Hunde nicht erlaubt ♦ Schwimmbad ♦ Sprachen: Deutsch, Englisch, Niederländisch ♦ **Anreise** (Karte Nr. 33): Autobahn A 7, Ausfahrt 22 oder 23 Rtg. Carpentras, Route de Monteux (D 107).

Dieses superbe Anwesen aus dem 18. Jahrhundert liegt 10 Kilometer von Avignon, ist umgeben von seinen Weinbergen und bietet im Schloss selbst mit eleganter Fassade wie in seinen Dependancen einen unglaublich dekorativen Rahmen, der Möbel, Accessoires, Gemälde und alte Teppiche wunderbar untereinander verbindet und ein hohes Komfortniveau bietet. Der delikate Empfang Connys, der Hausherrin, und die Qualität von Frühstück und Abendessen sind die Krönung dieses außergewöhnlichen, von raffiniertem Luxus geprägten Hauses.

PROVENCE - CÔTE D'AZUR

616 - Villa Saint-Louis

35, rue Henri-de-Savornin
84160 Lourmarin
(Vaucluse)
Tel. (0)4 90 68 39 18
Fax (0)4 90 68 10 07
Bernadette Lassallette
E-Mail: villasaintlouis@wanadoo.fr

♦ Ganzj. geöffn. ♦ 5 Zi. mit Bad oder Dusche, WC, Tel., TV: 55-70 € (2 Pers.) ♦ Frühst. inkl. ♦ Kein Gästetisch - zahlr. Restaurants im Dorf ♦ Zimmerreinigung auf Wunsch ♦ Salon ♦ Mountainbikes ♦ Sprachen: Englisch ♦ **Anreise** (Karte Nr. 33): 50 km östl. von Avignon über die N 7 und D 973 Rtg. Cavaillon, dann Cadenet und die D 943 links nach Lourmarin.

Dieses schöne Haus aus dem 17. Jahrhundert mit einem reizenden Garten befindet sich am Ortseingang von Lourmarin. Sie werden die außergewöhnliche Einrichtung der Räume, d.h. die gekonnt (auch schon mal „salopp" in dieser Künstler- und Boheme-Atmosphäre) zusammengestellten Möbel, Stoffe, Bilder und sonstigen Kunstgegenstände aus den verschiedensten Epochen schätzen. Das Frühstück wird entweder draußen oder in einem amüsanten Speiseraum serviert. Ein besonders anziehendes Haus, nicht zuletzt wegen Bernadettes einzigartiger Betreuung.

617 - Le Château Crèmessières

84340 Malaucène
(Vaucluse)
Tel. (0)4 90 65 11 13
Mme und M. Dallaporta

♦ Vom 5. Juni bis 30. Sept. geöffn. ♦ Reserv. notwendig ♦ 4 Zi. mit Bad oder Dusche, WC: 63-87 € (2 Pers.) + 20 € (zusätzl. Pers.) ♦ Frühst. inkl. ♦ Kein Gästetisch - Restaurants im Dorf ♦ Salon ♦ Hunde nur auf Anfrage erlaubt ♦ **Anreise** (Karte Nr. 33): von Norden kommend: Autobahn A 7, Ausfahrt Bollène-Nord, dann Rtg. Vaison-la-Romaine und Malaucène. Von Süden kommend Ausfahrt Avignon-Nord, dann Rtg. Carpentras, Carom, Malaucène. Am Ortseigang (Süden) von Malaucène auf der D 938, 30 m vor dem Kreisverkehr an der Kirche.

Am Eingang des Dorfes und am Fuß des Ventoux-Gebirges: ein Schloss aus dem 16. Jahrhundert (mit dazugehörender *poudrière*), das im 19. Jahrhundert umgebaut wurde und heute ein großes Familienhaus ist. Gefrühstückt wird auf der Terrasse, unter der riesigen Platane. Die im Obergeschoss eingerichteten Zimmer mit Decken à la française und Möbeln aus dem Familienbesitz sind groß. Eines besitzt ein Himmelbett, ein kleines, hinter den Schranktüren verborgenes Bad und eine Terrasse. „Marguerite" mit Gartenblick ist kleiner (das Bad liegt nebenan). „Adèle", im Sommer ist es am kühlsten, hat einen direkten Eingang. Für Familien, die bei den liebenswürdigen Gastgebern gern gesehen sind, wurde im Garten eine Picknick-Ecke eingerichtet.

PROVENCE - CÔTE D'AZUR

618 - L'Agapée
910, chemin du Moulin
84380 Mazan
(Vaucluse)
Tel. (0)4 90 69 65 49
Fax (0)4 90 69 89 08
France Chabartier
E-Mail: france@welcomeinprovence.com
Web: welcomeinprovence.com

♦ Ganzj. geöffn. ♦ Reserv. notwendig ♦ Mind. 5 Üb. im Juli und Aug. ♦ 6 Zi. mit Bad, WC: 65-88 € (2 Pers.) ♦ Frühst. inkl. ♦ Kreditkarten ♦ Kein Gästetisch - Restaurants ab 2,5 km ♦ Salon ♦ Schwimmbad, Tennis ♦ Sprachen: Englisch ♦ **Anreise** (Karte Nr. 33): 12 km von Carpentras. Ab Carpentras Rtg. Sault über die D 942. In Mazan Rtg. Pernes-les-Fontaines über die D 1. Nach 2,5 km links Chemin de Faverand, dann links ausgeschildert.

Unweit von Carpentras mit Blick auf den Mont Ventoux liegt dieses von Weinbergen und grünen Eichen umgebene provenzalische Landhaus. Von einem Paar, das die angenehmen Momente des Lebens gern mit seinen Gästen teilt, wurde es vollkommen restauriert. Von den 4 Zimmern im Obergeschoss haben 2 eine Terrasse und 3 ein Bad; die Gestaltung ist freundlich, schlicht und ansprechend. Die anderen Zimmer, hinten im Garten, haben mit ihren Fensterfronten einen direkten Zugang. Bei den ersten Sonnenstrahlen trägt man hier gern sein Frühstück zum Schwimmbad, das Hollywood alle Ehre macht. Der große Salon ist mit indischen Möbeln und modernen Gemälden gestaltet – für diejenigen, die im Sommer lieber im Kühlen faulenzen; ein weiterer Salon mit TV steht zur Verfügung.

619 - La Grange de Jusalem

Route de Malemort
84380 Mazan
(Vaucluse)
Tel. (0)4 90 69 83 48
Fax (0)4 90 69 63 53
Mme du Lac

♦ Ganzj. geöffn. ♦ 5 Zi. mit Bad, WC: 69-80 € (2 Pers.) + 16 € (Extrabett) ♦ Frühst. 5 € ♦ Gästetisch abends (außer So), individuell, reservieren: 25 € (ohne Wein) ♦ Haustiere nicht erlaubt ♦ Salzwasser-Schwimmbad (4 x 17 m) ♦ Sprachen: Englisch ♦ **Anreise** (Karte Nr. 33): 30 km nordöstl. von Avignon, Schnellstraße (*voie rapide*) über Monteux und Carpentras (Flugplatz Marignane, 80 km).

Dieses in einer von Weinbau geprägten Ebene gelegene renovierte Bauernhaus ist um einen schattigen Innenhof herum angeordnet. In einem Flügel befindet sich ein Lese-Salon und der Speiseraum für provenzalische, an separaten Tischen servierte und in der ganzen Region hochgeschätzte Abendessen. Bei der Gestaltung wiegen Cremefarben vor; es gibt einen Kamin, hübsche Tischdecken und nostalgisches Geschirr. Eines ist evident: vieles in diesem Haus kommt vom Trödler, aber nichts wirkt überladen. Die unterschiedlich großen Zimmer, in denen man sich sehr wohl fühlt, sind im gleichen Stil gehalten. Bei schönem Wetter wird das Frühstück in einer Rosenlaube serviert. Schönes Schwimmbad mit Aussicht auf Venasque. Besonders liebenswürdiger Empfang.

PROVENCE - CÔTE D'AZUR

620 - La Magnanerie

Le Roucas
84560 Ménerbes
(Vaucluse)
Tel. (0)4 90 72 42 88
Fax (0)4 90 72 39 42
Mme und M. Rohart
E-Mail: magnanerie@aol.com
Web: magnanerie.com

♦ Vom 11. Nov. bis 1. März geschl. ♦ Reserv. notwendig ♦ Mind. 2 Üb. ♦ Nichtraucher-Zi. ♦ 6 Zi. mit Bad, WC: 70-80 € (1 Pers., je nach Saison), 75-85 € (2 Pers., je nach Saison) + 18 € (zusätzl. Pers.) ♦ Frühst. inkl. ♦ Kein Gästetisch - Sommerküche steht z. Verf. ♦ Salon (TV, Video) Schwimmbad (15 x 7 m), Mountainbikes, Boccia, Tischtennis, Gesellschaftsspiele; Wanderwerge in der Umgebung ♦ Sprachen: Deutsch, Englisch ♦ **Anreise** (Karte Nr. 33): 18 km südöstl. von Cavaillon. Autobahn A 7, Ausfahrt Cavaillon, Rtg. Apt. Hinter Robion Rtg. Ménerbes über die D 3. Ménerbes liegenlassen, dann rechts ca. 3 km Rtg. Bonnieux.

Von *La Magnanerie* aus, einem großen, in einer Talmulde gelegenen Haus aus dem 18. Jahrhundert, hat man einen weiten Blick über das Petit Luberon. Das sensibel renovierte Haus bietet 6 Zimmer von schlichter Eleganz an, die alle mit antikem Mobiliar eingerichtet sind und schöne Bäder haben. Fürs appetitliche Frühstück oder Farniente kann der Gast je nach Vorliebe Sonne oder Schatten wählen. Beim gemeinsamen Essen, der *table d'hôtes*: traditionelle provenzalische Küche. Liebenswürdiger und aufmerksamer Empfang von Madame und Monsieur Rohart.

621 - La Badiane

685, chemin de la Grangette
84170 Monteux
(Vaucluse)
Tel. (0)4 90 66 85 51
Mme Bigonnet

♦ Von Okt. bis Pfingsten geschl. ♦ Mind. 2 Üb. ♦ 2 Zi. mit Bad oder Dusche, WC (1 zusätzl. Zi. o. eig. Bad): 45 € (1 Pers.), 60 € (2 Pers.) ♦ Frühst. inkl. ♦ Gästetisch abends, gemeinsam, reservieren: 20 € (alles inkl.), 10 € (Kinder ab 4 J.) ♦ 2 Salons, franz. Billard, Klavier, Schlagzeug, Bücher ♦ Schwimmbad, Angeln am Fluss (Sorgue) ♦ Sprachen: Englisch, Spanisch ♦ **Anreise** (Karte Nr. 33): Autobahn A 7. Ausfahrt Avignon-Nord, Rtg. Carpentras. Bis zum Kreisverkehr von Monteux, dann aber die gleiche Strecke zurückfahren bis hinter „Vahiné", 1. Weg rechts (Chemin de Beauchamp), links Chemin de la Grangette (1 km).

Nach der Fahrt auf einem kleinen Weg über die Felder entdeckt man schließlich am Ufer der Sorgue ein schönes, von Blumen und viel Grün umgebenes Haus. Es besitzt zwei komfortable, erholsame Gästezimmer mit dem Touch vergangener Zeiten. Unten ein freundlicher Salon mit Kamin und schönem Mobiliar, ein Billardraum und ein Klavier. Gespeist wird draußen, unter dem Vordach; der Garten hat viele angenehme Eckchen. Ein sehr ansprechendes Haus mit sympathischem Empfang.

PROVENCE - CÔTE D'AZUR

622 - Le Mas des Songes

1631, chemin du Pérussier
84170 Monteux
(Vaucluse)
Tel. (0)4 90 65 49 20
Fax (0)4 90 65 31 77
Vincent und Isabelle Stas de Richelle
Web: masdessonges.com

2003

♦ Ganzj. geöffn. ♦ Mind. 2 Üb. ♦ 3 Zi., 1 Suite (2 Pers.) und 2 Studios (2-3 Pers.) mit Klimaanl., Bad oder Dusche, WC: 120 € (2 Pers.); Suite 140 € (2 Pers.); Studio 180 € (2 Pers.) + 30 € (zusätzl. Pers.) ♦ Frühst. inkl. ♦ Gästetisch mittags und abends, reservieren: 20 € (ohne Getränke) ♦ Salon ♦ Schwimmbad ♦ Haustiere nur auf Anfrage erlaubt ♦ Sprachen: Englisch ♦ **Anreise** (Karte Nr. 33): 4 km vom Stadtzentrum von Monteux Rtg. Sarrians, auf den Weg rechts, „Mas des Songes" ausgeschildert. Nach 1,2 km auf den Feldweg links, erneut ausgeschildert, dann 400 m weiter links.

Über Feldwege gelangen Sie in diese wunderbare, von Zypressen, Obstplantagen und Gesträuch durchzogene Hügellandschaft. Dieses einsam gelegene Haus ragt – sanft – aus dieser Landschaft hervor. *Mas des Songes* ist eine alte Schäferhütte, die vollkommen restauriert wurde, und zwar in einem radikal modernen, ja kargen Stil. Unendlich viele Varianten in Grau, Elfenbein und Weiß, Fußböden aus Naturfaser, poliertem Estrich und Holz, hier und dort ein antikes Möbelstück. Dieser ausgesprochen „angesagte" Ort wurde so manches Mal in Einrichtungsmagazinen abgebildet. Deshalb ist der Empfang aber nicht weniger angenehm, und beim Frühstück in der Laube wird den einfachen Dingen des Lebens der Vorzug gegeben.

623 - La Cigale

Grand-Rue
84570 Mormoiron
(Vaucluse)
Tel. (0)4 90 61 91 51
Handy (0)6 11 08 39 47
Fax (0)4 90 61 88 50
Mme Ingrit Hessel
Web: guideweb.com/provence/bb/la-cigale/

♦ Nov., Jan. und Febr. geschl. ♦ Reserv. notwendig ♦ Mind. 2 Üb. ♦ Nichtraucher-Zi. ♦ 3 Zi. und 1 Suite mit Bad oder Dusche, WC: 68 €, 76 € und 107 € (2 Pers.); Suite 145 € (2 Pers.) + Garage ♦ Frühst. inkl. ♦ Gästetisch abends zweimal wöchentlich, gemeinsam: 23 € (ohne Wein) - Restaurants im Dorf und 5 km weiter ♦ Salon ♦ Garage ♦ Sprachen: Deutsch, Englisch ♦ **Anreise** (Karte Nr. 33): 12 km östl. von Carpentras. Ab Carpentras Rtg. Mazan, dann Mormoiron. 3. Haus neben dem Blumengeschäft.

In Mormoiron nahe des Mont Ventoux verläuft das Leben ruhig. Dass Ingrid sich in diese Region und in dieses nur durch eine Gasse von seinem Blumengärtchen getrennte Haus im Dorf verliebte, ist leicht nachvollziehbar. Im gesamten Haus eine originelle Einrichtung, die aus allerlei Accessoires und Möbeln vom Trödler besteht oder afrikanisch inspiriert ist, und die in warmen Farben gestrichenen Wände setzen all dies ins rechte Licht; allein das Zimmer „Blanche" bildet eine Ausnahme. Die für Aufenthalte ideale Suite besitzt eine eigene Terrasse, von wo man auf die Dächer der Dörfer blickt. Das Frühstück und die provenzalischen Abendessen werden im Garten oder im freundlichen, ockerfarbenen Speiseraum serviert.

PROVENCE - CÔTE D'AZUR

624 - Les Hauts de Véroncle

84220 Murs
(Vaucluse)
Tel. (0)4 90 72 60 91
Fax (0)4 90 72 62 07
Prisca und Didier Del Corso
E-Mail: hauts.de.veroncle@wanadoo.fr
Web: hauts.de.veroncle.free.fr

♦ Vom 5. Nov. bis 20. März geschl. ♦ 5 Zi. mit Bad oder Dusche, WC: 48-50 € (2 Pers.) + 16 € (Extrabett) ♦ Frühst. inkl. ♦ Gästetisch abends, individuell: 20 € (Aperitif, Wein und Kaffee inkl.) ♦ Salon ♦ 1 App. mit Salon, Küche ♦ Sprachen: Englisch, Italienisch ♦ **Anreise** (Karte Nr. 33): 6 km östl. von Gordes. In Gordes-Zentrum die Route des Murs (6 km), dann „Maison d'hôtes, Les Hauts de Véroncle" ausgeschildert.

Am Ende eines langen Weges, der durch eine wundervolle Landschaft führt, liegt dieses Haus ganz verloren und wird jene begeistern, die Einsamkeit, Ruhe und Natur suchen. Die hier gebotenen Möglichkeiten zum Wandern sind unendlich, und die etwas erhöhte Lage garantiert ein Minimum an kühler Luft, auch mitten im Sommer. Prisca und Didier sind jung, gastfreundlich, sympathisch und Feinschmecker, was ihre Diners beweisen, die in der dichten Glyzinienlaube serviert werden. Die Gästezimmer sind schlicht, aber durchaus korrekt.

625 - Bastide Le Mourre

84580 Oppède
(Vaucluse)
Tel. (0)4 90 76 99 31
Fax (0)4 90 76 83 60
Mme Canac
E-Mail: lemourre@aol.com

♦ Ganzj. geöffn. ♦ Mind. 3 Üb. außerh. der Saison und 1 Woche vom 1. April bis 15. Okt. ♦ 4 Häuser zu vermieten (3-6 Pers.): 1-3 Zi., 1-2 Bäder, 1-3 WC, Küche, Aufenthaltsraum, Terrasse, Tel., TV, Wasch- und Geschirrspülmaschine, Bett- und Tafelwäsche wird z. Verf. gestellt: 274,40 € (Wochenende); 990-1345 € und 730-890 €/Woche; je nach Saison und Haus ♦ 2 Zi.: 76,22-106,71 € ♦ Frühst.: 9 € ♦ Schwimmbad ♦ **Anreise** (Karte Nr. 33): 10 km östl. von Cavaillon.

Das Gut, das einem Weiler ähnelt, liegt auf einem kleinen Hügel und bietet einen herrlichen Panoramablick über die Ebene und das alte Dorf mit seinen Felsen im Hintergrund. Die um das schöne provenzalische Landhaus (*mas*) gruppierten Häuser sind vollkommen eigenständig. Madame Canac richtete sie in einem nicht übertrieben provenzalischen Stil mit schönen Materialien und viel Sinn für Komfort ein. Die in diesem Jahr neu hinzugekommenen Gästezimmer haben wir leider noch nicht begutachten können. Das elegante Schwimmbad oberhalb des Weinbergs vervollständigt das wahrlich paradiesische Bild dieses Ortes noch.

PROVENCE - CÔTE D'AZUR

626 - Le Domaine du Petit Crui

84580 Oppède
(Vaucluse)
Tel. (0)4 90 76 80 89
Fax (0)4 90 76 92 86
Mme und M. Goudin

♦ Ganzj. geöffn. ♦ Mind. 3 Üb., von Mai bis Sept. mind. 5 Üb. ♦ 2 Zi. mit Bad oder Dusche, WC, TV, Minibar: 375-425 € für 5 Üb. ♦ Frühst. inkl., vom Gast selbst zubereitet ♦ 2 Appart. (2-7 Pers., Küche, mehrere Zi., Bad, WC) und 2 Suiten (Kochnische, Bad, WC) können wöchentl. (oder 14-tägig im Juli/Aug.) gemietet werden: Suite: 600-805 €; Appart. 700-1000 €/Woche, je nach Saison; ohne Frühst. ♦ Kein Gästetisch - Restaurants ab 3 km ♦ Salon, Küche mit Waschmaschine ♦ Schwimmbad ♦ Hunde nur auf Anfrage erlaubt ♦ Sprachen: Englisch, Italienisch, Spanisch ♦ **Anreise** (Karte Nr. 33): 10 km östl. von Cavaillon über die D 2 Rtg. Robion, dann D 3 Rtg. Ménerbes (2,5 km).

Dieses wunderbare Herrenhaus herrscht mit seinen stattlichen Dependancen über 18 Hektar Kirschbaum-Plantagen. Wir waren sehr eingenommen von der Liebenswürdigkeit der Goudins und den geräumigen, gemütlichen und sehr gepflegten Gästezimmern (unser Lieblingszimmer ist das superbe „Jaune"). Für längere Aufenthalte sollte man die komfortablen Suiten oder Appartements wählen. Vom angenehmen Schwimmbad aus blickt man auf die unendlich weiten Obstplantagen. Obwohl man hier eher „mietet" als „wohnt", ist dies dennoch ein familiäres, authentisches und großzügiges Haus.

627 - Le Silence des Anges

Chemin de Pérussol
84580 Oppède
(Vaucluse)
Tel. und Fax (0)4 90 76 86 63
Mme und M. Rans
E-Mail: anabis@club-internet.fr
Web: lesilencedesanges.com

♦ Ganzj. geöffn. ♦ Reserv. notwendig ♦ Von Juni bis Sept. mind. 2 Üb. ♦ Nichtraucher-Zi. ♦ 4 Zi. mit Bad oder Dusche, WC: ab 100 € (2 Pers.) + 20 € (Extrabett) ♦ Frühst. inkl. ♦ Gästetisch gelegentlich abends, individuell, reservieren: 25 € (ohne Wein) - Restaurants ab 2 km ♦ Keine Kreditkarten ♦ Salon ♦ Hunde nicht erlaubt ♦ Schwimmbad, Bassin, Angebot von Ballonflügen; Weinlese ♦ Sprachen: Englisch, Niederländisch; außerdem etwas Deutsch, Italienisch, Spanisch ♦ **Anreise** (Karte Nr. 33): 15 km östl. von Cavaillon. Autobahn A 7, Ausfahrt Cavaillon, dann Rtg. Apt. 1 km hinter Robion rechts auf die D 29 Rtg. Maubec-Oppède. Am Kreisverkehr von Oppède Rtg. Ménerbes; ausgeschildert (Route des Carrières).

Diese große Schäferhütte aus dem 16. und 17. Jahrhundert liegt wunderbar ruhig zwischen Weinbergen und Olivenbäumen und trägt ihren Name zu Recht (zu deutsch: Das Schweigen der Engel). Die im Sommer angenehm kühlen Zimmer sind hübsch gestaltet und haben angenehme Bäder. Der riesige Salon oder die reizende, von einer hundertjährigen Linde beschattete Terrasse sind die Orte, an denen man das Frühstück einnimmt. Vom großen Schwimmbad aus, leicht erhöht und vom Haus abgelegen, kann man die majestätische Landschaft – an manchen Tagen bis hin zum Ventoux – bewundern.

PROVENCE - CÔTE D'AZUR

628 - Dom. du Vieux Bouigard

Route de Sérignan
84100 Orange (Vaucluse)
Tel. (0)4 90 11 08 21
Fax (0)4 90 11 10 82
Jean Lafournère
und Gilbert Camarca
E-Mail: vieux.bouigard@wanadoo.fr

♦ Vom 1. März bis Allerheiligen geöffn. ♦ Reserv. erwünscht ♦ 3 Zi. mit Bad, WC: 80 € (2 Pers.) und 70 € (2 Pers., ab 2 Üb.) ♦ Frühst. inkl. ♦ Kein Gästetisch - Restaurants ab 2 km ♦ Hunde nur auf Anfrage erlaubt ♦ Weingut ♦ Sprachen: Englisch, Italienisch ♦ **Anreise** (Karte Nr. 33): 5 km nordöstl. von Orange. Am Ortsausgang von Orange Rtg. Sérignan/Nyons. Das Weingut liegt 2 km weiter links.

Dieses in der Ebene von Orange und inmitten von Weinbergen gelegene hübsche provenzalische Landhaus wurde unlängst renoviert, und zwar sehr gut. Die Gestaltung der komfortablen und eher großen Zimmer ist bis ins letzte Detail gut durchdacht: Fußböden aus *parefeuille* oder gebohnerten Kacheln, getünchte Wände, altes, wiederverwertetes Täfelwerk, antikes Mobiliar, schöne unifarbene Stoffe … Die Provence eben, wie man sie liebt: nüchtern, aber mit einer Spur „Déco". Frühstücken können Sie entweder in der schönen Küche oder auf der Terrasse mit Blick auf den reizenden Garten mit Laubengang. Diskreter, aber aufmerksamer Empfang.

629 - Saint-Barthélémy

Chemin de la Roque
84210 Pernes-les-Fontaines
(Vaucluse)
Tel. und Fax (0)4 90 66 47 79
Mme Mangeard
E-Mail: mangeard.jacqueline@wanadoo.fr

♦ Ganzj. geöffn. ♦ 5 Zi. mit Dusche, WC: 46 € (1 Pers.), 58 € (2 Pers.) + 20 € (Extrabett) ♦ Frühst. inkl. ♦ Kein Gästetisch - Restaurants ab 500 m ♦ Salon ♦ Tel.: Zähler ♦ Haustiere nicht erlaubt ♦ Schwimmbad, Tennis, Flussangeln (mit Angelschein), Fahrräder, Baden (Wasserfall) ♦ Sprachen: Englisch ♦ **Anreise** (Karte Nr. 33): 5 km südl. von Carpentras. Autobahn A 7, Ausfahrt Avignon-Nord, Vedène über D 6, Saint-Saturnin-les-Avignon, dann Pernes-les-Fontaines (D 28). Route de Mazan (D 1), 2 km weiter rechts ausgeschildert.

Der außerordentlich liebenswürdige, warmherzige und natürliche Empfang, der einem hier bereitet wird, war ausschlaggebend für die Auswahl dieses alten Hauses, das sich für längere Aufenthalte besonders eignet. Die Innenräume wurden vor kurzem renoviert, zu intensiv meinen wir, denn uns fehlen heute ein wenig die alten Werkstoffe, die den besonderen Reiz des Ortes ausmachten. Die nun zurückhaltend im „rustikal provenzalischen" Stil eingerichteten Zimmer sind dennoch tadellos und haben ganz neue Bäder. Buffet-Frühstück, das man unter der Weide im Hof einnimmt, und angenehmer Garten (die Straße stört kaum) mit wundervollem Wasserfall.

PROVENCE - CÔTE D'AZUR

630 - La Cipionne

84160 Puyvert
(Vaucluse)
Tel. (0)4 90 08 40 58
M. Quentin Genicot

♦ Vom 15. Okt. bis 31. März geschl. ♦ Außerh. der Saison nur auf Anfrage ♦ Mind. 2 Üb. ♦ 3 Zi. mit Dusche, aber ohne eigenes WC (3 Zi. teilen sich 2 WC): 50 € (1 Pers.), 55 € (2 Pers.) ♦ Frühst. inkl. ♦ 1 wöchentl. zu mietendes Studio: 2 Räume, Küche, Dusche, WC: 400 € (1 Pers.), 430 € (2 Pers.) ♦ Kein Gästetisch - Restaurants ab 3 km ♦ Salon ♦ Tel. auf Wunsch ♦ Hunde nicht erlaubt ♦ Schwimmbad ♦ Sprachen: Englisch ♦ **Anreise** (Karte Nr. 33): 30 km nördl. von Aix-en-Provence und 28 km östl. von Cavaillon: bei der Reservierung werden Informationen über die Anreise zugesandt.

Dieses alte Bauernhaus aus Naturstein mit Südlage, Innenhof und weitem Blick hat zudem eine schöne Lage. Die Atmosphäre ist sympathisch und entspannt, die Zimmer sind von schlichter Eleganz. Ein Klavier lädt den „melomanen" Gast zum Spielen ein. Wenn man aus dem Pool kommt, kann man sich im hübschen Garten weiter entspannen. Das Frühstück draußen einzunehmen ist eine wirklich angenehme Art, den Tag zu beginnen.

631 - Domaine de Canfier

84440 Robion
(Vaucluse)
Tel. (0)4 90 76 51 54
Fax (0)4 90 76 67 99
Catherine und Michel Charvet
E-Mail: canfier@aol.com

♦ Ganzj. geöffn. ♦ 2 Zi. mit Dusche, WC (1 mit separat. WC) und 1 Zi. mit Bad, separat. WC: 65-86 € (2 Pers., je nach Zi. und Saison) ♦ Frühst. inkl. ♦ Gästetisch, gemeinsam, 3 mal pro Woche, reservieren: 20 € (alles inkl.) ♦ Salons ♦ Tel. ♦ Hunde nicht erlaubt ♦ Schwimmbad ♦ Sprachen: Englisch, Spanisch ♦ **Anreise** (Karte Nr. 33): 5 km im östl. von Cavaillon. Autobahn A 7, Ausfahrt Cavaillon, dann Rtg. Apt und Digne. In Robion an der 2. Ampel links Rtg. L'Isle-sur-la-Sorgue (1,2 km geradeaus), dann den Weg rechts; die Coulon-Brücke nicht überqueren.

Dieses alte, am Fuß des Luberon gelegene und von Olivenbäumen umgebene Herrenhaus eines landwirtschaftlichen Anwesens wurde im Lauf der Jahre von Catherine und Michel Charvet besonders elegant ausgestattet. Hier ist alles vorhanden, was man zum Entspannen braucht: reizende, antik möblierte Zimmer mit gut konzipierten Bädern, viele angenehme Plätze im Garten, ein Schwimmbad, mehrere, den Gästen zur Verfügung stehende Salons und selbstverständlich die Küche mit bodenständigen Gerichten und das Obst aus dem eigenen Garten. Bester Empfang. Ein Haus mit vielen Vorzügen.

PROVENCE - CÔTE D'AZUR

632 - Mamaison

Quartier Les Devens
84220 Roussillon (Vaucluse)
Tel. (0)4 90 05 74 17
Fax (0)4 90 05 74 63
Marine und Christophe Guillemot
E-Mail: marine.gui@wanadoo.fr
Web: mamaison-provence.com

♦ Vom 1. Nov. bis 15. März geschl. ♦ 4 Zi. und 2 Suiten (2-4 Pers.) mit Bad oder Dusche, WC: 75-119 € (2 Pers.); Suiten: 135 und 150 € (2 Pers.) + 12 € (Extrabett) ♦ Frühst. inkl. ♦ Kein Gästetisch - Restaurants in Umgebung ♦ Visa, MasterCard ♦ Salon ♦ Hunde nur auf Anfrage erlaubt ♦ Schwimmbad ♦ Sprachen: Englisch, Italienisch ♦ **Anreise** (Karte Nr. 33): 12 km westl. von Apt. N 100 zwischen Apt und Le Coustellet, dann D 149 Rtg. Roussillon. Nach 800 m links ausgeschildert.

Blumen, Steingewölbe, ein phantastisches Schwimmbad, eine Sommerküche und drum herum die Ebene des Luberon … Die Schönheit der Umgebung dieses alten provenzalischen Landhauses entspricht jener der Inneneinrichtung. Freundliche, persönlich gestaltete Räume und komfortable Gästezimmer (das „Aux Oiseaux" ist ein wenig klein) mit ausgewähltem Mobiliar und geschmackvollen Fresken in abgestimmten Farben; auch die Bäder sind sehr gelungen. Das Frühstück ist gepflegt, und es gibt Imbisse. Natürlicher, sympathischer Empfang. Eine gute Adresse.

633 - Les Tilleuls

2003

Ch. du Colombier - GR 6
84220 Roussillon (Vaucluse)
Tel. (0)4 90 05 64 61
Handy (0)6 89 89 56 70
Jean-Pascal Naudet und Christiane
E-Mail: les-tilleuls@club-internet.fr
Web: tilleulsroussillon.free.fr

♦ Ganzj. geöffn. ♦ Reservierung notwendig ♦ Mind. 2 Üb. erwünscht ♦ Nichtraucher-Haus ♦ 4 Zi. mit Bad oder Dusche, WC: 70-90 € (2 Pers.) ♦ Frühst. inkl. ♦ Kein Gästetisch - Restaurants ab 1,5 km ♦ Salon ♦ Schwimmbad ♦ Haustiere nicht erlaubt ♦ Sprachen: Deutsch, Englisch, Italienisch, Japanisch ♦ **Anreise** (Karte Nr. 33): Reiseplan wird nach der Reservierung zugesandt.

Dieses kleine typische Mas mit altem Wetterdach mitten auf dem Land in unmittelbarer Nähe von Roussillon stellt außen seine lokale Ockerfarbe zu Schau. Das Interieur zeugt von gelungener, moderner Innenarchitektur. Ein großer, ein wenig klösterlicher, ganz lichtdurchfluteter Raum mit Salonecke und Fensterfront im Zwischengeschoss bildet das Herz des Hauses. Zurückhaltung und Eleganz in den Zimmern und Bädern: Wände in neutralen Farben, aufgelockert mit Zeichnungen und Aquarellen, natürliche Leinenstoffe, Sisalteppiche usw. Das größte Zimmer geht zu einer Terrasse hinaus und bietet Aussicht auf die ländliche Umgebung und in der Ferne auf Gordes. Der Garten, der sich mit der Natur vermischt und einige intime Eckchen bietet, das Schwimmbad und der diskrete, sympathische Empfang des Gastgebers tragen weiter dazu bei, dass man diesen Ort als besonders heiter empfindet.

PROVENCE - CÔTE D'AZUR

634 - La Forge
Notre-Dame-des-Anges
84400 Rustrel
(Vaucluse)
Tel. (0)4 90 04 92 22
Fax (0)4 90 04 95 22
D. Ceccaldi und C. Berger
E-Mail: info@laforge.com.fr
Web: laforge.com.fr

♦ Vom 17. Nov. bis 30. Dez. und vom 6. Jan. bis 28 Febr. geschl. ♦ 2 Zi. mit Bad, WC: 91 € (2 Pers.) und 2 Suiten mit Dusche, WC: 146 € (4 Pers.) ♦ Frühst. inkl. ♦ Kein Gästetisch - Picknickkörbe, Tellergerichte: 14,50 € pro Pers. ♦ Salon ♦ Tel. ♦ Hunde nicht erlaubt ♦ Schwimmbad; Wandern, Reiten und Mountainbikes vom Haus aus ♦ Sprachen: Englisch ♦ **Anreise** (Karte Nr. 33): 8 km von Apt. Ab Apt Rtg. Rustrel und Saint-Christol über die D 22 (7,5 km), rechts Rtg. Le Colorado, dann „La Forge - Chambres d'hôtes" ausgeschildert.

Diese Schmiede *(forge)* aus dem 19. Jahrhundert, inmitten des mit seinen Märchenbuch-Felsspalten besonders spektakulären „Colorado provençal" und an einem Wald mit geschützter reicher Flora und Fauna gelegen, wurde zu einem Wohnhaus umgebaut. Dieser ungewöhnliche Ort ist mit seinen gut eingerichteten Gästezimmern, seinem Garten und seinem Schwimmbad sehr angenehm, ruhig und gastfreundlich. Dominique Ceccaldi und Claude Berger kümmern sich bestens um ihre Gäste. Eine im wahrsten Sinn des Wortes außergewöhnliche Adresse.

635 - Chambre de séjour avec vue...

84400 Saigon-en-Luberon
(Vaucluse)
Tel. und Fax (0)4 90 04 85 01
Kamila Regent und Pierre Jaccaud
E-Mail: chambreavecvue@vox-pop.net
Web: chambreavecvue.com

♦ Ganzj. geöffn. ♦ Reserv. notwendig ♦ Nichtraucher-Zi. ♦ 3 Zi. und 1 Studio mit Bad oder Dusche, WC: 68-80 € (2 Pers.) + 15 € (Extrabett); Studio: 100 €/Üb. oder 560 €/Woche (2 Pers.) ♦ Kontinentales Frühst. inkl. ♦ Gästetisch gelegentlich abends, reservieren: 25 € (Wein inkl.) ♦ Salon ♦ Hunde nur auf Anfrage erlaubt ♦ Fahrräder, Boccia und Galerie moderner Kunst ♦ Sprachen: Englisch, Polnisch, Russisch ♦ **Anreise** (Karte Nr. 33): 4 km südöstl. von Apt.

In diesem wunderschönen, gut restaurierten, im Dorf gelegenen Haus ist der Empfang freundlich und natürlich, die Atmosphäre künstlerisch. In allen Räumen sind moderne Skulpturen und Gemälde ausgestellt, und jenen Gästen, die ihrem Talent Ausdruck verleihen möchten, steht ein Atelier zur Verfügung. Die geräumigen, hellen Zimmer sind geschmackvoll gestaltet: jedes in einer bestimmten, dominierenden Farbe. Der mit modernen, farbigen Möbeln eingerichtete Lesesalon mit ockerfarbenen Wänden steht den Gästen zur Verfügung. Der über eine Hebebrücke zugängliche Garten erhöht noch den Charme des Hauses.

PROVENCE - CÔTE D'AZUR

636 - La Barjaquière

84330 Saint-Pierre-de-Vassols
(Vaucluse)
Tel. (0)4 90 62 48 00
Fax (0)4 90 62 48 06
Ghislaine André und Daniel Poncet
E-Mail: welcome@barjaquiere.com
Web: barjaquiere.com

♦ Ganzj. geöffn. ♦ Reservieren ♦ Vom 15. Juni bis 15. Sept. mind. 2 Üb. ♦ Nichtraucher-Zi. ♦ 3 Zi. und 2 Suiten (2-3 Pers.) mit Bad und/oder Dusche, WC, Tel., TV: 110-150 € (2 Pers.) + 15 € (Kinderbett); Suite 170 € (2 Pers.), 195 € (3 Pers.) ♦ Frühst. inkl. ♦ Gästetisch gelegentlich abends, gemeinsam oder individuell: 40 € ♦ Salons ♦ Haustiere nicht erlaubt ♦ Hallen- und Freibad (beheizt), Fitnessraum, Sauna ♦ Sprachen: Englisch, Deutsch, Italienisch, Spanisch ♦ **Anreise** (Karte Nr. 33): 8 km nordöstl. von Carpentras, Rtg. Bedoin über die D 974. Nach 7,5 km links ausgeschildert (D 85). Im Dorf, am braunen Gitter seitlich der Kirche.

Das Haus aus dem 17. Jahrhundert liegt in einem kleinen Dorf abseits der Straße, die zum Mont Ventoux führt, und wurde sorgfältig restauriert, um nun Gäste in einem Rahmen von raffiniertem Komfort zu beherbergen. Auch diejenigen Zimmer, die sich unter dem Dach mit schönem Gebälk befinden, haben viel Komfort, sind gut geschnitten und geräumig. Die harmonisch aufeinander abgestimmten Farben der Stoffe, des Bodenbelags und der Kacheln in den Bädern offenbaren den Geist des Hauses, in dem Sie freundlich und aufmerksam empfangen werden. Angenehmer kleiner Blumengarten.

637 - Mas de Lumière

Campagne Les Talons
84490 Saint-Saturnin-lès-Apt
(Vaucluse)
Tel. (0)4 90 05 63 44
Mme und M. Bernard Maître

♦ Ganzj. geöffn. ♦ Mind. 2 Üb. ♦ 3 Zi. (2 mit separ. Eingang) mit Bad oder Dusche, WC: 88 €, 95 € und 108 € (2 Pers.) + 20 € (zusätzl. Pers.) ♦ Frühst. inkl. ♦ Kein Gästetisch - Restaurants in unm. Nähe ♦ Haustiere nicht erlaubt ♦ Schwimmbad ♦ Sprachen: Englisch, Spanisch ♦ **Anreise** (Karte Nr. 33): 10 km westl. von Apt über die N 100 Rtg. Gordes, dann die D 4 Rtg. Roussillon-Murs; an der Kreuzung die D 2 (500 m), dann die D 4; am Schild „Les Talons" rechts.

Das *Mas de Lumière* liegt oberhalb eines winzigen Dorfes und ist ganz besonders einladend – außen wie im Innern der Mauern, die das Haus angenehm kühl halten. Die in hellen Tönen gestalteten Zimmer sind in einem recht klassischen Stil reizend und geschmackvoll gestaltet. Dank der Terrassen, von denen es mehrere gibt (die nach Osten gelegene ist ideal zum Frühstücken), fühlen sich die Gäste hier besonders ungestört. Vom wunderbaren Schwimmbad aus hat man einen schönen Blick auf die Ebene des Luberon. Die Betreuung ist sympathisch und von feiner Art.

PROVENCE - CÔTE D'AZUR

638 - Sous les Canniers
Route de Roque-sur-Pennes
84800 Saumane-
de-Vaucluse
(Vaucluse)
Tel. und Fax (0)4 90 20 28 67
Handy (0)6 16 77 11 26
Thierry Cardron und Julien Nison
E-Mail: souslescanniers@aol.com

2003

♦ Ganzj. geöffn. ♦ Im Juli und Aug. mind. 2 Üb. ♦ Nichtraucher-Haus ♦ 4 Zi. mit Bad oder Dusche, WC: 80-107 € (2 Pers.) ♦ Frühst. inkl. ♦ Kein Gästetisch - Restaurants ab 1,2 km ♦ Schwimmbad ♦ Haustiere nicht erlaubt ♦ Sprachen: Englisch ♦ **Anreise** (Karte Nr. 33): Autobahn A 7, Ausfahrt Avignon, L'Isle-sur-la-Sorgue über die N 100, dann D 175 Rtg. Saumane und D 57 nach Roque-sur-Pennes.

Ein in üppige Vegetation eingebettetes Landhaus von ganz gewöhnlicher Bauart, das dennoch mit seinen Verschiebungen und intimen Eckchen enorm viel Charme besitzt. So kann man die Aussicht beim Frühstück variieren, das im übrigen zu angenehmen Zeiten für all die serviert wird, die sich auszuruhen wünschen. Mit viel Gespür für Komfort und Harmonie haben Thierry und Julien die reizenden Zimmer in besonders sanften Beige- und Grautönen mit einigen antiken Möbeln und Accessoires eingerichtet. Alle haben einen separaten Eingang, eines liegt in der Dependance, ein weiteres besitzt im Zwischengeschoss eine Salonecke. Außerdem der liebenswürdige Empfang, absolute Ruhe, ein wohltuendes Schwimmbad, die Nähe zum Luberon und Ventoux – und schon sind die leicht überhöhten Preise vergessen.

639 - Saint-Jean

84110 Séguret
(Vaucluse)
Tel. (0)4 90 46 91 76
Fax (0)4 90 46 83 88
Mme Augier

♦ Ganzj. geöffn. ♦ 1 Zi. und 2 Suiten (3-4 Pers.) mit Dusche, WC, Tel., Minibar: 65-80 € (1 Pers.), 80-94 € (2 Pers.), 108-114 € (3 Pers.) + 20 € (zusätzl. Pers.) ♦ Frühst. inkl. ♦ Kein Gästetisch - Restaurants im Dorf und in der Umgebung ♦ Salon ♦ Schwimmbad ♦ Sprachen: Englisch, Spanisch ♦ **Anreise** (Karte Nr. 33): 2 km nordöstl. von Séguret. Am Ende von Séguret rechts die Route des Vins (D 88). Nach 1,5 km Rtg. Vaison auf der D 88 ausgeschildert.

An eine bewachsene Mauer mit großzügigem Blätterwerk angelehnt, bietet *Saint-Jean* geräumige Gästezimmer mit klassischer, freundlicher Ausstattung an. Alle sind komfortabel und ungewöhnlich (ein Zimmer verfügt sogar über einen Orangerie-Salon). Wenn man um den Brunnen herumgeht und die Stufen hochsteigt, entdeckt man den anderen Garten mit schönem Schwimmbad; von hier hat man einen Panoramablick über Weinberge und Obstgärten. Madame Augier, stets guter Laune, wacht über das Wohlergehen der Gäste. Allein ihr Frühstück ist einen großen Umweg wert.

PROVENCE - CÔTE D'AZUR

640 - La Treille

Route de Malaucène
84190 Suzette
(Vaucluse)
Tel. (0)4 90 65 03 77
Handy (0)6 13 89 59 00
Fax (0)4 90 62 93 39
Dominique und Nathalie Garrigou

♦ Ganzj. geöffn. ♦ Reserv. notwendig ♦ 1 Zi. mit Bad, WC: 69 € (2 Pers.) ♦ Frühst. inkl. ♦ 2 Suiten (2-4 Pers.) und 1 Studio (2 Pers.) mit Bad oder Dusche, WC: Studio: 61 € (2 Pers.); Suite: 68-76 € (2 Pers.), 83-91 € (4 Pers.) ♦ Ohne Frühst. (+ 6,50 € pro Pers.) ♦ Kein Gästetisch - Restaurants ab 100 m ♦ Kleiner Speiseraum ♦ Schwimmbad (Fertigstellung Sommer 2003) ♦ Haustiere erlaubt ♦ Sprachen: Englisch, Spanisch ♦ **Anreise** (Karte Nr. 33): 38 km nordöstl. von Avignon über die D 942 Rtg. Carpentras, dann links Rtg. Beaumes-de-Venise und schließlich nach Suzette.

Eine wiklich reizende Straße, die sich durch die terrassierten Weinberge und Olivenhaine schlängelt und zum Dorf Suzette und nach La Treille führt, von wo der Blick bis hin zum Ventoux einzigartig ist. Dieses kleine alte, besonders hübsch restaurierte Bauernhaus wurde in einem ländlichen Stil ganz schlicht, aber gelungen eingerichtet, ohne die Bedeutung der Bäder (und Kitchenetten der Studios und Suiten) zu vergessen. Hier ist jeder ganz eigenständig; wer möchte, begibt sich in den kleinen, gastfreundlichen Hof, den das L-förmig erbaute Mas einrahmt. Angenehmer, familiärer Empfang der jungen Hausbesitzer.

641 - Le Mas de Miejour

117, chemin du Trentin
84250 Le Thor (Vaucluse)
Tel. (0)4 90 02 13 79
Fax (0)4 90 02 13 03
Frédéric Westercamp und
Emmanuel Diemont
E-Mail: mas.miejour@free.fr
Web: mas.miejour.free.fr

♦ Ganzj. geöffn. (von Nov. bis März reservieren) ♦ Nichtraucher-Zi. ♦ 3 Zi. mit Bad oder Dusche, WC: 75 und 85 € (2 Pers.) + 20 € (Extrabett) ♦ Frühst. inkl. ♦ Kein Gästetisch - Restaurants ab 7 km ♦ Salon ♦ Schwimmbad, Boccia ♦ Hunde nicht erlaubt ♦ Sprachen: Englisch ♦ **Anreise** (Karte Nr. 33): 12 km von Avignon. Autobahn A 7, Ausfahrt 23 Avignon-Nord, danach Rtg. Vedène, Saint-Saturnin, Pernes-les-Fontaines. Von der D 28 dann 2 km hinter Saint-Saturnin rechts zum Chemin du Trentin.

Unweit von Le Thor liegt dieses von 2 riesigen Platanen flankierte provenzalische Landhaus aus dem 19. Jahrhundert mitten auf dem Land zwischen Spargel- und Kartoffelfeldern. Es wird von einer Pappelwand geschützt und ist Provence pur. Blaue Fensterläden, eine Weinlaube, Linden und Rosen fürs Frühstück, das von einem liebenswürdigen jungen Paar serviert wird. Das Erdgeschoss-Zimmer namens „Souleié" ist im Stil der dreißiger Jahre möbliert. Das oben gelegene „Esquirou", es ist das kleinste, hat etwas Nordafrikanisches und besitzt ein Bad mit Metro-Kacheln. „Miejour", das größte und provenzalischste, mit einem Bad in Beige und Weiß, hat in der Etage darüber noch einen Raum für 2 Freunde oder Kinder.

PROVENCE - CÔTE D'AZUR

642 - Le Mas des Prés

946, Chemin de la Traille
84250 Le Thor (Vaucluse)
Tel. (0)4 90 02 14 22
Fax (0)4 90 02 15 44
Mme Véronique Neuville
E-Mail: mas-des-pres@avignon-et-provence.com
Web: avignon-et-provence.com/mas-des-pres

♦ Ganzj. geöffn. ♦ 5 Zi. (4 mit Terrasse) mit Bad oder Dusche, WC: 85-100 € (2 Pers.) + 17 € (Extrabett) ♦ Frühst. inkl. ♦ Kein Gästetisch - Restaurants ab 3 km ♦ Kleine Küche im Poolhouse ♦ Salon (TV) ♦ Hunde nur auf Anfrage erlaubt ♦ Großes, ungechlortes Schwimmbad ♦ Sprachen: Englisch ♦ **Anreise** (Karte Nr. 33): 7 km westl. von L'Isle-sur-la-Sorgue. Autobahn A 7, Ausfahrt Avignon-Nord, Rtg. Vedène über die D 6 nach Saint-Saturnin, Le Thor, dann Grottes de Touzon. Nach 700 m hinter den Grotten rechts (ausgeschildert).

Nahe L'Isle-sur-la-Sorgue dieses kleine Mas aus dem 18. Jahrhundert; geschützt von seinen hundertjährigen Platanen und seiner wohltuenden Laube liegt es gegenüber einer großen Wiese mit Blick auf das Schloss von Thouzon. Die Zimmer sind mit ihren Möbeln, Gemälden und hübschen Bädern komfortabel und von zurückhaltender Eleganz. Eines der Zimmer, es ist kleiner, aber reizend, erlaubt sich den Kontrast eines herrlichen Rot zu den patinierten Wänden. Der liebenswürdige Empfang von Véronique Neuville, sie ist Malerin, das wirkliche gute Frühstück, die große Ruhe und das schöne Schwimmbad machen dieses Haus zu einer Adresse mit vielen Vorzügen für Aufenthalte – besonders für Verliebte.

643 - Bastide La Combe

Chemin de Sainte-Croix
84110 Vaison-la-Romaine
(Vaucluse)
Tel. (0)4 90 28 76 33
Fax (0)4 90 28 73 70
Marie Ballis
E-Mail: home@bastide-lacombe.fr
Web: bastide-lacombe.fr

♦ Vom 15. Nov. bis Ende März geschl.; Ausnahme: zwischen Weihnachten und Neujahr und „Trüffel-Wochenenden" bis Ende März ♦ 5 Zi. mit Bad, Dusche, WC, Tel., TV: 85-118 € (2 Pers.) ♦ Frühst.: 9,15 € ♦ Visa, Mastercard, Eurocard ♦ Gästetisch abends 4 mal wöchentlich, gemeinsam, reservieren: 38 € (alles inkl.) ♦ Salon, Billard ♦ Hunde nur auf Anfrage erlaubt ♦ Schwimmbad ♦ Sprachen: Englisch, Spanisch ♦ **Anreise** (Karte Nr. 33): 3 km nördl. von Vaison-la-Romaine über die D 51. Nach der 2. Verlangsamung rechts Chemin de Sainte Croix (2 km). „Bastide La Combe" links ausgeschildert.

Ursprünglich war *La Combe* im Besitz von Winzern, im Laufe der Zeit wurde das Haus dann zu einer Bastide umgestaltet. Heute ist hier alles vorhanden zum Beherbergen von Gästen, die Luxus und absolute Ruhe für ihren Aufenthalt suchen. Die Zimmer von beachtlicher Größe (einige sind besonders geräumig) sind hell und sehr geschmackvoll-raffiniert möbliert. Der riesige Salon, der Garten und die Weine ringsherum kommen noch zu den Freuden der Jahreszeitenküche hinzu, um die sich Marie Ballis kümmert. Abgelegen und im Herzen einer Region voller natürlicher Reichtümer zugleich. Eine besondere Adresse.

PROVENCE - CÔTE D'AZUR

644 - La Calade

Saint-Romain-en-Viennois
84110 Vaison-la-Romaine (Vaucluse)
Tel. (0)4 90 46 51 79
Fax (0)4 90 46 51 82
M. Haggai und M. Terrisse
E-Mail: calade-vaison@avignon-et-provence.com
Web: avignon-et-provence.com/
bb/la-calade-vaison

♦ Von Nov. bis Ostern geschl. ♦ 4 Zi. mit Bad oder Dusche, WC: 60 € (1 Pers.), 70 € (2 Pers.) ♦ Frühst. inkl.♦ Kein Gästetisch - Restaurants im Dorf ♦ Salon ♦ Tel. ♦ Hunde nicht erlaubt ♦ Sprachen: Englisch, Spanisch, Italienisch ♦ **Anreise** (Karte Nr. 33): 3 km nordwestl. von Vaison-la-Romaine Rtg. Nyons.

La Calade, ein altes, gastfreundliches Haus im Dorf wurde renoviert, und zwar sehr gut. Die Gestaltung von schlichter Eleganz rückt das Mobiliar des 19. Jahrhundert aus dem Familienbesitz ins rechte Licht, ferner gibt es einige schöne Tongefäße und amüsante Lithografien. Überladenes oder karikatural Provenzalisches gibt es hier nicht, sondern: weiße Wände in den Zimmern, bunte Stoffe aus Asien, Seestücke. Ein schönes, ruhiges Ensemble voller Komfort. Auf der Dachterrasse werden Sie abends einen Drink nehmen und dabei den Sonnenuntergang hinter den Weinbergen und danach die illuminierte Kirche bewundern. Das exzellente Frühstück wird im Patio mit reichlich Blumen serviert.

645 - L'Évêché

Rue de l'Évêché
84110 Vaison-la-Romaine
(Vaucluse)
Tel. (0)4 90 36 13 46
Fax (0)4 90 36 32 43
Aude und Jean-Loup Verdier
E-Mail: eveche@aol.com
Web: eveche.free.fr

♦ Ganzj. geöffn. ♦ 4 Zi. mit Bad oder Dusche, WC, Tel.: 59-69 € (1 Pers.), 69-76 € (2 Pers.), 103 € (3 Pers., Suite) ♦ Frühst. inkl. ♦ Kein Gästetisch - Restaurants in Vaison ♦ Salon ♦ Hunde nur auf Anfrage erlaubt ♦ Mountainbikes ♦ **Anreise** (Karte Nr. 33): 29 km nordöstl. von Orange über die D 975. Ab Vaison-la-Romaine der Ausschilderung „Ville médiévale" folgen.

Von diesem ehemaligen Bischofssitz aus dem 17. Jahrhundert werden Sie hingerissen sein. Das Haus ist sehr komfortabel und hat unterschiedlich große Räume, die auf mehrere Terrassen hinaus gehen (eine ist ideal fürs Frühstück), wo viele eingetopfte Blumen blühen. Überall, auch in den Gästezimmern, ist die Ausstattung freundlich, gibt es altes Mobiliar, ebenso Bücher, Bilder, allerlei Accessoires … Das Erfreulichste dieses Bischofssitzes aber ist die entspannte und gutgelaunte Betreuung von Aude und Jean-Loup Verdier. Ein echter Tipp.

PROVENCE - CÔTE D'AZUR

646 - Mastignac

Route de Taulignan
84600 Valréas
(Vaucluse)
Tel. (0)4 90 35 01 82
Mme de Précigout

♦ Vom 15. Mai bis 1. Okt. geöffn. ♦ 5 Zi. mit eig. Bad oder Dusche (1 mit eig. WC, 2 mit gemeins. WC): 58-85 € (2 Pers.) ♦ Frühst. inkl. ♦ Kein Gästetisch - Restaurants in Grignan und Valréas (2 km) ♦ Salon ♦ Kl. Hunde erlaubt ♦ Schwimmbad ♦ Sprachen: Englisch ♦ **Anreise** (Karte Nr. 33): 2 km nördl. von Valréas. „Mastignac" ist ab Valréas ausgeschildert.

Mastignac wurde als Viereck um einen großen Innenhof herum angelegt und ist ein altes, traditionelles, in einer Weingegend gelegenes Haus mit sehr gepflegter Umgebung. Die alten Möbel, die Bilder und die Einrichtungsgegenstände, die sich hier im Laufe der Zeit ansammelten, verleihen diesem Haus die Wärme eines Familienanwesens. Die Zimmer mittlerer Größe (mit Ausnahme von einem am Ende des linken Flügels) sind elegant und angenehm. Im Patio oder im reizenden kleinen Speiseraum wird das gemeinsam eingenommene Frühstück serviert. Der Empfang ist ganz besonders liebenswürdig.

647 - Villa Velleron

Rue Roquette
84740 Velleron
(Vaucluse)
Tel. (0)4 90 20 12 31
Fax (0)4 90 20 10 34
Simone Sanders und Wim Visser
E-Mail: villa.velleron@wanadoo.fr

♦ Vom 1. Nov. bis zum Oster-Wochenende geschl. ♦ 6 Zi. mit Bad, WC: 85-105 € (2 Pers.) ♦ Frühst. inkl. ♦ 1 kleines, separates, wöchentlich zu mietendes Appartement ♦ Gästetisch, individuell: 28 € (ohne Wein) ♦ Salon ♦ Hunde nicht erlaubt ♦ Schwimmbad ♦ Sprachen: Deutsch, Englisch, Holländisch ♦ **Anreise**: (Karte Nr 33): 25 km östl. von Avignon. Autobahn A 7, Ausfahrt Avignon-Nord Rtg. Carpentras. In Monteux Rtg. Velleron (D 31, 10 km). Hinter der Post von Velleron.

In der Nähe von L'Isle-sur-la-Sorgue und im Herzen von Velleron schützt ein Gitter die Intimität dieses Hauses, das früher eine Ölmühle war. Geschmackvoll und eigenwillig gestaltet, hat es seinen ursprünglichen Charakter erhalten und bietet einen gewissen Charme mit seinem Innenhof-Schwimmbad, seinem terrassierten Garten und seinen schattigen Ecken. Die angenehmen, komfortablen Zimmer, aufgeteilt auf das Haus und die Dependancen, sind ganz individuell gestaltet. Wohlbefinden auch in den Bädern, die zuweilen lediglich ein Vorhang oder eine spanische Wand von den Zimmern trennt. Das gute Frühstück und die von Wim Visser zubereiteten Abendessen werden entweder draußen oder im netten kleinen Speiseraum serviert. Aufmerksamer Empfang.

PROVENCE - CÔTE D'AZUR

648 - La Maison aux Volets Bleus
84210 Venasque
(Vaucluse)
Tel. (0)4 90 66 03 04
Fax (0)4 90 66 16 14
Mme Martine Maret
E-Mail: voletbleu@aol.com
Web: maison-volets-bleus.com

♦ Vom 1. März bis 1. Nov. geöffn. ♦ 5 Zi. mit Bad oder Waschraum, WC (darunter 1 Zi. mit Dusche und Badew.): 72-88 € (2 Pers.) + 20 € (zusätzl. Pers.); Suite: 125 € (4 Pers.) ♦ Frühst. inkl. ♦ Individ. Abendessen, Mo, Mi und Sa: 23 € (ohne Wein) ♦ Salon ♦ Tel. ♦ Sprachen: Englisch ♦ **Anreise** (Karte Nr. 33): südl. von Carpentras über die D 4; ausgeschildert. Weiterer Hinweis im Dorf am Brunnen.

Das sich an den Felsen klammernde Venasque überragt die Ebene. Das Haus liegt im Herzen des alten Dorfes. Ein kleiner Hof voller Blumen, ein großer, unwiderstehlicher Aufenthaltsraum mit getrockneten Blumen und antiken Möbeln und eine schwindelerregende Terrasse, auf der das Frühstück serviert wird, stellen die besonderen Vorzüge dieses Hauses dar. Von den meisten Gästezimmern hat man die gleiche eindrucksvolle Aussicht.

RHÔNE - ALPES

649 - Manoir de Marmont

01960 Saint-André-sur-Vieux-Jonc
(Ain)
Tel. (0)4 74 52 79 74
Geneviève und Henri
Guido-Alhéritière

♦ Ganzj. geöffn. ♦ 2 Zi. und 1 Suite (4 Pers.) mit Bad oder Dusche, WC: 70 € (1 Pers.), 79 € (2 Pers.); Suite 130 € (4 Pers.) ♦ Frühst. inkl. ♦ – 10 % ab 3. Üb. ♦ Kein Gästetisch - Restaurants (Golfpl., 400 m und 3 km) ♦ Salon ♦ Hunde nur auf Anfrage erlaubt ♦ Sprachen: Englisch, Italienisch ♦ **Anreise** (Karte Nr. 26): 14 km südwestl. von Bourg-en-Bresse über N 83 Rtg. Lyon bis Servas. An der Ampel rechts Rtg. Condeissiat (D 64 - 5 km), dann links Platanenallee (500 m), neben einem 18-L.-Golfplatz.

In diesem Haus aus der Mitte des 19. Jahrhunderts sind die Tapeten noch original, und die Möbel scheinen hier von jeher gestanden zu haben. Um den Empfang kümmern sich Madame und Monsieur Guido: er wirkt ein wenig zugeknöpft, sie hingegen setzt mit unbeschreiblichem Enthusiasmus, viel Energie und guter Laune alles daran, ihre Gäste zufrieden zu stellen (eine Auswahl von Büchern, ein wunderbarer Charles-X-Billard, zahllose Pflegeprodukte in den Bädern, es fehlt an rein gar nichts). Richtige Familienschlafräume, sehr gepflegtes, entweder am Kamin des reizenden kleinen Salons (19. Jh.) oder im großen Wintergarten serviertes Frühstück. Eine wunderbare Adresse im Herzen der Dombes.

650 - Mounens

07270 Lamastre
(Ardèche)
Tel. (0)4 75 06 47 59
Max Dejour und
Mayèse de Moncuit-Dejour
E-Mail: maisondhotes.mounens@wanadoo.fr

♦ Vom 3. Mai bis 29. Sept. geöffn. ♦ 4 Zi. mit Bad oder Dusche, WC: 53,50-60 € (2 Pers.) + 17 € (Extrabett) ♦ Frühst. inkl. ♦ Gästetisch abends am Wochenende, gemeinsam: 19,50 € (Wein inkl.) ♦ Salon ♦ Zimmerreinigung auf Wunsch ♦ Hunde nicht erlaubt ♦ Schwimmbad ♦ Sprachen: Englisch, Spanisch ♦ **Anreise** (Karte Nr. 26): 6 km südl. von Lamastre über die D 578 Rtg. Le Cheylard. 800 m hinter Lapras die kleine ansteigende Straße links; ausgeschildert.

Die von Kastanien bedeckten Hügel, der terrassierte Anbau und die Obstgärten machen aus dem Haut Vivarais eine besonders liebenswerte Gegend. Diese beiden alten, an einem Hügel gelegenen und durch einen Blumengarten miteinander verbundenen Häuser werden von einem ganz besonders sympathischen Paar bewohnt. Das eine der beiden Häuser wurde erst vor kurzem renoviert. Alles sehr gelungen: elegantes altes Mobiliar, weicher Teppichboden, wunderbare Baumwollstoffe, Aquarelle ... Frühstück und Abendessen werden bei schönem Wetter auf der Terrasse serviert.

RHÔNE - ALPES

651 - Chez Marcelle et Jean-Nicolas Goetz

07000 Pourchères
(Ardèche)
Tel. (0)4 75 66 81 99
Mme und M. Goetz

♦ Vom 1. Okt. bis Ende April geschl. ♦ HP (ausschl.) ♦ Nichtraucher-Haus ♦ 3 Zi. mit Dusche, WC: 78-90 € (2 Pers., HP); Kinder unter 7 J. Sonderpr. ♦ Gästetisch abends, gemeinsam oder individuell: Vegetarierkost auf Best. ♦ Zimmerreinigung alle 4 Tage ♦ 3 kleine, separat gelegene, wöchentlich zu mietende Häuser ♦ Gut erzogene Hunde erlaubt ♦ Sprachen: Deutsch, Englisch ♦ **Anreise** (Karte Nr. 26): in Privas Rtg. Les Ollières, ab Petit-Tournon 2. Straße links Rtg. Pourchères; ausgeschildert.

Dieses verwinkelte alte Haus wurde auf einem früheren Lavastrom erbaut, auf dem heute prächtige Blumen gedeihen. Der dunkle Stein hebt sich gut von der grünen Umgebung ab. Die Zimmer sind schlicht und angenehm, schön kühl im Sommer und mit originellen Duschbädern versehen („La Papesse" möglichst nicht nehmen). Das bodenständige Essen wird in einem großen, eigenwilligen Raum serviert oder, bei schönem Wetter, draußen. Von überall ist der Ausblick herrlich, und was das Ambiente betrifft, so werden diejenigen, die die „echte" Ardèche schätzen, sich hier besonders wohl fühlen. Wer es weniger ursprünglich haben möchte, sollte diesen Ort meiden!

652 - La Désirade

07340 Saint-Désirat
(Ardèche)
Tel. (0)4 75 34 21 88
Mme und M. Meunier
E-Mail: contact@desirade-fr.com
Web: desirade-fr.com

♦ Ganzj. geöffn. ♦ 6 Zi. mit Bad oder Dusche, WC: 43 € (2 Pers.) + 15 € (Extrabett) ♦ Frühst. inkl. ♦ Mittag- und Abendessen in der kleinen Auberge an separaten Tischen: Menüs 13 oder 16 € (ohne Wein) ♦ Zimmerreinigung auf Wunsch ♦ Salon ♦ Tel. mit Zähler ♦ Hunde nur auf Anfrage erlaubt ♦ Sprachen: Englisch ♦ **Anreise** (Karte Nr. 26): 70 km südl. von Lyon. Autobahn A 7, Ausfahrt Chanas, dann Serrières. In Serrières Rtg. Montpellier, Marseille über die RN 86, danach ausgeschildert.

Am Dorfeingang liegt dieses schöne Haus aus dem 19. Jahrhundert und ist umgeben von den Hügeln der Saint-Joseph-Weinberge, die die Umgebung prägen. Im Innern sind die Wände stoffbespannt oder auch angestrichen, und zwar in unterschiedlichen, kräftigen Farben (für unseren Geschmack im Gästezimmer „Bleue" ein wenig zu kräftig). Dieser junge, freundliche Stil entspricht genau der Art des Empfangs. Die Zimmer sind gepflegt. Im ansprechenden kleinen Speiseraum der Auberge werden die köstlichen, traditionellen Mittag- und Abendessen eingenommen.

RHÔNE - ALPES

653 - Château de Fontblachère
07210 Saint-Lager-Bressac
(Ardèche)
Tel. (0)4 75 65 15 02
Fax (0)4 75 65 18 56
Handy (0)6 07 62 74 23
M. Bernard Liaudois
E-Mail: bernard.liaudois@wanadoo.fr
Web: fontblachere.com

♦ Vom 1. April bis 30. Oktober geöffn. ♦ 3 Zi. und 1 Suite (bestehend aus 2 Zi.) mit Bad oder Dusche, WC: 90-120 € (2 Pers.) ♦ Frühst. inkl. ♦ Kreditkarten ♦ Kein Gästetisch - Restaurants ab 3 km ♦ Zudem können 2 Appartements gemietet werden ♦ Schwimmbad mit Dusche und Kitchenette (bis 19 Uhr) gemeins. mit dem Appartement, Jacuzzi, Tennis ♦ Salon ♦ Sprachen: Englisch, Spanisch ♦ **Anreise** (Karte Nr. 26): Autobahn A 7, Ausfahrt Loriol. D 22 Rtg. Privas, dann links D 322, auf der Höhe von Saint-Lager Rtg. links nach Fontblachère; ausgeschildert.

Dieses elegante Anwesen aus dem 17. Jahrhundert, das von einer Mauer vor Wind geschützt wird, bietet Aussicht auf die Berge der Ardèche. Das Interieur hat seinen ursprünglichen Charakter erhalten und die Räume sind wie einst zugeschnitten. Ein bequemer Salon geht zur Terrasse hinaus; im Speiseraum mit gewölbter Decke wird das Frühstück serviert, das bei schönem Wetter unter dem Vordach eingenommen wird. Das Anwesen ist harmonisch gestaltet. Das große Schwimmbad mit Solarium lädt zum Entspannen ein. Zu den in ruhigen Farben geschmackvoll gestalteten Zimmern führt eine schöne Treppe. Bernard Liaudois teilt sein Haus und seine Region (die er bestens kennt) gern mit anderen. Die Preise sind leicht überhöht.

654 - Le Moulinage Chabriol

Chabriol Bas
07190 Saint-Pierreville (Ardèche)
Tel. (0)4 75 66 62 08
Fax (0)4 75 66 65 99
Lize und Ed de Lang
E-Mail: chabriol@infonie.fr
Web: chabriol.com

♦ Ganzj. geöffn. ♦ Reserv. notwendig ♦ Nichtraucher-Zi. ♦ 6 Zi. mit Dusche, WC: 60 € (2 Pers.) ♦ Frühst. inkl. ♦ Kein Gästetisch - Restaurants 4 bzw. 10 km entf. ♦ Salon (Kamin) ♦ Haustiere nicht erlaubt ♦ Fluss (Angeln und Baden) ♦ Sprachen: Deutsch, Englisch, Holländisch ♦ **Anreise** (Karte Nr. 26): 35 km westl. von La Voulte. Autobahn A 7, Ausfahrt Loriol, dann La Voulte, D 120 Rtg. Le Cheylard. In Saint-Sauveur-de-Montagu die D 102 Rtg. Albon (4 km vor Albon).

Diese ehemalige Mühle liegt in einem kleinen, von Wiesen und Kastanienwäldern umgebenen Tal. Nüchtern-modern gestaltet, besitzt sie gut geschnittene Innenräume, und die Wahl der Werkstoffe ist originell (Bögen aus Stein, Holz, Stahl usw.). Auch das Dekor ist mit alten Fotos der Seidenindustrie und einigen ausgewählten Möbeln minimalistisch. In den Zimmern die gleiche Zurückhaltung: grau gekachelter Fußboden, Betten aus Kiefernholz und Deckenbezüge mit geometrischen Motiven. Klein, tadellos gepflegt und mit absolut funktionellen Duschräumen, haben sie mit dem lokalen Stil nichts gemein. Der wunderbare Garten voller Blumen reicht bis zu einem kleinen Fluss, in dem man baden kann. Sehr angenehmer Empfang.

RHÔNE - ALPES

655 - Château d'Uzer

07110 Uzer
(Ardèche)
Tel. (0)4 75 36 89 21
Muriel und Éric Chevalier
E-Mail: chateau-uzer@wanadoo.fr
Web: chateau-uzer.com

2003

♦ Ganzj. geöffn. ♦ Im Winter Reserv. notwendig ♦ 3 Zi. und 2 Suiten mit Bad oder Dusche, WC: 60 € („Salle de garde"), 120 € („Suite bambou") ♦ Frühst. inkl. ♦ Gästetisch abends, gemeinsam oder individuell: 25 € (Getränke inkl.) ♦ Salon ♦ Schwimmbad ♦ Haustiere nicht erlaubt ♦ Sprachen: Englisch ♦ **Anreise** (Karte Nr. 32): 13 km von Aubenas über die D 104 Rtg. Alès. Im Dorf Uzer auf den Weg links gegenüber dem Restaurant.

Dieses kleine Schloss aus dem 13., 15. und 19. Jahrhundert verbindet Altes mit Modernem ganz meisterhaft und schuf so ein kleines Paradies des Wohlbefindens voller Raffinement. Von den jungen Inhabern vollkommen renoviert, bietet es ein wunderbares Ensemble aus schlichten, sehr schönen Räumen, in denen Eierschalfarben vorherrschen - hier und da von einem bonbonfarbenen Stoff oder einem außergewöhnlichen Bild „unterbrochen". Die ebenso gestalteten Zimmer besitzen Traumbäder in vollendetem Designstil. Der von 2 gigantischen Linden überragte üppige „exotisch-meridionale" Park endet am langen, bassinähnlichen Schwimmbad (hinter der kleinen Mauer fließt ein schöner Fluss). Exzellenter Gästetisch, reizender Empfang ... Eine außergewöhnliche Adresse. Lange im voraus reservieren!

656 - Mas d'Alzon

07150 Vagnas
(Ardèche)
Tel. und Fax (0)4 75 38 67 33
Mme Deville

♦ Ganzj. geöffn. ♦ 1 Zi. und 2 Suiten (die beiden Suiten können verbunden werden) mit Bad oder Dusche, WC, TV: 80 € (2 Pers.); Suite 105-115 € (2 Pers.) + 15,24 € (Extrabett); kostenlos für Kinder unter 5 Jahren ♦ Frühst. inkl. ♦ Kein Gästetisch - Restaurants ab 4 km ♦ Salon ♦ Schwimmbad ♦ **Anreise** (Karte Nr. 32): südl. von Aubenas über Ruoms und Vallon-Pont-d'Arc, dann Rtg. Barjac. In Vagnas rechts Rtg. Bessas, nach 500 m 2. ansteigende Straße rechts, dann links ausgeschildert.

Diese alte Mas des 17. Jahrhunderts ist angebaut an die Stadtmauer, umgeben von einem Kieselsteinweg und einem Garten, in dem Pinien, Zypressen und Zürgelbäume gedeihen. Die Atmosphäre, die hier mit Blick auf die harmonische Landschaft herrscht, ist von Behaglichkeit geprägt. Die Suiten (eine besonders anheimelnde unter dem Dach, eine andere als Maisonnette mit großem Salon) und das Zimmer mit Terrasse sind angenehm mit reizenden Möbeln und Accessoires gestaltet, geräumig und voller Komfort. Auch um die Bäder hat man sich hier gekümmert. Ferner gibt es in diesem schönen, für Aufenthalte sehr geeigneten Haus einen Raum mit Deckengewölbe, ein angenehmes Schwimmbad, ein gutes Frühstück und liebenswürdigen Empfang.

RHÔNE - ALPES

657 - L'Eygalière

Quartier Coussaud
26300 Alixan
(Drôme)
Tel. (0)4 75 47 11 13
Fax (0)4 75 47 13 35
Nathalie Lochard und Eric Benedic

♦ Im Winter 1 Monat geschl. ♦ 3 Zi. mit Bad oder Dusche, WC: 55 € (2 Pers.) ♦ Frühst. inkl. ♦ Kein Gästetisch - Restaurants ab 800 m ♦ Salon (TV) ♦ Schwimmbad ♦ Sprachen: Englisch ♦ **Anreise** (Karte Nr. 26): 8 km südl. von Romans, Autobahn A 7, Ausfahrt Tain-l'Hermitage, Rtg. Romans, Chanos-Curson, dann Rtg. Châteauneuf-sur-Isère bis Alixan. Ab Alixan über die D 101 Rtg. Besayes (500 m), links (100 m), danach ausgeschildert. Andere Anfahrtsmöglichkeiten per Telefon.

Dieses alte restaurierte Bauernhaus liegt am Ende des Dorfes, und zwar dort, wo die Drôme-Ebene sich bald mit den ersten Hügeln des Vercors vereint. Gleich bei der Ankunft bezaubert einen der kleine gepflegte, von Blumen überbordende Garten mit Schwimmbad und einem großen Vordach aus Holz. Hier, isoliert von den Nachbarhäusern, fühlt man sich sehr wohl. Das besonders freundlich mit antikem Mobiliar eingerichtete Interieur (wie auch die komfortablen Zimmer) ist angenehm. Zu bewundern ist hier eine Sammlung impressionistischer Bilder, die von Jeanne Mathieu, der Großmutter der Gastgeberin, gemalt wurden. Entspannter, sehr sympathischer Empfang.

658 - L'Ancienne Cure

26170 Buis-les-Baronnies
(Drôme)
Tel. (0)4 75 28 22 08
Fax (0)4 75 28 13 90
Martine und Éric Fraipont
E-Mail: contact@ancienne-cure.com
Web: ancienne-cure.com

2003

♦ Vom 1. April bis 30. Nov. geöffn. ♦ Nichtraucher-Zi. ♦ 4 Zi. und 1 Suite mit Dusche, WC, TV: 53-90 € (2 Pers.); Suite 90 € (2 Pers.) + 15 € (zusätzl. Pers.) ♦ Frühst. inkl. ♦ Gästetisch, gemeinsam, reservieren: 18 € (Aperitif und Wein inkl.) ♦ Salon (Klavier) - Kunstausstellungen im Foyer ♦ Kl. Garten (Whirlpool), Mountainbikes ♦ Privatparkplatz außerh. des Dorfes ♦ Kl. Haustiere nur auf Anfrage erlaubt ♦ Sprachen: Englisch ♦ **Anreise** (Karte Nr. 33): im Dorf, hinter der Kirche.

Mitten im Dorf gleich hinter der Kirche der Eingang dieser alten Pfarrei; die Größe der Eingangshalle überrascht angesichts der schlichten, bunten Fassade des Hauses. Die komfortablen Zimmer, jedes in einem besonderen Stil sorgfältig gestaltet, die meisten mit stoffbespannten Wänden, haben angenehme, mit Salernes-Kacheln verschönte Duschbäder. Ein Zimmer besitzt eine eigene Terrasse mit Aussicht. Eine Suite liegt unmittelbar neben einer Terrasse oberhalb des kleinen eingefriedeten Gartens, in dem das exzellente Frühstück serviert wird – im Schatten oder in der Sonne. Der liebenswürdig-warmherzige Empfang von Martine und Éric Fraipont unterstreicht die außerordentliche Aufmerksamkeit, die sie ihren Gästen entgegenbringen.

RHÔNE - ALPES

659 - Domaine du Grand Lierne

26120 Châteaudouble
(Drôme)
Tel. (0)4 75 59 80 71
Fax (0)4 75 59 49 41
Mme und M. Charignon-Champel

♦ Im Nov. und Dez. geschl. ♦ Nichtraucher-Haus ♦ 2 Zi. (1-3 Pers.) und 2 Suiten (1 mit Terrasse, Salon, TV und 1 im Obergeschoss mit 1 Haupt- und 1 Nebenraum) mit Bad oder Dusche, WC: 50 € und 55-70 €; Suiten: 58-73 € (2-3 Pers.) und 55-95 € (4 Pers.) ♦ Frühst. inkl. ♦ Kein Gästetisch - Restaurants ab 2,5 km ♦ Hunde nicht erlaubt ♦ Sprachen: Englisch ♦ **Anreise** (Karte Nr. 26): 15 km östl. von Valence über die D 68 Rtg. Chabeuil; am Kreisverkehr Ortseingang Rtg. Romans und am 2. Kreisverkehr nach 1,5 km rechts Rtg. Peyrus. 1. Haus links, 1 km hinter „Les Faucons".

Dieses typische, sehr schöne Drôme-Haus liegt in der landwirtschaftlich genutzten Ebene von Chabeuil im Norden des Departements. Das großbürgerlich-geschmackvoll gestaltete Interieur hat noch immer viel Authentisches mit all den Möbeln, Gemälden und Einrichtungsgegenständen aus dem Familienbesitz. Die Zimmer der Kinder des Hauses, in denen sich nun der Gast sehr wohl fühlt, haben den gleichen Stil (das „Rose" ist allerdings ein wenig klein). Im Sommer wird das Frühstück, das Madame Charignon mit viel Liebe zubereitet, noch mit Himbeeren aus dem Garten versüßt. Eingenommen wird es entweder im hübschen Speiseraum oder draußen, auf der sonnigen Terrasse. Musikliebhaber werden das Bach-Festival in der Gegend schätzen.

660 - Maison forte de Clérivaux

26750 Châtillon-Saint-Jean
(Drôme)
Tel. (0)4 75 45 32 53
Fax (0)4 75 71 45 43
Mme und M. Josquin
E-Mail: pierre.josquin@kyxar.fr

♦ Vom 3. Jan. bis 1. März geschl. ♦ 4 Zi. mit Bad oder Dusche, WC: 50 € (1 Pers.), 55 € (2 Pers.) + 16 € (Extrabett) ♦ Frühst. inkl. ♦ Kein Gästetisch - Restaurants im Dorf und in Romans ♦ Haustiere nicht erlaubt ♦ Sprachen: Deutsch, Englisch ♦ **Anreise** (Karte Nr. 26): 9 km nordöstl. von Romans (26). In Châtillon-Saint-Jean Rtg. Parnans. Nach 1 km links Rtg. Saint-Michel, dann ausgeschildert.

Ein besonders unberührtes reizendes kleines Tal bietet diesem Ensemble aus dem 13., 16. und 18. Jahrhundert wunderbare Aussichtspunkte. Das alte Gehöft neben dem Turm steht ausschließlich den Gästen zur Verfügung. Mit edlen Materialien unter Berücksichtigung der traditionellen Bausubstanz renoviert, ist es heute von schlichter Eleganz, die hier und da von einem antiken Möbelstück hervorgehoben wird. Komfortable Zimmer, beispielhafte Bäder (Fayencen bzw. grüner Alpen-Marmor). Das gute Frühstück wird in der Laube serviert, die dem unwiderstehlich schönen, liebevoll gepflegten Garten gegenüber liegt. Außerordentlich freundlicher Empfang. Eine unserer Lieblingsadressen.

RHÔNE - ALPES

661 - La Maison de Soize

Place de l'église
26230 Colonzelle
(Drôme)
Tel. und Fax (0)4 75 46 58 58
Jean-François und Nicole
Convercy

♦ Von Ostern bis Ende Okt. geöffn. ♦ 5 Zi. mit Bad, WC: 60 € (1 Pers.), 70 € (2 Pers.) ♦ Frühst. inkl. ♦ Gästetisch abends, gemeinsam oder individuell, reservieren: 23 € (alles inkl.) ♦ Salon ♦ Hunde nur auf Anfrage erlaubt ♦ Schwimmbad ♦ Sprachen: Deutsch, Englisch ♦ **Anreise** (Karte Nr. 33): 23 km südöstl. von Montélimar. Autobahn A 7, Ausfahrt Montélimar-Sud Rtg. Grignan. Am Ortseingang Grignan Rtg. Chamaret. Im Dorf links nach Colonzelle. Am Kirchplatz.

Das freundliche Haus in feschen Farben wurde ganz und gar als Gästehaus konzipiert. Die Zimmer, alle haben Blumennamen, sind in verschiedenen Farben gehalten, ausnahmslos komfortabel und besitzen gute Bäder. Gern hält man sich im großen Salon mit Kamin oder im gepflegten Garten auf. Im ausgesprochen freundlichen Speiseraum wird in ganz und gar entspannter Atmosphäre das Frühstück serviert.

662 - Domaine de la Fayence

Quartier des Acacias
26220 Dieulefit (Drôme)
Tel. (0)4 75 46 35 10
Fax (0)4 75 46 83 31
William und Kurt
E-Mail: domainedelafayence@wanadoo.fr
Web: guideweb.com/provence/domaine/fayence

2003

♦ Ganzj. geöffn. ♦ Nichtraucher-Haus ♦ 4 Zi. mit Bad oder Dusche, WC (darunter 2 außerhalb des Zi.): 49-87 € (2 Pers., je nach Saison) ♦ Frühst. inkl. ♦ Gästetisch abends, gemeinsam, reservieren: 30,50 € (ohne Wein) ♦ 1 Appart. (4 Pers.) wöchentlich zu mieten ♦ Kreditkarten ♦ Schwimmbad, Tennis ♦ Haustiere nur auf erlaubt ♦ Sprachen: Deutsch, Englisch, Niederländisch, Spanisch ♦ **Anreise** (Karte Nr. 33): ab Dieulefit Rtg. Montélimar, direkt hinter „Super U" auf den kleinen Weg links.

Dieses schöne Anwesen ist von Grün umgeben, bietet einen erfreulichen Ausblick auf den Park und die Voralpen und, trotz der nahen Stadt, große Ruhe, die ebenso wohl tut wie das Klima der Region. Das große, am Hang erbaute Haus mit Schwimmbad und Tennisplatz wurde mit einem eindeutigen Anliegen für Komfort eingerichtet und mit diskreter, gediegener Eleganz gestaltet. 2 Zimmer haben Südlage und einen Balkon. Im größten mit Salonecke kann schon mal der Straßenverkehr stören. Das Appartement ist ideal für Aufenthalte. In der schützenden Laube wird im Sommer gefrühstückt. William und Kurt praktizieren zwischen Küche und Garten Job-sharing. Dass es ihnen Spaß macht, Gäste zu empfangen, vermögen sie nicht zu verbergen.

RHÔNE - ALPES

663 - Villa Mary

16, allée des Promenades
26220 Dieulefit
(Drôme)
Tel. (0)4 75 46 89 19
Fax (0)4 75 46 30 23
Martine und Dan Pourras
E-Mail: daniel.pourras@wanadoo.fr
Web: com/provence/bb/villa-mary/

2003

♦ Ganzj. geöffn. ♦ 5 Zi. mit Bad oder Dusche, WC: 69-98 € (2 Pers., je nach Zi. und Saison) + 14-17 € (Extrabett, je nach Saison) + 5-6 € (Extrabett, je nach Saison) ♦ Frühst. inkl. ♦ Gästetisch, reservieren (spätestens morgens für abends): 22 € (ohne Getränke) ♦ Salon ♦ Kreditkarten ♦ Haustiere nicht erlaubt ♦ Sprachen: Englisch ♦ **Anreise** (Karte Nr. 33): 25 km östl. von Montélimar. Ab Montélimar den Straßenschildern nach Dieulefit (RD 640) folgen.

Von einem stark bepflanzten Park geradezu hermetisch vor der Straße geschützt, dürfte dieses Haus aus dem frühen 20. Jahrhundert all die beglücken, die es gern anheimelnd haben. Das wie eine gigantische Bonbonniere gestaltete Interieur spielt mit der Anhäufung von Sammelstücken vom Trödler neben meist in Mattweiß gestrichenen Stilmöbeln und vielen anderen mehr oder weniger kitschigen Sammlungen. Die ähnlich gestylten Zimmer sind sehr gepflegt, voller Komfort und angenehm hell. Der bepflanzte Park Bäume bietet viele Ecken zum Entspannen und ein angenehmes Schwimmbad. Im Sommer wird das Frühstück im Garten, aber auch im Speiseraum mit wunderbarem Parkettboden serviert. Lockerer, angenehmer Empfang.

664 - Le Balcon de Rosine

Route de Propiac
26170 Mérindol-les-Oliviers
(Drôme)
Tel. und Fax (0)4 75 28 71 18
Mme und M. Bouchet-Poussier

♦ Ganzj. geöffn. ♦ Mind. 3 Üb. in der Hochsaison ♦ 2 kleine separate Wohnungen mit Zi., kleinem Salon und Küchenbenutzung, Bad, WC, TV, Tel.: 185-190 € (2 Pers. für 3 Üb.), 340-380 € (2 Pers. für 1 Woche) ♦ 1 separ. Haus mit 2 Zi. und Terrasse: 458-500 €/Woche (4 Pers., je nach Saison) ♦ ohne Frühst. ♦ Kein Gästetisch - Restaurants ab 1 km ♦ Zimmerreinigung auf Wunsch ♦ Kl. Hunde nur auf Anfrage erlaubt ♦ **Anreise** (Karte Nr. 33): 10 km nordöstl. von Vaison-la-Romaine über die D 938 Rtg. Nyons, dann die D 46 Rtg. Puymeras; nach 4 km links auf die D 205. In Mérindol die D 147 Rtg. Propiac (1 km).

Le Balcon de Rosine, in einer Höhe von 450 Metern mit Blick über die Ouvèze-Ebene gelegen, besitzt einen schönen Garten und hat eine wirklich einzigartige Aussicht auf den Mont Ventoux. Die viel Bewegungsfreiheit bietenden Zimmer mit separatem Eingang haben zusätzlich einen Salon und eine Kitchenette und sind geschmackvoll gestaltet. Mehr Zimmervermietungs- denn B&B-Haus, eignet sich *Le Balcon* eher für Aufenthalte, ist somit keine Stopp-Adresse. Das Frühstück, die selbstgemachte Konfitüre gibt's geschenkt, bereiten Sie sich selbst zu. Sympathischer, ungezwungener Empfang.

RHÔNE - ALPES

665 - Les Grand' Vignes

26170 Mérindol-les-Oliviers
(Drôme)
Tel. und Fax (0)4 75 28 70 22
Chantal und François Schlumberger
E-Mail: grand.vignes@wanadoo.fr

♦ Ganzj. geöffn. ♦ Mind. 3 Üb. ♦ Vorzugsweise Nichtraucher ♦ 1 Zi. mit Dusche, WC, TV, Kühlschr.; 1 Studio mit Bad, WC; TV, Kühlschr.: 46 € (1 Pers., außer im Sommer), 51-53 € (2 Pers., je nach Saison); Studio: 55 € (1 Pers., außer im Sommer), 58-61 € (2 Pers., je nach Saison); Nebenzi. mit Waschb.: 25 € (1 Pers.), 28 € (2 Pers.) ♦ Frühst. inkl. ♦ 1 Flügel des Hauses und das Studio werden wöchentlich vermietet: 460-670 € (je nach Saison) ♦ Kein Gästetisch - Sommerküche - Restaurants (100 m) ♦ Zimmerreinigung auf Wunsch ♦ Gut erzogene Hunde nur auf Anfrage erlaubt ♦ Schwimmbad ♦ Sprachen: Englisch, Spanisch ♦ **Anreise** (Karte Nr. 33): in Vaison die D 938 Rtg. Nyons, dann die D 46 Rtg. Puyméras und die D 205. In Mérindol die D 147; Route de Mollans, 1. Haus rechts.

In diesem hübschen, in einer Hügellandschaft der provenzalischen Drôme gelegenen Haus mit seinem Garten voller Blumen und Bäume, in dem sich auch das Schwimmbad befindet, ist der Empfang besonders gastfreundlich. Die einfachen, aber freundlichen Zimmer gleich daneben sind mit hellem Mobiliar eingerichtet; die farbigen Stoffe heben sich nett von den weißen Wänden ab. Bei schönem Wetter können Sie das Frühstück draußen im Schatten des Kirschbaums einnehmen und dabei den Anblick der wunderbaren Weinberge genießen.

666 - La Lumière

26170 Mérindol-les-Oliviers
(Drôme)
Tel. (0)4 75 28 78 12
Fax (0)4 75 28 90 11
Beth und Peter Miller
E-Mail: miller@club-internet.fr

♦ Vom 15. Okt. bis 15. April geschl. ♦ Reserv. notwendig ♦ 1 Studio (2-3 Pers.) mit kl. Wohnraum, Extrabett, Kochnische, Bad, WC und Mezzanin mit Fenster und Doppelbett: 61 € + 15,24 € (Extrabett) ♦ Angebot diverser Themenaufenthalte (z. B. Koch- und Weinverkostungs-Kurse ♦ Sommerküche ♦ Zimmerreinigung alle 3 Tage ♦ Schwimmbad ♦ Sprachen: Englisch ♦ **Anreise** (Karte Nr. 33): in Vaison D 938 Rtg. Nyons, dann D 46 Rtg. Puyméras und D 205. In Mérindol, beim Restaurant „La Gloriette", die kleine Straße rechts.

Die kleine Straße schlängelt sich durch die Weinberge, drängelt durch einen Pinienhain und endet an dieser modernen, sich ins Grüne schmiegenden Villa. Ein charmantes englisches Rentnerpaar wird Sie mit seltener Liebenswürdigkeit empfangen. Wohnen werden Sie hier besonders ruhig, denn angeboten wird Gästen auf der Durchreise ein einziges Maisonnette-Studio; es ist angenehm, freundlich und durchaus komfortabel. Von seiner Terrasse führt ein Weg durch Kienholz zum eleganten, diskreten Schwimmbad. Die exzellente Küche ist ein Muss.

RHÔNE - ALPES

667 - Le Moulin de Montségur

26130 Montségur-sur-Lauzon
(Drôme)
Tel. (0)4 75 98 19 67
Fax (0)4 75 98 87 71
Mme Barrucand
E-Mail: sbarrucand@aol.com
Web: at-lantis.com/lemoulin

♦ Ganzj. geöffn. ♦ Reserv. notwendig ♦ 4 Zi. und 1 Suite mit Bad oder Dusche, WC: 78-95 € (2 Pers.); Suite: 110 € + 25 (zusätzl. Pers.) ♦ Frühst. inkl. ♦ Kein Gästetisch ♦ Salon, Bibliothek, Piano ♦ Hunde nur auf Anfrage erlaubt ♦ Sprachen: Deutsch, Englisch, Italienisch, Spanisch ♦ **Anreise** (Karte Nr. 33): 35 km von Montélimar. Autobahn A 7, Ausfahrt Montélimar-Sud, dann Rtg. Pierrelatte/Grignan. Kurz vor Grignan auf die D 71, Rtg. Chamaret/Montégur/Lauzon. An der Kreuzung Rtg. Baume-de-Transit (1,5 km).

Diese alte Öl- und Getreidemühle aus dem Jahr 1834 liegt am Ufer des kleinen Lez-Flusses in der reizvollen Drôme-Landschaft. Die Inhaber haben hier Haus und Garten zu neuem Leben erweckt. An den Speiseraum, wo man sich an einem langen Tisch Madame Barrucands provenzalische Gerichte schmecken lässt, schließt sich ein überwölbter Raum mit Bar und Klavier an – für Musikabende. Den im Obergeschoss gelegenen, verhältnismäßig großen, im „neo-provenzalischen" Stil eingerichteten Zimmern (einige mit schmiedeeisernen Betten) mangelt es ein wenig an Wärme. Tadellose gekachelte Bäder. Draußen unter dem Vordach serviertes Frühstück. Kleiner Badestrand für heiße Tage.

668 - Les Tuillières

26160 Pont-de-Barret
(Drôme)
Tel. und Fax (0)4 75 90 43 91
Mme und M. Jenny
E-Mail: h.jen@infonie.fr

♦ Vom 31. Okt. bis 1. April geschl. ♦ Nichtraucher-Haus ♦ 5 Zi. mit Bad oder Dusche, WC: 75-80 € (2 Pers.) ♦ Frühst. inkl. ♦ Gästetisch abends (außer Sa und So), gemeinsam: 29 € (Wein inkl.) ♦ Zimmerreinigung tägl. ♦ Appartements mit Klimaanlage wöchentlich zu mieten: 500-800 € ♦ Salon ♦ Tel. ♦ Haustiere nicht erlaubt ♦ Beheizt. Schwimmbad (ab 1. Mai), Boccia, Wander-Parcours ♦ Sprachen: Deutsch, Englisch, Italienisch ♦ **Anreise** (Karten Nr. 26 und 33): 24 km östl. von Montélimar. Autobahn A 7, Ausfahrt Montélimar-Nord, dann Rtg. Dieulefit. In Sauzet D 6 Rtg. Cleond'Andran, dann D 9 Rtg. Charols. In Charols auf die D 128 links, nach 2 km ausgeschildert.

Dieses reizende Haus, das zum Teil aus dem 17. Jahrhundert stammt, wurde auf einem Hügel der provenzalischen Drôme errichtet. Der an 3 Seiten geschlossene elegante Gartenhof liegt oberhalb einer kleinen, sehr grünen Schlucht. Die Zimmer sind ausgesprochen hübsch, komfortabel und in einem schlichten, sehr klaren Stil eingerichtet (wunderbare Bäder). Madame und Monsieur Jenny, die längere Zeit im Ausland gelebt haben, legen besonders großen Wert auf das gemeinsame Essen, das in einer kosmopolitisch-raffinierten Atmosphäre stattfindet. Wundervolles Schwimmbad.

RHÔNE - ALPES

669 - La Honas

26170 La Rochette-du-Buis
(Drôme)
Tel. und Fax (0)4 75 28 55 11
Mme und M. Ducros
E-Mail: lahonas@club-internet.fr

♦ Vom 15. Nov. bis 15. März geschl. ♦ Reservieren ♦ Nichtraucher-Haus ♦ 4 Zi. und 1 Suite mit Dusche, WC: 50-58 € (2 Pers.); Suite 50 € (2 Pers.), 65 € (3 Pers.), 80 € (4 Pers.); 40 € (1 Pers.) ♦ Frühst. inkl. ♦ Gästetisch gemeinsam, abends außer So, reservieren: 18 € (alles inkl.); 9 € (Kinder unter 12 Jahren) ♦ Salon ♦ Schwimmbad ♦ Hunde nur auf Anfrage erlaubt ♦ Sprachen: Englisch, Spanisch ♦ **Anreise** (Karte Nr. 33): 40 km südöstl. von Nyons. Etwa 10 km Rtg. Gap, dann rechts Rtg. Sainte-Jalle, danach Saint-Auban-sur-Ouvèze. Hinter Rochette-du-Buis rechts 0,5 km Rtg. Montbrun-les-Bains; ausgeschildert.

Inmitten der wilden Natur von Les Baronnies in der Drôme provençale liegt dieses alte befestigte Bauernhaus, das, obschon restauriert, seinen ursprünglichen Charakter erhalten hat. Die komfortablen Zimmer sind geschmackvoll gestaltet und eingerichtet. Die mit einheimischen, oft Bio-Produkten zubereiteten Gerichte werden in einem schönen Raum mit Gewölbedecke eingenommen. Beim Frühstück wird der Gast mit selbstgebackenem Brot und anderen Leckereien verwöhnt. Cathy Ducros empfängt ihre Gäste liebenswürdig und aufmerksam. Zum weiteren Entspannen ist das Schwimmbad da.

670 - Le Buisson

Hameau Le Buisson
26230 Roussas
(Drôme)
Tel. (0)4 75 98 61 90
Patricia und René Berruyer

♦ Von Ostern bis Ende Okt. geöffn. ♦ 2 Zi. mit Bad, WC: 63 € und 66 € (2 Pers.) + 17 € (Extrabett) und im Sommer 1 Extra-Zi. mit Bad und WC: 50 € (2 Pers.) ♦ Frühst. inkl. ♦ Kein Gästetisch - Restaurants in unm. Nähe ♦ Salon ♦ Hunde nicht erlaubt ♦ Schwimmbad, Tennis, Mountainbikes ♦ Sprachen: Englisch ♦ **Anreise** (Karte Nr. 33): 15 km südl. von Montélimar. A 7, Ausfahrt Montélimar-Sud, dann Route de Grignan. Ab Roussas Rtg. Aiguebelle (D 203); das Haus liegt 2 km hinter Roussas.

Dieses alte Haus, das vollkommen renoviert wurde, liegt unweit einer kleinen Straße, inmitten einer schönen, südlichen Hügellandschaft. Sie werden bestimmt wie wir die direkte, offene und gastfreundliche Betreuung der Berruyers schätzen. Die beiden Gästezimmer verfügen über einen separaten Eingang. Unser Lieblingszimmer ist das reizende, große, schlichte, elegante und freundliche „Poteries". Das „Bleue" ist ebenfalls sehr gelungen. Ein schönes Ensemble von Gärten und Terrassen mit einem etwas tiefer angelegten Schwimmbad.

RHÔNE - ALPES

671 - Mas de Champelon

Hameau de Saint-Turquois
26790 Suze-la-Rousse
(Drôme)
Tel. (0)4 75 98 81 95
Christiane und Michaël Zebbar

♦ Vom 4. April bis 30. Sept. geöffn. ♦ 4 Zi. mit Waschr., WC (1 Zi. mit kl. Terrasse): 42 € (2 Pers.) ♦ Frühst. inkl. ♦ HP: 37 € pro Pers. im DZ ♦ Gästetisch abends, gemeinsam ♦ Hunde nicht erlaubt ♦ **Anreise** (Karte Nr. 33): ab Bollène Rtg. Nyons; in Suze-la-Rousse Rtg. Saint-Paul-Trois-Châteaux und Grignan über die D 117; das Haus liegt am Ortseingang.

Dieses kleine, sehr ruhig gelegene Landhaus wurde vollkommen renoviert. Es befindet sich etwas abseits der Straße verborgen zwischen Weinbergen und einem kleinen Wald. Die Zimmer gehen zum Blumengarten hinaus, haben eine kleine Sitzecke, sind komfortabel und mit provenzalischen Stoffen gestaltet; jedes besitzt ein modernes Duschbad. Sobald das Wetter es erlaubt, werden das Frühstück mit einer großen Auswahl hausgemachter Konfitüren und das Abendessen (meist lokale Küche) im reizenden Blumengarten serviert. Sympathische, familiäre Betreuung.

672 - La Souche

Quartier Péquimbert
26460 Truinas (Drôme)
Tel. (0)4 75 53 31 03
Fax (0)4 75 53 37 75
Mme Archer
E-Mail: guilia.archer@wanadoo.fr
Web: fleurs-soleil.tm.fr

♦ Ganzj. geöffn. ♦ Reserv. notwendig ♦ 3 Zi. mit Dusche, eig. WC: 54 € (2 Pers.), 70 € (3 Pers.); 1 Suite mit Dusche, WC: 77 € (4 Pers.) - 95 € (5 Pers.) ♦ Frühst. inkl. ♦ Gästetisch gemeinsam oder individuell, reservieren: 18 € (ohne Wein) ♦ Salon ♦ Tel. ♦ Hunde nur auf Anfrage erlaubt ♦ Sprachen: Englisch, Italienisch ♦ **Anreise** (Karten Nr. 26 und 33): 9 km nordwestl. von Dieulefit Rtg. Bourdeaux (ca. 7 km), dann „La Souche" links ausgeschildert, D 233 Rtg. Pascalin.

Am Ende einer kleinen, über Täler führenden Landstraße erwartet Sie ein großes, solides und gastfreundliches Haus mit einer einzigartigen Aussicht auf die herrliche Landschaft. Hier sind die Zimmer schlicht, aber mit viel Sorgfalt eingerichtet, die Gerichte werden mit Produkten vom Bauernhof zubereitet, und das Brot wird im alten Backofen gebacken. Giulia Archer betreut ihre Gäste besonders freundlich. Hier kann man sich vollkommen entspannen und die unverfälschte Natur genießen. Jazzfans werden sich das Festival von Crest nicht entgehen lassen.

RHÔNE - ALPES

673 - Les Volets Bleus

26460 Truinas
(Drôme)
Tel. (0)4 75 53 38 48
Fax (0)4 75 53 49 02
Pilar und Carlo Fortunato
E-Mail: lesvolets@aol.com
Web: guideweb.com/provence/chambres_hotes/volets-bleus

♦ Ganzj. geöffn. ♦ Nichtraucher-Haus ♦ 5 Zi. mit Dusche, WC: 57 € (2 Pers.) + 13 € (Extrabett) ♦ Frühst. inkl. ♦ Gästetisch abends, gemeinsam oder individuell: 21 € (Wein inkl.) ♦ Salon ♦ Tel.: auf Wunsch ♦ Hunde mit bestimmten Auflagen erlaubt (4,50 €/Tag) ♦ Sprachen: Englisch, Italienisch, Spanisch ♦ **Anreise** (Karten Nr. 26 und 33): 9 km nordwestl. von Dieulefit Rtg. Bourdeaux (ca. 9 km), dann links D 192 Rtg. Truinas. Das Haus liegt 900 m weiter (ausgeschildert).

Die Fassade dieses bunten, einsam in der Hügellandschaft gelegenen und bereits nach der Provence „duftenden" Hauses vermag einen falschen Eindruck zu erwecken ... aber die Aussicht von hier wird Sie bestimmt begeistern. Die in einem separaten Flügel des Hauses eingerichteten, gründlich renovierten Zimmer haben farbige Wände, sind schlicht eingerichtet und sehr gepflegt. Im kleinen, rustikal möblierten Speiseraum, aber auch draußen auf der Terrasse wird gefrühstückt und das (vorwiegend mit Produkten vom Bauernhof oder mit Bio-Zutaten zubereitete) Abendessen serviert. Natürlicher, angenehmer Empfang.

674 - Château de Pâquier

38650 Saint-Martin-de-la-Cluze
(Isère)
Tel. und Fax (0)4 76 72 77 33
Mme und M. Rossi
E-Mail: hrossi@club-internet.fr
Web: chateau.de.paquier.free.fr

♦ Von Allerheiligen bis März geschl. (ansonsten auf Anfrage) ♦ Reserv. notwendig ♦ Nichtraucher-Zi. ♦ 5 Zi. mit Bad, WC: 46 € (1 Pers.), 54 € (2 Pers.) + 16 € (Extrabett) ♦ Frühst. inkl. ♦ Gästetisch abends, gemeinsam: 17 € (Wein inkl.), 8 € (Kindermenü) ♦ Salon ♦ Nur kl. Hunde auf Anfrage erlaubt ♦ Parkplatz ♦ Tischtennis, Mountainbikes, Pony für Kinder ♦ Sprachen: Deutsch, Englisch ♦ **Anreise** (Karte Nr. 26): 25 km südl. von Grenoble. N 75 Rtg. Sisteron (20 km), am Bahnübergang links Rtg. Saint-Martin-de-la-Cluze, dann ausgeschildert.

Ein unwiderstehlich schönes Tal im Mittelgebirge, ruhig und unverdorben, bildet den Rahmen dieses befestigten Hauses aus dem 16. Jahrhundert, dessen Fundament mittelalterlich ist. Gut renoviert mit dem Wunsch, den Charme von einst zu erhalten, bietet es angenehme Zimmer an, einige haben noch die originale Größe. Ein Gästezimmer befindet sich in der ehemaligen Kapelle, in einem anderen wurden der schöne Kamin und die großen Fenster erhalten, 2 neue Maisonnette-Zimmer sind für Familien gedacht. Überall ist die Gestaltung mit einigen Nostalgie-Möbeln freundlich. Die köstlichen Abendessen (Produkte aus dem eigenen Gemüsegarten) werden im Sommer auf der Terrasse serviert. Eine gute Adresse zu günstigen Preisen.

R H Ô N E - A L P E S

675 - Château de Bachelard

42120 Commelle-Vernay
(Loire)
Tel. (0)4 77 71 93 67
Handy (0)6 80 23 59 21
Fax (0)4 77 78 10 20
Mme und M. Noirard
Web: accueil.com/bachelard

♦ Ganzj. geöffn. ♦ 3 Zi. mit Bad, WC: 90 € (2 Pers.) + 16 € (Extrabett); 1 Suite (6 Pers.) mit 2 Zi., 2 Bädern, 2 WC: 214 € ♦ Frühst. inkl. ♦ Gästetisch abends, gemeinsam, reservieren: 23 € (Wein inkl.) - Restaurants ab 3 km ♦ Salon ♦ Hunde nur auf Anfrage erlaubt ♦ Schwimmbad, Teich ♦ Golfpl. (3 km) ♦ Sprachen: Englisch ♦ **Anreise** (Karte Nr. 25): 3 km südl. von Roanne. Ab Roanne Rtg. Le Coteau, die Loire-Brücke überqueren, 1. Straße rechts, dann die Eisenbahn überqueren und am Stoppschild rechts.

Am Ende einer Platanenallee liegt am Rand von Roanne dieses kleine Schloss aus dem 18. Jahrhundert und bietet hier in ländlicher Umgebung mit seinen Möbeln aus dem Familienbesitz echte Ruhe. Der in seinen Teich verliebte Hausherr wird Ihnen seine Wildenten, seine Rehe und den Obstgarten vorführen. Die großen Zimmer sind mit vielen kleinen durchdachten Details in kräftigen Farben (Orange oder Blau) gestaltet. Im Winter hält man sich gern im kleinen Salon mit offenem Kamin auf, im Sommer dann eher in den großen, kühlen Räumen am Schwimmbad. Zum Abendessen: eigene Produkte aus dem Garten wie Früchte und Gemüse, aber auch Eier, und selbstverständlich Fische aus dem Teich.

676 - Domaine de Champfleury

42155 Lentigny
(Loire)
Tel. und Fax (0)4 77 63 31 43
Mme Gaume

♦ Vom 15. März bis 15. Nov. geöffn. ♦ Im Winter Reserv. notwendig ♦ Nichtraucher-Zi. ♦ 1 Zi. und 1 Suite (2 Zi. mit Verbindungstür): 58 € (1 Pers.), 72 € (2 Pers.); Suite: 108 € (3-4 Pers.) ♦ Frühst. inkl. ♦ Saisonbedingter Preisnachlass ♦ Kein Gästetisch - Picknick-Tisch und Kühlschrank - Restaurants ab 2 km ♦ Kleine separate Wohnung (2-3 Pers.) ♦ Salon ♦ Hunde nur auf Anfrage erlaubt ♦ Tennis ♦ Sprachen: Deutsch ♦ **Anreise** (Karte Nr. 25): 8 km südwestl. von Roanne. D 53 Rtg. Clermont-Ferrand (8 km). In Lentigny, neben der Post.

In diesem schönen, quadratischen Haus aus dem letzten Jahrhundert herrscht Ferienstimmung. Die beiden hellen Gästezimmer, eines lässt sich zu einer Familiensuite umstellen, verfügen über einwandfreie Bäder. Entspannen können Sie sich an einem ruhigen Plätzchen im Park mit hohen Bäumen, beim Tennisspiel oder aber im großen, allen zugänglichen Spielsaal. Madame Gaume wird Sie ihre Konfitüre kosten lassen und Ihnen möglicherweise erzählen, wie sehr sie von der Region der „Côte roannaise" begeistert ist, die ja mit ihren zahlreichen Abteien voller touristischer Ressourcen ist. Wanderer werden die gekennzeichneten Wege begehen. Der Empfang ist natürlich und warmherzig. Eine gute Adresse für einen längeren Aufenthalt.

R H Ô N E - A L P E S

677 - Platelin

42370 Renaison
(Loire)
Tel. (0)4 77 64 29 12
Fax (0)4 77 62 14 79
Christine und Michel De Bats
E-Mail: platelin@aol.com
Web: chambresaplatelin.com

♦ Jan. und Febr. geschl. ♦ 2 Zi., darunter 1 für 4 Pers. mit Salon, TV (Satellit und Canal +) mit Bad oder Dusche, WC: 45 € (1 Pers.), 52 € (2 Pers.) + 8 € (Extrabett) ♦ Frühst. inkl. ♦ Kein Gästetisch ♦ Salon, Kühlschrankbenutzung, es kann vor Ort gepicknickt werden ♦ Tel. ♦ Schwimmbad ♦ Sprachen: Englisch ♦ **Anreise** (Karte Nr. 25): 12 km von Roanne, Rtg. Flugplatz (*aéroport*) Roanne-Renaison oder Rtg. Vichy (Bergstraße). Genaue Wegbeschreibung zuvor erfragen.

Dieses vollkommen renovierte alte Bauernhaus liegt mitten auf dem Land in der Weingegend der „Côte ronannaise". Im Gästetrakt befindet sich ein Speiseraum. Im Zwischengeschoss wurde ein angenehmer Salon mit Bibliothek eingerichtet; einen Flügel und ein Teleskop gibt es dort ebenfalls. Mit hier und da einem alten Möbelstück ist die Gestaltung überall freundlich und hell. Komfortable Zimmer mit pastellfarbenem Mobiliar und hübschen karierten Stoffen. Tadellose Duschräume. Großer Garten mit Schwimmbad. Gepflegtes Frühstück und Abendessen. Ein bemerkenswertes, gastfreundliches Haus.

678 - Plat

42330 Saint-Galmier (Loire)
Tel. (0)4 77 54 08 27
Fax. (0)4 77 54 18 94
Mme Catteau und Mme Vernay
„Chez Jacotte et Élia"
E-Mail: jacotte.elia @wanadoo.fr
Web: perso.wanadoo.fr/
hebergement.chambrehote/

♦ Ganzj. geöffn. ♦ Nichtraucher-Zi. ♦ 4 Zi. mit Bad oder Dusche, WC: 47 € (1 Pers.), 59 € (2 Pers.) + 16 € (Extrabett) ♦ Frühst. inkl. ♦ Gästetisch abends, gemeinsam, reservieren: 22 € (Wein inkl.) ♦ 2 Salons (auch für Raucher), franz. Billard ♦ Tennis (künstl. Rasen), Boccia, SPA (Bewegungsbad, 4-5 Pers.) ♦ Sprachen: Englisch, Spanisch ♦ **Anreise** (Karte Nr. 25): Autobahn A 72 ab Clermont, Ausfahrt Montrond-Les-Bains. In Saint-Etienne Ausfahrt Nr. 9. In Saint-Galmier auf die D 12 Rtg. Chazelles-sur-Lyon. An der „Citroën"-Tankstelle rechts Rtg. La Bérinche, dann 3,5 km geradeaus (Haus mit blauen Fensterläden).

Le Plat besteht aus 2 Gebäuden, die - eine Tradition in der Region - der riesige überdachte Hof verbindet. Das ursprüngliche Haus mit seiner auch als Speiseraum dienenden Küche und seinem Salon steht heute ganz den Gästen zur Verfügung. Eines der Zimmer hat ein großes Bad mit einer Badewanne „à l'ancienne", das 2. wurde vergrößert, und das 3. hat einen direkten Zugang. In den ehemaligen Pferdeställen in heute ultramodernem Stil das Haupthaus; es öffnet sich auf einen hübschen, eingefriedigten Garten und besitzt 1 edles Gästezimmer mit einem wunderschönen modernen Bad. Überall viel Platz, was man bei längeren Aufenthalten besonders schätzt. Sympathischer Empfang.

RHÔNE - ALPES

679 - L'Échauguette

Ruelle Guy de la Mure
42155 Saint-Jean-Saint-Maurice
(Loire)
Tel. (0)4 77 63 15 89
Mme und M. Alex
E-Mail: contact@echauguette-alex.com
Web: echauguette-alex.com

♦ Ganzj. geöffn. ♦ 4 Zi. (1 mit Terrasse) mit Bad, WC: 45 € (1 Pers.), 55 € (2 Pers.) und Zi. mit Terrasse: 55 € (1 Pers.), 65 € (2 Pers.) + 15 € (Extrabett) ♦ Frühst. inkl. ♦ Gästetisch abends, gemeinsam oder individuell, reservieren: 22 € (alles inkl.) ♦ Zimmerreinigung wöchentl. oder auf Wunsch ♦ Salon, Bibliothek ♦ Sprachen: Deutsch, Englisch, Italienisch ♦ **Anreise** (Karte Nr. 25): 15 km südl. von Roanne. Autobahn A 72, Ausfahrt Saint-Germain-Laval Rtg. Roanne über die D 8 (15 km). In Saint-Maurice, neben dem Wachtturm; ausgeschildert.

Die 3 kleinen Häuser, die in einem wunderschönen, mittelalterlichen Dorf liegen, überragen einen See. Der freundliche Salon, vor allem aber die besonders ansprechende Küche mit Glaswand bieten Aussicht auf dieses wunderbare Panorama, von dem man auch in einigen Zimmern und auf der Terrasse profitiert, wo im Sommer das Frühstück eingenommen wird. Die erst vor kurzem mit edlen Materialien geschaffenen Schlafräume sind freundlich, elegant und in einem sehr aktuellen Stil gestaltet, zudem haben sie eine kleine Salonecke. Eine hervorragende Adresse. Aufmerksamer, liebenswürdiger Empfang.

680 - Domaine du Château de Marchangy

42190 Saint-Pierre-la-Noaille
(Loire)
Tel. (0)4 77 69 96 76
Fax (0)4 77 60 70 37
Mme Marie-Colette Rufener
E-Mail: marchangy@net-up.com

♦ Ganzj. geöffn. ♦ 2 Zi. und 1 Suite (4 Pers.) mit Bad, WC, Tel., TV: 68-83 € (1 Pers.), 76-91 € (2 Pers.) + 23 € (zusätzl. Pers.) + 15 € (Kinder bis 10 J.) ♦ Frühst. inkl. ♦ Gästetisch gemeinsam: 25 € (Wein und Kaffee inkl.) ♦ Salon ♦ Hunde nur auf Anfrage erlaubt ♦ Schwimmbad ♦ Sprachen: Englisch ♦ **Anreise** (Karte Nr. 25): 4,5 km nordwestl. von Charlieu. Rtg. Fleury-la-Montagne (2 km), geradeaus Rtg. Saint-Pierre-la-Noaille, dann ausgeschildert.

Dieses kleine Schloss liegt in einer Hügellandschaft aus Wäldern und Wiesen, auf denen sich im Frühjahr die Kälber tummeln. Das mit viel Liebe und gutem Geschmack renovierte Stammhaus verfügt über 2 unterschiedlich große Zimmer und 1 Suite für Gäste auf der Durchreise. Sie sind höchst angenehm, hell, elegant und mit jeglichem Komfort ausgestattet. Das edle Abendessen und das Frühstück werden in einem ansprechenden Raum serviert, in dem an etwas kühleren Tagen ein Kaminfeuer brennt. Der Empfang ist besonders aufmerksam.

RHÔNE - ALPES

681 - Château Lambert

69840 Chénas
(Rhône)
Tel. (0)4 74 06 77 74
Fax (0)4 74 04 48 01
Marty Freriksen
E-Mail: contact@chateau-lambert.com
Web: chateau-lambert.com

2003

♦ Ganzj. geöffn. ♦ 2 Zi. und 2 Suiten mit Bad oder Dusche, WC: 92 € (2 Pers.); Suite 124 € (2 Pers.) + 16,20 € (zusätzl. Pers.) ♦ Frühst. inkl. ♦ Gästetisch abends, gemeinsam, reservieren: 24,85 € (Aperitif und Kaffee inkl., ohne Wein) ♦ Kreditkarten ♦ Salon ♦ Bassin, Verkostung des Weines aus eig. Produktion, Bes. der Keller ♦ Sprachen: Deutsch, Englisch, Holländisch ♦ **Anreise** (Karte Nr. 26): von Norden kommend: Autobahn A 6, Ausfahrt Macon-Sud, dann N 6 Rtg. Lyon. Nach 12 km, in La Chapelle de Guinchay, rechts nach Chénas. In Chénas an der Kirche rechts hoch, dann ausgeschildert.

Angelehnt an einen der Berge des Beaujolais, ist diesem reizenden Schloss aus dem 17. Jahrhundert ein terrassierter Garten vorgelagert, welcher sich wiederum oberhalb des kleinen, von einer Mauer umgebenen Weingutes befindet. Und etwas unterhalb: Chénas, der Weinberg, die Saône-Ebene und in der Ferne die Alpen. Das Interieur ist zurückgenommen, ganz und gar aktuell und sehr gelungen gestylt. Das antike Mobiliar, der Anstrich in gedämpften Tönen, die Bilder und Accessoires schaffen eine raffiniert-heitere Atmosphäre. Die Zimmer, Bäder und Empfangsräume sind superbe. Zum schmackhaften Abendessen wird der „Moulin-à-Vent" aus eigener Produktion gereicht. Jugendlich-frischer, sehr angenehmer Empfang.

682 - Château de Pramenoux

69870 Lamure / Azergues
(Rhône)
Tel. (0)4 74 03 16 43
Fax (0)4 74 03 16 28
M. Emmanuel Baudoin
E-Mail: pramenoux@aol.com
Web: chateau-de-pramenoux.com

♦ Außer Nov. ganzj. geöffn. ♦ Reservieren ♦ 3 Zi. und 1 Suite (4 Pers.) mit Bad oder Dusche, WC: 100-115 € (2 Pers.), Suite 140 € (4 Pers.) ♦ Frühst. inkl. ♦ Gästetisch abends, gemeinsam, reservieren: 25 € (Wein inkl.) ♦ Salon ♦ Sprachen: Deutsch, Englisch ♦ **Anreise** (Karte Nr. 26): 3 km von Lamure/Azergues. Autobahn A 6, Ausfahrt Belleville, Rtg. Beajeu - Quincié - Marchampt. Col de la Croix Marchampt, dann Lamure/Azergues.

Das nach und nach von den in diesen Ort vernarrten Eigentümern renovierte Schloss liegt auf einem der Hügel des Beaujolais (die Türme wurden restauriert; Verputz, Fensterläden und der Garten sind demnächst dran). Im Innern ist es wie in einem „richtigen Schloss", der Empfang von Emmanuel höflich, der von Jean-Luc diskret. Zu Abend wird im Speiseraum mit Kamin gegessen, die gute Küche ist ländlich-deftig. Im 1. Obergeschoss wird das Lilien-Zimmer besonders „Royalisten" begeistern (in der Wanne des Bades finden 2 Personen Platz). Die Wände des anderen Zimmers ähneln einer Gobelin-Tapisserie. Die Suite und das Zimmer der 2. Etage sind nicht so feierlich, dafür aber anheimelnd. Einwandfreie Bäder. Alle Zimmer gehen zur Terrasse hinaus und bieten Aussicht auf eine wunderbare Weidenlandschaft.

R H Ô N E - A L P E S

683 - Les Pasquiers

69220 Lancié / Belleville
(Rhône)
Tel. (0)4 74 69 86 33
Fax (0)4 74 69 86 57
Mme und M. Gandilhon-Adelé
E-Mail: ganpasq@aol.com

♦ Ganzj. geöffn. ♦ Nichtraucher-Zi. ♦ 4 Zi. mit Bad oder Dusche, WC, (TV auf Wunsch.): 65 € (2 Pers.) + 15 € (Extrabett) ♦ Frühst. inkl. ♦ Gästetisch abends, individuell, reservieren: 20 € (ohne Wein) ♦ Salon ♦ Hunde ausschl. im „Verger"-Zi. erlaubt ♦ Schwimmbad, Tennis, Fahrräder ♦ Sprachen: Deutsch, Englisch ♦ **Anreise** (Karte Nr. 26): 15 km südl. von Mâcon. Norden: Autobahn A 6, Ausfahrt Mâcon-Sud (Süden: Autobahn A 6, Ausfahrt Belleville), RN 6 bis Maison Blanche und Lancié (2 km), dann „Les Pasquiers", am Platz.

Dieses Anwesen, gelegen in einem von den Beaujolais-Weinbergen umgebenen Weiler, eignet sich zum Entspannen – insbesondere für Familien. Das Zimmer „Céladon" bildet mit dem Spielzimmer, in dem die Kinder schlafen und viel Spaß haben können, eine richtige kleine Suite. Das „Verger"-Zimmer zu ebener Erde am Garten hat den Vorteil, etwas abgelegener zu sein. Bei schönem Wetter spielt sich alles hinter dem Haus ab: am Schwimmbad. Abends werden die guten Gerichte bei Kerzenschein in der Laube serviert.

684 - Château du Pin

600, Chemin de la Ronze
69480 Morancé (Rhône)
Tel. (0)4 37 46 10 10
Handy (0)6 09 73 22 76
Fax (0)4 37 46 10 11
Christelle Gesler
E-Mail: chateau-du-pin@wanadoo.fr
Web: chateaudupin.com

♦ Ganzj. geöffn. ♦ 2 Zi. und 2 Suiten mit Bad, Dusche, WC, Tel.: 129,58-144,82 €; Suite 144,83-190 €; 1 Nebenzi. (Dusche, ohne WC): 53,35 € ♦ Frühst.: 9,15 € ♦ Gästetisch Mittags und abends, gemeinsam oder individuell: 18,29 und 32,01 € (ohne Wein) ♦ Salon ♦ Münztel. ♦ Hunde nur auf Anfrage erlaubt ♦ Schwimmbad, Bassin, Padding-Tennis ♦ Sprachen: Englisch ♦ **Anreise** (Karte Nr. 26): Autobahn A 6 Rtg. Paris, Ausfahrt „Portes de Lyon-Limonest", dann 8,4 km lang Rtg. Villefranche (RN 6). Am Kreisverkehr links nach Civrieux, danach Chazay und Morancé: an der Ampel links Route de Charnay, ab hier ausgeschildert.

In diesem mächtigen, im 13. Jahrhundert erbauten Haus mit Blick auf eine wunderbare Hügellandschaft wohnt man eher luxuriös. 2 Suiten, in einem Flügel des Schlosses gelegen, sind besonders raffiniert gestaltet, ohne jedoch überladen zu wirken (Täfelwerk aus patinierter Kiefer, heller Parkettboden, prachtvolle Bäder). 2 weitere Zimmer im gleichen Stil befinden sich in einem reizenden Haus nebenan. Abends wird dann gemeinsam im Innenhof oder im freundlichen Speiseraum gegessen. Sympathischer Empfang.

RHÔNE - ALPES

685 - La Ferme du Saint

Le Sens
69620 Theizé (Rhône)
Tel. (0)4 74 71 15 48
Handy (0)6 84 22 07 66
M. und Mme Stantina
E-Mail: lafermedusaint@wanadoo.fr
Web: perso.wanadoo.fr/lafermedusaint/

2003

♦ Ganzj. geöffn. ♦ Im Dez., Jan. und Febr. Reserv. notwendig ♦ 2 Zi. und 1 Suite mit Bad oder Dusche, WC: 45-75 € (2 Pers.); Suite 60 € (2 Pers.) und 1 Nebenzi. ohne eig. sanit. Einricht.; + 15 € (Extrabett) ♦ Frühst. inkl. ♦ Kein Gästetisch - Restaurants (2 km) ♦ Salon ♦ Schwimmbad, Forellenangeln, Mountainbikes ♦ Haustiere nicht erlaubt ♦ **Anreise** (Karte Nr. 26): Autobahn A 6, Ausfahrt Villefranche, dann Straße nach Roanne (D 38). 9 km hinter Villefranche an der Kreuzung von Alix rechts nach „Chez Brouillon".

Die Straße „begleitet" das sanfte Relief des Weinbergs, bevor sie an diesem befestigten Bauernhaus Halt macht, die ein kleines, vom Merloux durchflossenen Tal überragt. Perfekt renoviert, ist es in einen mit Blumen und Sträuchern bepflanzten Innenhofgarten herum gebaut. In den hübsch nostalgisch gestalteten Zimmern wurden noble Werkstoffe verwandt, die das Bauernhaus charakterisieren. Ein Zimmer hat eine eigene Terrasse und bildet mit dem Salon eine Maisonnette-Suite, ein anderes ist besonders anheimelnd, und das letzte (das wir etwas weniger mögen) integriert sein Bad. Exzellentes, in einer reizenden, dezent modernen Küche serviertes Frühstück. Ein außergewöhnliches, gastfreundliches Haus. Absolut empfehlenswert.

686 - Le Clachet

69910 Villié-Morgon
(Rhône)
Tel. (0)4 74 04 24 97
Fax (0)4 74 69 12 71
Mme und M. Jean Foillard

♦ Ganzj. geöffn. ♦ Nichtraucher-Haus ♦ 5 Zi. mit Bad oder Dusche, WC: 70-80 € (2 Pers.) + 16 € (Extrabett) ♦ Frühst. inkl. ♦ Kein Gästetisch - Restaurants ab 2-3 km ♦ Salon ♦ Hunde nicht erlaubt ♦ **Anreise** (Karte Nr. 26): 7 km nordwestl. von Belleville. Autobahnausf. Belleville-sur-Sâone, Rtg. Villié-Morgon. Ab Ortseingang Rtg. Corcelles, dann „Foillard, chambres d'hôtes Le Clachet", ausgeschildert (das Haus befindet sich 1,3 km vom Dorf).

Im Herzen des Beaujolais ist dies ein außergewöhnlicher Ort, der insbesondere das Herz von Weinkennern höher schlagen lässt, denn hier wohnt man bei einem der talentiertesten französischen Winzer. Angeboten werden einzigartige Zimmer, die modern gestaltet und von freundlicher Schlichtheit sind: Fußböden und Decken aus Terrakotta, naturfarbene Wände, meist in Blassgelb oder Backstein, elegantes, speziell für *Le Clachet* angefertigtes Mobiliar, weiße Bettdecken und absolut phantastische Mosaikbäder. Frühstück vom Feinsten. Natürlicher, spontaner und angenehmer Empfang.

RHÔNE - ALPES

687 - La Javernière

69910 Villié-Morgon
(Rhône)
Tel. (0)4 74 04 22 71
Fax (0)4 74 69 14 44
Mme Roux

♦ Vom 15. Dez. bis 15. Jan. geschl. ♦ Reserv. notwendig ♦ 9 Zi. (darunter 2, die zu einer Suite umgestellt werden können) mit Bad oder Dusche, WC: 70 € (1 Pers.), 90 € (2 Pers.) + 23 € (zusätzl. Pers. über 10 J.); Suite: 150 € (4 Pers.) + 22,87 € (zusätzl. Pers.) ♦ Frühst.: 9 € (wird bis mittags serviert) ♦ Kein Gästetisch - Restaurants ab 1 km ♦ Salons ♦ Sprachen: Englisch ♦ **Anreise** (Karte Nr. 26): 7 km nördl. von Belleville. Autobahn A 6 Rtg. Belleville, dann Rtg. Beaujeu. In Cercié an der Ampel rechts Rtg. Morgon (4 km). Morgon durchqueren, nach 600 m rechts, dann ausgeschildert.

La Javernière liegt inmitten der Morgon-Weinberge, ist ein großbürgerliches Haus und besitzt 9 schöne Gästezimmer mit altem Mobiliar und hübschen Stoffen. Alle Zimmer bieten viel Komfort und haben einen großartigen Ausblick auf die weite Landschaft. Der große Salon und der terrassierte Garten tragen ebenfalls dazu bei, dass man sich in diesem Haus, das einem Hotel nahe kommt, sehr wohl fühlt (wenn hier im Sommer hin und wieder Empfänge stattfinden, werden selbstverständlich keine Gästezimmer angeboten). Ein gepflegter Stopp zum Ausruhen.

688 - Chalet Le Paradou

Prébérard
La Côte-d'Aime
73210 Aime
(Savoie)
Tel. (0)4 79 55 67 79
Elisabeth und Bernard Hanrard

♦ Vom 1. Mai bis 28. Juni und vom 31. Aug. bis 15. Dez. geschl. ♦ Nichtraucher-Zi. ♦ 5 Zi. mit Dusche, WC ♦ HP: 45 € pro Pers. im DZ ♦ Frühst. inkl. ♦ Von Dez. bis Anfang Mai Pauschalangebot (HP, Skilifte, Skilehrer, Transport): 820 €; Pauschalangebot Sommer (Bergwandern mit Begleitung, Transport): 488 €; Preise pro Pers. (DZ und VP) und pro Woche ♦ Gemeins. Abendessen - mittags kalte Mahlzeiten (6 €) ♦ Salon, Klavier ♦ Tel. ♦ Sprachen: Deutsch, Englisch, Italienisch, Spanisch ♦ **Anreise** (Karte Nr. 27): 18 km nordöstl. von Moutiers, dann die N 90 Rtg. Bourg-Saint-Maurice. Ab Aime Rtg. „Versant du Soleil" (5 km), am Ortsausgang von La Côte-d'Aime 1. Chalet rechts am Ortsansgang von Prébérard.

Dieses neue, holzverkleidete Chalet liegt am Südhang. Auf der anderen Seite des Tales befinden sich die Wintersportorte La Plagne, Les Arcs, Montchavin ... Im Innern, das sehr hell ist und nach Kiefer duftet, ist alles sehr schlicht und angenehm. Mit Bernard, dem Skilehrer, und Elisabeth kann man tagsüber die ganze Gegend per Ski erkunden und sich abends von ihnen kulinarisch verwöhnen lassen. Ein sehr offenes Haus, das zudem sehr gepflegt und komfortabel ist.

R H Ô N E - A L P E S

689 - Le Selué

Le Cernix
73590 Crest-Voland
(Savoie)
Tel. (0)4 79 31 70 74
Anne-Marie Gressier

♦ Ganzj. geöffn. ♦ Reserv. notwendig ♦ 1 Zi. mit Dusche, WC und 2 Zi. mit Waschraum, gemeins. Bad, Dusche, WC: 26 € (1 Pers.), 46-49 € (2 Pers./1 Üb.), 40-46 € (2 Pers./ab 3. Üb.) ♦ Frühst. inkl. ♦ Kein Gästetisch - Restaurants im Dorf (ab 20 m) ♦ Salon ♦ Tel. ♦ Hunde nicht erlaubt ♦ **Anreise** (Karte Nr. 27): 16 km südwestl. von Mégève über die N 212. 25 km von Alberville.

Der kleine Familien-Wintersportort Crest-Voland ist bestens verbunden mit den Pisten von Les Saisies (Lifte nur 100 Meter weiter), aber auch mit dem olympischen Langlaufparcours. Um all dies genießen zu können, bietet das Chalet aus den sechziger Jahren 3 kleine Zimmer an, die komfortabel, besonders gepflegt und hübsch mit ansprechenden Möbeln, Radierungen und alten Spiegeln gestaltet sind. Die eher kleinen Bäder verfügen dennoch über allen erforderlichen Komfort. Gutes Frühstück mit Konfitüren, die Madame Gressier jedes Jahr selbst zubereitet. Liebenswürdig-aufmerksamer Empfang.

690 - Yellow Stone Chalet

Bonconseil
73640 Sainte-Foy-Tarentaise
(Savoie)
Tel. (0)4 79 06 96 06
Fax (0)4 79 06 96 05
Nancy Tabardel & Jean-Marc Fouquet
E-Mail: yellowstone@wanadoo.fr
Web: yellowstone-chalet.com

♦ Im Mai, Juni, Okt. und Nov. geschl. ♦ 4 Zi. und 2 Suiten (4 Pers.) mit Bad oder Dusche, WC, TV: 110-160 € (2 Pers., je nach Saison) ♦ Frühst. inkl. ♦ Gästetisch abends, gemeins., außer Di und Fr: 30 € (alles inkl.), 12 € (Kinder) - Restaurants ab 150 m ♦ Visa ♦ Salon ♦ Telefonzelle ♦ Fitnessraum (Jacuzzi, Sauna…) ♦ Sprachen: Englisch ♦ **Anreise** (Karte Nr. 27): 5 km südöstl. von Sainte-Foy-Tarentaise. In Sainte-Foy Rtg. Val d'Isère. In La Thuile links, dann ausgeschildert.

Mit unendlich weitem Ausblick überragt dieses große, dem eindrucksvollen Mont Pourri gegenüber gelegene Chalet das Tal. Hundertprozentig als Gästehaus konzipiert, sind die hier gebotenen Serviceleistungen und der hohe Komfort absolut bewundernswert: große, elegante Zimmer, phantastische Bäder, ein riesiger, von einer schwindelerregenden Terrasse umgebener Aufenthaltsraum. Vom Whirlpool aus hat man einen Panoramablick, und das köstliche Frühstück und exzellente Abendessen werden in einem Speiseraum serviert, von dem der Blick ebenfalls auf die Berge geht. Eine gastfreundliche, zwischen einem Familienhotel und B&B-Haus anzusiedelnde Adresse.

RHÔNE - ALPES

691 - La Girandole

46, chemin de la Persévérance
74400 Chamonix-Mont-Blanc
(Haute-Savoie)
Tel. (0)4 50 53 37 58
Fax (0)4 50 55 81 77
Mme und M. Pierre Gazagnes
E-Mail: la-girandole@wanadoo.fr

♦ Ganzj. geöffn. ♦ Nichtraucher-Zi. ♦ 3 Zi. (separater Eingang) mit Bad, WC: 52 € (1 Pers.), 60 € (2 Pers.) ♦ Frühst. inkl. ♦ Kein Gästetisch - Restaurants in Umgebung ♦ Zimmerreinigung tägl. ♦ Salon (TV), Bibliothek ♦ Spiele, Ziergarten ♦ Parkplatz ♦ **Anreise** (Karte Nr. 27): in Chamonix Rtg. Les Moussoux, dann Montée des Moëutieux und Chemin de la Persévérance (ab Stadtmitte 5 Min. mit dem Auto).

In 1150 Meter Höhe, gegenüber dem Gletscher Les Bossons, der Aiguille du Midi und dem Mont Blanc werden Sie dieses reizvolle Chalet entdecken, das Bergsportfans im Winter und im Sommer gleichermaßen schätzen. Die ganz kleinen und ganz einfachen Zimmer sind dennoch angenehm und tadellos gepflegt. Das gute Frühstück erwartet Sie am großen Tisch des Aufenthaltsraumes (die Südseite ist eine einzige Fensterfront, um von diesem Panorama zu profitieren, das zu den faszinierendsten der Welt gehört.). Hören Sie auf die Ratschläge Ihrer Gastgeber, sind sie doch seit langem „Chamoniards" und absolut bergerfahren.

692 - La Vallombreuse

Route des Moulins
74290 Menthon-Saint-Bernard
(Haute-Savoie)
Tel. (0)4 50 60 16 33
Fax (0)4 50 60 27 14
Odile und Jean-Éric Ougier
E-Mail: contact@la-vallombreuse.com

2003

♦ Ganzj. geöffn. ♦ Mind. 2 Üb. erwünscht ♦ 5 Zi. und 1 Suite (4 Pers.) mit Bad, WC, Tel.: 102 € (2 Pers., Hochsaison); Suite 132 € (4 Pers., außerh. der Saison) + 10 € (zusätzl. Pers.) ♦ Frühst. inkl. ♦ Gästetisch abends, reservieren: 27,50 € (alles inkl.) ♦ Kreditkarten ♦ Salon (TV) ♦ Haustiere nur auf Anfrage erlaubt: + 8 €/Tag ♦ Sprachen: Deutsch, Englisch ♦ **Anreise** (Karte Nr. 27): 8 km südöstl. von Annecy. Am Seeufer entlang: Annecy-le-Vx, Veyrier-du-Lac bis Menthon-St-Bernard. Dort links Rtg. Col de Bluffy. Hinter dem Haus rechts am Ende der Straße.

Dieses alte befestigte, am Hang gelegene Haus (15. Jh.) liegt direkt unter dem mittelalterlichen Schloss von Menthon und bietet einige schöne Aussichtspunkte über die Dächer der Stadt und den See. Das gründlich von einem jungen Paar renovierte Innere ist freundlich, schlicht, zurückhaltend-elegant mit den einfarbigen Wänden in Beigetönen, modernen Bildern und dem minimalen Mobiliar (antik, poliertes Holz). Hochkomfortable Zimmer mit wunderbaren Bädern, besonders geräumiger, 200 Quadratmeter großer Aufenthaltsraum unter dem Dach mit Salon- und Kaminecke und großem Frühstückstisch. Im angenehmen Garten genießt man die Aussicht und abends die letzten Sonnenstrahlen.

R H Ô N E - A L P E S

693 - Les Bruyères

Mercy
74540 Saint-Félix
(Haute-Savoie)
Tel. (0)4 50 60 96 53
Fax (0)4 50 60 94 65
Denyse und Bernard L. Betts

♦ Ganzj. geöffn. ♦ Nichtraucher-Haus ♦ Mind. 2 Üb. ♦ 3 Suiten (2 Pers.) mit kl. Salon, Bad oder Dusche, WC, TV: 120 € (2 Pers.) + 20 € (Extrabett) ♦ Frühst. inkl. ♦ Kl. Haus (mind. 1 Woche) ♦ Gästetisch gemeinsam, reservieren: 40 € (alles inkl.) ♦ Visa ♦ Salon ♦ Münztel. ♦ Hunde nicht erlaubt ♦ Tennis ♦ Sprachen: Englisch ♦ **Anreise** (Karte Nr. 27): 20 km südl. von Annecy über die N 201. In Saint-Félix rechts einbiegen und der Ausschilderung „Chambres d'hôtes" folgen.

Die Betts haben Kanada verlassen und sich in diesem großen Haus niedergelassen, in dem sich ihr ganzes Können, die Gestaltung betreffend, zeigt, und wo man auf besonders liebenswürdige Art empfangen wird. Die klassischen, freundlichen, sehr behaglichen und ein wenig romantisch eingerichteten Suiten sind einfach wundervoll. Alle verfügen über luxuriöse Bäder. Je nach Jahreszeit wird der Brunch im Salon oder auf der Terrasse serviert, von wo man einen herrlichen Panoramablick auf das Tal und den Mont Revard hat. Dieses Haus mit besonders vielen Vorzügen liegt unweit der Abtei von Hautecombe und steht im Winter bei Skiläufern hoch im Kurs.

694 - Chalet Les Lupins

La Closette - Glapigny
74230 Thônes
(Haute-Savoie)
Tel. (0)4 50 63 19 96
Fax (0)4 50 63 19 19
Patricia und Rémi Taleb

2003

♦ 9 Tage im Okt. und März geschl. ♦ Nichtraucher-Haus ♦ 3 Zi. mit Dusche, WC: 45 € (2 Pers.) ♦ Frühst. inkl. ♦ Gästetisch abends, gemeinsam mit dem Gastgebern: 14 € (Getränke inkl.) ♦ Salon ♦ Haustiere nicht erlaubt ♦ Ski (15 km) ♦ Sprachen: Englisch ♦ **Anreise** (Karte Nr. 27): Annecy, Ausfahrt Nord, dann Rtg. Aravis-Thônes. In Thônes Rtg. Centre-Ville, dann Route La Clusaz-Grand-Bornand. Am Supermarkt Champion rechts nach Glapigny, weiter nach Closette. Das Chalet liegt am Ende des Ortes.

Es ist nicht leicht, den Blick abzuwenden von diesem Panorama, das sich einem unterhalb dieses Chalets bietet; das ist wie ein Adlernest positioniert, ganz dem Süden und einer eindrucksvollen Bergperspektive zugewandt. All dies genießt man im hübschen kleinen Speiseraum wie im Frühstücksraum mit großzügigen Fensterfronten, was besonders viele Ausblicke aufs Tal bietet. Sehr angenehme kleine, erst kürzlich mit hellen Möbeln eingerichtete Zimmer, einige mit einer kleinen Schlafstelle für 1 Kind unter dem Dach. Spontaner, sehr sympathischer Empfang.

RHÔNE - ALPES

695 - La Ferme sur les Bois

Le Biolley
74150 Vaulx
(Haute Savoie)
Tel. (0)4 50 60 54 50
Marie-Christine Skinazy
E-Mail: annecy.attelage@wanadoo.fr
Web: annecy-attelage.fr

♦ Von Allerheiligen bis Ostern geschl. ♦ 4 Zi. mit Dusche, WC: 40 € (1 Pers.), 48 € (2 Pers.) + 20 € (Extrabett für Erw.) + 15 € (Extrabett für Kinder) ♦ Frühst. inkl. ♦ Gästetisch abends, gemeinsam: 16 € (Wein inkl.), 8 € (Kinder unter 10 J.) ♦ Salon ♦ Kutschfahrten (Zuschlag), Wandertouren; Gespannfahrten-Aufenthalte (Preise erfragen) ♦ Sprachen: Englisch ♦ **Anreise** (Karte Nr. 27): 15 km nordwestl. von Annecy. Autobahn A 40, Ausfahrt Eloise, N 508 Rtg. Annecy. Hinter La Balme-de-Sillingy D 3 Rtg. Sillingy, dann Vaulx. Der Bauernhof liegt 2 km weiter.

Dieses für Savoyen typische, vollkommen renovierte Bauernhaus, das seine Südseite von der Sonne erwärmen lässt, liegt am Hang und bietet eine phantastische Aussicht. Empfangen werden Sie hier mit guter Laune und viel Dynamik von Marie-Christine. Die Zimmer mit ihrem Mobiliar aus hellem Holz und ihren Wänden mit Gesimsstreifen sind sehr schlicht und ganz im Bergstil gehalten. Das köstliche Abendessen gibt's im schönen Aufenthaltsraum mit Kamin. Eine sympathische und interessante Adresse für Sportaufenthalte einer ganzen Familie (Segeln in Annecy, Ski usw.), besonders aber für diejenigen, die sich für Pferdegespanne interessieren (Erlebnis-Aufenthalte, Preise werden auf Anfrage übermittelt).

ALPHABETISCHES VERZEICHNIS

A
Abbaye de Baume-les-Messieurs - *Baume-les-Messieurs* 269
Abbaye de Capservy (L') - *Villardonnel* 288
Agapée (L') - *Mazan* 618
Air du Temps (L') - *Penne-d'Agenais* 62
Airs du Temps (Les) - *Faucon* 603
Anastasy (L') - *Avignon* 592
Ancienne Cure (L') - *Buis-les-Baronnies* 658
Andlau (Chez M. et Mme d') - *Barr* 1
Ange Bleu (L') - *La Colle-sur-Loup* 556
Aretxola - *Sare* 79
Atelier du sculpteur Hugard (L') - *Rousseloy* 511
Aubèle (L') - *Lay-Lamidou* 75
Aubépines (Les) - *Appeville-Annebault* 418
Auberge de la Cholotte - *Bruyères* 9
Aumônerie (L') - *Carqueiranne* 575
Aurifat - *Cordes-sur-Ciel* 372

B
Badelle (La) - *Gordes* 604
Badiane (La) - *Monteux* 621
Balcon de Rosine (Le) - *Mérindol-les-Oliviers* 664
Balcon des Alpilles (Le) - *Aureille* 561
Banasterie (La) - *Avignon* 593
Barathe - *Giou-de-Mamou* 92
Barjaquière (La) - *Saint-Pierre-de-Vassols* 636
Barry (Le) - *Montpezat-de-Quercy* 385
Barsac - *La Boissière-d'Ans* 15
Bastide Collombe (La) - *Brue-Auriac* 574
Bastide de la Citadelle (La) - *La Gaude* 557
Bastide de Piecaud (La) - *Lauris* 612
Bastide du Bosquet (La) - *Antibes-Juan-les-Pins* 555
Bastide du Pin (La) - *Lorgues-en-Provence* 581
Bastide Haute (La) - *Thiézac* 95
Bastide La Combe - *Vaison-la-Romaine* 643
Bastide Le Mourre - *Oppède* 625
Bastide Les Aliberts (La) - *Minerve* 320
Bastide des Hautes Moures - *Le Thoronet* 589

Bastidon Saint-Michel (Le) - *Sainte-Maxime* 587
Baudarts (Les) - *Varennes-sur-Usson* 111
Beaudricourt - *Montendre* 527
Beauregard - *Chênehutte-les-Tuffeaux* 459
Béguinage (Le) - *Cour-Cheverny* 248
Belle Fontaine - *Pontrieux* 170
Belle Noë (La) - *Créhen* 160
Belleville - *Dragey-l'Église* 429
Bellevue - *Neufmoutiers-en-Brie* 276
Bergerie (La) - *Saint-Christoly-de-Blaye* 38
Bergerie de l'Étang (La) - *Montels* 321
Bigorre (En) - *Tournecoupe* 357
Biscornude (La) - *Clairac* 57
Bléger (Chez M. François) - *Saint-Hippolyte* 8
Bois Dieu (Le) - *Raveau* 133
Bois Goulu (Le) - *Pouant* 539
Bonde (La) - *Rabastens* 383
Bonne Terre - *Bonnieux* 597
Bonnet (Chez Mme) - *Maillezais* 495
Borde (La) - *Danzé* 249
Borie (La) - *Gordes* 605
Bouquetterie (La) - *Saint-Mathurin-sur-Loire* 470
Bouquière (La) - *Bonnieux* 598
Bousquétarié (La) - *Lempaut* 378
Bouteuille - *Alluy* 130
Bouyssou (Le) - *Crespin* 340
Brécy (Le) - *Saint-Martin-de-Boscherville* 447
Breton (Chez M. Benoît) - *Bulgnéville* 10
Bruyères (Les) - *Saint-Félix* 693
Buis de Lussan (Les) - *Lussan* 302
Buisson (Le) - *Roussas* 670
Bultée (La) - *Fontaine-Chaalis* 509
Burckel de Tell (Chez Mme) - *Calvisson* 296
Bussière (La) - *Sainte-Gauburge-Sainte-Colombe* 439
Butte de l'Épine (La) - *Continvoir* 227

C
Cabanon des Pêcheurs (Le) - *Île d'Yeu* 493
Cabirol - *Gajac-de-Bazas* 34
Calade (La) - *Vaison-la-Romaine* 644
Cancades (Les) - *Le Beausset* 571
Cantelause - *Houeillès* 59
Cap Martin - *Grimaud* 579
Capcazal de Pachiou - *Mimbaste* 51
Carraire (La) - *Lauris* 613

Casa del Arte (La) - *Thuir*	334
Cassouat (Le) - *Soustons*	53
Castelet (Lou) - *Fabrezan*	284
Cayrou (Le) - *Saint-Chamarand*	363
Cèdre (Le) - *Aigues-Vives*	290
Cèdre de Floyrac (Le) - *Queyssac*	25
Cerisaie (La) - *Riols*	323
Chalet Le Darou - *Gérardmer*	11
Chalet Le Paradou - *Aime*	688
Chalet Les Lupins - *Thônes*	694
Chambre de séjour avec vue… - *Saignon-en-Luberon*	635
Chambres avec vue - *Mont-Saint-Aignan*	446
Chambres d'hôtes de Rochefort - *Berneuil-sur-Aisne*	508
Chancellerie (La) - *Huismes*	230
Chanteclair - *Cancon*	55
Chapelle Saint-Martial (La) - *La Chapelle-Saint-Martial*	98
Chaptes - *Chaptes par Beauregard-Vendon*	102
Char à Bancs (Le) - *Chatelaudren*	159
Chastel Montaigu (Le) - *Montaigut-le-Blanc*	106
Château (Au) - *Juillac*	352
Château (Le) - *Courban*	122
Château (Le) - *Mauvaisin*	343
Château (Le) - *Moreilles*	497
Château (Le) - *Poigny-la-Forêt*	279
Château (Le) - *Le Rozel*	433
Château (Le) - *Saint-Pierre-Brouck*	388
Château Cagninacci - *San-Martino-di-Lota*	267
Château Crèmessières (Le) - *Malaucène*	617
Château d'Arbieu - *Bazas*	30
Château d'Archambault (Le) - *Noyers-sur-Serein*	152
Château d'Asnières-en-Bessin - *Asnières-en-Bessin*	395
Château d'En Haut - *Jenlain*	386
Château d'En Pinel - *Puylaurens*	382
Château d'Esparron - *Esparron-de-Verdon*	545
Château d'Etchauz - *Saint-Étienne-de-Baïgorry*	76
Château d'Euzet - *Euzet*	300
Château d'Ivoy - *Ivoy-le-Pré*	212
Château d'Omiécourt - *Omiécourt*	517
Château d'Uzech - *Uzech-les-Oules*	364
Château d'Uzer - *Uzer*	655
Château de Bachelard - *Commelle-Vernay*	675
Château de Bachen - *Aire-sur-l'Adour*	47
Château de Bassignac - *Bassignac*	91
Château de Beaufer - *Tournus*	149
Château de Beaulieu - *Saumur*	471
Château de Beauregard - *Nan-sous-Thil*	125

Château de Bezincam - *Dax*	49
Château de Boisrenault - *Buzançais*	218
Château de Bonabry - *Hillion*	162
Château de Boscherville - *Bourgtheroulde*	419
Château de Boucéel - *Vergoncey*	435
Château de Boussac - *Target*	87
Château de Brie - *Champagnac-la-Rivière*	113
Château de Camboulan - *Ambeyrac*	339
Château de Cantet - *Samazan*	63
Château de Castellan - *Saint-Martin-sur-Oust*	208
Château de Chantelauze - *Olliergues*	107
Château de Chargé - *Razines*	237
Château de Cherveux - *Cherveux*	532
Château de Cibioux - *Surin*	540
Château de Cirières - *Cirières*	533
Château de Coigny - *Coigny*	428
Château de Collanges - *Collanges*	103
Château de Colliers - *Muides-sur-Loire*	251
Château de Courcelette - *Lannoy*	387
Château de Cousserans - *Belaye*	358
Château de Crazannes - *Crazannes*	525
Château de Dramard - *Houlgate*	407
Château de Fontblachère - *Saint-Lager-Bressac*	653
Château de Fosseuse - *Fosseuse*	510
Château de Fragne - *Verneix*	88
Château de Garrevaques - *Garrevaques*	376
Château de Girardet - *Épeigné-sur-Dême*	228
Château de Grézan - *Laurens*	319
Château de Jonvilliers (Le) - *Ecrosnes*	215
Château de Kerlarec (Le) - *Arzano-Quimperlé*	174
Château de Kermezen - *Pommerit-Jaudy*	169
Château de l'Escarderie - *Saint-Germain-de-la-Rivière*	41
Château de la Cacaudière - *Thouarsais-Bouildroux*	503
Château de la Chabroulie - *Limoges*	117
Château de la Flocellière - *La Flocellière*	491
Château de la Giraudière - *Villeny*	255
Château de la Grave - *Bourg-en-Gironde*	31
Château de La Grillère - *Glénat*	93
Château de la Maigraire - *Saint-Bômer-les-Forges*	438
Château de la Millière - *Saint-Mathurin*	501
Château de la Renaudière - *Neuvy-en-Champagne*	486
Château de la Sébinière - *Le Pallet*	454
Château de la Serre - *Cambounet-sur-le-Sor*	371
Château de la Tillade - *Saint-Simon-de-Pellouaille*	531
Château de la Vernède - *Aramon*	291
Château de la Vigne - *Ally*	90

Château de la Villette - *Ardentes* 217
Château de la Villouyère - *Vignoc* 197
Château de La Voûte - *Troo* 254
Château de Lamothe - *Ferrensac* 58
Château de Lanquais - *Lanquais* 21
Château de Longecourt - *Longecourt-en-Plaine* 124
Château de Martigny - *Poisson* 143
Château de Mirvault - *Château-Gontier* 475
Château de Monhoudou - *Monhoudou* 485
Château de Montcuquet - *Lautrec* 377
Château de Montliard - *Montliard* 260
Château de Nobles - *La Chapelle-sous-Brancion* 137
Château de Nyon - *Ourouër* 132
Château de Pâquier - *Saint-Martin-de-la-Cluze* 674
Château de Péchalbet - *Agnac* 54
Château de Pintray - *Lussault-sur-Loire* 232
Château de Pramenoux - *Lamure / Azergues* 682
Château de Puymartin - *Sarlat-la-Canéda* 29
Château de Regagnac - *Beaumont* 13
Château de Régnier - *La Trimouille* 541
Château de Ribaute - *Ribaute-les-Tavernes* 303
Château de Ribourdin - *Chevannes* 150
Château de Saint-Paterne - *Alençon - Saint-Paterne* 479
Château de Salans - *Salans* 271
Château de Savennes (Le) - *Savennes* 110
Château de Sedaiges - *Marmanhac* 94
Château de Sombrun - *Sombrun* 369
Château de Talhouët - *Rochefort-en-Terre* 207
Château de Ternay - *Les Trois-Moutiers* 542
Château de Vaulaville - *Bayeux* 397
Château de Villemenant - *Guérigny* 131
Château de Voissieux - *Rochefort-Montagne* 109
Château de Vouilly - *Isigny-sur-Mer* 408
Château de Yonville - *Citernes* 514
Château des Alleux - *Behen* 513
Château des Ormeaux - *Nazelles* 234
Château des Salles - *Saint-Fort-sur-Gironde* 528
Château du Bas du Gast - *Laval* 476
Château du Bois Glaume - *Poligné* 194
Château du Bousquet - *Saint-Pierre-de-Lages* 348
Château du Breuil - *Saint-Denis-la-Chevasse* 500
Château du Goupillon - *Neuillé* 469
Château du Guilguiffin - *Landudec* 179
Château du Mesnil Geoffroy - *Ermenouville* 443
Château du Montreuil - *Montreuil-sur-Loir* 467
Château du Pin - *Morancé* 684

Château du Plaix - *Chamblet*	85
Château du Plessis - *La Jaille-Yvon*	465
Château du Plessis - *Vitry-aux-Loges*	261
Château du Riau - *Villeneuve-sur-Allier*	89
Château du Val d'Arguenon - *Saint-Cast*	173
Château du Vau - *Ballan-Miré*	222
Château Gréa - *Rotalier*	270
Château Lambert - *Chénas*	681
Château Lamothe - *Saint-Sulpice-et-Cameyrac*	46
Château Massal - *Le Vigan*	316
Château Monlot Capet - *Saint-Émilion*	39
Château Plessis-Brézot - *Monnières*	453
Château Talaud - *Loriol-du-Comtat*	615
Chaumière (La) - *Baudrières*	134
Chaumière (La) - *Creuse*	515
Chaumière (La) - *Verton*	394
Chênes (Les) - *Saint-Sylvestre*	120
Chouannière (La) - *Brion*	458
Cigale (La) - *Mormoiron*	623
Cipionne (La) - *Puyvert*	630
Clachet (Le) - *Villié-Morgon*	686
Clos (Le) - *Chérêt*	504
Clos (Le) - *Mer*	250
Clos (Le) - *Saint-Pierre-d'Oléron*	530
Clos Bigot (Le) - *Chitenay*	246
Clos de la Fontaine (Le) - *Saint-Laurent-la-Vernède*	307
Clos de Ligré (Le) - *Ligré*	231
Clos de Vic (Le) - *Vic-le-Fesq*	315
Clos des Saumanes (Le) - *Châteauneuf-de-Gadagne*	600
Clos du Prince (Le) - *Quintin*	171
Clos du Rocher (Le) - *Feneu*	462
Clos Grincourt (Le) - *Duisans*	389
Clos Saint-Clair (Le) - *Pussigny*	236
Clos Saint-Nicolas (Le) - *Neauphle-le-Château*	278
Cointre (Chez M.) - *Dingé*	191
Colette (Chez) - *Dieffenbach-au-Val*	3
Colin (Chez les) - *Montbenoît*	268
Colombier (Le) - *Perros-Guirec*	165
Commanderie de la Romagne - *Saint-Maurice-sur-Vingeanne*	127
Cordeline (La) - *Brignoles*	573
Cormorans (Les) - *Île-de-Groix*	201
Corne de Cerf (La) - *Paimpont*	193
Cosquer-Trélécan (Le) - *Pluvigner*	205
Coteau de Malbosc (Le) - *Grasse*	558
Cotil (Le) - *Le Mesnil-Simon*	411
Coudre (La) - *Perreux*	153

Cour l'Épée - *Saint-Aubin-Lebizay*	412
Cour Pavée (La) - *Saumur*	472
Courtillage (Le) - *Clinchamps-sur-Orne*	403
Courtine (La) - *Cluny*	139
Criste Marine (La) - *Île-de-Groix*	202
Croix d'Étain (La) - *Grez-Neuville*	464
Croix de la Voulte (La) - *Saumur*	473

D

Defrance (Chez Mme) - *Senan*	155
Demeure de Rosmapamon - *Perros-Guirec*	166
Demeure Monte-Arena - *Uzès*	312
Désirade (La) - *Saint-Désirat*	652
Domaine de Barrouil - *Castillon-la-Bataille*	33
Domaine de Beauséjour - *Panzoult*	235
Domaine de Boulancourt - *Montier-en-Der*	264
Domaine de Canfier - *Robion*	631
Domaine de Carrat - *Castelnau-de-Médoc*	32
Domaine de Champfleury - *Lentigny*	676
Domaine de Guillaumat - *Génissac*	35
Domaine de Jean-Pierre - *Pinas*	368
Domaine de l'Emière - *Maison-Maugis*	436
Domaine de la Bonde - *Cuxac-Cabardès*	283
Domaine de la Charmaie - *Saint-Sève*	45
Domaine de la Fayence - *Dieulefit*	662
Domaine de la Picquoterie - *La Cambe*	400
Domaine de la Pierre Chaude - *Portel-des-Corbières*	287
Domaine de la Redonde - *Capestang*	318
Domaine de la Rouquette (Le) - *Monbazillac*	23
Domaine de la Sérénité - *Barjac*	294
Domaine de Labarthe - *Espère*	359
Domaine de Loisy - *Nuits-Saint-Georges*	126
Domaine de Ménaut - *Saint-Martory*	346
Domaine de Mestré (Le) - *Fontevraud-l'Abbaye*	463
Domaine de Montpierreux - *Venoy*	156
Domaine de Moulinard - *Boisseuil*	112
Domaine de Pallus - *Chinon*	226
Domaine de Quérubi - *Castelnou*	331
Domaine de Saint-Clément - *Saint-Clément-de-Rivière*	326
Domaine de Saint-Jean - *Bizanet*	280
Domaine de Saint-Véran - *Orgon*	566
Domaine de Sainte-Anne - *Venoy*	157
Domaine de Vilotte (Le) - *Ardenais*	209
Domaine des Beaurois - *Saint-Fargeau*	154
Domaine des Bidaudières - *Vouvray*	243

Domaine des Clos - *Beaucaire* 295
Domaine des Patrus - *La Haute-Épine* 505
Domaine du Château de Marchangy - *Saint-Pierre-la-Noaille* 680
Domaine du Garros - *Fourcès* 350
Domaine du Grand Gruet (Le) - *Volnay* 487
Domaine du Grand Lierne - *Châteaudouble* 659
Domaine du Marconnay - *Saumur* 474
Domaine du Petit Crui (Le) - *Oppède* 626
Domaine du Plessis - *Saint-Clair-d'Arcey* 422
Domaine du Pous - *Notre-Dame-de-Londres* 322
Domaine du Vieux Bouigard - *Orange* 628
Domaine Grand Guilhem - *Cascatel* 282
Domaine Saint-Pierre-de-Trapel - *Villemoustaussou* 289
Doumarias - *Saint-Pierre-de-Côle* 27

E
Échauguette (L') - *Saint-Jean-Saint-Maurice* 679
Égrignes (Les) - *Cult* 272
Ermitage (L') - *Lalbenque* 361
Escapade (L') - *Noyers-sur-Jabron* 547
Eskoriatza - *Urrugne* 84
Eth Béryè Petit - *Beaucens* 366
Évêché (L') - *Vaison-la-Romaine* 645
Eygalière (L') - *Alixan* 657

F
Farge (La) - *Chaumont-sur-Tharonne* 244
Ferme de la Sauzette (La) - *Palaja* 286
Ferme de Launay - *Chançay* 224
Ferme de Vosves (La) - *Dammarie-les-Lys* 275
Ferme des 3 Figuiers (La) - *Lagnes* 610
Ferme des Berthiers (La) - *Sepmes* 241
Ferme des Foucault - *Ménestreau-en-Villette* 258
Ferme des Poiriers Roses (La) - *Saint-Philibert-des-Champs* 413
Ferme des Saules - *Cheverny* 245
Ferme du Château - *Bailleau-l'Évêque* 214
Ferme du Château - *Villers-Agron* 507
Ferme du Saint (La) - *Theizé* 685
Ferme sur la Montagne (La) - *Ressons-le-Long* 506
Ferme sur les Bois (La) - *Vaulx* 695
Ferme-Auberge de Lavaux - *La Clayette* 138
Ferme-Auberge de Quiers - *Aguessac* 338

Fèvrerie (La) - *Barfleur* 425
Fief Mignoux (Le) - *Saint-Maurice-des-Noués* 502
Florimanes (Les) - *Villers-Ecalles* 448
Folie (La) - *Ardenais* 210
Fonroque - *Montcaret* 24
Fontaine du Grand Fussy (La) - *Le Rousset* 144
Fontaines (Les) - *Barbery* 396
Forge (La) - *Rustrel* 634
Forge (La) - *Saint-Quentin-de-Baron* 43
Fougeolles - *Eymoutiers* 116
Foulara - *Cruis* 544
Four à Pain (Le) - *Saint-Denis-Le-Ferment* 423

G

Gains (Les) - *Survie* 440
Galerie (La) - *Leucate Village* 285
Gandonnière (La) - *La Chapelle-sur-Erdre* 449
Garencière - *Champfleur* 481
Garenne (La) - *La Celle-Guénand* 223
Garlande (La) - *Saint-Clar* 355
Garonne (La) - *Ginasservis* 578
Gatinalière (La) - *Antran* 534
Gaudart - *Saint-Martin-de-Laye* 42
Gebrillat (Chez M.) - *Perrier* 108
Girandole (La) - *Arvieux-en-Queyras* 552
Girandole (La) - *Chamonix-Mont-Blanc* 691
Goetz (Chez Marcelle et Jean-Nicolas) - *Pourchères* 651
Grainville - *Fresville* 431
Grand Boucaud (Le) - *Rimons* 37
Grand Logis (Le) - *Vers-Pont-du-Gard* 314
Grand'Vignes (Les) - *Mérindol-les-Oliviers* 665
Grand'Maison (La) - *Escalles* 390
Grande Maison (La) - *Bormes-les-Mimosas* 572
Grande Métairie (La) - *Bioussac-Ruffec* 518
Grande Noë (La) - *Moulicent* 437
Grande Poterie (La) - *Coulandon* 86
Grange aux chats (La) - *Beaumes-de-Venise* 595
Grange de Coatélan (La) - *Plougonven* 180
Grange de Jusalem (La) - *Mazan* 619
Grange Gasconne (La) - *Castera-Lectourois* 349
Granges de Saint-Pierre (Les) - *Simiane-la-Rotonde* 550
Granges Hautes (Les) - *Saint-Crépin-Carlucet* 26
Griolette (La) - *Bresse-sur-Grosne* 136
Guérandière (La) - *Guérande* 450

H

Hamelin (Chez Mme) - *Beuvron-en-Auge* 398
Haras de Crépon (Le) - *Crépon* 404
Hauts de Boscartus (Les) - *Cieux* 114
Hauts de Chabonne (Les) - *Vouneuil-sur-Vienne* 543
Hauts de Véroncle (Les) - *Murs* 624
Hauts Noyers (Les) - *Mosnes* 233
Homme (Le) - *Ducey* 430
Honas (La) - *La Rochette-du-Buis* 669
Hortensias (Les) - *Querrien* 185
Hôtel de l'Orange - *Sommières* 310
Huguets (Les) - *Villeneuve-sur-Lot* 64

I

Indéo - *Arpaillargues* 293
Irazabala - *Espelette* 72
Irigoian - *Bidart* 71

J

Jardin de Retz (Le) - *Pornic* 455
Jas de la Caroline (Le) - *Noyers-sur-Jabron* 548
Jas de Monsieur (Le) - *Grambois* 607
Jau (Le) - *Murs-Érigné* 468
Javernière (La) - *Villié-Morgon* 687
Jonquères d'Oriola (Chez Laurence) - *Corneilla-del-Vercol* 332

K

Kerdelan - *Larmor-Baden* 204
Kerfornedic - *Commana* 175
Kerveroux - *Commana* 176
Krumeich (Chez M. et Mme) - *Betschdorf* 2

L

Lacroisade - *La Bastide-Clairence* 68
Lambeys (Les) - *Saint-Aubin-sur-Loire* 145
Lamolère - *Campet-Lamolère* 48
Lamy (Chez M. et Mme) - *Marcigny* 140
Lande (La) - *Beaumont* 14
Landhome (Le) - *Hoerdt* 6
Lanot (Le) - *Sames* 78
Larochoincoborda - *Sare* 80
Laroye (Brigitte) - *Cunlhat* 104

Leyris - *Saint-Frézal-de-Ventalon* 327
Logis d'Elpénor (Le) - *Le Gué-de-Velluire* 492
Logis de Beaumarchais (Le) - *Brétignolles-sur-Mer* 488
Logis de Boussac - *Cherves-Richemont* 519
Logis de Chalusseau - *Doix* 490
Logis de la Cornelière (Le) - *Mervent* 496
Logis de la Filanderie (Le) - *Bécherel* 187
Logis de Louzignac - *Brives-sur-Charente* 524
Logis de Romainville - *Roullet-Saint-Estèphe* 521
Logis de Rousse (Le) - *Denezé-sous-Doué* 460
Logis du Château du Bois Doucet - *Lavoux* 538
Logis du Jerzual (Le) - *Dinan* 161
Logis du Portal - *Vars* 522
Logis du Ranquinet - *L'Orbrie* 499
Logis et les Attelages du Ray (Le) - *Saint-Denis-d'Anjou* 477
Lou Guit - *Saint-Gladie* 77
Loursse - *Joze* 105
Lumiane (La) - *Saint-Puy* 356
Lumière (La) - *Mérindol-les-Oliviers* 666
Lyssy (Chez M. et Mme) - *Saint-Gervais-en-Vallière* 146

M
Magnanerie (La) - *Grans* 565
Magnanerie (La) - *Ménerbes* 620
Maison (La) - *Beaulieu-sur-Dordogne* 96
Maison aux Volets Bleus (La) - *Venasque* 648
Maison d'à côté (La) - *Lavaudieu* 99
Maison d'Hippolyte (La) - *Quimperlé* 186
Maison d'hôtes des Méans - *Méolans-Revel* 546
Maison de Caroline (La) - *Le Bois-Plage-en-Ré - Île de Ré* 523
Maison de la Halle (La) - *Lévignac-de-Guyenne* 60
Maison de Marie (La) - *Droyes* 263
Maison de Soize (La) - *Colonzelle* 661
Maison des Chevaliers - *Escatalens* 384
Maison des Moines (La) - *Méobecq* 219
Maison des Sources (La) - *Lauris* 614
Maison Dominxenea - *Sare* 81
Maison du Roi René (La) - *Saint-Denis-d'Anjou* 478
Maison Fleurie de Doris Engel-Geiger (La) - *Dieffenbach-au-Val* 4
Maison forte de Clérivaux - *Châtillon-Saint-Jean* 660
Maison Gonzagues - *Cotignac* 576
Maison Jeanne - *Saint-Paul-d'Oueil* 347
Maison Marchand - *La Bastide-Clairence* 69
Maison Martimor (La) - *Mazères* 336
Maison Niepce - *Sennecey-le-Grand* 148

Maison Rancèsamy - *Lasseube* 74
Maison Royale (La) - *Pesmes* 273
Maison Sainbois - *La Bastide-Clairence* 70
Maison sur la Colline (La) - *Carcassonne* 281
Maison Urruti Zaharria - *Isturitz* 73
Maisons De Bricourt (Les) - Les Rimains - *Cancale* 188
Maisons Vigneronnes - *Ozenay* 142
Malik - *Plélan-le-Petit* 167
Malvoisine - *Ecuillé* 461
Mamaison - *Roussillon* 632
Manoir (Le) - *Montfarville* 432
Manoir d'Estiveaux - *Le Châtelet-en-Berry* 211
Manoir de Beaumarchais (Le) - *Les Chapelles-Bourbon* 274
Manoir de Beaumont - *Eu* 445
Manoir de Caillemont - *Barneville-Carteret* 426
Manoir de Cantepie - *Cambremer* 401
Manoir de Crépon - *Crépon* 405
Manoir de Foncher - *Villandry* 242
Manoir de James - *Saint-Ferme* 40
Manoir de Kergrec'h - *Plougrescant* 168
Manoir de Kerguéréon - *Lannion* 164
Manoir de Kervent - *Douarnenez* 177
Manoir de L'Hermerel - *Géfosse-Fontenay* 406
Manoir de la Barrière - *Le Vigan* 365
Manoir de La Brunie (Le) - *Le Coux-et-Bigaroque* 18
Manoir de la Duchée - *Dinard* 190
Manoir de la Motte - *La Ferté-Vidame* 216
Manoir de la Porte (Le) - *Saint-Pience* 434
Manoir de Lanleya (Le) - *Plouigneau* 182
Manoir de Marmont - *Saint-André-sur-Vieux-Jonc* 649
Manoir de Mezedern - *Plougonven* 181
Manoir de Ponsay - *Chantonnay* 489
Manoir de Roquegautier - *Cancon* 56
Manoir de Sainte-Croix - *Survie* 441
Manoir de Troezel Vras - *Kerbors* 163
Manoir de Villedoin - *Velles* 221
Manoir des Claies - *Asnières-sur-Vègre* 480
Manoir des Remparts (Le) - *Saint-Gaultier* 220
Manoir des Tourpes - *Bures-sur-Dives* 399
Manoir du Carel - *Maisons par Bayeux* 410
Manoir du Lieu Rocher (Le) - *Vieux-Pont-en-Auge* 416
Manoir du Meldick (Le) - *Marck* 391
Manoir du Petit Magny - *Saint-Vigor-le-Grand* 414
Manoir du Plessis au Bois - *Vauciennes* 512
Manoir Francis - *Marles-sur-Canche* 392
Manoir La Maysou - *Coufouleux* 374

Manoir Saint-Gilles - *Longué-Jumelles* 466
Manufacture (La) - *Auterive* 342
Maridaumière (La) - *Mansigné* 483
Marronniers (Les) - *Cambremer* 402
Mas Azemar (Le) - *Mercuès* 362
Mas d'Alzon - *Vagnas* 656
Mas d'Escattes - *Courbessac - Nîmes* 299
Mas d'Oléandre (Le) - *Uzès* 313
Mas de Barbut - *Saint-Laurent-d'Aigouze* 306
Mas de Bassette - *Barbentane* 562
Mas de Bombequiols (Le) - *Saint-André-de-Buèges* 325
Mas de Castellan - *Verquières* 570
Mas de Champelon - *Suze-la-Rousse* 671
Mas de Coupier - *Gémenos* 564
Mas de Fontbelle - *La Roquebrussanne* 586
Mas de l'Amandier - *Ribaute-les-Tavernes* 304
Mas de la Lause - *Le Barroux* 594
Mas de la Tour (Le) - *Fontvieille* 563
Mas de Lumière - *Saint-Saturnin-lès-Apt* 637
Mas de Miejour (Le) - *Le Thor* 641
Mas de Prades (Le) - *Thoiras* 311
Mas des Graviers - *Pourrières* 584
Mas des Prés (Le) - *Le Thor* 642
Mas des Songes (Le) - *Monteux* 622
Mas du Caroubier - *Saint-Quentin-la-Poterie* 309
Mas du Clos de l'Escarrat - *Jonquières* 609
Mas du Rouge (Le) - *Plan-de-la-Tour* 582
Mas du Seigneur (Le) - *Chamborigaud* 298
Mas Félix (Le) - *Camelas* 330
Mas Parasol (Le) - *Garrigues* 301
Mas Predon - *Saint-Étienne-du-Grès* 568
Mas Rome (Le) - *Serres* 554
Mas Saint-Damien - *L'Isle-sur-la-Sorgue* 608
Mas Saint-Jacques - *Caixas* 329
Mas Sainte-Anne - *Peynier* 567
Mas Senyarich - *Argelès-sur-Mer* 328
Masbareau (Le) - *Saint-Léonard-de-Noblat* 119
Mastignac - *Valréas* 646
Maurissime (La) - *Villeneuve* 551
Mazade (La) - *Saint-Mamert-du-Gard* 308
Méssugues (Leï) - *Grimaud* 580
Métairies Hautes (Les) - *Bourdeilles* 16
Mietterie (La) - *La Chapelle-en-Juger* 427
Mimosas (Les) - *Roquebrun* 324
Missare (La) - *Brignac* 317
Monestarié (La) - *Bernac* 370

Mont au Vent - *Maule* 277
Montpeyroux - *Lempaut* 379
Morillons (Les) - *Mont-Saint-Sulpice* 151
Mouche (La) - *Meung-sur-Loire* 259
Mouettes (Les) - *Saint-Suliac* 196
Moulin de Choiseaux (Le) - *Suèvres* 253
Moulin de Cors (Le) - *La Roque-sur-Cèze* 305
Moulin de Fresquet - *Gramat* 360
Moulin de la Roche (Le) - *Genillé* 229
Moulin de la Viorne (Le) - *Les Omergues* 549
Moulin de Labique - *Villeréal* 65
Moulin de Leymonie-du-Maupas - *Issac* 20
Moulin de Marsaguet - *Coussac-Bonneval* 115
Moulin de Mazères (Le) - *Lartigue* 353
Moulin de Montségur (Le) - *Montségur-sur-Lauzon* 667
Moulin de Trebimoël - *Colpo* 198
Moulin des Arbillons (Le) - *Bourgvilain* 135
Moulin des Vernières (Le) - *Aubusson-d'Auvergne* 100
Moulin Neuf (Le) - *Sainte-Alvère* 28
Moulinage Chabriol (Le) - *Saint-Pierreville* 654
Mounens - *Lamastre* 650
Mozardière (La) - *Legé* 452
Myredé - *Grenade-sur-l'Adour* 50

N
Neufeldhof - *Oberhaslach* 7

O
Olhabidea - *Sare* 82
Orangerie (L') - *Moroges* 141
Ormeraie (L') - *Paulhiac* 61

P
Palais Briau - *Varades* 457
Parc Casamène (Le) - *Mirambeau* 526
Paris (Madame) - *Monfort-Le-Gesnois* 484
Parlement (Le) - *Gap* 553
Pasquiers (Les) - *Lancié / Belleville* 683
Pastorale (La) - *Lagnes* 611
Pattu Di Lena - *Porto-Vecchio* 265
Pen Ker Dagorn - *Port de Kerdruc-en-Névez* 184
Péniche Lady A - *Vandenesse-en-Auxois* 129

Pesques (Les) - *Palminy* 345
Petit Marais des Broches (Le) - *Île d'Yeu* 494
Petit Paris - *Flagey-Échezeaux* 123
Petite Cour (La) - *Lorcy* 257
Petite Ville Mallet (La) - *Saint-Malo* 195
Pierres Bleues (Les) - *Mazamet* 381
Pinon (Lucile) - *Gaillac* 375
Planchottes (Les) - *Beaune* 121
Plat (Le) - *Saint-Galmier* 678
Platelin - *Renaison* 677
Plauderie (La) - *Sainte-Pazanne* 456
Pomme Reinette - *Villers-sur-Mer* 417
Poulsieu (Le) - *Serres-sur-Arget* 337
Pouyades (Les) - *Cherval* 17
Presbytère (Le) - *Saint-André-des-Eaux* 172
Presbytère (Le) - *Saulieu* 128
Pressoir du Mont (Le) - *Saint-Maclou* 424
Prévôté (La) - *Althen-les-Paluds* 590
Prieuré (Le) - *Dissay-sous-Courcillon* 482
Prieuré (Le) - *Saint-Quentin-de-Baron* 44
Prieuré (Le) - *Tigny-Noyelle* 393
Prieuré Boutefol (Le) - *Surville* 415
Prieuré de la Chaise - *Saint-Georges-sur-Cher* 252
Prieuré des Granges (Le) - *Savonnières* 239
Prieuré Sainte-Anne (Le) - *Savonnières* 240

Q
Quatre-Vents (Les) - *Aubagne* 560

R
Rabouillère (La) - *Contres* 247
Radassière (La) - *Cotignac* 577
Ralenti du Lierre (Au) - *Gordes* 606
Raze (La) - *Collonges-la-Rouge* 97
Refuge du peintre (Le) - *Lavagnac-Sainte-Terre* 36
Relais de Lavergne (Le) - *Bayac* 12
Relais Linague - *Urcuit* 83
Religieuses (Les) - *Richelieu* 238
Rennebourg - *Saint-Jean-d'Angély* 529
Réserve (La) - *Giverny* 421
Respelido (La) - *Crestet* 601
Ribaude (La) - *Crestet* 602
Richarnau - *Aurel* 591
Rivière aux Chirets (La) - *Chauvigny* 536

Rocailles (Les) - *Omex / Lourdes* 367
Roch Ar Brini - *Ploujean / Morlaix* 183
Rocher Pointu (Le) - *Aramon* 292
Romance (La) - *Dieffenbach-au-Val* 5
Ronde (La) - *Rouillac* 520
Rosier sauvage (Le) - *Nieul-sur-l'Autize* 498
Rouach-Hautefort - *Hautefort* 19
Roulage (Le) - *Longueville* 409
Rue du Château - *Tarascon* 569
Rue du Moulin - *Bucey-en-Othe* 262

S

Saint-Barthélémy - *Pernes-les-Fontaines* 629
Saint-Ferréol - *Pontevès* 583
Saint-Hubert - *Liorac-sur-Louyre* 22
Saint-Jean - *Séguret* 639
Sainte-Barbe - *Gien* 256
Salamandre (La) - *Salornay-sur-Guye* 147
Sauveméa - *Arroses* 67
Selué (Le) - *Crest-Voland* 689
Silence des Anges (Le) - *Oppède* 627
Simjan - *Mimizan* 52
Souche (La) - *Truinas* 672
Soulan de Laurange (Au) - *Gimont* 351
Sous les Canniers - *Saumane-de-Vaucluse* 638
Stoupignan - *Montpitol* 344

T

Talbardière (La) - *Archigny* 535
Tannerie (La) - *Miélan* 354
Tarais (La) - *Calorguen* 158
Tilleuls (Les) - *Roussillon* 633
Tournillayres (Aux) - *Bédoin* 596
Treille (La) - *Suzette* 640
Tremblais (La) - *La Couyère* 189
Tricot (Le) - *Guérande* 451
Trois Sources (Les) - *Bonnieux* 599
Tuillières (Les) - *Pont-de-Barret* 668
Ty Horses - *Guidel* 200
Ty Mat - *Inzinzac-Lochrist* 203
Ty Maya - *Riantec* 206
Ty Va Zadou - *Île-de-Batz* 178

U
U Levante - *Porto-Vecchio* 266

V
Val aux Houx (Le) - *Guégon* 199
Val du Goth (Le) - *Marval Saint-Mathieu* 118
Vallombreuse (La) - *Menthon-Saint-Bernard* 692
Varenne (La) - *Chaveignes* 225
Vasken - *Roquebrune-sur-Argens* 585
Veaudepierre (La) - *Chauvigny* 537
Vents Bleus (Les) - *Cordes-sur-Ciel* 373
Verrerie d'Ivoy (La) - *Ivoy-le-Pré* 213
Vieille Bastide (La) - *Signes* 588
Vieille Demeure (La) - *Torreilles* 335
Vieux Pressoir (Le) - *Conteville* 420
Vigie (La) - *Chadeleuf* 101
Vilherols - *Lacroix-Barrez* 341
Villa Florida (La) - *Dieppe-Pourville* 442
Villa Les Charmettes - *Étretat* 444
Villa Les Pins - *Lempaut* 380
Villa Mary - *Dieulefit* 663
Villa Renée (La) - *Vence* 559
Villa Saint-Louis - *Lourmarin* 616
Villa Velleron - *Velleron* 647
Village (Le) - *Cardet* 297
Ville Autin (La) - *Montauban-de-Bretagne* 192
Volets Bleus (Les) - *Truinas* 673
Volute (La) - *Mont-Louis* 333

W
Warlop (Chez Martine) - *Fresnes-Mazancourt* 516

Y
Yellow Stone Chalet - *Sainte-Foy-Tarentaise* 690

Z
Zubiarte - *Arcangues* 66

- zahlreiche Sonderangebote
- Ideen für Themen-Aufenthalte
- Orte zum Abhalten von Seminaren
- das „carnet de route" (zusätzliche besondere Adressen-Tipps) unserer Autoren
- das" Rezept der Woche

… permanent zig Angebote wie dieses:

www.guidesdecharme.com

die Internet-Fortsetzung der
„Guides de Charme Rivages"*

derzeit online:
Hotels und Landgasthöfe mit Charme in Frankreich, Italien, Spanien, Portugal, Irland, Paris, London, New York sowie die Museen Frankreichs

- klicken Sie unsere Straßenkarten an und suchen Sie unsere Hotels und Landgasthöfe mit Charme online auf
- Reservieren Sie real time

* ausschließlich auf Französisch

Guide *de* Charme

2003

HOTELS UND LANDGASTHÖFE MIT CHARME IN FRANKREICH

598 Adressen und 38 Straßenkarten

Rivages/GEOCENTER

DIE REISEFÜHRER MIT CHARME VON RIVAGES

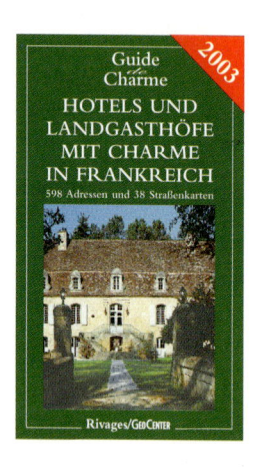

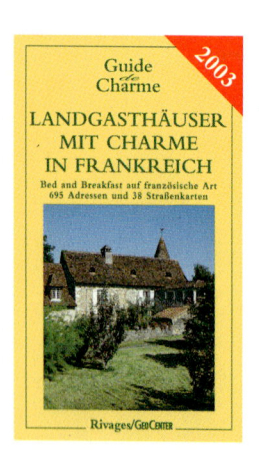

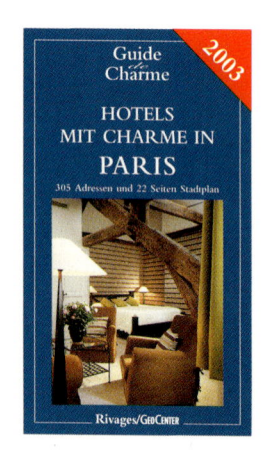

Guide de Charme 2003
HOTELS UND LANDGASTHÖFE MIT CHARME IN FRANKREICH
598 Adressen und 38 Straßenkarten
Rivages/GeoCenter

Guide de Charme 2003
LANDGASTHÄUSER MIT CHARME IN FRANKREICH
Bed and Breakfast auf französische Art
695 Adressen und 38 Straßenkarten
Rivages/GeoCenter

Guide de Charme 2003
HOTELS MIT CHARME IN PARIS
305 Adressen und 22 Seiten Stadtplan
Rivages/GeoCenter

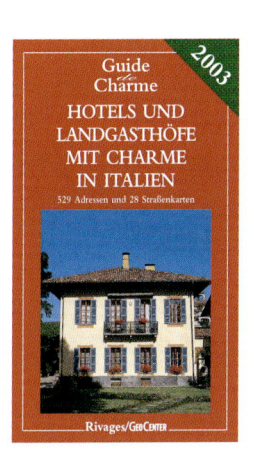

Guide de Charme 2003
HOTELS UND LANDGASTHÖFE MIT CHARME IN ITALIEN
529 Adressen und 28 Straßenkarten
Rivages/GeoCenter

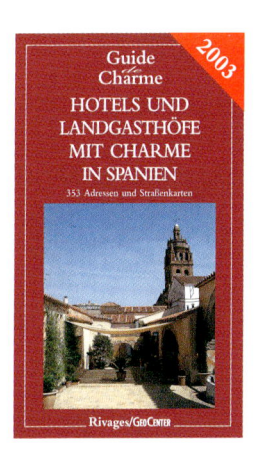

Guide de Charme 2003
HOTELS UND LANDGASTHÖFE MIT CHARME IN SPANIEN
353 Adressen und Straßenkarten
Rivages/GeoCenter

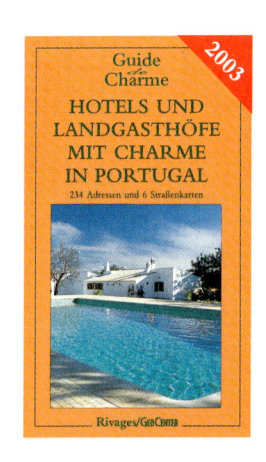

Guide de Charme 2003
HOTELS UND LANDGASTHÖFE MIT CHARME IN PORTUGAL
234 Adressen und 6 Straßenkarten
Rivages/GeoCenter

Guide de Charme

HOTELS MIT CHARME IN PARIS
305 Adressen und 22 Seiten Stadtplan

2003

Rivages/GeoCenter

Guide de Charme

HOTELS UND GÄSTEHÄUSER MIT CHARME NEW YORK

Rivages/GeoCenter

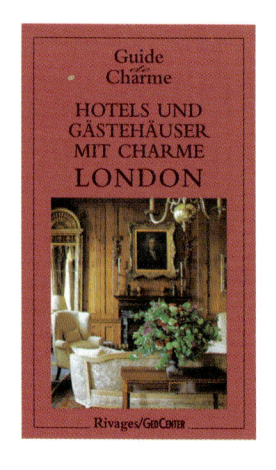

Guide de Charme

HOTELS UND GÄSTEHÄUSER MIT CHARME LONDON

Rivages/GeoCenter

Printed in Italy
Litho Service (Verona)